KB048285

형사소송법

형사소송법

초판 1쇄 발행 2021년 10월 21일

지은이 박창호

펴낸곳 도서출판 가쎄 [제 302-2005-00062호]
주소 서울 용산구 이촌로 224, 609
전화 070. 7553. 1783 / **팩스** 02. 749. 6911
인쇄 정민문화사

ISBN 979-11-91192-31-5 (13360)

값 37,000원

www.gasse.co.kr
berlin@gasse.co.kr

형사소송법

박창호 지음

gasse•가쎄

발간사

형사소송법은 사법경찰관리인 경찰의 업무 수행에 필수불가결한 법률이다.
그러나 우리의 형사소송법은 명칭에서도 알 수 있듯이 소송에 치우친 법체계와 교과서들 그리고 경찰 내부에서도 경찰은 수사권에 있어서 검사 지휘하에 있는 보조자에 지나지 않는다는 인식, 경찰교육기관에서조차 형사절차 전반에 걸친 교육보다는 수사와 증거 분야에 국한된 교육을 하여왔으며, 경찰시험 단계에서도 수사와 증거 부분에만 치우치다 보니 경찰관의 형사절차에 대한 이해의 폭이 좁고 편협함을 벗어나기 힘든 상황이었다.

이러한 상황에 변화가 불가피해졌다. 다름 아닌 2021년 검·경 수사권 조정으로 인해 형소법이 개정되었다. 일부 예외가 있지만 수사권이 경찰로 이양되었다. 개정 형소법에 의한 수사권 배분은 대륙법계를 완전히 탈피한 영미법계로의 대변신이라 할 수 있다. 물론 검사의 보완수사 요구나 영장청구권 보유 등 일정한 제한은 있지만 수사권 배분의 패러다임이 완전히 바뀌었다고 할 수 있다.

이에 필자도 동일한 과정을 거쳐왔기 때문에 수사권 조정 시대에 걸맞는 경찰을 위한 형소법의 필요를 느끼고 있었다. 특히 수사의 상당 부분을 담당하고 있는 신임순경들과 실무자들에게 도움이 되는 교재를 만들고 싶었다. 신임순경들은 경찰시험에 합격한 후 중앙경찰학교 교육을 마치고 일선 현장에 투입된다. 이들에게 형소법에 대한 지식을 물어보면 대부분 시험 통과에 중점을 두다 보니 깊이 있고 연계된 지식을 습득하지 못한다는 의견이 많았다.

이에 따라 본서는 몇 가지 목적으로 만들어졌다.

첫째로, 수사권 조정으로 경찰도 사법의 주체로 자리매김하는 시점에서 경찰관이라면 형소법 전체에 대한 이해를 하고 있어야 한다는 전제에서 출발하였다.

기존 형소법 교과서는 설명이 불필요하게 장황하거나 굳이 알 필요도 없는 학설 등으로 독자로 하여금 오히려 혼란을 초래하게 하거나 접근을 어렵게 하는 경우가 많았다. 또한 문제집은 합격을 위해 너무 단순한 암기식으로 되어 있어 실무에서 도움이 되지 못하는 절름발이 형소법 지식을 심어줄 우려가 있어 양자의 장단점을 보완하는 방법으로 시도되었다. 따라서 기존 교과서와 사법연수원·법원행정처 자료, 외국자료, 경찰수사실무 자료 등에 대한 분석과 정리를 통해 간략하면서도 형사절차에 대한 이해를 높여 실무와 초심자들에게도 도움이 되도록 하였다.

또한 내용면에서 형사절차는 전체가 상호 유기적으로 연관되어 있어 수사 부분 이외의 영역에 대한 이해가 전제되어야 수사 부분에 대한 이해의 폭이 더 넓어질 수 있다는 인식하에 공판절차에 대한 이해의 편의를 도모하였다. 수사와 증거 부분에 대해 한정된 학습은 절름발이 형소법이 될 뿐이다. 순경시험과 승진시험도 대부분 이곳에 집중되다 보니 경찰 전체가 형소법에 대한 갈증을 퇴직할 때까지 느끼게 되는 것이다. 이제 경찰도 사법의 주체가 된 만큼 시험 범위도 넓혀 재판, 증거, 수사를 모두 공부할 수 있도록 이들의 지적 지평선을 확대시켜줄 제도적 보완이 필요해 보이는 시점이다. 특히 기존 교과서들이 공판절차에 대한 상세한 설명이 없어 아쉬웠던 부분을 본서에서는 비교적 상세히 소개함으로써 공판절차에 대한 구체적인 모습을 그려보는 데 도움이 될 것으로 생각된다.

둘째, 우리 형소법의 가장 큰 맹점인 역사성과 배경성 결여에 착안하였다.
현재 우리의 형소법은 우리의 역사에 기반한 법이 아니다. 대륙법계인 독일, 프랑스, 영미법계인 미국, 양자를 순차 내지 교차적으로 도입한 일본법, 그리고 이를 계수한 것이 오늘날 우리의 형소법이다. 자연히 우리의 형소법을 이해하려면 대륙법계와 영미법계를 이해해야 하는 어려운 과정이 선행되어야 한다. 그렇다면 대륙법계와 영미법계는 다른 것인가? 그렇지 않다. 양자는 중세유럽의 형사소송법 체계, 교회법 체계, 그리고 더 멀리는 로마법까지 거슬러

가는 공통된 역사를 가지고 있다. 중세시기에 신탁재판의 폐해를 방지하는 대안을 마련하는 과정에서 재판관의 자의성을 배제하기 위해 영미법계는 배심제를 도입하고 대륙법계는 600년의 세월을 증거법정주의로 지속하다가 프랑스 혁명시기에 자유심증주의로 전환하게 된다. 이러한 역사성을 이해해야만 우리 형소법의 커다란 틀을 이해하고 쉽게 접근하게 될 수 있는 것이다. 그 과정에 재판의 틀과 증거법의 변화, 검사와 경찰의 탄생과 변화 등이 자리하고 있다. 우리의 법률가 양성체계와 형소법은 이러한 철학적 배경에 대한 학습은 적고 현행법을 외우고, 외우고 또 외우는 기술자 양성에 치우치지는 않았나 하는 아쉬움이 있다. 이제 우리나라도 선진국 반열에 올랐다. 양적 성장 못지않게 질적 자기반성, 역사성과 철학, 방향성에 대한 고민을 해야 할 시점에 와 있다. 이러한 맥락에서 부족하지만 형소법에 대한 역사를 소개하였다.

셋째, 그간 우리의 형소법은 검사, 판사 위주의 해석법학 범주였다.
이제 경찰단계에서 벌어지는 다양한 법률상의 문제에 대해서도 논의가 이루어지고 제도적 개선, 판례의 변화 등을 위한 경찰 실무단계의 문제 제기나 법적 견해 표명 등이 뒤따라야 한다. 이러한 측면에서 수사단계에서의 현실적인 문제점도 짚어보았다. 예를 들어 현행범 체포대상에 우리의 판례는 형사미성년자에 대해서는 체포할 수 없다고 보고 있다. 그렇다면 형사미성년자들이 집단 패싸움을 한다면 이들을 어떻게 할 것인가? 물론 신원확인이 안 될 경우에는 체포가 가능하겠지만 확인이 된다 하더라도 지속적으로 패싸움을 한다면 그냥 방치할 것인가? 아니다. 공공질서가 깨졌기 때문에 현행범 체포는 가능하고 질서유지 후에 석방하는 것이 합당할 것이다. 그런데 우리의 판례 태도라면 이러한 법 집행은 위법이 된다. 이게 상식에 맞는 것인가? 그렇지 않다. 학계서도 실무에서도 지속적인 문제 제기가 이루어져야 한다.

넷째, 형사절차는 절차를 해보지 않으면 와 닿지 않는 과목이다. 수사서류나 소송서류를 가미한 형소법이 되어야 이해가 쉽고 빠를 것이다. 앞으로의 형소법 전달은 법이론과 실무서류가 가미된 방향으로 나아가기를 기원한다.

마지막으로 책이 나오기까지 편저자의 노력도 있었지만 주변의 적지 않은 동료분들의 도움이 있었음에 이 자리를 빌려 감사와 고마운 마음을 전해 드린다. 특히 법무법인 혜민의 이동엽 변호사님(사법시험 34회)은 전체적인 틀 뿐만 아니라 문구 하나하나에 대해 검토해 주셨고, 승진 공부 중인 동료분들도 많은 도움을 주셔서 본서가 나오게 되었음을 밝혀둔다.
또한, 도서출판 가쎄의 김남지 대표님께도 감사의 말씀을 드린다. 부족한 내용임에도 흔쾌히 출판을 허락해주시고 출간도 신속하게 해주신 데 대해 다시 한번 감사의 말씀을 드린다.

이 책을 통해 수사권 조정시대에 걸맞게 경찰관들의 형소법 지식이 한 단계 업그레이드되는 기회가 된다면 더할 나위 없는 보람으로 생각한다.

목차

제1편 서 론

제1장 형사소송법

제1절 형사소송법의 의의와 성격

Ⅰ. 형사소송법의 의의

1. 형사소송법의 개념

형법을 적용, 실현하기 위한 절차를 규정하는 법률체계

※ 형법은 범죄와 그 범죄의 법률효과인 형벌과 보안처분을 규정하는 법규범의 총체

형사소송법의 범위

협의의 의미로 공소제기 이후의 공판절차, 광의로는 수사와 형 집행 절차까지 포함

※ 실질적으로 형사절차법, 일본 형사수속법, 용어의 혼동을 방지하기 위해 형사절차법이라고 칭하는 것이 타당

2. 형사절차 법정주의

범죄 ⇒ 형사절차 개시 ⇒ 형벌 부과

형사절차 개시와 형벌 부과는 개인의 자유 침해를 수반 ⇒ 이를 억제하기 위해 법률에 엄격하게 규정할 것을 요구(형사절차 법정주의)

민법과 민사절차법: 민사분쟁 해결 시 민사소송법이 정한 절차에 따를 것을 요구하지는 않음
형법과 형사절차법: 형법의 실현은 반드시 형사절차법에 의해야 함

형사절차법정주의: 죄형법정주의 + 적정절차(공정한 재판이념에 일치)

II. 형사소송(절차)법의 성격

형법과 형사절차법의 관계: 실체법과 절차법
형법은 윤리적 색채가 강한 반면 형사절차법은 기술적 성격이 강함(형사소송법을 잘 안다는 것은 기술자가 되어간다는 것, 칼 잘 사용하는 기술자)

※ 형사절차법의 단계별 성격
수사와 형 집행에는 동적·발전적 성격(합목적성), 공판절차에는 법적 안정성이 강하게 요구됨

※ 민사법과의 비교
민사법은 개인과 개인, 부분과 부분 사이의 정의 실현을 목적으로 함. 형사절차법은 국가와 개인, 전체와 부분 사이의 정의 실현 목적, 여기에서 형사법의 정치적 색채가 강하게 나타나고, 가장 정치에 민감한 법률이 형사절차법임. 형사절차에는 그 시대의 정치 상황이 그대로 반영되고 정치적 변혁이 있는 곳에는 언제나 형사절차법의 개정이 뒤따름. 이러한 의미에서 형사절차법의 역사가 바로 정치사라고도 할 수 있음

※ 일반 민사법원은 증거를 수집하지 않고 당사자들이 제출한 것에 대한 판단 권한만 가지는 것이 원칙(변론주의), 이에 반해 형사법원은 판단(재판)을 하기 전에 증거를 수집하고 수집한 증거에 대한 판단(증거능력과 증명력)을 해야 하며(직권탐지주의), 이에 따라 형사법원은 재판기능 외에 조사기능(instruction,

수사)이 필요

※ 형사절차 기관(프랑스 자료)
재판기관, 당사자(검사, 피해자, 가해자, 보험회사 등) 이외에 범죄를 확인하고 범인을 찾는 업무가 경찰기관에게 맡겨짐(사경은 소송개시 전이나 소송 진행 중에도 수사판사를 도와주기 위해 개입함)
민사소송 당사자는 당사자들이 확정. 그러나 형사소송에서는 당사자인 피의자나 피고인, 즉 범인을 찾아야만 소송 가능, 범인을 모르는 상태에서도 형사절차의 개시는 가능하나(수사) 기소와 재판은 특정인에 대해서만 가능

제2절 형사소송법의 법원과 적용범위

Ⅰ. 형사소송법의 법원

※ 용어의 정리

형사소송법: 형사소송법이라는 법체계 전체(실질적 개념)

형사소송법전: 법률조문이지만 통상 형사소송법이라고 부름

법원(法源): 그 법의 기초되는 근거(원은 origin이라는 의미)

법원(法院): 재판을 하는 단위

법원(法院): 재판하는 건물

1. 헌법

2. 형사소송법

(1) 형식적 의미의 형사소송법: 형사소송법전

(2) 실질적 의미의 형사소송법: 실질적 내용이 형사절차를 규정한 법률

1) 조직에 관한 법률

법원조직법, 검찰청법, 변호사법, 각급법원의 설치와 관할구역에 관한 법률, 경찰관직무집행법(불심검문), 사법경찰관리의 직무를 수행할 자와 그 직무범위에 관한 법률 등

2) 특별절차에 관한 법률

국민의 형사재판 참여에 관한 법률, 소년법, 즉결심판에 관한 절차법, 군사법원법, 조세범처벌절차법 등

3) 소송비용에 관한 법률: 형사소송 비용 등에 관한 법률 등

4) 기타

형사보상 및 명예회복에 관한 법률, 형의 집행 및 수용자의 처우에 관한 법률, 사면법, 소송촉진 등에 관한 특례법, 국가보안법, 관세법(관세범에 대한 조사와 공소의 요건, 압수, 수색, 통고처분 등) 등도 실질적 의미의 형사소송법

3. 대법원 규칙

대법원은 법률에 저촉되지 아니하는 범위 안에서 소송에 관한 절차, 법원의 내부규율과 사무처리에 관한 규칙을 제정할 수 있음(헌법 제108조)

법률은 형사절차의 기본적 구조나 피고인을 비롯한 소송관계자의 이해관계에 관한 사항을 규정하고, 규칙은 소송절차에 관한 순수한 기술적 사항

※ 형사소송규칙, 국민의 형사재판 참여에 관한 규칙, 법정 좌석에 관한 규칙, 법정 방청 및 촬영에 관한 규칙, 법정 등의 질서유지를 위한 재판에 관한 규칙, 소송촉진 등에 관한 특례규칙, 소년심판규칙, 형사소송비용 등에 관한 규칙

4. 대통령령과 법무부령

대통령령은 검사와 사법경찰관의 상호협력과 일반적 수사준칙에 관한 규정

법무부령에는 검찰사건사무규칙, 검찰압수물사무규칙, 자유형 등에 관한 검찰집행사무규칙, 재산형 등에 관한 검찰집행사무규칙, 검찰보존사무규칙, 검찰보고사무규칙

II. 형사소송법의 적용범위

1. 장소적 적용범위

대한민국 법원에서 심판되는 사건에 대하여만 적용

※ 국내에도 국제법상 치외법권 지역에서는 적용배제, 국외의 경우에도 영사재판권이 미치는 지역에서는 적용(내국인에 대한 재판)

2. 인적 적용범위

대한민국 영역 내에 있는 모든 사람에게 효력 미침

(1) 예외

1) 국내법상 예외

대통령은 내란 또는 외환의 죄를 범한 경우를 제외하고는 형사상 소추를 받지 아니함

※ 2017년 11월 29일 국회부의장 심00 문재인 대통령 '내란죄' 고발 논란

과거사 진상조사위 설치로 나라 내부질서를 파괴해 국가존립을 위태롭게 하였다는 혐의

그러나 증거확보가 필요한 때에는 체포·구속을 제외하고 수사 가능

√ 대통령이 일정 기간 일할 수 있도록 법적 장치 마련

국회의원은 국회에서 직무상 행한 발언과 표결에 관하여 국회 외에서 책임을 지지 아니하고(헌법 제45조), 현행범인 경우를 제외하고 회기 중 국회의 동의 없이 체포 또는 구금되지 아니함(헌법 제44조 1항)

※ 국민의 대표인 국회의원이 말하고 비판할 수 있도록 장치 마련(면책특권)

2) 국제법상 예외

외국의 원수, 그 가족 및 대한민국 국민이 아닌 수행자, 신임받은 외국의 사절과 그 직원·가족 및 승인받고 대한민국 영역 내에 주둔하는 외국의 군인에 대하여도 형사소송법은 적용되지 않음(SOFA 규정)

Q1. 집회현장에서 국회의원이 집회자들과 같이 불법집회를 하는 경우 – 어떻게?

법리상으로는 현행범 체포가 가능하겠으나 현실적으로 국회의원이 시위현장이나 집회현장에서 불법에 가담하는 경우 또는 불법인지 여부가 불분명한 상황인 경우 국회의원이 현장을 떠난 이후 법집행이 이루어지거나 아니면 현장에서 국회의원에게 불법집회인 만큼 현장을 이탈해 줄 것을 요청하기도 함. 만일 현장에서 지속적으로 이탈하지 않으면서 불법에 가담하는 경우 현장 해산과정에서 자연스럽게 해산을 유도. 다만 국회의원이 불법집회에 가담하였더라도 언론보도 등으로 부각되지 않는 한 형사처벌로 이어지지는 않는 것이 실무관행

Q2. 외국인 범죄는 – 어떻게?

외국인이라고 해서 이들이 국내에서 범죄를 저지른 경우 특별한 대우를 받는 것은 아니며 큰 틀에서는 내국인과 같은 형사절차를 거침. 그러나 외국인이라는 특성 때문에 달라지는 것들이 있음.

√ 국내 체류외국인 '20년 기준 203만 명 불체자 39만 명 외국인 피의자 35,390명, SOFA 피의자 587명

√ 실무절차상 주의사항

① 신원확인의 문제: 장기/단기체류 외국인 폴리폰 등 전산상으로 확인가능

ⅱ 조사단계: 통역과 출국정지의 문제

ⅲ 사후조치: 해당국 영사관 통보의무, 국제공조의 문제(INTERPOL, 국제 사법공조)

Q3. SOFA 범죄 처리절차

① 대상: 미군, 군속, 가족(미군, 군속), 초청계약자

※ 휴가 중 방한한 미군, 카투사, 이중국적 가족 등은 적용되지 않음

② 처리절차

긴급체포나 현행범 체포가능, 그러나 체포 시 미군에 통보하여야 하고 미정부 대표가 출석한 가운데 피신조서가 작성되어야 하며 미정부대표도 서명 또는 날인해야 함

구속 사안이나, 살인, 죄질이 나쁜 강간, 교통사망 뺑소니, 음주사망사고 등 12개 범죄의 경우 미군 측에 신병인도 요청 자제를 요청하고 미군에서 수용 시 영장신청

※ 12개 범죄: 약취·유인, 마약거래, 마약제조, 방화, 흉기강도, 위 범죄의 미수, 폭행·상해치사, 위 범죄 하나 이상을 포함하는 범죄

기타범죄의 경우 미군당국과 협의 후 영장신청, 불구속 사건의 경우 미당국에 신병인계 후 불구속 송치

③ 경찰과 검찰의 협력절차

공소시효가 임박한 사건이나 내란, 외환, 선거, 테러, 대형참사, 연쇄살인관련 사건, SOFA 사건 등 중요사건에 대해 상호 대등한 의견제시·교환절차가 신설되었고(검사와 사법경찰관의 상호협력과 일반적 수사준칙에 관한 규정(이하 수사준칙) 제7조), SOFA 사건 인지나 접수 시 7일 이내에 검찰에 통보하는 규정도 신설됨(경찰수사규칙 제92조)

※ 의견제시·교환절차는 임의사항이나 일방이 협의를 요청하는 경우 상대방은 의무적으로 응해야 함(수사준칙 제8조 제1항 제1호)

Q4. 주한 외교사절 범죄처리(경찰청 자료 참조)

① 대상: 국내 외국공관에 근무하는 외교관, 영사관원, 행정·기능직원 및 그 가족, 노무·사무직원에 의한 범죄를 말함

※ 관련 근거: 외교관계에 관한 비엔나협약 제29조, 영사관계에 관한 비엔나협약 제41조

※ 주한 외교사절 특권·면제의 인정범위

대상 \ 구분		신체불가침 (체포·구속불가)	관할권 면제		
			형사재판	행정재판	민사재판
외교관(가족) (공관장·외교직원)	▶ 공관장:대사 ▶ 외교직원:공사, 참사관, 서기관, 주재관	공·사무 불문	공·사무 불문	공·사무 불문	공·사무 불문
행정·기능직원 (가족)	▶ 외교사절의 사무 및 기능직무 종사 - 행정보조원, 비서, 타자원, 통역원 등	공·사무 불문	공·사무 불문	공무	공무
노무직원	▶ 공관의 관내역무에 종사하는 자 - 운전원, 청소부, 요리사, 경비원 등	공무	공무	공무	공무
영사관원	▶ 영사기관장또는 영사관원:총영사,영사	공·사무 불문 ※중대범죄예외	공무	공무	공무
사무직원	▶ 영사기관 행정 기술업무 종사자	×	공무	공무	공무

② 외교관 신분확인

외교부(외교사절담당관실)를 통해 외교사절 신분 및 특권·면제 대상자 여부를 온 나라 공문으로 발송 회신받아 확인하고, 신원확인 거부 시 일반 외국인범죄와 동일하게 처리

③ 사건처리

특권, 면제 대상자일 경우 임의수사 방식으로 진행하고 사실관계 확인을 위해 필요하다는 협조 요청

※ '16년 1월경 OOO 대사관 소속 대사관원이 출동한 경찰관을 폭행한 사건으로 현행범 체포되었으나 외교관으로 확인되어 신분확인 후 귀가

사건규명과 피해구제를 위한 사실관계 확인차원에서 진술청취와 신문조서 작성, 지문채취 등은 상대방의 동의하에 하는 것이고 사건은 불기소(공소권 없음)로 송치하게 됨

그러나 예외적으로 살인, 강도, 강간 등과 같이 특권을 인정하게 되는 경우 타인의 생명, 신체, 재산에 대한 현재의 급박한 위해를 막을 수 없게 되는

긴급한 경우에는 일시적으로 체포할 수 있음

음주운전의 경우 특권 대상자로 신분이 확인된 경우 협조요청을 하되 강제로 측정하는 것은 불가. 거부하는 경우에도 현장을 이탈하는 경우 제지불가하고 측정거부로 불기소(공소권 없음) 송치, 단순음주 운전의 경우에도 임의동행 요구는 가능하나 현행범 체포는 불가

3. 시간적 적용범위

법률 변경의 경우 신법을 적용할 것인가 구법을 적용할 것인가의 문제

절차법인 형소법에서 소급효금지원칙은 적용되지 않고 입법정책의 문제

※ 형법은 엄격하게 소급효를 금지함

※ 절차법은 당사자에게 유·불리를 논하는 법이 아니라 단순히 재판절차에 관한 규정을 적용하는 법

√ 이전에 적용을 못받은 사람들도 재심이나 다른 절차로 구제받을 수 있도록 하는 것으로 따라서 소급효금지원칙이 적용되지 않음

형소법 부칙은 공소제기 시를 기준으로 구법하에서 공소제기되면 구법, 신법하에서 공소제기되면 신법 적용된다고 규정

제3절 형사소송법의 역사

Ⅰ. 서구 형법과 형소법의 역사

1. 폭력(범죄)에 대한 사회적 반응

① 무제한의 사적 보복 형태(피해자 가족이나 부족, 종족 집단이 피해자 집단에 대해 보복)

⇒ 폭력의 악순환 ⇒ 사회 붕괴

② 규제(조정) 시스템(systeme regulateur)

복수 행사에 대한 교통정리 ⇒ 사회 존속의 필수조건

2. 폭력에 대한 사회적 통제

① 원시사회

일정한 기간 부여, 종료 시 복수 불가, 적법한 복수가 있는 경우 새로운 복수는 불가토록 규제

② 로마시대 이후

ⓐ 경미범죄의 경우 경제적 손해를 끼치는 것으로 보고 현물배상을 하다가 후에 금전배상으로 변화

※ 금전배상(pecuniaire) 개념은 적대적(hostilite) 개념에서 교환(echange) 관계로의 변화를 의미, 범죄피해에 대한 보상수단으로 금전배상을 받아들여야 하는 의무가 형법이라는 표현으로 나타나게 됨

√ 형법의 penal이라는 단어는 라틴어의 poena에서 유래한 것으로 금전배상을 의미

ⓑ 금전배상을 강요할 수 없을 정도의 중한 범죄의 경우 보복 폭력 사용 가능

But, 중대범죄의 경우 대등원칙(equivalence)에 의한 제한이 있을 뿐이었음

※ 이것이 유명한 탈리오의 법칙(눈에는 눈, 이에는 이)

ⓒ 정치·종교적 기초가 침해당하는 특별히 중대한 범죄(반역이나 신성모독, 사회 전체가 침해를 받는 경우)

이제 범죄인은 개인이 가하는 사적 복수의 대상이 아니라 사회가 가하는 공적 복수의 대상으로 변하게 됨

※ 사형: 2가지 의미(속죄를 위한 희생, 추방의 성격)

※ 게르만 사회에서는 추방으로 종료(성인인 경우 추방되고 홀로 야생에서 살아야 함), 로마법상의 추방, 중세시대의 추방, 종교시대의 파문은 이러한 논리의 영향, 결속력이 강한 사회에서 추방은 기간만 지연되는 사형과 동일

ⓓ 사적 범죄에 대한 사회의 개입(일반범죄)

공적 범죄를 판단하는 정치적 집단(국가나 종교)은 개인의 요청이 있는 경우 사적 범죄 영역에도 개입 가능

※ 다만 ⓒ의 경우와 ⓓ의 경우 절차가 상이

ⓒ의 경우 법원이 직권으로 개입하여 범인을 찾아 처벌 ⇒ 직권주의(inquisitoire)

ⓓ의 경우 고소장 제출과 같이 피해자가 원하는 경우에만 개입 가능 ⇒ 당사자주의(accusatoire)

3. 당사자주의와 직권주의 절차

① 당사자주의

당사자주의는 고소를 통해 법원에 제소한 당사자에 의해 수행되고, 당사자 간 결투의 형식으로 진행됨. 고소인과 피고소인 사이에 재판관은 어떤 역할도 수행하지 않고, 결투가 종료되면 어느 쪽이 권리가 있는지만 선언할 뿐임

※ 12세기~13세기에 두 사적 당사자는 엄격하게 대등

√ 피고소인이 감금되면 고소인도 감금, 고소인이 주장을 증명하지 못하는 경우 피고소인이 유죄인정 시 받아야 할 형과 동일한 형으로 위증죄 처벌

※ 당시의 주된 해결방법은 개인 간 해결방식, 사법적 해결은 완전히 부수적이었음. 복수도 불가능하고 금전배상에 합의도 못한 경우, 최후 수단으로 법원에 소를 제기하지만 재판관은 직권으로 개입할 수 없었음

② 직권주의

공동체를 대변하는 사법관의 주도하에 절차개시, 사법관은 사회를 대표하여 범인을 검거하고 증거를 수집하여 형을 선고, 따라서 피해자는 2차적인 것으로 밀려나고 피해자에 대한 배상은 공적처벌과 비교하여 부수적인 것이 됨

※ 소송절차의 개시를 누가하느냐에 따라 달라짐(당사자, 공동체 대표자)

당사자주의: 개시, 진행을 당사자가 주도, 심판은 재판관

직권주의: 개시, 진행, 심판을 재판관이 주재

√ 이러한 두 가지 절차는 시대에 따라 비율을 달리하면서 상호 절충(혼합)

4. 처벌모델과 합의(conciliatoire)모델, 공적법원과 선택적 대안

국가는 형사법적 문제에 직권으로 개입할 권리를 갖는 것인가? 직권으로 모든 불법적 행위를 알아야만 하는 것인가? 아니면 반대로 사인 간 갈등해결 방식이 모두 실패했을 경우 어쩔 수 없이 요청하는 최후의 수단이어야 하는가? 라는 사법적인 관점을 넘어서는 판단에 따라 달라짐

국가가 적극적으로 개입해야 한다는 사고(사회생활에 커다란 영향력을 주기 때문에)에서는 처벌모델로, 국가의 역할을 부수적인 것으로 보고 형법은 사적 복수의 대체물에 불과하다고 보는 입장에서는 조정모델로 가게 됨

처벌모델의 경우(법원의 개입이 처벌로) 사인 간의 금전배상이나 피해배상을 위해 법원에 제기하는 것을 포기하게 함

※ 금전배상의 경우 가액이 사건에 따라 다르게 법률이나 관습에 의해 구체적으로 규정(12세기 살리크 법률)

당사자 간 합의(transaction): 복수를 포기하거나 법원에 대한 소제기를 포기, 손해배상과 비경제적 요구(명예회복, 사과 요구) 충족 시

제3자의 중재(arbitrage): 분쟁 당사자에 의해 구성된 제3자가 사적인 판단을 하면 이에 따르는 경우(중세 종교시대의 중재판정, 피해자의 용서 확인)

오늘날 공공법원이 원칙이고 당사자 간 합의와 중재는 예외적인 것이지만 과거에는 합의와 중재가 더 보편적이었음. 영미법계의 국가가 여기에 해당되고 이러한 이유로 당시자 간 형사적 거래가 이직도 남아 있는 것임(plea bargaining)

이러한 합의와 중재라는 전통은 공공법원이 원칙인 대륙법계에서도 중세말까지 지속

※ 네덜란드는 16세기까지 법률에서 형사계약(합의)을 인정하였고 프랑스의 경우도 중세말에 형사합의가 칙령으로 금지되었지만 명예를 이유로 인한 살인의 경우와 같이 용서 가능한 범죄의 경우 형사합의가 여전히 허용됨

형사법원이 원칙이고 합의모델이 부수적인 상황에서도 처벌모델과 합의·배상 모델은 오랫동안 상호 공존하였음

5. 형벌과 사면(pardon, 용서)

피해자와 가해자는 채권·채무자 관계가 형성되고, 용서는 채무의 면제를 의미. 그러나 오늘날의 형사사법체계에서 형벌의 유일한 배분권자인 국가만이 용서할 수 있는 권리가 있음(사면과 복권)

※ 이는 중세시대 재판관으로서 왕은 성경상의 신과 같이 범죄에 복수자인 동시에 용서하는 자인 것에서 유래
But, 개인도 스스로 복수하거나 법원에 소를 제기하기 전에 가해자를 용서할 권리를 가지고 있었음. 기독교인 간에 빚을 면제한다는 것은 신의 용서와 동일한 조건을 만들어 주는 것임(우리가 죄를 사하여 준 것 같이 우리의 죄를 사하여 주시옵소서(마태복음 6장 12절))

중세시대 형식적인 용서를 하면서 모든 복수를 포기하게 하는 종교적 화해와 물질적 금전배상은 상호 양립하기 힘들었음

13세기부터 로마법에 근거하여 국가는 처벌에 의한 공공질서 확보를 요구하기 시작하였고, 범죄는 더 이상 처벌되지 않고 있어서는 안 된다는 공감대가 형성되어 가게 됨

교회는 화해와 죄에 대한 용서를 계속 권장하지만, 왕권과 로마법을 공부한 관료들은 처벌적이고 처벌적 사법(justice repressive)을 강조하면서, 동로마의 로마법은 영주에게 엄격한 재판과 일벌백계식의 형법 모델을 제공하게 됨. 영주들은 영토를 확장하면서 질서유지를 목적으로 복수적이고 억압적인 형법체계를 갖추게 됨

※ 합의영역에서의 당사자주의도 점차 직권주의화 하게 됨

√ 공법학자의 논리 득세, 피해자의 용서는 고려대상에서 제외, 국가는 개인과 다른 독자적인 목적을 갖게 됨에 따라 왕에 의해서만 사면과 복권 인정(형법적 국가의 승리 이후 피해자의 용서는 의미를 잃게 됨)
※ 오늘날 국가와 법원 그 다음에 피해자에게 용서를 구하게 되는 계기가 되었음

6. 범죄와 종교

형법은 종교영역과 함께 움직여 왔음. 고대의 모든 입법은 종교범죄가 주요한 범죄를 차지하고 종교범죄는 공동체 전체에 피해를 주게 됨. 형법은 이단과 같은 순수한 종교적 범죄도 법률에 규정

※ 신성 모독이나 일정한 성적 행위도 종교풍습에 어긋나는 것으로 봄, 이단자나 동성애자에 대한 화형의 경우 정화적인 측면

만일 피를 흘리게 했다면 신성과 관련되고 흘린 피는 통상 정화의식을 통해서만 제거되는 얼룩으로 생각

12세기부터 왕은 모든 재판의 원천, 신성한 사람으로서 왕은 백성의 삶과 죽음을 처분할 수 있는 신성한 기름 부은 자(예수그리스도)가 됨. 이때부터 왕은 가혹한 형벌을 명하거나 관용의 덕을 베풀면서 사법시스템을 적용해 나감

7. 왕과 형사법원

14세기부터 법학자들은 모든 재판은 왕으로부터 나온다는 것을 앞다투어 강조. 14세기 초부터 왕의 상징물에 정의의 손(la main de justice)이 나타남

중세 말 이후 모든 영주를 포함한 왕립재판관들은 왕의 대리인이나 왕의 재판권의 수임자로 여겨짐. 법원은 오늘날과 같은 재판권을 가지고 있지 않음. 왕은 언제든 스스로 모든 사건을 재판할 수 있었음

※ 기존 재핀에 대해서도 새판관을 교체하거나 스스로가 재판관이 되어 교체할 수도 있었음

13세기 이후 1심은 prevot(기마병)라는 관료(영주법원도 같은 수준) 2심은 baillis와 senechaux라는 3심은 parlement에서 담당

점차 prevot는 경미한 사건, 2심의 baillis는 왕과 관련되거나 중한 사건을 담당하고, 14세기 말경 전문적인 교육을 받은 사람들로 구성된 형사부가 나타남(종교재판관은 피와 관련된 사건을 취급할 수 없었음. 왜냐하면 교회는 피를 싫어하기 때문)

(1) 검사

13세기~14세기 일반 왕립법원에 기소관이 나타남. 왕립법원에서 왕의 권리방어에 전문적인 역할을 하는 대리인이 나타나게 되고(정확하게는 1278년 재판기록에서 처음 나타남) 1303년 칙령에서 공식적으로 인정, 이들은 개인사건을 수임하다가 왕실의 방어업무를 전담하게 되고, 이와 더불어 일부 변호사에게도 업무가 맡겨지다가 양자를 합쳐서 왕의 사람들이라고 지칭하게 되었고, 이러한 업무는 법원에 사무실을 꾸며 수행하게 됨(검사)

검사는 왕의 권리뿐 아니라 왕의 대신(ministere) 업무 전체도 보호할 책임을 지게 됨. 또한 과부, 고아, 사회적 약자 등을 보호하는 책임인 법원의 공공대리인(ministere public)의 역할과 공공평화의 보장자이기도 하였음

※ 오늘날 검사의 행위무능력자의 권리보호에 관한 권한의 시초가 됨

※ 검사는 소제기, 수사(instruction, 판사의 수사) 통제, 결론을 도출하고, 형 집행 등 점차적으로 역할이 중요해짐

중세 말기 왕실법원에는 한 명의 procureur generaux, 두 명의 avocats generaux, 여러 명의 보조검사의 보좌를 받고, 하급심에는 procureur de roi가 배치되었음. procureur de roi는 형사법 사안, avocats du roi는 민사사안을 담당하였으나 점차 구별이 불가능해짐

※ 비왕립법원인 영주법원에서는 procureur fiscal에 의해 수행됨(재정충당이 주목적)

※ 기소에 대한 외국용어의 개념

prosecute(기소): bring to a court of law, go into detail

indict(기소): bring formal charges against someone

procureur(검사): celui qui agit en justice au nom de quelqu'un

√ 법원에서 특정인을 위해 행위 하는 자라는 의미

(2) 법원 간 우열

왕립재판권은 영주재판권이나 도시재판권보다 우선, 왕에게 불복을 호소하는 제도의 발전은 결과적으로 영주법원의 권한을 축소하게 만들었고, 영주는 2차적, 종속적 재판기관으로 전락

※ 당시 왕립 법학자들은 위임이론(theorie de concession)을 원용하여 영주재판관이나 도시재판관이 재판권을 남용하는 경우 폐지선고도 불사

8. 파리 경찰

1667년 commissaire de Chatelet가 파리 경찰의 기원, 그 이전에는 commissaire de police라는 자리를 만들었는데 1638년에는 총 48명이 되었으며 이들은 이름에도 불구하고 사법경찰관이었고 업무수행 시 사법관 의복을 착용

범죄의 추적, 검거, 주·야간 관계없이 절도나 살인 등 범인의 은신처, 주거지에 임장 및 강제개방 권한 부여

※ 당시 1667~1697년간 처음으로 임명된 La Renie가 구체제 경찰 행위의 창시자

※ 처음에는 시민의 휴식을 보호하고, 무질서로부터 도시를 보호하는 것을 경찰의 임무로 보다가, 권한이 범죄에 대한 대응, 화재, 홍수, 경제경찰, 풍속경찰에까지 점차 확대

프랑스에서 1667년까지 경찰은 법원의 부수적인 존재였고, 독립적인 경찰기구를 가지고 있지 못했음. 반면 재판관과 그 보조자들은 생명과 재산의 안전을 확보하고 다양한 재난에 대응할 시간적 여유가 없었음

모든 분야의 질서를 원하는 루이 14세(1638~1715(72년 재위))는 권좌에 오르고 재정질서가 회복된 이후, 왕조의 안전을 위해 파리 경찰의 중요성을 인식하게 되고 도시의 경찰을 개혁할 필요성을 느끼게 됨

이에 따라 효율적이고 합리적인 행정조직을 만들어 다양한 위험에 대처하고자 하였음. 이러한 맥락에서 1667년 칙령을 통해 파리경찰국장(Lieutenant general de police)을 만들고 이를 Nicolas de La Reynie에게 맡김. Reynie는 프랑스 사법경찰의 아버지로 불리며 30년간 경찰기구를 정상화시키게 됨. 30년간의 재직기간을 통해 그는 파리를 탈바꿈시키게 되는데 48명의 고위급 경찰관(경정급)이 급여 면에서 나은 대우를 받으면서 파리지역을 감시하게 됨. 2,763개의 가로등을 설치하고 여론을 조사하는 관리를 두게 됨

루이 14세 이전에는 재판소(tribunal)와 왕이 파견한 고위급 관료인 prevot(어원 대리인, 기초단위 조세징수 및 도시관리)가 재판을 중첩적으로 담당했고. 16세기 초부터 형사재판과 민사재판업무와 경찰업무를 prevot 밑의 민사재판관(Lieutenant civil)과 형사재판관(Lieutenant criminel)이 중첩적으로 맡았음

※ prevot 재판
prevot 법원은 기능수행에 있어 상급법원에 종속되고 수사(instruction)와 재판에 있어서는 prevot 옆에 상급법원의 왕의 대리인인 검사의 참여를 필요로 함. 사법적 자율성과는 거리가 있음
※ prevot는 중세시대 일정 지역 내 재정, 재판, 행정, 공공질서를 담당하는 관료를 말함

1630년 3월 12일 민사재판관이 경찰업무를 수행하도록 고등법원에서 교통정리를 하였음에도 양자 간의 갈등은 계속되었고, 이들 외에 재정고위관료(prevot des marchands)도 안전문제에 개입하였으며, 여러 행정기관들의 경쟁적 개입으로 인해 커다란 혼란이 초래되어 대도시의 관리 문제를 해결하는 데 어려움이 있었음

또한 당시 경찰은 보수가 거의 없거나 무료적인 성격으로 이해되었고, 관직을 매입한 관료들은 재정적으로 더 이익이 나는 분야를 더 선호했음

이러한 행정의 난맥상으로 관료는 부패했고 구조적인 문제를 지니게 되어 17세기 후반에 개혁의 필요성이 제기되게 됨

당시 파리는 유럽에서 가장 중요한 도시였지만 치안 면에서 매우 심각했음. 밤낮없이 절도와

살인이 이어졌고 군인들의 군무이탈도 심각했음

※ 이들은 군인 숙소가 없는 경우 자가에서 묵었음

1665년 8월 24일 당시 형사재판관 사무실에서 대낮에 재판관이 살해당하는 사건이 발생함. 이와 같이 범죄로 인한 공공의 분노가 들끓자 루이 14세는 파리의 무질서 문제를 해결하기 위해 경찰개혁위원회를 구성하게 되는데(1666~1667), 위원회의 결론에 따라 파리 prevot 산하에 경찰국장을 창설하게 됨

1667년 3월 3일 파리경찰국장은 민사재판관(이 사람도 아버지로부터 상속받은 자리임)으로부터 경찰권한을 회수하는 대가로 25만 리브르를 지급하게 됨

1667년 칙령은 재판기능과 경찰기능은 한사람에 의해 행사되기에는 종종 양립 불가능하고 범위가 너무 넓다고 천명하면서 재판권과 행정권을 분리하고자 하는 의사를 명확히 함

공공질서 문제에 대해 왕립재판소 산하에 위치한 경찰국장은 실제적이면서 정치적인 고려에 복종한 것으로 보임. 경찰국장제도는 재판과 비교할 때 경찰문제의 특수성에 대한 왕권 법률가들이 인식한 방법이었음. 즉 새로운 유형의 권력 출현으로 왕권은 재판소보다 경찰이라는 제도를 통해 더 자신들의 부하들에 대하여 왕권을 행사할 수 있게 되었음

당시의 경찰국장은 자신의 권한에 해당하는 사건 즉 경미사건을 처리하기 위해 매주 1회 경찰사건에 대한 심리를 주재하고 구금 기간을 정하거나, 개선을 위해 교도소에 보내는 것을 결정할 수 있었음

※ 일정한 영역(직업의 특권 침해사건 등)에 대해 재판권을 행사하고, 질서를 유지하며, 오늘날보다는 더 넓은 개념의 경찰영역을 담당하는 조직이었음

√ 총 11개 영역, 종교, 풍속, 건강, 생필품의 공급, 수자원관리(수해와 침수), 공공 평온과 안전(문단속, 가로등 조명등), 좌경 학문과 예술(불온서적 등), 상업(폭등 예방을 위한 빵 가격 동향 감시), 노예나 가정부, 노동자에 대한 규세, 수공업과 기계기술, 가난에 대한 관리 등 오늘날 행정의 개념과 일치하는 폭넓은 것들이었음

II. 우리나라 형사소송법의 역사

1. 구한말 이전

고려시대나 조선시대, 중국의 당률과 대명률, 보충적으로 실정에 맞게 경국지전, 경제육전, 경국대전, 육전회통과 같은 법률 제정 사용

재판기관으로 중앙에 형조와 의금부, 지방의 재판은 지방행정관이 담당

사법권은 권문세도에 의하여 남용되어 형정이 극히 문란하고 왕권 본위의 규문절차를 벗어나지 못함

2. 구한말 이후

1912년 조선형사령에 의해 일본 형사소송법 적용(독일 형사소송법의 영향을 받은 것)

치안유지법, 전시형사특별법의 적용에 의해 형소법의 민주적 요소 압살

1948년 군정법령 제176호로 형사소송법 개정에 의해 영미의 당사자주의적 소송구조 도입

1954년 2월 형사소송법 제정 현행 형소법

영미의 당사자주의 도입, 그러나 대륙법계의 직권주의를 기반으로 하는 절충주의

※ 그래서 헷갈리고 여기저기서 개념을 끌어다 썼기 때문에 이해도 어렵고 학설도 난해하게 되었음. 따라서 우리나라 형소법을 이해하려면 대륙법계와 영미법계를 다 이해해야 하는 이유가 여기에 있음

3. 형사소송법의 개정

1954년 9.23 공포 시행된 이후 34차례에 걸친 개정, 4단계로 나누어 설명 필요

① 1995년까지의 개정(총 8차)

- 1961. 9. 1, 1963. 12. 31. : 영미 당사자주의 요소 강화
- 1973. 1. 25. 비상국무회의에서 3차(유신정권)
- 1973. 12. 20.
- 1980. 12. 18.
- 1988. 2. 25(6.29 선언 이후)

② 1995년 이후 2007년 5월까지(총 11회)

기본권 보장 강화요청에 실질적으로 부응하여 적정절차 원칙과 피의자·피고인의 인권을 보장하면서도 형벌권의 적정한 실현을 도모하기 위한 노력

- 1995. 12. 29. 공포되어 1997. 1. 1.부터 시행된 제8차 개정 시 커다란 변화
- 2006. 7. 19. 국선변호인 선정 사유 대폭 확대, 모든 구속피고인과 피의자에게 국선변호인 선임 가능

③ 2007년 6월 1일 이후의 개정

- 17차(2007. 6. 1. 공포되어 2008. 1. 1. 시행)

변호인의 피의자 신문참여권 인정, 피의자 신문 전 진술거부권 고지 구체화, 수사과정 기록, 구속심사 시 범죄의 중대성과 재범의 위험성 고려, 긴급체포 후 석방한 경우 석방사유를 법원에 통지, 구속 전 피의자 심문을 필요적 심문으로 변경, 긴급체포 시 압수·수색·검증의 요건으로 긴급성을 요구하면서 영장 없이 압수·수색·검증 시한을 24시간으로 축소하고 계속 압수의 필요가 있는 경우 사후 압수·수색영장을 받도록 함

공판중심주의적 심리절차를 강화하기 위해 공판준비절차와 증거개시제도 도입, 피고인과 검사를 대등한 좌석에 위치(서로 마주 보게)

증거법 체계

위법수집증거 배제법칙 명문화, 참고인 진술조서의 증거능력도 조서의 진정성립이 원진술자의 진술 또는 영상녹화물 기타 객관적 방법으로 증명되고, 피고인의 반대신문 기회가 보장되며 특신상태가 증명된 경우에 인정, 조사자 증언제도 도입(전문진술), 피의자와 참고인 진술의 영상녹화제도를 도입하고 피고인 또는 피고인 아닌 자의 기억을 환기시킬 필요가 있다고 인정되는 때에는 영상녹화물을 사용할 수 있도록 하였음(탄핵증거 불가)

- 2007. 6. 1. 국민의 형사재판 참여에 관한 법률 공포, 시행: 형사재판에 배심원 제도 도입
- 2011. 12. 21. 20차 개정 2012. 1. 1.부터 시행

압수·수색의 요건에 피고사건과의 관련성을 추가하여 요건 강화, 정보저장매체 등에 대한 압수의 범위와 방법을 명시하고, 정보주체에 해당사실을 알리도록 하며, 영장에는 작성 기간을 명시하도록 하여 전기통신관련 압수·수색제도를 보완하고(제114조 1항), 사법경찰관의 수사개시권과 사법경찰관에 대한 검사의 수사지휘권을 명시하여 수사주체인

검사와 사법경찰관의 관계를 조정

- 2015. 7. 31. 제27차 개정
살인죄에 대한 공소시효 폐지
- 2016. 5. 29. 제30차
소송계속 중에 있는 사건 관계 서류의 열람·복사에 대해서도 피해자·증인 등 사건관계인의 개인정보를 제한할 수 있는 근거마련, 진술서 및 그에 준하는 디지털 증거의 진정성립은 과학적 분석결과에 기초한 디지털 포렌식 자료, 감정 등 객관적 방법으로도 인정할 수 있도록 하되, 피고인 아닌 자가 작성한 경우 반대신문권이 보장됨을 명확히 함

④ 2020년 이후의 개정

2020. 2. 4. 국회를 통과한 제34차 개정법률은 검·경 수사권 조정 및 검찰개혁의 일환으로 이루어짐

※ 개정법률 시행은 2021. 1. 1.부터이고, 제312조 제1항(검사작성 피신조서의 증거능력)은 2022. 1. 1.부터 시행됨

개정내용은

Ⓐ 수사지휘권 폐지

검사와 사법경찰관은 수사, 공소제기 및 공소유지에 관하여 서로 협력하도록 하고(제195조 제1항 신설), 사법경찰관에 대한 검사 지휘규정을 폐지하였음

Ⓑ 검사의 수사감독권 신설

ⓐ 수사과정에서 법령위반, 인권침해 또는 현저한 수사권 남용이 의심되는 사실의 신고가 있거나 그러한 사실을 인식하게 된 경우, 사건기록의 송부 요구와 필요한 경우 사법경찰관에게 시정을 요구하고 시정요구가 정당한 이유 없이 이행되지 않은 경우 사건송치를 요구할 수 있음(제197조의3 신설)

ⓑ 송치사건의 공소제기 여부 결정, 공소유지에 관하여 필요한 경우 보완수사요구를 할 수 있으며, 이때 사경은 정당한 이유 없이 이를 이행하여야 함(제197조의2 신설)

Ⓒ 사법경찰관의 종결권에 대한 통제

ⓐ 사경이 수사를 종결 시 혐의가 인정되면 검사에게 송치하되, 그 외에는 이유를 명시한 서면, 증거서류, 증거물을 검사에게 송부함(불송치 결정, 제245조의5 신설)

ⓑ 사건불송치가 위법 또는 부당한 경우 이유를 명시하여 재수사를 요청할 수 있고, 사

경은 요청이 있는 경우 재수사를 하여야 함(제245조의8 신설)

ⓒ 불송치의 경우 고소·고발인·피해자 또는 법정대리인에게 취지와 이유를 서면으로 통지해야 함(제245조의6 신설)

ⓓ 통지받은 사람은 사법경찰관의 소속 관서장에게 이의신청을 할 수 있고, 이의신청 시 지체 없이 검사에게 사건을 송치토록 함(제245조의7 신설)

Ⓓ 검사와 사법경찰관의 수사경합 시 수사주체

검사는 동일한 범죄사실을 수사하게 된 경우 사법경찰관에게 사건송치를 요구할 수 있고, 사법경찰관은 사건을 지체 없이 송치하되, 검사가 영장을 청구하기 전에 사법경찰관이 영장을 신청한 경우 해당 영장에 기재된 범죄사실에 대해 계속 수사할 수 있도록 함(제197조의4 신설)

Ⓔ 검사의 영장청구권 행사 남용방지 제도 도입

검사가 사경이 신청한 영장을 정당한 이유 없이 판사에게 청구하지 아니한 경우 사법경찰관은 관할 고등검찰청에 영장청구 여부에 대하여 심의를 신청할 수 있고, 심의를 위해 각 고등검찰청에 외부위원으로 구성된 영장심의위원회를 설치토록 함(제221조의5 신설)

Ⓕ 특별사법경찰관은 기존과 같이 모든 수사에 대하여 검사의 지휘를 받도록 함(제245조의10 신설)

Ⓖ 검사작성 피의자 신문조서의 증거능력 관련 규정 조정

ⓐ 검사작성 피의자 신문조서의 실질성립을 피고인이 부인하는 때에는 영상녹화물 기타 객관적 방법에 의하여 증명할 수 있도록 한 부분을 삭제(제312조 제2항 삭제)

ⓑ 검사작성 피신조서의 경우 피고인 또는 변호인이 내용을 인정한 경우에 한하여 증거능력을 인정토록 함(제312조 제1항, 사경 작성 피신조서의 증거능력 요건과 동일하게 조정)

또한, 고위공직자 수사처 설치와 운영에 관한 법률을 제정하여(2020. 1. 14) 고위공직자 범죄 등에 관한 수사 및 일부 범죄의 공소제기를 담당토록 함

※ 이와 동시에 2020. 2. 4. 검찰청법을 개정하여 검사의 수사개시범위를 임격히 제한하였음

제2장 형사소송의 이념과 구조

제1절 형사소송의 지도이념

실체진실주의, 적정절차(due process), 신속재판원칙(피고인의 기본권 보장, 방어권 보호)이 있으며, 이념 상호 간에는 긴장관계, 조화관계, 수단·목적관계가 있음

Ⅰ. 실체진실주의 (truthfinding)

실체진실주의는 법원이 당사자의 주장이나 입증에 관계없이 직권으로 사실심리와 증거조사를 하는 직권주의를 전제로 하나, 우리 형소법은 영미의 당사자주의 소송구조를 대폭 도입하여 당사자주의의 색채를 강하게 띠고 있음

1. 실제진실주의의 내용

적극적 실체진실주의(대륙의 직권주의적 형사소송구조)

소극적 실체진실주의(무죄추정, 영미의 당사자주의 구조, 죄 없는 자를 유죄로 오판하는 것을 최소화)

※ 실체진실주의의 제도적 표현

수사, 공판절차 모두에 적용, 검사의 객관의무(검사의 당사자 지위), 변호사의 진실의무

※ 공판절차상
직권에 의한 증거조사(당사자 신청 원칙)
증거법칙: 증거재판주의, 사실인정 시 증거법칙 적용(위법수집증거, 임의성 없는 자백, 전문증거의 증거능력(자격) 배제, 자유심증주의, 자백보강법칙)
상소와 재심제도: 미확정의 재판에 대하여 상급법원에 오판 시정, 유죄의 확정판결에 대한 재심제도

2. 실체진실주의의 한계

적정절차, 신속한 재판(시간적 제약)
사실상의 제약(인간 인지의 한계)
초 소송법적 이익에 의한 제약
군사상·공무상·업무상 비밀에 속하는 장소 또는 물건에 대한 압수·수색 제한
공무상 또는 업무상 비밀에 속하는 사항과 근친자의 형사책임에 불이익한 사항에 대한 증언거부권

※ 국가·사회·개인적 이익(초 소송법적 가치) ＞ 실체적 진실발견 가치(소송법적 가치)

II. 적정절차의 원리

1. 개념

미국 14차 수정헌법상 규정인 '어떤 주도 법률의 적정절차 없이는 사람의 생명, 자유, 재산을 박탈할 수 없다'에서 나온 것임

※ "no state will deprive any person of life, liberty, or property, without due process of law"

우리 헌법 제12조 1항 "누구든지 법률에 의하지 않고는 체포·구속·압수·수색 또는 심문을 받

지 아니하며, 법률과 적법한 절차에 의하지 아니하고는 처벌·보안처분 또는 강제노역을 받지 아니한다"(적정절차의 일반조항)

2. 적정절차원리의 내용

공정한 재판의 원칙: 적정절차 원칙은 절차가 공정하게 운용될 것도 요구

공평한 법원의 구성: 독립성이 보장되는 법관으로 구성, 제척·기피·회피제도

피고인의 방어권 보장: 제1회 공판기일의 유예기간(5일), 피고인 공판정 출석권, 진술권, 진술거부권, 증거신청권, 증거보전청구권

무기평등의 원칙: 검사와 피고인(변호인 조력권, 국선변호인, 검사의 객관의무)

비례성의 원칙

목적과 수단, 목표와 방법, 침해와 공익 사이에 비례가 유지되어야 한다는 원칙(과잉금지의 원칙)

비례원칙은 체포·구속·압수·수색 등을 법적으로 허용하는 경우에도 그 명령, 집행, 계속 여부를 한계 짓는 기능

피고인 보호의 원칙: 사회적 법치주의 ⇒ 법원의 보호의무 ⇒ 설명, 고지의무

진술거부권의 고지, 퇴정한 피고인에 대한 증인·감정인 또는 공동피고인의 진술요지의 고지, 증거조사 결과에 대한 의견과 증거조사 신청에 대한 고지, 상소에 대한 고지, 피고인을 구금할 때 범죄사실의 요지와 변호인을 선임할 수 있음을 고지

III. 신속한 재판의 원칙

1. 개념

헌법 제27조 제3항 "모든 국민은 신속한 재판을 받을 권리를 가진다"

※ 미국 수정헌법 제6조, 독일은 헌법과 형사소송법에는 없으나 조약에 의해 인정

피고인의 이익보호, 공익의 보호(지연 시 증거 멸실이나 왜곡, 실체진실 저해, 법원의 부담경감) 차원에서 필요

2. 재판의 신속을 위한 제도

(1) 수사와 공소제기의 신속을 위한 제도

수사기관의 구속기간 제한

사경과 검사의 구속기간 제한은 간접적으로 신속한 수사의미(수사 후 공소제기기간 규정은 없음)

기소편의주의: 기소여부에 대한 신속한 판단(기소 또는 불기소)

기소법정주의도 신속재판을 위한 제도

공소시효: 일정 기간 공소를 제기하지 않으면 공소권을 행사할 수 없게 하는 제도, 기소 이후 25년간 판결의 확정이 없으면 공소시효가 완성됨(제249조 제2항)

(2) 공판절차의 신속한 진행을 위한 제도

① 공판준비절차: 제1회 공판기일 전 쟁점과 증거를 정리하기 위하여 신설된 공판 전 준비절차 및 기일 간 공판준비절차(공판기일 전의 증거조사와 증거제출)

② 심판범위의 한정: 법원의 심판범위를 공소장에 기재된 공소사실에 제한하는 것은 피고인의 방어준비에 주된 목적이 있으나 동시에 공판심리의 신속에도 기여

③ 궐석재판제도: 출석하지 않고 재판하는 절차로 정당한 이유 없이 출석을 거부하고, 교도관리에 의한 인치가 불가능하거나 현저히 곤란하다고 인정되는 경우

※ 약식명령에 대하여 정식재판을 청구한 피고인이 공판기일에 2회 불출석한 경우도 궐석재판 가능

④ 집중심리주의: 심리에 2일 이상을 요하는 사건은 연일 계속하여 심리해야 한다는 원칙

※ 제267조의 2 '심리에 2일 이상이 필요한 경우 부득이한 사정이 없는 한 매일 계속 개정하여야 하고, 재판장은 부득이한 사정으로 매일 계속 개정하지 못하는 경우에도 특별한 사정이 없는 한 전회 공판기일로부터 14일 이내로 공판기일을 지정하여야 한다.'

※ 특정강력범죄의 처벌에 관한 특례법에도 동일한 규정이 있고 공판기일 지정은 직전 공판기일로부터 7일 이내에 다음 공판기일 지정해야 함

⑤ 재판장의 소송지휘권: 재판장의 공판기일 지정과 변경, 증거신청에 대한 결정, 불필요한 변론제한, 변론의 분리와 병합, 쟁점을 중심으로 하는 적절한 소송지휘권 행사

⑥ 구속기간과 판결선고 기간의 제한

※ 구속기간

수사단계: 일반사건(최대 30일) - 경찰 10일, 검찰 10일(1차 갱신 가능)
국가보안사범(최대 50일) - 경찰 10일(1차 갱신 가능), 검찰 10일(2차 갱신 가능)

재판단계: 총 18개월
1심(총 6개월: 기본 2개월(2차 갱신, 4개월)), 2심(3차 갱신 6개월), 3심(3차 갱신 총 6개월)
※ 판결선고 기간: 제1심 공소제기부터 6개월, 항소 및 상고심은 기록 송부일로부터 4개월 이내, 약식명령은 청구 있은 날로부터 14일 이내(훈시규정임)

⑦ 대표변호인 제도: 수인의 변호인이 선임된 경우 3인 이내의 대표변호인을 지정하여 서류 송달 및 통지 대상을 대표변호인에게 제한

⑧ 소송지연 목적이 명백한 법관기피신청을 기각사유에 추가

⑨ 상소심재판의 신속을 위한 제도

ⓐ 상소기간 등의 제한: 상소기간, 상소기록의 송부기간, 상소이유서 또는 답변서 제출기간 제한

ⓑ 상소심의 구조: 항소심 – 속심(심리를 이어서 진행하여 사실판단) + 심판범위 제한(사후심적 성격 규정)

※ 사후심은 사실판단 없이 원심판단에 문제가 있는지 없는지 법률적으로 검토하는 것을 말함

상고심 – 순수한 사후심

⑩ 재판신속을 위한 특수한 공판절차

ⓐ 간이공판절차: 피고인이 자백하는 경우에만 진행

※ 정식기소: 기소와 동시에 공판을 요구하는 것

√ 공판 중에 자백한 경우 간이공판절차로 이행

※ 절차

피고인과 변호인이 의논한 후 인정해야겠다고 결정, 최초진술(모두진술)에서 피고인이나 변호인이 “피고인은 공소사실 전부 자백하고 인정하겠습니다.”라고 말하면 재판장이 “피고인이 자백하니 간이공판절차에 따라 재판을 진행하겠습니다.”라고 말함. 이어 검사가 공소사실을 이야기하고 피고인에게 의견진술기회가 주어지지만 변호인이나 피고인이 그냥 자백한다는 취지를 반복하고

증거도 다 동의하는 걸로 해서 검사가 그대로 수사기록을 제출. 이렇게 순식간에 특별한 사유가 없는 한 재판은 한 기일 만에 종료됨. 증거가 제출되고 나면 판사가 변론이 종결되었다고 하고 검사는 구형하고, 변호인은 최후변론, 피고인은 최후진술을 하게 됨 "잘못했으니 한 번만 봐주세요."

※ 증거조사방법의 간이화와 증거동의 의제에 의해 신속한 재판에 기여, 합의부 관할 사건(사형, 무기 또는 단기 1년 이상 징역 등)도 간이공판절차에 의하여 심판가능

√ But, 요건이 구비되었어도 간이공판절차에 의해 심판하는 것이 제도의 취지에 맞지 않는 경우에는 취소사유가 되기 때문에 일정한 제한이 있음

ⓑ 약식절차: 수사 중 자백하여, 검사가 피의자에 대하여 징역이나 금고보다는 벌금형에 처함이 상당하다고 생각하는 경우에 기소와 동시에 법원에 벌금형에 처해달라는 뜻의 약식명령을 법원에 청구하는 것(7일 이내 정식재판 청구가능)

※ 서면심리로 재판진행

※ 명령·결정·판결 구별

명령: 재판장, 수명재판관 등의 재판관에 의한 재판으로 구두변론을 거치지 않아도 됨

결정: 재판소에 의한 재판(구두변론 ×)

판결: 재판소에 의한 재판으로 (구두변론 ○)

3. 신속한 재판의 침해와 그 구제

(1) 재판지연의 판단기준: 명백한 기준 여부

① 지연기간: 수사기관이나 법원이 의무를 다하였을 경우에 적합한 기간 초과 시

② 지연이유: 검사와 법원의 태만에 의하거나 과중한 부담으로 인한 재판 지연의 경우

③ 피고인의 이유: 참고사항

④ 피고인의 불이익: 현실적 불이익, 피고인의 요구, 지연기간, 그 이유를 종합 판단해야 함

(2) 재판지연에 대한 구제책

① 미국 – 공소기각

② 일본 - 면소판결

③ 독일 – 양형 고려사항

④ 우리나라 – 명문규정 ×, 공소제기 후 25년 경과 시 공소시효 완성, 따라서 25년에 이르지 않은 경우 형식재판에 의한 소송종결보다는 양형 고려사항으로 봄

제2절 형사소송의 기본구조

Ⅰ. 소송구조론

1. 지도이념: 실체진실주의, 적정절차, 신속재판

2. 방법론: 소송구조(주체, 주체 간 관계)

3. 소송구조

(1) 규문주의

주체인 법관이 개시(소추) ·조사(수사판사, 예심판사)하고 판단(재판판사, 법관의 과중한 부담과 피고인은 조사와 심리의 객체)

※ 프랑스 혁명을 계기로 형사소송 구조에서 사라짐

(2) 탄핵주의

재판기관과 소추기관(poursuite)을 분리하여 소추기관의 소제기에 의하여 법원이 절차개시

※ 소추를 누가하느냐(소제기)에 따라 국가소추주의, 피해자소추주의, 공중소추주의

(3) 당사자주의와 직권주의

소송의 주도적 지위를 누가 담당하는가에 따른 분류

1) 당사자주의(영미)

audience and debate(청중 앞에서 진행, 공개된 장소에서 진행)

당사자(검사와 피고인)에게 소송의 주도적 지위를 인정하여 당사자 사이의 공격과 방어에 의하여 심리(토론에 의해 진행되는 절차나 시간)가 진행되고, 법원은 제3자의 입장에서 당사자의 주장과 입증을 판단하는 구조로 사법의 스포츠화 우려

※ 민사소송에서 취하고 있는 형태이고 초기시대 민사와 형사의 구별이 없던 시대에는 형사도 민사와 같은 형태로 진행, 중앙집권이 되면서 규문주의 내지 직권주의가 나타남

2) 직권주의(대륙법계)

소송에서 주도적 지위를 법원에게 인정하는 구조, 직권탐지주의(증거 직권 수집 및 조사), 직권심리주의(법원이 직권으로 사건 심리)

※ 심리: 법원이 재판의 기초가 되는 사실 및 법률관계를 명확하게 하기 위해 조사하는 행위(조사로 보거나 instruction)

※ 피고인의 방어권이 형해화될 우려가 있음

II. 한국 소송법 구조

1. 당사자주의와 직권주의 조화(혼합형)

2. 당사자주의적 요소

당사자의 지위와 권한의 평등을 전제

① 검사의 기소: 피고인 혐의인정, 경미사안 ⇒ 간이기소 ⇒ 약식명령(판사, 벌금)
혐의 부인 또는 혐의 인정하나 중한 경우(1년 이상 징역) ⇒ 정식기소

② 심판범위의 확정: 공소장에 공소사실 특정(법원 심판범위 제한)

③ 공소장 일본주의: 공소장에는 법원이 예단이 생기게 할 수 있는 서류 기타 물건을 첨부하거나 그 내용을 인용하여서는 아니 됨(제118조 2항)

※ 법관에게 예단을 줄 우려가 있는 사유를 공소장에 기재하지 말라(선입견이나 편견 갖게 하지 말라는 의미)

④ 공판준비절차에서 피고인의 방어권 보장
준비절차는 쟁점정리 기능, 여기서 공소장 부본 송달, 제1회 공판기일의 유예기간(소환장 송달 후 5일 이상의 유예기간), 피고인의 공판기일변경신청권

⑤ 공판절차에서 당사자의 주도적 지위

ⓐ 당사자의 출석: 피고인의 공판정 출석 공판개정의 요건

ⓑ 모두진술: 검사의 모두진술로 시작, 공소장에 있는 공소사실, 죄명 및 적용법조 낭독(필요시 要旨만), 모두진술 후 피고인의 공소사실 인정여부 진술
인정 시 ⇒ 간이공판절차(증거조사 절차 간이, 증거능력 동의 의제)
불인정 시 ⇒ 정식 공판절차로 이행
※ 모두(冒頭, 나아갈 모, 머리 두)

※ 검사와 피고인의 모두진술에 의하여 공판을 개시하는 것이 당사자적 요소

ⓒ 증거조사: 당사자의 신청에 의함을 원칙(입증의 주도권 당사자)
검사와 피고인, 피의자의 증거보전청구권(제184조, 미보전시 증거사용 곤란할 경우 압수, 수색, 검증, 증인신문, 감정처분)
※ 일본은 청구권자에 피의자 피고인만 적시 검사는 없음
※ 증인신문 청구는 검사만(참고인이 출석 또는 진술을 거부하는 경우 제1회 공판기일 전까지, 법 제221조의 2)

당사자 증거조사 참여권(제163조, 제176조), 증거조사에 대한 이의신청권
증인신문에 대하여 상호신문제도(주신문, 반대신문)
증거법칙으로 전문법칙 인정(당사자의 반대신문권 보장이 주된 이유), 증거에 대한 당사자의 동의, 탄핵증거

ⓓ 피고인신문의 방법
피고인의 진술거부권 보장, 질문순서도 검사와 변호인이 먼저 법원은 그 후에 행함

ⓔ 당사자의 최종변론
피고인신문과 증거조사가 끝난 후에 검사, 피고인, 변호인의 의견진술 기회부여

3. 직권주의적 요소

직권주의는 보충적·보정적 기능

① 증거조사: 당사자 신청 원칙 그러나 법원의 직권조사도 가능(입증의 문제)
② 피고인 신문: 피고인에 대한 당사자의 신문이 끝난 후 재판장도 피고인 신문가능
③ 공소장 변경요구: 심리의 경과에 비추어 상당하다고 인정할 때에는 공소사실 또는 적용법조의 추가 또는 변경을 요구하여야 함(제298조 2항)
※ 소송대상에 대한 직권행사

제3장 소송절차의 기본이론

제1절 소송절차의 기본구조

소송절차의 전 과정 즉 전체로서의 소송을 어떻게 통일적으로 파악할 수 있는가의 문제로 법률관계설(소송주체사이에 존재하는 법률관계로 파악), 법률상태설(기판력을 정점으로 하는 부동적인 법률상태로 파악), 2면설(실체면은 법률상태설, 절차면은 법률관계설로 파악)이 있음

제2절 소송절차이분론

소송절차를 범죄사실 인정절차와 양형절차로 분리하자는 주장

제2편
소송주체와 소송행위

※ 영미나 독일의 경우 탄핵주의나 규문주의, 당사자주의, 직권주의를 구별하지 않고 accusatoire(accusation), inquistitoire(inquisition)이라는 용어를 사용함

소송 전 절차, 소송 중 절차, 소송 후 절차(미국)
사실인정절차(수사, 기소, 재판), 집행절차(독일)

※ 국가소추주의, 법률에 의한 법관의 원칙, 탄핵주의, 기소법정주의, 법적청문을 받을 권리, 자기부죄금지의 원칙, 신속재판의 원칙, 일사부재리의 원칙, 구두변론주의, 공개주의, 직권탐지주의, 직접주의, 자유심증주의, 무죄추정원칙

제1장 소송의 주체

- 소송의 3주체: 법원, 검사, 피고인
- 재판주체는 법원, 재판받는 주체는 검사와 피고인(당사자)
- 피해자는 소송주체나 당사자 지위는 아님
- 변호인은 피고인의 보조자

  ※ 보조인이란 일정한 신분 관계에 기해 피고인 또는 피의자의 이익을 보호하는 보조자를 의미하며 법정대리인·배우자·직계친족과 형제자매가 해당될 수 있고 변호인 제도를 보충하는 의미고 변호인과 같은 광범위한 권한이 인정되지 않음

- 검사의 보조자(사법경찰관리) ⇒ 수사권 조정(사경 검사와 대등 협력관계로 변화)
- 소송당사자와 보조자를 합하여 소송관계인
- 소송에 대한 적극적인 형성력 없이 소송에 관여하는 사람(증인, 감정인, 고소, 고발인): 소송 관여자

제1절 법원

I. 법원의 의의와 종류

1. 법원

사법권을 행사하는 국가기관

※ 사법권: 법률상 쟁송에 관하여 심리·재판하는 권한과 이에 부수하는 권한

2. 법원은 두 가지 의미

⑴ 국법상 의미의 법원: 사법행정상의 법원

사법행정상의 단위이기 때문에 대법원장과 법원장의 지휘·감독을 받음

⑵ 소송법상 의미의 법원: 재판기관으로서의 법원

구체적으로 재판권을 행사할 때에는 일정한 수의 법관으로 구성된 재판기관인 합의부나 단독판사를 소송법상 의미의 법원이라 하고, 상급법원이나 법원장의 지휘·감독을 받지 아니하며, 형소법에서 법원이라고 할 때는 소송법상 의미의 법원을 말함

3. 종류

대법원, 고등법원과 특허법원, 지방법원, 가정법원, 행정법원과 회생법원

※ 법관 = 대법원장 + 대법관 + 판사

4. 사법권의 독립

법관의 엄격한 자격요구(대법원장과 대법관은 20년 이상 판, 검, 변호사나 대학교수 재직자, 판사는 10년 이상 위 보직 경험자, 5년 미만 재직 판사는 단독재판 불가하고, 합의부 재판장도 불가)

강력한 신분보장(탄핵결정이나 금고 이상의 형의 선고에 의하지 아니하고는 파면되지 아니하고 법관징계위원회의 징계처분에 의하지 아니하고는 정직, 감봉 또는 불리한 처분을 받지 아니함 ⇒ 그러면 징계처분으로 해임 가능한 것 아닌가?)

※ 사채업자에게 2억 원을 받은 혐의를 받은 수원지법 법관에게는 고작 '정직 1년'의 처분, 음주운전으로 택시를 파손하고 도주한 법관에게는 '감봉 2개월', 만취 상태에서 택시기사를 폭행한 법관에게는 '감봉 6개월' 처분이 내려짐

5. 징계 규정

법관은 탄핵 또는 금고 이상의 형의 선고에 의하지 아니하고는 파면되지 아니하며, 징계처분에 의하지 아니하고는 정직·감봉 기타 불리한 처분을 받지 아니함(헌법 제106조)

법관 탄핵은 대통령 탄핵 과정에 버금갈 정도로 복잡하고 어려움. 헌법이나 법률을 위배했을 때 국회가 탄핵소추 의결 가능한데, 이때 국회 재적의원 3분의 1 이상이 발의, 과반수가 찬성해야 통과되고 파면 이외에는 징계절차에 의해서는 정직 1년이 최고징계
⇒ 법치주의 근간이 되는 재판의 중립성과 독립성을 보장해 주기 위한 취지

※ 검사징계는 해임(解任), 면직(免職), 정직(停職), 감봉(減俸) 및 견책(譴責), 경찰징계는 파면·해임·강등·정직·감봉·견책

※ 게임업체 넥슨으로부터 뇌물을 받은 혐의로 구속기소 된 진00 검사장과 자살한 김00 검사에게 가혹행위를 한 혐의를 받는 김00 부장검사에 대한 해임이 솜방망이 징계라는 비판이 나오고 있음

검사징계법상 '해임'은 자체 징계로는 최고 수준임. 검사의 신분보장을 위해 '파면'을 어렵게 해 놓았지만 불가능한 것은 아님. 검찰청법상 검사는 국회 탄핵이나 금고 이상의 형을 선고받은 경우에는 파면이 가능

그러나, 현재까지 검사가 파면을 당한 적은 없음. 국회에 의한 탄핵도 없었고 비리가 밝혀진 검사의 경우 금고 이상의 형이 확정되기 전에 검찰에서 미리 해임했기 때문

결국 진 검사장은 검찰 해임결정으로 퇴직금·연금 4분의 1 감액과 3년간의 변호사 개업금지가 예상되지만, 만약 국회 탄핵이나 파면이 이뤄졌다면 연금 1/2을 못 받고 5년간 변호사 개업을 할 수 없게 될 수도 있었음

검찰청법(신분보장) 제37조에서 검사는 탄핵이나 금고 이상의 형을 선고받은 경우를 제외하고는 파면되지 아니하며, 징계처분이나 적격심사에 의하지 아니하고는 해임·면직·정직·감봉·견책 또는 퇴직의 처분을 받지 아니한다고 규정

검사의 경우 징계처분으로서의 파면처분은 없지만 면직처분은 존재함. 그러나 면직처분은 효력측면에서 파면처분과 다름. 그런데 국가공무원법·경찰공무원법·공무원연금법 등에서는 징계처분으로서의 파면처분이 존재하고, 제정 당시에는 면직처분이었으나, 개정하면서 면직처분 대신 파면처분으로 그 용어가 변경된 것으로 추정됨. 이는 국가공무원법·공무원연금법 등을 연혁적으로 그리고 체계적으로 분석하면 쉽사리 도출됨. 이러한 변경은 법관징계법에서도 동일하게 나타남. 그러나 유독 검사징계법에서만 이러한 변화 없이 파면처분 대신 면직처분을 그대로 유지하고 있음

그 결과 동일한 행정부 소속 공무원임에도 불구하고 검사는 면직처분을 통해 공무원 신분 박탈 외에는 퇴직급여 및 공무원 재취업 등에 있어 별다른 제한이 없는 반면, 다른 부처 공무원은 파면처분을 통해 공무원 신분 박탈, 퇴직급여 및 공무원 재취업에 있어 제한을 받게 되어 불평등한 대우가 초래됨

이에 대해 평등의 원칙에 위배되는지 여부를 심사할 필요성이 제기되고, 자의금지의 원칙이나 엄격한 비례의 원칙 등 그 심사기준에 따라 심사를 해야 함. 그런데 위와 같은 불평등 대우는 관련 기본권에 중대한 제한을 초래하므로 엄격한 비례의 원칙이 적용되어야 하고, 그에 따를 경우 위와 같은 불평등한 대우를 합리화할 정도로 검사가 다른 부처 공무원에 비해 중대한 비중을 차지한다고 보기는 어려울 듯함. 따라서 징계처분으로서 파면처분을 규정하지 않은 검사징계법은 개정되어야 하고, 검사에게도 징계처분으로서의 파면처분이 가능해야 할 것임

※ 프랑스 검사에 대한 징계

검사에 대한 징계는 법무부 장관이 결정하고, 불복이 있는 경우 행정법원(le Conseil d'État)에 제기가능

√ 1959년~2009년간 징계현황

해임(révocation, 18), 직권면직(24), 강등(1), 호봉강등(4), 단독판사기능 배제(1, 판사와 검사가 법무부 산하에 있으면서 인사이동 가능), 일정기능 배

제조치(27), 강제전보조치(37), 견책(blâme, 19)

II. 법원 구성

1. 단독제와 합의제(2명 이상, 그러나 우리나라의 경우 합의부는 3명 이상)

1심은 단독제가 원칙, 합의제 병행, 2심은 합의제로 구성(3명), 대법원(13명)은 대법관 2/3 이상의 합의체로 대법원장이 재판장, 그러나 대법관 3명 이상으로 구성되는 부에서 먼저 사건을 심리하여 의견이 일치한 때에는 그 부에서 심판가능(법원조직법 제7조 제1항 단서)

2. 재판장, 수명법관, 수탁판사, 수임판사

① 재판장: 합의체인 경우 구성원 중 1명이 재판장, 소송절차를 진행시키기 위한 권한을 가짐(공판기일 지정권, 소송지휘권, 법정경찰권, 급속을 요하는 경우 피고인 소환·구속할 수 있는 권한)

※ But, 심판(심리와 판결)에 있어서는 다른 법관과 동일한 권한을 가지는 데 불과

② 수명법관: 합의체 법원이 소속 법관에게 특정한 소송행위를 하도록 명한 경우, 명을 받은 법관(일부 판사에게 법원 밖에서 증거조사를 명하는 경우)

③ 수탁판사: 하나의 법원이 다른 법원의 법관에게 일정한 소송행위를 하도록 촉탁(부탁)하는 경우 촉탁받은 법관을 수탁판사(합의부를 구성하지 않는 다른 법원 판사에게)

※ 수탁판사가 다른 법원의 판사에게 다시 촉탁을 재차 의뢰할 수 있는데 이 경우 전촉받은 판사도 수탁판사

④ 수임판사: 수소법원과는 독립하여 소송법상 권한을 행사할 수 있는 개개의 법관을 수임판사(수사기관에 대해 영장발부 판사, 증거보전절차를 행하는 판사, 수사상 증인신문 하는 판사)

※ 왜 수명판사라 하지 않고 수명법관이라고 했을까?

√ 법관에는 대법관과 판사가 있고, 대법원에 있으면 대법관, 지방법원에 있으면 판사가 되고 이들도 명을 받아 업무를 처리할 수 있기 때문

III. 법원의 관할

1. 관할의 의의

(1) 관할의 개념

재판권 분배의 문제(1개의 법원에서 전국의 모든 사건을 심판하는 것은 불가능)

재판권 행사를 위하여 각 법원에 분배된 직무의 분담

※ 법원 간 재판권의 분배를 말하고 법원 내 사무분배는 관할이 아님(사법행정 사무에 불과)

※ 관할권과 재판권의 구별

재판권은 일반적·추상적 권한을 의미하는 사법권 ⇒ 위반 시 공소기각(문을 닫아버림)

관할권은 재판권을 전제로 특정사건에 대한 특정법원의 재판권의 한계를 정하는 소송법상 개념 ⇒ 위반 시 관할권 위반 판결(다른 곳으로 가라)

(2) 관할권 결정기준

① 심리의 편의와 사건의 능률적 처리 ⇒ 법원 입장

② 피고인의 출석과 방어의 편의 ⇒ 피고인 입장

※ 관할권 결정기준에 있어 경찰의 기준

경찰은 관할불문 접수 처리 및 공조 처리함

√ 이러한 이유로 경찰은 검찰이나 법원보다 더 초기대응에 있어 적극성이 요구되고 어려움이 가중되는 요인으로 기능

(3) 관할의 종류

① 관할 - 직무관할
- 사건관할 - 재정관할 - 관할의 지정과 이전
- 법정관할 - 관련사건의 관할
- 고유관할 - 토지
- 사물
- 심급

② 사건관할: 1심, 2심, 3심

③ 직무관할: 재심, 비상상고, 재정신청사건 관할(담당직분 내지 직무의 차이를 표준으로 하여 여러 법원 사이에 재판권의 분담 관계를 정해 놓은 것)

④ 재정관할: 법원의 재판에 의하여 관할 결정

- **관할지정**: 관할 법원이 명확하지 않거나 관할 법원이 없는 경우에 그 상급법원이 심판법원을 지정
- **관할이전**: 관할법원이 재판권을 행사할 수 없거나(재판관의 문제로 재판에 관여할 수 없거나 그 문제로 당해 법원에서 재판부를 꾸릴 수 없는 상황인 경우), 재판이 공평을 유지하기 어려운 경우 검사 또는 피고인의 신청에 의하여 관할권 없는 다른 법원으로 옮기는 것

※ 관할권 있는 법원으로 옮기는 이송과는 차이가 있음

⑤ 법정관할: 법률규정에 의하여 관할 결정

2. 법정관할

(1) 고유관할

1) 사물관할

하나의 법원 내에서 사건의 경중 또는 성질에 의한 제1심 관할의 분배를 말함(사이즈의 문제)

※ 단독판사로 할 것인가 합의부 관할로 할 것인가의 문제

① 사형·무기·단기 1년 이상, 이와 공범사건 ② 지방법원 판사에 대한 제척·기피사건 ③ 다른 법률에 의해 지방법원 합의부의 권한에 속하는 사건(치료감호사건, 공직선거사범) ④ 합의부에서 스스로 결정한 사건은 합의부 관할

√ 20만 원 이하의 벌금·구류·과료에 처할 사건은 시·군법원에서 즉결심판

2) 토지관할

동등 법원 간 관할 분배(재판적, 위치의 문제)

※ 기준: 범죄지, 피고인의 주소·거소 또는 현재지

① 범죄지

증거존재, 범죄사실의 전부 또는 일부 발생지역, 구성요건과 관계없는 지역은 제외(예비·음모지역 제외)

② 주소와 거소

생활근거지(주소), 다소 계속적으로 거주하는 곳(거소), 공소제기 시 관할구역 안에 있으면 됨(법원 편의, 피고인 편의)

③ 현재지: 임의 또는 적법한 강제에 의하여 피고인이 현재하는 장소

※ 불법 연행장소는 불포함(판례), 적법하게 구속된 이상 석방되거나 도망한 경우에도 토지관할 인정

④ 특칙: 선박·항공기, 국외선박이나 항공기 내에서 범한 범죄는 선적지 또는 선착지를 관할로 함

3) 심급관할: 상소관계에 있어서의 관할(항소와 상고, 항고)

※ 판결에 대한 항소

지방법원 단독 ⇒ 지방법원 합의부 ⇒ 대법원

지방법원 합의부 ⇒ 고법 ⇒ 대법원

1심판결에 대한 비약상고사건 ⇒ 대법원

√ 비약상고

제1심판결에 대하여 항소를 하지 아니하고 직접 상고법원에 행하는 상고를 말하며(형사소송법 제372조), 비약적 상고를 할 수 있는 경우로,

원심판결이 인정한 사실에 대하여 법령의 적용에 착오가 있는 때와 원심판결이 있은 후 형의 폐지나 변경 또는 사면이 있는 때

이와 같이 비약적 상고를 인정하는 취지는 판결의 확정을 신속히 하여 사회생활의 불안을 제거하고자 하는 데에 있음. 그러나 비약적 상고는 1회만 심리를 받게 되어 상대방(특히 피고인)의 심급이익(審級利益)을 박탈하는 결과가 되기 때문에, 형소법은 제1심판결에 대한 상고는 그 사건에 대한 항소가 제기된 때에는 그 효력을 잃는다고 규정

√ 결정과 명령에 대한 상소 = 항고

판결의 항소절차와 동일, 다만 비약상소사건은 존재하지 않음

(2) 관련사건 관할

1) 관련사건의 개념

수개의 사건이 상호 관련되는 것(공통되는 것이 무엇인가의 문제)

1인이 범한 수개의 범죄(인적 관련, 주관적 관련)

수인이 공동하여 범한 범죄(물적 관련, 객관적 관련)

① 1인이 범한 수죄: 경합범을 의미, 여기서 상상적 경합은 소송법적 1개의 죄이므로 해당 없음

② 수인이 공동으로 범한 죄: 형법 총칙상 공범, 필요적 공범과 합동범을 포함

③ 수인이 동시에 동일한 장소에서 범한 죄: 동시범

④ 범인은닉죄, 증거인멸죄, 위증죄, 허위감정통역죄 또는 장물에 관한 죄와 그 본범의 죄

2) 관련사건의 병합관할

1개의 사건에 대하여 관할권이 있는 법원은 관련사건에 대하여도 관할권을 가지고 사물관할과 토지관할에 대하여 인정

① 사물관할의 병합

사물관할을 달리하는 수개의 사건이 관련된 때에는 합의부에서 병합관할하나 결정으로 관할권 있는 법원 단독판사에게 이송가능

② 토지관할의 병합

토지관할을 달리하는 수개의 사건이 관련된 때에는 1개의 사건에 관하여 관할권이 있는 법원은 다른 사건까지 관할할 수 있음

3) 관련사건의 심리: 병합과 분리 인정(심리의 편의를 위해)

① 심리의 병합

ⓐ 사물관할의 병합심리: 법원 합의부와 단독판사에 사건이 계속된 때에는 합의부의 결정으로 병합 가능

ⓑ 토지관할의 병합심리: 토지관할을 달리하는 동종, 동등의 법원에 계속된 경우에는 직근 상급법원이 검사 또는 피고인의 신청에 의해 결정으로 병합심리 가능

※ 지방법원 항소부와 고등법원에 계속된 경우 심급은 같지만 사물관할이 다른 경우에는 고등법원의 결정으로 병합심리 가능

② 심리의 분리: 토지관할을 달리하는 수개의 관련 사건이 동일법원에 계속된 경우 병합심리 필요가 없는 경우 결정으로 분리하여 관할권 있는 다른 법원으로 이송 가능

3. 재정관할

재판에 의해 정해지는 관할(법정관할이 없는 경우 또는 법정관할은 있으나 구체적 사정에 따라 관할을 창설·변경하는 것)

(1) 관할의 지정

1) 사유

① 관할법원이 명확하지 않거나 ② 관할위반을 선고한 재판이 확정된 사건에 관하여 다른 관할법원이 없을 경우 상급법원이 지정하는 것

※ ①: 행정구역이 불명확하거나 범죄사실이나 범죄지가 불명확한 경우

②: 관할위반 재판의 당·부당은 불문

2) 절차

검사가 관계된 제1심법원에 공통되는 직근 상급법원에 신청하여 상급법원이 결정으로 지정

(2) 관할 이전

관할법원이 재판권을 행사할 수 없거나 적당하지 않은 때 관할권 없는 법원으로 이전하는 것

1) 사유

① 관할법원이 법률상의 이유(제척, 기피 등으로 법원구성 불가) 또는 특별한 사정(천재지변, 법관의 질병이나 사망)으로 재판권을 행사할 수 없을 때

② 범죄의 성질, 지방의 민심, 소송상황 기타 사정으로 재판의 공평을 유지하기 어려울 염려가 있는 때

※ 지역 주민들이 피고인을 증오 또는 증오하고 있어 법원에서 편파적 재판을 할 사정이 있는 경우

2) 절차: 검사 또는 피고인의 신청에 의함

※ 검사의 관할이전 신청은 의무, 피고인의 신청권은 임의적

4. 관할의 경합

(1) 개념

동일사건에 대하여 2개 이상의 법원이 관할권을 가지는 경우

※ 법원의 관할권에는 우열이 없어 검사는 어느 법원이나 공소제기 가능

(2) 소송계속의 경합

동일사건이 사물관할을 달리하는 수개의 법원에 계속된 때에는 합의부가 심판

※ 동일 사건이 2심과 1심의 경우에는 2심에서 심판

동일사건이 사물관할을 같이하는 수개의 법원에 계속된 때에는 먼저 공소를 받은 법원이 심판 ⇒ 선착수의 원칙

※ 후착수 법원은 공소기각, 후착수 법원에서 먼저 확정된 경우 선착수 사건 면소판결, 동일사건이 수개의 법원에서 모두 판결이 확정된 경우 뒤에 확정된 판결 당연무효

5. 관할권 부존재의 효과

(1) 관할위반 판결

관할권의 존재는 소송조건으로 관할권이 없는 경우 관할위반의 판결을 선고해야 함

※ 판결: 법원이 행하는 재판으로 구두변론과 이유를 설시하는 것이 원칙 ⇒ 항소, 상고

결정: 법원에 의한 재판으로 구두변론 불요 ⇒ 항고

명령: 법원장, 수명법관 등의 법관에 의한 재판으로 구두변론 불요 ⇒ 준항고

√ 수사기관에 의한 처분에 대해서도 준항고 인정

관할권 존재 결정시기

※ 토지관할: 공소제기 시 원칙, But, 후에 관할권 생기면 하자 치유

사물관할: 공소제기 시 ~ 재판종결 시까지 전 과정에 존재해야 함

(2) 예외: 관할의 취지에 부합하는 경우(법원의 심리와 피고인의 이익)

1) 토지관할 위반의 경우

피고인의 신청이 없으면 법원은 관할위반의 선고를 하지 못함

※ 토지관할이 다르더라도 동등한 법원에서 관할하면 사물관할에 영향이 없어 피고인에게 불이익이 없기 때문

※ 피고인 신청은 피고사건에 대한 진술 전에 하여야 함(진술 시 관할권을 가지게 됨, 다시 말해 조사가 시작된 후 다른 기관에 보내는 것은 비효율)

2) 관할구역 외에서의 집무

사실발견을 위하여 필요하거나 긴급을 요하는 경우 법원은 관할구역 외에서 직무를 행하거나 사실조사에 필요한 처분을 할 수 있음

6. 사건 이송: 직권이송, 군사법원 이송, 소년부 송치(사건 핑퐁)

(1) 직권이송

피고인이 관할구역 내에 현재하지 아니하는 경우 특별한 사정이 있으면 결정으로 사건을 피고인의 현재지를 관할하는 동급법원에 이송 가능

※ 이송여부 결정은 법원의 재량, But, 역이송은 불가

공소장 변경에 의해 단독에서 합의부로 공소장 변경되는 경우 합의부로 이송
But, 합의부에서 단독으로 공소장 변경되는 경우 합의부에서 처리(단독 재배당 불가, 법에 규정 없음)

(2) 군사법원 이송

이는 관할의 문제가 아니라 재판권의 문제임. 군사법원이 재판권을 가지게 되거나 재판권을 가졌음이 판명된 경우 결정으로 군사법원으로 이송

※ 군형법과 일반범죄가 수개의 죄로 경합관계에 있는 경우 군형법은 이송, 일반범죄는 일반법원에서 재판

※ 군형법위반 사건(탈영병이나 군인이 폭력을 행사한 사건의 경우)은 현장 출동하여 경찰에서 초동수사 후 군경찰로 이첩

(3) 소년부 송치

소년(10세 이상 ~ 19세 미만)에 대한 피고사건을 심리한 결과 보호처분에 해당할 사유가 있다고 인정하면 결정으로써 사건을 소년부로 송치

IV. 제척·기피·회피

1. 공평한 법원 구성(형식적인 틀)

구체적 사건에서 불공정한 재판을 할 염려가 있는 법관을 법원의 구성에서 배제하여 공정한

재판을 보장하는 제도

2. 제척: 법률의 규정에 의해 배제

(1) 제척 사유

① 법관이 피해자인 경우(간접 피해자는 제외)

② 법관이 피고인 또는 피해자와 개인적으로 밀접한 관련이 있는 경우(친족, 법정대리인, 후견감독인, 대리인, 변호인, 보조인)

③ 법관이 이미 당해 사건에 관여하였을 경우(증인·감정인으로 된 때, 사건에 관하여 검사 또는 사법경찰관의 직무를 행한 때, 그 사건에 관하여 전심재판 또는 그 기초가 되는 조사·심리에 관여한 경우)

ⓐ 전심재판에 관여한 경우

전심이란 상소에 의하여 불복이 신청된 재판을 말하고(2심 → 1심, 3심 → 2심, 1심), 재판은 종국재판(판결이든 결정이든)이어야 함

※ 해당되지 않는 경우

파기환송 전의 원심에 관여한 법관이 환송 후의 재판에 관여한 경우

재심청구의 대상인 확정판결에 관여한 경우

판결정정신청 사건의 상고심

√ 상고법원은 그 판결의 내용에 오류가 있음을 발견한 때에는 직권 또는 검사, 상고인이나 변호인의 신청에 의하여 판결로써 정정할 수 있음

약식명령을 한 판사가 정식재판을 담당하는 경우

전심재판의 내부적 성립에 실질적으로 관여한 때

※ 해당되지 않는 경우

재판의 선고에만 관여한 경우, 사실심리나 증거조사를 하지 않고 공판기일을 연기하는 재판에만 관여한 때, 당해 사건의 전심에 한정(분리 심리된 다른 공범사건에 관여한 경우 해당 안 됨)

ⓑ 전심재판의 기초되는 조사·심리에 관여한 때: 공소제기 전·후를 불문

※ 해당하지 않는 경우(신병 구속여부에만 관여)

구속영장을 발부한 법관, 구속적부심사에 관여한 법관, 보석허가결정에 관여한 법관,

※ 해당하는 경우(내용 형성에 관여)

수탁판사로 증거조사를 한 경우, 증인신문절차에 관여한 경우, 재정신청절차에서 공소제기결정을 한 법관

√But, 증거보전절차에서 증인 신문한 판사는 제척사유에 해당하지 않는다고 봄(71도974)

(2) 제척효과: 당해 사건 직무집행에서 당연배제

제척사유 있는 법관이 재판에 관여한 경우 상소이유

약식명령하는 판사에게도 적용

공소제기 전 피의사건의 심판에는 제척규정 적용 ×

3. 기피

법관이 제척사유 및 기타 불공정한 재판을 할 염려가 있는 경우 당사자의 신청에 의해 그 법관을 직무집행에서 탈퇴하게 하는 제도(기피는 제척을 보충하는 제도)

※ 제척사유는 유형적 제한, 기피는 비유형적·비제한적

(1) 기피사유

① 법관이 제척의 원인에 해당하는 때(심리·판단을 강제한다는 의미)

② 법관이 불공평한 재판을 할 염려가 있을 때

일반인의 판단으로 법관과 사건과의 관계로 보아 편파 또는 불공평한 재판을 할 것 같다는 염려를 일으킬만한 객관적 사정이 있는 때

※ 법관이 증명되지 않은 사실을 언론에 발표한 때, 법관이 심리 중에 유죄를 예단한 말을 한 경우, 심리 중에 피고인에게 심히 모욕적인 말을 한 경우

(2) 기피신청 절차와 재판

1) 신청절차

① 신청권자: 검사, 피고인, 변호인(피고인 의사에 반하지 않는 한)

② 신청방법: 서면 또는 구두로,

합의법원의 법관에 대해서는 소속법원에, 수명법관, 수탁판사 또는 단독판사에 대한 기피는 당해 법관에게, 시기에는 판결 시까지 가능 선고 후는 불가

2) 재판

① 법원처리

소송지연 목적이 명백하거나 관할위반이나 3일 이내 소명서류를 제출하지 않는 경우 기각 결정

※ 기피신청이 있는 경우 기피신청기각결정의 경우 외에는 소송진행을 정지해야 하지만 급속을 요하는 경우는 예외(구속기간 만료 임박 등)

② 관할: 기피당한 법관의 소속법원 합의부, 기피당한 법관은 관여 못함

③ 재판형식: 결정으로 기각이나 인용, 기각에 대해서는 즉시항고 가능하고, 재판집행 정지효는 없음, 인용결정에 대해서는 항고 불인정

④ 효과: 결정이 있을 때에 당해 사건의 직무집행으로부터 탈퇴, 관여 시 상소 이유

4. 회피

법관이 스스로 기피의 원인이 있다고 판단한 때에 자발적으로 직무집행에서 탈퇴하는 제도(소속법원에 서면으로 시기에는 제한 없음)

※ 법관의 회피신청은 직무상 의무, 그러나 회피신청을 하지 않았다고 하여 상소 이유가 되는 것은 아님

법원사무관 등에 대한 제척·기피·회피

※ 법관의 제척·기피·회피에 관한 규정은 전심관여로 인한 제척규정을 제외하고는 법원서기관·법원사무관·법원주사·법원주사보와 통역인에게 준용됨

V. 국민참여재판과 배심원

1. 국민참여재판의 의의

「국민의 형사재판 참여에 관한 법률」에 의해 2008. 1. 1.부터 시행

국민 중에서 선정된 배심원이 형사재판에 참여하여 사실인정, 형의 양정에 관한 의견 제시

※ 형사재판에 대한 국민참여 방식

배심은 봉건시대에 전 유럽에서 행해졌던 것으로 영국은 1088년 노르망 정복에 의해 도입되었고, 프랑스는 1789년 프랑스 혁명당시 영국의 배심제(기소배심과 재판배심)를 받아들였다가 시행착오를 거친 결과 재판배심만 유지하고,

배심단의 관대하거나 가혹한 성향에 대한 보완책으로 입법을 엄하게 하거나 가볍게 하는 방식으로 제한하며, 배심원만의 판단에 의존하는 것에서 탈피하여 함께 사실과 법률관계를 판단하는 참심으로 변하게 되었음

√ 독일 참심의 경우 구법원은 배심 2명, 직업재판관 1명(규모 큰 사건은 2), 지방법원 대형사부는 2명의 배심과 3명의 직업법관, 프랑스 1심 배심 6명, 직업재판관 3, 2심의 경우 배심 9명, 결정은 과반수 이상

√ ① 배심제(영미)

② 대륙의 참심(독일, 프랑스, 이탈리아)

2. 국민참여재판 대상사건

중죄사건: 합의부 관할사건(법원조직법 제32조 1항)

※ 단기 1년 이상, 공범사건 등이나 피고인이 원하지 않거나 법원의 배제결정이 있는 경우 제외

※ 단독 관할 사건의 피고인에 대해서 법원은 의사여부를 서면 등의 방법으로 확인할 수 있음(대법원 규칙 개정). 이유는 실무에서 재판부의 결정으로 단독사건도 재정합의를 통해 국민참여재판이 가능하도록 운영

법원의 배제결정: 배심원·친족의 생명·신체·재산 침해 우려, 공범관계 피고인 중 일부가 원치 않아 재판진행 어려움이 예상되는 경우, 성폭력처벌법상 피해자와 법정대리인이 원하지 않을 경우, 그 밖의 사유(피고인 질병으로 공판절차 장기간 정지, 피고인 구속기간 만료 등의 사유)

3. 배심원 권한

사실의 인정, 법령의 적용 및 형의 양정에 관한 의견 제시권한

But, 배심원의 평결과 의견은 법원을 기속하지 못함

법정형이 사형·무기징역 또는 무기금고인 경우 배심원 9명, 나머지는 7명 참여, 공소사실을 인정한 경우에는 5인(결원에 대비하여 5인 이내의 예비배심 가능)

4. 배심원의 선임

(1) 자격

연령(20세 이상 70세 이하), 직업(검, 판, 경, 법무사 등), 질병이나 구금, 제척사유자 등은 제한

(2) 선정절차

관할 구역 거주자 무작위 추출, 배심과 예비배심 선정일 통지(검사, 변호인, 피고인 참석가능), 기피신청(검사와 변호인은 배심원이 9인인 경우 5, 7인인 경우 4, 5인인 경우 3 범위 내에서 무이유 기피신청 가능), 이러한 절차를 반복하여 배심원과 예비배심원(5인 이내) 선정

(3) 배심원 해임과 사임

의무위반(비밀누설, 법령준수), 직무수행에 적당하지 아니한 때, 불공평한 판단 우려 시, 직권 또는 신청에 의해, 스스로 사임도 가능

5. 배심원의 보호·벌칙

배심원을 이유로 해고나 불이익 처우 금지, 직무상 비밀 취득 목적의 배심원 접촉금지, 배심원 개인정보 공개금지, 배심원 신변보호

배심원 등에 대한 청탁죄, 위협죄, 배심원의 비밀누설죄와 금품수수죄

♣ 재판 참관기(2020.11.13 10:00~10:40, 충주지방법원 단독관할, 4건)

느낀 점: ① 공개성이 가장 중요(누군가 쳐다보고 있다는 것)

② 주인공은 판사(검사나 변호사나 피고인은 부차적이라는 느낌, 사건을 진행하고 결론을 내려면 판사가 많은 공부를 해야)

③ 절차는 법원서기가 신원확인, 판사 진술거부권 고지, 인정신문, 검사 모두 진술, 변호인 진술(자백여부, 인정한다고 하면 판사가 공소사실 인정여부, 처벌에 대한 이의여부를 다시 물어보고 간이공판절차로 바로 전환, 검사가 서류(서증)를 제출하면 입회서기가 받아서 판사에게 전달하고 판사가 검토하고 현장에서 바로 선고하거나 피고인에게 다음 기회에 선고하는 게 좋을지 물은 후 선고여부 결정)

④ 피고인이 자백하는 경우 간이공판절차로 이관 후 추가 기소건이 있거나 합의 가

능성이 있는 경우 판사일정에 따라 1개월 정도 시간을 두고 날짜와 시간을 정함

⑤ 간단한 사건의 경우에도 속행(1회 공판 이상인 경우)을 하는 경우는 검사의 공소장변경(음주측정치 하향조정, 불분명 시 변경)을 하는 경우 다음 기일을 잡아 선고함

제2절 검사

I. 검사의 의의와 가치

- 검사: 범죄수사로부터 재판의 집행에 이르기까지 형사절차의 모든 단계에 관여하여 형사사법의 정의를 실현하는 국가기관
- 연혁: 1808년 치죄법(범죄수사법)상 공화국 대관(procureur de la Republique)에서 유래, 이는 14세기 왕의 대관에서 유래하는 제도(procureur du roi)

- 대륙법계가 검사제도를 만들어 국가소추주의를 채택하게 된 이유

  ① 규문절차를 폐지하기 위한 결정적 수단으로 등장한 제도 ② 법령의 정당한 적용을 청구하고 그것이 실현되는 것을 감시하는 역할 ③ 경찰에 대한 법치국가적 통제로 기능(국가권력을 행사하기 위한 수단이 아니라 국가권력으로부터 국민의 자유를 보장하기 위한 제도로 등장?)

  ※ 독일 자료 일부를 전부인 양 소개한 것으로 보임. 이렇게 홍길동처럼 여러 분야에서 다 각광을 받으려면 객관적이고 중립적인 기관이 되어야 하는데 우리의 검찰은 그렇지가 못함. 그리고 용어를 검사라고 한 것도 적절하다고 보이지는 않음. 용어에서 어떤 일을 하는지가 나와야 하는데 검사라는 용어에서 검사의 역할을 유추하기에는 쉽지 않아 보임. 기소관이라 하든지 국가 변호사(독일), 국가 대리인(프랑스)이라고 하든지 해야 정확한 의미가 추출될 것임

형사절차는 사법경찰, 기소, 재판, 형 집행 기능이 있는데 우리의 경우 검찰권 행사라는 막연한 개념으로 사법경찰권과 기소권이라는 것을 포함하여 사용하고 있음. 검사가 수사를 행할 때에는 사법경찰권을 행사하는 것이고, 검사에게 이러한 사법경찰권 인정 여부는 입법정책의 문제임. 프랑스의 경우 수사판사에게도 사법경찰권을 인정하고 있음

II. 검사와 검찰청

1. 검사의 성격

(1) 준사법기관성

사법기관은 아니지만 오로지 진실과 정의에 따라야 할 의무를 가지고 있다는 의미에서(독일 말을 그대로 베껴 쓴 것임)

※ 프랑스 검사의 간단한 특징

검사는 위계적 복종(일정한 제한이 있음. 지검장의 기소권에 대한 자율권 인정), 불가분성(검사동일성 원칙, 절차 중간에 바뀌어도 문제없음), 독립성(법원과 피해자와의 관계에서), 기피불가능성(행정부의 대표이고 소송의 주당사자이기 때문), 불 책임성(기소 잘못으로 인한 민사상 책임 없음)

(2) 단독제 관청: 검사는 검찰사무를 처리하는 단독제 관청

※ 스스로의 의사를 외부로 표현할 수 있는 독립적인 행정기관을 관청

(3) 검사의 자격과 신분보장

사법시험 합격 후 사법연수원 마친 사람, 변호사 자격자

특별검사는 1999. 9. 30. 처음 임명된 후 2012년까지 11회 임명 후, 2014. 3. 8. 상설특별검사제도가 도입되었고, 이어 2020년 1월 공수처법이 제정됨

검사가 정치적 압력을 받지 않고 검찰권을 공정하게 행사하도록 하기 위해 검사에 대해서도 법관과 같은 신분보장

※ 사법권의 독립을 보장하기 위하여는 검찰권의 적정한 행사가 전제되어야 하고 이를 위해서 필요하다는 논리(이건 좀 논리적 비약이 있다고 보임, 다만 우리나라의 경우 검사의 독립성을 정치권에 대한 행정적 종속에 대한 독립으로 보고 있는 점은 프랑스와 다른 점임. 그러나 행정부를 대표하는 검사가 행정부로부터 독립한다는 것은 논리적 어폐가 있는 것으로 보임)

※ 검사는 탄핵이나 금고 이상의 형을 선고받은 경우를 제외하고는 파면되지 아니하며, 징계처분이나 적격심사에 의하지 아니하고는 해임·면직·정직·감봉·견책 또는 퇴직의 처분을 받지 아니함(검찰청법 제37조) (검사는 판사와 달리 해임, 면직이 있음)

√ 검찰총장 정년은 65세, 일반 검사는 63세, 검찰총장을 제외한 일반 검

사는 7년마다 적격심사를 거쳐 중대한 심신장애로 직무수행이 불가할 경우 대통령이 퇴직을 명할 수 있음

2. 검찰청

검찰청은 검사의 사무를 총괄하는 기관이나 단독제 관청인 검사의 검찰사무를 총괄할 뿐 그 자체로는 아무런 권한도 가지지 않는 관서에 불과

※ 검찰청은 대법원, 고등법원 지방법원 및 가정법원, 지방법원 지원에 대응하여 설치, 따라서 대검찰청, 고등검찰청, 지방검찰청, 지방검찰청 지청이라는 이름이 붙음. 따라서 법원에 부속되거나 보조하는 기관이 아니라 독립된 행정기관

III. 검사 조직과 구조

1. 검사조직의 특수성(한국)

① 검사가 행하는 검찰사무는 형사사법에 중대한 영향을 미치므로 검찰권의 행사가 행정권에 의하여 좌우된다면 형사사법의 공정을 기하기 어려움. 여기서 검사는 행정기관에 속하면서도 준사법기관으로서 독립성이 보장될 것이 요청됨

② 그러나 기소독점주의와 기소편의주의 상태하에서 검사의 독립성이 검사의 독선 내지 검사의 파쇼를 초래해서는 안 됨

※ 양자를 조화하기 위한 법적 장치가 검사동일체 원칙과 검사에 대한 법무부장관의 지휘·감독권

※ 프랑스 검사조직의 원리

Hiérarchie(계서제), Indivisibilité du parquet(검사의 불가분성), Irresponsabilité(소송행위로 인한 민, 행사책임 배제)

♣ 한국 교과서의 설명은 용어의 개념이 불분명하고 전체적인 설명이 부족하다고 보임. 먼저 검사의 검찰권이라는 표현을 쓰고 있는데 이는 세계 어느 나라도 사용하지 않는 용어이고 의미도 불분명함. 여기서는 수사와 기소라는 표현을 사용하는 것이 더 타당할 것임. 그리고 검사의 기원을 알면 단지 행정부에 소속되고 위계적인 지휘와 지시를 받는 것이 당연함에도 준사법기관이라는 애매한 용어를 사용하여 의미를

흐리고 있는 것 같음. 준사법기관이라기보다는 최소한 수사와 기소에 대한 부당한 압력을 방지하기 위한 최소한의 기준이나 제한 정도이면 될 것을 준사법기관이라는 용어를 사용하여 의미를 어렵게 할 필요는 없다고 보임(단 독일에서는 기소법정주의하에서 검사의 준사법기관성을 표현하기도 함)

그리고 우리나라 교과서의 소개순서도 검사동일체와 법무부장관의 지휘·감독권 순으로 소개하고 있고, 검사동일체라는 의미가 검사의 행위는 어떤 검사가 하더라도 중단되지 않고 계속 이어진다는 것임에도 이것을 먼저 소개하는 것이 바람직한지 의문이 듦. 검사의 속성인 지휘계통을 나타내는 법무부장관의 지휘·감독권이 먼저 나오고 검사동일체가 소개되는 것이 타당하다고 보임

검사동일체에서도 상급검사의 하급검사에 대한 지휘감독을 설명하고 있는데 이보다는 계층제에서 이것을 소개하는 것이 더 논리적이라는 생각이 듦. 이하에서는 한국 교과서의 기준에 따라 설명을 이어감

2. 검사동일체 원칙(Indivisibilité du parquet)

(1) 의의

모든 검사는 검찰총장을 정점으로 하는 피라미드형의 계층적 조직체를 형성하고 일체불가분의 유기적 통일체로서 활동하고 이를 검사동일체의 원칙이라고 함

※ 위 설명은 쉽지 않은 설명임. 더 쉽게 설명하면 각각의 검사가 전체를 대표하고 따라서 검사들 간에 대체가능하다는 의미가 검사동일체 원칙의 핵심임. 더 간단히 말하면 일하는 것이 분리되어 다시 시작하는 것이 아니고 연결되어 계속된다는 의미(chaque membre représente l'ensemble et les membres du parquet sont donc interchangeables.)임

법적 근거: 2003. 12. 30. 검찰청법 제7조는 검사동일체 원칙의 표제를 삭제하고 상급자의 지휘·감독관계로, 제7조의 2에서 직무승계와 이전을 규정

(2) 내용

1) 검사의 지휘·감독관계

검사는 검찰사무에 관하여 소속상급자의 지휘·감독에 따름. 구체적 사건과 관련된 상급자의 지휘·감독의 적법성 또는 정당성에 대하여 이견이 있을 때에는 이의를 제기할 수 있도록 함 (검사의 이의제기권)

2) 직무승계와 이전의 권한

① 직무승계: 검찰총장과 검사장 또는 지청장이 소속검사의 직무를 자신이 처리하는 것

② 직무이전: 다른 검사로 하여금 처리하게 하는 것(교체)

※ 직무승계와 이전에 대해 법무부장관은 권한 ×

3) 직무대리권

각급 검찰청의 차장검사는 소속장이 부득이한 사유로 직무를 수행할 수 없을 때에는 특별한 수권 없이 그 직무를 대리하는 권한을 가짐

(3) 효과

① 검사교체의 효과: 소송법상 영향 ×

② 검사에 대한 제척·기피 인정여부: 소극설(통설)과 적극설

3. 법무부장관의 지휘·감독권

법무부장관은 검찰사무의 최고 감독자로서 일반적으로 검사를 지휘·감독함. 구체적 사건에 대하여는 불가

※ 정치권력의 영향력을 방지하기 위한 제도

※ 검사는 왕의 대리인, 행정부의 대리인인 점에서 행정부의 영향력이 들어가는 것은 당연, 왜냐하면 기소라는 것은 공개적인 논의의 장인 재판에 올리자는 것으로 이것에 대하여 기소편의주의를 취하고 있는 프랑스의 경우 법무부장관의 지휘·감독은 당연, 그러나 기소권 행사 시 검사에게 일정한 독자성 내지 자율성을 주는 정도에 불과한 것이지 검사가 재판관도 아닌데 독립성을 과도하게 인정한다는 것은 논리적으로 인정하기 어려움. 우리의 기소권을 행사하는 검사가 국민의 의사가 반영된 선출직도 아니고 국민을 대표하는 배심제도 아닌 상태에서 어떤 기준으로 기술자인 검사에게 독립성을 인정하는 것은 수긍하기 어려움

Ⅳ. 검사의 소송법상 지위

검찰청법 제4조에서 검사는 ① 범죄수사·공소제기 및 유지에 필요한 사항 ② 범죄수사에 관한 사법경찰관리의 지휘·감독 ③ 법원에 대한 법령의 정당한 적용 청구 ④ 재판집행 지휘·감독 ⑤ 국가를 당사자 또는 참가인으로 하는 소송과 행정소송 수행 또는 그 수행에 관한 지휘·감독에 관한 직무와 권한을 갖는다고 규정

그러나 2020년 2월 2일 검·경 수사권 조정으로 개정되어,

① 범죄수사, 공소의 제기 및 그 유지에 필요한 사항. 다만, 검사가 수사를 개시할 수 있는 범죄의 범위는 다음과 같음

ⓐ 부패범죄, 경제범죄, 공직자범죄, 선거범죄, 방위사업범죄, 대형참사 등 대통령령으로 정하는 중요 범죄

ⓑ 경찰공무원이 범한 범죄

ⓒ ⓐ와 ⓑ 범죄 및 사법경찰관이 송치한 범죄와 관련하여 인지한 각 해당 범죄와 직접 관련성이 있는 범죄

② 특별사법경찰관리에 대한 지휘·감독으로 그 범위가 제한되었음.

※ 검사는 일정범죄에 대하여 수사를 개시할 수 있으나, 일반사법경찰관에 대한 수사지휘권이 폐지되고 특별사법경찰관에 대한 수사지휘권만 보유하게 되었음

따라서 검찰과 경찰의 관계는 상명하복, 지휘·복종의 관계가 아닌 대등협력관계로 전환하게 되었음. 그렇다고 검찰의 권한이 영미법계 정도로 축소된 것은 아니고 여전히 강제수사수단인 영장청구독점권과 일부 중요범죄에 대한 수사권자로 남아 있는 것은 바람직하지 않아 보임. 과도기적인 입법조치로 보이지만 형사절차에 있어서 엄청난 진전과 변화가 있는 것으로 평가됨

1. 수사의 주재자성

검사의 수사주재자 지위는 삭제되고 1차적 수사권자는 경찰, 2차적 보조적 수사권자는 검사

※ 검사는 그간 수사권, 수사지휘권, 영장청구독점권 등 수사의 주재자(master)의 지위를 누렸으나 형소법 개정으로 2차적 수사권자로 물러나고 수사지휘권도 폐지되었으나 영장청구권독점은 유지

√ 수사지휘권은 보완수사요구권이라는 형태로 변화됨

다만 일부 중요범죄에 대한 수사권, 특사경과 검찰청 수사관에 대한 검사의 수사주재자 지위는 유지되고 있어 이 부분도 장기적으로는 개선되어야 할 과제임

- 수사권

  검사는 일부범죄에 대한 수사권과 나머지 범죄에 대한 2차적 수사기관으로 전락, 다만 강제수사수단인 영장청구권과 증인신문청구권은 여전히 검사에게만 인정

- 수사지휘권: 특별사법경찰관리와 검찰청 수사관에 대한 수사지휘권 유지

- 수사종결권

  기소사건에 대해서는 검사, 불기소사건에 대해서는 경찰에서 종결

  단, 사법경찰관이 불기소결정서를 검찰에 송부하면 검사가 90일 내 검토하여 위법·부당한 경우 재수사를 요청할 수 있고, 고소인, 피해자 또는 법정대리인 등이 이의를 제기하는 경우 경찰은 검찰에 사건을 송치해야 함

♣ 검사와 사법경찰관과의 구체적 관계는 수사의 수사기관 부분 참조

2. 공소권 주체

공소권은 제기와 수행(유지)권한을 의미, 여기서 공소란 무엇인가를 살펴볼 필요가 있음. 공소란 공적인 소송이라는 말의 줄인 말(action publique). 검사가 소송을 제기한다면 공적인 소송이지 굳이 공적인 말을 붙인 이유는 재판이라는 공개적인 장소에 올려서 공동체 전체에 대해 피해를 준 것에 대해 판단을 해달라는 요청이기 때문. 즉 법원으로 하여금 형사사건에 독자적으로 개입하도록 요구하는 요청. 공소제기 이후 주도권은 법원으로 넘어감. 공소제기 이후의 절차는 법원이 책임진다는 의미

이러한 권한을 영미의 경우 대배심이 수행하지만 대륙법계는 검사가 사회를 대표하여 수행

※ 프랑스의 경우 검사가 불기소하는 경우 사인이 형사법원에 민사피해보상을 요구하면서 소송을 제기하면 공소절차가 개시되는 사인 소추 인정

형사소송의 진정한 시작은 기소에 의해 시작되기 때문에 기소 전 단계를 예비단계나 예비조사, 비공식 조사라는 말을 붙이는 이유가 여기에 있음

※ 우리의 경우 개정법에 의해 불기소사건 결정(불송치 결정)은 경찰이, 기소사건은 검찰이 기소를 제기하고, 기소권은 검사에게만 인정하는 기소독점권, 기소여부를 검사의 재량에 의해 결정하는 기소편의주의를 채택하고 있음(독일은 기소법정주의, 프랑스는 기소편의주의)

- 공소권 제기 독점자

공소의 제기는 검사에게만 인정

- 공소수행의 담당자: 공소사실을 입증하고 공소 유지

※ 검사의 당사자 지위 인정여부

독일은 부정(검사제도의 본질에 위배), 우리나라 다수설은 인정(당사자주의를 강화한 형사소송법의 해석상), 다만 검사가 당사자 지위를 가지는 경우 검사의 공익적 지위 내지 객관의무와의 조화여부가 문제됨

- 검사의 객관의무와의 관계

검사는 공익의 대표자이기 때문에 피고인에게 이익되는 사실도 조사·제출하고 피고인의 이익을 위해서도 상소와 비상상고를 해야 할 객관적 관청

※ 독일에서 검사의 당사자지위를 부정하는 논거로 사용하는 개념, 그러나 우리나라는 형소법 해석상 당사자지위를 인정하고 있고, 검사의 객관의무를 실질적 당사자주의를 실현하기 위한 것으로 해석하고 있음

3. 재판 집행기관

영미는 법원에서 집행지휘를 하고 대륙법계는 검사가 집행지휘를 함. 이는 영미제도 자체가 검사제도 없이 당사자들이 소를 제기하고 배심제도가 들어온 후 나중에 검사제도가 들어오는 등 시민과 법원중심 사법의 당연한 결과이고, 대륙법계는 왕을 대리하는 검사가 사회의 대표자로서 집행사무까지 갖게 된 것에서 연유함

이러한 이유로 대륙법계를 계수한 우리는 검사가 재판집행을 지휘하고 사법경찰관리가 집행

함(구속영장은 검사의 지휘에 의하여 사법경찰관리가 집행함. 단, 급속을 요하는 경우 재판장, 수명법관 또는 수탁판사가 그 집행을 지휘할 수 있음(제81조). 압수·수색영장은 검사의 지휘에 의하여 사법경찰관리가 집행함. 단, 필요한 경우 재판장은 법원사무관 등에게 그 집행을 명할 수 있음(제115조)).

사형 또는 자유형 집행의 경우에는 형집행장을 발부하여 구인토록 하고 있으며(제473조), 검사가 발부한 형집행장은 구속영장과 동일한 효력을 가짐

제3절 피고인

Ⅰ. 피고인의 의의

1. 개념

공소제기된 자 또는 공소제기된 자로 취급되어 있는 자(공소제기되지 않았음에도 피고인으로 출석하여 재판을 받고 있는 자)

※ 즉결심판·약식명령을 받은 자, 재정신청에서 재정결정을 받은 자

※ 참고개념

피의자(수사단계), 피고인(기소단계), 수형자(형 확정단계)

공동피고인

수인이 동일 소송절차에서 공동으로 심판받는 경우(반드시 공범자일 것을 요하지 않고 수개의 사건이 동일 법원에 계속된 경우)

√ 공동피고인 중 한 피고인에 대해 다른 피고인을 상피고인이라 함

2. 피고인의 특정

공소제기된 자 + 공소제기된 자로 취급되어 있는 자(성명, 생년월일 사칭)

피고인으로 취급·행위 하는 자가 있다면

① 누구를 피고인으로 보아야 하는가의 문제와

② 피고인으로 행위 한 자의 절차를 어떻게 종결시킬 것인가의 문제

판례는 공소의 효력은 명의를 사칭한 자에 대하여만 미치고 모용(명의를 도용한 경우)당한 자에게는 미치지 아니함(대판 1984. 9. 25. 84도1610)

※ 모용당한 자(피모용자)는 피고인 불특정으로 공소기각 판결

√ 공소기각: 공소가 제기된 경우 형식적 소송조건의 흠결이 있을 때 법원이 실체심리에 들어가지 않고 종결시키는 형식재판(판결과 결정 형식이 있음)

√ 기각과 각하: 기각은 형식적 요건을 갖추었으나 그 내용이 실체적 이유가 없다고 판단하여 종국적 재판에서 이유 없다고 배척하는 것

각하는 형식적 요건을 갖추지 못한 경우 부적법한 것으로 하여 재판을 하지

않고 소송을 종료하는 것

→ 기각과 각하는 민사소송법상 개념이고, 형사소송법에서 각하라는 용어는 사용하지 않고 기각이라는 용어를 사용하면서 민사소송법상의 각하 개념과 동일한 의미로 사용하고 있음

학설은 의사설(검사의사 기준), 표시설(피고인으로 표시된 자), 행위설(피고인으로 행위 또는 취급된 자), 실질적 표시설(표시설을 중심으로 하되 행위설과 의사설 고려)로 나뉨

(1) 성명모용

피의자가 수사단계에서 타인의 성명, 주소 등을 사칭함으로써 공소장에 피모용자의 성명 등이 기재된 경우(동생이 형 이름 사칭)

※ 피고인으로 되는 자: 모용자가 피고인(판례)

1) 공판심리 중에 밝혀진 경우 조치

- 모용자가 출석한 경우

검사는 공소장 정정(당사자의 표시상의 착오에 불과), But, 공소장 변경은 불가(대상이 아니기 때문, 대상은 공소사실과 적용법조에 한정)

법원은 공소기각(인적사항이 피모용자로 기재되어 있어 모용자에 대해 공소장 기재가 특정되었다고 할 수 없어(판례))

- 피모용자가 출석한 경우

특히 피모용자에게 약식명령이 송달되어 피모용자가 정식재판을 청구하고 공판정에 출석하는 경우

피모용자에 대해서는 형소법 제327조 제2호(공소기각 판결, 공소제기의 절차가 법률의 규정에 위반하여 무효일 때)를 유추 적용하여 공소기각 판결을 하여 피모용자의 불안정한 지위를 해소해주어야 하고(대판, 1993. 1. 19. 92도2554)

모용자에 대해서는 약식명령 정본과 함께 경정(이름 정정)결정을 모용자에게 송달하면 이때부터 약식명령의 적법한 송달이 있다고 봄(대판, 1997. 11. 28. 97도2215)

2) 판결확정 후 모용사실이 판명된 경우

- 유죄판결의 효력이 미치는 자
  공소의 효력이 미치지 아니하는 자에게 판결의 효력은 미치지 않으므로 피모용자에게 판결의 효력은 미치지 않음

- 다만 수형인 명부에 기재된 경우 구제방법
  판결 확정 후 10일 이내인 경우에는 형소법 제400조(판결정정의 신청)에 의해 정정도 가능하지만 기간이 지나간 경우에는 판결을 정정하는 방법은 없고 명확한 증빙자료가 존재한다면 비상상고를 이용하는 것이 타당

  ※ 제441조(비상상고이유) 검찰총장은 판결이 확정한 후 그 사건의 심판이 법령에 위반한 것을 발견한 때에는 대법원에 비상상고를 할 수 있음

  ※ 재심설, 전과말소설, 비상상고설 등이 있으나 형식적 소송조건의 흠결을 간과한 위법을 바로 잡는 것이므로 재심보다는 비상상고가 적절

(2) 위장출석

검사가 갑을 피고인으로 지정하여 공소를 제기하였으나, 을이 갑인 것처럼 행동하여 법원이 심리를 진행하는 경우

※ 피고인으로 되는 자

공소장에 표시된 자는 실질적 피고인이고 위장 출석자는 형식적 피고인

형식적 피고인 배제방법:
- 인정신문 시 발견 시, 형식적 피고인 퇴정, 실질적 피고인 소환
- 사실심리 단계 시 형식적 피고인에 대해서는 공소기각 판결 유추적용, 실질적 피고인에 대해서는 소환하여 절차 처음부터 재개(다시 기소하는 것 불요)
- 판결선고 후, 항소, 상고이유
- 판결확정 후, 재심설과 비상상고설

(3) 위장자수

처음부터 범인임을 위장하여 자수하고 위장 자수한 자에 대하여 수사와 기소가 이루어진 경우

※ 피고인으로 되는 자

피고인은 진범인임을 요하지 않으므로 위장자수한 자가 피고인

1) 법원심리 중 발견 시

법원은 위장자수인에 대해 무죄선고하고, 검사는 범인도피죄 부분에 대하여 별도의 수사 후 기소여부 결정(공소장 변경은 범죄사실과 범인도피사실 사이에 기본적 사실이 서로 달라 동일성이 인정되지 않아 불가), 공소를 취소하거나(제255조, 제328조), 무죄취지의 변론을 하여 법원이 무죄선고를 하도록 한 후 절차 종결

※ 공소취소

형소법에 공소취소사유는 나와 있지 않지만 공소기각 판결이 예상되면 공소를 취소할 수 있음(재판권이 없는 때, 공소제기 절차가 법률규정 위반으로 무효인 때, 공소제기된 사건에 대해 다시 공소제기된 때, 공소취소 후 재기소 규정에 위반하여 공소를 제기한 때, 친고죄·반의사 불벌죄 ⇒ 공소유지의 실익 ×)

※ 제329조(공소취소와 재기소) 공소취소에 의한 공소기각의 결정이 확정된 때에는 공소취소 후 그 범죄사실에 대한 다른 중요한 증거를 발견한 경우에 한하여 다시 공소를 제기할 수 있음

2) 판결확정 후 발견 시

판결의 효력은 위장자수자가 피고인이므로 위장자수자에 미치고 진범인에게는 미치지 않음

위장자수인이 무죄를 주장하여 재심청구 가능여부에서 증거의 신규성을 누구를 기준으로 판단할 것인가에 대해 증거가 법원에 대하여 신규일 것을 요한다는 점에 대해서는 일치하나 법원 이외에 피고인에 대하여도 신규일 것을 요하는지에 대해서는 견해가 나뉘고 있음

학설로 ① 필요설은 증거가 법원뿐만 아니라 피고인에게도 새로울 것을 요한다는 견해 ② 불필요설은 증거는 법원에 대해서만 새로운 것이면 충분하다는 견해 ③ 절충설은 증거가 피고인에 대해서 원칙적으로 새로운 것일 필요는 없으나 고의 또는 과실로 증거를 제출하지 않은 경우에는 예외적으로 그 증거의 신규성을 인정할 수 없다는 견해가 있으며, 판례는 절충설의 입장

3) 진범에 대한 유죄판결 가능성

일사부재리의 효력은 공소제기된 피고인에 대해서만 미치므로 검사는 진범에 대하여 기소하고

법원은 유죄판결을 할 수 있음

II. 피고인의 소송법상 지위

1. 소송구조와 피고인의 지위

규문절차(재판관이 수사, 기소, 재판 직접 담당)에서 피고인은 조사의 객체

수사, 기소, 재판의 분리에 의해 피고인 지위 강화, 당사자주의 소송구조에서는 피고인은 당사자이나 직권주의에서 피고인은 소송의 주체이기는 하지만 당사자는 불가

그러나 우리나라 학설은 직권주의라도 피의자의 지위가 당사자로서의 지위를 못 가질 이유는 없다고 봄(통설)

※ 이에 따라 당사자로서의 지위, 증거방법으로서의 지위, 절차대상으로서의 지위를 살펴보게 됨

2. 당사자로서의 지위(수동적 당사자와 적극적 당사자로서의 지위)

(1) 수동적 당사자로서의 피고인

검사의 공격(기소와 유지)에 대하여 방어하는 수동적 당사자 지위, 즉 방어권의 주체

※ 이에 대해 당사자 지위를 부정하고 적극적 소송주체로서의 지위와 소극적 소송주체로서의 지위로 파악하는 입장도 있음(유력설)

(2) 피고인의 방어권과 참여권

형소법은 피고인이 당사자로서 검사와 대등한 지위에서 공격·방어할 수 있도록 하기 위해 피고인에게 방어권과 소송절차 참여권 보장

1) 방어권

① 방어준비를 위한 권리(시작과 진행단계)

ⓐ 심판대상 한정하기 위해 공소장 기재사항 법정(제254조), 공소장 변경 시 일정절차 요구(제298조) (동일성 내에서 법원의 허가를 받고, 필요 시 방어준비를 위해 공판절차 정지가능)

ⓑ 피고인 방어기회 보장을 위해 제1회 공판기일의 유예(5일, 제269조), 공소장 부본 송달(제266조), 공판기일변경신청권(제270조), 공판조서 열람·등사권(제55조, 이에 응하지 않은 경우 유죄의 증거로 사용불가)

② 방어능력 보충

변호인 선임권과 의뢰권(제30조, 제90조(교도소장 등)), 접견교통권(제34조, 제89조), 국선변호(제33조)와 필요적 변호제도(제282조(구속, 노령이나 미성년자 등), 제283조)

③ 진술거부권과 진술권

진술거부권과 고지 받을 권리(제283조의 2), 진술할 권리(제286조 2항), 최후진술권(제303조)

④ 증거조사에 있어서의 방어권

증거조사에서 증거신청권(제294조 2항), 의견진술권(제293조), 이의신청권(제296조), 증인신문권(제161조의 2)

2) 소송절차 참여권

① 법원구성에 관여하는 권리

기피신청권(제18조), 관할이전신청권(제15조), 관할위반신청권(제320조), 변론의 분리·병합·재개신청권(제300조, 제305조)

② 공판정 출석권: 출석은 권리이자 의무(불출석 시 영장으로 구인가능)

③ 증거조사 참여권

증인신문, 검증·감정 등에의 참여권(제145조, 제163조, 제176조, 제183조), 공판준비절차에서의 증거조사(제273조)와 증거보전절차에서의 증거조사(제184조)의 참여권

④ 강제처분절차 등의 참여권

압수·수색영장 집행 참여권(제121조), 상소제기와 포기·취하권(제338조, 제349조), 약식명령에 대한 정식재판 청구(제453조)

※ 약식명령: 공개재판절차를 거치지 않고 서면심리(서류 검토)만으로 지방법원에서 벌금·과료 또는 몰수형을 과하는 명령

3. 증거방법으로서의 지위

※ 방법은 수단이나 근거로 이해하면 되고 일본이 번역한 것을 우리가 그대로 쓰면서 약간의 혼동이 오는 것임

(1) 당사자 지위와의 관계

피고인이 당사자 지위이기는 하지만 증거자체(물적증거, 음주측정 등)가 되거나, 말이 증거가

되는 경우(인적증거)가 있음

(2) 인적증거로서의 지위

피고인의 진술은 증거가 될 수 있고, 피고인을 증인으로 신문할 수 있는지 여부에 대해 형소법은 증인은 제3자임을 요구하고, 진술거부권 침해의 문제가 있어 증인적격은 부인됨

√ But, 공범 아닌 공동피고인의 증인적격은 인정함(판례)

(3) 물적 증거방법으로서의 지위

피고인의 신체가 검증의 대상이 되나, 피고인의 인격이 심리의 한계로 작용

4. 절차대상으로서의 지위

소환이나 강제처분(구속, 압수·수색 등)의 대상이 되는 지위

한계는 인간의 존엄과 기본권이 부당하게 침해되어서는 안 됨

III. 무죄추정의 원칙

※ 1789 프랑스 인권선언에서 유래, 의심스러울 땐 피고인의 이익으로, 검사 입증책임원칙

1. 개념

형사절차에서 피고인 또는 피의자는 유죄판결이 확정될 때까지는 무죄로 추정된다는 원칙

※ 무죄추정원칙은 검사의 입증부담강화와 합리적 의심 없을 정도의 증명이 없는 한 무죄로 된다는 보장을 의미

※ 무죄추정의 원칙은 증거법상에 커다란 변화를 가져온 것으로 민사의 경우보다 형사의 경우 무죄추정의 원칙에 의해 더욱더 높은 정도의 심증형성 필요 (합리적 의심 없을 정도의 확신은 95%의 확신을 의미, 미국)

※ 우리나라 실정법인 헌법 제27조 4항과 형사소송법 제275조의 2에서 명문으로 규정

√ 형소법 제275조의 2「피고인은 유죄의 판결이 확정될 때까지는 무죄로 추정됨」

2. 무죄추정원칙의 내용

(1) 인신구속의 제한

- 불구속수사·재판 원칙

인신구속에 대한 제한원리, 구속은 구속 이외에 다른 방법에 의하여 형사소송상 목적을 달성할 수 없다고 인정되는 경우에 최후수단일 경우에만 인정

- 불필요한 고통금지

구속피의자나 피고인에게 구속 이외의 불필요한 고통금지, 접견교통권 보장도 무죄추정원칙 구현(자문과 물건수수 등 가능)

① 의심스러운 때에는 피고인의 이익으로

※ in dubio pro reo, 로마법에 대한 아리스토텔레스의 해석에서 기원, 17세기에 독일법에 등장 이후 확산

유죄판결을 하기 위해서는 합리적 의심 없는 정도의 증명(proof beyond a reasonable doubt, 미국 95%) 또는 확신을 가져야 하고 그렇지 못할 경우에는 피고인의 이익으로 판단해야

※ 우리 형소법 제307조 2항에서 「범죄사실의 인정은 합리적 의심이 없을 정도의 증명에 이르러야 한다」고 규정

② 거증책임의 기준

죄의 성립과 형벌권의 발생에 영향을 미치는 모든 사실에 대한 거증책임(가중사유 존재 및 감면사유의 부존재도 검사가 입증해야)에 대한 부담은 검사가 지게 됨

(2) 불이익처우의 금지

1) 예단배제의 원칙

국가기관은 피고인을 예단하거나 불이익한 처우를 해서는 안 되고, 공소장 일본주의도 이것의 일환

2) 피고인과 피의자의 진술거부권

무죄추정원칙에 기초(과도한 주장 아닌가? 진술거부권은 별도의 유래가 있는 것인데?)

※ 진술거부권

로마법에서 유래한 것으로 16세기 영국재판소에 기소된 종교 및 정치적 피고인에게 절실하게 필요해졌고, Edward Coke 판사가 처음으로 적용한 후 17세기에

는 보편화. 이것이 무죄추정원칙과 무슨 관계가 있는지 이해하기 어려움

3) 부당한 대우의 금지: 고문을 가하거나 모욕적인 신문금지

3. 무죄추정원칙의 적용범위

(1) 피고인과 피의자: 법 규정에서는 피고인에게만 규정하고 있으나 피의자에게도 적용

(2) 유죄판결의 확정

형 선고의 판결뿐만 아니라 형 면제의 판결과 선고유예의 판결도 포함, But, 면소·공소기각 또는 관할위반의 판결이 확정된 때에는 무죄추정 유지

※ 면소판결이란 형사사건에서 실체적 소송조건이 결여된 경우에 선고하는 판결이며 유·무죄의 실체판결과 구분됨

(3) 재심청구사건

재심청구 시 무죄추정원칙 적용여부에 대해, 재심사유로 「무죄 등을 인정할 명백한 증거가 새로 발견된 때」와 맞지 않아 추정은 불가

IV. 피고인의 진술거부권(right to silence)

1. 의의

(1) 의의

피고인 또는 피의자가 공판절차 또는 수사절차에서 법원 또는 수사기관의 신문에 대해 진술을 거부할 수 있는 권리

※ 영국의 자기부죄거부 특권(privilege against selfincrimiation)과 미국의 수정헌법 제5조는 「누구든지 형사사건에 있어서 자기의 증인이 되는 것을 강요받지 아니한다.(No person shall be compelled in any criminal case to be a witness against himself)라고 규정, 자기부죄특권은 피의자의 진술거부권 외에 증인의 증언거부권까지 포함되어 피의자와 피고인에게 인정되는 진술거부권과는 차이가 있음

1) 취지: 판례 – ① 비인간적인 자백강요와 고문 근절
② 무기대등원칙 실현목적(수사기관의 공격무기에 대한 방어수단)

2) 실정법적 근거: 헌법 제12조 2항 「모든 국민은 고문을 받지 아니하며, 형사상 자기에게 불리한 진술을 강요당하지 아니함」

형소법 제283조의 2(피고인의 진술거부권), 제244조의 3(피의자 진술거부권 등의 고지)

(2) 진술거부권과 자백임의성의 관계

① 엄격구별설

연혁을 달리(진술거부권 17C, 자백법칙 18C), 진술거부권은 내용 문제×, 자백법칙은 허위배제, 진술거부권은 진술의무 강제배제, 자백법칙은 폭행·협박 등 사실상 불법행위 금지

② 비 구별설(일체화설)

Miranda 사건 이후 진술거부권도 사실상의 강요를 포함하고, 자백배제법칙의 증거금지화, 허위배제로부터 위법배제라는 공통원리에 의해 하나로 수렴

2. 진술거부권의 내용

(1) 진술거부권의 주체

헌법 제12조 2항: 「모든 국민」

피의자, 피고인, 의사무능력자인 피의자·피고인의 대리인, 법인의 대표자, 외국인도 적용

(2) 진술거부권의 범위

1) 진술강요 금지

① 주체: 수사기관, 법원

② 대상: 진술에 한함(구술과 서면(진술서))

※ 지문과 족형의 채취, 신체의 측정, 사진촬영이나 신체검사, 음주측정 등에는 미치지 않음

거짓말탐지기 검사와 마취분석의 진술거부권 침해여부

※ 거짓말탐지기 검사

질문과의 대응관계 속에서 비로소 의미를 가진다는 의미에서 진술거부권에 포함(다수설)

√ 실무에서 검사결과가 사실인정의 자료로 사용될 수 있고, 검사동의를 거부할 권리가 있고, 거부에 따른 불이익은 없다는 내용 설명 후 본인의 자유로운 의사에 의한 동의와 검사과정의 영상정보처리 정보 수집에 대한 동의하에 수행

※ 마취분석은 직접진술을 얻어내는 것이므로 진술거부권 침해(이론×)

마취제나 마약을 주사하여 반쯤 잠든 상태의 환자에게 마음속에 품고 있는 자신의 생각을 말하게 함으로써 잠재의식을 알아내는 기법

√ 이런 것은 실무에서 사용되지 않음

2) 진술의 범위

형사책임에 관한 내용 중 이익·불이익 불문(헌법은 불리한 진술, 형소법은 이익·불이익 불문)

※ 증언거부권은 불이익한 증언에 한정(차이 나는 이유는 피고인은 당사자 지위인정)

3) 인정신문과 진술거부권

인정신문(성명, 연령, 직업, 주거, 본적 등 에 대한 질문)에 대하여도 진술을 거부할 수 있는지 여부에 대하여 ① 소극설(적용×) ② 적극설 ③ 절충설(성명이나 직업 등의 진술에 의하여 범인임이 확인되거나 증거수집 계기가 되는 경우 진술거부권 인정하자는 입장)

※ 2007년 형소법 개정으로 입법적 해결

인정신문에 앞서 피고인에게 진술거부권 고지의무, 그러나 피의자에 대해서는 인정신문 이후에 진술거부권을 고지하고 있음(진술거부 시 불이익×, 법정에서 유죄의 증거사용 가능성 설명)

(3) 진술거부권과 진술거부권의 고지

진술거부권 행사를 담보하기 위해서는 고지가 전제되어야, 형소법은 고지의무 규정(제244조의 3, 제283조의 2)

1) 고지의 시기와 방법

① 시기: 재판장은 인정신문 전에, 수사기관은 신문 전에

※ 신문이 상당기간 중단되었다가 재개되거나 조사자가 경질된 때에는 다시 고지해야 함

② 방법: ⓐ 재판장은 「피고인은 진술하지 아니하거나 개개의 질문에 대하여 진술을 거부할 수 있다」는 고지로 충분

ⓑ 수사기관은 ⓐ+ 진술거부 시 불이익× + 법정에서 유죄의 증거사용 가능성 + 변호인 조력권 고지해야

2) 불고지 효과

진술거부권(심리적 압박감에서 해방되어 진술하게 하는 임의성 담보장치) 침해 시

※ 진술거부권이 침해되었다면 임의성이 인정되는 경우에도 증거능력을 배제

해야 하는지에 대해 판례(2010도8294)는 증거능력 부정

(4) 진술거부권의 포기

진술거부권의 포기 인정여부에 대하여 인정되지 않는다는 것이 통설

다만, 피고인의 증인적격 여부와 법률상 기록·보고의무가 진술거부권을 침해하는지 여부에 대한 논의가 있음

① 피고인이 진술거부권을 포기하고 자기 사건에 대하여 증인으로 증언가능여부는 불가

※ 우리 형소법은 당해소송에서 제3자가 아닌 경우 증인성 인정 안 함

② 행정상 단속목적을 위한 각종 행정법규가 일정한 기장·보고·신고·등록의무가 진술거부권 침해여부 ⇒ 적법행위의 신고를 요구하는 것은 진술거부권과 관련×, 업무종사 사실에 의하여 진술거부권 포기간주

※ 도로교통법 제54조 2항(불이행 시 30만 원 이하의 벌금)이 운전자에게 교통사고의 신고의무를 규정하여 벌칙으로 강제하고 있는 것에 대하여 헌법재판소는 「피해자의 구호 및 교통질서의 회복을 위한 조치가 필요한 범위 내에서 교통사고의 객관적 내용만을 신고한 것이고, 형사책임과 관련되는 사항에는 적용되지 아니하는 것으로 해석하는 한 헌법에 위반되지 않는다」고 결정

3. 진술거부권의 효과

※ 유·무죄에는 영향 없고, 양형에도 원칙상 영향은 없으나 명백한 증거 앞에서도 반성기미 없으면 가중사유로 영향

(1) 진술거부권 침해 시 증거능력 배제

진술거부권 침해로 얻은 자백과 증거는 증거능력 배제

(2) 진술거부권 행사 시 불이익 추정금지

진술거부권 행사 시 불이익한 간접증거나 이를 근거로 한 유죄추정 금지(자유심증주의 예외)

But,

① 진술거부권 행사를 근거로 구속이나 보석사유인 증거인멸 우려를 판단하는 것은 가능

② 진술거부권 행사에 대해 양형에서 고려 가능한지 여부에 판례는 원칙적 불허, 그러나 방어권 행사의 범위를 넘어 객관적이고 명백한 증거가 있음에도 진실발견을 적극적으로 숨기거나 법원을 오도하려는 시도에 기인하는 경우에는 고려 가능(2001도192)

V. 당사자능력과 소송능력

1. 당사자능력

(1) 의의

소송법상 당사자가 될 수 있는 일반적인 능력(추상적 능력, 검사와 피고인)

검사는 문제가 없으나 피고인의 경우 문제 될 여지 ○

※ 당사자적격과의 구별

당사자적격은 구체적 특정사건에서 당사자가 될 수 있는 자격, 우리나라의 경우 피의자는 당사자적격이 인정되고 피해자나 참고인의 경우 당사자는 되지 못함

ex) A가 B에게 돈을 빌려주고, B가 C에게 돈을 빌려준 경우, A가 C는 B에게 빌려준 돈을 지급하라는 소를 제기할 수 있는가? 불가(원고부적격)

당사자능력이 없으면 공소기각 사유가 되나 형법상 책임능력 없으면 무죄판결

(2) 당사자능력 있는 자

① 자연인의 당사자능력

연령이나 책임능력 여하 불문 언제나 인정, 단, 태아나 사망자는 불인정(재심절차에서는 피고인의 사망이 영향을 미치지 않음(제424조 4호 제438조 2항 1호))

② 법인의 당사자능력

법인에 대한 처벌규정이 있는 경우 인정, But, 처벌규정이 없는 경우에도 인정할지 여부에 대해서는 학설대립(부정설, 긍정설(다수설)).

※ 긍정설은 공소제기 시 처벌규정이 없으므로 무죄판결, 부정설은 공소기각, 법인격 없는 사단과 재단의 경우도 동일

(3) 당사자능력의 소멸

피고인이 사망하거나 피고인인 법인이 존속하지 아니하게 되었을 때 ⇒ 공소기각 결정

법인이 합병에 의해 해산하는 경우 ⇒ 합병 시에 법인 소멸

법인이 청산인으로 존속하는 경우 ⇒ 소송 계속 중이면 청산등기가 종료되어도 당사자 능력 상실되지 않음(대판, 81도1450)

(4) 당사자능력 흠결의 효과

공소제기 후에 피고인이 당사자능력을 상실한 경우 공소기각 결정

처음부터 당사자능력이 없는 경우 공소기각 결정을 하느냐 공소기각 판결하느냐 학설 대립 (통설은 공소기각 결정설)

※ 공소기각 판결과 공소기각 결정의 차이

소송조건 흠결사유가 구두변론에 의한 심리를 할 필요도 없이 사유의 존재자체가 명확한 때에는 결정, 그렇지 않은 경우는 판결로 하고 있으며 사유는 형사소송법에서 규정하고 있으나 양자의 구별에 실질적 이유가 있는가에 대해서는 논란이 있음(우리나라 일본 것 그대로 원용)

2. 소송능력

(1) 의의

단독으로 소송행위를 할 수 있는 능력으로 민법상 행위능력에 대응하는 개념

※ 변론능력: 법정에 출석하여 현실적으로 소송행위 변론을 할 수 있는 능력

(2) 소송능력 흠결의 효과

1) 공판절차의 정지

소송능력이 없는 자연인이 한 소송행위는 무효

※ 당사자 능력은 소송조건, 소송능력은 유효요건

※ 소송조건이란 사건의 실체에 대하여 심판할 수 있는 전제조건(허용조건)

형식적 소송조건(공소기각, 관할위반 재판), 실체적 소송조건(면소판결)

√ 경합 시 형식조건, 명백조건 우선(공소기각 결정, 공소기각 판결, 관할위반판결, 면소판결 순)

※ 공소기각 결정(관할 경합, 범죄성립×, 공소취소, 사망), 면소(공소시효 완성, 사면, 확정판결, 폐지), 그 외는 공소기각 판결

피고인이 계속적으로 소송능력 없는 상태인 경우 공판절차 정지

2) 공판절차 정지의 특칙(공판절차 정지사유임에도 정지하지 않음)

① 무죄·면소·공소기각 재판할 것이 명백한 경우, 소송능력이 없는 경우에도 가능

※ 피고인에게 유리하기 때문

② 의사무능력자와 소송행위의 대리

미성년자, 심신장애, 농아자의 적용을 받지 않는 범죄사건에서 피고인이나 피의자가 의사능력이 없는 때에는 그 법정대리인이 소송대리

③ 피고인인 법인의 대표

법인이 피고인인 경우 대표자가 소송행위를 대표

※ 대표가 수인인 경우 각각 대표권 행사, 대표자가 없는 경우 법원이 특별대리인 선임

제4절 변호인

Ⅰ. 변호인 제도의 의의

1. 의의

피고인 또는 피의자의 방어력 보충을 임무로 하는 보조자(소송의 주체가 아니라 보조자) 피고인에게 당사자 지위를 부여하고 있으나 무기평등의 원칙이 보장되지 않음. 이를 법률전문가가 보조하게 하여(방어력 보충) 무기대등을 통한 공정한 재판 실현목적

2. 형식적 변호와 실질적 변호

(1) 형사소송의 구조와 변호인

법원이나 검사가 담당하는 변호적 기능(공익적 견지에서 피고인에게 이익되는 사실을 심리·판단)을 실질적 변호라 하고, 변호인에 의한 변호기능을 형식적 변호

※ 심리: 소제기와 판결 사이에 법원이 판결을 위한 자료 즉 소송자료(증거자료와 적용법조)를 수집하는 과정

(2) 변호인제도의 강화

피고인에게 광범위한 국선변호인 선임청구권 보장(형소법 제33조)

※ 제33조(국선변호인)

① 다음 각 호의 어느 하나에 해당하는 경우에 변호인이 없는 때에 법원은 직권으로 변호인을 선정하여야 함

1. 피고인이 구속된 때
2. 피고인이 미성년자인 때
3. 피고인이 70세 이상인 때
4. 피고인이 농아자인 때
5. 피고인이 심신장애의 의심이 있는 때
6. 피고인이 사형, 무기 또는 단기 3년 이상의 징역이나 금고에 해당하는 사건으로 기소된 때

② 법원은 피고인이 빈곤 그 밖의 사유로 변호인을 선임할 수 없는 경우에 피고

인의 청구가 있을 때에는 변호인을 선정하여야 함

③ 법원은 피고인의 연령·지능 및 교육 정도 등을 참작하여 권리보호를 위하여 필요하다고 인정하는 때 피고인의 명시적 의사에 반하지 아니하는 범위 안에서 변호인을 선정하여야 함

구속 피고인 또는 피의자의 변호인 접견교통권 인정(형소법 제34조)

※ 제34조 (피고인, 피의자와의 접견, 교통, 수진) 변호인 또는 변호인이 되려는 자는 신체구속을 당한 피고인 또는 피의자와 접견하고 서류 또는 물건을 수수할 수 있으며 의사로 하여금 진료하게 할 수 있음

II. 변호인 선임

변호인이 소송절차에 관여하기 위해서는 선임을 필요로 함(사선과 국선변호인)

※ But, 접견교통권의 경우 변호인 또는 변호인이 되려는 자가 주체가 되므로 변호인 선임계가 없다고 하여 거부 불가

1. 사선변호인: 피고인·피의자 또는 그와 일정한 관계가 있는 사인이 선임한 변호인

(1) 선임권자

1) 고유의 선임권자

피고인·피의자(구속 시 변호인 선임권 고지 및 선임 의뢰권 보장(법원, 교도소, 구치소장에게 의뢰가능))

2) 선임대리권자

법정대리인·배우자·직계친족·형제자매는 독립하여 선임가능

※ 배우자는 법률상 배우자, 본인의 명시·묵시적 의사에 반하여 가능, 선임 이후 본인이 해임가능 하나 대리권자는 본인의사에 반한 해임불가

√ 본인의 이익과 의사가 중요한 요소

(2) 피선임자

1) 변호인 자격

변호사 중에서 선임하는 것이 원칙

※ But, 대법원(법률심, 반드시 변호사로 선임) 아닌 법원은 특별한 사정이 있으면 변호사 아닌 자(특별변호인)를 변호인으로 선임하는 것을 허가할 수 있음

√ 과거 국선변호인이 무성의한 변호를 하고 일반 변호사 수임료가 비쌀 당시 법대생이나 관련지식에 밝은 사람을 활용하는 경우가 있었지만 지금은 국선변호인제도가 강화되면서 거의 활용되지 않는 실정

2) 변호인 수

선임 변호인 수에는 제한 ×, 단 소송지연을 방지하기 위해 대표변호인 지정제도 도입(최대 3명)

※ 피의자에게 수인의 변호인이 있을 경우 검사가 대표변호인 지정

3) 선임 방식

변호인과 선임자가 연명·날인한 서면(변호인 선임서)을 공소제기 전에는 그 사건을 취급하는 검사 또는 사법경찰관에게, 공소제기 후에는 그 법원에 제출해야 함

4) 선임 효과

변호인으로서의 권리·의무 발생

① 심급과의 관계

변호인 선임 효과는 그 심급에 한하여 미침

※ 공소제기 전 변호사 선임은 제1심에도 효력 ○, 여기서 심급이란 종국판결 선고 시가 아니라 이심(移審)(심급의 이전) 때까지(변호인에게도 상소권을 인정하기 때문에)를 의미

※ 변호인의 상소제기는 피고인의 명시적 의사에 반할 수 없으나 묵시적 의사에 반할 수 있음

※ 환송 전 항소심에서의 변호인 선임이 환송 후의 항소심에서도 효력을 가지는지 여부에 대해 학설은 나뉘나 형사소송규칙은 파기환송 또는 파기이송 후에도 효력을 가진다고 규정(규칙 158조)

② 사건과의 관계

변호인 선임은 사건을 단위로 하므로, 선임효력은 공소사실의 동일성이 인정되는 사건의 전부에 미침

※ 추가 기소되어 병합심리 된 다른 사건에도 미치는지 여부에 대해 형사소송규칙은 미친다고 규정(제13조)

2. 국선변호인

법원에 의해 선정된 변호인

※ 헌법(제12조 4항 단서) 「형사피고인이 스스로 변호인을 구할 수 없을 때에는 국가가 변호인을 붙인다」라고 규정

(1) 국선변호인 선정

1) 선정사유

① 형사소송법 제33조(대상이 피고인)

구속, 미성년, 70세 이상, 농아자, 심신장애의 의심, 사형·무기 또는 단기 3년 이상의 징역이나 금고 시, 빈곤 그 밖의 사유로 선임할 수 없고 피고인의 청구가 있는 경우, 연령·지능 및 교육정도 등을 참작하여 필요하다고 인정하는 경우 피고인의 명시적 의사에 반하지 않는 범위 내에서 선정해야 함

② 필요적 변호사건

형사소송법 제33조의 사유로 선정된 변호인이 출석하지 않는 경우 법원은 직권으로 선정 공판기일이 지정된 사건이나 군사법원 사건에서 변호인이 없거나, 치료감호가 청구된 사건에서 변호인이 없거나 출석하지 아니한 때 직권으로 선정

③ 체포·구속적부심사

체포·구속적부심사를 청구한 피의자가 제33조의 국선변호인 선임사유에 해당하고 변호인이 없는 때에는 국선변호인을 선임해야 함(제214조의 2 제10항)

※ But, 구속피의자에 대해서는 구속 전 피의자 실질심문절차에서 국선변호인이 선정되면 1심까지 효력이 있기 때문에 이후 단계인 구속적부심에서도 효력이 있으므로 여기서는 체포적부심에서만 의미가 있게 됨

※ 1980. 12. 18. 구속적부심 → 1995. 12. 29. 체포·구속적부심
2006. 7. 19 구속 전 피의자 심문 규정 신설

④ 구속 전 피의자 심문

구속영장을 청구받은 지방법원 판사가 피의자를 심문하는 경우(제201조의 2), 피의자에게 변호인이 없는 때에 직권으로 변호인 선임해야 함

⑤ 재심사건

재심개시 결정이 확정된 사건에서 사망자나 회복할 수 없는 심신 장애인을 위하여 재심이 청구되었는데 변호인을 선임하지 못한 경우 국선변호인 선임해야(형소법 제438조 4항) 함

※ 재심

이미 확정된 판결에 중대한 하자(중대한 사실오인이나 그 오인의 의심)가 있는 경우 그 판결을 취소하고 다시 심판하는 절차로, 사망이나 심신장애로 재판정에 출석하지 않더라도 공판절차가 정지되거나 공소기각 결정은 불가하고 재판이 진행됨(특칙)

2) 선정절차: 선정주체는 법원

① 공소제기 전 선정

구속 전 피의자 심문, 체포·구속적부심사 시 변호인이 없는 경우 선임, 피의자와 변호인에게 통지하고, 변호인에게 피의사실의 요지 및 연락처 등 고지

② 공소제기 시 선정(제33조)

필요적 선정(연령 등 6가지 사유, 명시적 반의사 부존재(나이, 지능, 교육정도 고려, 권리보호 위해)와 임의적 선정(빈곤(월수입 270만 원 미만, 기초수급자 등) 등) 2가지 방식

③ 국선변호인의 자격

관할구역 안에 사무소를 둔 변호사나 근무하는 공익법무관 또는 사법연수생 중에서 선정, But, 변호사가 없거나 부득이한 경우 변호사 아닌 자도 선정가능(ex, 법원사무관, 1970년대)

※ 2007년부터 위촉형식으로 국선전담변호사 제도 시행 중(2년 임기 원칙 최대 6년, 월 보수 600~800만 원)이고 이는 직권선정 시 활용되고, 2003. 3. 1.부터 임의적 국선변호인 선택제도의 도입에 따라 피고인이 재판부별 국선변호인 예정자명부에 등재된 변호인 중에서 선택하여 청구가능

3) 선정의 법적성질

재판설(통설, 재판장 또는 법원이 소송법에 의해 행하는 단독의 의사표시인 명령), 공법상 일방행위설(변호인의 승낙을 요건으로 하는 재판장이 행하는 일방적 의사표시), 공법상 계약설(재판장과 국선변호인 사이의 피고인을 위한 공법상 계약)

※ 형사소송규칙(제20조)이 국선변호인의 사임에는 법원의 허가를 얻도록 규정하고 있어 재판설 입장

(2) 국선변호인 선정 취소와 사임

1) 취소사유

사선변호인 선임 시, 국선변호인 자격상실 시, 국선변호인의 사임허가 시, 직무불성실 기타

상당한 이유 시

2) 사임

정당한 사유가 있는 경우 법원의 허가를 얻어 사임가능

※ 질병 또는 장기여행, 신뢰관계 붕괴 시(폭행·협박·모욕 등), 부정행위 종용 시, 기타 사유 시

3) 국선변호인 보수

일당·여비·숙박료 및 보수 청구가능, 난이도에 따라 증액 가능

III. 변호인 지위(보호자 + 공익적 지위)

1. 보호자 지위

법률지식 제공 + 심리적 불안과 열등감 해소(접견을 통해)

피고인에게 불이익한 행동을 해서는 안 되며, 피고인은 법원에서 선정된 변호인을 해임할 수도 없음

또한 변호인은 피고인의 의사에 종속되지 않고 피고인에 대한 관계에서 독립적인 지위를 가짐

※ 종속대리권(관할이전의 신청) + 독립대리권(증거보전 청구) + 고유권(압수영장 집행에의 참여)

2. 공익적 지위

(1) 변호인의 진실의무

보호자 지위도 진실의무에 의해 제한되나, 그렇다고 진실의무가 검사와 법관이 지향하는 실체적 진실 발견에 기여해야 한다는 것은 아님

※ 검사와 법관에 요구되는 적극적 의미가 아니라 소극적 의미

(2) 보호자 지위와 조화(구체적 한계)

※ 법률상 허용되지 않는 수단이나 국가의 법질서에 반하는 변호는 불가

1) 법적 조언

법적 조언 무제한 허용(피고인 악용도 무관), 증언내용이나 증거와 같이 사실이나 이에 대한 판단 조언도 언제나 허용

2) 피고인의 행위에 대한 지시

소송법상 권리(진술거부권 등) 행사 권고 가능, But, 허위진술(2012도 6027)이나 부인, 임의의 자백의 철회 또는 진실에 반하는 사실의 주장 지시, 증거인멸이나 도망 권유도 불가

3) 변호인의 증거수집

증거수집이나 제출은 당연, 그러나 증인에게 위증을 교사하거나 증거인멸을 지시하는 것은 불가

변호인은 피고인에게 불이익한 증거 제출의무는 ×, 합의취소나 고소취소를 시도하는 것도 가능

4) 변호인의 무죄변론

피고인이 유죄임을 안 경우에도 검사나 법원에 고지의무×, 이 경우 입증의 부족이나 미비를 이유로 무죄변론가능, 피고인이 자백하는 경우에도 사실과 다르다고 믿은 때에는 무죄변론 가능

5) 변호인의 상소

소송기록에 사실과 달리 흠이 있는 것으로 잘못 기재되어 있는 경우 변호인이 이를 이유로 상소할 수 있는지 여부

※ 기록에 의하여 명백히 나타난 잘못을 이유로 피고인에게 유리한 판결을 구하는 것은 가능

IV. 변호인의 권한

피고인 또는 피의자의 소송행위를 대리하는 권한(대리권)과 변호인에게 인정되는 고유한 권한(고유권)이 있고, 국선·사건·특별변호인이든 차이×

※ 변호인의 역할은 2가지, 법적조언과 피고인을 위한 행위를 하는 대리권

1. 대리권(종속대리권과 독립대리권)

대리권에는 본인의 의사에 종속하는 종속대리권과 본인의 의사에 반하여 행사할 수 있는 독립대리권

※ 대리가 허용될 수 있는 모든 소송행위에 대하여 포괄적 대리권 인정됨(증거방법은 제외)

※ 종속대리권: 관할이전의 신청(제15조), 관할위반의 신청(제320조1항), 증거동의(제318조 1항), 상소취하(제349조), 정식재판 청구(제453조 1항) 등(관

상이 종속을 증정)

※ 독립대리권: 명시적 의사에 반하여 가능한 것 구속취소의 청구(제93조, 구속사유 소멸 시), 보석의 청구(제94조), 증거보전의 청구(제184조 1항), 공판기일변경신청(제270조 1항), 증거조사에 대한 이의신청(제296조 1항)

묵시적 의사에 반하여 할 수 있는 것

기피신청(제18조 2항), 상소제기(제341조) (피묵상하고 제기)

2. 고유권

(1) 의의와 종류

성질상 대리권이라고 볼 수 없는 것으로 ① 중복하여 가지고 있는 권리, ② 변호인만 가지고 있는 권리가 있음(협의의 고유권)

※ ①: 압수·수색·검증영장 집행에 참여(제121조, 제145조), 감정에 참여(제176조 1항), 증인신문에의 참여(제163조 1항), 증인신문 방식(제161조의 2 제1항), 증거제출·증인신문신청(제294조), 서류·증거물의 열람·등사권(제35조, 제266조의 3내지 4), 최종의견 진술(제303조)

√ 주로 증거수집과정 참여와 증거확보 및 최종진술 등

②: 접견교통권(제34조), 피고인에 대한 신문권(제296조의 2 제1항. 증거조사 후 검사신문 이후에 변호인도 가능), 피의자신문참여권(제243조의 2)

이 중에서 접견교통권, 피의자 신문참여권, 기록열람·등사권이 가장 중요

(2) 접견교통권

변호인 또는 변호인이 되려는 자는 신체구속을 당한 피고인 또는 피의자와 접견하고 서류 또는 물건을 수수할 수 있으며, 의사로 하여금 진료하게 할 수 있음(제34조)

감시받지 않고 자유롭고 비밀이 보장되어야 함

※ 입회하거나 감시하는 것을 절대 불가, 수수한 서류나 물건의 압수도 불허용, 접견교통권 침해로 얻은 증거는 증거능력 배제

형사절차상 피의자, 피고인, 변호인의 가장 중요하고 기본적 권리

※ 법원의 결정이나 수사기관의 처분에 의해서도 제한 불가, But, 구속장소의 질서유지를 위한 접견시간 제한이나 무기 또는 위험한 물건의 수수금지가 접견권 침해는 ×

※ 판례(2013도16162)

경찰관이 피의자에 대한 접견을 요청하는 변호사를 공무집행방해죄의 현행범으로 체포한 사안에 대하여 직권남용, 권리행사방해죄로 기소된 사안에 대하여 직권남용죄 인정(2017. 3. 9)

√ 핵심쟁점: 접견교통권 행사가 체포 시 구체적인 시간적·장소적 상황에 비추어 현실적으로 보장할 수 있는 한계 내인지 여부

√ 체포당시의 현장 상황에서 노조와 사측 사이에 대치상황이 발생하거나 노조원들과 전투경찰대원들 사이에 물리적 충돌이 빚어질 우려가 없었고, 도주하거나 증거인멸의 우려가 없었던 점에 비추어 수락하더라도 체포제도 본래의 목적에 반한다고 할 수 없음

√ 직권남용 부분

접견을 요청하는 변호사를 공집방 현행범으로 체포하는 것이 흔한 일이 아닌데도 피고인이 앞서 다른 조합원들을 체포할 때와 달리 상부에 상황을 보고하고 지시를 기다리는 등 절차를 거치지 아니한 점

호송차량을 막아서는 피해자가 별다른 유형력을 행사하지 않았는데도, 피고인이 접견을 요청받은 때로부터 2~3분 만에 체포한 점

체포현장에서의 접견이 곤란하다고 생각하였더라도 피해자에게 현장상황을 설명하고 나중에 경찰서 등 다른 접견장소에서 접견하겠다고 안내하는 것을 비롯한 적절한 조치를 취하는 것이 가능했다는 점

(3) 피의자 신문참여권

수사기관(사경, 검사)의 피신 참여권 인정(제 243조의 2, 2007년 도입), 공판단계에서 피고인

신문참여권은 당연 인정

※ 미국 인정, 독일 검사단계 인정, 사경단계 불인정, 일본 불인정

1) 내용

① 신청권자

피의자와 변호인, 피의자에는 구속·불구속 불문, 법정대리인, 배우자, 직계친족, 형제자매 포함, 변호인에는 사선, 국선, 특별변호인 포함

② 변호인의 참여범위

변호인 원칙적으로 참여기회 부여해야(기회를 준다는 의미), 불출석의 경우 변호인 없이 진행가능

의견진술과 이의제기권

※ 의견진술은 심문 후 수사기관의 승인을 얻어야 하고, 심문 중에 부당한 신문 방법에 대해 이의제기 가능(제243조의 2 제3항)

2) 피의자신문 참여권의 제한

수사기관은 정당한 사유가 있는 경우 제한가능(제243조의 2 제1항), 여기서 정당한 사유란 수사방해, 수사기밀 누설, 증거인멸의 위험이 객관적으로 명백한 경우를 의미

※ 신문을 부당하게 제지 또는 중단시키거나, 피의자의 특정한 답변을 유도하거나 진술을 번복하게 하는 행위, 신문내용을 촬영·녹음하는 행위

But, 진술거부권을 행사하도록 하는 경우는 제한사유 해당 ×

※ 검·경의 실무 차이

검사는 검찰사건사무규칙 제9조의2 제5항 제4호에서 신문내용을 촬영·녹음하거나 전자기기를 이용하여 기록하는 경우 제한 사유로 규정하고 있는 데 반해 경찰은 '사법경찰관리의 수사준칙에 관한 규정(대통령령) 제21조 제4항에서 원칙적으로 피의자 신문내용을 촬영, 녹음, 기록하는 경우에는 참여를 제한할 수 있고 다만 기억을 되살리기 위한 간단한 메모의 경우는 그렇지 않다고 정하고 있다. 따라서 기억을 되살리기 위한 간단한 메모는 허용되는데 방식에 대한 제한이 없기 때문에 해석상 전자기기를 이용한 메모는 허용된다고 볼 것임

3) 피의자신문참여 절차와 불복

사전에 심문기일과 장소를 변호인에게 통지해야 함

참여변호인 조서열람 후 기명날인 또는 서명하게 해야 함

수사기관은 변호인의 신문참여 및 그 제한에 관한 사항을 피신조서에 기재해야 함 (성립의 진정을 인정할 근거로 작용)

참여제한이나 퇴거의 경우 그 처분에 대하여 준항고 가능

※ 준항고: 재판장 또는 수명법관의 재판과 수사기관의 처분에 대하여 그 소속 법원 또는 관할법원에 취소 또는 변경을 청구하는 불복수단

√ 최근 서울중앙지검은 검언유착 피의자인 한 방송사 기자의 휴대폰과 노트북을 압수하면서 피의자와 변호인에게 영장을 제시하지 않고 압수하였다. 이러한 처분에 대하여 준항고를 제기하여 피의자의 휴대전화 2대와 노트북 1대를 압수수색한 서울중앙지검의 처분을 취소한다는 결정을 내림 (2020. 7. 27)

※ 항고: 소송절차에 관한 신청을 기각한 결정이나 명령에 대한 불복수단

√ 2020. 12. 10. 라임펀드환매사태의 핵심인물인 김00이 자신의 보석청구기각과 추가구속영장발부에 대해 항고

변호인의 피신참여권을 침해하여 변호인이 참여하지 않은 상태에서 작성된 피신조서의 증거능력 부정됨

3. 변호인의 기록열람·등사권

(1) 의의

피고인에 대한 혐의내용과 수사결과 및 증거를 파악하여 변호를 준비하기 위한 불가결한 전제

※ 2007. 6. 1. 개정을 통해 변호인 외에 피고인, 법정대리인, 보조인 등에게도 열람·등사권을 명시적으로 인정하였고, 피고인의 열람·등사권도 법률상 권리로 보장함

√ ① 법원 보관서류 등의 열람·복사 ② 공소제기 후 검사보관 서류 등의 열람·등사(증거개시제도)

(2) 법원 보관서류 등의 열람·복사

1) 주체

변호인, 피고인의 법정대리인, 특별대리인, 보조인, 또는 피고인의 배우자, 직계친족, 형제자매로서 피고인의 위임장 및 신분관계를 증명하는 문서를 제출한 자

2) 대상

소송계속 중의 관계서류 또는 증거물

※ 수사기관에서 수사 중인 서류는 대상×, But, 헌재는 구속적부심사건에서 피의자의 변호인에게 수사기록 중 피신조서의 열람과 등사권리가 있음을 인정 (헌재결 2003. 3. 27. 2000헌마474.)

또한 형소법 제200조의 4, 5항에서 긴급체포 후 석방된 자 또는 그 변호인 등이 통지서 및 관계서류를 열람하거나 등사할 수 있도록 규정

※ 수사규정상 수사서류의 열람·복사 정리(경찰청 자료)

	수사 중인 사건	불송치 결정 사건	불송치 결정 사건	불송치 결정 사건
근거 조문	제69조 제1항 ※제16조 제6항에 따라 내사 단계도 적용	제69조 제2항	제69조 제3항 ※제16조 제6항에 따라 내사 단계도 적용	제69조 제4항
신청권자	피의자, 사건관계인* 또는 그 변호인 *피의자와 그 밖의 피해자, 참고인 등	피의자, 사건관계인* 또는 그 변호인 *피의자와 그 밖의 피해자, 참고인 등	피의자 또는 그 변호인 ※ 필요한 사유 소명	체포·구속된 피의자 또는 그 변호인
신청가능 서류	본인의 진술이 기재된 부분 및 본인이 제출한 서류의 전부 또는 일부	기록의 전부 또는 일부	고소장, 고발장, 이의신청서, 항고장, 재항고장 ※피의자에 대한 혐의사실에 한함	현행범인체포서, 긴급체포서, 체포영장, 구속영장
준용 규정 (제69조 제5항)	피의자 또는 사건관계인의 법정대리인, 배우자, 직계친족, 형제자매로서 피의자 또는 사건관계인의 위임장 및 신분관계를 증명하는 문서를 제출한 사람도 열람·복사 신청 가능 ※제16조 제6항에 따라 내사 단계도 적용			
공개 기준 (제69조 제6항)	해당 서류의 공개로 사건관계인의 개인정보나 영업비밀이 침해될 우려가 있거나 범인의 증거인멸·도주를 용이하게 할 우려가 있는 경우 등 정당한 사유가 있는 경우를 제외하고는 열람·복사를 허용			

3) 제한

피해자, 증인 등 사건관계인의 생명 또는 신체의 안정을 현저히 해칠 우려가 있는 경우에 사건관계인의 성명 등 개인정보가 공개되지 않도록 보호조치 가능

(3) 공소제기 후 검사가 보관하고 있는 서류 등의 열람·등사

1) 검사에 대한 열람·등사 신청

공소제기 시 법원에는 공소장만 제출되고, 수사서류와 증거물은 검사가 보관하고 있는데 이에 대해 피고인 또는 변호인은 검사에게 증거개시를 신청하고 거절 시 법원에 불복신청가능(제266조의 3내지 4)

① 신청주체

피고인과 변호인, 다만 변호인이 있는 경우 피고인은 열람만 가능

※ 사건번호·사건명·피고인, 신청인 및 피고인과의 관계, 대상을 기재한 서면으로 신청

② 대상

서류 또는 물건의 목록, 공소사실의 인정 또는 양형에 영향을 미칠 수 있는 ㉠ 검사가 증거로 신청할 서류 등 ㉡ 검사가 증인으로 신청할 사람의 성명, 사건과의 관계를 기재한 서면 또는 그 사람이 공판기일 전에 행한 진술을 기재한 서류 등 ㉢ ㉠ 또는 ㉡의 증명력과 관련된 서류 등 ㉣ 피고인 또는 변호인이 행한 법률상·사실상 주장과 관련된 서류 등(제266조의 3 제1항 1호 내지 4호)

도면·사진·녹음테이프·비디오테이프·컴퓨터용 디스크, 그 밖에 정보를 담기 위해 만들어진 물건으로서 문서가 아닌 특수매체를 포함

③ 거부

국가안보, 증인보호의 필요성, 증거인멸의 염려, 관련사건의 수사에 장애를 가져올 것으로 예상되는 구체적인 사유가 있는 경우, 거부하거나 제한 가능

거부나 제한하는 경우 이유를 서면으로 신청인에게 통지해야 함 ⇒ 48시간 내 통지하지 아니하는 경우, 거부와 동일하게 법원에 열람과 등사의 허용을 신청할 수 있음(제266조의 3 제4항)

2) 법원의 열람·등사에 관한 결정

검사가 서류 등의 열람·등사 또는 서면의 교부를 거부하거나 범위를 제한하는 경우 법원에 허용을 신청할 수 있음

법원은 신청이 있는 경우 검사에게 부본을 송부하고, 검사는 의견제시 가능

법원은 제반사정(허용 시 폐해의 유형·정도, 피고인의 방어 또는 신속한 재판의 필요성, 해당 서류의 중요성)을 고려하여 허용을 명하거나 시기·방법을 지정하거나 조건·의무 부과 가능

※ 법원의 결정에 즉시항고 할 수 없고, 고지즉시 집행력 발생

√ 형소법 제402조의 보통항고 허용 여부에 대해서는 불허용(대법원 2013.

1. 24. 결정, 2012모1393)

√ 보통항고

법원의 결정에 대하여 불복이 있으면 항고할 수 있고, 형사소송법에 특별한 규정이 있는 때에는 보통항고가 허용되지 않음(제402조, 판결 전 소송절차에 관한 결정, 절차의 일부이기 때문에 종국판결에 대하여 상소를 허용하면 충분하기 때문)

검사가 법원의 결정을 지체 없이 이행하지 아니한 때에는 해당증인 및 서류 등에 대한 증거신청 불가(제266조의 4 제5항)

(4) 피고인 또는 변호인이 보관하고 있는 서류 등의 열람·등사

증거개시제도는 검사 수중에 있는 증거뿐만 아니라 피고인과 변호인에 대한 서류 등의 열람·등사권도 인정(제266조의 11)

♣ 보조인

일정한 신분관계에 기한 정의(情誼)에 의하여 피고인 또는 피의자의 이익을 보호하는 사람을 말하며, 변호인 제도를 보충하는 의미(제29조)

※ 보조인: 피고인 또는 피의자의 법정대리인· 배우자·직계친족과 형제자매

제2장 소송행위와 소송조건

제1절 소송행위의 의의와 종류

Ⅰ. 개념

- 소송절차를 조성하는 행위로서 소송법상의 효과가 인정되는 것, 다시 말해 소송절차를 형성하는 개개의 행위를 소송행위라 함

  ※ 협의: 공소제기부터 판결확정 시까지, 광의: 수사절차와 형집행절차를 포함, 일반적으로 광의로 이해

- 절차유지의 원칙에 의해 소송행위를 무효로 하는 것을 억제할 필요가 있어 민법상의 법률행위 이론 특히 의사의 하자에 관한 이론이 그대로 적용되지는 못함

Ⅱ. 소송행위의 종류(주체, 기능, 성질, 목적을 기준으로)

1. 주체에 의한 분류: 법원·당사자·제3자의 소송행위

   - 법원의 소송행위

피고사건에 대한 심리와 재판, 그리고 강제처분과 증거조사 등

- 당사자의 소송행위

검사와 피고인, 변호인·대리인·보조인의 소송행위도 포함되고, 여기에는 신청(기피신청 등), 입증(증거제출이나 신청), 진술이 있음

※ 진술은 사실과 법률에 대한 의견인 주장과 사실을 말하는 협의의 진술을 포함함

- 제3자의 소송행위

고소·고발·증언·감정 등

2. 기능에 의한 분류(독일의 대표적 분류기준)

- 효과요구 소송행위: 다른 주체의 소송행위를 요구하는 소송행위

※ 공소제기· 증거신청 등과 같은 재판청구

- 효과부여 소송행위: 직접적으로 소송절차를 형성하는 소송행위

※ 상소취하·정식재판 청구의 취하 등

3. 성질에 의한 분류

- 법률행위적 소송행위: 일정한 소송법적 효과를 지향하는 의사표시를 요소로 하고 그에 상응하는 효과가 인정되는 소송행위

※ 공소제기·법원의 재판 및 상소제기 등

- 사실행위적 소송행위: 주체의 의사와 관계없이 일정한 소송법적 효과가 부여되는 소송행위(다시 표시행위(논고, 구형, 변론 등))와 순수한 사실행위(구속·압수·수색 등 영장집행)로 분류

※ 단, 영장의 발부는 법률행위적 소송행위

4. 목적에 의한 분류

- 실체형성행위: 실체면의 형성에 직접적인 역할을 담당하는 소송행위

※ 법관의 심증형성을 위한 행위로 증거조사, 당사자의 변론, 증언 등

√ 변론

법정에서 당사자 쌍방을 출석시켜 구두로 주장(사실자료의 제출)과 증명

(증거자료의 제출)을 하게 하는 방식으로 실시되며 이러한 방식을 변론이라 고 함(심리를 변론이라고도 함)

- 절차형성행위: 절차면의 형성에 역할을 담당하는 행위

※ 공소제기, 공판기일의 지정, 소송관계인의 소환, 증거신청 등

제2절 소송행위의 일반적 요소

소송행위는 동적·발전적 성격으로 인해 형식적 확실성이 요청되며, 문제되는 것은 주체·내용·방식·일시와 장소

Ⅰ. 소송행위의 주체

1. 소송행위 적격: 행위주체가 그의 이름으로 소송행위를 할 수 있는 자격

- 일반적 행위적격

소송행위의 주체가 되기 위해서는 소송능력과 소송행위능력이 있어야 함

※ 소송능력이란 단독으로 소송행위를 할 수 있는 능력, 소송행위능력이란 소송을 수행하면서 자신의 이익과 권리를 방어할 수 있는 사실상의 능력(민법상 권리능력과 행위능력개념)

- 특별 행위적격

개개의 소송행위에 대하여 요구되는 행위적격

※ 법관 아닌 자가 한 재판이나 고소권자가 아닌 자가 한 고소 등

2. 소송행위의 대리

(1) 의의

소송행위에 대리 허용 여부(피고인(피의자)) 또는 제3자의 소송행위에만 문제됨, 검사나 법원의 소송행위 대리 인정여지×

(2) 대리의 허용범위

1) 명문규정이 있는 경우

포괄대리와 개별대리

※ 포괄대리에는 경미사건에 대한 피고인 불출석 시 대리, 의사무능력자의 소송행위의 대리, 법인의 대표, 변호인·보조인에 의한 소송대리 등이 있고 개별대리에는 변호인선임의 대리, 상소의 대리 등

2) 명문규정이 없는 경우

명문규정이 없는 경우 대리허용 여부, 부정설(다수설, 판례)과 긍정설 대립

※ 절차의 확실성 요구에 반함

(3) 대리권 행사

대리권의 행사는 본인의 의사에 따라야 하나, 본인의 명시 또는 묵시의 의사에 반하여 대리권을 행사할 수 있는 경우도 있음(독립대리권)

대리권 없는 자의 소송행위는 무효이나, 본인의 추인이 있는 경우 무효의 치유 가능

II. 소송행위의 내용

- 소송행위의 형식적 확실성: 소송행위에 있어서는 표시의 내용이 소송행위 자체에 의하여 명확히 나타나지 않으면 안 됨
- 소송행위의 부관: 소송행위는 형식적 확실성으로 인해 부관(附款)에 친하지 않은 행위(조건이나 기한 원칙적 허용×)

※ But, 공소사실과 적용법조의 예비적·택일적 기재, 조건부 또는 택일적 증거신청과 같이 형식적 확실성을 해하지 않으면서 피고인의 이익에 중대한 영향이 없는 범위 내에서는 가능

III. 소송행위의 방식

1. 소송행위의 방식

- 구두주의: 표시내용이 신속·선명하고 표시자와 표시가 일치한다는 장점

※ 공판정에서의 소송행위, 즉 실체형성행위에 대한 원칙적 방식

- 서면주의: 소송행위를 내용적·절차적으로 명확히 한다는 장점

※ 형식적 확실성을 요구하는 절차형성행위의 원칙적 방식

√ 고소·고발의 경우 서면주의와 구두주의 병용

2. 서류와 송달

(1) 소송서류

1) 의의

특정한 소송에 관하여 작성된 일체의 서류를 소송서류

※ 법원에서 작성된 서류뿐만 아니라 법원에 제출된 서류를 포함. 따라서 압수된 서류는 증거물이지 소송서류가 아님

※ 소송기록: 소송서류를 소송절차의 진행순서에 따라 편철한 것

소송에 관한 서류는 공판개정 전에는 공익상 필요, 기타 상당한 이유가 없으면 공개불가(제47조)

※ 피고인 또는 이해관계인의 명예를 보호하고 재판에 대한 외부의 부당한 영향 방지목적

2) 소송서류의 종류

① 의사표시적 문서와 보고적 문서

고소장, 고발장, 상소장, 변호인 선임계 등은 의사표시적 문서, 공판조서, 검증조서, 신문조서 등은 보고적 문서

※ 당해 사건에 대한 의사표시적 문서는 증거능력×

② 공무원의 서류와 비공무원의 서류

공무원이 작성하는 서류는 작성연월일과 소속공무소를 기재하고 기명날인 또는 서명하여야 하고, 문자를 변개하지 못하며, 삽입·삭제 또는 난외기재를 한 때에는 그 기재한 곳에 날인하고 그 자수를 기재해야 함(제57조 1항, 제58조)

공무원 아닌 자가 작성하는 서류는 연월일을 기재하고 기명날인해야 하고, 인장이 없으면 지장으로 함(제59조)

※ 서명날인을 하여야 할 경우 서명할 수 없으면 타인이 대서하고, 대서한 자가 그 사유를 기재하고 기명날인 또는 서명하여야(형사소송규칙 제41조) 함

③ 조서(견본 필요)

보고문서 중 일정한 절차 또는 사실을 인증하기 위하여 작성된 공권적 문서

※ 공판조서, 진술조서, 압수·수색·검증 조서 등

ⓐ 조서 작성방법과 기재요건

피고인·피의자·증인·감정인·통역인 또는 번역인을 신문하는 때에는 참여한 법원 사무관 등이 조서를 작성(제48조 1항)

조서에는 피고인 등의 진술, 증인·감정인 등이 선서를 하지 않는 경우에는 그 사유기재(제48조 2항)

검증·압수·수색 시 조서 작성의무(제49조)

※ 검증조서에는 검증목적물의 현상을 명확하게 하기 위하여 도화나 사진을 첨부할 수 있고, 압수조서에는 품종, 외형상의 특징과 수량을 기재해야 함

조서에는 조사 또는 처분 연월일시와 장소를 기재하고 그 처분을 행한 자와 참여 법원사무관 등이 기명날인 또는 서명하여야 함

√ 단, 공판기일 외에 법원이 조사 또는 처분을 행한 때에는 재판장 또는 법관과 참여한 법원사무관 등이 기명날인 또는 서명해야 함(제50조)

ⓑ 공판조서

공판기일 소송절차에 참여한 법원사무관 등이 공판조서를 작성해야 하고(제51조 1항), 재판장과 참여한 법원사무관 등이 기명날인 또는 서명해야 함

다음 회 공판기일에는 전회 공판심리에 관한 주요사항의 요지를 공판조서에 의하여 고지해야 함(공판조서 미작성 시 조서에 의하지 아니하고 고지가능(제51조 2항))

공판조서에 기재된 것은 그 조서만으로써 증명됨(제56조), 피고인은 공판조서의 열람 또는 등사를 청구할 수 있고, 읽지 못할 경우 낭독을 청구할 수 있고 이러한 청구에 응하지 않은 때에는 증거로 할 수 없음(제55조)

법원은 직권 또는 검사·피고인 또는 변호인의 신청이 있는 경우 공판정 심리의 전부 또는 일부를 속기사로 하여금 속기하게 하거나 녹음장치나 영상녹화장치를 사용하여 녹음 또는 영상녹화 가능(제56조의 2 제1항)

작성방법에 위반한 조서는 무효이나 서류작성의 진정이 명백한 경우에는 소송경제를 고려하여 효력 인정

※ 관여법관의 성명이 전혀 기재되지 아니한 공판조서, 공판정에 열석하지 아니한 판사가 재판장으로 서명 날인한 경우 무효이지만 공판조서에 서명이 있는

때에는 날인이 없는 경우에도 무효가 아니며 간인이 없다는 것만으로 무효가 되는 것은 아님(대법원 1960. 1. 29. 4292 형상 747)

(2) 소송서류의 송달

당사자 기타 소송관계인에 대하여 법률에 정한 방식에 의하여 소송서류의 내용을 알리게 하는 법원 또는 법관의 직권행위

1) 송달방법: 법률에 다른 규정이 없으면 민사소송법 준용

① 송달영수인의 신고

피고인·대리인·대표자·변호인 또는 보조인이 법원 소재지에 서류의 송달을 받을 수 있는 주거 또는 사무소를 두지 아니한 때에는 법원소재지에 주거 또는 사무소가 있는 자를 송달영수인으로 선임하여 연명한 서면으로 신고해야 하고(제60조 1항), 송달영수인은 본인으로 간주됨

※ 다만 신체구속의 경우에는 적용되지 아니함

② 송달방법

송달영수인을 신고하지 아니한 때에는 서류를 우체에 부치거나 기타 적당한 방법으로 송달가능

※ 우체로 부친 경우 도달 시, 검사에 대한 송달은 소속검찰청에, 교도소나 구치소에 구속된 자에 대한 송달은 그 소장에게 행하고 구속된 자에게 전달 여부는 불문(대판 1972. 2. 18. 결정, 72모 3)

③ 공시송달

피고인의 주거·사무소와 현재지를 알 수 없는 때에는 공시송달 가능(제63조 1항)

※ 기록상 피고인의 주거가 나타나 있는 경우에는 공시송달 불가, But, 피고인이 재판권이 미치지 아니하는 장소에 있는 경우 다른 송달방법이 불가능한 경우 공시송달 가능(제63조 2항)

공시송달은 법원이 명하는 때에 한하여 가능(제64조 1항), 최초의 공시송달은 공시한 날로부터 2주일을 경과하면 그 효력이 생긴다. 단 제2회 이후의 공시송달은 5일을 경과하면 효력이 있음(제64조 4항)

♣ 공시송달과 궐석재판 관련 판례

- 궐석재판

제1심은 경미한 사건의 경우에만 궐석재판이 가능하고 제2심은 피고인이 정당한 사유 없이 다시 정한 기일에도 출정하지 아니한 때에는 경미한 사건 여부를 불문하고 궐석재판 가능(제277조(경미사건 등과 피고인의 불출석), 제36조(피고인의 출정)

But, 사형, 무기 또는 장기 10년이 넘는 징역이나 금고에 해당하는 사건이 아닌 경우에도 피고인에 대하여 송달불능보고서가 접수된 때로부터 6개월이 지나도록 피고인의 소재를 확인할 수 없는 경우에도 궐석재판 가능(소송촉진 등에 관한 특례법 제23조(제1심 공판의 특례))
⇒ 사형, 무기, 10년 이상의 징역이나 금고에 해당하는 경우에는 불가하고, 위반 시 상소권회복청구, 재심, 비상상고 등의 불복수단 가능

※ 상소권 회복청구
상소할 수 있는 자가 자기 또는 대리인이 책임질 수 없는 사유로 인하여 상소 제기기간(7일)을 준수하지 못한 때에 상소권회복의 청구 가능(궐석재판으로 판결이 선고되어 항소기간을 놓친 경우)

※ 재심: 확정된 판결에 중대한 하자(허위증거에 기초하거나 새로운 증거가 있는 경우)가 있는 경우 그 판결을 취소하고 사건에 대해서 다시 심판하는 절차
※ 비상상고: 판결이 확정된 후 그 판결이 법령에 위배되었음이 밝혀졌을 때, 검찰총장이 대법원에 그 구제를 신청하는 상고

- 관련 판례(대법원 2011. 5. 13. 선고 2011도1094 판결(도로교통법위반(무면허))

피고인은 무면허 운전 전과 6회를 포함하여 2003년 이래 수회의 교통 관련 범죄로 벌금, 집행유예 및 실형을 선고받은 전력이 있는 데도 무면허로 벌금 300만 원, 너무 가볍다고 검사 항소 ⇒ 2심 4개월 징역 선고

형사소송법 제63조 제1항에 의하면, 피고인의 주거, 사무소, 현재지를 알 수 없는 때

에는 공시송달을 할 수 있고,
소송촉진 등에 관한 특례법 제23조, 소송촉진 등에 관한 특례규칙 제18조, 제19조는 제1심 공판절차에서 사형·무기 또는 장기 10년이 넘는 징역이나 금고에 해당하는 사건이 아니라면 피고인의 소재를 확인하기 위하여 소재조사촉탁, 구인장의 발부, 기타 필요한 조치를 취하였음에도 불구하고 피고인에 대한 송달불능보고서가 접수된 때부터 6개월이 경과하도록 피고인의 소재가 확인되지 아니한 때에는 그 후 피고인에 대한 송달은 공시송달의 방법에 의하도록 규정

그러므로 기록상 피고인의 집 전화번호 또는 휴대전화번호 등이 나타나 있는 경우에는 위 전화번호로 연락하여 송달받을 장소를 확인하여 보는 등의 시도를 해보아야 하고, 그러한 조치를 취하지 아니한 채 곧바로 공시송달의 방법에 의한 송달을 하는 것은 형사소송법 제63조 제1항, 소송촉진 등에 관한 특례법 제23조에 위배되어 허용되지 아니한다(대법원 2007. 7. 12. 선고 2006도3892 판결 등 참조).

또한 소송촉진 등에 관한 특례규칙 제19조 제2항의 규정에 의하면, 제1심 공판절차에서 피고인에 대한 소환이 공시송달로 행하여지는 경우에도 법원이 피고인의 진술 없이 재판을 하기 위해서는 공시송달의 방법으로 소환받은 피고인이 2회 이상 불출석할 것이 요구된다. 그러므로 공시송달의 방법으로 소환한 피고인이 불출석하는 경우 다시 공판기일을 지정하고 공시송달의 방법으로 피고인을 재소환한 후 그 기일에도 피고인이 불출석하여야 비로소 피고인의 불출석 상태에서 재판절차를 진행할 수 있는 것이다(대법원 1991. 12. 17.자 91모23 결정 참조).

기록에 의하면, 제1심은 공소장에 피고인의 주거로 기재된 '경북 영천시(이하 생략)'로 공소장 부본을 송달하였으나 2회에 걸쳐 이사불명으로 송달불능된 사실, 제1심은 2009. 10. 26. 피고인의 휴대전화(휴대전화번호 생략)로 전화를 걸어 피고인과 통화하게 되었으나, 피고인이 서류를 송달받을 수 있는 장소를 확인하지 아니한 채 제1회 공판기일에 출석할 것을 통지하는 데 그친 사실, 그런데 피고인이 제1회 공판기일에 출석하지 아니하자 제1심은 2009. 10. 29. 위 주거를 관할하는 영천경찰서장에게 피고인에 대한 소재탐지를 촉탁하였고, 영천경찰서장은 2009. 11. 23. "위 주거지에 임하여 초인종을 수회 눌러도 대답이 없어 피고인의 소재를 파악하지 못하였다."는 취지

의 소재탐지촉탁 회신을 제1심에 제출한 사실, 이에 제1심은 2009. 11. 25. 피고인에 대한 구속영장을 발부함과 아울러 지명수배를 의뢰하였으나 피고인의 소재가 발견되지 아니하자 2010. 5. 28. 피고인에 대한 공소장 부본, 공판기일 소환장 기타 서류에 대한 송달을 공시송달로 할 것을 명하고 피고인을 소환한 최초의 공판기일인 2010. 6. 17. 10:00에 피고인이 불출석하자 그 공판기일에서 피고인의 출석 없이 개정하여 증거조사를 마치고 변론을 종결하여 선고기일을 지정한 다음 2010. 6. 24. 피고인에 대하여 벌금 300만 원을 선고

IV. 소송행위의 일시와 장소

1. 소송행위의 일시

(1) 기일

법관·당사자 기타 소송관계인이 일정한 장소에 회합하여 소송행위를 하도록 정해진 때(공판기일, 증인신문기일 등)

(2) 기간: 시기와 종기에 의하여 구획된 시간의 길이

① 종류: 행위기간과 불행위 기간, 법정기간과 재정기간

- 계산: 시로 계산하는 것은 즉시, 일·월·연으로 계산하는 것은 초일 미산입, 다만 시효와 구속기간의 초일은 시간 계산 없이 1일로 산정

기간의 말일이 공휴일 또는 토요일에 해당하는 날은 기간에 산입하지 아니하나 시효와 구속 기간의 경우 예외(제66조)

② 법정기간의 연장

소송행위를 할 자의 주거 또는 사무소의 소재지와 법원 또는 검찰청 소재지와의 거리 및 교통 통신의 불편 정도에 따라 대법원 규칙으로 연장가능(제67조)

※ 즉시항고의 제출기간 등, 해로는 100킬로미터, 육로는 200킬로미터당 1일 부가, 외국에 있는 경우에도 거주국에 따라 15~30일 기간 추가

√ 즉시항고

법원의 결정에 대하여 불복이 있을 경우 7일 이내에 제기해야 하는 항고로

명문의 규정이 있는 때에만 가능하고 원칙적으로 집행정지의 효력을 가짐

2. 소송행위의 장소

원칙적으로 법원 또는 지원의 건물 내 법정, But, 법원장은 필요에 따라 법원 외의 장소에서 개정가능

제3절 소송행위의 가치판단

Ⅰ. 소송행위의 해석: 객관적 의미를 명백히 하는 것

① 성립·불성립 ② 유효·무효 ③ 적법·부적법 ④ 이유의 유무 등 네 가지가 문제

Ⅱ. 소송행위의 성립·불성립

소송행위가 소송행위로서의 외관을 갖추었는가 여부

실익은 무효의 치유는 성립을 전제로 하므로 불성립일 때는 치유가 문제되지 않고, 성립이 있는 한 일정한 법률효과가 발생함(공소제기가 무효인 때에도 공소시효정지의 효력발생, 판결이 무효라 할지라도 형식적 확정력 인정)

※ 형식적 확정력은 재판이 통상의 불복방법에 의하여 다툴 수 없는 상태, 내용적 확정력은 의사표시적 내용도 확정되는 상태

Ⅲ. 소송행위의 유효·무효

1. 의의

소송행위의 성립을 전제로 소송행위의 본래적 효력의 인정여부에 대한 판단을 말함

※ 무효란 소송행위의 본래적 효력을 인정하지 않는 것에 불과하고 아무런 법적효과가 인정되지 않는 것은 아님

공소제기가 무효인 때에는 실체심판을 받을 효력은 발생하지 않지만 공소시효 정지효력은 인정됨

2. 무효원인

(1) 행위주체에 관한 무효원인

소송행위적격(ex, 상소권 이외 자의 상소) 또는 소송능력의 부존재

※ 소송능력 없는 자가 행한 절차형성행위는 무효지만 실체형성행위(피고인의

진술, 증인의 증언)는 무효라 할 수 없음

√ 소송행위능력의 흠결은 그 소송행위가 절차형성행위인 경우에도 무효원인으로 되는데 반하여 그것이 실체형성행위인 경우에는 원칙적으로 무효로 되지 않음. 예를 들어 선서무능력자에게 선서를 하게 하고 증언을 한 경우 절차형성행위인 선서 자체는 무효이나 실체형성행위인 증언의 효력에는 영향이 없음

의사표시의 하자(착오·사기·강박)의 경우 무효원인 인지 여부

※ 실체형성행위에 관련되는 경우 무효원인 불가(의사합치가 아니라 실체(증언, 진술)합치가 핵심)

※ 절차형성행위에 관하여는 효력긍정설(절차의 확실성), 효력부정설(피고인의 이익과 정의가 희생되어서는 안 됨), 적정절차설(적정절차의 원칙에 반하는 경우(법원 또는 검사의 사기, 강박) 외에는 사법상의 의사표시 하자규정 적용× 유효)

무효원인(대판 1992. 3. 13. 92모1)

교도관이 내어주는 상소권 포기서를 항소장으로 잘못 믿은 나머지 이를 확인하여 보지도 않고 서명 무인하였다면 재항고인에게 과실이 없다고 보기 어렵고, 따라서 재항고인의 항소포기는 유효

※ ① 통상인을 기준으로 중요한 점에 대한 착오 ② 행위자 또는 대리인이 책임질 수 없는 사유 ③ 유효로 하는 것이 현저하게 정의에 반하는 경우

(2) 내용과 방식에 관한 무효원인

내용이 법률상 또는 사실상 불능인 경우

※ 법정형을 넘는 형 선고, 허무인에 대한 공소제기, 존재하지 않는 재판에 대한 상고, 이중기소, 내용이 불분명한 소송행위 등

방식에 관한 하자도 요구하는 목적과 필요성을 고려하여 무효원인 가능(중대한 하자)

※ 피고인 등이 특정되지 않은 공소장변경허가신청서를 공소장에 갈음하는 것으로 구두진술하고 피고인과 변호인이 이의를 제기하지 않는 사안에서 적법한

공소제기로 볼 수 없다고 판시(2009. 2. 26. 2008도11813)

3. 무효의 치유

(1) 의의

무효인 소송행위가 사정변경에 의하여 유효하게 될 수 있는가의 문제를 말하고 여기에 다시 법정기간이 경과한 후에 이루어진 소송행위에 대하여 그 기간 내에 행한 소송행위와 같은 효력을 인정할 수 있는지 여부에 대한 ① 소송행위의 추완과 소송이 어느 단계에 이르면 무효를 주장할 수 없게 되는 경우가 있는데 이 경우에 무효의 치유가 인정되는 ② 공격·방어방법의 소멸에 의한 하자의 치유가 있음

(2) 소송행위의 추완

추완되는 소송행위 자체가 유효인지는 ① 단순 추완과 ② 보정적 추완(소송행위 추완에 의하여 다른 소송행위의 효력이 보정될 수 있는지 여부의 문제가 있음

1) 단순 추완

상소권 회복(제345조), 약식명령에 대한 정식재판청구권의 회복(제458조)

2) 보정적 추완

인정여부에 대하여는 이견이 없으나 어느 범위까지 인정할 것인가가 문제

① 변호인선임의 추완

변호인선임계 제출 전에 변호인의 이름으로 한 소송행위가 변호인선임계 제출에 의하여 유효하게 되는지 여부

※ 판례는 부정(대판 1961. 6. 7. 4293 형상 923 : 1969. 10. 4. 결정, 69모68)

√ 상고이유서 제출기간 후에 변호인선임계가 제출된 때에는 그 기간 전에 제출한 상소이유서는 변호인의 상소이유서로서의 효력×

② 공소사실의 추완

공소사실을 전혀 기재하지 않은 공소제기가 공소장변경에 의하여 보정불가. But, 특정되지 아니한 공소사실은 공소장변경에 의하여 보정가능

③ 고소의 추완

친고죄에서 고소가 없음에도 공소를 제기한 후 비로소 고소가 있는 경우 고소의 추완에 의해 공소가 적법하게 될 수 있는지 여부

※ 학설은 인정하자는 적극설, 부정하자는 소극설(다수설), 원칙적 부정이나

비친고죄로 공소제기된 사건이 심리결과 친고죄로 판명되거나 친고죄가 추가된 때에는 인정하자는 절충설

※ 판례는 소극설 입장
√ 세무공무원의 고발 없이 조세범칙사건의 공소가 제기된 후에 세무공무원이 고발한 경우 공소기각 판결(제327조 제5호, 70도 942)

(3) 공격·방어방법의 소멸에 의한 하자의 치유
토지관할에 대한 관할위반의 신청은 피고사건에 대한 진술 후에는 불가(제320조 2항), 당사자가 상당한 시기에 이의를 제기하지 아니한 때에는 책문권의 포기로 무효가 치유되는 경우

※ 책문권 (right to ask question, 명문규정은 없으나 인정)
당사자가 법원 또는 상대방의 소송절차에 관한 규정에 위배된 소송행위에 대하여 이의를 하고 그 무효를 주장하는 소송상 권능
※ 공소장부본 송달의 하자(공판기일 5일 전까지), 공판기일지정의 하자, 제1회 공판기일의 유예기간의 하자, 증인신문순서의 하자, 유도신문에 의하여 이루어진 주신문의 하자, 실질적 반대신문 기회부여하지 않고 이루어진 증인 신문하자 등

※ 검찰의 법원에 대한 기록송치는 있었으나 공소장의 제출이 없는 경우 불성립이어서 하자의 치유대상이 아님(대판 2003. 11. 4. 2003조 2735, 무효만 치유대상)
√ 공소제기에 서면주의와 엄격한 요식행위를 채용한 것은 공소제기에 의해 법원의 심판이 개시됨으로 심판을 구하는 대상(공소사실과 피고인)을 명확하게 하고 피고인의 방어권을 보장하기 위한 것임

4. 소송행위의 취소와 철회
소송행위에 대해서는 절차유지의 원칙으로 인해 소급하여 효력을 소멸시키는 취소는 불인정
※ 공소의 취소(제255조), 고소의 취소(제232조), 재정신청의 취소(제264조의 2항), 상소의 취하(제 349조), 재심청구의 취하(제429조), 정식재판청구의 취하

(제454조) 등은 엄격히 말하면 철회에 해당

명문의 규정이 없는 경우에도 절차형성행위에는 철회가 인정되는데 반해(증거신청이나 증거동의), 실체형성행위에 대하여는 철회가 허용되지 아니함

Ⅳ. 소송행위의 적법·부적법

소송행위의 적법·부적법은 소송행위의 성립을 전제로 하며, 소송행위의 전제조건과 방식에 관한 사전판단임에 대하여 유·무효는 본래적 효력 인정여부에 관한 사후판단

소송행위의 부적법에는 효력규정 위반뿐만 아니라 훈시규정에 위반한 경우도 포함. 적법한 행위는 유효하지만 부적법하다고 언제나 무효가 되는 것은 아님

※ 관할권 없는 법원이 행한 소송행위(제2조)와 같이 법이 부적법한 행위지만 유효한 것으로 규정하는 경우도 있음

Ⅴ. 소송행위 이유의 유무

법률행위적 소송행위에 관하여 그 의사표시의 내용이 정당한가에 대한 가치판단

※ 당사자가 하는 신청과 청구에 대한 가치판단

제4절 소송조건

Ⅰ. 소송조건의 의의

소송조건은 실체심판의 전제조건, 처벌조건은 실체법상의 형벌권 발생조건

※ 소송조건이 없는 경우 형식재판으로 종결, 처벌조건이 없는 경우 형 면제 실체 판결

※ 전체로서 소송에 관한 조건은 소송조건, 변호인 선임 또는 구속과 같은 당해 소송행위를 무효로 하는데 그치는 개개 소송행위의 유효요건과 구별

Ⅱ. 소송조건의 종류

(1) 일반적 소송조건과 특별 소송조건

일반사건에 공통으로 필요한 소송조건은 일반적 소송조건(재판권, 관할권), 특수한 사건에 대하여만 필요한 소송조건을 특별 소송조건(친고죄의 고소)

(2) 절대적 소송조건과 상대적 소송조건

법원이 공익을 위하여 특히 필요하다고 인정하여 직권으로 조사하여야 하는 소송조건은 절대적 소송조건(원칙), 당사자의 신청을 기다려 법원이 조사하는 예외적 소송조건을 상대적 소송조건(토지관할(제320조)).

(3) 적극적 소송조건과 소극적 소송조건

일정한 사실의 존재가 소송조건이 되는 것을 적극적 소송조건(관할권·재판권의 존재), 일정한 사실의 부존재가 소송조건이 되는 것을 소극적 소송조건(동일사건에 관하여 확정판결이 없을 것 등)

(4) 형식적 소송조건과 실체적 소송조건(통설의 구분방법)

절차면에 관한 사유를 소송조건으로 하는 형식적 소송조건(공소기각(제327조, 제328조)· 관할위반(제319조)의 재판사유로 열거된 사항), 실체면에 관한 사유를 소송조건으로 하는 것을

실체적 소송조건(면소판결(제326조) 재판사유)

III. 소송조건흠결의 효과

1. 형식재판에 의한 종결

(1) 소송조건의 조사

소송조건의 존부는 법원 직권 조사원칙, 소송조건은 공소사실을 기준으로 판단하고 공소장 변경의 경우에는 변경된 공소사실을 기준으로 판단

공소제기뿐만 아니라 판결 시까지도 존재해야 하며, 소송조건은 소송법적 사실이므로 자유로운 증명으로 족함

※ 소송법적 사실

절차를 진행할 수 있는가에 관한 사실(ex, 증거능력이 인정되어야 증거조사를 할 수 있듯이 이러한 절차 진행 여부를 위한 조건을 증명할 때에는 자유로운 증명으로 가능

※ 자유로운 증명

독일 형소법에서 유래하는 개념으로 엄격한 증명과 함께 증명방법의 하나로 엄격한 증명은 증거능력 있고 적법한 증거조사를 거친 증거에 의한 증명을 말하고, 자유로운 증명은 이를 요하지 않는 증거에 의한 증명

(2) 형식재판

소송조건이 구배되지 않은 경우 형식재판에 의해 소송을 종결, 형식적 소송조건 결여 시 공소기각 판결이나 결정, 관할위반 판결, 실체적 소송조건을 결한 경우 면소판결을 함

2. 소송조건흠결의 경합

형식적 소송조건과 실체적 소송조건의 흠결이 경합하는 경우 형식적 소송조건 판단을 우선하고, 수개의 형식적 소송조건의 흠결이 경합하는 경우 하자의 정도가 중한 것을 우선

⇒ 공소기각 결정〉 공소기각 판결〉 관할권 위반〉 면소판결

IV. 소송조건의 추완

공소제기 시에는 소송조건이 구비되지 않았으나 소송계속 중에 보완된 경우 공소제기의 하자가 치유되는지 여부

※ 친고죄에서 고소의 추완 인정여부

적극설, 소극설 절충설(모두절차까지 추완하고 피고인이 동의한 때에는 인정)

제3편 수사와 공소

제1장 수사

제1절 수사의 의의와 구조

Ⅰ. 수사의 의의와 수사기관

1. 수사의 개념

범죄혐의 유무를 명백히 하여 공소를 제기·유지할 것인가 여부를 결정하기 위해 범인을 발견·확보하고 증거를 수집·보전하는 수사기관의 활동

2. 경찰과 검찰(수사기관)

(1) 경찰과 검찰의 수사권 분배

- 경찰의 독자적 수사권 인정 및 검사의 직접 수사권 제한

2021. 1. 1. 시행 개정 형소법에서 검사와 사법경찰관을 병렬적 수사주체자로 규정하고(제 196조, 제197조), 공소제기 및 공소유지에 관하여 서로 협력하여야 하며(제195조 제1항), 검·경간 수사를 위하여 준수하여야 하는 일반적 수사준칙에 관한 사항은 대통령령인 검사와 사법경찰관의 상호협력과 일반적 수사준칙에 관한 규정에서 정하도록 하였음(제195조 제2항)

그리고 검사의 수사개시 범죄의 범위를 ① 부패범죄, 경제범죄, 공직자범죄, 선거범죄, 방위사업범죄, 대형참사 등 대통령령으로 정하는 중요 범죄 ② 경찰공무원이 범한 범죄 ③ ①, ②범죄 및 사법경찰관이 송치한 범죄와 관련하여 인지한 각 해당 범죄와 직접 관련성이 있는 범죄로 한정되며, 특별사법경찰관리에 대해서는 여전히 검사를 지휘·감독권자의 지위를 유지시키고 있음(검찰청법 제4조 1항 1호, 2호)

※ 중요범죄의 범위는 대통령령인 검사의 수사개시 범죄 범위에 관한 규정 제2조에서 상세히 규정하고 있음(마약범죄와 변호사법 위반 등도 포함)

중요범죄에 대해서도 사법경찰관은 당연히 수사개시와 종결권을 가지나 검사개시 가능범죄에 대하여 검사가 사법경찰관과 동일한 범죄사실을 수사하게 된 때에는 사법경찰관에게 사건의 송치를 요구할 수 있음(제197조의 4 제1항)

※ 요구받은 경우 검사에게 지체 없이(7일 이내) 송치하여야 하며, 사법경찰관이 검사의 영장청구보다 영장을 먼저 신청한 경우 계속 수사가능(동조 제2항)

(2) 사법경찰관의 수사권 남용에 대한 검사의 통제

1) 수사권 남용의 신고 고지의무

피의자나 사건관계인(피해자·참고인)은 사법경찰관의 수사과정에서 법령위반, 인권침해 또는 현저한 수사권 남용이 있는 경우 검사에게 구제신청 가능(제197조의3 제1항)

※ 같은 내용을 피의자 신문 전에 피의자에게 알려주어야 함(제197조의3 제8항)

2) 검사의 기록송부 요구

검사는 사법경찰관리가 수사과정에서 법령위반, 인권침해 또는 현저한 수사권 남용이 의심되는 사실의 신고가 있거나 그러한 사실을 인식하게 된 경우에는 사건기록의 등본의 송부를 요구할 수 있음(제197조의3 제1항)

※ 요구 시에는 그 내용과 이유를 구체적으로 적은 서면으로 하여야 함(수사준칙 제45조 제1항)

기록등본 송부 요구 시 7일 이내에 검사에게 송부하여야 함(제197조의3 제2항)

3) 검사의 시정조치 요구

송부받은 검사는 필요하다고 인정되는 경우 사법경찰관에게 시정조치를 요구할 수 있고(제197조의3 제3항), 송부받은 날로부터 30일 이내(사안의 경중을 고려 10일 이내 연장 가능)에

시정조치 요구 여부를 결정하여 사법경찰관에게 통보하여야 함(수사준칙 제45조 제3항)

※ 이 경우도 서면으로 하여야 함(수사준칙 제45조 제3항)

검사의 시정조치 요구가 있는 경우 사법경찰관은 정당한 이유가 있는 경우를 제외하고는 지체 없이 시정조치를 이행해야 하고, 이행결과를 서면으로 검사에게 통보하여야 함(제197조의3 제4항, 수사준칙 제45조 제4항)

※ 정당한 이유 유무에 대해 이견이 있는 경우 상대방의 협의 요청에 응해야 함 (수사준칙 제8조 제1항 제3호)

4) 검사의 사건송치 요구

이행결과를 통보받은 검사는 시정조치요구가 정당한 이유 없이 이행되지 않았다고 인정되는 경우 사법경찰관에게 사건송치를 요구할 수 있음(제197조의3 제5항)

※ 이때 요구도 서면으로 하여야 함(수사준칙 제45조 제5항)

사건송치를 요구받은 사법경찰관은 7일 이내에 검사에게 서류와 증거물과 함께 사건을 송치하여야 함(제197조의3 제6항, 수사준칙 제45조 제6항)

※ 공소시효 만료일 임박 등 특별한 사유가 있는 경우 서면으로 사유를 명시하고 별도의 송치기간을 정하여 통지할 수 있고, 정당한 이유가 있는 경우 외에는 통지받은 송치기한까지 송치해야 함(수사준칙 제45조 제7항)

※ 정당한 이유 유무에 대해 이견이 있는 경우 상대방의 협의 요청에 응해야 함

5) 검사의 징계요구

검찰총장 또는 각급 검찰청 검사장은 사법경찰관리의 수사과정에서 법령위반, 인권침해 또는 현저한 수사권 남용이 있는 때에는 권한 있는 사람에게 해당사법경찰관리의 징계를 요구할 수 있음

※ 징계절차는 공무원 징계령 또는 경찰공무원 징계령에 따름(제197조의3 제7항)

※ 징계요구 시 서면으로 그 사유를 구체적으로 적고 이를 증명할 수 있는 관계자료를 첨부하여 해당 사법경찰관리가 소속된 경찰관서의 장에게 통보해야 함(수사준칙 제46조 제1항)

경찰관서의 장은 징계요구에 대한 처리결과와 그 이유를 징계를 요구한 검찰총장 또는 각급

검찰청 검사장에게 통보해야 함(수사준칙 제46조 제2항)

6) 검사의 교체임용 요구

서장이 아닌 경정 이하의 사법경찰관리가 직무집행과 관련하여 부당한 행위를 하는 경우 지방검찰청 검사장은 해당 사건의 수사중지를 명하고, 임용권자에게 그 사법경찰관리의 교체임용을 요구할 수 있음(검찰청법 제54조 제1항)

※ 요구받은 임용권자는 정당한 사유가 없으면 교체 임용하여야 함(동조 제2항)

(3) 사법경찰관의 송치처분에 대한 검사의 통제

1) 송치처분과 불송치 처분

① 송치처분

사법경찰관은 수사 후 범죄혐의가 있다고 인정되는 경우 지체 없이 검사에게 송치하고, 관계서류와 증거물을 송부하여야 함(제245조의5 제1호)

② 불송치 처분

수사 후 범죄혐의가 있다고 인정되지 않는 경우 검사에게 사건을 송치하지 않음

※ 다만 불송치 시 그 이유를 명시한 서면과 함께 관계 서류 및 증거물을 지체 없이 검사에게 송부하고 검사는 송부받은 날로부터 90일 이내에 반환하여야 함(제245조의5 제2호)

2) 보완수사 요구

① 유형(2가지)

검사가 사법경찰관에게 보완수사를 요구하는 것은 송치 후가 원칙이나 예외적으로 사법경찰관의 수사 중에도 영장청구 여부를 결정하기 위한 경우에 인정하고 있음

※ ⓐ 송치사건의 공소제기 여부 결정 또는 공소 유지에 관하여 필요한 경우(제197조의2 제1항 제1호) ⓑ 사법경찰관이 신청한 영장의 청구여부 결정에 관하여 필요한 경우(동조 동항 제2호)

② 송치사건에 대한 보완수사 요구

검사는 사경의 송치사건 관련 사건에 대하여 보완수사 요구 가능

※ 요구사항은 범인, 증거 또는 범죄사실의 증명, 소송조건 또는 처벌조건, 양형자료, 죄명 및 범죄사실의 구성, 그 밖에 송치받은 사건의 공소제기 여부를 결정하는데 필요하거나 공소유지와 관련하여 필요한 사항임(수사준칙 제59조 제2항 각호)

보완수사 대상이 되는 관련 범죄는 형소법 제11조에 따른 관련사건 및 형소법 제208조 제2항에 따라 동일한 범죄사실에 관한 사건을 말함

※ 제11조(관련사건의 정의) 관련사건은 다음과 같음 1. 1인이 범한 수죄 2. 수인이 공동으로 범한 죄 3. 수인이 동시에 동일 장소에서 범한 죄 4. 범인은닉죄, 증거인멸죄, 위증죄, 허위감정통역죄 또는 장물에 관한 죄와 그 본범의 죄

√ 여기서 '1인이 범한 수죄'의 경우는 수사기록에 명백히 현출되어 있는 사건으로 한정함(수사준칙 제59조 제2항)

※ 제208조(재구속의 제한) ② 전항의 경우에는 1개의 목적을 위하여 동시 또는 수단결과의 관계에서 행하여진 행위는 동일한 범죄사실로 간주함

송치사건에 대하여 보완수사가 필요하다고 인정되는 경우 특별히 직접보완수사를 할 필요가 인정되는 경우를 제외하고는 사법경찰관에게 보완수사를 요구하는 것을 원칙으로 함(수사준칙 제59조 제1항)

③ 영장신청 사건에 대한 보완수사 요구

사경이 신청한 영장청구 여부 결정에 필요한 경우 보완수사를 요구할 수 있음(제197조의 2 제1항 제2호)

※ 여기의 영장에는 통신제한조치허가서, 통신사실 확인자료 제공요청 허가서가 포함됨(수사준칙 제59조 제3항)

보완수사 요구 범위는 범인, 증거 또는 범죄사실 등 송치사건에 대한 보완요구사항과 동일(수사준칙 제59조 제3항)

3) 보완수사 요구 절차

보완수사 요구 시 이유와 내용 등을 구체적으로 적은 서면과 관계서류, 증거물을 사법경찰관에게 송부해야 함(수사준칙 제60조 제1항)

※ But, 보완수사 대상의 성질, 사안의 긴급성을 고려하여 송부하지 않을 수 있음(동조 동항 단서)

※ 보완수사를 요구받은 사경은 서류와 증거물을 대출하거나 전부 또는 일부를 등사할 수 있음(수사준칙 제60조 제2항)

보완수사 요구 시 사경은 정당한 이유가 없는 한 지체 없이 이행하고 결과를 검사에게 통보해야 함(제197조의2 제2항)

※ 결과 통보 시 관계서류와 증거물을 송부받은 경우 반환이 원칙이나 반환의 필요가 없는 경우 보완수사 이행결과만을 통보할 수 있음(수사준칙 제60조 제3항)

보완수사를 이행한 결과 검사에게 송치해야 하는 경우에 해당하지 않는다고 판단한 경우 불송치하거나 수사중지 할 수 있음(수사준칙 제60조 제4항)

검사와 사경이 보완수사의 지체와 관련한 정당한 이유 유무에 대한 이견이 있는 경우 상대방의 협의 요청에 응해야 함(수사준칙 제8조 제1항 제2호)

※ 1차적으로 검사와 사경의 협의에도 이견이 해소되지 않는 경우 검찰·경찰 관서장의 협의에 따름(동조 제2항)

4) 징계요구

정당한 이유 없이 검사의 보완수사 요구에 따르지 않는 경우 사법경찰관의 직무배제 또는 징계를 요구할 수 있으며, 징계절차는 공무원 징계령 또는 경찰공무원 징계령에 따름

징계요구를 받은 경찰관서장은 정당한 이유가 있는 경우를 제외하고는 그 요구를 받은 날로부터 20일 이내에 해당 사법경찰관을 직무에서 배제하여야 함(수사준칙 제61조 제2항)

※ 직무배제 또는 징계결과를 징계를 요구한 검찰총장이나 각급 검찰청 검사장에게 통보해야 함(수사준칙 제61조 제3항)

(4) 사법경찰관의 불송치 처분에 대한 검사의 통제

1) 불송치 처분에 대한 이의신청

사법경찰관이 범죄수사 후 범죄혐의가 있다고 인정되지 않는 경우 불송치 처분을 하는데, 이때 서류와 증거물을 검사에게 송부하여야 함

※ 검사에게 불송치 사건에 대해 90일간 위법·부당 여부 검토기간 부여

또한, 불송치 시 사법경찰관은 송부로부터 7일 이내에 고소·고발인, 피해자 또는 법정대리인에게 불송치 취지와 이유를 통지해야 함(제245조의6)

사법경찰관으로부터 불송치 통지를 받은 사람은 해당 사법경찰관 소속 관서장에게 이의를 신청할 수 있고, 이의신청 시 지체 없이 사건을 검사에게 송치하고 관계서류와 증거물을 송부하여야 함(제245조의7 제1항, 제2항)

2) 검사의 재수사 요청

불송치 사건의 서류와 증거물을 송부받은 날로부터 90일 이내에 사법경찰관에게 반환하여야 함

송치하지 아니한 것이 위법 또는 부당하다고 판단한 때에는 이유를 명시한 문서로 사법경찰관에게 재수사를 요청할 수 있음(제245조의8 제1항)

※ 재수사 요청도 90일 이내에 하여야 하나, ① 불송치 결정에 영향을 줄 수 있는 명백히 새로운 증거 또는 사실이 발견된 경우 또는 ② 증거 등의 허위, 위조 또는 변조를 인정할 만한 상당한 정황이 있는 경우는 90일 이후에도 재수사 요청 가능(수사준칙 제63조 제1항 단서)

3) 재수사 요청사건의 처리절차

재수사 결과 범죄혐의가 있다고 인정되는 경우 사법경찰관은 검사에게 사건을 송치하고, 기존 불송치 결정을 유지하는 경우에는 재수사결과서에 그 내용과 이유를 구체적으로 적어 검사에게 통보함(수사준칙 제64조 제1항 제2호)

검사는 사법경찰관의 불송치 유지 재수사 결과를 통보한 사건에 대하여 다시 재수사를 요청하거나 송치를 요구할 수 없음(수사준칙 제64조 제2항)

※ But, 사법경찰관의 재수사에도 불구하고 ① 관련 법리에 위반되거나 ② 송부받은 관계 서류 및 증거물과 재수사 결과만으로도 공소제기를 할 수 있을 정도로 명백히 채증법칙에 위반되거나 ③ 공소시효 또는 형사소추의 요건을 판단하는데 오류가 있어 사건을 송치하지 않은 위법 또는 부당히 시정되지 않는 경우 검사는 재수사 결과 통보 시로부터 30일 이내에 사건송치를 요구할 수 있음(수사준칙 제64조 제2항 단서)

√ 재수사결과에 대해 이견이 있는 경우 상대방의 협의요청에 응해야 하고, 검사와 사법경찰관의 협의에도 이견이 해소되지 않는 경우 기관장 협의에 따름(수사준칙 제8조 제1항, 제2항)

(5) 수사의 경합과 검사의 송치요구

1) 검사의 사건송치 요구권

사법경찰관과 검사가 동일한 범죄사실을 수사하는 경우 검사는 사법경찰관에게 사건송치를 요구할 수 있음(제197조의4 제1항)

※ 요구 시 내용과 이유를 명시한 문서로 하여야 함(수사준칙 제49조 제1항)

송치요구를 받은 사법경찰관은 요구받은 날로부터 7일 이내에 사건을 검사에게 송치해야 함(제197조의4 제2항)

2) 사법경찰관의 계속 수사권

수사의 경합이 있는 경우 검사가 수사주체가 되는 것이 원칙이나 검사가 영장을 청구하기 전에 동일한 범죄사실에 대하여 사법경찰관이 영장을 신청한 경우에는 해당 영장에 기재된 범죄사실을 계속 수사할 수 있음(제197조의4 제2항 단서)

영장청구와 영장신청의 시간적 선후관계는 검사의 영장청구는 법원에, 사경의 영장신청은 검찰청에 접수된 시간을 기준으로 판단(수사준칙 제48조 제2항)

※ 검사는 사법경찰관의 영장신청서의 접수를 거부하거나 지연해서는 안 됨(동조 제3항)

※ 수사경합 시 동일 범죄사실 여부나 영장 청구·신청의 시간적 선후관계 등을 판단하기 위해 필요한 범위 내에서 사건기록의 상호열람을 요청할 수 있음(수사준칙 제48조 제1항)

√ 영장에서는 통신제한조치허가서 및 통신사실 확인자료제공 요청 허가서가 포함됨(수사준칙 제48조 제1항)

① 사법경찰관이 영장을 신청한 사건으로서 사법경찰관이 계속 수사할 수 있는지 여부나
② 사법경찰관이 계속 수사할 수 있는 경우 수사를 계속할 주체 또는 사건의 이송여부 등에 대해 이견이 있는 경우 상대방의 협의요청에 응해야 함(수사준칙 제8조 제1항 제4호)

※ 협의는 검사와 사법경찰관이 1차적으로 하고 이견이 해소되지 않는 경우 기관장 협의에 따름(수사준칙 제8조 제2항)

(6) 경찰과 검사의 협의 절차(경찰청 자료)

협의 절차(대통령령 제8조)와 수사기관협의회(제9조)		
사건 담당자 간 협의	소속관서장 간 협의	수사기관협의회
이견 조정·협력 요청 등	당사자 협의에도 이견 조정되지 않는 경우 협의	각 기관 요청사항 협의
<임의적 협의>	<임의적 협의>	
제한 없음	제한 없음	1. 제도 개선 및 정책 제안
		2. 업무 공동수행 필요사항
<필수적 협의>	<필수적 협의>	3. 그 밖에 협의·조정 필요 사항
1호 중요사건	1호 중요사건	
2호 보완수사요구	2호 보완수사요구	
3호 시정조치 요구	X	**<협의 주체>**
4호 수사 경합	4호 수사 경합	경찰청, 해양경찰청,
5호 변사자 검시	X	대검찰청
6호 재수사 요청	6호 재수사 요청	
7호 조사자 증언	X	

사법경찰과 검사 간 협의사항에 제한은 없으나, 특히 7개 항목의 협의를 요청하면 상대방은 반드시 응하도록 하고, 이 중 4개 항목은 담당자 간 이견이 조정되지 않을 경우 관서장 협의까지 거치도록 하였음

※ 위 건이 조정되지 않거나 기관 간 협의가 필요한 사안은 수사기관협의회에서 논의가능(수사준칙 제9조 제2항 제3호)

(7) 검사의 전문수사자문위원 지정

검사는 공소제기와 관련하여 사실관계를 분명하게 하기 위하여 필요한 경우에는 직권이나 피의자 또는 변호인의 신청에 의하여 전문수사자문위원을 수사절차에 참여하게 하고 자문을 들을 수 있음(제245조이 2 제1항)

전문수사자문위원 지정에 대하여 피의자나 변호인은 이의를 제기할 수 있고, 검사는 전문수사자문위원이 제출한 서면이나 전문심리위원의 설명 또는 의견진술에 관하여 피의자나 변호인에게 구술 또는 서면에 의한 의견진술 기회를 부여해야(동조 제3항) 함

※ 첨단산업이나 지적재산권, 국제금융 등 전문지식이 필요한 사건의 수사과정에 해당 분야 민간 전문가를 참여시켜 검찰수사의 정확성과 전문성을 확보하기 위해 2008. 1. 22. 도입되었으나,
반론권 부여나 전문수사자문위원 지정에 대한 이의제기 등 법원의 전문심리위원제도 규정을 상당 부분 빌려와 피고인의 방어권 행사를 적극 보장해야 하는 공판단계와 달리 범죄의 증거수집활동이 이뤄지는 수사단계에서 수사진행사항의 노출 등으로 활용이 저조한 실정

♣ 종편 000 기자(35세) 검언유착 의혹 사건(수사, 증거, 검사의 직접수사로 검사 간 혈투, 기자, 정치권이 모두 개입된 형사절차 사례의 결정판)

- 개요
종편 기자가 현직 검사장과의 친분을 내세우면서 여권 인사의 비위를 털어놓으라고 취재원(기업대표)을 압박한(강도 높은 수사와 가족에 대한 추가수사) 위법적인 취재행위(강요미수)와 검사장의 공모여부(통화녹음)

- 발단
2020. 3. 31. MBC 단독보도(기업대표 측에서 녹음파일 제보)

- 이후 경과
6. 25. 종편 측 자체진상조사(기자윤리 위반 인정) 후 000 기자 해고
※ 휴대폰 2대 초기화, 노트북 포맷, 휴대전화 분실 허위신고, 녹음파일 재녹음 시도(새로 녹음한 뒤 회사대표의 지인인 지 씨를 만나 들려주고 녹음하겠다는 파일 발견)
5. 14. 중앙지검 000호텔에서 종편 기자의 휴대전화와 노트북 압수
※ 7. 26. 압수 시 기자의 참여가 없었고, 압수물에 대한 통지가 없었다며 위법

하다며 중앙지법에서 압수수색 취소결정 ⇒ 11. 12. 대법원도 위법하다고 결정

7. 17. 영장 발부되어 구속(혐의의 중대성과 증거인멸, 수사방해 등)

※ 기자, 부장, 차장 관련된 카카오톡 내용 삭제 ⇒ 복구 불능

- 검찰총장과 법무부장관 충돌

(살아있는 권력에 대한 수사와 살아있는 권력의 싸움 수단, 수사)

검찰총장(000), 사건을 대검 인권부에 배당

법무부장관(000), 검찰총장의 측근 검사장과 관련되어 있는 만큼 대검은 손을 떼고 장관이 발탁한 000 지검장이 있는 서울중앙지검으로 배당 압박

⇒ 검찰총장 객관성 보장명분으로 전문수사자문단 설치 시도. But, 기업 대표가 신청한 수사심의위원회도 가동을 준비 중에 있어 한 사건을 두고 두 개의 기구가 다른 의견을 낼 경우 수사에 난항을 겪을 수 있게 되자,

법무부 장관이 수사지휘권을 발동해 대검은 수사에서 배제하고 전문수사자문단 소집 취소를 요구

검찰총장, 장관 요구를 수용하는 대신 독립수사본부 설치 역제안, 법무장관 2시간 만에 이를 즉각 기각하고 기존지시 이행입장 발표

⇒ 000 지검장 유착 수사

2020년 6월 25일 법무부는 법무부장관의 지시로 이 사건에 대해 직접 감찰에 착수하고 2020년 6월 26일 자로 000 검사장(부산고검 차장, 이전 서울중앙지검 3차장)을 법무연수원 연구위원으로 인사조치

그러나 2020년 7월 24일 대검찰청 검찰 수사심의위원회가 000 검사장에 대해 수사 중단 및 불기소를 권고에 따라 8월 5일 중앙지검은 종편 기자만 기소

♣ 정00(서울중앙지검 형사1부장) 검사 독직폭행

2020년 7월 29일 서울중앙지검 유심칩에 대한 압수수색영장을 집행하는 과정에서 한

00 검사장 측이 압수수색 나온 서울중앙지검 형사1부 정00 부장검사에게 독직폭행을 당했다고 주장하며 정00 부장검사를 고소하고, 감찰 요청

⇒ 과거 핸드폰과 현재 핸드폰 유심칩 압수, But, 비밀번호를 함구하는 등 비협조로 포렌식에 착수하지 못해 현재까지 수사가 장기화

※ 기술적으로 아이폰 유심칩 압수는 의미 없음(번호, 문자 저장 안 됨), 따라서 수사팀의 기술적인 안목과 판단능력에 문제

⇒ 서울 고검 정00 검사 독직폭행 혐의(5년 이하 징역, 10년 이하 자격정지) 10월 27일 기소(8월 27일 차장검사로 승진, 광주지검 차장검사)

♣ 검찰총장과 법무부장관의 충돌

2020년 11월 24일 000 법무장관, 000 검찰총장의 직무를 정지하는 한편, 징계를 청구

※ 언론사 사주와의 부적절한 접촉, 조국 전 장관 사건 등 주요 재판부에 대한 불법 사찰 사실, 종편사건 및 한00 사건 관련 측근을 비호하기 위한 감찰 및 수사 방해, 언론과의 감찰 관련정보 거래 사실, 총장 조사 관련 협조 의무 위반 및 감찰 방해 사실, 정치적 중립에 관한 총장으로서 위엄과 신망이 손상된 사실

11월 25일 검찰총장 “직무정지 멈춰달라” 집행정지 신청
12월 1일 법원, ‘검찰총장 직무정지 부당’ 집행정지 인용
12월 16일 징계위, 검찰총장 ‘정직 2개월’ 최종 의결
12월 24일 법원, ‘검찰총장 정직’ 2차 집행정지 인용 결정
12월 30일 후임 법무장관 지명(박00)

⇒ 긴 논쟁의 핵심은 누가 어떤 의도로 착수하고 진행하느냐에 따라 수사의 방향은 달라질 수 있기 때문에 수사의 공정성을 확보하는 것이 중요(그 대안으로 하는 것이 배심제라 할 수 있음(수사에 민주성이 개입하는 것임))

3. 고위공직자범죄 수사처

(1) 설치의 의의

고위공직자 등의 범죄를 독립된 위치에서 수사하여 국가의 투명성과 공직사회의 신뢰를 높이자는 취지에서 고위공직자범죄수사처의 설립과 운영에 관한 법률(이하 공수처법) 도입(2020. 1. 14. 제정, 2020. 7. 15. 시행)

수사권과 부분적인 기소권을 갖는 기구를 헌법상 삼권에 해당하지 않으면서 독립기구로 설치한 데 대하여 위헌논란이 있었으나 헌재는 합헌결정(2020헌마264)

(2) 직무권한

1) 수사대상 범죄

고위공직자로 재직 중인 고위공직자 본인과 그 가족이 범한 고위공직자 범죄와 관련 범죄

※ 고위공직자는 대통령, 국회의장, 국회의원, 대법원장과 대법관, 헌법재판소장, 국무총리, 선거관리위원장, 판사, 검사, 경무관 이상 경찰공무원 등(공수처법 제2조 제1호)

※ 가족은 배우자, 직계비속을 말하며, 대통령의 경우 배우자와 4촌 이내의 친족(공수처법 제2조 제2호)

※ 대상범죄는 공무원의 직무에 관한 범죄, 문서위조에 관한 범죄 재산죄 중 횡령 배임 등 공수처법 제2조 제3호에 규정된 범죄

※ 관련 범죄는 뇌물공여 및 배임수재 등 공수처법 제2조 제4호에 규정된 범죄

관련 범죄의 경우 고위공직자 및 그 가족이 아닌 사람도 수사대상이 가능한 반면 고위공직자범죄라 하더라도 고위공직자범죄 등이 아닌 경우 대상이 안 됨

2) 공소제기 대상범죄

수사 및 재판기관의 고위공직자에 대해서는 수사와 기소까지 가능

※ 대법원장 및 대법관, 검찰총장, 판사 및 검사, 경무관 이상 공무원이 재직 중 본인 또는 본인의 가족이 범한 고위공직자범죄 등의 경우

3) 수사처 구성

① 수사처의 구성원

수사처는 처장, 차장, 수사처 검사 25명 이내, 수사관 40명 이내, 그 밖 직원 20명 이내로 구성

② 수사처장, 차장 및 수사처 검사의 임기와 임명절차

수사처장은 추천위에서 2명을 추천하고 대통령이 그중 1명을 지명한 후 인사청문회 거쳐

임명, 임기는 3년이고 중임은 불가하고 정년은 65세

검사직에 있던 사람은 수사처 정원의 1/2을 넘어설 수 없으며 임기는 3년이고 3회에 한하여 연임가능하고 정년은 63세

4) 수사처의 조직과 구조

① 조직상 독립과 정치적 중립성 보장

수사처는 행정권에 속하는 수사권과 공소권을 행사하면서도 대통령이나 법무부장관의 지휘·감독을 받지 않음

② 수사처장의 지휘·감독권 및 직무위임·이전·승계권

5) 검찰청 등 다른 수사기관과의 관계

① 사건이첩 요청권과 다른 수사기관의 범죄사실인지 통보의무

고위공직자범죄 등에 대한 수사처와 경찰·검찰 등과 수사기관 간 관할 경합의 경우 공수처법은 사건이첩 요청권과 다른 수사기관의 범죄사실인지 통보의무를 부과함(공수처법 제24조 제2항)

But, 공수처 외 다른 수사기관이 검사의 고위공직자범죄 혐의를 발견한 경우 통보를 넘어 사건을 수사처에 이첩하여야 함(공수처법 제25조 제2항)

사건이 경합되는 경우 공수처장은 수사의 진행 정도 및 공정성 논란 등에 비추어 수사처에서 수사하는 것이 적절하다고 판단하여 이첩을 요청하는 경우 해당 수사기관은 이에 응해야 하며, 사건의 내용과 규모 등에 비추어 다른 수사기관에 이첩할 수도 있음(공수처법 제24조 제1항, 제3항)

② 수사사건 검찰송부 의무

수사처 검사는 수사처에 공소권이 부여된 사건을 제외한 고위공직자범죄등 사건을 수사한 때에는 관계서류와 증거물을 지체 없이 서울중앙지방검찰청 검사에게 송부하여야 함(공수처법 제26조 제1항)

또한 공소권이 부여된 고위공직자범죄에 대하여 불기소 결정을 하는 경우, 해당범죄의 수사과정에서 알게 된 관련 범죄 사건을 대검찰청에 이첩하여야 함(공수처법 제27조)

6) 수사처 검사의 소송법상 지위

① 일부 사건에 대한 공소권 및 불기소 결정권

공소제기 대상 범죄사건에 대하여 수사처에 공소권과 불기소결정 권한이 인정되나(공수처법 제27조), 그 외의 사건에 대하여는 검찰에 송부의무가 있어 수사종결권이 인정되지 않음(공수처법 제26조 제2항)

② 임의수사권한과 영장청구권

수사처 검사에게 임의수사권한은 형사소송법과 검찰청법 준용에 의해 인정되나, 수사처 검사의 영장청구권에 대하여 구체적 규정을 두고 있지 않아 이에 대한 논란이 있으나 현재는 수사처 검사의 영장청구권을 인정하고 있음(2020헌마264)

※ 이에 대해 학설은 부정설, 긍정설, 제한적 긍정설이 있음

√ 제한적 긍정설은 수사처가 공소권과 수사종결권이 인정되는 사건에 대해서는 인정하되, 수사권만 인정하는 사건에 대해서는 사경과 유사한 권능을 가지기 때문에 인정하기 어렵다는 견해

③ 수사처 검사의 불기소처분에 대한 재정신청

고소·고발인은 수사처 검사로부터 공소를 제기하지 아니한다는 통지를 받은 경우 서울고등법원에 그 당부에 관한 재정을 신청할 수 있음(공수처법 제29조)

II. 수사의 구조

1. 수사구조론의 의의

수사는 소송에 대한 준비절차, 탄력적·합목적적 활동 요구(즉 새로운 것을 만드는 과정이기 때문에 다양한 상황에서 시간적 제약, 비공개적인 활동), But, 이러한 활동도 인권보호측면을 무시할 수 없음

※ 수사구조론

수사과정을 전체 형사절차에서 어떻게 위치시키고 수사절차 내 활동주체들 간의 관계를 어떻게 볼 것인가를 규정하기 위한 이론(일본학자 견해)

2. 탄핵적 수사관과 소송적 수사관

(1) 탄핵적 수사관

수사는 수사기관이 단독으로 행하는 공판 준비단계에 불과하므로 피의자도 독립하여 준비활동을 할 수 있고, 강제처분은 장래의 재판을 위해 법원이 행하는 것이라고 보는 견해

※ 따라서 영장은 법원의 명령장 성격이라고 봄

√ 이에 반해 규문적 수사관은 수사는 수사기관이 피의자를 조사하는 과정이기 때문에 강제처분도 수사기관에게 인정, 따라서 영장은 허가장의 성질을 가짐

(2) 소송적 수사관

수사를 기소·불기소를 결정하는 선별적 기능을 가진 공판과는 별개의 독자적인 절차로 파악

※ 판단자인 검사를 정점으로 하여 사법경찰관과 피의자를 대립 당사자로 하는 소송구조일 것을 요하고, 이에 따라 피의자도 수사의 주체라고 봄

3. 수사구조와 피의자 지위

수사와 공판절차는 다른데도 공판이론으로 수사절차를 설명하려는 것은 적절치 않음
영장주의, 강제수사법정주의, 진술거부권, 변호인 선임권, 증거보전청구권, 체포·구속적부심사청구권·접견교통권 보장 등은 헌법상 기본권인 인간의 존엄과 자유 보장에서 나오는 개념으로 보는 것이 타당

III. 수사의 조건

※ 감방 보내는데 아무런 이유 없이 시작하지는 않음. 왜 수사를 하니? 필요하니까, 구체적으로 범죄 발생하니까. 그런데 어느 정도까지 하니? 필요성과 조화되는 데까지 즉, 상대방 동의 얻고, 여의치 않으면 강제수사, 그런데 이거는 법률에 정해진 것만 그것도 영장 받아서, 그리고 집행 시에도 관련자 참여 등 절차 거치도록 이것이 상당성(interest balancing)이라는 것

1. 수사의 필요성(범죄 발생 시)

목적달성을 위하여 필요한 때, 목적은 형벌법규위반으로 질서가 깨어졌을 때 추가적인 무질서를 차단하고 회복하기 위한 것이 목적이고 이를 달성하기 위한 상황을 필요성이라 할 수 있음

(1) 범죄혐의와 수사

수사는 수사기관의 주관혐의에 의해 개시됨. 여기서 주관적 혐의는 구체적 사실에 근거를 둔 혐의일 것을 요함(112신고, 주변인의 목격진술 등)

(2) 소송조건과 수사

소송조건이 수사의 조건이 될 수 있는 가의 문제, 일반적으로 수사는 공소제기가능성이 없는 사건에 대해서는 허용되지 않지만 공소제기의 조건이며 실체심판의 조건인 소송조건이 수사의 조건이 될 수 있느냐의 문제

⇒ 소송조건이 구비될 가능성이 없는 경우의 수사 허용×

But, 문제는 친고죄에서 고소가 없는 경우 수사개시 가능여부

① 전면허용설: 친고죄의 고소는 소송조건이고 범죄의 성립과는 관계없기 때문에 당연 허용(일본판례와 독일의 통설입장)

② 전면부정설: 친고죄에서 고소가 없으면 공소를 제기할 수 없으므로 그 준비를 위한 수사도 허용×(일본 과거 학설, 우리나라 지지자 없음)

③ 제한적 허용설: 고소가 없는 경우에도 허용되지만 고소의 가능성이 없는 때에는 수사가 허용되지 않거나 제한되어야 한다는 견해(우리나라 판례와 다수설)

고소가능성이 있는 경우 강제수사도 허용된다는 입장(94도3373)

※ 대법원 1995. 2. 24. 94도 252「친고죄나 세무공무원 등의 고발이 있어야 논할 수 있는 죄에서 고소 또는 고발은 소추조건에 불과하고 당해 범죄의 성립요건이나 수사의 조건은 아니므로... 고소, 고발전의 수사가 위법하다고 볼 수 없다」

※ 검사나 사경의 피신조서가 고소, 고발전 단계에서 작성되었다는 것만으로 증거능력이 부정되는 것은 아님

※ 고소가능성이 없는 경우: 고소기간 경과 시, 고소권자가 고소를 하지 않겠다는 의사를 명백히 한 경우

2. 수사의 상당성

(1) 수사의 신의칙과 수사비례 원칙

수사신의칙 원칙은 사회적으로 용인될 수 있는 적정한 것이어야 한다는 것이고, 비례원칙은 목적달성을 위한 최소한도에 그쳐야 한다는 원칙

※ 수사신의칙 원칙에서 문제되는 것이 함정수사임

(2) 함정수사

1) 함정수사의 의의

수사기관이 범죄를 교사하여 그 실행을 기다려 범인을 체포하는 수사기법

※ 주로 마약 기타 향정신성의약품 및 조직범죄의 수사에 사용되는 기법, 이러한 기법이 신의칙이라는 관점에서 허용 가능한지 여부

√ 현행법상 허용규정×, But, 모든 함정수사를 위법하다고 볼 것은 아님

2) 허용범위

① 주관설: 피유발자의 주관 내지 내심을 기준으로 하며, 범의유발형과 기회제공형으로 나누어 범의유발형은 불처벌하고, 기회제공형은 처벌

※ 미국 판례에 의해 형성, Sorrels 사건(대공황 시 술판매)과 Sherman 사건(정보원의 집요한 요구에 의한 마약매각)

※ 성매매를 처벌하기 위해 매수자를 가장하여 전화한 후 만나기로 한 모텔에서 성매매하고 처벌할 수 있을까?

※ 성매매 알선 처벌을 위해서 성매매업자에게 전화하여 모텔에서 만나 돈을 주고 알선으로 처벌할 수 있을까?

※ 그러면 성매매사범은 현행범으로 어떻게 잡을 수 있을까?

√ 유흥주점과 모텔 간의 커넥션 파악, 고정객실 파악, 시간대 잠복, 입실 적정시간(15분 전후) 후 프런트 협조받아 마스터키로 따고 들어가 현행범 체포

② 객관설: 수사관이 사용한 유혹 방법 자체를 문제 삼아 범죄에 관여할 의사가 없는 자를 범죄에 관여케 할 위험을 발생케 할 정도의 설득 내지 유혹의 방법을 사용한 경우에는 위법하다는 입장

③ 종합설: 수사의 신의칙은 범죄의 태양, 함정수사의 필요성, 법익의 성질, 남용의 위험성 등을 종합하여 판단

※ 판례: 기회제공이나 범행용이에 불과한 경우는 함정수사×

But, 기회제공형도 경우에 따라 위법가능(기준: 해당범죄의 종류와 성질, 유인자의 지위와 역할, 유인의 경위와 방법, 유인에 따른 피유인자의 반응, 피유인자의 처벌전력 및 유인행위 자체의 위법성 등을 종합하여 판단해야 함

♣ 판례 (2013도1473)

본래 범의를 가지지 아니한 자에 대하여 수사기관이 사술이나 계략 등을 써서 범의를 유발하게 하여 범죄인을 검거하는 함정수사는 위법한 바,

구체적인 사건에 있어서 위법한 함정수사에 해당하는지 여부는 해당 범죄의 종류와 성질, 유인자의 지위와 역할, 유인의 경위와 방법, 유인에 따른 피유인자의 반응, 피유인자의 처벌 전력 및 유인행위 자체의 위법성 등을 종합하여 판단하여야 함.

수사기관과 직접 관련이 있는 유인자가 피유인자와의 개인적인 친밀관계를 이용하여 피유인자의 동정심이나 감정에 호소하거나, 금전적·심리적 압박이나 위협 등을 가하거나, 거절하기 힘든 유혹을 하거나, 또는 범행방법을 구체적으로 제시하고 범행에 사용될 금전까지 제공하는 등으로 과도하게 개입함으로써 피유인자로 하여금 범의를 일으키게 하는 것은 위법한 함정수사에 해당하여 허용되지 않지만,

유인자가 수사기관과 직접적인 관련을 맺지 아니한 상태에서 피유인자를 상대로 단순히 수차례 반복적으로 범행을 부탁하였을 뿐 수사기관이 사술이나 계략 등을 사용하였다고 볼 수 없는 경우는, 설령 그로 인하여 피유인자의 범의가 유발되었다 하더라도 위법한 함정수사에 해당하지 아니한다(대법원 2007. 7. 12. 선고 2006도2339 판결, 대법원 2007. 11. 29. 선고 2007도7680 판결 등).

함정수사 해당 사례

① 경찰관이 노래방 도우미 알선영업 단속실적을 올리기 위하여 제보나 첩보가 없는데도 손님을 가장하고 들어가 도우미를 불러낸 경우(2008도7362)

② 검찰직원 등의 작업에 의하여 중국에서 필로폰을 수입한 경우(2005도4532)

함정수사에 해당하지 않는 사례

① 마약범죄에서 이미 범행을 저지른 범인을 검거하기 위하여 정보원을 이용하여 범인을 검거장소로 유인한 경우(2007도4532)

② 범죄사실을 인지하고도 바로 체포하지 않고 추가범행을 지켜보고 있다가 범죄사실이 많이 늘어난 뒤에야 체포하는 경우(2007도3164)

※ 수사기관에서 공범이나 장물범의 체포 등을 위하여 범인의 체포시기를 조

절하는 등 여러 가지 수사기법을 사용한다는 점을 고려하고, 이 사건에서 수사 관들이 특진이나 수상 등 개인적인 이익을 위하여 고의적으로 체포를 지연시 켰다고 볼 만한 자료는 없음(특수절도, 특수강도)

③ 유인자가 수사기관과 직접적인 관련을 맺지 않은 상태에서 피유인자를 상대로 단순히 수차례 반복적으로 범행을 교사한 경우(2007도10804)

④ 유인자가 사적인 동기에 기하여 수사기관과 직접적인 관련 없이 독자적으로 피고인을 유인한 경우(2013도1473)

3) 위법한 함정수사 효과

함정수사가 위법한 경우 함정에 걸린 자에 대한 처벌여부: 불가벌설과 가벌설

불가벌설은 소송절차에서 어떻게 마무리할 것인가에 대하여 무죄설(책임조각되거나 고의가 없으므로), 공소기각설(판례, 실체법의 문제가 아니라 소송법상 허용되는가의 문제이므로), 면소설(공소권의 존재 내지 추행자체에 관한 문제로 처벌적격을 잃기 때문에 실체적 소송조건을 결하여)

가벌설(일본·독일 판례 입장): 위법한 함정수사가 행하여졌다고 할지라도 피유혹자의 죄책이나 소송절차에 아무런 영향을 미치지 못함(증거배제단계에서 고려하면 충분하다거나 형벌감경 내지 양형사유에 불과)

4) 함정수사에 의하여 수집한 증거의 증거능력

범의를 유발한 함정수사에 의하여 수집한 증거는 적정절차에 대한 본질적인 위반이 있는 경우에 해당하기 때문에 증거능력 부정(통설)

제2절 수사 개시

I. 수사의 단서

수사의 개시는 범죄혐의가 있다고 인정하는 때(주관적 혐의)를 말하며, 원인을 단서라고 함. 단서에는 수사기관의 체험에 의한 경우와 타인의 체험의 청취에 의한 경우

① 수사기관의 체험에 의한 경우

현행범인 체포, 변사자 검시, 불심검문, 다른 사건 수사 중의 범죄발견, 기사, 풍설, 세평

※ 충주시의회 돈봉투 의혹에 정가·시민 "철저한 수사" 한목소리(뉴스1, 2021. 01. 05)

정치적인 사건이나 민감한 사건의 경우 경찰서와 지방청 간 조율을 통해 수사주체를 정하게 됨

② 타인의 체험 청취: 고소, 고발, 자수, 진정, 범죄신고 등

※ 자수는 형법상 형의 감면사유지만(형법 제52조 1항) 소송법상으로는 수사단서

③ 수사개시 시기

고소, 고발, 자수는 즉시 수사개시, But, 그 이외의 경우 수사기관의 범죄인지에 의하여 개시됨 그 이전단계는 내사단계

※ 범죄혐의가 불분명한 진정은 내사단계를 거쳐 수사기관의 인지(입건)에 의하여 수사로 전환

※ 수사기관은 입건 전에 범죄를 의심할 만한 정황이 있어 수사개시 여부를 결정하기 위한 사실관계의 확인 등 필요한 조사를 할 수 있는데 이를 내사라 하며(수사준칙 제16조 제3항), 내사진행 후 불입건 시 피혐의자나 진정인, 피해자 등에게 통지해야 함(수사규칙 제20조 제1항)

※ 내사는 입건 전 조사로 명칭이 바뀌었음

II. 변사자 검시

1. 개념

변사자 검시란 변사사건의 사망원인과 범죄관련성을 확인하기 위하여 수사기관이 시체와 주변환경을 조사하는 것(시체검사)

※ 따라서 익사 또는 천재지변에 의해 사망한 것이 명백한 경우 검시대상 ×, But, 실무에서는 자연재해나 익사등 사고성 사망의 경우도 변사로 처리함(경찰청 변사사건처리규칙 제2조 1호)

2. 주체

검시의 주체는 검사(제222조 1항), 검사는 사법경찰관에게 검시를 명할 수 있음(대행검시, 동조 3항). 검시는 수사가 아니라 수사 전의 처분 즉 수사단서에 불과

구분	**검시**(검사 권한영역)	**수사 · 내사**(경찰 권한영역)
범위	검시의 개념 정의를 고려할 때, **시체 및 주변환경에 대한 조사**로 한정함이 적절함 예) 현장감식, 시체 검안, 부검 등	**검시의 범위**(시체 및 주변환경에 대한 조사)**를 넘어서는 일체의 행위** 예) 주변인 조사, 주변 CCTV 분석, 휴대폰 등 디지털 포렌식, 통신수사, 금융계좌 분석, 사망장소 外 행적지 · 주거지 조사 등
근거	(학설) 검시(檢視)란 수사기관이 **사체를 조사**하여 그 사망이 범죄에 의한 것인가를 밝히는 행위 (배종대 · 이상돈, 형사소송법) (법령) 검시(檢視)란 사망원인과 범죄관련성을 확인하기 위하여 **시체와 주변 환경을 조사**하는 것 (변사사건 처리규칙 §2 4.)	
검사 의견 예상 상황	시체 및 현장의 상황, 부검 여부 등 검시영역에 대한 의견을 넘어서 CCTV, 휴대폰 등 디지털 포렌식, 주변인 조사 등 경찰영역인 **수사 · 내사에 대한 의견을 제시**하면서 그 의견에 **따를 것을 요구할 가능성**이 있음	
경찰 처리	**검사 권한영역**에 해당하므로 이견이 있는 경우 충분한 의견교환을 거치되 최종적으로는 **검사 의견에 따라 처리**	**경찰 권한영역**에 해당하므로 이견이 있는 경우 충분한 의견교환을 거치되 **검사 의견을 참고하여 경찰이 최종 결정**

※ 형소법 개정으로 변사사건 발생보고 및 지휘건의는 변사사건 발생통보서로 검찰에 통보하는 것으로 변경(수사준칙 제17조 제1항)

※ 지방청현장감식실시운영규칙에 따르면 검시는 과학수사계장 또는 검시팀장이 지휘하고 지방청 과학수사요원과 검시관, 경찰서 사건담당팀, 과학수사팀을 참여시키고 행함

※ 경찰에서는 2005년부터 검시의 전문성제고를 위해 검시관(임상병리사나 간호사 출신)을 선발하고 있는데 일선에서는 검시관이 하는 일이 사망에 국한

되고 형사들이 하는 것과 별반 차이가 없다 보니 불만도 있음
다만 검시관의 검시는 법적인 근거도 없어서 법적근거마련도 필요하고, 현장에서 검시관이 사체에서 증거를 채취하기도 하는데 이들의 증거채취가 권한 있는 자에 의한 적법한 증거채취인지에 대해서도 다투어지기도 하나 사법경찰관의 지시를 받는 것으로 해석

3. 절차

검시 절차(검시의 종료시점은 부검임)

※ 지구대 경찰관 출동 폴리스 라인 설치 → 사법경찰관의 검시(검시관 검시) → 검시하면서 현장에서 증거물 채취(디엔에이 등) → 중요사건의 경우 변사자 조사결과 보고서 작성(검시관) → 병원으로 옮겨서 검안(의사, 사망원인과 결과 판정, 대개 원인은 미상, 결과는 사망, 검안비 5만 원(사망진단서), 국과수로 옮길 경우 이송비 30만 원) → 부검이 필요할 경우(검증영장) 국과수에서 부검 후 소견 송부 → 수사기관 사망원인 확인

4. 검시와 검증 등 처분

검시는 수사의 단서에 불과하므로 법관의 영장을 요하지 않음. 그리고 검시에 의하여 범죄혐의를 인정하고 긴급을 요할 때에는 영장 없이 검증할 수 있음(제222조 2항)

※ 검증
사람, 장소, 물건의 성질·형상을 오관의 작용에 의하여 인식하는 강제처분으로 독일, 일본과 우리나라에만 있는 특이한 제도로, 영국이나 미국 그리고 프랑스의 경우 수색, 압수, 전문가 감정이 있을 뿐임

※ 검증과 필요한 처분
검증을 함에는 신체의 수사, 사체의 해부, 분묘의 발굴, 물건의 파괴 기타 필요한 처분을 할 수 있다(제140조)

검시처분(범죄혐의 전 단계)으로 변사체의 검안, 탈의, 지문채취, 사진촬영, 유류품 검사를 할 수 있음

※ 검시를 위하여 타인의 주거에 들어가야 하는 경우 영장을 요하는가의 문제

에 대하여 영장필요설과 불요설이 나뉘나 강제처분에 대한 영장주의 취지에 비추어 동의가 없는 한 영장이 필요하다는 필요설이 통설

♣ 화재사망사건

2021. 1. 13(목) 10:40경 00시 00동 101X-X, 일반주택 전소하여 잠자던 22세 여자 사망 피해자는 모친, 남동생과 함께 거주하는데 모친이 일을 나가 집에 없는 상태에서 불상의 원인으로 화재가 발생하여 남동생과 피해자는 각자 다른 방에서 잠을 자던 중 남동생은 거실에서 탁탁 소리가 나고 연기가 차 있어 창문을 통해 밖으로 나왔으나 이를 알지 못하는 피해자는 탈출하지 못하고 사망

주민 119 신고, 소방에서 공동출동요청, 순마 3대 출동, 팀장, 형기차 출동지령, 지구대장 폴리스 라인 설치로 외부인 출입차단, 소방진화활동 방해 차단, 소방 진화, 경찰은 모친과 동생 케어(청문기능, 임시거주시설 제공(00 호텔), 동사무소 숙소지원 등도 연계)), 친척, 이웃 등 접근차단과 안내, 가족관계 파악

1차 진압(소방(검은색 헬멧)과 구조(빨간색 헬멧))가 끝나면 과학수사요원 진입, 그러나 소방에서도 현장조사를 하게 되는데 증거물을 함부로 훼손하거나 가져가지 않게 할 것
과학수사요원 작업에 상당한 시간이 소요됨(호미로 불에 탄 것을 하나씩 하나씩 걷어내면서 검토)
병행하여 소방조사도 개시됨

소방은 구조팀에서 심장제세동기를 가져가 사망자를 살리기 위한 노력을 하고 통상 사망하지 않는 경우 119에서 병원으로 후송하지만 사망한 경우에는 경찰에서 장의사를 불러 병원으로 후송

과학수사팀에서 1차 감식을 하고 화재원인을 더 추가적으로 확인하기 위해서는 국과수에서 보다 정밀한 감식을 진행하게 되는데 긴급하거나 대형인 경우에는 국과수에서 먼저하고 과수팀에서 순차적으로 하지만 그렇지 않는 경우는 1주 정도의 텀을 두고 감식을 진행함

일단 1차 감식 판단으로는 딤채냉장고 쪽에서 발화 흔적이 보인다는 소견

※ 소훼된 흔적이 발화중심에서부터 퍼져나가는 모양새, 다른 곳에서 옮겨 붙은 경우 그냥 전체적으로 그을음이나 골고루 탄 흔적이 있는데 내부에서 위쪽으로 퍼지면서 강하게 탄 흔적이 발견되는 것

※ 10여 년 전 생산된 00냉장고는 중국산 모터와 전선을 사용하여 아파트와 단독주택 화재원인으로 리콜명령을 받은바 있다고 함. 피해자의 00냉장고도 몇 년 전부터 리콜을 받으라는 문자를 받았는데 생업에 바빠 지금까지 받지 않았다고 함

정확한 사인을 밝히기 위해 국과수에 부검의뢰(검증영장 받아)

III. 불심검문

1. 불심검문의 의의

불심검문 또는 직무질문이란 경찰관이 행동이 수상한 자를 발견한 때에 이를 정지시켜 질문하는 것

불심검문은 수사의 단서, 범죄혐의가 인정되면 수사가 개시됨

2. 불심검문의 대상

① 수상한 행동이나 그 밖의 주위사정을 합리적으로 판단하여 볼 때 어떠한 죄를 범하였거나 범하려 하고 있다고 의심할 만한 상당한 이유가 있는 사람

※ 준현행범인 또는 긴급체포에 이르지 않는 경우이거나 범죄가 특정되지 않는 경우

② 이미 행하여진 범죄나 행하여지려고 하는 범죄행위에 관한 사실을 안다고 인정되는 사람 (경찰관직무집행법 제3조 1항)

※ 구체적(specific)이고 객관적인 팩트와 훈련과 경험이 있는 경찰관의 논리적 추론에 기초

3. 불심검문의 방법

정지, 질문, 질문을 위한 동행요구를 내용으로 하며, 핵심은 질문에 있고 정지와 동행요구는 질문을 위한 수단에 불과. 정지에서는 자동차 검문, 질문에서는 소지품검사의 허용여부에 대한 문제가 있음

(1) 정지와 질문

1) 질문 방법

질문은 검문대상자에게 행선지와 용건 또는 성명·주소·연령 등을 묻고, 필요한 때에는 소지품의 내용을 질문하여 수상한 점을 밝히는 방법

※ 질문은 임의수단, 답변 강요는 불가(경직법 제3조 7항)

√ 다만 상대방이 답변을 거부하고 그곳을 떠나려고 하는 경우 강제에 해당하지 않는 정도로 설득하여 의사를 번복하게 하는 것은 허용

√ 주로 과거 서울에서 대규모 시위나 농민데모를 준비하는 경우 출발지 경찰서에서 농민단체 차량을 검문하고 차량을 제지하는 경우가 있었음. 이에 대해 법원은 "경찰관은 형사처벌의 대상이 되는 행위가 눈앞에서 막 이루어지려고 하는 것이 객관적으로 인정될 수 있는 상황이고, 그 행위를 당장 제지하지 않으면 곧 인명·신체에 위해를 미치거나 재산에 중대한 손해를 끼칠 우려가 있는 상황이어서 직접 제지하는 방법 외에 위와 같은 결과를 막을 수 없는 때에만 경찰관직무집행법 제6조 제1항에 의하여 적법하게 그 행위를 제지할 수 있고, 그 범위 내에서만 경찰관의 제지조치가 적법한 직무집행으로 평가될 수 있는 것임(2007도9794판결)

▽ 1인당 10만 원 위자료 배상(창원지법 2008. 8. 19. 선고 2008가단2374 판결)

※ 1990년대 중반까지 경찰서마다 매주 금요일 저녁에 일제검문검색을 하여 실적을 취합하고, 검문소에서도 수배차량이나 수배자 검거를 위해 실적경쟁을 한 적이 있으나 2000년 이후에는 이러한 관행은 사라져 검문검색의 강제성으로 인한 시비는 거의 사라져 교과서에만 남아 있음

2) 정지와 그 한계

정지는 질문을 위한 수단이므로 강제수단에 의하여 정지시키는 것은 불허용. But, 정지요구에 응하지 않고 지나가거나 질문 도중 떠나는 경우 실력행사를 인정할 수 있는가의 문제

※ 사태의 긴급성, 혐의의 정도, 질문의 필요성과 수단의 상당성을 고려하여 강제에 이르지 않는 정도의 유형력 사용 가능(2011도6203, 2011도13999)

√ ① 검문에 불응하고 자전거를 타고 그냥 가는 피고인을 따라가 앞을 막아 일단 정지시킨 뒤 피고인의 오른편 인도에 올라서서 가지 못하게 경찰봉으로 계속 앞을 가로막고 검문에 응할 것을 요구하는 행위(2010도6203)

② 술값 문제로 시비를 벌인 피의자에게 질문을 하자 불응하고 막무가내로 밖으로 나가려 하므로 앞을 막아서는 행위(2014도7976)

③ 검문에 불응하고 달아나는 자동차에 대한 추적행위(2000다26807, 26814)

♣ 위의 경우 거의가 다 경찰관에게 폭행을 가해 공무집행방해죄를 묻는 과정에서 나오는 판례로 불심검문에 대한 체계를 보다 정비해야 불필요한 사법낭비를 차단할 수 있음. 예를 들면 유럽의 거의 모든 국가가 시행하고 있는 신원확인을 거부하는 행위를 범죄로 구성하고 신원확인 거부자를 현장에서 체포하는 법체계를 구축해놓아야 하는데 법률의 불명확으로 경찰관은 거부자를 체포할 수도 없고 따라가면서 법집행하고 공집방에 이르게 되니 법집행기관인 경찰도 힘들고 시민도 결국 더 강한 처벌로 이어지게 되는 것임

(2) 동행의 요구

검문장소에서 질문하는 것이 피검문자에게 불리하거나 교통의 방해가 된다고 인정되는 때에 한하여 경찰서·지구대·파출소 또는 출장소로 동행할 것을 요구할 수 있음

※ 경직법 규정대로 현장에서 잘 지키기는 어렵다. 왜냐하면 피검문자에게 불리하거나 교통의 방해가 된다고 인정하는 때에 한한다고 하는데 이를 설명하고 납득시키기란 쉽지 않기 때문임. 따라서 통상적으로 상대방의 동의를 받아 경찰관서로 가는 경우가 대다수이지만 이마저도 이제는 불심검문이 강제성이 없다는 것을 거의 모든 시민이 알아서 이러한 경우는 없다고 보아도 과언이 아님

그리고 법률에서 체포나 구속에 준하는 장치들을 둔 것은 과거 권위주의 시대에 경찰에서 불심검문을 사실상 강제적인 방법으로 남용하다 보니 생겨난 규정들이고 현재는 커다란 의미는 없다고 보면 됨

동행 요구받은 자는 이를 거절할 수 있으며, 이때 경찰관은 자신의 신분을 표시하는 증표를 제시하면서 소속과 성명을 밝히고 그 목적과 이유를 설명해야 함(동조 4항)

※ 동규정은 1988. 12. 31. 개정 시 6. 29 이후 새롭게 도입된 규정인데 과거 경찰의 무차별적 검문과 검문경찰관의 책임소재를 명확히 하고자 한 것으로 일선에서 많은 거부감이 있었던 조문이고 현재도 그렇다. 현장에서 급박한 상황에서 신분증을 보여준다는 것이 그리 쉬운 문제도 아니고 신분증의 분실 시 남용과 징계우려로 소지하지 않는 것이 일반적이다. 특히 정복경찰관에게도 요구하는 것은 현장경찰관에게 많은 어려움을 던져주고 있다.

다행히 판례에서는 '신분증 제시는 검문 행위가 정당한 경찰활동임을 피검문자에게 알리는 기능을 하는 데에 있으므로, 정복을 입은 경찰관의 경우에는 신분증을 제시하지 않더라도 자신의 소속과 성명을 밝히고 검문의 목적과 이유를 설명했다면 그 검문은 정당한 것으로 보아야 한다.'고 봄(2004. 10. 18. 선고 2004도4029판결),

또한 '불심검문을 하게 된 경위, 불심검문 당시의 현장상황과 검문을 하는 경찰관들의 복장, 피고인이 공무원증 제시나 신분 확인을 요구했는지 여부 등을 종합적으로 고려하여, 검문하는 사람이 경찰관이고 검문하는 이유가 범죄행위에 관한 것임을 피고인이 충분히 알고 있었다고 보이는 경우에는 신분증을 제시하지 않았다고 하여 그 불심검문이 위법한 공무집행이라고 할 수 없다'(2014. 12. 11. 선고 2014도7976판결)라고 판시하고 있는 것은 다행이라 할 수 있으나,

※ 2013년 2월 A 씨가 술집에서 돈을 내지 않고 가려 해 직원과 다툼이 있다는 112 신고가 접수됐다. 현장에 출동한 경찰은 여직원이 피 묻은 휴지를 얼굴에 대고 있는 것을 보고, A 씨에게 사실을 확인하기 위해 질문을 하려 했다. 그러나 A 씨는 질문에 응하지 않고 계산대로 피해 출입문으로 나가려 했다. 결국 경찰과 A 씨는 몸싸움을 했고 이 과정에서 A 씨는 욕을 하며 경찰의 멱살을 잡기도 했다. 결국 A 씨는 공무집행방해죄 현행범으로 체포됐다. A 씨는 당시 경찰관이 신분증을 제시하지 않고 불심검문을 한 것이 잘못이라고 주장하였음

이에 대해 국가인권위는 대법원판결에 따르더라도 경찰관 정복 착용 여부 외에

불심검문의 경위, 현장상황, 피검문자의 공무원증 제시 여부 등을 종합적으로 고려하는 점 등을 살펴볼 때 단순히 신분증 제시의무가 정복 착용만을 이유로 해제되지 않는다고 보고 경찰청에 경찰업무관행에 대한 개선을 권고한 바 있음(2019. 10. 29)

가족 또는 친지에게 동행경찰관의 신분·동행장소, 동행목적과 이유를 고지하거나 본인으로 하여금 즉시 연락할 수 있는 기회를 부여하고, 변호인의 조력을 받을 권리가 있음을 고지해야 함(동조 5항)

6시간 초과동행은 불가하고(동조 6항), 동행요구 받은 사람은 형사소송법에 의하지 않고는 신체를 구속당하지 아니하며 그 의사에 반하여 답변을 강요당하지 않음(동조 7조)

※ 시간·구속제한, 진술거부권 인정 등 형소법의 법원리가 불심검문에도 적용되게 함으로써 남용의 방지를 위한 규정들이 도입되었으나 현재는 이러한 남용사례는 거의 발견하기 어려움

4. 소지품 검사

(1) 개념

불심검문에 수반하여 흉기 기타 물건의 소지여부를 밝히기 위하여 검문대상자의 의복 또는 휴대품을 조사하는 것으로 수사의 단서에 불과

※ 단계: ① 소지품 외부에서 관찰 ② 소지품 내용 질문 ③ 의복 또는 휴대폰을 외부에서 가볍게 만지면서 질문 ④ 소지품 내용 개시요구 ⑤ 개시된 소지품 검사

√ ①,② 질문 또는 질문단서, ③~⑤ 소지품 검사

(2) 법적근거: 경직법 제3조 3항(질문 시 흉기조사 규정만 존재)

흉기(dangerous weapons) 이외의 휴대품 조사 허용여부, 허용되지 않는다는 견해도 있으나 소지품검사도 검문경찰관이나 일반인의 안전 확보와 질문의 실효성 확보차원에서 가능하다고 보아야 하나, 어느 정도까지 인정되느냐의 문제가 있음

※ 다만 범죄수사를 위한 소지품 검사는 경직법의 범위(행정경찰)를 벗어나는 것임

(3) 소지품검사의 한계

1) Stop and Frisk: 정지와 외표검사로 미국판례에서 유래(Frisk: hit lightly)

※ Stop은 경찰관의 경험상 범죄행위가 발생하고 있거나 한 경우 또는 대상자가 무기를 소지하거나 위험하다고 판단케 하는 수상한 행동을 관찰하면서 검문자 자신을 밝히고 필요한 조사를 하는 것

※ Frisk는 Stop 조건이 충족되면 검문경찰관을 공격하는데 사용될 수 있는 무기를 발견하기 위해 피검문자의 의복 바깥부분(외피)에 대한 제한된 수색(limited search, patdown)을 할 수 있음

√ 미국경찰 매뉴얼 ① Observe ② Approach and Identity ③ Ask questions 이후 안전에 대한 우려가 해소되지 않는 경우 ① 바깥옷에 대해 건드리며 확인(patdown) ② 무기가 있다고 보이면 압수하고 체포 ③ 체포 후 신체 전체에 대한 수색

※ 필요한 확실성의 정도에서 Stop and Frisk는 30%(Reasonable suspicion), 체포(Arrest)는 50%(Probable cause), 목적 면에서 Stop은 범죄예방, Frisk는 경찰관과 타인의 안전확보, 체포는 신병을 확보하거나 범죄여부를 밝히기 위함이고, 허용되는 물리력 면에서 Stop은 허용되지 않고 Frisk는 Pat-down, 체포는 Reasonable force

2) 소지품 개시요구와 내용조사

소지품의 내용을 개시할 것을 요구하는 것은 강요적인 언동에 의하지 않는 한 허용, 그러나 상대방이 이에 응하지 않을 경우 실력행사가 허용되는지 여부

① 흉기조사

흉기·폭탄 등을 소지하고 있다고 의심되는 경우 경찰관이나 제3자의 생명·신체에 대한 위험을 고려하여 폭력을 사용하지 않는 범위에서 소지품 내용조사 허용

② 일반소지품의 조사

실력행사를 하여 소지품 내용을 조사하는 것은 허용되지 않음. 그러나 다만 중범죄에 한하여 긴급체포요건이 충족되는 경우에는 적법할 수 있는 경우가 있음

※ 강도 혐의가 인정되는 자의 가방 내부를 검사한 경우 적법(일본판례)

♣ 미국의 Stop and Frisk와 같이 전체적인 틀이 시스템화되어야 하는데 우리는 이에 대한 체계적인 법률이나 판례가 없어 현장에서 어려움을 겪고 있음

위험한 흉기를 가지고 있다고 하여 압수나 체포할 수 있는 권한이 경찰에게는 없기 때문에 이들을 어떻게 해야 되는지에 대한 답이 없음. 실무에서는 이러한 경우 경찰관서로 이동하여 소지 경위 등에 대한 조사를 통해 확인한 후 귀가시킴. 폭력행위 등 처벌에 관한 법률 제7조(우범자)에서 정당한 이유 없이 이 법에 규정된 범죄에 공용(供用)될 우려가 있는 흉기나 그 밖의 위험한 물건을 휴대하거나 제공 또는 알선한 사람은 3년 이하의 징역 또는 300만 원 이하의 벌금에 처한다는 규정을 두고 있으나 이 규정은 단순 소지하는 경우 처벌대상이 아니기 때문에 현장에서 실효성은 크지 않다고 보아야 함

5. 자동차 검문

(1) 의의

범죄의 예방과 검거를 목적으로 통행 중인 자동차를 정지케 하여 운전자 또는 동승자에게 질문하는 것을 말함

※ 교통검문(도로교통법 위반 단속을 위한 것), 경계검문(불특정 일반범죄의 예방과 검거를 목적으로 하는 것), 긴급수배검문(특정범죄가 발생한 경우 범인 검거와 수사정보의 수집목적)이 있으나, 이중 실제로 실무에서 사용되는 것은 교통검문과 긴급수배검문뿐이다. 긴급수배검문의 경우 강도·강간, 살인 등 강력사건 발생 시 각 지·파 순찰차가 특정지점 또는 지시된 지점으로 이동해서 검문 및 범인을 검거하는 기능을 함

(2) 법적근거

교통검문은 도로교통법 제47조의 일시정지권, 경계검문은 경직법 제3조 1항(불심검문), 긴급수배검문은 경직법상 불심검문, 형사소송법 제199조 임의수사규정

(3) 자동차 검문의 한계

임의의 수단에 의하고, 자동차를 이용하는 중대범죄에 한정, 범죄의 예방과 검거를 위하여 필요하고 적절한 경우에 한정, 자동차 이용자에 대한 자유의 제한은 필요최소한도에 그쳐야 함

Ⅳ. 고소

1. 고소의 의의

고소란 범죄의 피해자 또는 그와 일정한 관계가 있는 고소권자가 수사기관에 대하여 범죄사실을 신고하여 범인의 처벌을 구하는 의사표시

※ 검사가 법원에 처벌을 구하는 의사표시는 기소(공소, 공적인 기소)

① 수사기관에 대한 신고에 한정(법원×)

② 범죄사실의 신고

범죄사실은 특정되어야 하고, 특정의 정도는 구체적으로 어떤 범죄사실을 지정하여 범인의 처벌을 구하고 있는가를 확정할 수 있을 정도면 충분

※ 범행의 일시·장소·방법이나 죄명까지 상세히 지적할 것을 요하지 않으며, 범죄사실에 대한 신고가 있으면 되고 범인이 누구인가를 적시할 필요는 없음. 단 상대적 친고죄에 있어서는 신분관계 있는 범인의 지정 필요

※ 상대적 친고죄: 범인이 피해자의 친족인 경우 피해자가 고소를 하여야만 성립하는 친고죄(절도죄의 친족상도례), 범인과 피해자 간 신분관계와 무관하게 항상 친고죄가 성립하는 것은 절대적 친고죄(모욕죄 등)

③ 범인의 처벌을 구하는 의사표시

고소에는 소송행위능력 즉 고소능력이 있어야 함

※ 고소능력은 소송의 의미를 이해할 수 있는 사실상의 의사능력

2. 고소 절차

(1) 고소권자

① 피해자

범죄로 인해 침해된 법익의 귀속주체, 자연인, 법인, 법인격 없는 사단·재단도 포함

※ 범죄로 인한 직접적 피해자에 한정되고 간접적으로 피해를 입은 자는 불포함

고소는 상속·양도의 대상이 될 수 없으나 특허권·저작권과 같이 범죄로 인한 침해가 계속되는 경우 권리의 이전에 따라 이전 전에 이루어진 침해에 대한 고소권도 이전

② 피해자의 법정대리인

피해자의 법정대리인은 독립하여 고소가능(제225조 1항), 법정대리인은 친권자·후견인 등

과 같이 제한능력자의 행위를 일반적으로 대리할 수 있는 자

※ 재판관리인·파산관재인 또는 법인의 대표자는 포함×, 그러나 생모는 포함

※ 법정대리인 지위는 고소 시에 존재해야 가능하고 범죄 시나 고소 후에 지위를 상실해도 무방

독립하여 고소할 수 있다는 의미에 대해 법정대리인에게 인정되는 고유권설과 독립대리권설(고소권 소멸하면 대리인의 고소권도 소멸)이 대립하고 있으나 판례는 고유권설 입장

※ 법정대리인의 고소권은 피해자의 고소권 소멸여부에 관계없이 고소할 수 있는 것이며, 그 고소기간은 법정대리인 자신이 범인을 알게 된 날로부터 진행(87도857, 99도3784)

③ 피해자의 배우자·친족

피해자의 법정대리인이 피의자이거나 법정대리인의 친족이 피의자인 때에는 피해자의 친족은 독립하여 고소가능(제226조)

※ 우리 민법은 친족의 범위를 8촌 이내의 혈족·4촌 이내의 인척·배우자로 규정

피해자가 사망한 때에는 그 배우자·직계친족 또는 형제자매는 고소가능, 다만 피해자가 명시한 의사에 반하지 못함(제225조 2항), 신분관계는 사망시에 존재하면 됨

※ 사자의 명예를 훼손한 죄에 대하여 그 친족 또는 자손이 고소가능(제227조)

④ 지정고소권자

친고죄 대하여 고소할 자가 없는 경우에 이해관계인의 신청이 있으면 검사는 10일 이내에 고소할 수 있는 자를 지정해야 함(제228조)

※ 다만 고소권자가 고소권을 상실하거나 고소하지 아니할 의사를 명시하고 사망한 경우는 제외

※ 이해관계인은 법률상 또는 사실상 이해관계를 가진 자를 말함

(2) 고소의 방법

① 고소의 방식

서면 또는 구술로 검사 또는 사법경찰관에게 하여야 함. 검사 또는 사법경찰관은 구술에 의한 고소를 받은 때에는 조서를 작성해야 함(제237조)

※ 경찰청 홈페이지에 신고민원 접수한 것은 적법한 고소가 아니며, 전보 또는

전화에 의한 고소는 조서를 작성하지 않는 한 유효×

② 고소의 대리

고소는 대리인으로 하여금 하게 할 수 있음(제236조). 고소대리의 성질에 대하여는 표시대리설(의사결정권은 위임×)과 의사대리설(결정권도 위임)

⑶ 고소 기간

친고죄는 범인을 알게 된 날로부터 6개월, 비친고죄는 고소기간 제한×

※ 범인은 정범, 교사범, 종범을 포함

※ 범인을 알게 된다 함은 통상인의 입장에서 고소권자가 고소를 할 수 있을 정도로 범죄사실과 범인을 아는 것으로 누구인가를 특정할 수 있으면 되고 범인의 주소·성명까지 알 필요는 없음

※ 수인의 공범인 경우 1명을 알면 충분하지만, 상대적 친고죄에서는 신분관계 있는 범인을 알았어야 하며, 범인을 알게 된 날로부터 고소기간이 진행되지만 아직 범죄가 종료되지 아니한 때에는 고소기간 불 진행

친고죄의 고소기간은 시기(시작하는 시점)에 제한 ○, 고소할 수 없는 불가항력의 사유가 있는 경우 그 사유가 없어진 날로부터 기산

※ 해고될 것이 두려워 고소하지 않는 것만으로 고소를 할 수 없는 불가항력의 사유에 해당하지 않음(85도1273)

고소할 수 있는 자가 수인인 경우 1인의 기간 해태는 타인의 고소에 영향 없음(제231조)

※ 고유의 고소권자(피해자)가 수인인 경우를 말하고 고소권의 대리행사자가 수인인 경우를 말하는 것은 아님

⑷ 고소의 제한

자기 또는 배우자의 직계존속은 고소하지 못함(제224조). 다만 성폭력범죄(성폭력범죄의 처벌 등에 관한 특례법 제18조), 가정폭력범죄(가정폭력범죄의 처벌 등에 관한 특례법 제6조2항), 아동학대범죄(아동학대범죄의 처벌 등에 관한 특례법 제10조 2항)의 경우에는 고소가능

3. 고소불가분의 원칙(전제 친고죄)

⑴ 의의

고소의 효력은 불가분이라는 원칙으로 한 개 범죄의 일부분에 대한 고소 또는 그 취소는 그 전부에 대하여 효력 발생(객관적 불가분 원칙), 수인의 공범 중 1인 또는 수인에 대한 고소 또는 그 취소는 다른 공범자에게도 효력이 미침(주관적 불가분 원칙)

※ 형소법은 주관적 불가분에 대해서만 규정(제233조)하고 있으나 객관적 불가분 원칙도 이론상 당연인정

(2) 객관적 불가분 원칙(이것은 실무상 큰 의미는 없고 시험용, 검사·판사단계는 필요)

고소 시 범죄사실의 신고가 반드시 정확할 수는 없고 처벌의 범위까지 고소권자의 의사에 좌우되어서는 안 된다는 이유

적용범위

① 단순일죄: 예외 없이 적용

② 과형상 일죄

하나의 행위로 수개의 법익침해 시 하나의 범죄로 취급, 실제로 여러 개의 범죄인데 소송법상 하나의 범죄로 취급

ⓐ 모든 부분이 친고죄이고 피해자가 동일한 경우: 적용

※ 한 번에 여러 개의 모욕죄를 동일인에게 저지르는 경우

ⓑ ⓐ에서 피해자가 다른 경우, 적용×

※ 하나의 행위로 여러 명을 모욕한 경우, 고소한 자에게만 효력 ○

ⓒ 일죄의 일부분만 친고죄인 경우, 비친고죄에 대한 고소효력은 친고죄에 미치지 않고, 친고죄에 대한 고소효력이 비친고죄에 미치지 않음

※ 감금죄와 강간죄의 관계(실행행위의 부분적 동일성 인정되어 상상적 경합)

③ 수죄

수죄에는 적용 ×

※ 일부 간통행위에 대하여만 배우자의 고소가 있고 다른 일부 간통행위에 대하여는 배우자의 고소가 없는 경우에 고소가 없는 간통행위에 대해서까지 고소의 효력이 미칠 수는 없음(89도54 판결)

(3) 주관적 불가분의 원칙

1) 의의

친고죄 공범 중 1인 또는 수인에 대한 고소와 그 취소는 다른 공범자에 대하여도 효력이

있음(제233조)

※ 공범개념에는 형법총칙상 공범(간접정범, 공동정범, 교사범, 종범)뿐만 아니라 필요적 공범도 포함, 필요적 공범은 구성요건 자체가 이미 2인 이상의 참가나 단체의 행동을 전제로 하여 성립하는 범죄(증·수뢰죄, 소요죄)

2) 적용범위

① 절대적 친고죄(모욕죄 등): 언제나 적용

② 상대적 친고죄(친족상도례): 비신분자에 대한 고소의 효력은 신분관계에 있는 공범에게 미치지 아니하며, 신분관계 있는 자에 대한 고소취소는 비신분자에게는 효력 없음

※ 친족이 가담한 절도죄에서 일반인에 대한 고소는 친족에 대하여는 효력이 없고, 친족에 대한 고소취소는 일반인에 대하여는 효력 없음

※ 다만 친족 2인 이상이 공범인 경우에는 친족 1인에 대한 고소는 다른 친족에게도 효력 미침

※ 조세범처벌법이나 관세법상의 즉시고발이나 독점규제 및 공정거래에 관한 법률의 공정거래위원회의 고발, 반의사불벌죄에 있어서는 적용되지 아니함

③ 공범자에 대한 제1심판결 선고 후의 고소취소

공범자 1인에 대하여 제1심판결이 선고되어 고소를 취소할 수 없게 되었을 때 다른 1심판결 선고 전의 공범자에 대한 고소취소가 가능한지 여부

※ 통설과 판례: 고소취소 불가하고 고소의 취소가 있더라도 효력×(불공평한 결과)

4. 고소취소와 포기

(1) 고소의 취소(친고죄에 한정)

1) 시기: 제1심 판결선고 전까지 가능(제232조 1항)

※ 환송 후의 제1심 판결선고 전이나 재심의 제1심판결 선고 전 고소취소는 효력○, But, 재심을 청구하는 대신 항소권회복청구를 하여 재판을 받게 된 항소심에서 한 처벌의사표시 철회 효력×

2) 고소취소 방법

① 취소권자

고유의 고소권자이거나 대리행사권자나 불문, 다만 고유의 고소권자는 대리행사권자가 제기한 고소를 취소할 수 있지만, 고소권자 본인이 한 고소를 대리행사권자가 취소

할 수는 없음

※ 피해자가 한 고소를 피해자가 사망한 후에 아버지가 취소한 경우 적법한 고소취소가 아님(69도376)

② 방법은 서면이나 구술로 가능

※ 고소인과 피고소인 사이에 합의서가 작성된 것만으로 수사기관이나 법원에 대한 의사표시라고 할 수 없기 때문에 고소취소라 할 수 없음

√ 합의서와 함께 관대한 처분을 바란다는 취지의 탄원서가 법원에 제출된 경우 고소의 취소가 있는 것으로 보아야 하나(81도1171), 구술에 의하여 고소를 취소하는 경우에도 법대로 처벌하되 관대하게 처리하여 달라는 취지의 진술은 고소의 취소라 보기 어려움(80도21210)

※ 고소하기 이전에 피해자가 처벌을 원하지 않았다고 하더라도 그 후에 한 피해자의 고소는 유효(대법원 1993. 10. 22. 선고 93도1620 판결).

따라서 친고죄의 피해자가 가해자에게 합의서를 작성해 주었다고 하더라도 고소권은 고소 전에 포기할 수 없다는 것이 판례의 태도이므로 피해자가 지금이라도 고소를 하게 되면 가해자에 대하여 수사 진행가능

③ 고소의 취소에도 대리 허용됨(제236조)

3) 고소취소의 효과

고소취소 시 불기소처분 또는 공소기각 판결을 함

고소취소한 자는 다시 고소하지 못함(제232조 2항)

주관적·객관적 불가분 원칙 적용됨

(2) 고소의 포기

친고죄의 고소기간 내에 장차 고소권을 행사하지 아니한다는 의사표시

※ 고소권 상실효과

고소권 포기 인정여부에 대하여 인정한다는 적극설, 인정하지만 취소와 같은 방식을 요구하는 절충설, 공법상 권리로 사적처분 허용 안 되고, 취소에 관해서는 규정을 두면서 포기에 관하여는 규정이 없는 점 등으로 인정할 수 없다는 소극설(판례)

V. 고발

고소권자와 범인 이외의 사람이 수사기관에 대하여 범죄사실을 신고하여 그 소추를 구하는 의사표시

※ 일반적으로 수사단서이나 관세법이나 조세범처벌법 위반의 경우 소송조건에 해당

자기 또는 배우자의 직계존속은 고발하지 못함(제235조)

고발과 그 취소의 절차와 방식은 고소와 동일하나, 대리인에 의한 고발은 인정되지 않고 고발기간의 제한이 없고, 고발 취소 후에 다시 고발가능

제3절 임의수사

Ⅰ. 임의수사와 강제수사

1. 임의수사와 강제수사의 의의

임의수사: 상대방의 동의나 승낙을 받아서 행하는 수사

강제수사: 강제처분에 의한 수사

※ 강제처분의 본질에 대하여 형식설(직·간접적으로 물리적 강제력 행사 + 의무부담하게 하는 경우, 감청이나 사진촬영 등 새로운 수사기법에 대한 설명상 한계), 적법절차 기준설(최소한의 기본적 인권을 침해할 우려가 있는 경우, 적법절차는 임의·강제수사에 모두 요구된다는 점에서 한계), 실질설(상대방의 법익 침해 여부, 일본 최고재판소 입장)

2. 임의수사 원칙과 강제수사의 규제

(1) 임의수사 원칙

수사목적 달성을 위해 임의수사를 할 수 있으나 강제처분은 법률에 특별한 규정이 없으면 하지 못한다(제199조)는 원칙

※ ① 임의처분에 의하여야 ② 필요 최소한도 내 ③ 강제처분은 법률에 규정된 경우 예외적으로 허용

(2) 강제수사의 규제

1) 강제처분 법정주의

강제처분은 법률에 특별한 규정이 없으면 하지 못함(제199조 1항 단서)

※ 강제처분의 종류와 요건 및 절차 법률에 규정

2) 영장주의

법원 또는 법관이 발부한 적법한 영장에 의하지 않으면 형사절차상 강제처분을 할 수 없다는 원칙

※ 강제처분에 대한 사법적 통제

√ 영장은 특정되어야 함(영미 Warrant(보장), 프랑스 Mandat(명령))

√ A warrant is a legal document that allows someone to do something, especially one that is signed by a judge or magistrate and gives the police permission to arrest someone or search their house.

√ 구속영장: 범죄사실과 피의자, 인치·구금장소 등, 압수·수색영장: 대상 특정, 다만 통신비밀보호법상 전기통신의 감청은 일정 기간에 걸친 통신제한조치 허용

구속에는 사전영장에 의하고 예외×

체포도 영장에 의하는 것이 원칙이나 예외 인정: 현행범 체포, 긴급체포

※ 예외는 사후영장 받아야 함

압수·수색·검증도 영장이 원칙이나 예외인정

※ 공판정 내 압수·수색과 임의제출물 압수 시, 공판정 외에서는 영장 발부해서 집행해야하며, 법원단계에서 영장은 검증영장은 존재하지 않음

※ 수사기관의 경우 긴급성에 대처하기 위해 영장 없는 압수·수색·검증 허용

① 체포·구속 목적의 피의자 수색(체포 전 발견을 위한 수색, 사후영장 불요) ② 구속·체포 현장에서의 압수·수색·검증(체포에 착수하였으나 범인 도주 시 긴급 압수·수색·검증이 가능하고 사후 압수·수색영장을 받아야 함) ③ 피고인 구속현장에서의 압수·수색·검증 ④ 범죄장소에서의 압수·수색·검증(범행 중 또는 범행 직후) ⑤ 긴급체포 시의 압수·수색·검증(체포된 경우로 24시간으로 제한)

√ 위의 경우 범죄장소의 압수·수색·검증은 사후에 지체 없이 영장을 발부받아야 하며, 긴급체포 시 압수·수색·검증은 체포한 때로부터 구속영장 외 별도로 48시간 내 압수·수색 영장을 청구해야 함

※ 요급처분

제216조의 규정에 의한 처분을 하는 경우에 급속을 요하는 때에는 제123조 제2항(책임자 참여), 제125조의 규정(야간집행 제한)에 의함을 요하지 아니함

√ 따라서 제217조에 해당하는 ⑤의 경우는 요급처분이 적용되지 아니함

3) 비례성 원칙

기본권의 침해는 사건의 의미와 기대되는 형벌에 비추어 상당성이 유지될 때에는 허용된다는 원칙

※ 강제처분의 실행과 기간, 방법을 제한하는 이념

※ 강제처분은 필요한 최소한도의 범위 안에서만 하여야 함(제199조 1항 단서)

3. 임의수사 적법성의 한계

(1) 임의수사의 한계

비유형적이고 다양한 성격으로 인해 세부적인 법적 규제가 불가능. 그렇다고 법적 규제로부터 자유로운 것은 아님. 이에 대한 규제로 작용하는 것이 임의수사의 내재적 제한원리

1) 수사의 필요성과 상당성

① 필요성

수사목적 달성에 필요한 경우를 말하며, 수사의 조건이므로 범죄의 혐의가 없음이 명백하거나 소송조건이 구비될 수 없을 때에는 임의수사도 허용×

② 상당성

필요성이 인정되는 경우에도 필요한 한도를 넘어서는 안 됨

2) 자유의사에 의한 승낙

수사기관과 직면하는 경우 심리적으로 위축되거나 남용의 우려가 있기 때문에 승낙은 자유로운 의사를 전제로 함

※ 수사기관이 탈법적으로 상대방의 승낙을 매개체로 사용하는 것은 불가

(2) 임의수사의 적법성

① 임의동행 ② 보호실유치 ③ 승낙 수색·검증 ④ 거짓말탐지기 검사 ⑤ 마취분석이 가능한지, 가능하다면 어떤 조건하에 가능한지의 문제

1) 임의동행

① 의의와 성질

수사기관이 피의자의 동의를 받아 피의자를 수사기관까지 동행하는 것으로 임의수사로서의 임의동행(형소법 제199조 1항)과 범죄예방을 위한 임의동행(경직법 제3조)이 있음

문제는 불심검문에 의한 임의동행 이후 구속되거나 수사가 계속된 경우 임의동행의 성질

에 대하여 단순히 수사의 단서에 불과하다고 보는 견해와 형사소송법상의 임의동행과 동일하게 보는 견해로 대립(판례입장, 2005도6810)

※ 일단 임의동행의 허용성은 명문의 규정상 명백

② 임의동행의 적법성

사회통념상 신체의 속박이나 심리적 압박에 의한 자유의 구속이 있었다고 할 수 없는 객관적인 상황이라면 허용, 따라서 강제력이나 심리적 압박이 개입된 강제연행의 경우 위법

※ 임의동행과 강제연행의 구별기준

ⓐ 동행시간과 장소 ⓑ 동행 방법 ⓒ 동행 후 신문방법 ⓓ 체포 또는 구속영장의 유무 ⓔ 식사·휴식·용변의 감시 ⓕ 퇴거희망이나 동행거부 유무

※ 불법인 경우(대개가 공집방으로 재판받으면서 경찰직무집행의 부적법성 주장)

임의동행을 요구하며 순찰차에 태운 다음 오른쪽 손목을 잡고 뒤로 꺾어 올리는 등의 방법으로 제압한 경우(98도138), 동행을 거부할 수 있음을 고지하지 아니한 경우(2005도6810), 동행을 거부할 수 있으나 거부하더라도 강제 연행할 수 있다고 말하고 동행과정에서 화장실로 따라가 감시한 경우(2009도6717), 동행을 명백히 거부함에도 강제로 연행한 경우(2012도13611), 임의동행을 요구하다가 거절당하자 무리하게 잡아끌거나(2013도8481), 양팔을 잡아끌고 밀다가 길에 주저앉힌 경우(91다38334), 임의동행 후 조사받기를 거부하고 파출소에서 나가려는 것을 제지하는 경우(97도1240)

※ 적법한 경우

음주측정을 위하여 동행을 거부할 수 있음을 고지하고 동행을 요구하자 고개를 끄덕이며 동의하는 의사표시를 하고, 동행 당시 경찰관에게 욕을 하거나 특별한 저항을 하지 않고 순순히 응하였으며, 비록 술에 취하였으나 동행 요구에 따를 것인지 여부에 관한 판단을 할 정도의 의사능력이 있는 경우(시청직원 3번 단속, 2012도8890)

③ 강제연행과 구속

체포·구속영장이 발부되거나 긴급체포사유가 있는 경우의 임의동행 시에 체포, 구속되는 것으로 해석되며, 따라서 이때 범죄사실 요지, 체포·구속의 이유와 변호인 선임권, 변명기회부여 등 적법절차 준수되어야 함

※ 만일 영장발부가 없거나 긴급체포사유가 없음에도 강제력을 행사하거나 심리적 압박을 가하여 연행한 경우 불법체포죄(7년↓ 징역, 10년↓ 자격정지)구성

2) 승낙유치

피의자의 의사와 관계없이 수사기관에서 강제로 유치하는 강제유치와 피의자의 승낙을 받아 유치하는 승낙유치

※ 강제유치는 구속, But, 승낙유치는 가능한가? ⇨ 불가(실질적 구속은 본인의 동의를 허용하는 경우 영장주의 유린결과 초래)

※ 위법한 구금인 경우

긴급체포사유가 없음에도 보호실에 유치한 경우(70도2406), 긴급체포사유가 있는 경우에도 긴급체포를 하지 않으면서, 체포 또는 구속영장을 받지 않고 피의자를 보호실에 유치하는 경우(1982. 1. 15부터 6일간 대학교수 불온삐라 소지혐의로 경찰서 정보계 조사사무실과 보호실에서 조사받다가 구속영장 발부, 85모16)

※ 보호실

경찰관직무집행법 제4조 1항에 의해 경찰서에 정신착란이나 술에 몹시 취한 상태로 주위에 해를 끼칠 수 있는 자 또는 병자 등 일정한 거처가 없는 자를 24시간 동안 보호하던 곳으로 과거 영장대기자나 즉결대기자 등의 도주방지와 경찰업무 편의 등을 위한 수용시설로서 사실상 설치·운영되고 있었으나, 1994. 3. 11(93도958) 대법 판결에 의해 폐지되어 주취자 보호실로 운영되다가 현재는 운영하고 있지 않은 제도임

3) 승낙수색·검증

임의수사로 허용되는지 여부에 대하여 허용되지 않는다는 견해와 허용된다는 견해(통설)

※ 임의로 제출한 물건의 압수에 영장을 요하지 않는 형소법의 취지와 일치

4) 거짓말탐지기 검사

피의자 등의 피검자에 대하여 피의사실과 관계있는 질문을 하여 회답 시 피검자의 호흡·혈압·맥박·피부전기반사에 나타난 생리적 변화를 polygrahp의 검사지에 기록하고 이를 관찰·분석하여 답변의 진위 또는 피의사실에 대한 인식의 유무를 판단하는 것

허용여부가 문제되는 이유는 기계가 인간의 심리를 검사한다는 사실 때문이나 동의하는 경우에는 허용됨(통설·판례)

※ 거짓말탐지기 검사결과의 증거능력
판례는 정확성을 담보할 수 있는 예외적인 경우에만 증거능력을 인정하고, 이 경우에도 검사결과는 검사받은 사람의 신빙성을 가늠하는 정황증거로서의 기능하는 데 그침(87도968)
√ ⓐ 거짓말하면 심리적 변동이 일어나고 ⓑ 심리적 변동은 생리적 반응을 일으키고 ⓒ 생리적 반응에 의해 피검사자의 말의 거짓여부 판정가능 ⓓ 거짓말 탐지기가 생리적 반응을 정확히 측정해야 하고 ⓔ 검사자가 탐지기의 측정내용을 객관적이고 정확한 판독능력 갖추어야 증거능력 부여 (2005도130)

5) 마취분석

약품의 작용에 의해 진실을 진술하게 하는 것 ⇒ 인간정신을 해체시키고 인격 분열을 초래하는 것으로 동의 관계없이 허용×

4. 임의수사와 강제수사의 한계

과학기술의 발달로 새로운 수사기법이 등장하였는데 임의수사인지 강제수사인지의 문제
① 전기통신 감청 ② 사진촬영

(1) 전기통신 감청(강제수사로 법률규정)

1) 의의와 성질

감청이란 수사기관이 타인의 대화를 본인 부지중에 청취하는 것으로 도청이라고도 하며, 전화도청(wiretapping)과 전자도청(electronic eavesdropping, bugging) 포함

통신비밀보호법에서 규율, 감청 개념을 「전기통신에 대하여 당사자의 동의 없이 전자장치·기계장치 등을 사용하여 통신의 음향·문언·부호·영상을 청취·공독하여 그 내용을 지득 또는 채록하거나 전기통신의 송·수신을 방해하는 것」으로 규정(제2조7호)

※ 감청은 실시간 전기통신의 내용을 대상으로 하며 통신제한조치라고 하고, 수신이 완료된 전기통신에 대한 기록이나 내용은 압수·수색영장에 의해야 함

(2011도 12407)

※ 인터넷 통신망을 통한 송·수신도 전기통신에 해당

√ But, 패킷 감청에 대해서 대법원은 허용된다고 보았으나(2012도7455) 헌재에서 헌법 불합치 결정(2016헌마263)을 함에 따라 개정됨

▽ 패킷이란 데이터 전송에서 사용되는 데이터 묶음을 말하며, 패킷전송은 두 지점 사이에 데이터를 연속적으로 전송하지 않고 전송할 데이터를 적당한 크기로 나누어 패킷형태로 구성한 다음 패킷들을 하나씩 보내는 방식

▽ 통신비밀보호법 제5조 제2항 중 '인터넷회선을 통하여 송·수신하는 전기통신'에 관한 부분은 침해의 최소성 원칙에 위배되어 헌법에 합치되지 아니하고 위 법률조항은 2020. 3. 31.을 시한으로 개정될 때까지 계속 적용

▽ 이에 따라 2020. 3. 24. 법률 제17090호에 의해 제12조의2(범죄수사를 위하여 인터넷 회선에 대한 통신제한조치로 취득한 자료의 관리규정)가 도입됨

▷ 수사기관은 인터넷 회선을 통하여 송신·수신하는 전기통신을 대상으로 (긴급) 통신제한조치를 집행한 경우 사용 또는 사용을 위한 보관하고자 하는 경우 집행 후 14일 이내에 필요한 전기통신을 선별하여 법원의 승인을 청구하여야 함(동법 제12조 제2항 제1항). 사경은 별도로 14일 이내 검사에게, 검사는 7일 이내에 법원에 청구해야 함

♣ 법원의 허가장(영장과 동일) 종류

① 통신제한조치허가서(감청, 경찰일선에서 최근 10여 년간 사용한 적이 없을 정도임)

② 통신사실확인자료 제공 요청허가서(가장 많이 사용)

※ 전기통신 일시, 개시 및 종료시간, 발착신 통신번호, 사용도수, 컴퓨터 통신·인터넷 로그기록, 정보통신망에 접속된 정보통신기기의 발신기지국 위치추적자료, 컴퓨터 통신·인터넷 사용자의 접속지 추적자료

※ 살인이나 납치 사건 등 긴급한 경우 긴급통신확인자료 제공요청을 하게

되는데, 이때 휴대폰 위치추적 정보를 문자 메시지로 받음(30분 간격 원칙 수사관 요청에 의해 5분 간격으로 가능). 살인하고 자살한다면서 부인에게 전화하여 부인이 112 신고한 경우 수사목적과 별도로 위치정보의 보호 및 이용에 관한 법률 제29조에 의해서 실시간 이동정보가 경찰서 상황실 지도상으로 현출되게 하여 위치를 확인함(기지국, 셀값, GPS, WIFI). 그리고 정보통신망 가입자 명의(ID, 실종아동(18세 미만)의 경우도 해당), IP(internet protocol) 주소, 접속기록(Log File) 및 전자우편을 활용하여 인적사항과 소재를 파악하기도 함

※ 통신자료제공요청서(전기통신사업법 제83조 3항)
이용자 성명, 주민번호, 주소, 전화번호, 아이디, 가입일, 해지일은 통신회사에 대한 경찰서장 명의의 공문발송으로 확인가능(휴대폰 번호만 알고 있거나 주민번호나 이름을 알고 있는 경우 휴대폰을 확인한 후 통신사실 확인자료 요청 허가서를 신청하고 청구함)

③ 공개되지 아니한 타인 간의 대화 녹음 또는 청취 요청허가서(동법 14조)
불법감청에 의하여 지득 또는 채록된 전기통신 내용은 재판 또는 징계절차에서 증거로 사용 불가(동법 제4조)

2) 범죄수사를 위한 통신제한조치

통신제한조치의 종류로는 범죄수사 목적과 국가안보 목적이 있음

① 허가요건(범죄혐의 + 보충성)
통신비밀보호법 제5조에 규정된 내란이나 감금 등 중범죄를 계획 또는 실행하고 있거나 의심할 만한 충분한 이유가 있고 다른 방법으로는 그 범죄의 실행을 저지하거나 범인의 체포 또는 증거의 수집이 어려운 경우

② 통신제한조치의 청구(신청)
수사기관은 통신제한조치를 받을 통신당사자의 쌍방 또는 일방의 주소지·소재지 등을 관할하는 지방법원 또는 지원에 통신제한조치를 허가하여 줄 것을 청구(제6조 제1항·제3항)
청구서에는 필요한 통신제한조치의 종류 그 목적·대상·범위·기간·집행 장소·방법 및 청구이유를 기재하고 소명자료를 첨부해야 함(동조 제4항)

③ 통신제한조치의 허가와 내용
통신제한조치 기간은 2개월을 초과하지 못함. 그러나 허가요건이 존속하는 경우 2개월의

범위 안에서 기간연장 청구가능(동조 제7항)

※ 기간연장부분에 대하여 헌재는 2010. 12. 28. 총연장기간 또는 총연장횟수의 제한이 없다는 점에서 최소성 원칙과 기본권 제한의 법익균형성을 갖추지 못하였다는 이유로 헌법불합치(2009헌가30) 결정

√ 이에 따라 2019. 12. 31. 총연장기간은 1년을 초과할 수 없고, 다만, 내란·외환죄 등의 경우 총 연장기간 3년을 초과할 수 없다는 규정 신설

④ 통신제한조치의 집행

수사기관이 집행하거나 통신기관 등에 그 집행을 위탁할 수 있음(동법 제9조1항). 통신제한조치는 허가서에 기재된 집행방법을 준수하여 집행

통신제한조치허가서에 기재된 사항을 준수하지 아니한 채 집행하였다면 그러한 집행으로 취득한 전기통신의 내용은 위법수집증거(제308조의 2)에 해당

※ 2016. 10. 13. 선고 2016도8137(대법, 국가보안법 이적단체 구성 등)
통신제한조치허가서에 기재된 통신제한조치의 종류는 전기통신의 '감청'이므로, 수사기관으로부터 집행위탁을 받은 카카오는 통신비밀보호법이 정한 감청의 방식, 즉 전자장치 등을 사용하여 실시간으로 이 사건 대상자들이 카카오톡에서 송·수신하는 음향·문언·부호·영상을 청취·공독하여 그 내용을 지득 또는 채록하는 방식으로 통신제한조치를 집행하여야 하고 임의로 선택한 다른 방식으로 집행하여서는 안 된다고 할 것임. 그런데도 카카오는 이 사건 통신제한조치허가서에 기재된 기간 동안, 이미 수신이 완료되어 전자정보의 형태로 서버에 저장되어 있던 것을 3~7일마다 정기적으로 추출하여 수사기관에 제공하는 방식으로 통신제한조치를 집행하였음

이러한 카카오의 집행은 동시성 또는 현재성 요건을 충족하지 못해 통신비밀보호법이 정한 감청이라고 볼 수 없으므로 이 사건 통신제한조치허가서에 기재된 방식을 따르지 않은 것으로서 위법하다고 할 것임. 따라서 이 사건 카카오톡 대화내용은 적법절차의 실질적 내용을 침해하는 것으로 위법하게 수집된 증거라 할 것이므로 유죄 인정의 증거로 삼을 수 없음

※ 통신제한조치의 집행으로 취득한 자료를 범죄수사·소추 또는 예방을 위하여

사용하는 경우 그 대상범죄는 목적된 범죄나 이와 관련된 범죄로 한정(통신비밀보호법 제12조 제1항)

√ 범행과 기본적 사실관계가 동일한 경우, 범행수단이나 방법 등을 증명하기 위한 간접증거나 정황증거로 사용될 수 있는 경우도 포함, But, 단순 동종 또는 유사범행이라는 사유만으로는 관련성 인정 ×

⑤ 긴급통신제한 조치

법원의 허가나 대통령의 승인에 의한 감청 이외에 긴급통신제한조치도 인정, 수사기관이 범죄수사를 위한 감청이 필요하고 법원의 허가를 받을 수 없는 때에는 긴급한 사정이 있거나 정보수사기관의 장이 대통령의 승인을 얻을 여유가 없는 때에는 소속장관의 승인을 얻어 통신제한조치를 할 수 있음

※ 이 경우 통신제한조치를 집행한 때로부터 36시간 이내에 법원의 허가 또는 대통령의 승인을 얻어야 함(동법 제8조)

3) 국가안보 목적 통신제한조치

① 의의

정보수사기관의 장은 국가안전보장에 상당한 위험이 예상되는 경우 또는 「국민보호와 공공안전을 위한 테러방지법」 제2조 제6호의 대테러활동에 필요한 경우에 한하여 그 위해를 방지하기 위하여 이에 관한 정보수집이 특히 필요한 때 통신제한조치 가능

※ 고법 수석부장 판사 허가대상: 통신의 일방 또는 쌍방당사자가 내국인인 경우

※ 대통령 승인 대상: 대한민국에 적대하는 국가 또는 대한민국의 통치권이 사실상 미치지 아니하는 한반도 내의 집단인 경우 대통령 승인

② 기간

1차 4개월, 2차 4개월 원칙, But, 전시·사변 또는 이에 준하는 국가비상사태에 있어서 적과 교전상태에 있는 때에는 작전이 종료될 때까지 대통령의 승인을 얻지 아니하고 기간 연장 가능

4) 동의에 의한 감청

통화의 일방당사자의 동의가 있는 경우에는 법원의 허가를 받지 아니한 경우에도 감청허용 통화의 비밀성이 인정되지 않기 때문, 따라서 피해자의 의뢰에 의하여 전화의 발신 장소를 탐지하기 위하여 행하는 전화의 역탐지도 허용

※ But, 공개되지 아니한 타인 간의 발언을 제3자가 녹음·청취하는 것은 위법

(2013도15616)

※ 제3자가 당사자 일방만의 동의를 받고 통화내용을 녹음하는 것은 감청(검찰이 수형자에게 휴대폰을 주어 마약피고인과 통화하게 한 후 이를 녹음하여 제출하게 한 경우 불법감청으로 증거능력 없음(2002도123, 2010도9016)
※ 당사자 일방이 통화내용을 녹음하는 것(2008도1237), 3인 간의 대화에서 그중 1인이 녹음하는 경우(2006도4981, 2013도16404)는 해당 안 됨

※ 통신사실확인자료 제공요청 등은 강제수사편 참조

(2) 사진촬영

사진촬영(초상권과 프라이버시 침해)의 허용여부와 관련하여 임의수사설(일본판례)도 일정한 요건 하에서만 허용된다는 입장이고, 강제수사설(통설)도 일정한 요건 하에 영장 없이 허용된다는 입장으로 양자는 결론에 있어서 유사하기 때문에 학설대립은 무의미

※ 일본최고재판소는 현행범 또는 준현행범적 상황존재, 피사체의 형사책임을 명백하기 위하여 필요할 것, 사진촬영에 의하지 않으면 안 될 증거보전의 긴급성이 인정되는 경우에만 허용된다는 임장

우리나라 판례는 법적성질에 대하여는 무 언급하면서 허용요건으로 ① 현재 범행이 행해지고 있거나 행하여진 직후 ② 증거보전의 필요성 내지 긴급성 ③ 촬영방법이 일반적으로 허용되는 상당성을 요건으로 허용(99도2317, 2013도2511)

※ 더 나아가 판례는 비디오촬영은 피고인들에 대한 범죄의 혐의가 상당히 포착된 상태에서 그 회합의 증거를 보전하기 위한 필요에서 이루어진 것이고 공소외 2의 주거지 외부에서 담장 밖 및 2층 계단을 통하여 공소외 2의 집에 출입하는 피고인들의 모습을 촬영한 것으로 그 촬영방법 또한 반드시 상당성이 결여된 것이라고는 할 수 없다고 봄(99도2317)

새로운 수사기법의 등장으로 강제처분의 개념 변화됨

기존 물리적 강제력 또는 법적의무 과하는 처분 ⇨ 중요한 권리·이익 침해를 초래하는 경우도 포함

※ 무인장비에 의하여 영장 없이 제한속도 위반차량 번호를 촬영하는 것은 범죄의 성질·태양으로 보아 긴급하게 증거보전을 할 필요가 있는 상태에서 일반적으로 허용되는 한도를 넘지 않는 상당한 방법에 의한 것이라고 봄(98도3329)

II. 임의수사 방법

형소법에서 명문으로 규정한 것은 ① 피의자 신문 ② 피의자 이외의 자에 대한 조사 ③ 사실조회 세 가지임

1. 피의자 신문

(1) 의의

수사기관은 수사에 필요한 경우 출석을 요구하고, 출석한 피의자를 신문하여 직접증거인 진술을 수집하는 절차인 동시에 피의자도 유리한 사실을 주장할 수 있는 기회이기도 함

피의자신문은 진술거부권이 있어 강제할 수 없어 임의의 자백을 얻을 수 있음에 그침에도 남용할 우려가 있어 법률에서 규제하고 있는 것임

(2) 피의자신문 방법

1) 출석요구

방법: 서면(출석요구서), 전화, 구두 또는 인편에 의하여도 가능

장소: 수사관서든 아니든 무방

권리: 응할 의무×(출석거부 가능), 출석 후 퇴거가능

※ 적법하게 구금된 피의자가 불응하는 경우 구속영장효력에 의해 구인가능 (2013모160)

2) 진술거부권 고지

수사기관은 피의자를 신문하기 전에 피의자에게 진술거부권과 변호인의 피신참여권을 고지하여야 함

범죄혐의를 인정하여 수사를 개시하는 경우 피의자에게 진술거부권의 고지대상이 됨

※ 진술조서·진술서·자술서 등 형식과 관계없고, 기소 후 공범관계를 조사하는 경우에도 진술거부권 고지해야 함

진술거부권을 고지하지 않고 작성된 피의자 신문조서는 임의성이 인정되는 경우라도 증거능력이 없고(92도682),

※ But, 진술거부권을 고지하지 아니하고 받은 피의자의 자백을 기초로 획득한 2차적 증거도 증거능력이 부정되나 예외적으로 증거능력이 인정되는 경우가 있음

√ ⓐ 절차위반행위가 적법절차의 실질적 내용을 침해한 경우에 해당하지 않고 ⓑ 오히려 증거의 증거능력을 배제하는 것이 적법절차와 실체진실 규명의 조화를 통해 형사사법정의를 실현하려는 취지에 반하는 결과 초래하는 것으로 평가되는 경우

▽ 강도현행범으로 체포된 자에게 진술거부권을 고지하지 않고 자백을 받고, 이를 기초로 여죄에 대한 진술과 증거물을 확보한 후 진술거부권을 고지하여 피고인의 임의자백과 피해자의 피해사실에 대한 진술을 수집한 사안

진술거부권과 변호인 조력권 행사에 대한 피의자의 답변을 기재하여야 함(제244조의 3 제2항)

※ 실무에서는 경찰수사과정상 인권침해나 수사권 남용 시 검사에게 구제신청 확인서와 진술녹음 고지·동의확인서를 배부, 그 이후 인정신문 후 진술거부권과 변호인조력권을 고지하고, 답변은 통상 피의자가 수기로 기재토록 하고 무인을 찍음, 다만 법령상으로 경찰관이 기재하는 경우 기재부분에 피의자가 기명날인 또는 서명하게 하여야 함

3) 신문사항

인정신문(성명·연령·등록기준지·주거와 직업 등을 주민등록증이나 증표를 통해 피의자 확인), 전과관계(형 또는 보호처분의 선고, 집행유예나 선고유예 등), 환경관계(병역이나 학력, 가족상황, 재산 및 생활정도),

범죄사실과 정상사실(피해회복 여부 등), 피의자에게 이익되는 사실(수상경력이나 사후수습 조치 등) 진술기회 부여해야 함(제242조)

사실발견을 위해 필요한 경우 피의자와 다른 피의자 또는 피의자 아닌 자와 대질하게 할 수

있음(제245조)

자백의 임의성 유무는 당해 조서의 형식과 내용, 피고인의 학력, 경력, 사회적 지위, 지능정도 등 제반사정을 참작하여 판단(95도2088)

그러나 임의성이 없다고 의심할 만한 이유가 있는 때에 해당함에도 불구하고 임의성이 없다고 의심하게 된 사유들과 피고인들의 자백과의 사이에는 인과관계가 존재하지 않는 것이 명백하여 그 자백의 임의성이 있는 것임이 인정된다고 할 것이므로 결국 검사작성의 이 사건 각 피의자신문조서는 증거능력이 있다고 판시(84도2252)

※ 국가보안법 사범에서 영장 없이 75일에서 116일간의 장기구속에서 자백한 이후 새로운 증거인 간첩지령통신카드, 남파간첩 4인의 진술이 드러나자 할 수 없이 자백한 경우 피신조서의 증거능력 인정(84도2252)

※ 임의성을 다투는 경우 법원은 적당한 방법으로 조사한 결과 심증을 얻게 되면 이를 증거로 할 수 있는 것이고 반드시 검사로 하여금 입증하게 하여야 하는 것은 아닌 자유로운 증명으로 충분하다는 입장

피의자 진술은 신빙성이 있어야 유죄의 증거로 사용이 가능, 판단기준으로는 ⓐ 진술내용자체가 객관적 합리성을 띠고 있는지 ⓑ 자백의 동기나 이유가 무엇인지 ⓒ 자백에 이르게 된 경위 ⓓ 자백외의 정황증거 중 자백과 저촉되는 것은 없는지(작은 체구로 거인을 든다든지?) 등을 고려하여 판단

※ 진술의 구체성·상세성, 진범이 아니면 알 수 없는 내용의 확보(ex, 흉기의 구입 및 소재, 장물의 은닉 또는 처분 등 소위 '비밀의 폭로')

4) 피의자신문과 참여자

① 변호인 참여

피의자 또는 변호인 신청 시 정당한 사유가 없는 한 변호인 피신에 참여의무

② 신뢰관계인 동석(장애인, 아동, 노인, 여성, 외국인 등 사회적 약자 고려)

ⓐ 피의자가 신체적 또는 정신적 장애로 사물을 변별하거나 의사를 결정·전달할 능력이 미약한 경우 ⓑ 피의자의 연령·성별·국적 등의 사정을 고려하여 그 심리적 안정의 도모와 원활한 의사소통을 위하여 필요한 경우 직권 또는 피의자·법정대리인의 신청에 의해 동석가능

※ 그동안 성폭력·성매매사건의 피해자나 노인·아동학대사건에서 노인·아동을

증인으로 신문하거나 수사기관에서 조사하는 경우 신청 등에 의하여 신뢰관계 인의 동석을 허용하였으나 2007. 6. 1. 개정 형소법에서 그 대상을 확대하였음

③ 수사관 참여

사법경찰리와 검찰수사관 또는 서기관이나 서기 등이 조서의 정확성과 신문절차의 적법성 보장하기 위해 참여

④ 전문수사자문위원

검사는 공소제기 여부와 관련 사실관계를 분명하게 하기 위해 필요한 경우 직권이나 피의자 또는 변호인의 신청에 의해 지정 및 참여, 자문을 들을 수 있음

5) 조서의 작성

피의자의 진술은 조서에 기재하여야 하고 그 조서는 공판정에서 증거로 사용됨(제312조)

※ 기재란 속기식으로 남김없이 문자화하는 것이 아니라 그 진술의 요지를 문자화한다는 의미

조서의 열람 또는 낭독, 증감 또는 변경청구 등 이의제기나 의견진술 시 조서에 추가기재 (조서의 신뢰성 확보 목적)

조서 끝에 이의나 의견이 없음을 진술한 때에는 피의자가 그 취지를 자필로 기재하게 하고 간인한 후 기명날인 또는 서명하여야 함(제244조 제3항)

조서작성과 별도로 피의자 신문이 종료되면 검찰청이 관리하는 범죄통계원표(발생, 검거, 피의자, 검찰사건사무규칙 제15조, 수사규정 제75조)를 작성하고, 경찰청이 관리하는 수사자료표(피의자의 지문을 채취하고 인적사항과 죄명 등 수사경력 또는 범죄경력에 관한 사항을 기재한 표(형의실효 등에 관한 법률 제2조 제4호)) 작성

※ 체포·구속에 이르지 않는 피의자 등이 지문 날인을 거부하는 경우 검증영장을 발부받아 강제로 지문채취, 한편 경범죄처벌법 제1조 42조상의 「범죄 피의자로 입건된 사람이 신원이 확인되지 않음에도 지문채취에 정당한 이유 없이 불응하는 경우 10만 원 이하의 벌금, 구류, 과료」 규정은 영장주의에 위반되지 아니하여 헌법에 위반되지 아니한다고 결정(2002헌가17, 18(병합))

(3) 피의자신문의 법적 규제

① 사전적 규제: 진술거부권과 변호인 참여권 보장(제243조의 2)

② 사후적 규제: 고문·폭행·협박 기타 임의성에 의심 있는 자백의 증거능력 부정(제309조)

③ 수사과정 기록제도(실무에서는 수사과정 확인서 양식을 피의자 서명날인 받아 첨부)
조사장소에 도착한 시각, 조사를 시작하고 마친 시각, 그 밖에 조사과정의 진행경과를 확인하기 위하여 필요한 사항을 피신조서에 기록하거나 별도의 서면에 기록한 후 수사기록에 편철(제244조의 4 제1항), 이의제기나 이견 없음 진술여부와 내용 기록

(4) 피의자 진술의 영상녹화

1) 개념

수사기관이 피의자의 진술을 녹화하여 사실대로 재생시킬 수 있는 과학적 증거방법

2) 법률 규정

이에 대해 형소법은 피의자의 진술을 녹화할 수 있고(제244조의 2 제1항), 녹화와 편집과정의 조작가능성을 차단하고 절대적 증거능력을 인정하는 경우 법관의 심증을 좌우하는 결과를 초래하는 관계로

영상녹화 절차를 법률에 규정(시작 전 피의자 또는 변호인에 고지의무(동의를 받을 필요는 없음), 개시부터 종료 시(기명날인이나 서명)까지 녹화의무, 면전 봉인 및 기명날인 또는 서명), 증거능력은 사경작성 참고인 진술조서의 진정성립을 인정하는 방법으로 인정하고(제312조 2항·4항), 그 외 용도로는 진술자의 기억이 불명확한 경우에 기억환기용으로 사용가능(제318조의 2 제2항)

※ 참고인 진술조서의 증거능력 인정요건 ⓐ 적법한 절차와 방식 ⓑ 실질적 진정성립 ⓒ 반대신문의 기회보장 ⓓ 특히 신빙할 수 있는 상태(부당한 장기간 구금상태, 변호인 조력 × ⇨ 특신성 인정×)

영상녹화의 경우에도 피신조서는 별도로 작성(대검 영상녹화업무처리지침 제3조 1항)

♣ 영상녹화관련 법적 근거

① 피해자

아동·청소년 성보호에 관한 법률 제26조, 성폭력범죄의 처벌 등에 관한 특례법 제30조

※ 아동·청소년대상 성범죄 피해자

※ 성폭력범죄의 피해자가 19세 미만이거나 신체적인 또는 정신적인 장애로

사물을 변별하거나 의사를 결정할 능력이 미약한 경우

√ 피해자 또는 법정대리인이 이를 원하지 아니하는 의사를 표시한 경우에는 촬영 금지 그러나 가해자가 친권자 중 일방인 경우에는 가능

형사소송법 제221조 제1항 2문

참고인의 동의를 받아 영상녹화 가능

② 피의자

형사소송법 제 244조의 2

피의자의 진술은 영상녹화할 수 있음

③ 실무관행

경찰단계에서는 형소법에 근거한 영상녹화와 경찰개혁위 권고에 따라 수사과정상의 투명성을 높이는 차원에서 자체적으로 진술녹음제도(2019. 12. 26)를 시행 중에 있음

영상녹화는 법률에서 임의적인 사항임에도 경찰실무에서는 체포, 구속피의자, 살인, 성폭력, 뇌물, 선거사범, 강도, 마약, 5억 원 이상 사기·횡령·배임 피의자, 성폭력 범죄의 피해자가 아동·청소년이거나 신체·정신상의 장애로 의사결정이 미약한 경우의 피해자 진술에 대해서는 의무녹화대상으로 하고 있다. 다만 녹화동의를 전제로 하고 있음

진술녹화는 영상녹화를 실시한 사건을 제외한 모든 사건이 대상이 되며, 교통분야는 '난폭, 보복운전', '12대 중과실 인피사고'등 주요사건만 진술녹음을 실시하되 이 또한 동의를 전제로 함

2. 피의자 이외의 자 조사

(1) 참고인 조사

1) 의의

피의자 아닌 자 수사단계에서는 참고인, 법원단계에서는 증인

강제소환과 신문당하지 않고, 진술거부권 고지대상도 아님 ⇒ 원칙

But, 범죄수사에 없어서는 아니 될 사실을 안다고 명백히 인정되는 자가 거부하는 경우 제1회 공판기일 전에 한하여 증인신문 청구 가능(제221조의 2)

※ 국가보안법 위반 사건의 참고인이 정당한 사유 없이 2회 이상 출석 불응한 경우 구속영장을 발부받아 구인가능(국가보안법 제18조 제1항)

※ 영상녹화도 가능하나 참고인의 동의를 요하며(제221조 1항 2문), 피의자와 요건 상이

2) 신뢰관계인의 동석

임의적 동석: 연령, 심신 상태, 그 밖의 사정을 고려하여 현저한 불안이나 긴장 시

필요적 동석: 13세 미만 또는 신체적·정신적 장애 시

3) 성폭력 피해자 등에 대한 조사특칙

16세 미만의 아동이나 신체적·정신적 장애로, 출석하여 증언하는 것이 현저히 곤란한 사정이 있을 때 증거보전청구 가능(성폭력범죄처벌법 제41조)

4) 목격자 진술의 신빙성 요건(판례, 2008도 12111)

ⓐ 범인 인상착의 등에 관한 목격자의 진술내지 묘사를 사전에 상세히 기록화 ⓑ 용의자를 포함하여 인상착의가 비슷한 여러 사람을 동시에 대면시켜 범인을 지목해야 함 ⓒ 용의자와 목격자 및 비교대상자들의 상호 사전 접촉 금지 ⓓ 사후 증거가치평가 가능토록 대질과정과 결과를 문자나 사진 등으로 서면화하는 등의 조치 취해야 함

5) 영상녹화물의 용도

참고인 진술조서의 진정성립 입증방법과 증언 시 기억 환기용으로 사용

(2) 감정·통역·번역 위촉

1) 감정

특별한 학식이나 경험을 가진 사람이 그 학식·경험에 터 잡아 알고 있거나 실험한 법칙의 보고 또는 그 법칙을 사실에 적용하여 얻은 판단의 결과를 보고하는 것

※ 증언 사실에 대한 판단의 보고, 증언은 사실자체에 대한 보고

※ 유전자 감식, 마약감식, 식품감식, 환경오염감식, 심리생리검사, 문서감정, 음성·영상분석, 기타 법의학적 또는 이화학적 감정 등

감정위촉은 임의수사이지만 감정을 실행하는 유치처분 또는 신체검사 등은 강제수사(제221조의 4)

※ 감정유치청구는 검사가 판사에게 청구, 감정 위촉받은 자는 판사의 허가를 얻어 감정에 필요한 처분 가능(제221조의 4)

증거능력 인정은 참고인 진술조서의 증거능력과 동일(제313조 1항)

2) 통역

통역의 경우에도 통역인 진술조서를 작성하는 외에 피의자신문조서 또는 참고인진술조서에 통역인이 진술자와 공동으로 서명하여야 함

조사대상인 외국인이 소수민족인 경우와 같이 적절한 통역인을 발견할 수 없는 때에는 그 외국인이 이해할 수 있는 다른 언어로 조사

통역인을 개입시켜 조사한 경우에도 국어로 작성, 통역을 통한 조사는 공판절차에서 통역의 정확성·공정이 문제될 소지가 있어 조사상황을 녹음하거나 조서에 대한 번역문 작성 첨부하는 방법 가능

3. 기타 임의수사방법

(1) 임의제출 물건의 압수

수사기관은 피의자·기타인의 유류한 물건이나 소유자·소지자·보관자가 임의로 제출한 물건을 영장 없이 압수할 수 있음(제218조)

※ 범죄현장에 남겨진 물건 소유자나 취득자가 임의제출(칼이나 범죄도구, 피해품 등), 진정서나 탄원서, 주민등록등본이나 가족관계 기록사항에 관한 증명서, 계약서 등(임의제출하는 참고서류 등은 조서에 첨부하거나 수사보고서상 경위기재로 갈음하거나 간단히 사본 후 편철)

압수 시 압수조서와 압수목록을 작성하여야 하나, 피신조서나 진술조서에 압수취지를 기재함으로서 압수조서에 갈음 가능(검찰사건사무규칙 제16조)

※ 압수조서에는 압수 경위, 압수목록에는 압수물건의 특징을 구체적으로 기재

압수 직후 압수목록교부서를 피압수자에게 교부하여야 함(제219조, 제129조)

※ 종료된 지 5개월이 지난 뒤에 압수목록을 교부한 행위는 위법(2008도763)

압수 시 지체 없이 압수물총목록을 작성 압수조서와 함께 압수물 담당자에게 인계함.
임의제출물이라도 일단 압수되면 그 효과는 영장에 의한 압수와 동일한 효과

(2) 사실조회

수사에 관하여 공무소 기타 공사단체에 조회하여 필요한 사항의 보고를 요구할 수 있으나 (제199조 제2항), 요구받은 공무소 또는 공·사단체는 회답이 원칙이나 강제할 방법이 없음

※ 수사사항 조회서를 송부하는 방법이 원칙이나 필요한 경우 전화나 모사전송 등의 방법으로도 가능

(3) 실황조사

수사기관이 범죄현장 또는 기타 장소에 임하여 실제 상황을 조사하는 활동

※ 교통사고, 화재사고, 산업재해 등의 사건에 수사기관이 현장에 임하여 사고상황을 조사하는 경우에 실황조사가 이루어지고 경찰은 실황조사서를 작성(검사는 실황조서작성)

실황조사는 일종의 검증이라 할 수 있으나 통상 강제력이 수반되지 않으며, 실황조사에 의할 것인지 검증으로 할 것인지 여부는 사건의 성질·경중·장소 등을 고려하여 결정하여야 함

※ 실황조서는 수사관의 의견을 기재하는 것이 아니라 객관적 상황을 기재하는 것

※ 실황조사서의 증거능력

① 법적 규율: 검증조서에 대해서만 규정(제312조 6항)

※ 영장에 의하거나 영장에 의하지 아니한 강제처분 또는 피검자의 승낙에 의하여 검증한 결과를 기재한 조서

② 증거능력

실황조사서의 증거능력에 대하여 검증조서의 증거능력에 대한 요건인 성립의 진정(공판준비 또는 기일에 작성자의 진술에 따라 성립의 진정이 인정된 때(제312조 6항))으로만 가능하다는 견해(통설)와 가능하지 않다는 견해 대립

판례는 사법경찰관이 작성한 실황조사서에 피고인이 사법경찰관 면전에서 자백한 범행내용을 현장에 따라 진술·재연하고 사법경찰관이 그 진술재연의 상황을 기재하거나 이를 사진으로 촬영한 것 외에 다른 기재가 없는 경우 피고인이 진술내용과 범행재연을 부인하거나(84도378(국가보안법), 89도1557(교통사고처리특례법)), 실황조사서의 기재가 검사나 사법경찰관의 의견을

기재한 것에 불과하다면 증거능력 부정(83도948)

※ 검증조서의 증거능력에 대해 검증조서에 기재된 진술이 피의자 또는 피의자 아닌 자의 진술이 있는 경우 조서작성주체와 진술자에 따라 312조 1항내지 4항 또는 제313조 1항을 적용해야 한다는 것이 다수설(제313조 1항 적용설 소수설)

√ 판례는 사법경찰관 작성 검증조서에 기재된 피고인의 진술기재부분에 대하여 성립의 진정이 인정되면 증거능력을 인정하는 313조 제1항설을 취하다가(90도1303), 태도를 변경하여 제312조 제3항설에 따라 내용 인정 때에만 증거능력 인정한다고 봄(98도159)

(4) 출국금지 및 출국정지

1) 출국금지(자국민)

① 기간

범죄수사목적 1개월 이내 법무부장관이 출국금지 가능

※ 기소중지나 도주 등 특별사유 시 3개월 이내, 기소중지된 자로서 체포영장이나 구속영장이 발부된 자에 대하여는 영장 유효기간 내(출입국관리법 제4조 제2항)

② 요건

범죄혐의가 포착되어 수사개시한 경우, 고소·고발되어 조사가 진행 중인 경우, 진정사건의 경우 범죄혐의가 농후해 보이는 경우 출국금지 가능

③ 절차

검사의 검토의견서(과거 수사지휘서)와 객관적 소명자료를 첨부한 출국금지요청서를 법무부장관에게 송부, 1~10일 이내 심사 가부결정, 피의자가 출국 중이고 단기간 내 귀국하지 않을 것이 예상되는 경우 기소중지결정과 동시에 법무부장관에게 피의자 입국 시 통보를 요청하고, 신병확보가 필요한 경우 입국 시 통보 및 입국사실 확인 직후 출국금지·정지를 요청하여야 함(출입국관리법 시행규칙 제6조의 4, 출국금지·정지 및 입국 시 통보관련 업무처리지침(대검찰청 예규 제550호)).

④ 긴급출국금지조치

장기 3년 이상 범죄 피의자가 증거인멸, 도주 우려가 있는 경우(제4조의 6 제1항) 직접 출입

국관리 공무원에게 요청가능, 이후 6시간 내 법무부 장관 승인을 요청하고, 승인요청으로부터 12시간 내 승인을 받지 못하면 해제해야 함

출국금지 사유가 소멸되면 즉시 출국금지 해제 요청

2) 출국정지(외국인)

① 사유

형사재판 계속 중인 자, 징역형이나 금고형의 집행이 끝나지 아니한 자, 대통령령으로 정하는 금액 이상의 벌금(1천만 원)이나 추징금(2천만 원)을 내지 아니한 사람, 대통령령으로 정하는 금액 이상의 국세·관세 또는 지방세를 정당한 사유 없이 그 납부기한까지 내지 아니한 사람, 그 밖에 대한민국의 이익이나 공공의 안전 또는 경제질서를 해칠 우려가 있어 그 출국이 적당하지 아니하다고 법무부령으로 정하는 사람(제4조 제1항), 범죄혐의로 출국금지 사유에 해당하는 자(제4조 제2항)

② 절차는 출국금지와 동일, 긴급출국정지 절차도 동일

수사초기에 외국인의 경우 외국으로 도주 우려가 있고 도주하는 경우 초동대처가 미흡하다는 비난에 직면할 수 있는 만큼 출국정지 조치를 우선적으로 취하는 것이 유용하고, 만일 내국인의 경우에도 중한 범죄의 경우에는 출국금지를 잊어서는 안 됨

(5) 전과관련 조회 등

1) 전과조회 종류

경찰청이 관리하는 피의자의 지문을 채취하고 피의자의 인적사항과 죄명 등을 기재한 수사자료표(형의 실효 등에 관한 법률 제2조 4호)는 수사경력자료와 범죄경력자료로 분류됨

※ 수사경력자료는 벌금 미만의 형의 선고, 사법경찰관이 불송치 및 검사의 불기소처분에 관한 자료 등 범죄경력자료를 제외한 나머지 자료(제2조 제5호, 제6호), 그 외는 범죄경력자료

2) 전과관련 조회의 제한

피의자의 전과·지명수배여부 등에 대한 조회는 범죄의 수사와 재판, 보안업무규정에 의한 신원조사(국가보안법 제4조 3항)를 하는 경우 등 법률에 규정된 경우에만 허용되고, 이 경우에도 조회목적에 필요한 최소한의 범위에 그쳐야 함(제6조 제1항)

※ 규정에 위반하여 내용을 누설하는 경우 5년 이하, 5천만 원 이하 벌금 등의 처벌 규정

범죄경력자료	**수사자료표 중** 다음 각호에 해당하는 자료 가. 벌금 이상의 형의 선고, 면제 및 선고유예 나. 보호감호, 치료감호, 보호관찰 다. 선고유예의 실효 라. 집행유예의 취소 마. 벌금 이상의 형과 함께 부과된 몰수, 추징, 사회봉사명령, 수강명령 등의 선고 또는 처분
수사경력자료	**수사자료표 중** 벌금 미만의 형의 선고, 사법경찰관의 불송치 및 검사의 불기소에 관한 자료 등 **범죄경력자료를 제외한 나머지 자료**

(6) 기타 컴퓨터에 의한 조회

주민조회 등을 통해 기본적 인적사항 확인(기본자료조회, 사망자 조회, 불발조회(인적사항 불발견)), 기타 조직폭력배 조회(확인할 것), 우범자 조회, 운전면허조회, 차적조회 등

(7) 심리생리검사(거짓말 탐지기)

동의를 전제로 검사가 진행되며, 분석결과를 토대로 진술의 진위나 사실에 대한 인식여부를 판단

판례는 증거능력 인정 요건을 엄격하게 판단하고 있으며(2005도130), 증거능력이 인정되는 경우에도 피검사자의 진술의 신빙성을 판단하는 정황증거로서의 기능에 그친다고 보고 있음(83도3146)

(8) 범인식별절차

범인식별방법에는 인상착의가 비슷한 여러 사람을 동시에 목격자와 대면시키는 line-up, 용의자 한사람을 단독으로 대질시키는 show-up, 가두(거리)식별, 유사인물 사진제시 등이 있음

범인식별절차에서 목격자 진술의 신빙성을 높이기 위해 일정한 요건(2008도12111)이 필요하나 범죄 직후 목격자의 기억이 생생하게 살아있는 상황에서 현장이나 그 부근에서 범인 식별 절차를 실시하는 경우에는 즉각적인 용의자와 목격자의 일대일 대면도 허용(2008도12111)

(9) 지명수배(통보) 및 해제

기소중지자, 미체포자 등을 수사기관의 전산망에 입력하여 수배(통보)함으로써 소재발견 및 검거·출석요구 통보를 용이하게 하기 위한 수사방법

※ 수사권 조정으로 검찰 수배자를 발견한 경우, 수배사실을 당사자에게 고지하고 A 수배의 경우 검찰청에 전화 후 통보서 작성, 검찰에서 직접 수배자 인수, B 수배의 경우 통보서 작성 후 경찰이 검찰로 수배자를 직접 인계, C 수배의 경우 인적사항 파악하여 통보서 작성 후 송부(수사준칙 제55조 제1항, 수사규칙 제5조 제1항)

※ 지명수배는 전산에 A 코드, 형집행자나 벌금미납자는 B코드, 지명통보는 C 코드(대검찰청 지명수배(통보) 및 해제업무 처리지침)

(10) 수사보고서 작성

법령이나 학문상 정의된 것은 없으나 수사실무상 수사담당자가 의도하는 특정한 목적을 달성하는 방법으로 널리 사용됨. 수사보고서의 사용범위는 아주 광범위하고 용도 또한 다양하며, 수사기록 전체의 윤활유 역할을 하고 각 증거서류의 의미를 부여하는 기능을 함

제2장 강제처분과 강제수사

1. 개념과 법률 규정체계

강제처분이란 소송의 진행과 형벌의 집행을 확보하기 위하여 강제력을 사용하는 것으로 주체에 따라 법원의 강제처분과 수사기관의 강제처분 및 수사기관의 청구에 의하여 판사가 하는 강제처분으로 나눌 수 있고, 수사기관의 강제처분을 강제수사라고 함

강제처분에 대하여 형소법은 법원의 강제처분을 원칙으로 규정하고(제68조 내지 제145조), 강제수사에 대하여는 수사상 체포와 구속(제200조의 2내지 제214조의 3), 압수·수색·검증(제215조 내지 제218조의 2)에 관한 규정을 두면서 법원의 강제처분에 관한 규정 준용(제200조의 6, 제209조, 제219조)

강제수사의 수사방법으로는 형소법상 규정은 ① 체포 ② 구속 ③ 압수와 수색 ④ 검증 ⑤ 증거보전 ⑥ 증인신문 청구 ⑦ 감정유치 및 감정에 필요한 처분 특별법상 규정은 ⑧ 통신비밀보호법상의 감청 ⑨ 금융거래 추적 ⑩ 가정보호사건에서의 임시조치 등이 있음

제1절 체포와 구속

Ⅰ. 형소법상 인신구속제도

인신구속제도는 체포와 구속으로 이원화되어 있고, 구속에는 구금과 구인이 포함됨

※ 구금은 피고인 또는 피의자를 교도소나 구치소에 감금하는 강제처분, 구인은 피고인과 피의자를 법원 기타 일정한 장소에 인치하는 강제처분

※ 피고인에 대해서는 구속만 인정됨에 반해 피의자에게는 구속 외에 체포제도도 있음

구속은 비교적 장기간 구금하는 제도임에 반하여 체포는 수사초기 단기간 피의자 신병확보를 가능케 하기 위한 제도로 요건에 있어 구속보다 완화됨(probale cause, 혐의의 상당성, 미국에서는 확실성의 정도를 50% 이상으로 봄, reasonable suspicion(정지, 외피수색 시는 30% 이상)

종류는 체포영장에 의한 체포(통상체포, 원칙), 긴급체포·현행범 체포(사후 체포영장 불요) 등 3가지이고, 구속 시 체포절차를 사전에 거칠 필요는 없고 별도의 절차(체포전치주의 불채택)

※ 체포제도 도입취지

체포제도는 1995. 12. 29. 형소법 개정에 의하여 도입되었는데, 개정 전 형소법상 피의자의 신체구속을 구속으로만 구성한 결과 구속사유인 증거인멸과 도주우려가 인정되어야 구속할 수 있었기 때문에 수사초기에 피의자의 신병확보를 위해 임의동행이나 보호실유치와 같은 탈법적 관행이 생길 수밖에 없었으며, 체포제도 도입을 통해 이러한 불법적 관행을 없앨 수 있다는 취지에서 도입

Ⅱ. 체포

1. 의의

죄를 범하였다고 의심할 만한 상당한 이유가 있는 피의자를 단시간 동안 수사관서 등 일정한

장소에 인치하는 제도(체포기간 단기, 요건 완화)

※ 체포한 자를 구속하고자 할 때에는 체포한 때로부터 48시간 이내에 구속영장을 청구하여야 하고, 영장·긴급·현행범 체포, 구속영장 실질심사를 위한 구인의 경우 구속기간에 산입(제203조의 2)

※ 체포적부심사나 구속적부심사를 위한 구인기간은 구속기간에 불 산입함(제214조 2 제13항)

2. 체포영장에 의한 체포

(1) 체포요건(범죄혐의의 상당성, 출석 불응, 체포의 필요성)

피의자가 죄를 범하였다고 의심할 만한 상당한 이유가 있고, 정당한 이유 없이 수사기관의 출석요구에 응하지 아니하거나 응하지 아니할 우려가 있어야 함(제200조의 2 제1항)

1) 범죄혐의의 상당성

범죄의 혐의는 수사기관의 주관적 혐의만으로는 충분치 않고, 소명자료에 의하여 입증되는 객관적·합리적 혐의를 말하며, 합리적 평균인 기준을 판단함

※ 체포영장상의 범죄혐의와 구속영장상의 범죄혐의가 서로 다른지 여부에 대하여 견해가 대립되나 같이 취급하는 것은 체포제도를 별도로 존치한 입법취지에 반하므로 심증의 정도가 약한 것을 해석하는 것이 타당

2) 출석불응 또는 출석불응 우려

판례는 피의자가 수사기관의 출석요구에 1회 불응한 경우도 여러 사정을 종합적으로 고려하여 가능하다고 판단

※ 형소법은 불응횟수에 제한을 두지 않고 있음

출석불응 우려는 단순히 피의자가 도망하거나 지명수배 중에 있는 경우뿐만 아니라 구속사유가 있는 경우, 나아가 부당하게 형사절차의 지연을 도모할 염려가 있는 경우까지 포함

※ 출석요구에 불응하거나 우려가 있으면 충분하고 구속사유인 도망이나 증거인멸의 우려가 있어야 하는 것은 아님

※ 다만 다액 50만 원 이하의 벌금, 구류 또는 과료에 해당하는 사건에 관하여는 피의자가 일정한 주거가 없는 경우 또는 정당한 사유 없이 출석요구에 응하지 아니한 경우에 한하여 체포가능

3) 체포의 필요성(소극적 요건)

판사는 명백히 체포의 필요성이 인정되지 아니하는 경우에는 체포영장을 발부하지 아니하고(제200조의 2 제2항 단서), 조문의 해석상 부존재가 명확한 경우에 한하여 체포하지 않게 하는 소극적 요건

※ 다만, 명백히 체포의 필요가 인정되지 아니하는 경우에는 그러하지 아니함(제200조의 2 제2항 단서)

※ 피의자의 연령과 경력, 가족관계나 교우관계, 범죄의 경중 및 태양 기타 제반 사정에 비추어 피의자가 도망할 염려가 없는 경우(규칙 제96조의 2)

√ 친고죄에서 소추요건 결여 시, 업무상 사유 등으로 출석이 어려운 것이 확실한 경우, 경미한 범죄로 조사 없이도 기소할 정도로 수사가 사실상 완결된 경우

(1) 체포절차

검사의 청구에 의하여 관할 지방법원 판사가 발부한 체포영장에 의함(제200조의 2 제1항)

1) 체포영장 청구

검사가 관할 지방법원 판사에게 청구하고, 사법경찰관은 검사에게 신청하여 검사의 청구로 체포영장을 발부받음(제200조의 1 제1항)

※ 영장심의위원회 도입(제221조의 5)

사법경찰관이 신청한 영장에 대하여 검사가 정당한 이유 없이 판사에게 청구하지 아니한 경우 7일 이내에 사법경찰관은 해당 검사 소속 고등검찰청에 영장청구에 대한 심의를 신청할 수 있고, 이에 대한 심의를 위해 고등검찰청에 영장심의위원회를 두었음

√ 핵심은 정당한 이유 여부인데, 검사가 영장청구와 무관한 통신·금융영장을 반복적으로 요구하는 경우, 기존 기록에 포함되어 있는데도 불필요하게 보완을 요구하는 경우, 검사가 정당한 이유 없이 5일(협의 시 10일) 이상 영장을 청구하지 않는 것이 남용으로 평가되는 경우 등을 말함

동일한 범죄사실에 관하여 그 피의자에 대하여 전에 체포영장을 청구하였거나 발부받은 사실이 있는 때에는 다시 체포영장을 청구하는 취지와 이유를 기재하여야 함(제200조의 2 제4항)

2) 체포영장의 발부

지방법원 판사는 상당하다고 인정할 때에는 체포영장을 발부한다. 구속영장의 경우와는 달리 체포영장을 발부 시 지방법원 판사가 피의자를 심문하는 것은 인정되지 않음

※ 체포영장에는 피의자의 성명, 주거, 죄명, 피의사실 요지, 인치·구금장소, 발부연월일, 그 유효기간과 그 기간을 경과하면 집행에 착수하지 못하며 영장을 반환하여야 할 취지를 기재하고 법관이 서명날인(제200조의 6, 제75조 1항)

대법원은 체포영장에 관한 지방법원 판사의 재판에 대해서는 불복 불허

※ 제402조의 항고의 대상이 되는 법원의 결정이나 제416조 제1항의 준항고의 대상이 되는 재판장 또는 수명법관의 구금에 관한 재판에 해당하지 않는다고 봄

3) 체포영장의 집행

① 집행기관

검사의 지휘에 의해 사법경찰관이 집행(제81조 1항 본문). 교도소 또는 구치소에 있는 피의자에 대하여 발부된 체포영장은 검사의 지휘에 의해 교도관리가 집행(동조 제3항)

② 집행절차

체포영장을 집행함에는 체포영장을 피의자에게 제시하여야 하나, 영장을 소지하지 아니한 경우 급속을 요하는 경우에는 피의자에 대하여 피의사실의 요지와 영장이 발부되었음을 고하고 집행할 수 있음. 이 경우 집행을 완료한 후 신속히 체포영장을 제시해야 함(제85조 제3항·제4항)

※ 피의자를 체포하기 전에 체포영장을 멸실한 경우에는 체포영장을 재청구하여 발부받아야 함

피의자를 체포하는 경우에도 피의사실의 요지, 체포의 이유와 변호인 선임권을 고지하고 변명할 기회를 사전에 주는 것이 원칙이나 범인 제압 등 불가피한 사유가 있는 경우 제압한 후 지체 없이 하여야 함(2004도 3212, 현행범·긴급체포도 동일)

4) 집행 후 절차

체포 시 즉시 영장에 기재된 인치·구금장소에 인치·구금하여야 하며(제200조의 6, 제85조 1항),

구금장소의 변경은 판사의 허가사항으로 수사기관의 임의변경은 위법(95모94)

※ 구금장소의 임의적 변경은 피구금자의 방어권이나 접견교통권의 행사에 중대한 장애를 초래하기 때문

체포사실 통지(24시간 내에 변호인 또는 변호인 선임권자 가운데 피의자가 지정한 자에게 피의사건명, 체포일시·장소, 피의사실 요지, 체포의 이유와 변호인 선임권 고지(제200조의 6 제87조))

체포된 피의자는 법률의 범위 내에서 타인과 접견하고 서류 또는 물건을 수수하며 의사의 진료를 받을 수 있음(제200조의 6, 제89조)

(3) 체포 후의 조치

체포된 피의자를 구속하고자 하는 경우 체포한 때로부터 48시간 내에 구속영장을 청구하여야 하고, 그 기간 내에 구속영장을 청구하지 아니한 때에는 피의자를 즉시 석방하여야 함(제200조의 2 제5항)

※ 48시간 이내에 구속영장을 청구하면 족하고 반드시 구속영장이 발부될 것을 요하는 것은 아님. 또한 사법경찰관이 체포한 피의자를 석방하고자 할 때에는 피의자 석방서를 작성하고 검사에게 석방통보를 하면 됨(과거 피의자 석방건의서를 작성하여 검사의 지휘 받는 것이 삭제됨)

체포영장에 의해 체포된 피의자에게도 체포적부심사청구권이 인정됨(제214조의 2 제1항), 또한, 보증금 납입조건부 피의자 석방은 허용되지 않음(제214조의 2 제5항은 그 대상을 구속된 피의자로 한정, 판례도 불허)

♣ 체포영장과 관련된 실무적 문제

① 체포영장 집행과정에서의 긴급 압수·수색·검증

ⓐ 체포목적 피의자 수색(제216조 1항 1호)

피의자 소재를 발견하기 위해 타인의 주거나 타인이 간수하는 가옥·건조물·항공기·선차 내에서 피의자 수색

※ 추적이 계속되고 있는 상황에서 피의자를 따라 주거·건조물 등에 들어가는

경우는 체포자체를 의미하고 본조의 수색은 아님

ⓑ 체포현장에서 압수·수색·검증(제216조 1항 2호)

체포현장에서 증거수집을 위하여 영장 없는 압수·수색·검증 인정, 체포와 시간적 접착성을 요구하며, 계속 압수 필요성이 있는 경우 체포 시부터 48시간 내 영장 청구하여야 함

※ 체포에 착수한 경우 피의자가 도주한 경우에도 압수·수색 허용

② 지명수배와 지명통보

지명수배는 법정형이 사형, 무기 또는 장기 3년 이상의 징역이나 금고에 해당하는 죄를 범했다고 의심할 만한 상당한 이유가 있어 체포영장 또는 구속영장이 발부된 자, 지명통보대상자 중에서 지명수배 필요가 있어 체포영장 또는 구속영장이 발부된 자(수사규칙 제45조)

지명통보는 장기 3년 미만의 징역 또는 금고, 벌금에 해당하고 출석에 불응하거나, 장기 3년 이상이라고 하더라도 사안이 경미하고 출석요구에 응하지 않는 경우에 해당

※ 지명수배는 전산에 A 코드, 형집행자나 벌금미납자는 B 코드, 지명통보는 C 코드(대검찰청 지명수배(통보) 및 해제업무 처리지침)

3. 긴급체포

(1) 개념

중대한 죄를 범하였다고 의심할 만한 상당한 이유가 있는 피의자를 수사기관이 법관의 체포영장을 발부받지 않고 체포하는 것을 말함

※ 중대한 범인을 놓치는 것 방지하기 위함이고, 범행과 체포 사이의 시간적 접착성 불요

(2) 요건(판단 시기는 체포 당시)

1) 범죄의 중대성

사형·무기 또는 장기 3년 이상의 징역이나 금고에 해당하는 죄를 범하였다고 의심할 만한 상당한 이유가 있는 경우

※ 단순 폭행, 단순도박, 공연음란, 영아유기, 명예훼손, 음화제조, 직무유기, 공

무상비밀누설은 3년 미만 범죄

2) 체포의 필요성

증거를 인멸할 염려가 있거나 도망 또는 도망할 염려가 있어야 함(제200조의 3 제1항)

3) 체포의 긴급성

긴급을 요하여 지방법원 판사의 체포영장을 받을 수 없을 것을 요하며, 긴급을 요한다함은 피의자를 우연히 발견한 경우 등과 같이 체포영장을 받을 시간적 여유가 없는 때를 말함(동조 제1항)

※ 판사는 법원(재판부) 형성 전의 개념, 법원형성 이후에는 법관

※ 관련 판례

피의자가 자진출석하여 조사 중 또는 조사 후 즉시 귀가를 요구하는 경우 출석 경위, 수사상황 등 제반정황을 종합적으로 고려하여, 조사과정에서 중범죄 혐의가 인정됨에 따라 구속을 우려하여 귀가를 요구하는 것과 같이 도망 및 증거 인멸의 우려가 현저한 경우의 긴급체포는 적법(2006도148)

√ 영장청구에 상당한 시간 소요됨으로 이 경우 긴급성을 소명하기 위하여 피의자 태도 등에 관한 상세한 수사보고서를 첨부할 필요

경찰관임을 밝히고 만나자고 하는데도 현재 집에 있지 않다는 취지로 거짓말을 하자 피고인의 집 문을 강제로 열고 들어가 피고인을 긴급체포한 사안에서 체포영장을 받을 시간적 여유가 없었던 경우에 해당하지 않아 위법(2016도5814)

(3) 절차

1) 긴급체포의 방법

긴급체포의 사유를 고지하고 영장 없이 체포가능하고(동조 제1항), 사법경찰관이 긴급체포를 한 경우에는 즉시 검사의 승인을 받아야 함(동조 제2항), 다만 승인 형식은 과거 승인건의에서 승인요청으로 변경됨(수사준칙 제27조 제1항)

※ 다른 체포와 마찬가지로 체포 시 피의사실 요지, 체포의 이유와 변호인 선임권, 변명할 기회를 부여해야(제200조의 5)

2) 체포 후의 조치

검사 또는 사법경찰관이 긴급체포한 피의자를 구속하고자 할 때에는 지체 없이 관할 지방법

원판사에게 영장을 청구하여야 함

※ 구속영장은 체포 시로부터 48시간 이내에 청구하여야 하고, 청구하지 아니하거나 발부받지 못한 경우에는 즉시 석방(동조 제2항)

3) 재체포의 제한

긴급체포 되었으나 구속영장을 청구하지 아니하거나 구속영장을 발부받지 못하여 석방된 자는 영장 없이는 동일한 범죄에 대하여 다시 체포 못함(동조 제3항)

※ 긴급체포 후 석방, 다시 체포영장을 발부받는 것은 가능, 또한 체포영장으로 체포 후 석방, 다시 체포영장 가능, 체포영장으로 체포 후 다시 긴급체포 가능

4) 긴급체포에 대한 사법통제

긴급체포 후 영장 미청구 시 검사는 석방한 날로부터 30일 이내에 긴급체포서 첨부하여 ⓐ 인적사항 ⓑ 긴급체포 일시·장소 및 체포의 구체적인 이유 ⓒ 석방 일시·장소 및 사유 ⓓ 긴급체포한 사법경찰관과 검사의 성명을 법원에 통지해야 함

※ 사법경찰관은 석방 시 즉시 검사에 보고해야 하고(형소법 개정 시 유지되어 기존대로 보고해야 함), 석방된 자 또는 그 변호인·법정대리인·배우자·직계혈족·형제자매는 관련서류 열람 등사권리 부여(동조 제5항)

(4) 긴급체포와 압수·수색·검증

1) 종류

① 체포목적 피의자 수색(제216조 1항 1호)

② 체포현장에서 압수·수색·검증(제216조 1항 2호)

③ 긴급체포 시 압수·수색·검증(제217조 1항)

2) 제도 취지

긴급체포 된 자가 소유·소지 또는 보관하는 물건에 대하여 긴급히 압수할 필요가 있는 경우 피의자를 체포한 때부터 24시간 이내에 한하여 영장 없이 압수·수색·검증가능

취지는 체포에 수반되는 것이 아니라 긴급체포된 사실이 밝혀지면 피의자와 관련된 사람이 증거물을 은닉하는 것을 방지하기 위함이나 남용방지를 위해 ⓐ 긴급성 ⓑ 24시간 내로 한정 ⓒ 계속압수 필요시 체포한 때로부터 48시간 내 압수·수색영장 청구 요구

3) 요건

긴급체포된 자는 현실로 체포된 자를 의미, 대상은 긴급체포된 자가 소유·소지 또는 보관하는 물건, 범죄수사에 필요최소한의 범위 내에서 범죄사실과 관련된 증거물 또는 몰수할 물건으로 한정

4) 압수·수색·검증 기간과 사후영장 청구

기간은 긴급체포 후 24시간 내로 한정(동조 제1항), 또한 형소법 제216조(긴급 압수·수색·검증)와 달리 요급처분(주거주의 참여(제123조 2항)), 야간 압수·수색의 제한(제125조)의 적용을 받음

※ 사후영장에 그 취지가 기재되어 있으면 야간 압수·수색도 허용

사후영장은 체포한 때로부터 48시간 내 하여야 하며(동조 제2항), 청구한 압수·수색영장을 발부받지 못한 때에는 압수한 물건을 즉시 반환하여야 하고 이 경우 수색과 검증의 결과를 기재한 조서의 증거능력은 부정

※ 불법한 긴급체포 중 작성된 피의자 신문조서의 증거능력

긴급체포 요건 충족되지 아니하는 체포 중에 작성된 피의자신문조서는 위법하게 수집된 증거로서 특별한 사정이 없는 한 이를 유죄의 증거로 할 수 없음 (2000도5701)

(5) 긴급체포된 피의자의 지위

접견교통권 보장(제209조, 200조의 6), 구속기간에 산입(체포 시가 기산점), 체포적부심사청구권(제214조의2 제1항), 체포의 통지(제200조의 6)

4. 현행범인 체포

(1) 의의

1) 고유한 의미의 현행범

범죄의 실행 중이거나 실행 즉후인 자(제211조 1항)로, 범죄의 실행 중이란 범죄의 실행행위에 착수하여 아직 종료에 이르지 아니한 자를 말하고, 미수범의 경우 실행의 착수가 있으면 충분하고, 교사범·방조범의 경우 정범의 실행행위가 개시된 때에 실행행위에 착수한 것으로 봄

실행즉후란 범행과의 시간적·장소적 접착성이 있는 자를 말하고, 접착성은 범행 후의 경과,

범인의 거동, 휴대품, 범죄의 태양과 결과, 범죄의 경중 등을 고려하여 합리적으로 판단

※ 현행범 체포에 대한 판례의 입장은 △행위의 가벌성 △범죄의 현행성·시간적 접착성 △범죄의 명백성 △체포의 필요성(도망·증거인멸 우려) 인정 시 가능(2015도13726)

※ 접착성 인정 판례
ⓐ 목욕탕 탈의실에서 피해자를 구타한 지 25분 이내에 탈의실에서 체포한 경우(2005도7518), ⓑ 피해자의 자동차를 걷어차고 싸운 지 10분 후에 범행장소와 인접한 학교 운동장에서 체포한 경우(93도926)

※ 접착성 부정 판례
ⓐ 교장실에서 식칼을 들고 피해자를 협박한 지 40분 후에 교무실에서 체포한 경우(91도1318) ⓑ 음주운전을 종료한 지 40분이 경과한 시점에서 길가에 앉아 있는데 술 냄새가 난다는 이유로 체포한 경우(2007도1248) ⓒ 주민신고를 받고 현장에 도착하니 이미 싸움이 끝나 앉아 있는데 체포한 경우(94도3016) ⓓ 음주 다음 날 아침 2m가량 운전하여 이동·주차한 자를 음주운전 현행범으로 체포한 경우(2016도19907)

※ 2015년 6월 정 모 씨는 술에 취한 채 골목길을 걷다가 지나가는 차량의 사이드미러에 팔을 부딪쳤다. 이후 차에서 내린 김 모 씨 일행과 말다툼이 벌어졌다. 신고를 받고 출동한 경찰은 김 씨 일행으로부터 정 씨의 폭행 사실을 전해 들었다. 정 씨가 소리를 지르며 난동을 부리고 신분증 제시도 거부하자 현행범으로 체포하려 했다. 정씨는 거세게 저항하며 경찰의 낭심을 움켜잡았고, 경찰은 공무집행방해 혐의 등으로 현행범으로 체포한 사안에 대해

대법원은 수사기관의 현행범 체포가 합당한지 판단할 때 범죄의 명백성과 도망갈 우려, 가벌성 등을 그 기준으로 제시하고 있다. 위 사례에서 경찰은 '정 씨가 김 씨를 때렸다'는 김 씨 일행의 말만 들었을 뿐 주변 차량의 블랙박스 영상을 확인하거나 목격자의 진술은 들어보지 않았다는 이유를 들어 경찰이 '범죄의 명백성'에 대한 조사를 하지 않았다고 지적했다. 경찰이 출동했을 당시에도

말다툼만 하고 있었을 뿐 폭행하는 상황은 아니었다는 점을 들어 '범죄를 실행 중인 자'인 현행범으로 보기 어렵다고 판단(2심판결에 대해 대법에서 파기환송 (2017. 6. 22. 헤럴드 경제) 2017도21537 참조)

2) 준현행범

현행범인은 아니지만 현행범인으로 간주되는 자

※ ⓐ 범인으로 호창되어 추적되고 있는 때, ⓑ 장물이나 범죄에 사용되었다고 인정함에 충분한 흉기 기타의 물건을 소지하고 있는 때 ⓒ 신체 또는 의복류에 현저한 증적이 있는 때 ⓓ 누구임을 물음에 대하여 도망하려 하는 때에 해당하자는 자(사인이 물음의 주체인 경우도 포함)(제211조 2항)

(2) 현행범인 체포

누구든지 영장 없이 체포가능(제212조). 현행범에 대하여는 긴급한 체포의 필요성이 인정되고 증거가 확실하여 부당한 인권침해의 우려가 적기 때문임

1) 체포 주체

수사기관뿐만 아니라 사인도 체포가능, 다만 사인은 체포권한만 가지고 체포의무는 없음

체포자는 범죄를 인식한 자임을 요하고, 직접 인식하지 않았다 하더라도 실제 인식한 자를 도와 체포하는 것도 가능

※ 경찰관의 통보를 받고 현장 부근에서 범인을 현행범으로 체포하는 경우

2) 체포요건

① 명백성

체포시점의 현장상황에 의하여 특정범죄의 범인임이 명백하여야 함. 사후적으로 구성요건에 해당하지 않아 무죄로 판단된다고 하더라도 범행 당시 객관적으로 보아 현행범인이라 인정할 만한 충분한 이유가 있으면 적법한 체포

※ 형사미성년자에 대하여 현행범이라는 이유로 체포할 수는 없음. 위법성조각사유나 책임조각사유가 명백한 경우에도 현행범으로 체포할 수 없다는 견해가 있으나(이재상, 백형구), 형사미성년자임이 확인된 자들이 패싸움을 하는 경우 경찰은 무엇을 해야 하는지 문제가 아니 될 수 없음. 물론 경직법상 위험발생의 제지가 가능하지만 그럼에도 불구하고 경찰관에게 달려들어 폭력을 사용하는 경우에도 어찌할 도리가 없음. 물론 경찰관이 위험방지조치를 위해 강제력을 일시적으로 사용하여 제압하여 종료가 되면 다행이지만 계속해서 폭력을

행사하는 경우에 대한 법적수단이 없게 됨(주민이 패싸움을 신고했는데 경찰은 체포도 못하고 수동적으로 말리거나 하는 행동이 계속될 수밖에 없음). 또한 명백한 정신질환자가 범죄를 저지르는 경우 경찰은 체포를 못한다는 것인데 이 또한 납득하기 어렵다고 할 것임. 따라서 원칙적으로는 위와 같은 사유가 있을 경우 현행범 체포가 불가하나 범죄의 현행성이 지속되어 위험이 가중되고 있는 예외적인 상황에서는 체포 후에 석방하고, '죄안됨' 처분으로 종결하는 것이 타당하다고 보임(실무를 경험한 필자 의견)

② 체포의 필요성

명문규정상 도망이나 증거인멸 우려와 같은 구속사유가 필요하다는 조항은 존재하지 않는다. 학설은 적극설과 소극설이 대립하지만 판례는 필요성이 필요하다는 입장(2015도13726)

※ 소극설의 근거는 영장에 의한 체포의 경우에도 필요성 사유가 없기 때문에 현행범체포 시에도 불요하다는 입장

③ 비례성의 원칙(경미사건의 현행범체포 제한)

50만 원 이하의 벌금, 구류 또는 과료에 해당하는 죄의 현행범인의 경우 범인의 주거가 분명하지 아니한 때에 한하여 현행범 체포가능(제214조)

④ 가벌성

법률규정에는 명시되어 있지 않으나 판례는 가벌성을 요건으로 보고 가벌성이 약한 경우(단순폭행이나 모욕죄 등)에는 임의동행의 방법사용 등 현행범 체포를 가급적 억제하는 경향이 엿보임. 따라서 실무에서는 가벌성 유무를 고려하여야 하는데 급박한 상황에서 가벌성을 고려한다는 것이 그리 쉽지 않은 일이고 기대가능성도 높지 않음. 현행범 체포는 범죄의 명백성으로 현장에서 체포하여 범행 등 위험의 추가적인 차단과 신속한 조사를 통해 피해자의 기대감을 충족시켜주는 것이 상식에 부합할 것이나 판례의 태도가 이러하기 때문에 입법적 해결이 있기까지는 판례 태도를 고려하여 현장에서 조치하여야 할 것임

3) 체포절차

① 체포와 범죄사실 등의 고지

체포 시 피의사실의 요지, 체포의 이유와 변호인 선임권, 변명기회 부여해야(제213조의 2, 제200조의 5)

※ 체포 전 고지가 원칙이나 급박하거나 제압이 필요한 경우 이후 지체 없이 하여야 함(2008도11226)

② 현행범인 체포와 실력행사

현행범이 저항을 하는 경우 사회통념상 체포를 위하여 필요하고 상당하다고 인정되는 범위 내에서 실력행사 가능

4) 현행범인 체포와 긴급 압수·수색·검증

① 체포목적 피의자 수색(제216조 1항 1호)

② 체포현장에서 압수·수색·검증(제216조 1항 2호) 가능

But, 일반 사인은 현행범 체포를 위해 타인의 주거에 들어갈 수 없음

(3) 체포 후의 절차

1) 현행범인 인도

사인이 현행범인을 체포한 때에는 즉시 검사 또는 사법경찰관에게 인도하여야 함(제213조 1항). 여기서 즉시란 정당한 이유 없이 인도를 지연하거나 체포를 계속하는 등 불필요한 지체함이 없이 라는 의미임

※ 사인이 체포 후 석방하는 것은 허용되지 않음. 사인에게 체포권의 처분을 맡기는 경우 남용의 우려가 있기 때문임

√ if, 사인이 석방하였다면 어떻게 되는가? 두 가지 관점에서 살펴보아야 할 것임. 하나는 사인에게 어떤 책임을 물을 수 있느냐의 문제와 경찰관이 다시 현행범체포를 하거나 아니면 어떤 절차를 밟아야 하느냐의 문제임

첫 번째 사안에 대하여 사인에게 형사적으로나(범인도피죄) 민사적으로나 책임을 묻기는 어려울 것으로 보임. 일반사인이 체포나 석방에 대하여 어떤 권한이 있는지를 알지 못하기 때문임. 다른 한편으로 경찰이 현행범으로 다시 체포하기는 어려울 것으로 보임. 석방하여 이미 현행범성을 잃어버렸다고 보아야 할 것이기 때문임(현행범체포상태가 계속된다고 볼 수도 있겠지만). 따라서 경찰은 긴급체포요건에 맞으면 긴급체포 아니면 임의동행을 요구할 수밖에 없을 것임

사법경찰관이 현행범 인도를 받은 때에는 체포자의 성명·주거·체포의 사유를 물어야 하고 필요한 경우 체포자를 경찰관서에 임의 동행 요구할 수 있음

2) 구속영장 청구

구속하고자 할 경우에는 체포한 때로부터 48시간 이내에 구속영장을 청구하여야 하고 그 기간 내 청구하지 아니한 때에는 즉시 석방하여야 하며(제213조의 2, 제200조의 2 제5항), 석방 시 검사에게 석방을 통보함(과거 석방보고)

※ 사인 체포 시의 48시간 기산점은 체포 시가 아니라 인도받은 때

III. 피의자와 피고인 구속

1. 구속의 의의와 목적

(1) 개념

피의자 또는 피고인 신체의 자유를 체포에 비하여 장기간에 걸쳐 제한하는 강제처분

※ 피의자 구속은 체포된 자 또는 체포되지 아니한 자에 대하여 가능하고, 피고인 구속은 기소 이후에 법원이 피고인을 구인 또는 구금하는 것

구속에는 구인과 구금이 포함됨

※ 구인이란 법원 기타 장소에 인치하는 것이고, 구금이란 교도소 또는 구치소 등에 감금하는 강제처분

※ 구인한 피의자 또는 피고인을 인치한 경우 구금의 필요성이 없다고 인정한 경우 인치한 때로부터 24시간 내 석방해야 함(제71조, 제209조)

※ 피의자에 대한 구인은 법원의 미체포 자의 구속 전 피의자 심문을 위한 수단으로 이용되고(제 201조의 제2항), 수사기관의 피의자 신문을 위해서는 체포제도 이용

(2) 구속 목적

형사절차(소송)의 진행과 형벌집행 확보목적

※ 구속영장 발부에 의하여 적법하게 구금된 피의자가 피의자신문을 위한 출석요구에 응하지 아니하면서 수사기관 조사실에 출석을 거부할 경우, 수사기관이 구속영장의 효력에 의하여 피의자를 조사실로 구인할 수 있는지 여부(적극) 및 이때 피의자를 신문하기 전에 진술거부권을 고지하여야 하는지 여부(적극) (2103모 160)

구속은 당사자나 가족 등 사회에 중대한 결과를 초래하는 관계로 다른 방법에 의해 달성될 수

없는 정당한 공익의 요구가 인정되는 경우와 같이 최후의 수단으로 사용되어야 함(비례원칙)

2. 구속 요건

(1) 범죄 혐의

혐의의 정도는 무죄추정을 깨트릴 정도로 유죄판결에 대한 고도의 개연성이 인정되어야 함

※ 수사개시는 수사기관의 주관적인 구체적 혐의에 의해 가능

혐의의 대상은 소송법상 공소를 제기할 수 있는 위법하고 유책하게 실행된 범죄

※ 따라서 위법성·책임조각사유가 있거나 소송조건 구비가 안 되어 있는 경우 혐의인정 ×

※ 심신장애로 인하여 책임능력이 없는 경우 치료감호법에 의하여 보호구속영장 가능(치료감호법 제6조)

(2) 구속 사유

형소법은 구속사유로 ⓐ 일정한 주거가 없는 때 ⓑ 증거를 인멸할 염려가 있는 때 ⓒ 도망 또는 도망할 염려가 있는 때로 규정하고 있고, 재범위험성이나 중대성, 피해자나 참고인에 대한 위해우려는 법정 사유가 아니라 심사 시 의무적 고려사항임(제209조, 제70조 제2항)

※ 일정한 주거가 없는 때는 도망의 염려를 판단하는 기준에 불과

※ 고려사항 중 범죄의 중대성, 재범위험성은 도망염려 판단의 적극적 요소, 위해우려는 증거인멸 우려를 판단하는 중요한 기준이 됨

구속사유는 구체적 사실을 기초로 인정되어야 하며, 법관의 주관적 추측이나 염려로는 부족하고 객관화되어야 함

1) 도망 또는 도망할 염려(출석확보 목적)

도망이란 형사절차(소송)이나 형의 집행을 피하기 위해 영구히 또는 장기간에 걸쳐 숨는 것을 말함

※ 종래의 주거를 떠나 새로운 거처를 정하지 않거나 돌아오지 않을 의사로 외국으로 떠나는 경우

도망할 염려란 구체적 사정을 평가한 결과 피고인 또는 피의자가 형사절차(소송)에서 떠날 고도의 개연성이 있는 것을 말함

※ 중형선고 가능성, 자상(刺傷)하거나 약물 복용으로 소송능력 없는 상태에 빠지는 것도 해당, 따라서 피의자가 자해나 자살의 가능성이 있는 경우 구속사유에 해당

2) 주거부정

일정한 주거가 없는 경우를 독립된 구속사유로 규정하고 있으나 이는 도망염려를 판단하는 참고자료에 불과하여 독립된 사유로 보기는 어렵다. 다만 50만 원 이하의 벌금·구류 또는 과료에 해당하는 경미범죄에 대한 유일한 구속사유가 된다는 점에서 의미를 가짐(제70조 3항, 제201조 1항 단서)

3) 증거인멸 위험

인적·물적 증거방법에 부정하게 영향을 미쳐 사실인정이 침해되는 것을 방지하는 목적

※ 증거방법을 훼손·변경·위조하거나, 공범자·증인·감정인에게 허위의 진술을 하게 하여 진실발견을 곤란하게 할 구체적 위험이 있는 경우

※ 유리한 증거를 수집하거나 진술거부권을 행사하는 경우 부정한 방법이라 할 수 없어 증거인멸 위험 인정자료로 되지는 않음

※ 실무적으로는 사안의 경중, 범행동기, 수단과 결과, 전문적·영업적 범죄여부, 피의자의 성행, 연령, 건강 및 가족관계, 피의자의 직업, 재산, 교우, 조직·지역사회 정착성, 사회적 환경, 주거형태 및 안정성, 국외 근거지의 존재여부, 출국행태 및 가능성, 수사협조 등 범행 후의 정황, 범죄전력, 자수여부, 피해자와의 관계, 피해회복 및 합의여부 등을 고려(구속수사 기준에 관한 지침(대검예규 제584호) 제7조2항 참조, 인신구속사무의 처리에 관한 예규(대법원재판예규 제1373호) 제53조 참조)

√ 인신구속은 가장 중요한 사안임에도 쉽게 접근할 수 없고, 규범적 효력을 인정할 수 없는 예규에 그 기준을 담고 있어 문제로 지적되고 있으나 실무상 이러한 기준에 입각하여 검사·판사가 판단하는 만큼 정확한 인식이 필요함

(3) 비례성 원칙

비례성 판단은 기대되는 형벌과 사건의 의미를 종합한 것이며, 50만 원 이하의 벌금·구류·과료에 해당하는 경우 일정한 주거가 없는 경우에 한하여 구속할 수 있다고 규정한 것은 비례성의

원칙 표현한 것임(제70조3항, 제201조 1항 단서)

비례성 원칙은 다른 방법에 의하여 형사절차(소송)를 확보할 수 없는 때에만 허용된다는 구속의 보충성 원칙을 내용으로 함

※ 국회의원, 쟁의근로자 등에 대한 법률상 또는 규약상 제약
① 국회의원은 현행범인인 경우를 제외하고는 회기 중 국회의 동의 없이 체포 또는 구금되지 아니함(헌법 제44조 제1항)
② 근로자는 쟁의기간 중에는 현행범 이외에는 노동조합 및 노동관계조정법 위반을 이유로 구속당하지 아니함(노동조합 및 노동관계조정법 제39조)

3. 피의자 구속

(1) 구속영장 청구

피의자뿐만 아니라 피고인의 구속에도 법관이 발부한 영장에 의하여야 함

※ 피의자 구속의 경우 허가장, 피고인 구속은 명령장 성질

검사는 청구권자, 사경은 신청권자

※ 검사는 청구 전 사전심사를 위하여 검찰청으로 인치하여 접견·면접 가능, 사법경찰관리에게 인치 지휘가능하며, 사경은 이를 준수해야 하고(2008도11999), 일반 국민도 검사의 불청구에 대하여 다툴 수 없음(2007모82)

구속영장청구서에는 체포영장에 기재할 사항 외에 구속사유, 체포된 경우 그 형식, 구속의 필요를 인정할 자료 제출

※ 피의자도 구속영장 청구를 받는 판사에게 유리한 자료 제출 가능(형사소송규칙 제96조 제3항)
※ 발부나 기각결정에 대하여 항고나 준항고가 허용되지 않음(2006모646)

(2) 구속 전 피의자 심문제도

1) 개념

구속영장 청구를 받은 판사가 직접 심문하여 구속사유를 판단하는 것으로 영장주의의 핵심

적 내용(영장실질심사)

※ ① 체포영장에 의한 체포·긴급체포 또는 현행범인 체포에 의하여 체포된 피의자에 대하여 구속영장을 청구받은 지방법원 판사는 지체 없이 피의자를 심문하여야 하고(제201조의 2 제1항),

② 체포되지 아니한 피의자에 대하여 구속영장의 청구를 받은 지방법원 판사는 피의자가 죄를 범하였다고 의심할 만한 이유가 있는 경우 구인을 위한 구속영장을 발부하여 피의자를 구인한 후 심문하여야 함(동조 제2항)

2) 필요적 피의자심문제도

형소법은 구속 전 피의자심문을 피의자의 의사나 법관의 필요성 판단과 관계없이 필요적으로 실시하도록 규정, But, 피의자가 도망 등의 사유로 심문할 수 없는 경우 생략가능(동조 제2항)

※ 1995년 처음 도입(임의적 심문제(판사 필요시)) → 1997년 신청에 의한 심문제(신청이 있는 경우에도 판사 필요시로 해석 임의적 심문제) → 2007. 12. 27. 개정으로 필요적 심문제로 변경

※ 체포된 피의자는 지체 없이 심문(적어도 청구된 날 다음 날까지 심문하여야), 체포되지 않은 피의자는 구인을 위한 구속영장을 발부하여 구인 후 심문(시한의 제한 ×)

※ 구속 전 피의자심문 시 변호인이 없는 경우 직권으로 변호인을 선정해주며, 영장발부 시 그 선정의 효력은 제1심까지 미침(동조 8항)

3) 구속 전 피의자심문 절차

① 심문기일 지정과 통지

구속영장을 청구받은 판사는 심문기일을 정해야 함

※ 체포된 자는 영장 청구된 날의 다음 날까지, 미체포된 피의자에 대한 사전 구속영장의 경우에는 시한의 제한이 없음(동조 제1항·제2항)

심문기일과 장소 통지는 체포된 자의 경우에는 즉시, 미체포된 자의 경우에는 인치 후 즉시 검사, 피의자 및 변호인에게 통지해야 함(동조 제3항 1문)

※ 통지는 서면·구술·전화·모사전송·전자우편·휴대전화 문자전송 그 밖에 적당한 방법으로 가능(규칙 제96조의12 제3항)

② 피의자 인치

체포된 피의자의 경우 체포의 효력을 이용하여 법원에 인치, 미체포된 자의 경우 구인을 위한 구속영장을 발부하여 구인 후 심문, 다만 피의자가 도망하는 등의 사유로 심문할 수

없는 경우에는 그러하지 아니함(201조의 2 제2항)

※ 법원이 인치 받은 피의자를 유치할 필요가 있는 경우 교도소·구치소 또는 경찰서 유치장에 24시간을 초과하지 않는 범위에서 피의자 유치가능(동조 제10항, 제71조의 2)

③ 심문기일 절차

ⓐ 피의자 등의 출석

심문기일에 지방법원 판사는 피의자를 심문하고, 검사와 변호인은 출석하여 의견진술 가능(제201조의 2 제4항),

※ 피해자는 판사의 허가를 얻어 심문 방청가능하고, 필요시 판사는 출석한 피해자 심문가능(규칙 제96조의 16 제5항)

피의자가 심문기일에 출석을 거부하거나 질병 그 밖의 사유로 출석이 현저하게 곤란하고, 피의자를 심문법정에 인치할 수 없다고 인정되는 때에는 출석 없이 심문가능하고(규칙 제96조의 13 제1항), 출석한 검사 및 변호인의 의견을 듣고, 수사기록 등 그 밖에 적당하다고 인정되는 방법으로 구속사유 유무 조사(동조 제3항)

ⓑ 심문 방법

심문 장소는 법원청사 내가 원칙이나 피의자가 출석을 거부하거나 출석할 수 없는 때에는 경찰서, 구치소, 기타 적당한 장소에서 가능(규칙 제96조의 15)

심문절차는 비공개가 원칙이나 상당하다고 인정하는 경우 피의자의 친족, 피해자 등 이해관계인의 방청 허가 가능(규칙 제96조의 14)

심문 전에 진술거부권 고지, 인정심문, 범죄사실 및 구속사유의 고지, 판사의 피의자 심문, 판사의 제3자에 대한 심문, 검사 및 변호인의 의견진술, 피의자의 의견진술 순으로 진행(규칙 제96조의 16)

※ 증거인멸 또는 도망염려를 판단하기 위해 피의자의 경력, 가족관계나 교우관계 등 개인적인 사항 심문가능(동조 2항)

ⓒ 국선변호인 선정

심문 피의자에게 변호인이 없을 경우 지방법원 판사 직권으로 변호인 선정하여야 하고, 영장발부 시 제1심까지 효력 유지(제201조의 2 제8항), But, 기각되는 경우 효력×

ⓓ 구속 전 피의자심문조서의 작성

법원이 구속 전 피의자 심문을 하는 경우 법원 사무관 등은 심문의 요지 등을 조서로 작성하여야 하고 조서기재의 정확성여부를 진술자에게 확인하고 조서에 간인하여 기명날인 또는 서명을 받아야 함(동조 제10항, 제48조, 제53조)

※ 구속 전 피의자심문조서는 형소법 제313조의 법원 또는 법관의 조서에 해당하지 않지만 제315조의 기타 특히 신빙할만한 정황에 의하여 작성된 서류로서 증거능력 인정(2003도5693)

(3) 구속영장 발부

지방법원 판사는 상당하다고 인정되는 때에 구속영장 발부(동조 제4항 1문)

※ 구속영장에는 피의자 성명·주거·죄명·피의사실 요지, 인치·구금할 장소, 발부연월일, 유효기간과 그 기간을 경과하면 집행에 착수하지 못하며 영장을 반환해야 한다는 취지 기재

※ 피의자 성명이 불분명 한 경우 인상·체격 기타 피의자를 특정할 수 있는 사항으로 피의자 표시

법원이 피의자심문을 위하여 구속영장청구서·수사관계 서류 및 증거물을 접수한 날로부터 구속영장을 발부하여 검찰청에 반환한 날까지의 기간은 구속기간에 불산입(제201조의 2 제7항)

※ But, 동 규정이 사전영장과 사후영장을 구별하지 않고 있어 사전영장의 경우에 구속기간산입에 대한 다툼의 여지가 있어 실무상 산입(대검 형사제1과-1551, 사전영장 청구 시 구속 전 피의자심문을 위한 구인기간의 구속기간 산입 시달, 2008. 2. 4)

구속영장을 발부하지 않을 경우에는 청구서에 그 취지 및 이유를 기재하고 서명 날인하여 청구한 검사에게 교부(제201조의 4항), 기각 시 즉시 석방해야 함

※ 영장발부 결정이나 기각결정에 대한 항고나 준항고 불허용(2006모646)

(4) 구속영장 집행

1) 집행절차

검사의 지휘에 의하여 사법경찰관리가 집행하며, 교도소 또는 구치소에 있는 피의자에 대하여 검사에 의하여 교도관리가 집행(제209조, 제81조)

※ 동 조항에 근거하여 구속에 관한 '사건단위설'을 취하고 있는 통설은 이중구속이 허용된다고 해석

집행함에는 미리 피의자에게 피의사실의 요지, 구속의 이유, 변호인 선임권, 변명기회 부여하고, 지정된 장소에 인치(제209조, 제200조의 5, 제209조, 제85조 제1항, 제3항, 제4항)

※ 집행 시 영장 사전제시가 원칙이나 소지하지 아니한 경우 급속을 요하는 경우 피의사실 요지와 영장이 발부되었음을 고하고 집행가능하며, 집행완료 후 신속히 제시해야 함(제209조, 제85조)

2) 집행 후 절차

피의자를 구속한 경우 지체 없이 서면으로 변호인 또는 변호인 선임권자 가운데 피의자가 지정한 자에게 피의사건명·구속일시·장소·범죄사실의 요지·구속의 이유와 변호인 선임권을 통지해야 함(제209조, 제87조)

※ 구속통지는 24시간 내에 하여야 하며 통지하지 못하는 경우에 그 취지를 기재한 서면을 기록에 철해야 하며, 지정을 거부하는 경우에도 실무에서는 통지하고 있음

※ 심문기일 통지와 달리 급속을 요하는 경우 전화나 모사전송 후에 반드시 서면으로 하여야 함(규칙 제51조 3항)

구속된 피의자는 법률의 범위 내에서 타인과 접견, 서류 또는 물건 수수, 의사의 진료를 받을 수 있고(제209조, 제80조), 변호인 또는 변호인이 되려는 자는 신체구속을 당한 피의자와 접견 교통할 수 있음(제34조)

(5) 구속기간

사법경찰관의 구속기간은 10일 이내(제202조), 검사의 구속기간도 10일이지만(제203조), 지방법원 판사의 허가를 얻어 10일 연장가능(제205조)

※ 구속기간 기산은 피의자를 체포 또는 구인한 날로부터 기산하고(제203조의 2), 판사의 연장불가 결정에 대하여 항고나 준항고 불가(97모1)

But, 국가보안법 위반사범(국가보안법 제3조~제10조)에 대하여 사법경찰관은 1회(10일), 검사는 2회(20일) 판사에게 연장을 허가받을 수 있음(동법 제19조)

※ 헌재는 과잉금지원칙 위반으로 동법 제7조(찬양·고무), 제10조(불고지)에 대하여 위헌결정(90헌마 82), 따라서 반국가단체 구성죄, 목적수행죄, 자진지원·금품수수죄, 잠입탈출죄, 회합·통신죄, 편의제공죄 등은 해당됨

구속기간을 도과한 구속영장의 효력에 대하여 대법원은 '군법회의법 제132조의 제한을 넘어 불법구속한 자에 대하여 형법상 민법상의 책임을 물을 수는 있어도 구속영장의 효력이 당연히 실효되는 것은 아니라고' 봄(64도428, 강도살인)

(6) 재구속의 제한

수사기관에 의하여 구속되었다가 석방된 자는 다른 중요한 증거를 발견한 경우를 제외하고는 동일한 범죄사실에 관하여 재차 구속하지 못함

※ 동일한 범죄사실은 포괄일죄·처분상 일죄(상상적 경합)가 포함됨은 물론 실체적 경합관계라 하더라도 1개의 목적을 위하여 동시 또는 수단·결과의 관계에서 행하여진 행위(제208조)

※ 구속적부심사에 의한 석방의 경우, 도망이나 죄증인멸의 경우 재구속 특칙이 있다는 점에 비추어 재구속제한의 원칙은 구속취소의 경우를 염두에 둔 규정으로 보고 '다른 중요한 증거를 발견한 경우'란 구속수사 중 증거불충분으로 구속을 취소하고 석방한 후 계속 수사하여 다른 증거를 발견한 경우 등을 말함(공범자 검거)

※ 재구속 제한은 수사기관이 피의자를 구속하는 경우에만 적용되고 법원이 피고인을 구속하는 경우에는 적용되지 않고(85모12), 재구속이 제한될 뿐이고 재구속되었다고 공소제기가 무효로 되는 것도 아님(66도1288)

재구속영장 청구서에는 재구속영장의 청구라는 취지와 새로 발견한 중요한 증거의 요지를 기재해야 함(규칙 제99조 2항)

4. 피고인의 구속

(1) 구속영장의 발부

피고인을 구속함에는 구속영장을 발부해야(제73조), 구속영장 기재사항, 서명날인 등의 방식은 피의자 구속과 동일(제75조)

※ 피고인에 대하여 범죄사실의 요지, 구속이유와 변호인 선임권, 변명기회 부여는 구속영장을 집행함에 있어 집행기관이 취하여야 하는 절차가 아니라 구속영장을 발부함에 있어 수소법원 등 법관이 취하여야 하는 절차라 할 것이므로, 법원이 피고인에 대하여 구속영장을 발부함에 있어 사전에 위 규정에 따른 절차를 거치지 아니한 채 구속영장을 발부하였다면 그 발부결정은 위법,

그러나 변호인을 선정하여 공판절차에서 변명과 증거의 제출을 다하는 등 위 규정에서 정한 절차적 권리가 실질적으로 보장되었다고 볼 수 있는 경우에는, 이에 해당하는 절차의 전부 또는 일부를 거치지 아니한 채 구속영장을 발부하였다 하더라도 이러한 점만으로 그 발부결정이 위법하다고 볼 것은 아님(2000모134)

(2) 구속영장 집행

피고인에 대한 구속영장 집행절차는 피의자 구속의 경우와 동일

※ 다만 집행의 급속을 요하는 경우에는 재판장, 수명법관 또는 수탁판사가 지휘가능(제81조 제1항 단서)

구속집행 즉시 공소사실의 요지와 변호인 선임권을 알려야 하며(제88조), 이러한 고지의무는 사후 청문절차로서 이를 위반하더라도 구속영장의 효력에는 아무런 영향이 없음(2000모134)

※ 형사소송규칙은 고지의 주체를 법원 또는 법관으로 규정(규칙 제52조)

(3) 구속기간

피고인의 구속기간은 1심 2개월 원칙, 2개월 단위로 2차 갱신 총 6개월, 2심·3심의 경우 2개월 3차 갱신 가능 각각 6개월(제92조 1항, 2항)

※ 공판절차 정지기간 및 공소제기 전 체포·구인·구금된 기간은 불산입(동조 제3항)

5. 관련문제

(1) 이중구속과 별건구속

1) 이중구속

이미 구속영장이 발부되어 구속되어 있는 피고인 또는 피의자에 대하여 다시 구속영장을 집행하는 것

※ 다수설과 판례는 사건단위설(구속영장의 효력은 구속영장에 기재된 범죄사실에 대해서만 미침) 입장(2000모134)인 반면 소수설은 구속되어 있는 자에게 다른 범죄사실로 구속영장을 발부받을 수는 있어도, 동일인에게 동시에 수개의 구속영장을 집행할 수 없다고 하는 사건단위설을 부정하는 입장을 취하고 있음

2) 별건구속

수사기관이 본래 수사하고자 하는 사건(본건)에 대하여는 구속의 요건이 구비되지 않아 본건의 수사에 이용할 목적으로 구속요건이 구비된 별건으로 구속하는 경우

※ 구속사유가 없는 경우에 자백 강요 내지 수사의 편의를 위하여 구속을 인정하는 것이 되므로 위법

But, 구속 중인 피의자에 대한 여죄수사까지 금지되는 것은 아님

별건구속의 논점은 ① 적법성 여부 ② 별건구속 중 자백의 증거능력 ③ 여죄수사 허용여부 ④ 별건구속의 규제 등 4가지가 있음

※ 현재 수사대상이 된 사건 이외의 사건으로 혐의를 받고 있는 범죄사실을 여죄라 하며, 별건구속이 위법하다고 하여 여죄수사까지 위법한가의 문제임

① 적법성 여부

학설은 별건구속 자체가 구속요건과 절차에 따라 이루어졌다면 적법하다는 긍정설과 실질적으로 영장주의에 반하고 별건구속 후에 다시 본건으로 구속되는 경우는 구속기간을 제한하는 취지에 반하여 위법하다는 부정설 대립

판례는 별건으로 인한 구속기간이 본건 수사에 실질상 이용되었더라도 구금일수를 본건의 본형에 산입할 수 없다면서 별건구속을 인정하는 입장임(90도2337)

※ But, 수사기관의 진정한 목적이 본건수사에 있었다면 별건구속은 위법하다

고 하여야 할 것임

② 별건구속 중 자백의 증거능력

긍정설에 의하면 자백의 증거능력이 인정되고 부정설에 의하면 위법수집증거에 해당되나 자백법칙은 위법수집증거배제법칙의 특칙으로 자백법칙이 적용되어 증거능력이 없다는 견해로 나뉨

③ 여죄수사의 허용여부

학설은 무제한 허용된다는 무제한 허용설, 피의자의 방어권을 실질적으로 저해하지 않는 범위 내에서만 허용된다는 예외적 허용설이 대립함

※ 예외적 허용설이 허용하는 범위는 ⓐ 피의자가 자진하여 자백한 경우 ⓑ 여죄가 영장 기재 사안보다 경미한 경우 ⓒ 동종 사안이거나 밀접한 관련성이 있는 경우

판례는 본건에 대하여 적법한 구속영장이 발부된 경우 구속 중에 피의자에 대한 여죄수사는 위법이 아니라고 보고 있음(96모46)

④ 별건수사의 규제

검찰은 그간 별건수사의 남용문제가 꾸준히 제기되어옴에 따라 2021. 3. 24. '검찰 직접수사 과정에서 발견된 별건범죄 수사단서의 처리에 관한 지침'(대검예규)을 마련하여 보고와 승인절차를 통해 내부통제와 피의자의 방어권 보장을 강화하였음

※ 동 지침은 범죄를 본건범죄와 관련범죄, 별건범죄로 분류함

본건범죄는 검사가 직접 수사개시한 후 수사 중인 사건을 말하고, 관련범죄는 본건범죄와 동시에 범하거나 수단·결과의 관계범죄, 증거인멸·범인은닉 등 수사방해 범죄, 범죄수익 원인·처분에 따른 뇌물·횡령·배임죄, 동일·유사한 수법으로 불특정 다수에게 반복해 저지른 범죄를 말함

별건범죄란 검사가 직접 수사 중인 사건(본건)의 피의자가 범한 다른 범죄, 피의자의 배우자와 직계존비속이 범한 범죄, 피의자 운영법인의 임원이 범한 범죄를 말하며, 단 배우자 등과 회사 임원이 본건범죄의 공범인 경우는 별건으로 보지 않음

※ 별건수사의 규제

별건수사 시 ① 수사단서 발견 절차의 적법·정당성 ② 인적·물적 증거단서의 객관성과 상당성 ③ 단서의 증명력과 증거가치의 충분성 ④ 소속청 인권보호담당관의 검토와 검사장 승인 후 검찰총장 보고·승인을 받지 못할 경우 다른 부서 배당 원칙

√ 고소·고발·자수·진정, 수사기관의 이송·이첩·송치, 공공기관의 수사의뢰·이첩·통보 등은 별건단서로 보지 않음

(2) 검사의 체포·구속장소 감찰

관할 수사관서에 소재하는 체포·구속 피의자에 대한 불법 체포·구속의 유무에 관한 검사의 조사권을 말함

※ 매월 1회 이상 감찰하고, 피의자 심문하고 관련서류 조사

적법절차에 의하지 아니한 체포 또는 구속된 것이라고 의심할 만한 상당한 이유가 있는 경우에는 즉시 체포 또는 구속된 자를 석방하거나 사건을 검찰에 송치할 것을 명하여야 함(제198조의 2 제1항).

IV. 피고인과 피의자의 접견교통권

1. 접견교통권의 의의

(1) 개념

피고인 또는 피의자, 특히 체포 또는 구속된 피의자(피고인)가 변호인이나 가족·친지 등의 타인과 접견하고, 서류 또는 물건을 수수하며 의사의 진료를 받는 권리(헌법 제12조 4항)

변호인과의 접견교통권은 제한 없이 보장하고(제34조), 비변호인과의 접견교통권은 법률이 정한 범위 내에서 인정(제89조, 제91조, 제209조)

※ 법원은 도망하거나 또는 죄증을 인멸할 염려가 있다고 인정할 만한 상당한 이유가 있는 때에는 직권 또는 검사의 청구에 의하여 결정으로 구속된 피고인과 제34조에 규정(변호인)한 외의 타인과의 접견을 금하거나 수수할 서류 기타 물건의 검열, 수수의 금지 또는 압수를 할 수 있다. 단, 의류, 양식, 의료품의 수

수를 금지 또는 압수할 수 없음(제91조)

(2) 접견교통권의 근거

1) 기본적 인권 보호

피의자의 사회생활을 유지하게 하고 심리적 안정을 얻게 해줌

2) 방어권 보장

효과적인 방어활동을 위해 변호인선임으로는 부족하고 변호인과의 자유로운 접견교통권이 전제되어야 가능

2. 변호인과의 접견교통권

(1) 자유로운 접견교통권의 보장

체포·구속을 당한 피의자·피고인은 변호인을 선임할 권리가 있을 뿐 아니라(헌법 제12조 4항), 변호인 또는 변호인이 되려는 자는 신체구속을 당한 피고인 또는 피의자와 접견하고 서류 또는 물건을 수수할 수 있으며, 의사로 하여금 진료하게 할 수 있음(제34조)

※ 신체구속을 당한 자에는 구속영장에 의한 구속뿐만 아니라 체포영장에 의한 체포, 긴급체포, 현행범 체포된 자, 감정유치에 의해 구속된 자 포함

변호인 접견교통권을 제한하는 법률규정은 없고, 법원의 결정에 의하여 접견교통권을 제한할 수도 없고(89모37), 수사목적상 제한도 당연 제한불가

※ 일반적으로 금지하는 일반지정·특정 시간과 장소에 한하여 허용하는 구체적 지정에 의한 제한, 변호인과의 접견시간 제한도 금지

※ 독일은 특정범죄 또는 내용에 따라 제한하는 것 허용, 일본은 지정에 의하여 제한하나 우리나라의 경우 법률상 아무런 제한 없음

(2) 접견교통권의 내용

변호인과 피의자·피고인 접견, 서류 또는 물건의 수수, 수진

1) 접견의 비밀 보장

체포 또는 구속된 피의자·피고인과 변호인의 접견내용에 대하여 비밀이 보장되어야 함

※ 경찰관과 교도관의 참여는 절대 불허, 다만 구속 장소의 질서유지를 위한 일반적인 시간의 제한은 접견교통권의 제한에 해당하지 않음

접견과 서신수수에 교도관의 참여를 규정한 형의 집행 및 수용자의 처우에 관한 법률 제41조 2항과 43조 4항 단서의 적용범위에 대하여 비변호인과의 접견교통권에 대해서만 적용

※ 변호인과 피의자·피고인 간 접견 시 교도관이 참여하여 기재한 진술은 증거능력 배제

2) 서류 또는 물건의 수수

변호인 또는 변호인이 되려고 하는 자는 체포 또는 구속된 피의자 또는 피고인을 위하여 서류 또는 물건을 수수할 수 있으며, 수수한 서류의 검열, 물건이나 서신의 압수도 허용되지 않음

※ 다만 체포 또는 구속장소의 질서유지를 위하여 무기 기타 위험한 물건의 수수를 금지하는 것은 허용됨

3. 비변호인과의 접견교통권

(1) 접견교통권의 보장

체포 또는 구속된 피의자 또는 피고인은 법률의 범위 내에서 타인과 접견하고, 서류 또는 물건을 수수하며 의사의 진료를 받을 수 있음(제89조, 제200조의 6, 제209조)

비변호인과의 접견과 교통은 방어권행사, 사회적 지위와 심리적 안정유지에 기여하지만 다른 한편 공범자와의 통모에 의한 증거인멸의 염려가 있어 원칙적으로 보장하면서도 법률에 의해 제한 가능

(2) 접견교통권의 제한

1) 제한의 근거(법률, 법원 또는 수사기관의 결정)

① 법률에 의한 제한

구속된 피고인 또는 피의자의 접견교통권은 형의 집행 및 수용자의 처우에 관한 법률과 동법 시행령에 의해 제한됨(동법 제41조 내지 제43조, 동법 시행령 제58조)

※ 경찰서 유치장의 경우도 동법 적용(동법 제87조)

② 법원 또는 수사기관의 결정에 의한 제한

법원은 도망하거나 또는 죄증을 인멸할 염려가 있다고 인정할 만한 상당한 이유가 있는 때에는 직권 또는 검사의 청구에 의하여 결정으로 구속된 피고인과 비변호인과의 접견을 금하거나 수수할 서류 기타 물건의 검열, 수수의 금지 또는 압수를 할 수 있음(제91조)

※ 동 규정은 수사기관의 체포나 구속의 경우에도 준용되며(제200조의 6, 제209조), 결정의 주체는 검사 또는 사법경찰관. 단 의류, 양식, 의료품의 수수를 금지하거나 압수할 수는 없음

2) 제한의 범위

접견의 금지, 서류 또는 물건의 검열과 압수 및 수수의 금지가 가능, 다만 의류·양식 또는 의료품의 수수를 금지하거나 압수하는 것은 불허용(제91조 단서)

※ 전면적 금지뿐만 아니라 특정인을 제외한 사람의 접견을 금지하는 개별적 금지, 조건부 또는 기한부 금지도 포함

3) 제한의 절차

피고인에 대한 제한은 법원 직권이나 검사의 청구에 의하여 법원결정으로 가능하고, 수사기관의 경우에는 수사기관의 결정으로 가능(제200조의 6, 제209조)

※ 입법론으로 피의자에 대해서도 법원의 결정을 요하는 것이 타당하는 견해와 현행법 하에서도 법원의 결정이 필요하다고 해석하는 견해도 있음

4. 접견교통권의 침해에 대한 구제

수사기관이 변호인과의 접견교통권을 제한하거나 의류·양식·의료품의 수수를 금지한 때 또는 적법한 절차에 의하지 않고 접견교통권을 제한한 경우

※ 수사기관이나 법원의 접견불허처분이 없는 경우에도 변호인의 접견신청일로부터 상당한 기간이 경과하였거나(1989.7.31. 구치소장에게 접견신청을 하였으나 같은 해 8.9.까지도 접견이 허용되지 아니한 경우, 89모37)

※ 접견신청일이 경과하도록 접견이 이루어지지 않은 경우(국가안전기획부 사건, 91모24)

※ 신체구속을 당한 피고인 또는 피의자가 범하였다고 의심받은 범죄행위에 변호인이 관련되었다는 사정만으로 접견교통을 금지한 경우(2006모657)

※ 사실상 구금장소를 임의로 변경한 경우 방어권과 접견교통권의 중대한 침해(91모94)

침해의 경우 구제수단으로 항고와 준항고, 증거능력 배제 가능

(1) 항고·준항고

법원의 접견교통제한 결정에 대한 불복은 보통항고(제402조), 수사기관의 제한처분은 준항

고로 취소 또는 변경청구 가능(제417조)

※ But, 제한결정에 취소 변경되는 경우에도 위법하다는 확인에 불과할 뿐 실효성이 적고 이러한 피해에 대해 행정소송이나 국가배상의 방법에 의해 구제가 가능할 뿐임

(2) 증거능력 배제

변호인과의 접견교통권을 침해하여 얻은 자백은 피의자의 방어권 행사에 중대한 영향을 미치는 것으로 증거능력 부정

※ 피고인이 구속되어 국가안전기획부에서 조사를 받다가 변호인의 접견신청이 불허되어 이에 대한 준항고를 제기 중에 검찰로 송치되어 검사가 피고인을 신문하여 제1회 피의자신문조서를 작성한 후 준항고절차에서 위 접견불허처분이 취소되어 접견이 허용된 경우에는 검사의 피고인에 대한 위 제1회 피의자신문은 변호인의 접견교통을 금지한 위법상태가 계속된 상황에서 시행된 것으로 보아야 할 것이므로 그 피의자신문조서는 증거능력이 없음(90도1586)

♣ 재체포, 재구속 규정 총괄

긴급체포 후 재체포 제한: 제200조의 4 제3항(영장 없이는 재체포 제한)

구속 후 석방자(구속취소 시) 재구속의 제한: 제208조(다른 중요한 증거 발견 시 가능)

적부심 석방 후 재체포·재구속의 제한

※ 제214조의3 제1항(체포·구속 적부심 석방 시), 제2항(보증금 조건부 석방 시, 구속된 피의자에게만 허용되고 체포적부심에서는 보증금 조건부 석방이 허용되지 않음(97모21))

V. 체포·구속적부심사 제도

1. 의의와 연혁

(1) 개념과 구별개념

수사기관에 의하여 체포 또는 구속된 피의자에 대하여 법원이 체포 또는 구속의 적법여부와 그 필요성을 심사하여 체포 또는 구속이 부적법·부당한 경우에 피의자를 석방시키는 제도

※ 수사단계인 피의자를 석방하는 제도라는 점에서 기소 이후 단계인 구속된

피고인의 석방을 결정하는 보석과는 구별

※ 법원의 석방결정이라는 점에서 검사가 피의자를 석방하는 체포 또는 구속 취소(제200조의6, 제93조)와 구별

(2) 비교법적 고찰

1) 영미법

구속적부심은 영미의 인신보호영장제도, 즉 라틴어의 habeas corpus에서 유래한다. 원래의 뜻은 We(Court) command that you should have the detainee's body brought to court. 즉 구속된 자를 법관 앞으로 데리고 오라는 의미임. 이러한 제도의 원모습은 수형자가 모든 상소제도의 모든 수단을 다 쓰고 더 이상 쓸 수 있는 법적 제도가 없을 경우이거나 사형집행 전에 법관의 면전에서 억울함을 호소하여 재판집행을 지연시킬 목적으로 사용되어 오다가 영국의 왕권에서 하급심 재판을 통제하는 수단으로써 사용되기도 하였음

※ 영국에서는 권한 없는 자에 의한 구속의 경우에만 해당되므로 영장에 의해 구속된 경우에는 재판관할권이 없을 경우에만 석방가능

영국의 제도를 계수한 미국은 1776년 연방헌법 제1조 제9항 제2호에 '인신보호영장의 특권은 반란 또는 외환에 의하여 공공의 안전이 요구할 때가 아니면 정지되지 않는다'고 규정 1867년 Habeas Corpus Act는 헌법·법률 또는 조약을 위한 구속에 관하여 주에 의하여 구금된 자에 대하여도 연방법원에 habeas corpus를 인정하면서, 인정범위를 수사뿐만 아니라, 공소제기 이후 법원의 판결을 받은 자가 그 판결의 무효를 주장하는 무기로 사용하기도 하고, 청구사유도 관할위반 이외에 헌법에 저촉되는 모든 경우에 확대 적용

⇒ 구속의 적법심사제도

2) 독일의 구속심사제도

구속된 피의자는 언제나 법원에 구속의 취소나 그 집행정지 여부의 심사를 청구할 수 있으며, 변호인이 없는 피의자가 구속심사신청이나 구속에 관한 항고를 제기하지 않고 3개월이 경과한 때에는 직권으로 심사하도록 하고 있음(독일 형사소송법 제117조)

구속심사의 청구는 언제나 할 수 있으나 심문이 있은 후에는 2개월이 지난 후에 다시 심문을 구할 수 있고,(제118조) 직권에 의한 심사도 3개월마다 하여야 함(제117조 제5항)

⇒ 구속의 적법심사가 아니라 구속의 필요성 여부 심사제도

3) 일본의 구류(구속)이유 개시제도

일본 헌법 제34조는 '누구도 정당한 이유 없이 구금되지 않으며, 그 이유는 직접 본인 및 변호인이 출석한 공개법정에서 개시하지 않으면 안 된다'라고 규정함에 따라, 형사소송법에서 구류이유개시제를 두고 있음(제82조)

일본의 구류이유개시제도는 구금의 이유를 공개법정에서 개시할 것을 요구함에 그치고 이에 의하여 간접적으로 불법구금을 방지하는 제도인 점에서 불법구금된 자의 석방을 명하는 habeas corpus와 구별됨

※ 이유개시에 의해 구속의 이유가 없거나 구속을 계속할 수 없다고 인정될 때에는 직권으로 구류를 취소하거나 구속에 관한 준항고 또는 구속취소청구 사유가 될 수 있을 뿐임

(3) 우리나라 도입 및 연혁

- 1948. 3. 20. 미군정법령 제176호에 의해 우리나라에 처음 도입
- 1948. 7. 17. 제헌헌법 제9조 3항에 구속적부심사제도 보장
- 1954. 9. 23. 형사소송법제정 시 제201조에 규정 ~ 3공화국까지 유지
- 1972. 유신헌법, 형사소송법에서 폐지
- 1980. 5. 제5공화국 헌법 제11조 5항에서 부활
- 1980. 12. 18. 개정형사소송법 구속적부심사 청구사유를 구속영장발부가 법률에 위반된 때와 구속 후 중대한 사정변경이 있어 구속을 계속할 필요가 없을 경우로 제한하였고, 검사인지사건, 공안사건, 법정형이 중한 사건에 대해서는 청구권 배제

- 1988. 2. 25. 형소법 개정 시 '구속영장에 의하여 구속된 피의자 또는 그 변호인 등은 관할법원에 구속의 적부심사를 청구할 수 있다'고 개정하고 청구권 배제규정을 삭제하여 청구사유 확대
- 1995. 형소법 개정 시, 체포제도를 도입하면서 체포의 경우도 적부심사를 청구할 수 있게 하였고(제214조의 2 제1항), 구속적부심사를 청구한 경우에 법원은 보증금 납입을 조건으로 피의자의 석방을 명할 수 있게 하여(동조 제4항), 피의자에 대한 보석 인정
- 2007. 6. 1. 형소법 개정시, 체포·구속적부심사 대상에서 영장요건을 삭제하여 대상을 확대하고, 체포·적부심사의 청구에 대한 고지절차를 신설하고, 체포·구속적부심사의 심사기한은

청구서 접수 후 48시간 이내로 제한하고, 체포·구속적부심사의 조서작성을 의무화하였음

2. 체포·구속적부심사제도의 내용

(1) 심사 청구

1) 청구권자

체포 또는 구속된 피의자, 그 변호인·법정대리인·배우자·직계친족·형제자매·가족, 동거인 또는 고용주(제214조의2 제1항)

※ 피의자에 제한되고 피고인은 제외, 체포 또는 구속된 자이면 족하고 적법 불법을 가리지 않음(영장여부 관계없고, 임의동행에 의하여 유치된 자, 긴급·현행범 체포된 자도 포함)

※ 단, 사인에 의해 불법 구속된 자는 불포함(민사나 형법의 문제)

※ 청구권자 확대 동거인(사실상 개념)과 고용주(계속성 필요)도 가능

2) 청구사유

체포 또는 구속의 적부(적법 여부와 구속계속의 필요성)

※ 불법한 경우로 재구속 제한(제208조)에 위반하여 구속영장이 발부된 경우이거나, 영장에 의한 체포·긴급체포나 현행범인으로 체포된 자에 대하여 구속영장 청구기간(48시간) 이후 구속영장이 청구되어 발부된 경우

※ 계속 구속 필요성의 경우로, 구속사유가 없음에도 구속영장이 발부되거나, 경미한 사건으로 주거가 일정한 피의자에게 구속영장이 발부된 경우

※ 체포 또는 구속의 불법·부당을 논하는 것이지 영장발부가 위법할 것을 요하는 것은 아님. 따라서 적법한 영장발부라도 구속기간이 경과하면 불법한 경우에 해당

※ 피의자에 대한 보석은 적부심사를 청구한 때에만 인정됨

3) 청구방법

체포·구속적부심사 청구는 서면으로 하되 체포·구속된 피의자의 성명·주민등록번호, 주거, 체포 또는 구속된 일자, 청구의 취지와 이유, 청구인의 성명과 체포·구속된 피의자와의 관계 기재해야 함(규칙 제102조)

피의자를 체포·구속한 수사기관은 피의자와 적부심사청구권자 중 피의자가 지정하는 자에게 적부심사를 청구할 수 있음을 고지해야 함(제214조의2 제2항)

※ 청구권자는 수사기관이나 법원사무관 등에게 서류의 등본을 청구할 수 있음(규칙 제101조)

(2) 법원의 심사

1) 심사법원

지방법원 합의부 또는 단독판사가 심사하고, 영장을 발부한 법관은 관여하지 못하나, 발부판사 외에 판사가 없는 경우에는 예외 인정(제214조의 2 제12항)

2) 심문기일의 통지

법원은 청구서가 접수된 때로부터 48시간 이내에 체포 또는 구속된 피의자를 심문하여야 함(제214조의 2 제4항)

※ 다만 청구권자 아닌 자가 청구하거나 동일한 체포영장 또는 구속영장의 발부에 대하여 재청구한 때, 공범 또는 공동피의자의 순차청구가 수사방해의 목적임이 명백한 경우 심문 없이 결정으로 기각 가능(동조 제3항)

3) 법원의 심사

법원은 심문기일에 피의자를 심문하고 수사관계서류와 증거물을 조사함(제214조의 2 제4항). 피의자의 출정은 절차개시요건이고 검사·변호인 및 청구인은 심문기일에 출석하여 의견진술 가능(제214조의 2 제9항)

체포·구속적부심사를 청구한 피의자가 제33조에 해당할 때에 법원은 국선변호인을 선정해야 하며(제214조의 2 제10항), 이때 국선변호인의 출석도 절차개시요건임

4) 체포·구속적부심사조서

심문기일에 피의자를 심문하는 경우 법원사무관 등은 심문의 요지 등을 조서로 작성하여야 하며(제214조의 2 제14항, 제201조의 2 제6항), 체포·구속적부심사조서는 제315조의 당연히 증거능력 있는 서류에 해당(2003도5693)

(3) 법원의 결정

법원은 체포 또는 구속된 피의자에 대한 심문이 종료된 때로부터 24시간 이내에 체포·구속적부심사청구에 대한 결정을 하여야 함(규칙 106조)

※ 청구서 접수 ⇒(48시간 내)⇒ 심문 ⇒(24시간 내)⇒결정, 법원에 수사관계 서류와 증거물을 접수한 때로부터 결정, 이후 검찰청에 반환 때까지의 기간은 체포 또는 구속기간에 불산입(제214조의 2 제13항)

1) 기각결정

심사결과 청구가 이유 없다고 인정된 때에는 결정으로 청구기각 하여야 하며, 심문 없이 기각

결정이 허용되는 경우도 있음(동조 제3항, 청구권자 아닌 자가 청구하거나, 동일영장에 재청구, 수사방해목적 시)

2) 석방결정

청구가 이유 있다고 인정한 때에는 결정으로 체포 또는 구속된 피의자의 석방을 명하여야 하고(동조 제4항), 석방결정의 효력은 결정서의 등본이 검찰청에 송달된 때에 발생(제42조). 심사청구 후 피의자에 대하여 공소제기가 있는 경우에도 같음(제214조의 2 제4항 2문)

※ 법원이 석방결정을 한 후 결정서가 검찰청에 송달되기 전에 공소가 제기된 경우 석방결정의 효력인정여부에 대하여 긍정설과 부정설이 대립하고 있으나 헌법재판소의 위헌결정(2002헌바104)에 따라 2004. 10. 16 형소법 개정 시 신설

재체포의 제한

구속적부심사 후 석방결정에 의해 석방된 피의자는 도망하거나 죄증을 인멸하는 경우를 제외하고는 동일한 범죄에 대하여 재차 체포 또는 구속하지 못함(제214조의 3 제1항)

⇒ 입법론적 비판

수사기관이 석방한 경우에는 다른 중요한 증거를 발견한 경우를 제외하고는 재구속을 금지하면서, 체포·구속적부심사에 의해 석방된 자는 쉽게 재구속을 허용하는 것은 타당하지 않다는 견해(이재상)

3) 보증금납입조건부 피의자 석방

① 의의

피의자에 대하여 보증금납입을 조건으로 구속의 집행을 정지하는 제도이지만 구속적부심사의 청구가 있을 때에만 허용되며, 법원의 직권에 의하여 석방을 명할 수 있을 뿐인 직권·재량보석이며 피의자에게 보석권이 인정되는 것은 아님

② 내용

ⓐ 보증금납입조건부 피의자석방 청구

피의자에게 보석청구는 인정되지 않으며, 피의자가 구속적부심사 청구를 한 경우 법원은 보증금의 납입을 조건으로 피의자의 석방을 명할 수 있을 뿐임

※ 적부심사청구와 중복된 석방청구로 수사절차 지연 차단 목적

※ 구속된 피의자에 한정되어 있으므로, 체포된 피의자에 대해서는 불허용

ⓑ 보증금납입조건부 피의자석방의 제외사유(2가지)

죄증을 인멸할 염려가 있다고 믿을 만한 충분한 이유가 있는 때, 피해자, 당해 사건의

재판에 필요한 사실을 알고 있다고 인정되는 자 또는 그 친족의 생명·신체나 재산에 해를 가하거나 가할 염려가 있다고 믿을 만한 충분한 이유가 있는 때에는 불가(동조 제5항 단서)

ⓒ 보증금과 조건

보증금납입을 조건으로 하는 피의자 석방의 경우 보증금 결정이나 집행절차에 관하여 보석에 관한 규정 준용(동조 제7항)

※ 범죄의 성질 및 죄상, 범죄의 증명력, 피의자의 전과·성격·환경 및 자산, 피해자에 대한 배상 등 범행 후의 정황과 관련된 사항을 고려하여 액수를 정함(동조 제7항 제99조)

※ 석방결정 시 주거제한, 법원 또는 검사가 지정하는 일시·장시에 출석할 의무 기타 적당한 조건을 부가할 수 있음(제214조의 2 제6항)

※ 석방결정도 보증금 납입 후가 아니면 집행 불가(동조 제7항, 제100조 제1항)

ⓓ 재체포·재구속 제한

보증금 납입조건부 석방 피의자에게 일정한 사유가 있는 경우 외에는 동일범죄 사실에 관하여 재차 체포 또는 구속하지 못함

※ 도망한 때, 도망하거나 죄증을 인멸할 염려가 있다고 믿을 만한 충분한 이유가 있는 때, 출석요구를 받고 정당한 이유 없이 출석하지 아니한 때, 주거제한 기타 법원이 정한 조건에 위반한 경우 등에 해당하는 경우

③ 보증금 몰수

ⓐ 임의적 몰수

재체포·재구속 제한의 예외사유에 해당하여 재차 구속된 경우, 보증금 납입을 조건으로 석방된 피의자에 대하여 공소가 제기된 후 법원이 동일한 범죄사실에 관하여 피고인을 재차 구속하는 경우 전부 또는 일부 몰수 가능(제214조의 4 제1항)

ⓑ 필요적 몰수

보증금납입조건부 석방된 피의자가 동일범죄사실에 관하여 형의선고를 받고, 그 판결확정 후 집행을 위한 소환을 받고 정당한 사유 없이 출석하지 아니하거나 도망한 때, 법원은 직권 또는 검사의 청구에 의하여 결정으로 보증금의 전부를 몰수하여야 함(동조 제2항)

4) 항고 금지

구속적부심사에 대한 기각·석방결정에 대한 항고는 불허(제214조의 2, 제8항), 그러나 보증금

납입조건부 석방결정에 대해서는 항고가능

※ 제214조의2 제4항의 석방결정은 구속의 적법을 전제로 하면서 그 단서에서 정한 제한사유가 없는 경우에 한하여 출석을 담보할 만한 보증금의 납입을 조건으로 하여 피의자의 석방을 명하는 것이어서 같은 법 제214조의2 제4항의 석방결정과 제5항의 석방결정은 원래 그 실질적인 취지와 내용을 달리 하는 것이고, 또한 기소 후 보석결정에 대하여 항고가 인정되는 점에 비추어 그 보석결정과 성질 및 내용이 유사한 기소 전 보증금 납입 조건부 석방결정에 대하여도 항고할 수 있도록 하는 것이 균형에 맞는 측면도 있다 할 것임(97모21)

VI. 보석

1. 보석의 의의

(1) 개념

일정한 보증금 납부 등을 조건으로 구속의 집행을 정지함으로써 구속된 피고인을 석방하는 제도

※ 구속집행만을 정지한다는 점에서 광의의 구속집행정지에 해당하지만 보증금의 납입 등을 조건으로 한다는 점에서 구속집행정지와 구별

※ 보석조건의 다양화로 보증금 없는 보석도 가능하게 되었고, 구속집행정지도 친족·보호단체 기타 적당한 자에게 부탁하거나 주거제한이 가능하다는 점에서 구별이 모호해졌으나, 보석이 더 다양한 조건을 내용으로 한다는 점에서 구별됨

보석은 구속집행정지에 불과하고 구속영장 효력에는 영향 ×

※ 보석 취소 시 정지되었던 구속영장 효력 부활

※ 보석은 피고인만, 보증금납입조건부 피의자 석방제도는 피의자, 체포·구속적부심은 피의자에만 해당

(2) 보석의 제도적 가치

구속효과를 달성하면서 피고인에게 자유를 부여하여 방어준비를 하게 해줌

2. 보석의 종류

보석청구 유무에 따라 청구보석(청구에 의하여 결정)과 직권보석, 보석결정에 대한 법원의 재량유무에 따라, 필요적 보석(권리보석)과 임의적 보석(재량보석)으로 분류

※ 필요적 보석은 보석청구 시 법원이 반드시 보석허가를 하여야 하며, 임의적 보석은 허가여부가 법원의 재량에 속하는 경우

※ 필요적 보석은 청구보석에 한하여 인정되고, 임의적 보석은 청구·임의보석 모두에 인정

형소법은 필요적 보석을 원칙으로 하고 임의적 보석을 보충적으로 인정

(1) 필요적 보석

1) 필요적 보석의 원칙

보석청구가 있는 때에는 제외사유가 없는 한 보석을 허가하여야 함(제95조)

※ 보석취소 후 다시 청구하는 경우에도 적용되고, 집행유예 결격자라고 하여 보석이 불가능한 것도 아님(90모22)

2) 예외 사유(6가지)

① 사형·무기 또는 장기 10년이 넘는 징역이나 금고에 해당하는 죄를 범한 때(동조 제1호)로 중한 죄의 경우 실형 개연성이 크기 때문

※ 법정형을 의미하며, 죄는 법원이 인정한 것이 아니라 공소장에 기재된 범죄를 기준으로 하고, 공소장변경 시 변경된 공소사실이 기준, 공소장에 예비적·택일적으로 기재된 경우 그중 1개의 죄가 해당되면 족함

② 누범에 해당하거나 상습범인 죄를 범한 때(동조 제2호)

재범위험성 방지목적이라는 견해(소수설)와 실형선고의 개연성으로 도망우려가 현저한 경우를 규정한 것이라는 견해(다수설)가 있음

③ 죄증을 인멸하거나 인멸할 염려가 있다고 믿을 만한 충분한 이유가 있는 때(동조 제3호)

죄증인멸의 염려는 당해 범죄행위의 객관적 사정, 소송과정, 피고인의 지위와 활동을 고려하여 구체적으로 결정

※ 대상은 범죄구성요건사실, 배경·양형사실도 포함

④ 도망하거나 도망할 염려가 있다고 믿을 만한 충분한 이유가 있는 때(동조 제4호)

보증금에 의해서도 피고인의 출석을 확보할 수 없는 경우를 말함

※ 범죄단체의 구성원이나 간첩의 경우 보증금의 몰수가 도망을 방지하는 데

효과가 없음

⑤ 주거가 분명하지 아니한 때(동조 제5호)

법원이 피고인의 주거를 알 수 없는 경우

※ 피고인의 주거에 대하여 묵비권을 행사하고 있어서 주거를 알고 있는 경우는 해당 안 됨

⑥ 피해자, 당해 사건의 재판에 필요한 사실을 알고 있다고 인정되는 자 또는 그 친족의 생명·신체나 재산에 해를 가하거나 가할 염려가 있다고 믿을 만한 충분한 이유가 있는 때(동조 제6호)

피해자와 증인보호 목적으로 1995년 형소법 개정 추가

3) 제외사유의 판단과 여죄

필요적 보석 제외사유 판단 시 구속영장 기재 범죄사실을 기준으로 할 것인지, 여죄까지 고려 가능한 지 여부의 문제

여죄까지 가능하다는 적극설, 고려불가하다는 소극설(사건단위 입장), 병합심리 중에는 가능하다는 절충설, 형소법 제95조 1, 2, 4호에는 가능하고 3호는 불가하다는 중간설

(2) 임의적 보석

필요적 보석의 제외사유에 해당하는 때에도 법원은 상당한 이유가 있는 때에는 직권 또는 청구에 의하여 결정으로 보석가능(제96조)

※ 병보석과 같이 피고인의 건강을 이유로 보석을 허가하는 경우

※ 보석 청구를 허가한 서울고등법원 형사 1부는 보석보증금 10억 원 납입과 함께 △주거지 자택 제한 △피고인 배우자와 직계혈족, 혈족배우자, 변호인 이외 접견 및 통신 제한 △매주 시간활동내역 보고 등을 조건으로 보석허가. 측근을 직접 만나는 것은 물론 전화나 이메일, SNS 등으로 접촉하는 것도 금지된 상태(2019. 3. 6, 이명박 전 대통령 재판)

3. 보석절차

(1) 보석 청구

1) 청구권자

피고인, 피고인의 변호인·법정대리인·배우자·직계친족·형제자매와 가족·동거인·고용주(제94조)

※ 피고인 이외의 보석청구권은 독립대리권

2) 청구방법

보석청구는 서면에 의하여야 함

※ 청구서에는 사건번호, 구속된 피고인의 성명·주민등록번호, 주거, 청구의 취지 및 이유, 청구인의 성명과 구속된 피고인과의 관계 기재(규칙 제53조 1항)

보석청구는 공소제기 후 재판확정 전까지 심급불문 가능하고 상소기간 중에도 가능(제105조), 보석허가결정 전까지 철회 가능

※ 피고인 구속 시 영장집행 후이면 지정된 장소에 인치하기 전에도 가능\

(2) 보석과 검사의 의견

재판장은 보석에 관한 결정을 하기 전에 검사의 의견을 물어야 하고(제97조 1항), 검사는 지체 없이 의견을 표명하여야 함(동조 제3항)

※ 검사의 의견이 법원을 구속하는 것은 아니며, 검사의 의견표명 있기 전에 보석여부 결정도 가능

(3) 법원의 결정

보석청구를 받은 법원은 지체 없이 심문기일을 정하여 구속된 피고인을 심문하고(규칙 제54조의 2), 특별한 사정이 없는 한 청구받은 날로부터 7일 이내에 결정을 하여야 함(규칙 55조)

청구가 부적법하거나 이유 없는 때에는 청구를 기각하고, 필요적 보석의 경우 제외사유에 해당하지 않는 한 청구를 기각할 수 없음

법원은 보석을 허가하는 경우 필요하고 상당한 범위 안에서 피고인의 출석을 담보할 조건 중 하나 이상의 조건을 정해야 함(제98조)

1) 보석조건

① 보증금 납입

피고인 또는 법원이 지정하는 자가 보증금을 납입하거나 담보를 제공할 것(동조 제8호), 법원이 정하는 보증금 상당의 금액을 납입할 것을 약정하는 약정서를 제출할 것(동조 제2호)

※ 보증금을 납입할 필요는 없으나 장래에 보증금을 납부하겠다는 약정서 제출

② 서약서와 출석보증서 제출

자력 없는 가난한 피고인을 위하여 보증금 없는 보석 인정하고 있음

법원이 지정한 일시·장소에 출석하고 증거를 인멸하지 아니하겠다는 서약서를 제출할 것(동조 제1호, 본인의 서약서), 피고인 이외의 자가 작성한 출석보증서를 제출할 것(동조 제5호)

※ 출석보증서의 실효성을 담보하기 위해 피고인이 정당한 사유 없이 기일에 불출석하는 경우 출석보증인에게 500만 원 이하의 과태료 부과가능하고(제100조의 2 제1항), 즉시 항고가능(동조 제2항)

③ 피해금액의 공탁

법원이 지정하는 방법으로 피해자의 권리회복에 필요한 금원을 공탁하거나 그에 상당 한 담보를 제공할 것(제98조 7호)

※ 피해자의 불합리하고 과도한 요구로 합의가 이루어지지 않는 경우에도 보석이 가능하도록 하기 위한 것

④ 기타 부가적 보석조건

법원이 지정하는 장소로 주거를 제한하고, 변경 시 법원의 허가를 받는 등 도주방지를 위한 조치를 수인할 것(동조 제3호), 피해자, 당해 사건의 재판에 필요한 사실을 알고 있다고 인정되는 자 또는 그 친족의 생명·신체·재산에 해를 가하는 행위를 하지 아니하고 주거·직장 등 그 주변에 접근하지 아니할 것(동조 제4호), 법원의 허가 없이 외국으로 출국하지 아니할 것을 서약할 것(동조 제6호), 그 밖에 피고인의 출석을 보증하기 위하여 법원이 정하는 적당한 조건을 이행할 것(동조 제9호)

⑤ 전자장치 부착

보석활용률을 높이고 과밀구금을 해소하기 위해 2020. 2. 4. 전자장치의 부착 등에 관한 법률 개정(제32조의2 제1항)으로 신설된 것으로 이는 형사소송법 제98조 제9호의 '피고인의 출석을 보증하기 위하여 법원이 정하는 적당한 조건'에 해당됨

※ 전자장치부착 등에 관한 조사를 보호관찰소장에게 의뢰할 수 있음

2) 보석조건의 결정기준(고려사항)

범죄의 성질과 죄상, 증거의 증명력(strength of evidence), 피고인의 전과·성격·환경 및 자산, 피해자에 대한 배상 등 범행 후의 정황에 관련된 사항을 고려하여 결정(제99조 제1항)

※ 자산은 피고인 재산뿐만 아니라 피고인의 신용과 보호자의 자산도 포함

※ 피고인의 자력 또는 자산 정도로 이행할 수 없는 보증금액은 정할 수 없음 (동조 제2항)

3) 보석조건의 변경

법원은 직권 또는 보석청구권자의 신청에 따라 보석조건을 변경하거나 일정기간 동안 당해 조건의 이행을 유예할 수 있음(제102조 1항)

※ 보석허가 후 조건 변경 시에는 그 취지를 검사에게 지체 없이 통지해야 함 (규칙 제55조의 4)

(4) 보석허가결정에 대한 항고

즉시항고는 불가하나(제97조 4항), 형소법 제403조 2항에 의한 보통항고는 가능(97모26)

※ 1995년 이전 형소법이 즉시항고를 허용하였으나 헌재에서 과잉금지원칙위배로 위헌결정(93헌가2)

※ 제403조(판결 전의 결정에 대한 항고)

① 법원의 관할 또는 판결 전의 소송절차에 관한 결정에 대하여는 특히 즉시항고를 할 수 있는 경우 외에는 항고하지 못함

② 전항의 규정은 구금, 보석, 압수나 압수물의 환부에 관한 결정 또는 감정하기 위한 피고인의 유치에 관한 결정에 적용하지 아니함

(5) 보석집행

서약서(제98조 1호), 보증금납입약정서(동조 2호), 출석보증서(동조 5호), 공탁 또는 담보제공(동조 7호), 보증금납입(동조 8호)의 조건은 이행한 후가 아니면 보석허가결정을 집행하지 못함(제100조 1항)

※ 법원은 필요한 경우 다른 조건에 대하여도 이행 이후 집행하도록 할 수 있음 (동조 1항)

※ 보석집행은 검사가 행하고, 법원은 보석청구자 이외의 자에게 보증금납입을 허가할 수 있음(동조 제2항)

보증금은 현금납부 원칙

※ 예외적으로 유가증권 또는 피고인 이외의 자가 제출한 보증서로 보증금에 갈음하여 허가 가능(동조 제3항)

※ 보석보험증권제도는 피고인이 보증금의 1%에 해당하는 보험료를 보증보험회사에 내고 보석보증보험증권을 발급받아 제출하는 제도, 보석보증보험증권

을 첨부한 보증서의 제출을 허가할 수 있음(보석예규)

법원은 석방된 피고인이 보석조건을 준수하는데 필요한 범위 안에서 관공서나 그 밖의 공사단체에 대하여 적절한 조치를 취할 것을 요구할 수 있음(동조 제5항)

※ 피고인의 주거를 병원으로 제한하는 경우 지방경찰청장 또는 경찰서장에게 피고인의 도망을 방지할 조치를 요구할 수 있고, 출국하지 않겠다는 서약서를 받은 경우 출입국관리 기관에 출국금지조치를 요구할 수 있음

4. 보석취소·실효와 보증금의 몰취·환부

(1) 보석취소

법원은 직권 또는 검사의 청구에 의하여 보석취소 가능(제102조 2항)

※ 취소사유로는 ⓐ 피고인이 도망한 때 ⓑ 도망하거나 죄증을 인멸할 염려가 있다고 믿을 만한 충분한 이유가 있을 때 ⓒ 소환을 받고 정당한 사유 없이 출석하지 아니한 때 ⓓ 피해자, 당해 사건의 재판에 필요한 사실을 알고 있다고 인정되는 자 또는 그 친족의 생명·신체나 재산에 해를 가하거나 가할 염려가 있다고 믿을 만한 충분한 이유가 있는 때 ⓔ 기타 법원이 정한 조건을 위반한 때

취소사유는 보석 후에 발생하여야 하고 취소여부는 법원의 재량

※ 보석취소결정에 대하여는 항고가능하고(제403조 2항), 취소 시 피고인을 재구금해야 하며, 보석취소결정은 송달을 요하지 않음(새로운 구속영장 불필요. 구속적부심 석방결정 시 효력은 검찰청 송달 시)

법원은 피고인이 정당한 사유 없이 보석조건을 위반한 경우 결정으로 피고인에 대하여 1천만원 이하의 과태료를 부과하거나 20일 이내 감치에 처할 수 있음(제102조 3항)

※ 보석취소 여부와 관계없이 제재가능하고, 제재결정에 대하여는 즉시항고 가능(동조 제4항)

(2) 보석의 실효

보석은 보석취소와 구속영장의 실효에 의하여 그 효력을 상실함

※ 무죄, 면소, 형의 선고유예와 집행유예, 벌금 또는 과료의 재판에 선고된 때

에는 물론 자유형이나 사형이 확정된 경우에 구속영장이 실효되어 보석도 실효
※ But, 1심이나 2심에서 실형이 선고되어도 그것이 확정되지 않고 보석이 취소되지 않는 한 보석의 효력은 유지됨

(3) 보증금의 몰취와 환부

1) 임의적 몰취

보석을 취소하는 경우 직권 또는 검사의 청구에 따라 결정으로 보증금 또는 담보의 전부 또는 일부를 몰취할 수 있음(제103조 1항)

※ 몰취여부는 법원의 재량

※ 임의적 몰취에서 보석취소 결정과 보증금몰취 결정을 동시에 하여야 하는가의 문제에 대해 판례는 보석취소 후에 별도로 보증금몰취 결정을 할 수 있다는 입장(2000모22)

2) 필요적 몰취

보증금의 납입 또는 담보제공을 조건으로 석방된 피고인이 동일한 범죄사실에 관하여 형의 선고를 받고 그 판결이 확정된 후 집행하기 위한 소환을 받고 정당한 사유 없이 출석하지 아니하거나 도망한 때에는 직권 또는 검사의 청구에 따라 결정으로 보증금 또는 담보의 전부 또는 일부를 몰취하여야 함(동조 제2항)

※ 집행은 결정서를 검사에게 교부 또는 송달한 때부터 가능(83모19)

3) 환부

구속 또는 보석을 취소하거나 구속영장의 효력이 소멸한 때에는 몰취하지 아니한 보증금 또는 담보를 청구한 날로부터 7일 이내에 환부해야 함(제104조)

※ 보석취소 시에도 몰취하지 않거나 일부만을 몰취한 경우 나머지를, 구속취소나 구속영장효력이 소멸된 때에는 보증금 전부 환부

Ⅶ. 구속집행정지와 실효

1. 구속집행정지

(1) 의의

법원은 상당한 이유가 있는 때에는 결정으로 구속된 피고인을 친족·보호단체 기타 적당한 자에게 부탁하거나 피고인의 주거를 제한하여 구속의 집행을 정지할 수 있음(제101조)

구속된 피의자에 대하여는 검사 또는 사법경찰관이 구속의 집행을 정지할 수 있음(제209조)

※ 사법경찰관 직권으로 구속집행정지를 할 수 있으며 검사의 승인이나 동의 불필요(수사규칙 제62조)

※ 구속집행정지는 구속의 집행이 정지될 뿐이며 구속영장의 효력에는 영향이 없고, 보증금을 조건으로 하지 않고 직권에 의해서만 가능하며, 피고인뿐만 아니라 피의자에게도 인정된다는 점에서 보석과 구별

구속집행정지 사유로 임신 6개월 이상, 연령 70세 이상, 직계 존속 사망 등, 건강상의 문제로 생명보존이 어려운 경우 등 매우 제한적인 사유와 제한된 기간(가급적 1개월) 동안 허용

※ 보석·구속집행정지 및 적부심 등 사건처리에 관한 예규 제16조, 제17조(대법원예규)

(2) 구속집행정지의 절차

법원이 피고인의 구속집행정지 결정을 함에는 검사의 의견을 물어야 하며, 급속을 요하는 경우에는 그러하지 아니함(제101조 2항)

※ 구속집행정지 결정에 대한 검사의 즉시항고는 불허용(2011헌가11)

구속된 국회의원에 대한 국회의 석방요구가 있으면 당연히 구속영장 집행이 정지됨(동조 제4항, 헌법 제44조)

※ 법원의 결정을 요하지 아니하고 국회의 석방결정에 의해 효력 발생

(3) 구속집행정지의 취소

구속된 피고인에 대하여 법원은 직권 또는 검사의 청구에 의한 결정으로, 구속된 피의자에 대하여는 검사 또는 사법경찰관의 결정으로 구속집행정지를 취소할 수 있음(제102조 2항, 제209조)

※ 사법경찰관도 직권으로 가능하며, 구속집행정지 취소 결정이 있으면 그 결정 등본에 의해 피의자 재구금(형사소송규칙 제56조 제1항)

취소사유는 보석 취소사유와 동일(도망, 도망이나 증거인멸, 소환불응, 피해자나 증인 위해, 기타 법원이 정한 조건위반)

※ 다만 국회의원에 대한 구속영장 집행정지는 그 회기 중 취소하지 못함(제102

조 2항 단서)

2. 구속의 실효

구속실효에는 구속취소와 구속의 당연실효가 있음

(1) 구속취소

피고인에 대하여 구속사유가 없거나 소멸된 때에 피고인에 대하여 법원은 직권 또는 검사·피고인·변호인과 변호인선임권자의 청구에 의하여 결정으로 구속을 취소하여야 하고(제93조),

피의자에 대하여는 검사 또는 사법경찰관의 결정으로 구속을 취소하여야 함(제209조, 제93조) (사법경찰관이 구속취소할 경우 검사의 동의를 받아야 함(수사규칙 제61조))

※ 구속사유가 없는 때란 구속사유가 처음부터 존재하지 않았던 것이 판명된 경우이고, 구속사유가 소멸된 때란 존재한 구속사유가 사후적으로 소멸한 경우

피고인에 대한 구속취소결정 시 검사의 청구에 의하거나 급속을 요하는 경우 외에는 검사의 의견을 물어야 함(제97조 2항)

※ 구속취소결정에 대하여 검사는 즉시항고 가능(동조 제4항), 구속집행정지 결정에 대한 검사의 즉시항고는 불허

(2) 구속의 당연실효

1) 구속기간 만료

2) 구속영장의 실효(무죄 등 형의 선고)

무죄, 면소, 형의 면제, 형의 선고유예, 집행유예, 공소기각 또는 벌금이나 과료를 과하는 판결이 선고된 때(제331조),

구속 중인 소년에 대한 피고사건에서 법원 소년부 송치결정이 있는 경우, 소년부 판사가 감호(보호자 감호) 결정을 한 때(소년법 제52조)

3) 사형·자유형의 확정

사형 또는 자유형 판결이 확정된 때 구속영장 효력은 상실되고, 그 확정된 날로부터 형의 집행이 개시됨

제2절 압수·수색·검증

Ⅰ. 대물적 강제처분

1. 의의

증거물이나 몰수물의 수집과 보전을 목적으로 하는 강제처분으로 압수·수색·검증

※ 다만 검증은 수사기관의 검증만 강제처분에 속하고, 법원이 행하는 검증은 증거조사의 일종

2. 대물적 강제처분의 요건

1) 범죄 혐의

「피의자가 죄를 범하였다고 의심할 만한 정황」(제215조)이 체포와 구속사유인 「죄를 범하였다고 의심할 만한 상당한 이유」 정도의 혐의를 요구하는 것인지 여부에 대해서 체포·구속의 경우에 이를 것을 요하지 않는다고 보는 것이 통설

※ 압수·수색은 대부분 체포·구속에 앞서 행하여지기 때문

2) 압수·수색·검증의 필요성

범죄수사에 필요한 때에 가능(제215조 제1항, 제2항), 필요성은 범죄의 형태와 경중, 대상물의 증거가치, 중요성 및 멸실 염려, 처분을 받는 자의 불이익의 정도 등 제반사정고려 판단(2008도 2245)

※ 압수·수색을 하지 않으면 수사의 목적을 달성할 수 없는 경우를 의미하며, 따라서 임의수사에 의하여 수사목적이 달성 가능할 때에는 압수·수색·검증은 불가

3) 해당 사건과의 관련성

해당 사건과 관계가 있다고 인정할 수 있는 것에 한정하여 압수·수색이 가능(제215조, 제1항, 법원의 경우는 제106조(압수), 제109조(수색))

※ 이러한 요건은 2011. 7. 8. 형소법 개정 시 추가된 것이나 해당 사건과의 관련성은 필요성 판단의 일부 내용에 해당하여, 관련성이 없는 경우 필요성도 불인정

판례는 압수대상은 범죄사실 자체와 직접적으로 연관된 물건 + 범죄사실과 기본적 사실관계

동일한 범행 또는 동종·유사 범행과 관련된다고 의심할 만한 상당한 이유가 있는 범위 내로 인정(2009도2649, 2015도9784)

※ 충북 교육감 판례(2015도9784)
청주지검에서 저서 기부행위 혐의로 발부받은 1·2 영장으로 사전선거운동의 증거인 '추석편지'를 압수한 것의 적법 여부 1심은 기부행위와 선거출마의사를 밝히는 편지를 보냈다는 사전선거운동 간에는 범행시기, 범행의 상대방, 범행의 유형 및 방법, 적용법조 및 보호법익 등이 전혀 다르므로 기본적 사실관계가 상이하여 위법한 압수, 2심과 대법원은 추석편지도 영장기재 범죄사실과 관련성이 있다고 판단

적법하게 압수된 압수물이 압수의 전제가 되는 범죄에 대한 증거로서의 의미가 있을 뿐만 아니라 그 자체로 다른 범죄의 증거로서도 의미가 있는 경우, 이를 이용하여 다른 범죄를 수사하고 다른 범죄의 증거로 사용하는 것은 원칙적으로 제한이 없음(2015도9784)

※ ① 경찰관이 전화를 이용한 사기죄 범행의 혐의자 갑을 긴급체포하면서 그가 보관하고 있던 다른 사람의 주민등록증·운전면허증과 지갑을 압수한 것은 적법(보이스 피싱 사건, 2008도2245)
② 수사기관이 피의자 갑의 공직선거법 위반 범행을 영장 범죄사실로 하여 발부받은 압수·수색영장의 집행 과정에서 을, 병 사이의 대화가 녹음된 녹음파일을 압수하여 을, 병의 공직선거법 위반 혐의사실을 발견한 사안에서, 별도의 압수·수색영장을 발부받지 않고 압수한 위 녹음파일은 위법수집증거로서 증거능력이 없다고 한 사례(공직선거법 위반, 정치자금법 위반, 2013도7101)

II. 압수와 수색

1. 압수·수색의 의의

압수란 물건의 점유를 취득하는 강제처분을 의미하며, 압류와 영치, 제출명령 세 가지가 있음

※ 압류: 점유취득과정 자체에 강제력이 가하여지는 경우
영치: 유류물과 임의제출물을 점유하는 경우
제출명령: 일정한 물건의 제출을 명하는 처분

수색이란 압수할 물건 또는 체포할 사람을 발견할 목적으로 주거·물건·사람의 신체 또는 기타 장소에 대하여 행하는 강제처분

※ A search of things is defined as the exploration or examination of an indivisual house, premises, or person in order to discover things that may be used by government for evidence in a criminal prosecution

2. 압수·수색 목적물(디지털 증거)

(1) 압수 목적물

증거물 또는 몰수할 것으로 사료되는 물건(제106조 1항, 제219조)

※ 증거물의 압수는 절차확보, 몰수물의 압수는 형집행 확보 목적

1) 우체물의 압수

우체물 또는 전기통신의 압수에 관하여 요건완화 특별규정을 두고 있음(절차 참여 등 완화)

※ 우체물 또는 통신비밀보호법 제2조 3호에 따른 전기통신에 관한 것으로서 체신관서, 그 밖의 관련기관 등이 소지 또는 보관하는 물건은 피고사건 또는 피의사건과 관계가 있다고 인정할 수 있는 것에 한정하여 제출을 명하거나 압수할 수 있음(제107조의 1항, 제219조)

※ 이러한 처분을 한 경우 발신인이나 수신인에게 그 취지를 통지하여야 하나 심리에 방해가 될 염려가 있는 경우는 예외(제107조 3항, 제219조)

2) 압수제한

공무상 또는 업무상 비밀보호라는 관점에서 어느 정도 제한

① 군사상 비밀과 압수

군사상 비밀을 요하는 장소는 그 책임자의 승낙 없이는 압수 또는 수색할 수 없고, 책임자는 국가의 중대한 이익을 해하는 경우를 제외하고는 승낙을 거부하지 못함(제110조, 제219조)

※ 청와대 대통령 집무실, 비서동, 경호동 등 청와대 시설은 국가보안시설로 시설장의 승낙 없이는 압수하지 못하여 통상 사전협의를 하거나 임의제출형식으로 이루어짐

② 공무상 비밀과 압수

공무원 또는 공무원이었던 자가 소지 또는 보관하는 물건에 관하여는 본인 또는 그 당

해 공무소가 직무상 비밀에 관한 것임을 신고한 때에는 그 소속공무소 또는 당해 감독관공서의 승낙 없이는 압수하지 못한다. 이 경우 국가의 중대한 이익을 해하는 경우를 제외하고는 승낙을 거부하지 못함(제111조, 제219조)

③ 업무상 비밀과 압수

변호사·변리사·공증인·공인회계사·세무사·대서업자·의사·한의사·치과의사·약사·약종상·조산사·간호사·종교의 직에 있는 자 또는 이러한 직에 있던 자가 그 업무상 위탁을 받아 소지 또는 보관하는 물건으로 타인의 비밀에 관한 것은 압수를 거부할 수 있음. 단 그 타인의 승낙이 있거나 중대한 공익상 필요가 있는 때에는 예외로 함(제112조. 제219조)

3) 정보저장매체의 압수

컴퓨터용 디스크, 그 밖에 이와 비슷한 정보저장매체인 경우에는 기억된 정보의 범위를 정하여 출력하거나 복제하여 제출받아야 하며, 다만 범위를 정하여 출력 또는 복제가 불가능하거나 압수의 목적을 달성하기에 현저히 곤란하다고 인정되는 때에는 정보저장매체 등을 압수할 수 있음(제106조 3항, 제219조)

※ 전자정보의 선별압수(탐색·복제·출력)를 완료한 경우 지체 없이 피압수자에게 압수한 전자정보의 상세목록을 교부해야 함(수사준칙 제42조 제1항)

※ 위와 같은 취지가 영장에 기재되어 있고 실제 그와 같은 사정이 발생한 때에 한하여 예외적으로 허용(2009모1190)

※ 정보저장매체를 수사기관 사무실로 가지고 온 뒤 탐색, 문서 출력, 파일 복사도 압수·수색 집행과정

혐의사실과 관련성에 대한 구분 없이 임의로 문서를 출력하거나 파일을 복사하는 것은 특별한 사정이 없는 한 위법

※ 임의의 시점 이후의 파일을 복사하는 방식으로 8,000여 개나 되는 파일을 복사한 영장집행은 원칙적으로 위법하다고 볼 여지가 있으나 ① 관련성에 관하여 명시적인 이의를 제기하지 않았고 ② 압수·수색과정에서 당사자 측이 참여하였고 ③ 관련 있는 부분으로 대상을 제한하려고 노력하였고 ④ 당사자 측도 그 조치의 적합성에 묵시적으로 동의하였다는 이유로 적법 판시(2009모1190)

※ 압수·수색이 종료되기 전에 별도의 범죄혐의와 관련된 전자정보를 우연히 발견한 경우 또는 다른 피의자에 대한 범죄혐의를 발견한 경우, 수사기관은 더 이상의 추가탐색을 중단하고 별도의 범죄혐의에 대한 영장을 발부받아야 함 (2013도7101)

범죄혐의와 관련 없는 별개의 증거를 압수한 경우, 이를 피압수자 등에게 환부하고 다시 임의제출 받아 압수 가능

※ 환부 후 다시 제출하는 과정에서 수사기관의 우월적 지위에 의하여 임의제출 명목으로 실질적으로 강제적인 압수가 행하여질 수 있으므로, 제출에 임의성이 있다는 점에 관하여는 검사가 합리적 의심을 배제할 수 있을 정도로 증명하여야 하고, 임의로 제출된 것이라고 볼 수 없는 경우에는 증거능력을 인정할 수 없음(2013도 11233)

1차 압수증거가 유죄의 증거로 사용할 수 없지만 2차 압수 증거가 제출의 임의성이 인정되면 1차 절차 위반행위와 최종적인 증거수집 사이에 인과관계가 단절되어 증거능력인정

※ 혐의사실과 무관한 별개의 증거를 압수하였을 경우 이는 원칙적으로 유죄 인정의 증거로 사용할 수 없다. 다만 수사기관이 별개의 증거를 피압수자 등에게 환부하고 후에 임의제출 받는 경우(2013도 11233)

위법의 중대성은 위반한 절차조항의 취지, 전체과정 중에서 위반행위가 발생한 과정의 중요도, 그 위반사항에 의한 법익침해 가능성의 경중 등을 종합하여 판단

※ 제1처분(배임혐의 영장으로 수색 중 유관·무관정보 혼재 회사 측 동의하에 반출 복제 시 참여), 2차 처분(원본 반환 후 복제본을 재복제), 3차 처분(무관정보인 회사의 별건혐의 정보 출력)

√ 제1처분은 위법하다고 볼 수 없지만 2·3처분이 가지는 위법의 중대성에 비추어 제1·2·3 처분 전체가 위법(2011모1839)

♣ 디지털 증거의 특징과 증거능력

① 개념: 범죄와 관련하여 증거로서 가치가 있는 전기적 또는 자기적 방법으로 저장

되거나 네트워크 및 유·무선 통신 등을 통해 전송되는 전자정보(디지털증거의 처리 등에 관한 규칙 제2조 제3호)

② 특징: 비가시성(일정한 절차를 거쳐야 가독이 가능), 복제용이성(원본과 동일한 사본이 가능하고, 원본과 복제본의 구별이 불가능), 취약성(간단한 명령어 입력을 통해 위·변조 및 삭제가 용이), 대량성(방대한 분량의 정보가 저장되어 있는 등 사건과 관련 없는 정보 혼재)

③ 증거능력 판단기준

구분	기본사항	증거능력 판단기준
비가시성	육안으로 식별 불가능	동일성·무결성 (2007도7257)
복제용이성	복제를 통해 원본과 동일한 사본 가능	
취약성	위·변조 및 삭제가 용이	
대규모성	하나의 물리적 매체에 다수 디지털 자료 저장	관련성(2011모1839)

ⓐ 관련성

해당 사건과 관계가 있다고 인정할 수 있는 것에 한정(제106조 제1항, 제215조 제2항)

※ 2011모1839, 일명 '종근당'사건

ⓑ 압수과정의 절차 준수(정당성)

위법한 절차에 의해 수집된 증거의 증거능력 부정(제308조의 2)

※ 절차 위반행위가 적법절차의 실질적인 내용을 침해하는 경우에 해당하지 않고 증거의 배제가 형사사법정의 실현의 취지에 반하는 결과를 초래하는 예외적인 경우 증거로 사용가능(2007도3061)

압수방법(범위를 정한 출력·복제 원칙, 예외 원본압수(제106조 제3항)), 정보주체 통지(개인정보보호법 제2조 제3호에 따른 정보주체에 지체 없이 통보의무), 참여권 보장 범위 확대(복제본 또는 원본 외부 반출 후 범위를 정한 출력·복제 과정도 압수·수색과정(2009모1190), 영장제시, 압수목록 교부 등의 절차 준수 의무

※ 미준수 시 증거능력 배제

ⓒ 동일성·무결성·신뢰성

- 동일성

원매체에 있는 전자정보와 제출되는 디지털 증거가 동일함을 의미

※ 디지털 지문으로 불리는 해시값으로 판단

※ 해시값은 임의의 길이의 전자정보를 암호학적 수학연산(해시알고리즘)을 통해 고정된 짧은 길이로 변환한 값으로 원데이터의 1bit라도 변경되면 완전히 다른 값이 생성됨(프로그램(MD5, SHA-1)에 따라 32자리에서 40자리)

- 무결성

수집 및 분석과정, 법정 제출 시까지 변경이나 훼손 없이 유지되어야 함(2013도2511)

※ 봉인, 참여수사관 증언, 원본대조, 과정 영상녹화물 재생 등

- 신뢰성

디지털 증거 처리과정에서 이용한 컴퓨터의 기계적 정확성, 프로그램의 신뢰성, 조작자의 전문적인 기술능력과 정확성이 담보되어야 함(2013도2511)

④ 디지털 증거와 전문증거

형소법 제313조, 제314조상 진술서류의 범위에 정보저장매체에 저장된 문자·사진·영장 등의 디지털 정보를 포함

※ 피고인 또는 피고인 아닌 자가 작성하였거나 진술한 내용이 포함된 문자·사진·영상 등의 정보로서 컴퓨터용 디스크, 그 밖에 이와 비슷한 정보저장매체에 저장된 것을 포함(제313조 제1항)

작성자가 성립진정을 부인하는 경우에도 과학적 분석결과에 기초한 디지털 포렌식 자료, 감정 등 객관적 방법으로 성립의 진정이 증명된 경우 증거능력 인정가능(제313조 제2항)

※ 파일에 설정된 암호가 동일하거나, 암호 패턴이 유사하여 작성자가 입증되는 경우 등

※ 단, 피고인 아닌 자가 작성한 진술서는 피고인 또는 변호인이 공판준비 또는 공판기일에 그 기재 내용에 관하여 작성자를 신문할 수 있었을 것을 요함(동조 동항)

⑤ 디지털 증거 압수방법

<table>
<tr><th>압수방법</th><th>압수현장</th><th>경찰관서</th><th>필요 조치내용</th></tr>
<tr><td>범위를 정한 현장압수</td><td>범위를 정한 탐색·출력·복제</td><td></td><td>참여권 보장
해시값 확인
상세목록 교부</td></tr>
<tr><td rowspan="2">현장에서 전체복제하여 반출</td><td rowspan="2">전체복제(하드카피·이미징)</td><td></td><td>참여권 보장
해시값 확인
참여권 고지</td></tr>
<tr><td>범위를 정한 탐색·출력·복제</td><td>참여권 보장
해시값 확인
상세목록 교부</td></tr>
<tr><td rowspan="3">현장에서 원본반출</td><td rowspan="3">원본반출</td><td></td><td>참여권 보장
원본 봉인
참여권 고지</td></tr>
<tr><td>전체복제(하드카피·이미징)</td><td>참여권 보장
해시값 확인
참여권 고지</td></tr>
<tr><td>범위를 정한 탐색·출력·복제</td><td>참여권 보장
해시값 확인
상세목록 교부</td></tr>
</table>

※ 하드카피: 하드디스크의 삭제된 정보까지 포함하여 완전히 동일한 상태의 하드디스크를 만드는 행위

※ 이미징: 하드카피와 효과는 동일하나 원본의 내용을 분석용파일(이미지 파일)로 만드는 행위

(2) 수색의 목적물

사람의 신체, 물건 또는 주거, 기타 장소(제109조 1항, 제219조)

피고인 또는 피의자에 대한 수색은 널리 허용되나, 피고인 또는 피의자 아닌 자의 수색은 목적물에 관하여 압수할 물건이 있음을 인정할 수 있는 경우에 한하여 수색가능(제109조 2항, 제219조)

3. 압수·수색 절차

(1) 압수·수색영장 발부

법원의 압수·수색에서 공판정내·외에 따라 필요여부가 달라짐

※ 내부에서는 불요, 외부에서는 영장발부 필요(제113조)

수사기관은 판사가 발부한 영장에 의해 가능(제215조)

※ 검사의 영장 불청구에 대해 준항고는 불가하고(2007모82), 압수영장의 발부재판에 대하여도 항고(법원의 결정에 대해)나 준항고(재판장이나 수명법관, 수사기관)는 허용되지 않음(97모66)

※ 증거불충분 등으로 불기소하는 경우 재정신청이나 검찰청법상의 항고·재항고 등으로써 불복하는 것은 별론으로 하고, 검사가 압수·수색영장의 청구 등 강제처분을 위한 조치를 취하지 아니한 것 그 자체를 형사소송법 제417조 소정의 '압수에 관한 처분'으로 보아 이에 대해 준항고로 불복할 수는 없음(2007모82)

압수·수색·검증 영장 종류에는 사전영장, 사후영장(긴급 압수·수색·검증 후), 금융계좌추적을 위한 압수·수색·검증영장(금융실명거래 및 비밀보장에 관한 법률), DNA감식시료채취영장(디엔에이신원확인정보의 이용 및 보호에 관한 법률)이 있음

영장주의는 일반영장을 금지함

※ 영장에는 피고인의 성명, 죄명, 압수할 물건, 수색할 장소·신체·물건, 발부연월일, 유효기간과 그 기간을 경과하면 집행에 착수하지 못하며 반환하여야 한다는 취지, 압수·수색 사유를 기재하고 재판장 또는 수명법관이 서명날인하고, 수색할 물건이 전기통신에 관한 것일 경우에는 작성기간을 기재하여야 함(제114조 1항 규칙 제58조)

동일한 영장으로 수회 같은 장소에서 압수·수색·검증 불가

※ 영장의 유효기간이 경과하지 않았더라도 새로운 영장을 발부받지 아니하고 동일한 장소 또는 목적물에 대하여 다시 압수·수색 불가(99모161)

별건 압수·수색, 압수·수색대상을 예비적으로 기재하는 것도 불허용

※ 서울중앙지법 형사22부(재판장 이순형 부장판사)는 2019. 6. 22. 권00 의원의 직권남용 혐의에 대해 검찰 압수수색의 문제점 등을 지적하며 무죄를 선

고함(2018고합718). 검찰은 권 의원의 선거운동을 도와준 고교 동창 김 모 씨의 혐의와 관련해 산업통상자원부를 압수수색하면서 업무인계서 등을 압수했는데, 재판부는 당시 압수된 서류들이 권 의원의 혐의와 직접 관련이 없는 별건 압수인 것으로 판단함

재판부는 영장발부사유로 된 범죄혐의사실과 무관한 별개의 증거를 입수한 경우 이를 원칙적으로 유죄의 증거로 할 수 없다고 봄

※ '제주도지사 선거법위반 사건'에서, 평소 도지사실에서 보관하던 서류를 도지사 비서관이 압수수색 당시 압수수색 영장에 기재된 장소로 가져갔다가 압수된 경우, 이는 영장에서 압수대상으로 적시하고 있는 '특정 장소에서 보관 중인 서류'로 볼 수 없다 하여 그 서류의 증거능력을 부정(선고 2007도3061)

다만 범죄사실이 다른 경우에는 동일한 물건에 대한 재압수, 압수 해제된 물품의 재압수도 가능

※ 범인으로부터 압수한 물품에 대하여 몰수의 선고가 없어 그 압수가 해제된 것으로 간주된다고 하더라도 공범자에 대한 범죄수사를 위하여 여전히 그 물품의 압수가 필요하다거나 공범자에 대한 재판에서 그 물품이 몰수될 가능성이 있다면 검사는 그 압수 해제된 물품을 다시 압수할 수도 있음(96모34)

(2) 압수·수색영장 집행

1) 집행기관

검사의 지휘에 의해 사법경찰관리가 집행, 단 필요한 경우 재판장은 법원사무관 등에게 집행을 명할 수 있음(제115조 1항, 제219조)

2) 집행방법

압수·수색영장은 처분받은 자에게 반드시 제시해야 하고(제118조, 제219조), 반드시 사전제시를 요구하고 구속에 있어서와 같은 긴급집행은 불허(제85조, 제219조)

※ But, 피처분자가 현장에 없거나 현장에서 그를 발견할 수 없는 경우 등 영장제시가 현실적으로 불가능한 경우에는 영장을 제시하지 않은 채 압수·수색을 하더라도 위법이 아님(2014도10978)

※ 수사관들은 거소지에 진입한 이후 30분가량 참여인 없이 수색절차를 진행하다가 곧바로 공소외 1에게 연락하여 참여할 것을 고지하였고, 공소외 1이 현

장에 도착한 08:19경부터는 압수물 선별 과정, 디지털 포렌식 과정, 압수물 확인 과정에 공소외 1과 변호인의 적극적이고 실질적인 참여가 있었으며, 압수·수색의 전 과정이 영상녹화된 점 등 그 판시와 같은 사정을 들어, 위 압수·수색 과정에서 수집된 증거들은 유죄 인정의 증거로 사용할 수 있는 예외적인 경우에 해당한다는 이유로 위 증거들의 증거능력을 인정(2014도10978, 내란음모·국가보안법위반(찬양·고무 등)·내란선동)

압수·수색을 당하는 사람이 여러 명일 경우 모두에게 개별적으로 영장을 제시해야 함

※ 관리책임자에게 영장을 제시하였다고 하더라도 물건을 소지하고 있는 다른 사람으로부터 이를 압수하고자 하는 때에는 그 사람에게 별도로 영장을 제시해야 함(2008도763, 공직선거법위반)

압수·수색영장의 집행 중에는 타인의 출입을 금지할 수 있고, 이에 위배한 자에게는 퇴거하게 하거나 집행종료 시까지 간수자를 붙일 수 있음(제119조, 219조)

압수·수색영장의 집행 시 건정을 열거나 개봉 기타 필요한 처분을 할 수 있고, 압수물에 대하여도 같은 처분을 할 수 있음(제120조, 제219조)

※ 압수한 정보처리매체를 탐색, 문서로 출력, 파일을 복사하는 것도 집행의 일환(2011도10508)

3) 영장 집행 통지와 당사자·책임자 등의 참여

검사·피고인(피의자) 또는 변호인은 압수·수색영장의 집행에 참여할 수 있음(제121조, 제219조)

※ 절차의 공정성과 처분받는 자의 이익 보호목적

※ 집행일시와 장소를 참여권자에게 미리 통지해야 하며, 불참여 의사표명 또는 급속을 요하는 경우에는 예외(제122조, 제219조)

※ '급속을 요하는 때'라 함은 미리 알려주면 증거물을 은닉할 염려 등이 있는 경우(2102도7455)

공무소, 군사용 항공기 또는 선차 내에서 압수·수색영장을 집행함에는 그 책임자에게 참여할 것을 통지해야 함

※ 그 이외의 타인의 주거, 간수자 있는 가옥·건조물·항공기 또는 선차 내에서

압수·수색영장을 집행함에는 주거주·간수자 또는 이에 준하는 자를 참여하게 하여야 하고, 이상의 자를 참여하게 하지 못할 경우 인거인 또는 지방공공단체의 직원을 참여하게 하여야 함(제213조, 제219조)

여자의 신체에 대하여 수색할 경우에는 성년의 여자를 참여하게 하여야 함(제124조, 제219조)

4) 야간집행 제한

일출 전 일몰 후에는 압수·수색영장에 야간집행을 할 수 있는 기재가 없으면 영장집행을 위하여 타인의 주거, 간수자 있는 가옥·건조물·항공기 또는 선차 내에 들어가지 못함(제125조, 제219조)

※ 다만 도박 기타 풍속을 해하는 행위에 상용된다고 인정하는 장소, 여관·음식점 기타 야간에 공중이 출입할 수 있는 장소에 대하여는 이러한 제한을 받지 않음(제126조, 제219조)

5) 수색증명서·압수목록 교부

수색의 경우 증거물 또는 몰수할 물건이 없는 때에는 그 취지의 증명서를 교부하여야 하고(제128조, 219조), 압수한 경우에는 목록을 작성하여 소유자·소지자·보관자 기타 이에 준할 자에게 교부하여야 함(제129조, 제219조)

※ 수사권 조정 전 경찰에서 적용하던 범죄수사규칙에서는 '압수증명서'를 교부하도록 하여 법률과 부합하지 않는 문제가 있어 행안부령인 경찰수사규칙에서는 검찰사건사무규칙(제16조 제2항)과 동일하게 '압수목록교부서'로 규정

4 . 압수·수색에 있어서 영장주의의 예외

(1) 영장에 의하지 않은 강제처분 비교(제216조 ~ 제218조)

쟁점 구분	요건	요급처분	효과	사후영장	청구시한
1. 체포·구속목적(제216조 제1항 제1호)	체포·구속하는 경우, 긴급(체포·구속영장 집행시에 한정)	가능(제220조)	피의자 수사(수색)	계속 압수 필요시(제217조 제2항)	48h내(제217조 제2항)
2. 체포현장 (동조 동항 제2호)	상동, But, 긴급성 요건 없음	상동	압수·수색·검증	상동	상동
3. 범죄장소 (제216조 제3항)	범행중, 직후 장소, 긴급	상동	상동	무조건	지체 없이

4.긴급체포시 (제217조 제1항)	긴급체포된 자 소유·소지·보관, 긴급압수 필요, 24h내	불가	상동	계속 압수 필요시 (제217조 제2항)	48h내(제217조 제2항)
5.유류물(제218조)	피의자, 기타인 유류	해당×	압수	불요	해당×
6.임의제출물 (제218조)	소유·소지·보관자 임의제출	해당×	압수	불요	해당×

※ 피고인 구속현장에서 압수·수색·검증

재판의 집행기관으로서 구속영장을 집행하는 것이지만 집행현장에서의 압수·수색·검증은 수사기관의 수사에 속하는 처분(제216조 제2항)

(2) 체포·구속목적 피의자 수색

수사기관은 체포영장에 의한 체포(제200조의 2), 긴급체포(제200조의 3) 또는 현행범인의 체포(제212조)에 의하여 체포하거나 구속영장에 의하여 피의자를 구속하는 경우(제201조)에 필요한 때에는 영장 없이 타인의 주거나 타인이 간수하는 가옥·건조물·항공기·선차 내에서 피의자를 수색할 수 있음(제216조 1항1호).

1) 취지

피의자가 타인의 주거·가옥·건조물 내에 존재한다고 인정되는 경우에 피의자의 소재를 발견하기 위한 수색 인정

2) 적용범위

피의자 발견을 위한 수색에만 해당

※ 따라서 피의자에 대한 추적이 계속되면서 피의자를 따라 주거·건조물에 들어가는 경우는 여기의 수색에 해당하지 않고 체포 또는 구속 자체를 의미

수색은 체포전임을 요하고, 수색과 체포 사이의 시간적 접착이나 체포의 성공 여부를 가리지 않음

※ 현행범 등 체포 후에는 해당 안 됨

수색범위도 피의자의 주거뿐만 아니라 제3자의 주거도 포함

※ 피고인을 발견하기 위한 수색

검사, 사법경찰관리 또는 제81조 제2항의 규정에 의한 법원사무관 등이 구속 영장을 집행할 경우에 필요한 때에는 미리 수색영장을 발부받기 어려운 긴급한 사정이 있는 경우에 한정하여 타인의 주거, 간수자 있는 가옥, 건조물, 항공기, 선차 내에 들어가 피고인을 수색할 수 있음(제137조)

3) 수색 주체

수색은 사법경찰관 또는 검사만이 할 수 있음

※ 일반인이 현행범을 체포하기 위해 타인의 주거를 수색할 수는 없음

(3) 체포현장에서의 압수·수색·검증

검사 또는 사법경찰관이 피의자를 구속하는 경우 또는 체포영장에 의한 체포, 긴급체포 및 현행범인을 체포하는 경우에 필요한 때에는 영장 없이 체포현장에서 압수·수색·검증 가능(제216조 1항 2호)

1) 취지

체포현장에서 증거수집을 위하여 행하는 압수·수색·검증에 대하여 영장주의의 예외 인정

2) 체포와의 시간적 접착성

시간적 접착성을 요하는데 어느 정도 시간적 접착성을 요하는가에 대해 견해 대립

※ 핵심쟁점은 체포 전의 압수·수색 허용여부, 피의자 체포성공을 요구하는지 여부

① 체포접착설(시간적·장소적 접착, 체포전후 불문) ② 체포설(현실적 체포요구) ③ 현장설(압수·수색 당시 피의자 현장존재 요구) ④ 체포착수설(피의자 현장존재하고 체포 착수, 다수설)

√ 다수설의 입장은 체포착수 후, 체포의 성공 여부 관계없이 적용(도주한 경우도 허용), 관련 판례 없음(일본 판례는 체포와의 시간적 전후관계 불문)

3) 압수·수색의 대상과 장소적 범위

체포자에게 위해를 줄 우려가 있는 무기 기타의 흉기, 도주의 수단이 되는 물건 및 체포의 원인이 되는 범죄사실에 대한 증거물에 한정

※ 별건 증거를 발견한 때에는 임의제출을 구하거나 영장에 의하여 압수해야 함

장소적 범위도 피체포자의 신체 및 그의 직접 지배하에 있는 장소에 한정됨

※ 경찰이 피고인의 집에서 20m 떨어진 곳에서 피고인을 체포하여 수갑을

채운 후 피고인의 집으로 가서 집안을 수색하여 칼과 합의서를 압수하였을 뿐만 아니라 적법한 시간 내에 압수수색영장을 청구하여 발부받지도 않았음을 알 수 있는바, 이를 위 법리에 비추어 보면 위 칼과 합의서는 임의제출물이 아니라 영장 없이 위법하게 압수된 것으로서 증거능력이 없고, 따라서 이를 기초로 한 2차 증거인 임의제출동의서, 압수조서 및 목록, 압수품 사진 역시 증거능력이 없음(2009도14376)

4) 압수·수색영장의 청구

수사기관은 체포현장에서 압수한 물건을 계속 압수할 필요가 있는 경우 체포한 때로부터 48시간 이내에 압수·수색영장을 청구하여야 함(제217조 2항)

※ 영장을 발부받지 못한 경우에는 압수물을 즉시 반환해야(동조 제3항)

현행범인으로 체포하면서 체포현장에서 영장 없이 압수하면 사후 압수·수색 영장을 발부받지 않은 때에는 압수물의 증거능력 부정

※ 음란물 유포혐의로 압수·수색영장을 받아 피고인의 주거지를 수색하는 과정에서 대마를 발견하자. 피고인을 마약류관리에 관한 법률 위반죄로 현행범 체포하면서 그다음 날 피고인을 석방하고도 사후 압수·수색영장을 발부받지 않은 경우 증거능력제한(2008도10914)

(4) 범죄장소에서의 압수·수색·검증

범행 중 또는 범행 직후의 장소에서 긴급을 요하여 법원 판사의 영장을 받을 수 없는 때에는 영장 없이 압수·수색 또는 검증 가능(제216조 3항)

※ 이 경우에는 사후에 지체 없이 영장을 받아야 하며(동조 동항), 체포 또는 구속을 전제로 하지 않음

범죄현장에서의 증거물의 은닉과 산일 방지목적에서 인정

범행 중 또는 직후의 장소이면 족하고 피의자가 현장에 있거나 체포되었을 것을 요건으로 하지 않음

※ 음주운전 중 교통사고를 일으켜 의식불명 된 경우 운전자의 생명·신체를 구조하기 위하여 사고현장으로부터 곧바로 후송된 병원응급실 등의 장소도 범죄장소에 준한다고 볼 수 있어 병원응급실에서 혈액채취하여 압수하는 것은

적법하고, 지체 없이 영장을 받아야 함(2011도15258)

판례가 긴급성을 부정한 경우

※ 경찰관들이 노래연습장에서의 주류 판매에 대한 신고를 받고 현장에 출동하여 위반 사실을 확인하기 위해 노래연습장 내부를 수색하자, 영업주가 물리력을 행사해 저지한 행위를 공무집행방해죄로 기소한 사건에서, 경찰관들의 행위에 대하여, 형사소송법 제216조 제3항이 정한 '긴급을 요하여 법원 판사의 영장을 받을 수 없는 때'의 요건을 갖추지 못하였고, 현행범 체포에 착수하지 아니한 상태여서 형사소송법 제216조 제1항 제2호, 제212조가 정하는 '체포현장에서의 압수·수색' 요건을 갖추지 못하였으므로, 영장 없는 압수·수색업무로서의 적법한 직무집행으로 볼 수 없다고 보아 상고기각(2014도16080)

※ 불법게임장 주변에서 순찰 도중 남자들이 들어가는 것을 우연히 목격하고 따라 들어가 불법게임기를 압수·수색한 사례에서 불법게임기는 상당한 부피와 무게 때문에 쉽게 은폐나 은닉이 되지 않는다는 이유로 긴급성 불인정(2009도14884)

(5) 긴급체포 시의 압수·수색·검증

수사기관은 긴급체포에 따라 체포된 자가 소유·소지 또는 보관하는 물건에 대하여 긴급히 압수할 필요가 있는 경우에는 피의자를 체포한 때로부터 24시간 이내에 한하여 영장 없이 압수·수색·검증할 수 있음(제217조 1항)

※ 계속 압수 필요성이 있는 경우 체포 시로부터 48시간 내 압수·수색영장 청구해야

1) 취지

피의자와 관련된 사람들이 증거물을 은닉하는 것을 방지하기 위함

※ 긴급체포의 경우 체포현장에서 압수·수색·검증은 제216조 1항 2호에 의하는 것과 구별 필요

2) 긴급압수·수색·검증의 요건

대상은 긴급체포된 자가 소유·소지 또는 보관하는 물건(제217조 1항)

※ 긴급체포된 자는 현실로 긴급체포된 자에 한함

긴급 압수·수색 대상물건의 범위는 긴급체포사유의 사유가 된 범죄사실과 관련되어 수사에 필요 최소한의 범위 내의 증거물 또는 몰수물로 판단되는 물건으로 한정(2008도2245)되고, 긴급히 압수할 필요가 있어야 함

3) 압수·수색·검증 기간과 사후영장 청구

영장 없이 압수·수색·검증할 수 있는 기간은 긴급체포 후 24시간 이내(동조 제1항)

주거주의 참여(제123조 2항), 야간 압수·수색의 제한(제125조)의 적용배제 규정 없음(제220조) ⇒ 적용되는 유일한 예외

계속압수 필요시 체포 시로부터 48시간 이내 영장 청구하여야 함(제217조 2항)

※ 영장을 발부받지 못한 경우 압수한 물건을 즉시 반환하여야 하고(동조 제3항), 이 경우 수색과 검증의 결과를 기재한 조서는 증거능력 부정됨

(6) 임의제출한 물건 및 유류한 물건의 압수

수사기관은 피의자 기타인의 유류한 물건이나 소유자·소지자 또는 보관자가 임의로 제출한 물건을 영장 없이 압수 할 수 있고(제218조), 이를 영치라고도 함

※ 수사기관의 점유취득은 임의적이지만 영치 후의 법률효과는 압수와 동일

임의제출이 적법하기 위해서는 제출이 임의적·자발적이어야 하며, 소지 또는 보관자가 반드시 권한에 기하여 보관한 자일 것을 요하지는 않음

※ 환부 후 다시 제출하는 과정에서 수사기관의 우월적 지위에 의하여 임의제출 명목으로 실질적으로 강제적인 압수가 행하여질 수 있으므로, 제출에 임의성이 있다는 점에 관하여는 검사가 합리적 의심을 배제할 수 있을 정도로 증명하여야 하고, 임의로 제출된 것이라고 볼 수 없는 경우에는 증거능력을 인정할 수 없음(2013도11233)

※ 휴대폰서 불법촬영물 수십장... 대법 '무죄' 나오자 경찰고소(2021. 1. 10. 한국일보)

서울 지하철에서 두 차례 20대 여성의 하반신을 촬영한 혐의로 기소된 40대 교육공무원이 경찰의 위법한 증거수집으로 최종 무죄 확정판결

2016년 1심에서 벌금형, 2심과 대법원에서 무죄, 사유는 피고인은 2016년 9월 서울 지하철에서 맞은편 남학생을 촬영하던 중 서울경찰청 지하철경찰대에 의해 현장에서 적발되어, 임의동행해 휴대폰을 뒤져본 결과 남학생의 전신사진과 관련해선 별다른 혐의점은 없었지만 피고인의 휴대폰 사진첩에서 그 8월경 찍힌 지하철 여성 승객들의 하반신 사진 수십 장이 발견되어 이를 증거로 삼아 별건으로 기소한 사안에 대해,

현행범여부를 확인하는 과정에서 다른 범죄의 증거를 확인했더라도 정확한 설명이나 영장 없이 휴대폰을 임의제출받아 압수수색한 것은 위법하다고 봄
실무에서 경찰은 임의제출과 임의동행 동의서를 받았기 때문에 수사관들은 영장발부 필요성을 느끼지 못했다고 하며, 피고인은 당시 경찰관들이 받았다는 동의서가 강압과 허위로 작성됐다고 주장

※ 적법한 경우
음주사고를 야기하고 응급실에서 의식을 잃고 있는 피고인으로부터 간호사가 치료목적으로 채취한 혈액 중 일부를 간호사에게 부탁하여 제출받은 경우(98도968), 교도관이 보관하고 있던 재소자의 비망록을 뇌물수수죄 등의 증거자료로 사용하기 위하여 제출받은 경우(2008도1097), 세관공무원이 통관검사를 위하여 직무상 소지 또는 보관하는 우편물을 제출받은 경우(2013도7718), 현행범인 체포현장이나 범죄장소에서 소지자로부터 필로폰을 임의로 제출받은 경우(2015도13726)

※ 위법한 경우
금산경찰서 소속 공소외 1은 피고인 소유의 쇠파이프를 피고인의 주거지 앞마당에서 발견하였으면서도 그 소유자, 소지자 또는 보관자가 아닌 피해자 공소외 2로부터 임의로 제출받는 형식으로 위 쇠파이프를 압수한 경우 위법(2009도10092)

유실물보다 넓은 개념으로서 범죄현장에서 발견된 범인이 버리고 간 흉기, 혈흔, 지문, 족적은 물론 차량이 대전차 방호벽에 충돌한 살인사건에서 대전차 방호

벽의 안쪽 벽면에 부착된 철제구조물에서 발견된 강판조각(2011도1902), 도로상의 쓰레기통에 버려진 쓰레기 등이 포함

(7) 피고인 구속현장에서의 압수·수색·검증

수사기관이 피고인에 대한 구속영장을 집행하는 경우에 필요한 때에는 그 집행현장에서 영장 없이 압수·수색·검증 가능(제216조 2항)

※ 검사 또는 사법경찰관은 재판의 집행기관으로서 활동하는 것이지만 집행현장에서의 압수·수색·검증은 수사기관의 수사에 속하는 처분임

5. 압수물의 처리

개정 형소법에서도 압수물의 처분 시 검사의 지휘조항은 그대로 유지되어 절차와 방법은 동일함. 다만 '지휘건의'양식의 용어가 '지휘요청'으로 변경되었을 뿐임

(1) 압수물의 보관과 폐기

1) 자청보관 원칙

압수물은 압수한 법원 또는 수사기관의 청사로 운반하여 직접 보관하는 것이 원칙

※ 압수물을 보관함에는 선량한 관리자로서의 주의의무를 다하여야 함

2) 위탁보관

운반 또는 보관에 불편한 압수물은 간수자를 두거나 소유자 또는 적당한 자의 승낙을 얻어 보관하게 할 수 있음(제130조 1항, 제219조)

※ 보관을 명하는 것은 공법상 권력작용인 강제처분이나 보관자의 승낙을 얻어 보관하게 하는 것은 임치계약

3) 폐기처분

위험발생의 염려가 있는 압수물은 동의 없이 폐기가능(제130조 2항, 제219조)

※ 폭발물이나 오염된 어패류·육류 등

법령상 생산·제조·소지·소유 또는 유통이 금지된 압수물로서 부패의 염려가 있거나 보관하기 어려운 압수물은 소유자 등 권한 있는 자의 동의를 받아 폐기 가능(제130조 3항, 제219조)

※ 유사석유제품, 지적재산권 침해사범의 압수물, 검역결과 불합격 처분을 받은 농수축산물 등

압수물을 폐기하는 경우 폐기조서를 작성하고 사진을 촬영하여 기록에 첨부하여야 함

4) 대가보관(환가처분)

① 몰수하여야 할 압수물로서 멸실·파손·부패 또는 현저한 가치감소의 염려가 있거나 보관하기 어려운 압수물은 이를 매각하여 대가 보관 가능(제132조 1항, 제219조)

※ 불법 포획한 멧돼지(야생동식물보호법 위반)

※ 필요적 몰수뿐만 아니라 임의적 몰수도 포함되고, 몰수물인 동시에 증거물인 경우에도 가능

② 환부하여야 할 압수물 중 환부 받을 자가 누구인지 알 수 없거나 그 소재가 불명한 경우로서 그 압수물의 멸실·파손·부패 또는 현저한 가치 감소의 염려가 있거나 보관하기 어려운 압수물은 매각하여 대가보관 가능(제132조 2항, 제219조)

환가처분을 함에는 미리 검사·피해자·피고인 또는 변호인에게 통지해야 함(제135조, 제219조) 대가보관은 몰수와의 관계에서 압수물과 동일성이 인정되어, 법원은 압수물이 대가보관된 경우에 원래 몰수물의 가액을 추징하지 않고 압수물과 동일성이 인정되는 대가보관금을 몰수할 수 있음(66도886)

(2) 압수물의 가환부와 환부

1) 압수물 가환부

① 가환부 대상

압수의 효력을 존속시키면서 압수물을 소유자·소지자 또는 보관자 등에게 잠정적으로 환부하는 제도로 증거에 공할 압수물에 한정됨(제133조 1항, 제219조)

※ 소유자 또는 소지자가 계속 사용하여야 할 물건은 사진촬영 기타 원형보존의 조치를 취하고 신속히 가환부(제133조 2항, 제219조)

※ 몰수의 대상이 되는 압수물은 가환부 불가(84모43)

② 가환부 절차

소유자·소지자·보관자 또는 제출인의 청구에 의하여 법원 또는 수사기관의 결정에 의하고(제133조 1항, 제219조), 법원 또는 수사기관이 가환부 결정을 함에는 미리 검사, 피해자, 피고인 또는 변호인에게 통지해야 함(제135조, 제219조)

※ 피고인에게 의견진술 기회를 주지 아니한 가환부 결정은 위법(80모3)

③ 가환부 효력

압수자체의 효력을 잃게 하는 것이 아니어서, 가환부를 받은 자는 압수물에 대한 보관의무를 지며, 이를 임의로 처분하지 못하고, 법원 또는 수사기관의 요구가 있는 때에는 이를 제출하여야 함

※ 가환부한 장물에 대하여 별도의 선고가 없는 때에는 환부의 선고가 있는 것으로 간주(제333조 3항)

2) 압수물 환부

① 환부 대상

압수를 계속할 필요가 없을 경우 압수물을 종국적으로 소유자 또는 제출인에게 반환하는 법원 또는 수사기관의 처분

※ 몰수의 대상이 되는 압수물의 환부는 위법하고, 증거에 공할 압수물은 가환부의 대상은 되어도 환부의 대상은 될 수 없음

② 환부 절차

법원 또는 수사기관의 결정에 의하나 사법경찰관이 환부할 경우 검사의 지휘를 받음

※ 소유자 등의 청구가 있을 것을 요하지 않으나 소유자 등이 청구를 할 수는 있음

※ 피압수자가 소유권을 포기한 경우에도 압수물을 환부하여야 하는 수사기관의 의무에 영향을 미칠 수 없어 법원이나 수사기관은 환부결정을 하여야 함(94모51)

③ 환부 효력

압수의 효력이 상실되나 환부를 받은 자에게 실체법상 권리까지 확인하는 효력은 없음

※ 이해관계인은 민사소송절차에 의하여 권리주장을 할 수 있음(제333조 4항)

※ 압수한 서류 또는 물품에 대하여 몰수의 선고가 없는 때에는 압수를 해제한 것으로 간주(제332조)

④ 압수장물의 피해자 환부

압수한 장물은 피해자에게 환부할 이유가 명백할 때에는 피고사건의 종결 전이라도 피해자에게 환부가능(제134조, 제219조)

※ 사법상 피해자가 그 압수된 물건의 인도를 청구할 수 있는 권리가 명백한 경우로 법률상 다소 의문이 있는 경우는 해당 × (84모38)

3) 공소제기전 압수물의 환부·가환부

검사 또는 사법경찰관은 사본을 확보한 경우 등 압수를 계속할 필요가 없다고 인정되는 압수물 및 증거에 사용할 압수물에 대하여 공소제기 전이라도 소유자·소지자·보관자 또는 제출인의 청구가 있는 때에는 환부 또는 가환부하여야 함(제218조의 2 제1항·제4항)

※ 청구를 거부하는 경우 신청안은 해당 검사 소속 검찰청에 대응한 법원에 압수물의 환부 또는 가환부 결정 청구가능(동조 2항)

※ 사법경찰관은 환부 또는 가환부처분에 관하여 검사의 지휘를 받아야 함(동조 4항 단서)

III. 수사상 검증

1. 수사기관의 검증

(1) 개념과 규정체계

검증이란 사람, 장소, 물건의 성질·형상을 오관의 작용에 의하여 인식하는 강제처분을 말함(오관의 작용으로 직접 경험하는 강제처분)

※ 독일 개념: 법관이 자기의 감각으로 어떤 대상의 성질이나 상태 따위를 인식하여 증거를 조사하는 활동을 의미

※ 실황조사도 일종의 검증이라 할 수 있으나 통상 강제력이 수반되지 않음

※ 검증이란 용어는 독일어의 Augenschein을 일본이 번역하여 받아들인 것으로 영·미, 프랑스법률에는 존재하지 않는 개념임. Augenschein은 Augen(눈) + schein(빛, 외관, 증명서)의 합성어임. 눈으로 보는 증거라는 원래 의미에서 감각증거로 확대되어 오감의 작용에 의해 직접 사물의 존재, 성질, 형상을 검사하여 그 결과를 증거자료로 하는 조사를 말함. 수사단계에서 감각증거는 감각적 인지대상(범행도구 등), 지문과 같은 흔적, 기술적인 기록물, 비디오 자료(CCTV), 실험, 현장관찰, 묘사와 스케치, 소음, 표면적 구조, 맛, 냄새, 음원과 음향자료 등이 해당

√ 독일 형소법에서 검증규정은 법원에만 규정하고 있고 수사기관의 검증은 따로 규정하지 않고 있음

√ 수사판사제도의 잔재가 아직 현실적으로 남아 있는 것으로 판사의 모든

인적, 물적 증거활동을 포괄하는 것으로 추정됨

⑵ 종류

검증 종류에는 법원의 검증과 수사기관의 검증

법원의 검증은 증거조사의 일종으로 영장이 필요하지 않으나(제139조), 수사기관의 검증은 증거를 수집·보전하기 위한 강제처분에 속하여 원칙적으로 영장 필요(제215조)

※ 법원은 사실을 발견함에 필요한 때에는 검증을 할 수 있음(제139조).

※ 우리 형소법의 규정체계는 수사기관의 검증은 압수·수색과 같이, 법원의 검증은 압수·수색과 별도로 규정(독일은 감정과 같이 규정)

⑶ 절차

영장에 의한 검증과 영장에 의하지 않은 검증 절차가 있고 방법에는 특별한 제한이 없음

영장주의 원칙과 그 예외, 영장제시, 참여, 검증조서의 작성, 검증의 제한 등은 모두 압수·수색의 경우와 동일(제215조~제217조, 제219조, 규칙 제110조, 검찰사건사무규칙 51조)

⑷ 검증조서의 작성방법

1) 기재사항

검증조서에는 피의자의 성명, 사건명, 검증관의 관직과 성명, 검증일시, 검증을 한 장소 또는 물건, 검증목적, 참여인, 현장의 위치, 현장부근의 상황, 피해상황, 증거물, 참여인의 지시설명, 검증관의 의견이나 판단, 도면·사진 등 구체적이고 실질적으로 기재

2) 검증내용의 기재요령

① 사건에 관련된다고 판단되는 사항은 경중을 막론하고 기재 ② 도면이나 사진 첨부, 사진은 검증 시의 관찰순서에 따라 전경사진, 현장주변사진, 범행현장사진, 피해상황, 유류품 등의 순으로 촬영 ③ 참여인의 지시설명이 있을 때에는 이를 기재 ④ 검증관의 의견이나 판단을 기재 ⑤ 반드시 현장에서 조서를 작성하여야 하는 것은 아님

⑸ 부수처분

신체검사, 사체해부, 분묘의 발굴, 물건의 파괴 기타 필요한 처분을 할 수 있음(제219조, 제140조)

※ 검증과 관련 신체검사의 한계가 쟁점

2. 신체검사

(1) 신체검사의 성질

신체자체를 검사의 대상으로 한다는 점에서 신체외부와 착의에 대한 증거물의 수색인 신체수색과 구별됨

(2) 검증으로서의 신체검사와 감정으로서의 신체검사

사람의 형상을 오관의 작용에 의해 감지하는 강제처분인 검증과 전문적 지식과 경험을 요하는 감정(혈액채취나 X선 촬영)

※ 여자의 신체를 검사하는 경우에는 의사나 성년의 여자를 참여하게 하여야 함(제219조, 제141조 3항)

(3) 영장을 요하지 않는 신체검사

구속·체포현장에서 신체검사를 영장 없이 할 수 있음(제216조, 제217조)

※ 체포·구속된 피의자에 대하여 지문 또는 족형을 채취하고 신장과 체중 또는 흉위를 측정하는 것도 영장 없이 가능

※ 일본에서는 피의자를 특정하기 위한 처분은 신체를 구속하는 처분에 당연히 포함된다고 해석

(4) 체내신체검사의 한계

체내신체검사가 허용되는가를 중심으로 문제되는데 피검사자의 건강을 해하지 않는 범위에서 허용된다고 해야 함

※ 증거물을 찾기 위한 외과수술은 허용되지 않음

질 내·구강 내·항문 내 수색은 압수·수색과 검증영장에 의하여 가능, 그러나 신체에 대한 침해를 내용으로 하는 강제처분은 전문가의 지식을 필요로 하는 감정절차에 따라야 함

※ 강제채혈이나 X선 촬영의 경우

※ 판례는 강제적인 혈액의 취득·보관은 ① 감정처분허가장을 받아 감정에 필요한 처분으로 하거나 ② 압수·수색영장의 집행에 필요한 처분으로 할 수 있다고 판시(2011도15258)

연하물(嚥下物, 삼킨 물건)의 강제배출과 강제채뇨의 허용여부

① 강제수사의 필요성이 현저하고 ② 의사에 의하여 정당한 방법으로 실행되고 ③ 피검사자의 건강을 침해하지 않는 범위 내에서 압수·수색·감정절차에 따라서 가능(다수설)

Ⅳ. 수사상 감정유치

1. 감정유치의 의의

감정유치란 피고인 또는 피의자의 정신 또는 신체를 감정하기 위하여 일정한 기간 동안 병원 기타 적당한 장소에 피고인 또는 피의자를 유치하는 강제처분을 말함(제172조 3항, 제221조의 3)

수사기관의 감정위촉(제221조 2항)은 임의수사이지만(2011도1902), 강제력을 수반하는 감정유치가 필요한 경우 판사가 발부한 감정유치장(제221조의 3)에 의하여야 하는데 이를 수사상 감정유치라 함

2. 감정유치 대상과 요건

(1) 대상

피의자를 대상으로 함

※ 피의자가 아닌 제3자에 대하여 청구 불가

※ 검사의 피고인에 대한 감정유치 청구가능 여부에 대하여 수사기관의 감정유치는 공소제기 후에는 인정 불요(이재상)

(2) 감정유치 요건

정신 또는 신체의 감정을 위하여 계속적인 유치와 관찰이 필요한 때(필요성) 인정됨.

※ 구속 필요성은 요하지 않으나 범죄혐의는 필요

3. 감정유치 절차

(1) 감정유치의 청구

감정유치 청구권자는 검사에 한함(제221조의 3 제1항). 따라서 감정유치 청구의 필요성은 종국적으로 검사가 판단

(2) 감정유치장의 발부

판사는 청구가 상당하다고 인정할 때에는 유치처분을 하여야 함(제221조의 3 제2항)

※ 감정유치장 기각 및 발부결정에 대한 피의자의 준항고 허용 안 됨

(3) 감정유치장 집행

감정유치장 집행에 관하여는 구속영장 집행에 관한 규정이 준용됨(제221조의 3 제2항, 제172조 7항)

※ 유치를 함에 있어서 필요한 때에는 법원은 직권 또는 피고인을 수용할 병원 기타 장소의 관리자의 신청에 의하여 사법경찰관리에게 피고인의 간수를 명할 수 있음(172조 제5항). 검사도 유치의 청구와 별도로 간수명령 청구 가능(제221조의 3 제2항)

(4) 유치기간과 장소변경

감정유치 기간에는 제한이 없음

※ 유치기간을 연장할 경우 검사의 청구에 의하여 판사가 결정(제221조의 3 제6항)

※ 유치필요성이 없는 경우 유치만료기간 전에 석방가능(구속에 관한 규정 준용)

유치장소는 병원 기타 적당한 장소

※ 유치장소의 변경 시 검사가 판사에게 청구하여 결정 받아야 함

4. 감정유치와 구속

미결구금일수에 유치기간은 구속으로 간주되나(제221조의 3 제2항, 제172조 8항), 구속 중에 감정유치장이 집행되어 유치된 기간은 구속기간에 포함되지 않음

※ 구속 중인 피고인에 대하여 감정유치장이 집행되었을 때에는 피고인이 유치되어 있는 기간 구속은 그 집행이 정지된 것으로 간주되고(제221조의 3 제2항, 제172조의 2 제1항), 유치처분이 취소되거나 유치기간이 만료된 때에는 구속집행정지가 취소된 것으로 간주(제172조의 2 제2항)

5. 감정에 필요한 처분

수사기관으로부터 감정의 위촉을 받은 자가 감정이 필요한 때에는 판사의 허가를 얻어 타인의 주거, 간주자 있는 가옥·건조물·항공기·선차 내에 들어갈 수 있고, 신체의 검사, 사체의 해부, 분묘의 발굴, 물건의 파괴 등에 필요한 처분을 할 수 있음(제221조의 4 제1항)

※ 필요한 처분에 대한 허가는 검사가 청구하여야 하며, 판사가 감정처분허가장을 발부함(동조 제2항, 제3항)

V. 수사상 증거보전

수사상 증거보전이란 수사절차에서 판사가 증거조사 또는 증인신문을 하여 그 결과를 보전하는 것

※ 증거조사는 공판정에서 수소법원에서 행하여지는 것이 원칙이나 공판단계에서의 증거조사를 기다리다가는 증거방법의 사용이 불가능하거나 곤란한 경우 또는 참고인이 출석이나 진술을 거부하는 경우 수사단계에서도 판사의 힘을 빌려 증거조사나 증인신문을 함으로써 증거를 보전하는 제도가 증거보전(제184조)과 증인심문의 청구(제221조의 2)

증거보전절차에서 판사는 압수·수색·검증과 증인신문, 감정, 증인신문 청구에서는 참고인에 대한 증인신문이 행해짐

※ 증거보전은 수사단계뿐만 아니라 제1회 공판기일 전까지의 공판절차에서도 인정됨

1. 증거보전 청구

(1) 증거보전 청구의 의의

1) 증거보전절차의 의의

공판정에서의 정상적인 증거조사가 있을 때까지 기다려서는 증거방법의 사용이 불가능하거나 현저히 곤란하게 될 염려가 있는 경우에 검사·피고인·피의자 또는 변호인의 청구에 의하여 판사가 미리 증거조사를 하여 그 결과를 보전하여 두는 제도

※ 제1회 공판기일 전에 한하여 수소법원 이외의 판사가 주체가 된다는 점에서 증거조사절차와 구별

2) 증거보전절차의 취지와 성질

제1회 공판기일 전에 인정되는 절차라는 점에서 주로 수사단계에서 인정되는 절차

수사단계에서 수사기관에게는 증거를 수집·보전하기 위한 여러 가지 강제처분 권한이 인정됨에 반하여 피의자와 피고인에게도 유리한 증거를 수집·보전할 필요가 있을 경우 판사의 힘을 빌릴 수 있도록 한 것임

(2) 증거보전의 요건

1) 증거보전의 필요성

증거를 보전하지 않으면 증거의 사용이 곤란할 것(제184조 1항)

※ 증거의 사용곤란에는 그 증거의 증거조사가 곤란한 경우뿐만 아니라 증명력에 변화가 있는 경우도 포함

※ 물증·서증에 대해서는 멸실·분산·은닉 또는 성상(성질과 모양)의 변경이 있는 경우, 증인에 대해서는 사망·해외여행의 경우뿐만 아니라 증언불능이나 진술변경의 경우도 포함, 검증에서는 현장 또는 원상의 보존이 불가능한 경우, 감정에 대해서는 멸실·훼손·변경 이외에 감정인을 증인으로 신문할 수 없는 경우도 포함

2) 제1회 공판기일 전

제1회 공판기일 후에는 수소법원에서의 증거조사가 가능하여 증거보전의 필요가 없기 때문

※ 제1회 공판기일 전인 이상 공소제기 전후 불문

제1회 공판기일이란 수소법원에서 증거조사가 가능한 단계를 의미

※ 재판장의 쟁점정리, 검사·변호인의 증거관계에 대한 진술 등 모두절차가 끝난 때 이후

※ 제1회 공판기일이 경과된 항소심이나 재심에는 허용되지 않음(84모15)

(3) 증거보전 절차

1) 증거보전 청구

① 청구권자

검사·피고인·피의자·변호인

※ 일본은 피고인 또는 피의자, 독일은 피의자에 대하여만 인정

※ 피의자가 아닌 형사입건되기 전의 자에게는 청구권 불허용(79도792)

※ 변호인의 청구권은 독립대리권(본인의 명시적 의사에 반하여 행사할 수 있는 것)

사법경찰관은 검사에게 증거보전의 청구를 신청하여야 함

② 청구방식

청구를 함에는 서면으로 그 사유를 소명하여야 함(제181조 3항)

※ 증거보전청구서에는 ① 사건의 개요 ② 증명할 사실 ③ 증거 및 보전의 방법 ④ 증거보전을 필요로 하는 사유 기재(규칙 92조)

③ 청구내용

청구할 수 있는 것은 압수·수색·검증·증인신문 또는 감정(제184조 제1항)

※ 따라서 피의자 또는 피고인의 신문을 청구할 수 없으나(72도2104), 공동피고인 또는 공범자를 증거보전절차에서 증인으로 신문하는 것은 가능(66도276)

2) 증거보전 처분

① 지방법원 판사의 결정

증거보전 요건이 갖추어지지 않는 경우 청구를 기각하고, 요건이 구비된 경우 별도의 명시적 결정을 하지 않고 바로 청구된 처분을 행함(청구에 대한 재판을 요하지 않음)

※ 기각결정에 대해서는 3일이내에 항고 가능(제184조 제4항)(증인신문청구 기각결정에 대해서는 항고불가와 비교)

② 판사의 권한

증거보전 청구를 받은 판사는 법원 또는 재판장과 동일한 권한 보유(동조 제2항)

※ 법원은 합의부와 단독판사를 의미하고, 재판장은 소송절차를 진행시키기 위한 권한만을 가지고 있으며, 심판에 있어서는 다른 법관과 동일한 권한을 가지는 데 불과함. 따라서 판사는 증인신문의 전제가 되는 소환·구인이 가능하고, 법원 또는 재판장이 행하는 경우와 같이 압수·수색·검증·증인신문·감정에 관한 규정이 준용됨

※ 증인신문을 하면서 피의자 및 변호인에게 미리 통지하지 아니하여 참여권을 부여하지 아니하였고, 증거조사에 이의신청을 하였다면 증인신문조서의 증거능력은 없고, 증인이 후에 법정에서 조서의 진정성립을 인정한다고 하여 다시 증거능력을 취득한다고 볼 수 없음(91도2337)

(4) 증거보전 후의 절차

1) 증거물의 열람·등사권

증거보전에 의하여 압수한 물건 또는 작성한 조서는 증거보전을 한 판사가 소속한 법원에 보관함

검사·피고인·피의자 또는 변호인은 판사의 허가를 얻어 그 서류와 증거물을 열람 또는 등사할 수 있음(제185조)

※ 피고인에는 증거보전을 청구한 피고인뿐만 아니라 공동피고인도 포함

※ 공동피고인의 변호인도 포함

※ 공동피의자는 피고인이 된 때에 비로소 열람·등사권 인정

※ 열람·등사 청구시기에는 제한이 없음(제1회 공판기일 전임을 요하지 않음)

2) 증거보전절차에서 작성된 조서의 증거능력

법원 또는 법관조서로서 당연히 증거능력 인정. 공판기일에 당사자의 신청에 의해 증거조사 과정을 거쳐 증거로 활용됨

※ 당사자 참여기회를 보장하지 않았거나(91도2337), 비공개 결정 없이 비공개로 증인신문을 한 때에는(2014도5939) 증인신문조서의 증거능력 부정

2. 증인신문 청구

(1) 증인신문 청구의 의의

참고인이 출석 또는 진술을 거부하는 경우 제1회 공판기일 전까지 검사의 청구에 의하여 판사가 그를 증인으로 신문하는 진술증거의 수집과 보전을 위한 대인적 강제처분

※ 수소법원의 증인신문과 구별, 청구권자가 검사로 제한되어 있는 것이 증거보전과 상이

참고인이라도 국가형벌권의 신속·적정한 실현과 신체진실 발견을 위하여 협조의무가 있다는 점에서 일정한 범위에서 출석과 진술 강제 필요

(2) 증인신문 청구 요건

1) 증인신문의 필요성

범죄수사에 없어서는 아니 될 사실을 안다고 명백히 인정되는 자가 수사기관의 출석요구

에 대하여 출석과 진술을 거부하는 경우(제221조의 2 제1항)

① 범죄수사에 없어서는 아니 될 사실

범죄의 증명에 없어서는 아니 될 사실보다는 넓은 개념으로 범죄의 성부에 관한 사실뿐만 아니라 정상에 관한 사실로서 기소·불기소의 결정과 양정에 중대한 영향을 미치는 사실도 포함

※ 피의자의 소재를 알고 있는 자나 범죄의 증명에 없어서는 안 될 지식을 가지고 있는 참고인의 소재를 알고 있는 자도 포함

※ 감정인은 대체적이므로 포함되지 않음

※ 공범자 또는 공동피의자도 다른 피의자에 대한 관계에서 증인이 될 수 있으므로 포함

② 출석거부와 진술거부

정당한 이유가 있는 경우에도 해당됨

※ 증언거부권이 있는 자에 대하여도 증인신문을 청구할 수 있음

※ 일부거부의 경우 범죄수사에 없어서는 안 될 부분일 때는 해당

※ 진술은 하였으나 서명·날인 거부의 경우도 해당(수사결과 보전을 위한 것이기 때문)

※ 진술번복 우려 사유는 1996. 12. 26. 헌재에서 적법절차 원칙과 공정한 재판을 받을 권리에 위배된다는 이유로 위헌결정(94헌마1)에 따라 실효됨

2) 제1회 공판기일 전

제1회 공판기일 전에 한하여 허용, 공소제기 전후 불문

(3) 증인신문 절차

1) 증인신문 청구

증인신문 청구는 검사에게 한정됨. 사법경찰관은 검사에게 신청.

2) 청구 심사

요건 구비 시 증인신문, 청구가 부적법하거나 요건이 구비되지 않은 때에는 결정으로 기각

※ 기각결정에 대하여 불복 불가(증거보전 기각결정의 경우 3일 이내 항고가능)

3) 증인신문 방법

청구받은 판사는 증인신문에 대하여 법원 또는 재판장과 동일한 권한(제221조의 2 제4항)

※ 증인신문에 당사자 참여권, 심문기일과 장소 통지수령권도 인정

(4) 증인신문 후의 조치

증인신문을 한 때에는 판사는 지체 없이 이에 관한 서류를 검사에게 송부하여야 함(제221조의 2 제6항)

※ 증거보전 시 작성조서는 법원에 보관

증인신문조서는 법관 면전조서로서 당연히 증거능력 인정, 공소제기 전 증인신문한 판사가 당해 사건의 제척대상이 되는지 여부에 대해 다수설과 판례는 전심재판의 기초되는 조사, 심리에 관여한 법관에 해당하지 않는다고 봄(71도974)

※ 참여권 미부여 증인신문 시 작성된 증인신문조서의 증거능력 부정(제97도2249)

※ 통신제한조치와 통신사실 확인자료 제공요청, 금융거래 추적, 가정보호사건에서의 임시조치

VI. 기타 강제수사방법

1. 통신제한조치와 통신사실 확인자료 제공요청

(1) 통신제한조치

1) 의의

통신제한조치는 통신 및 대화의 비밀에 관한 자유를 제한하는 강제수사 방법으로, 우편물의 검열과 전기통신의 감청으로 이루어짐(통신비밀보호법 제2조 제1호 내지 3호, 제3조 제2항)

※ 우편물의 검열은 우편물에 대하여 당사자의 동의 없이 이를 개봉하거나 기타의 방법으로 그 내용을 지득 또는 채록하거나 유치하는 것(통신비밀보호법 제2조 제6호)

※ 전기통신감청은 전기통신에 대하여 당사자의 동의 없이 전자장치·기계장치 등을 사용하여 통신의 음향·문언·부호·영상을 청취·공독하여 그 내용을 지득 또는 채록하거나 전기통신의 송·수신을 방해하는 것(동조 제7호)

법규정상 '송신하거나 수신하는 전기통신 행위'를 감청의 대상으로 규정하고 있어 감청의 대상은 송·수신과 동시에 이루어지는 경우만을 의미하고 이미 수신이 완료된 전기통신의 내용

을 지득하는 행위는 포함되지 않음(2012도4644)

2) 절차

① 범죄수사를 위한 통신제한 조치

ⓐ 청구권자

요건에 해당하는 경우 검사는 통신제한조치허가청구서를 청구할 수 있고, 사법경찰관은 검사에게 신청(동법 제6조 제2항)

ⓑ 허가요건 및 대상

통신제한조치는 내란의 범죄, 절도, 강도 등(동법 제5조 제1항 각호)을 계획 또는 실행하고 있거나 실행하였다고 의심할만한 충분한 이유가 있고(범죄혐의) 다른 방법으로는 그 범죄의 실행을 저지하거나 범인의 체포 또는 증거의 수집이 어려운 경우(보충성)(동법 제5조 제1항)

대상은 위 요건에 해당하는 자가 발송·수취하거나 송·수신하는 특정한 우편물이나 전기통신 또는 그 해당자가 일정한 기간에 걸쳐 발송·수취하거나 송·수신하는 우편물이나 전기통신(동법 동조 제2항)

※ 헌재는 2018. 8. 30. 인터넷회선(패킷감청, 데이터 전송단위) 감청 위헌확인 사건심판에서 객관적인 감독·통제 수단이나 감청자료의 처리 등을 확인할 수 있는 법적 장치가 제대로 마련되어 있지 아니하므로, 이러한 상태에서 패킷감청을 허용하는 것은 과잉금지원칙을 위반하여 청구인의 통신 및 사생활의 비밀과 자유를 침해한다고 헌법불합치 판단하고, 2020. 3. 31까지 잠정적용 보완입법 요구

이에 따라 2020. 3. 24. 법률 제17090호에 의해 제12조의 2(범죄수사를 위하여 인터넷 회선에 대한 통신제한조치로 취득한 자료의 관리) 규정 도입

ⓒ 관할법원

제한조치를 받을 통신당사자의 쌍방 또는 일방의 주소지·소재지, 범죄지 또는 통신당사자와 공범관계에 있는 자의 주소지·소재지를 관할하는 지방법원 또는 지원(동법 제6조 제3항)

ⓓ 청구방법

통신제한조치의 종류·목적·대상·범위·기간·집행장소·방법 및 당해 통신제한 조치가 동법 제5조 제1항의 허가요건을 충족하는 사유 등의 청구이유를 기재한 서면으로 하여

야 함

ⓔ 기간

통신제한조치기간은 2개월을 초과하지 못함. 허가요건이 존속하는 경우에는 2개월의 범위 내에서 기간의 연장이 가능하나 2010. 12. 28. 총연장 횟수의 제한이 없다는 점에서 헌법불합치 결정이 내려짐에 따라 2019. 12. 31. 강·절도의 경우 1년, 내란 등 중대범죄의 경우 3년으로 기간 제한규정을 신설하였음

② 국가안보를 위한 통신제한조치

정보수사기관의 장은 국가안전보장에 상당한 위험이 예상되는 경우 또는 「국민보호와 공공안전을 위한 테러방지법」 제2조 제6호의 대테러활동에 필요한 경우에 한하여 그 위해를 방지하기 위하여 이에 관한 정보수집이 특히 필요한 때에는 고등법원 수석부장판사의 허가 또는 대통령의 승인을 얻어 통신제한 조치 가능

※ 통신의 일방 또는 쌍방당사자가 내국인인 때에는 고등법원 수석판사의 허가를 받아야 한다. 다만, 군용전기통신법 제2조의 규정에 의한 군용전기통신(작전수행을 위한 전기통신에 한한다)에 대하여는 그러하지 아니함

※ 대한민국에 적대하는 국가, 반국가활동의 혐의가 있는 외국의 기관·단체와 외국인, 대한민국의 통치권이 사실상 미치지 아니하는 한반도 내의 집단이나 외국에 소재하는 그 산하단체의 구성원의 통신인 때 및 군용전기통신의 경우에는 서면으로 대통령의 승인을 얻어야 함

기간은 4개월을 초과하지 못하고, 4월의 범위 내에서 통신제한조치의 기간을 연장할 수 있다. 다만, 군용전기통신에 대한 통신제한조치는 전시·사변 또는 이에 준하는 국가비상사태에 있어서 적과 교전상태에 있는 때에는 작전이 종료될 때까지 대통령의 승인을 얻지 아니하고 기간을 연장할 수 있음

③ 긴급통신제한조치

수사기관은 통상의 절차를 거칠 수 없는 긴급한 사유가 있는 때에는 법원의 허가 없이 통신제한조치를 할 수 있음(동법 제8조 제1항)

※ 긴급통신제한 조치를 한 때로부터 36시간 이내에 법원의 허가를 받아야 하며 받지 못한 경우 즉시 중지하여야 함(동조 제2항)

사법경찰관이 긴급통신제한조치를 할 경우 미리 검사의 지휘를 받아야 하나 급속을 요하

여 미리 지휘를 받을 수 없는 사유가 있는 경우 조치 집행착수 후 지체 없이 검사의 승인을 얻어야 함(동조 제3항)

3) 통신제한조치의 집행 및 통지

범죄수사를 위한 통신제한조치, 국가안보를 위한 통신제한조치, 긴급통신제한조치는 이를 청구 또는 신청한 검사·사법경찰관 또는 정보수사기관의 장이 집행

※ 이 경우 체신관서 기타 관련기관 등에 그 집행을 위탁하거나 집행에 관한 협조를 요청할 수 있음(동법 제9조 제1항)

검사는 통신제한조치를 집행한 사건에 대하여 공소를 제기하거나, 공소를 제기 또는 입건하지 아니하는 처분(기소중지·참고인 중지 결정 제외)을 한 때에는 그 처분을 한 때로부터 30일 이내에, 우편물 검열의 경우 그 대상자에게, 감청의 경우 그 대상 된 전기통신의 가입자에게 집행사실과 집행기관 및 그 기간 등을 서면으로 통지하여야 함

※ 다만, 고위공직자범죄수사처 검사는 「고위공직자범죄수사처 설치 및 운영에 관한 법률」 제26조 제1항(공수처 사건 외)에 따라 서울중앙지방검찰청 소속 검사에게 관계 서류와 증거물을 송부한 사건에 관하여 이를 처리하는 검사로부터 공소를 제기하거나 제기하지 아니하는 처분(기소중지결정, 참고인중지결정은 제외한다)의 통보를 받은 경우에도 그 통보를 받은 날부터 30일 이내에 서면으로 통지(동법 제9조의 2 제1항)

※ 사법경찰관은 검사로부터 공소를 제기하거나 제기하지 아니하는 처분의 통보를 받거나 내사사건에 관하여 입건하지 아니하는 처분을 한 때, 정보수사기관의 장은 통신제한 조치를 종료한 때 위와 같은 통지를 행함(동법 제9조의 2 제2항, 제3항)

※ 검사 또는 사법경찰관에 통지를 유예하려고 하는 경우 관할지방검찰청 검사장의 승인을 받아야 하고, 공수처 검사의 경우 공수처장, 군검사 및 군사법경찰관의 경우 보통검찰부장의 승인 필요(동법 제9조의 2 제5항)

※ 검사 또는 사법경찰관이 송·수신이 완료된 전기통신에 대하여 압수·수색·

검증을 집행한 경우 위와 같은 통지 필요(동법 제9조의3)

4) 취득자료의 비공개 및 사용제한

통신제한조치에 관여한 공무원 또는 그 직에 있었던 자 및 통신기관의 직원 또는 그 직에 있었던 자는 직무상 알게 된 통신제한조치에 관한 사항을 외부에 공개하거나 누설하여서는 아니 되며. 이들 이외의 자들도 통신제한조치로 취득한 내용은 동법의 규정에 의하여 사용하는 경우 외에는 외부에 공개하거나 누설하여서는 아니 됨(동법 제11조)

통신제한조치의 집행에 의하여 취득한 우편물 또는 그 내용과 전기통신의 내용은 통신제한조치의 목적이 된 동법 제5조 제1항에 규정된 범죄나 이와 관련되는 범죄를 수사·소추하거나, 범죄예방, 징계절차, 통신의 당사자가 제기하는 손해배상청구소송에서 사용하는 경우, 기타 다른 법률의 규정에 의하여 사용하는 경우 외에는 사용 불가(동법 제12조)

(2) 통신사실 확인자료 제공요청

1) 의의

전기통신일시, 전기통신개시 및 종료시간, 발착신 통신번호, 사용도수, 컴퓨터통신·인터넷의 로그기록, 정보통신망에 접속된 추적자료 등의 자료는 통신제한조치와 구별되는 통신사실 확인자료(통신비밀보호법 제2조 11호)로서 법원의 허가를 얻어 열람하는 강제수사의 한 방법

※ 통신자료제공요청(관서장 결재 후 전자문서로 송부)

전기통신사업법 제83조 제3항에 따라, 이용자의 성명, 주민등록번호, 주소, 전화번호, 아이디, 가입일 또는 해지일은 '통신사실 확인자료'에 해당하지 않으므로 영장 없이 통신사에 대한 공문인 자료제공요청서만으로 확인 가능

√ 주로 피고소인에 대한 인적사항을 모르면서 핸드폰 번호만 아는 경우 수사기관에서 이용하고, 범인에 대해서 핸드폰만 확인된 경우 추가적인 인적사항을 특정하기 위해 사용됨

컴퓨터와 통신의 발전에 따라 정보통신망 가입자 명의(ID), IP(Internet Protocol)주소, 접속기록(Log File), 전자우편을 통하여 인적사항과 소재를 파악하거나 휴대폰 실시간 위치추적 정보를 문자 메시지로 전달받아 피의자 검거에 활용하고 있음

2) 범죄수사 또는 형집행을 위한 통신사실 확인자료제공 요청

① 청구권자

검사는 범죄수사 등을 위하여 필요한 경우 서면으로 관할 지방법원 또는 지원의 허가를 받아 「통신사실 확인자료제공 요청서」에 의하여 전기통신사업자에게 통신사실 확인자료의 제공을 요청할 수 있음(통신비밀보호법 제13조 제1항, 제2항)

※ 사법경찰관은 검사에게 허가를 신청

② 허가요건

범죄수사 또는 형의 집행을 위하여 필요한 경우 청구가능(동법 제13조 제1항)

※ 통신제한조치보다 요건 완화되어 있고, 범죄수사 외에 형집행을 위해서도 가능

※ 소방 등 긴급구조기관은 급박한 위험으로부터 생명·신체를 보호하기 위해 개인위치정보주체, 배우자, 2촌 이내의 친족 또는 「민법」 제928조에 따른 미성년후견인의 긴급구조요청이 있는 경우 배우자 등의 긴급구호요청이 있는 경우 위치정보사업자에게 개인위치정보의 제공요청 가능(위치정보의 보호 및 이용 등에 관한 법률 제29조 1항)

※ 경찰의 경우 ① 생명·신체를 위협하는 급박한 위험으로부터 자신 또는 다른 사람 등 구조가 필요한 사람을 보호하기 위하여 구조를 요청한 경우 구조를 요청한 자의 개인위치정보, ② 구조받을 사람이 다른 사람에게 구조를 요청한 경우 구조받을 사람의 개인위치정보 ③ 실종아동 등의 생명·신체를 보호하기 위하여 보호자가 실종아동 등에 대한 긴급구조를 요청한 경우 실종아동 등의 개인위치정보(동법 제2항)

√ ②의 경우 다른 사람이 구조를 요청한 경우 경찰관서는 구조받을 사람의 의사를 확인하여야 함(구조받을 사람의 생명·신체에 대한 뚜렷한 위험을 초래할 우려가 있다고 판단될 경우 위치정보제공요청을 우선 시행하고 사후 확인(시행령 제28조의 2 제2항)

③ 관할 법원: 통신제한 조치와 동일

④ 청구방법

요청사유, 해당가입자와의 연관성 및 필요한 자료의 범위를 기록한 서면인 「통신사실 확인자료 제공요청 허가청구서」로 하여야 하며, 청구이유에 대한 소명자료를 첨부하여야 함

⑤ 긴급 통신사실 확인자료 제공요청

검사와 사법경찰관은 법원의 허가를 받을 수 없는 긴급한 사유가 있을 때에는 통신사실

확인자료를 요청한 후 지체 없이 그 허가를 받아 전기통신사업자에게 송부하여야 함(동법 제13조 제2항 단서)

※ 긴급통신사실 확인자료 제공요청 시 긴급 통신제한조치와 달리 검사의 사전지휘를 요하지 아니하나, 사후 법원의 허가를 받으면서 검사를 경유하게 되어 사후 통제를 받게 됨

통신사실 확인자료 제공 후 법원의 허가를 받지 못한 경우 제공받은 통신사실 확인자료는 지체 없이 폐기해야 함(동조 제3항)

※ 통신사실 확인자료제공의 통지, 비밀준수 의무 및 자료의 사용제한은 통신제한조치와 같음

3) 국가안보를 위한 통신사실 확인자료 제공요청

정보수사기관의 장은 국가안전보장에 대한 위해를 방지하기 위하여 정보수집이 필요한 경우에는 통신 주체의 국적 및 통신내용 등에 따라 고등법원 수석부장판사의 허가 또는 대통령의 승인을 얻어 전기통신사업자에게 통신사실 확인자료 제공을 요청할 수 있음

※ 요건과 절차, 긴급한 경우의 방법 및 통지는 국가안보를 위한 통신제한조치 허가 청구와 동일

2. 금융거래 추적

(1) 의의

금융거래 내용에 대한 정보 또는 자료를 명확히 파악하기 위하여 대상자 또는 그의 거래처 등 관련자가 거래한 금융기관의 회계서류를 조회·확인·검색함으로써 자금의 이동경로를 확인하는 것을 말함

※ 사건전말에 대한 윤곽 파악뿐만 아니라 허위진술 시 금융거래자료를 제시하면서 신문할 수 있는 수단이 되는 중요한 수사방법

(2) 절차

1) 영장에 의한 경우

금융거래 추적의 경우 검사는 일반적인 압수·수색·검증영장 청구서와는 다른 양식으로 되어 있는 '금융계좌추적용 압수·수색·검증영장 청구서'를 사용하여 법원에 청구하고 법관은 이를 발부함

※ 일반영장의 경우와 동일한 양식이나 대상계좌에서 계좌명의인, 개설은행·계좌번호, 거래기간, 거래정보 등의 내용이 추가됨

금융거래 추적범위와 관련하여 범죄사실 혐의 입증에 필요 최소한도의 범위 내에서 이루어져야 함

※ 대상계좌 및 그 직전 직후로 연결된 계좌 원칙(인권보호수사준칙 제30조)

※ 그러나 연결된 계좌까지 전부 신속히 추적해야만 실체적 진실을 발견할 수 있는 경우 필요성을 상세히 소명하여 '대상계좌 및 입금자원 또는 출금자원이 직전 직후에 걸쳐서 순차적으로 연결된 계좌'로 된 영장 청구

2) 예금주의 동의에 의한 경우

수사기관은 예금주의 동의를 받아 금융기관에 정보제공을 요구할 수 있음(금융실명거래 및 비밀보장에 관한 법률 제4조 제1항)

※ 동의서에는 거래정보 등을 제공받을 자, 거래정보 등을 제공할 금융기관, 제공할 거래정보 등의 범위, 동의서의 작성연월일, 동의서의 유효기간, 명의인이 당해 금융기관에 등록한 인감 또는 읍면동사무소에 등록한 인감의 날인 필요

3) 정보제공요구의 형식

자의적인 정보제공요구를 방지하기 위해 금융위원회가 정하는 표준양식인 '금융거래정보의 제공요구서'로 특정점포에 이를 요구해야 함(동법 제4조 제2항)

※ 제공요구서에는 명의인의 인적사항, 요구대상 거래기간, 요구의 법적근거, 사용목적, 요구하는 거래정보 등의 내용, 교부하는 거래기관의 담당자 및 책임자의 성명 및 직책 등이 포함됨

4) 정보제공사실의 통보

금융기관은 금융거래정보 등을 제공한 경우에는 제공한 날로부터 10일 이내에 제공한 정보의 주요내용·사용목적·제공받은 자 및 제공일자 등을 명의인에게 서면으로 통보해야 함(동법 제4조의 2 제1항)

※ 다만 통보가 사람의 생명이나 신체의 안전을 위협할 우려가 있거나 증거인멸, 증인위협 등 공정한 사법절차의 진행을 방해할 우려가 있는 경우 수사기관은 금융기관에 서면으로 6개월 범위 내에서 통보유예를 요청할 수 있음(동법 제4조의 2 제2항)

3. 가정보호사건에서의 임시조치

(1) 의의

가정보호사건은 「가정폭력범죄의 처벌 등에 관한 특례법」 제2조 제3호에 규정된 가정폭력범죄로 인하여 동법상 보호처분의 대상이 되는 사건을 말함

「임시조치」는 판사가 가정보호사건의 조사·심리 또는 피해자 보호를 위하여 필요하다고 인정할 때 행위자에게 취하는 조치

※ 검사는 판사에게 임시조치를 청구하고, 사법경찰관은 검사에게 신청

(2) 요건 및 내용

검사는 가정폭력범죄가 재발될 우려가 있다고 인정하는 경우 직권 또는 사법경찰관의 신청에 의하여 법원에 가정폭력행위자에게 '피해자 또는 가정구성원의 주거 또는 점유하는 방실로부터의 퇴거 등 격리' 또는 '피해자 또는 가정구성원의 주거, 직장 등에서 100미터 이내 접근금지', '피해자 또는 가정구성원에 대한 전기통신을 이용한 접근금지' 등 청구가능(특례법 제8조 제1항)

※ 임시조치를 위반하여 가정폭력범죄가 재발될 우려가 있다고 인정하는 때, 검사는 직권 또는 사법경찰관의 신청에 의하여 '유치장 또는 구치소에의 유치'를 청구할 수 있음(동법 제8조 제2항)

※ 격리 및 접근금지기간은 2개월, 유치기간은 1개월 초과 불가, 다만 피해자 보호를 위해 필요한 경우 격리 및 접근금지는 2회, 유치는 1회에 한하여 연장가능(동법 제29조 제5항)

(3) 절차

사법경찰관은 임시조치청구서를 검사에게 신청하고 검사는 판사에게 청구

검사는 법원의 임시조치결정을 직접 집행하거나 사법경찰관리로 하여금 집행하게 할 수 있고, 임시조치의 결정을 집행한 경우 집행일시 및 집행방법을 기재한 서면을 기록에 편철하여야 함

제3장 수사의 종결

제1절 수사기관의 수사종결

I. 수사절차의 종결

범죄사실이 명백하게 되었거나 또는 수사를 계속할 필요가 없는 경우에 수사를 종결함(기소와 불기소)

수사가 기소로 종결되는 경우 공소유지 및 공소유지 여부를 결정하기 위해 추가적인 수사가 가능하며, 불기소 처분 후에도 수사재개는 가능

※ 기소 후 가능한 수사범위에 대해서 인신구속은 절대적으로 제한되고, 압수·수색은 원칙적으로 제한되나 피고인에 대한 구속영장을 집행하는 경우(제216조 2항), 임의제출물의 압수는 가능,
임의수사인 피고인 신문에 대해서는 적극설, 소극설, 절충설(제1회 공판기일限)로 견해가 나뉘며 소극설에서도 피고인이 검사면접을 요구하는 경우, 위장자수와 같이 공범자 또는 진범이 발견되어 피고인에 대한 신문이 불가피한 경

우에는 가능하다고 봄

참고인 조사의 허용여부에 대해 통설은 임의수사로 원칙적으로 공소제기 후에도 허용되나 피고인에게 유리한 증언을 한 증인을 수사기관이 법정 외에서 다시 참고인으로 조사하여 진술을 번복하게 하는 것은 수사의 공정성과 공판절차의 소송적 구조를 파괴하는 것으로 허용되지 않는다는 입장

판례도 같은 맥락에서 증언 후 참고인 조사(99도1108), 참고인의 번복 진술조서의 증거능력 배제(2012도534), 수사기관이 사전 진술조서 작성 후 참고인이 증인으로 출석한 경우 진술조서의 성립인정과 반대신문권이 보장되더라도 증거능력 배제(2018도2236) 입장을 취하고 있음(공소제기 후 수사의 허용범위에서 상세 설명)

수사종결권자와 관련 2021. 1. 1. 개정 형소법 시행 이전에는 검사만 할 수 있었으나, 형소법 개정에 의해 경찰이 수사한 결과 범죄혐의가 인정되지 않는 경우 경찰에서 종결할 수 있게 되었음(제245조의 5 제2호)

※ 사법경찰관은 혐의 인정 시 검사에게 송치하고, 혐의가 인정되지 않는 경우 지체 없이 검사에게 서류와 증거물을 송부하고 검사는 송부받은 날로부터 90일 내에 반환하여야 하고 검사에게 송부한 날로부터 7일 이내에 사건관계인에게도 불송치결정 통지서를 통지하게 됨

검사는 형사조정에 회부한 사건을 수사하고 처리함에 있어 형사조정 결과를 고려할 수 있음(범죄피해자 보호법 제45조 4항)
검사는 범죄피해자가 입은 손해를 실질적으로 회복하는데 필요한 경우 당사자의 신청 또는 직권으로 수사 중인 형사사건을 형사조정에 회부할 수 있음(동법 제41조 1항)

※ 대상사건은 차용금, 공사대금, 투자금 등 사기, 횡령, 배임 등으로 고소된 재산범죄사건, 개인 간 명예훼손, 모욕, 지식재산권 침해, 의료분쟁, 체불임금 등 사적분쟁에 대한 고소사건, 기타 형사조정 회부에 적합하다고 판단되는 고소사건, 위에 해당하는 고소 외의 사건 등(형사조정실무 운용지침 제3조, 대검찰

청 예규)

※ 조정성립에 따른 사건처리는 고소가 취소되거나 합의서가 작성된 사건 중 친고죄나 반의사 불벌죄에 해당하는 경우 각하 처분하되, 관련자료 등의 검토로 범죄혐의가 있다고 사료되는 경우 수사 후 처벌 시 감경가능

검사는 공소제기와 불기소 처분 등의 투명성과 공정성을 담보하기 위해 검찰시민위원회 운영(검찰시민위원회 운영지침, 대검찰청 예규)

※ 기소·불기소 외에 구속취소, 구속영장 청구 및 재청구 여부 결정 시에도 활용(검사의 요청과 지방검찰청 지검장에게 사전 보고)

II. 사법경찰관의 사건처리

사법경찰관의 사건처리 결정에는 법원송치, 불송치, 검찰송치, 수사중지, 이송이 있음(수사준칙에 관한 규정 제51조 1항, 대통령령)

1. 법원송치

경찰서장은 소년법 제4조 제2항에 따라 소년보호사건을 법원에 송치하는 경우에는 소년보호사건송치서를 작성하여 사건기록에 편철하고 관계서류와 증거물을 가정법원 소년부 또는 지방법원 소년부에 송부해야 함(수사규칙 제107조)

※ 형벌 법령에 저촉되는 행위를 한 10세 이상 14세 미만인 소년, 다음 각 사유에 해당하는 사유가 있고 그의 성격이나 환경에 비추어 앞으로 형벌 법령에 저촉되는 행위를 할 우려가 있는 10세 이상인 소년

√ 사유로는 ① 집단적으로 몰려다니며 주위 사람들에게 불안감을 조성하는 성벽(性癖)이 있을 것, ② 정당한 이유 없이 가출하는 것, ③ 술을 마시고 소란을 피우거나 유해환경에 접하는 성벽이 있을 것(소년법 제4조 제2항)

※ 그 외 죄를 범한 소년범의 경우 일반형사사건과 동일하게 처리하고, 검사는 소년에 대한 피의사건을 수사한 결과 보호처분에 해당하는 사유가 있다고 인정한 경우에는 사건을 관할 소년부에 송치하여야 함(동법 제49조 제1항)

2. 불송치

불송치 결정이란 경찰이 수사한 결과 범죄혐의가 인정되지 않는 경우 사건을 검찰에 송치하지 않는 결정을 의미

※ 불송치 사유는 혐의 없음, 죄 안 됨, 공소권 없음, 각하가 있으며, 과거의 전건송치주의에서 선별송치주의로 개정되었음(수사규칙 제108조)

1) 혐의 없음

피의사건에 관하여 공소를 제기함에 충분한 객관적 혐의가 없는 경우로 피의사실이 범죄를 구성하지 아니하거나 인정되지 않는 경우(범죄인정 안 됨) 또는 피의사실을 인정할 만한 증거가 없는 경우(증거불충분)(수사규칙 제108조 제1항 제1호)

2) 죄가 안 됨

범죄구성요건에 해당하나 법률상 범죄의 성립을 조각하는 사유가 있어 범죄를 구성하지 아니하는 경우(수사규칙 제108조 제1항 제2호)

※ 위법성조각사유나 책임조각사유가 있는 경우(형사미성년자 또는 심신상실인 때)

3) 공소권 없음

피의사건에 관하여 소송조건이 결여되었거나 형이 면제되는 경우(친족 간 증거인멸이나 은닉 등)(수사규칙 제108조 제1항 제3호)

4) 각하

① 고소인 또는 고발인의 진술이나 고소장 또는 고발장에 따라 혐의 없음·죄 안 됨·공소권 없음 사유에 해당함이 명백하여 더 이상 수사를 진행할 필요가 없다고 판단되는 경우, ② 동일사건에 대하여 사법경찰관의 불송치 또는 검사의 불기소가 있었던 사실을 발견한 경우 새로운 증거 등이 없어 다시 수사해도 동일하게 결정될 것이 명백하다고 판단되는 경우, ③ 고소인·고발인이 출석요구에 응하지 않거나 소재불명이 되어 고소인·고발인에 대한 진술을 청취할 수 없고, 제출된 증거 및 관련자 등의 진술에 의해서도 수사를 진행할 필요성이 없다고 판단되는 경우, ④ 고발이 진위 여부가 불분명한 언론 보도나 인터넷 등 정보통신망의 게시물, 익명의 제보, 고발 내용과 직접적인 관련이 없는 제3자로부터의 전문(傳聞)이나 풍문 또는 고발인의 추측만을 근거로 한 경우 등으로서 수사를 개시할 만한 구체적인 사유나 정황이 충분하지 않은 경우

※ 검사의 각하사유로 한 가지가 더 추가됨

고소·고발 사건(진정 또는 신고를 단서로 수사개시된 사건을 포함한다)의 사안의 경중 및 경위, 피해회복 및 처벌의사 여부, 고소인·고발인·피해자와 피고소인·피고발인·피의자와의 관계, 분쟁의 종국적 해결 여부 등을 고려할 때 수사 또는 소추에 관한 공공의 이익이 없거나 극히 적은 경우로서 수사를 개시·진행할 필요성이 인정되지 않는 경우(검찰사건사무규칙(이하 검사규칙) 제115조 제3항 제5호)

3. 검찰송치

검찰송치에는 책임송치와 법정송치가 있음

※ 책임송치는 경찰이 책임수사 후 범죄혐의가 있다고 판단·결정하여 사건을 검사에게 송치하는 것을 의미(수사준칙 제64조, 경찰수사실무지침(책임·법정송치와 불송치에 관한 지침))

※ 법정송치는 형소법, 수사준칙 등에서 정한 일정요건을 충족할 경우 경찰에서 사건송치 의무가 부여되는 것을 의미(시정조치요구, 수사경합, 체포·구속장소 감찰, 재정신청, 이의신청, 재수사후 송치요구, 가정폭력·아동보호사건 송치)

4. 수사중지

사법경찰관은 피의자가 소재불명이거나 2개월 이상 해외 체류나 중병 등으로 조사가 불가능한 경우, 의료사고나 교통사고 등 사건 수사의 종결을 위한 감정에 상당한 기간이 소요되거나, 다른 기관의 결정이나 재판의 결과가 수사에 필요하나 상당한 시일이 소요되는 경우, 종결을 위한 중요 증거자료가 외국에 소재하고 있어 상당한 시일이 소요되는 경우 등의 사유의 경우 피의자 중지,

참고인·고소인·고발인·피해자 또는 같은 사건 피의자의 소재불명으로 수사를 종결할 수 없는 경우에 참고인 중지결정을 할 수 있음(수사규칙 제98조)

※ 수사중지 결정 시 매월 1회 이상 해소여부를 확인하여야 함(동 규칙 제99조)

5. 이송

이송에는 사법경찰관의 검사 또는 수사기관 이송과 검사의 사법경찰관 이송 2가지가 있음

(1) 사법경찰관의 검사 또는 타 수사기관 이송

필수적 이송과 임의적 이송이 있음. 필수적 이송은 사건관할이 없거나 다른 기관의 소관사항으로 경찰의 수사사항이 아닌 경우, 법령에서 다른 기관에 이송의무를 부여한 경우(경찰수사규칙(행안부령, 이하 수사규칙) 제96조 제1항, 제1호, 제2호),

※ 수사준칙 제51조 3항에서 '죄 안 됨', '공소권 없음' 결정의 경우에도 ① 형법 제10조 제1항에 따라 벌할 수 없는 경우, ② 기소되어 사실심 계속 중인 사건과 포괄일죄를 구성하는 관계에 있는 경우는 이송토록 하고 있는데 ①의 경우 치료감호는 법률상 검사만이 치료감호청구권자로 규정되어 있기 때문이고, ②의 경우는 공소유지를 담당하고 있는 검사가 필요시 공소장 변경 등을 해야 하기 때문에 필수적인 이송으로 규정

임의적 이송은 다른 경찰관서나 기간에서 수사 중인 사건과 병합 처리하는 것으로 이송 받을 기관과 협의된 경우, 해당 경찰관서에서 수사하는 것이 부적당한 경우(수사규칙 제96조 제2항 제2호)에 이루어짐

(2) 검사의 사법경찰관 이송

검사의 사법경찰관 이송에는 필수적 이송과 임의적 이송이 있음. 필수적 이송은 검사의 수사개시범위를 벗어나는 사건이 검찰에 접수되는 경우, 검사의 수사개시이후 수사개시범위에 해당되지 않는다고 판단되는 경우(수사준칙 제18조 제1항 제1호, 제2호), 임의적 이송은 검사가 직접수사개시 이후 수사개시 범위에 해당되지 않음을 확인했으나 영장 등이 발부된 경우, 경합 시 경찰이 우선하는 경우, 검사의 수사개시범위 내 사건이지만 다른 기관에서 수사하는 것이 적절하다고 판단되는 경우(수사준칙 제18조 제1항 제1호 단서, 제2항 제1호, 제2호)

III. 사법경찰관의 처분통지

1. 고소인 등과 피의자에 대한 처분통지

사법경찰관이 수사준칙 제51조에 따른 결정(경찰의 사건처리)을 한 경우에는 그 내용을 고소인·고발인·피해자 또는 그 법정대리인(피해자가 사망한 경우에는 그 배우자 ·직계친족·형제자매 포함)과 피의자에게 7일 이내에 통지해야 함(수사준칙 제53조 제2항, 수사규칙 제

97조 제1항)

※ 피의자 중지결정 시에는 고소인 등에게만 통지(수사준칙 제53조 1항 단서)

※ 형소법에서는 불송치나 이송의 경우 고소인 등에게만 통지토록 규정하고 있으나 수사준칙에서 범위를 확대규정(형소법 제245조의 6)

2. 불송치 결정 시 통지

불송치 결정 시 송치하지 아니하는 취지와 그 이유를 고소인 등에게 통지하여야 하며, 불송치결정 시 이유를 명시한 서면과 함께 관계 서류와 증거물을 지체 없이 검사에게 송부하여야 하며, 이 경우 검사는 송부받은 날부터 90일 이내에 사법경찰관에게 반환하여야 함(제 245조의 5 제2호)

3. 불송치 결정에 대한 이의신청과 재수사

불송치 통지를 받은 고소인 등은 해당 사법경찰관 소속 관서의 장에게 이의를 신청할 수 있고, 이때 사법경찰관은 지체 없이 검사에게 사건을 송치하고 관계 서류와 증거물을 송부하여야 하며, 처리결과와 그 이유를 신청인에게 통지하여야 함(제245조의 7)

이때 검사는 사법경찰관의 불송치 결정이 위법 또는 부당한 때에는 그 이유를 문서로 명시하여 사법경찰관에게 재수사를 요청할 수 있고, 사법경찰관은 검사의 요청이 있는 때에는 사건을 재수사하여야 함(제245조의 8)

※ 불송치 처분 통지대상과 이의신청 대상은 법률을 동일하게 고소인 등으로 한정하고 있어 이의신청은 고소인 등에 한정되나, 통지대상은 수사준칙상 규정으로 피의자 등에게도 확대되어있음

IV. 검사의 사건처리

검사의 사건처리에는 공소제기·불기소처분 및 타관송치가 있음

1. 공소제기

수사결과 범죄의 객관적 혐의가 충분하고 소송조건을 구비하여 유죄판결을 받을 수 있다고 인정할 때에 검사는 공소를 제기(제246조)

※ 약식명령은 공소제기와 동시에 서면으로 하여야 함(제449조)

※ 약식명령이란 지방법원 관할사건에 대하여 검사의 청구가 있는 때에 공판 절차를 경유하지 않고 검사가 제출한 자료만을 조사하여 약식명령으로 피고인에게 벌금·과료 또는 몰수의 형을 과하는 간이한 재판절차에 의해 형을 선고하는 재판을 말함(자백 불요)

2. 불기소처분

불기소처분에는 협의의 불기소처분과 기소유예·기소중지·참고인중지가 있음

(1) 협의의 불기소처분

경찰의 불송치 처분과 동일하게 혐의 없음, 죄가 안 됨, 공소권 없음, 각하 처분 있음

(2) 기소유예

피의사건에 관하여 범죄혐의가 인정되고 소송조건이 구비되었으나 범인의 연령, 성행, 지능과 환경, 범행 동기, 수단과 결과, 범행 후의 정황 등을 참작하여 공소를 제기하지 아니하는 것(제247조)

※ 소년이나 학생 노령, 유전적 질환, 상습성 여부, 사리분별능력, 가정환경이나 보호자나 감독자 유무, 처벌 시 가족 등에게 미치는 영향, 우발범여부, 범행수단의 위험성, 사회의 관심 및 사회에 미치는 영향, 합의여부 등 종합고려

※ 서약서 징수, 보호알선, 선도조건부, 보호관찰소 선도조건부, 가정폭력 상담조건부, 성 구매자 교육프로그램이수 조건부 기소유예 등이 있음

(3) 기소중지와 참고인 중지

기소중지는 피의자 소재불명 등의 사유로 수사를 종결할 수 없는 경우 그 사유가 해소될 때까지 검사가 행하는 처분이며(검사규칙 제120조), 참고인 중지는 경찰의 참고인 중지와 동일함(검사규칙 제121조)

※ 피의자 소재가 불명인 때에도 협의의 불기소처분이나 기소유예 가능

(4) 공소보류

공소제기가 가능함에도 공소제기를 2년간 보류하는 일종의 중간 처분으로서 국가보안법 위반사건에 대해서만 인정됨(국가보안법 제20조 제1항, 검찰규칙 제125조)

공소보류 처분 후 법무부장관이 정한 감시·보도에 관한 규칙에 위반한 때에는 공소보류 처분을 취소하고, 사건을 재기하여 공소를 제기할 수 있음

※ 그러나 취소 없이 2년을 경과하면 더 이상 공소를 제기할 수 없게 됨(동법 제20조 제2항~제4항)

3. 송치결정

송치결정에는 소년보호사건 송치, 가정보호사건 송치, 성매매보호사건, 아동보호사건 등과 같은 보호사건의 경우 관할법원 가정법원 또는 지방법원에 보내는 보호사건 송치가 있고, 관할권이 없거나 수사의 필요성이 있는 경우의 타관송치나 군사법원의 재판관이 있는 경우의 군검찰관 송치 등과 같은 이송이 있음

※ 소년사건 수사결과 벌금 이하의 형에 해당하거나 보호처분에 해당하는 사유가 있다고 인정되는 경우(소년법 제49조 제1항), 가정폭력사건(가정폭력범죄의 처벌 등에 관한 특례법 제9조, 제11조 제1항), 성매매사건(성매매알선 등 행위의 처벌에 관한 법률 제12조, 제13조), 아동학대사건(아동학대범죄의 처벌 등에 관한 특례법 제27조, 제28조 제1항)

V. 검사의 처분통지

1. 고소인 등에 대한 처분통지

검사는 고소 또는 고발 있는 사건에 대하여 공소를 제기하거나 제기하지 아니하는 처분, 공소의 취소 또는 타관송치를 한 때에는 그 처분을 한 날로부터 7일 이내에 서면으로 고소인 또는 고발인에게 그 취지를 통지하여야 함(제258조 제1항)

※ 수사준칙 제정으로 피의자에게도 검사의 사건처리 결정에 대하여 통보의무 규정(수사준칙 제53조)

또한 검사는 범죄로 인한 피해자 또는 그 법정대리인(피해자가 사망한 경우에는 그 배우자·직계친족·형제자매를 포함)의 신청이 있는 때에는 당해 사건의 공소제기여부, 공판의 일시·장소, 재판결과, 피의자·피고인의 구속·석방 등 구금에 관한 사실 등을 신속하게 통지하여야 함(제259조의 2)

2. 피의자에 대한 통지

검사는 불기소 또는 타관송치의 처분을 한 때에는 피의자에게 즉시 그 취지를 통지하여야 함(제258조 제2항)

3. 불기소 이유의 고지

검사는 고소 또는 고발이 있는 사건에 관하여 공소를 제기하지 아니하는 처분을 한 경우에 고소인 또는 고발인의 청구가 있는 때에는 7일 이내에 고소인 또는 고발인에게 그 이유를 서면으로 설명하여야 함(제259조)

VI. 불기소처분에 대한 불복

검사의 불기소처분에 대한 고소인 또는 고발인의 불복수단은 재정신청과 검찰청법에 의한 항고·재항고가 있음

1. 재정신청

(1) 신청권자

검사로부터 불기소처분 통지를 받은 고소인, 형법 제123조 내지 제126조의 죄(직권남용, 불법체포·감금, 폭행·가혹행위, 피의사실공표죄)에 대한 고발자에 한정됨

※ 진정인은 재정신청 불가능하나 항고와 재항고는 가능

(2) 신청대상

고소사건은 모든 범죄, 고발은 직권남용범죄 등에 한하여 검사가 공소를 제기하지 아니하는 처분을 하였을 때 가능

※ 피의사실 공표죄의 경우 피공표자의 명시한 의사에 반하여 재정신청 불가
(형소법 제260조 제1항 단서)

※ 공직선거법 제273조, 부패방지 및 국민권익위원회의 설치와 운영에 관한
법률 제61조에서도 재정신청 대상을 규정

공소를 제기하지 아니하는 처분은 불기소·기소중지·참고인중지의 각 처분을 말하고 보호사건송치 또는 이송처분은 제외

(3) 절차

1) 신청

검사의 불기소처분 통지를 받은 고소인 또는 고발인이 재정신청을 하려면 검찰청법 제10조에 따른 항고를 거쳐야 함(제260조 제2항)

※ 항고 이후 재기수사가 이루어진 다음 다시 공소를 제기하지 아니한다는 통지를 받은 경우(동조 제2항 제1호), 항고신청 후 항고에 대한 처분이 행하여지지 아니하고 3개월이 경과한 경우(동조 동항 제2호), 검사가 공소시효 만료일 30일 전까지 공소를 제기하지 아니하는 경우(동조 동항 제3호)에는 예외인정

재정신청을 하려는 자는 항고기각결정을 통지받은 날 또는 위 각호의 사유가 발생한 날로부터 10일 이내에 지방검찰청 검사장 또는 지청장에게 재정신청서를 제출하면 됨

※ 3호의 경우는 공소시효 만료일 전날까지 신청 가능함

재정신청이 있으면 재정결정이 있을 때까지 공소시효의 진행이 정지됨(제262조의 4 제1항)

2) 검찰청 처리

항고전치주의 사건의 경우 재정신청서를 제출받은 지방검찰청 검사장 또는 지청장은 재정신청서를 제출받은 날로부터 7일 이내에 재정신청서·의견서·수사관계서류 및 증거물을 관할 고등검찰청을 경유하여 관할 고등법원에 송부하여야 함(제261조 본문)

항고전치주의 예외사건의 경우 검사장과 지청장은 재정신청서를 수리하여 이유 있는 것으로 인정하는 때에는 즉시 공소를 제기하고 그 취지를 관할 고등법원과 재정신청인에게 통지하고(제261조 단서 제1호), 이유 없는 것으로 인정하는 때에는 30일 이내에 관할 고등법원에 송부(동조 단서 제2호)

3) 법원의 처리

고등법원은 송부받은 날로부터 3개월 이내에 항고의 절차에 준하여 기각 또는 공소제기 결정(제262조 제2항)

※ 기각·공소제기 결정에 대하여는 불복 불가하고, 기각 결정된 사건에 대하여는 다른 중요한 증거를 발견한 경우를 제외하고는 기소불가(제262조 제4항)

※ 법원의 공소제기 결정 시 검사의 공소제기 및 수행의무(제262조 제6항)

2. 항고·재항고

검찰청법에 의한 항고제도는 항고와 재항고가 있는바, 검사의 불기소처분을 규제하는 가장 효과적인 수단이 되고 있음

※ 2007년 형소법 개정으로 재정신청범위가 모든 범죄로 확대됨에 따라, 과거에 헌법소원 제기대상으로 되었던 것이 이제는 재정신청방법이 도입됨에 따라 헌소제기는 보충성의 원칙에 따라 불가능하게 되었음

1) 항고

검사의 불기소처분에 불복이 있는 고소인·고발인은 검사의 처분통지를 받은 날로부터 30일 이내에 그 검사가 속하는 지방검찰청 또는 지청을 거쳐 서면으로 관할고등검찰청 검사장에게 항고할 수 있음(검찰청법 제10조 제1항 전단, 제4항)

※ 항고권자는 고소·고발인이나 진정인도 가능하고, 새로이 중요한 증거가 발견되었다는 사유를 고소인·고발인이 소명한 때에는 30일의 제한을 받지 아니함(검찰청법 제10조 제7항 단서)

고등검찰청에서는 항고가 이유 있는 것으로 인정되면 사안에 따라 재기수사명령·공소제기명령·주문변경명령을 하거나 직접 수사하여 처리하고(검찰청법 제10조 제2항 전단), 항고가 이유 없는 것으로 인정되거나 항고기간을 도과하여 접수된 경우 항고기각 결정

※ 항고권자가 아닌 자가 항고한 때, 항고 취하한 때 등에는 각하결정(검찰사건사무규칙 제148조 제3항)

2) 재항고

항고인(형소법 제260조에 따라 재정신청을 할 수 있는 자는 제외)은 고등검찰청검사장의 항고기각결정에 불복하거나 항고를 한 날로부터 항고에 대한 처분이 행하여지지 아니하고 3개월이 경과한 때에는 그 결정의 통지를 받은 날 또는 항고 후 항고에 대한 처분이 행하여지지 아니하고 3개월이 경과한 날로부터 30일 이내에 당해 고등검찰청을 거쳐 서면으로 검찰총장에게 재항고 가능(검찰청법 제10조 제3항, 제5항)

※ 형법 제123조 ~ 제126조 이외의 죄에 대한 고발인에 한정되나, 재항고사건처리지침(대검예규 제526호)은 고소·고발인 등 재정신청권자들이 재항고장을 제출한 경우에도 재정신청 기회를 박탈하지 않는 범위 내에서 재항고를 진정취지로 받아들여 재기수사명령이 가능토록 규정

재항고가 이유 없다고 인정되면 재항고에 대한 의견서를 작성하여 재항고수리일로부터 20일 이내에 검찰총장에게 사건기록 등과 함께 송부하여야 함(검찰규칙 제147조 제2항 제2호)

3) 통지

항고·재항고를 기각하는 때에는 7일 이내에 항고인·재항고인에게 그 결과를 통지해야 함(검찰규칙 제148조 제8항)

제2절 공소제기 후의 수사

Ⅰ. 수사의 시간적 범위

1. 수사의 시간적 한계

공소제기 전, 공소제기 후 공소유지 목적이나 공소유지 여부를 결정하기 위한 계속수사 가능 여부에 대하여는 이론이 없고, 판결 확정 전까지 가능

※ 공소제기 후 피고인이 공소사실의 일부를 추가로 범행한 것이 밝혀지거나, 피고인이 공판정에서 알리바이를 주장하여 그 진실성을 확인할 필요가 있는 경우, 공범자나 진범이 검거된 경우 등

※ 재심의 경우 판결이 확정된 이후에도 가능

2. 공소제기 후 수사 범위

수사의 시간적 제한은 별다른 제한이 없으나 그 범위가 어디까지인가가 문제되는데, 주로 피고인에 대한 신문, 압수·수색·검증이 가능한가로 다루어짐

일단 가능하지만 어느 정도 가능한가로 다루어지는데 법원심리 지장여부, 당사자지위와 충돌 여부, 피고인 인권보호와 강제수사 법정주의 요소를 감안하여 판단

Ⅱ. 공소제기 후 강제수사

1. 구속

피고인의 구속 여부는 법원의 권한에 속하여(제70조), 대등 당사자인 피고인에 대한 구속권한을 검사에게 부여하는 것은 불가(이견 없음)

2. 압수·수색·검증

(1) 학설 대립

1) 긍정설

공소제기 후에도 원칙적으로 수사기관에 의한 압수·수색·검증을 허용하되 제1회 공판기일 이후에는 법원에 의한 압수·수색·검증(제106조 이하)에 의하여야 한다고 보인 견해

※ 영장청구 시기제한 규정 ×, 피고인의 방어활동에 영향을 미치는 것이 아니고, 수사기관이 법원의 손을 빌리지 않으므로 당사자주의와 모순되는 것은 아니라는 점을 근거로 제시

2) 부정설

원칙적으로 부정하는 입장으로 공소제기 후 제1회 공판기일 전 압수·수색·검증의 필요성이 있는 경우 증거보전절차에 의한 증거보전절차 등 법원에 의한 강제처분이 가능하므로 수사기관에 의한 강제수사를 인정할 필요가 없다고 봄(통설, 판례)

※ 검사가 공소제기 후 형소법 제215조에 따라 수소법원 이외의 지방법원 판사에게 청구하여 발부받은 영장에 의하여 압수·수색을 하였다면 그와 같이 수집된 증거는 기본적 인권보장을 위해 마련된 적법한 절차에 따르지 않은 것으로서 원칙적으로 유죄의 증거로 사용할 수 없음(2009도10412)

그러나 ① 피고인에 대한 구속영장을 집행하는 경우(제216조 제2항) ② 임의제출물의 압수는 허용됨

※ 피고인에 대한 구속영장 집행 시 집행현장에서의 압수·수색·검증은 수사에 속하는 강제처분으로 이 범위 내에서 공소제기 후에도 가능

※ 임의제출물의 압수는 강제수사는 아니지만 점유취득방법이 임의적이므로 공소제기 후에도 허용됨

III. 공소제기 후의 임의수사

1. 임의수사의 범위

참고인 조사, 감정, 통역 또는 번역의 위촉(제221조 제2항), 공무소 조회(제199조 제2항) 등(제199조 제1항)

※ 제1회 공판기일 전후를 불문 허용

공소제기 후 참고인 조사는 허용되어도 피고인에게 유리한 증언을 한 증인을 수사기관이 신

문하여 증언내용에 대한 조서를 받은 것이 허용되는지 여부에 대하여 판례는 부정

※ 공판 준비 또는 공판기일에 증언을 마친 증인을 검사가 소환한 후 피고인에게 유리한 증언내용을 추궁하여 이를 일방적으로 번복시키는 방식으로 작성한 진술조서는 당사자주의·공판중심주의·직접주의에 반하는 것으로 피고인이 증거로 함에 동의하지 않는 한 증거능력 배제(2012도534, 99도1108)

※ 증인을 상대로 위증의 혐의를 조사한 내용을 담은 피의자 신문조서의 경우도 증거능력 부정(2012도13665)

특히 문제되는 것은 피고인에 대한 수사기관의 신문과 참고인에 대한 조사 허용 여부임

2. 피고인 신문

(1) 견해 대립

1) 적극설

제1회 공판기일 전후를 불문하고 가능하며, 공소제기 이후 수사기관이 피고인에 대해 신문을 하여 작성한 진술조서의 증거능력을 인정한다는 견해(소수설, 판례)

※ 검사의 피고인에 대한 당해 상피고인에 대한 진술조서가 기소 후 작성된 것이라는 이유만으로 곧 증거능력이 없는 것이라고 할 수 없음(84도1646, 82도754)

2) 소극설

제1회 공판기일 전후를 불문하고 피고인을 신문할 수 없다는 견해(통설)

※ 제200조 규정상 피의자 신문규정이지 피고인은 불포함, 피고인의 당사자 지위와 모순, 공판중심주의에 반하고 변호인 없는 절차로 적정절차원칙에 반한다는 논거

이 경우에도 피고인이 검사의 면접을 요구한 경우, 공범자 또는 진범이 발견되어 피고인에 대한 신문이 불가피한 경우 등 피고인의 이익을 위한 경우이거나 피고인이 순수한 참고인으로 조사받은 것에 불과한 경우에는 가능

3) 절충설

공소제기 후 제1회 공판기일 전까지 수사기관에 의한 피고인 신문 허용 견해(소수설)

※ 당사자 지위와 피고인 신문의 필요성 조화 논거

3. 참고인 조사

(1) 허용 여부

본질상 임의수사이므로 허용된다는 것이 통설이나 허용범위와 관련하여 제1회 공판기일 전에 한정된다는 견해와 제1회 공판기일 전후를 불문하고 허용된다는 견해(통설)가 대립함

(2) 공소제기 후 당해 증인에 대한 참고인진술조서의 증거능력

공판기일에서 이미 증언을 마친 증인을 검사가 소환한 후 다시 신문하여 작성한 번복진술조서의 증거능력 여부에 대해 학설은 위법수집증거로서 증거능력이 부정된다는 견해와 증거능력은 인정되나 증명력이 부정된다는 견해로 나뉨

판례는 과거 번복진술조서의 증거능력을 인정하면서도 증명력 판단에서 신빙성을 부인하거나 다음 공판기일에 그 참고인을 증인으로 환문하여 피고인에게 반대신문기회를 부여하였다면 증거능력이 인정된다고 보았으나 최근 증거능력 부정으로 입장 정리되었음

※ 공판준비 또는 공판기일에 이미 증언을 마친 증인을 검사가 소환한 후 피고인에게 유리한 그 증언내용을 추궁하여 이를 일방적으로 번복시키는 방식으로 작성한 진술조서의 증거능력을 배제(99도1108 전원합의체)

※ 참고인이 나중에 법정에 증인으로 출석하여 수사기관이 미리 작성한 진술조서의 진정성립을 인정하고 피고인 측에 반대신문의 기회가 부여된다 하더라도 진술조서의 증거능력은 인정할 수 없음(2018도2236)

√ 참고인이 법정에서 위와 같은 증거능력 없는 진술조서와 같은 취지로 피고인에게 불리한 내용의 진술을 한 경우, 그 증언은 법관면전에서 이루어진 독립한 증거로서 증거능력이 인정되지만 증명력 판단에 신중을 기해야 함(2018도2236)

(3) 증거동의 가부

판례는 피고인이 증거동의 하는 경우 증거능력 인정(99도1108, 2013도6825)

(4) 탄핵증거로의 사용가능성

번복진술조서를 증인의 공판정 증언에 대한 탄핵증거로서 사용 가능한지 여부에 대해 제318조의 2가 시기에 제한이 없다는 이유로 긍정하는 견해와 공판중심주의와 공정한 재판의 이념에 반하여 불허해야 한다는 견해가 대립

제4장 공소의 제기

제1절 공소와 공소권 이론

Ⅰ. 공소의 의의

공소란 법원에 대하여 특정 형사사건의 심판을 요구하는 검사의 법률행위적 소송행위

※ 검사의 공소제기는 수사의 종결을 의미하는 동시에 법원의 심판이 개시되고, 심판대상도 공소제기에 의하여 결정되고 법원은 이를 중심으로 하여 심판하여야 함

공소란 국가가 피고인에 대해 재판으로 유죄를 받을 충분한 증거를 확보하고 있다는 것을 피고인과 세상 모든 사람들에게 알려주는 것임(수사는 비공개가 원칙이지만 재판은 공개가 원칙)

Ⅱ. 공소권 이론

1. 공소권과 공소권 이론

공소권이란 공소를 제기하는 검사의 권리를 말하며, 공소권 이론은 공소권의 본질과 성격을 어떻게 볼 것인가의 문제

※ 법원의 심판권과의 관계에서 공소권의 구체적 의미와 내용을 어떻게 이해할 것인가에 대한 이론을 말함

※ 프랑스의 action publque(기소)에서 유래하여 독일의 strafklagerecht(형사기소권)의 이론으로 체계화된 것임

여기에는 추상적 공소권설과 구체적 공소권설, 실체판결청구권설이 있음

(1) 추상적 공소권설

검사가 형사사건에 대하여 공소를 제기할 수 있는 일반적 권한을 공소권으로 보는 견해로 민사소송의 추상적 소권설에 대응하는 개념

※ 공소권의 구체적 내용을 밝히는데 무의미하다는 비판을 받는 이론으로 우리나라에서 지지학자 없는 이론

(2) 구체적 공소권설

검사가 구체적 사건에 관하여 공소를 제기하여 수행할 수 있는 구체적 권한을 공소권으로 보는 견해로 민소법의 구체적 소권설에 대응하는 개념

※ 추상적 공소권을 전제로 더 필요한 조건이 구비된 경우에 검사에게 발생하는 권한이라고 보며, 유죄판결청구권설이라고도 함(다수설)

구체적 공소권설은 다시 형식적 공소권과 실체적 공소권으로 구별되고 형식적 공소권이 없이 공소제기 된 경우 공소기각, 실체적 공소권이 없는 경우 면소재판 해야 한다고 봄

※ 형식적 공소권은 법원에 재판권과 관할권이 있을 것, 다른 소송계속이 없을 것, 공소제기의 절차가 법률의 규정에 위반하지 않았을 것, 친고죄에 고소가 있을 것과 같이 형식적 소송조건이 구비된 경우의 공소권을 의미

※ 실체적 공소권은 범죄를 구성하는 혐의가 충분하고 유죄판결을 받을 법률상 이익이 있을 경우의 공소권을 의미(확정판결이 없을 것, 공소시효가 완성되지 않았을 것 등)

(3) 실체판결청구권설

공소권이란 검사가 구체적 사건에 관하여 유죄 또는 무죄의 실체판결을 구하는 권능이라고 보는 견해로(소수설), 민사소송의 본안판결청구권설에 대응하는 개념

2. 공소권 이론 부인론

공소권 이론을 소송조건 이론으로 해소시켜야 한다는 주장(소수설)

※ 공소권이란 소송조건을 검사의 입장에서 본 것에 지나지 않는다고 보지만 공소권 개념을 부인하지는 않음

※ 검사의 공소권 행사를 억제하는 기능을 수행한다는 점에서 다수설은 공소권 부인론에 대해 타당하지 않다고 봄

III. 공소권 남용이론

1. 공소권 남용이론의 의의

공소권 남용이 있는 경우 공소기각 또는 면소판결의 형식재판에 의해 소송을 종결시켜야 한다는 이론

※ 공소권에 대하여 권리남용이론을 적용함으로서 검사의 부당한 공소권 행사를 통제하기 위하여 주장된 이론

※ 공소권 남용이란 공소권 행사가 형식적으로 적법하지만 실질적으로 부당한 경우(혐의 없는 사건의 공소제기, 소추재량을 일탈한 공소제기, 차별적 공소제기 및 위법한 수사에 대한 공소제기 등)

2. 혐의 없는 사건의 공소제기

범죄의 객관적 혐의가 없음에도 검사가 공소를 제기한 경우에 형식재판에 의하여 소송을 종결시킬 수 있는가에 대하여 공소권 남용이론 인정 여부에 따라 공소기각설과 무죄판결설 대립

(1) 공소기각설

공소권 남용에 해당하여 공소제기가 부적법하게 된다는 이유로 공소기각 재판해야 한다는 입장

다시 공소기각 결정설과 공소기각 판결설로 나뉨

※ 범죄가 될 만한 사실에 포함되지 아니하여(제328조 제1항 제4호), 공소기각 결정해야 한다는 견해와 공소제기 절차가 법률규정에 위반하여 무효인 때에 해당하여(제327조 2호) 공소기각 판결을 해야 한다는 견해가 있음

(2) 무죄판결설

공소권 남용이론을 긍정하지 않고 혐의 없는 사건에 대하여는 무죄판결을 선고해야 한다는 입장(다수설)

※ 형소법이 범죄로 되지 아니하거나 범죄사실의 증명이 없는 때에는 무죄판결을 하게 하고 있고(제325조), 범죄혐의가 없는 때에는 공소기각이나 면소의 사유에 해당하지 않는다는 것을 근거로 제시

3. 소추재량을 일탈한 공소제기

기소유예처분함에 상당한 사건을 검사가 공소제기한 경우에 대해서도 남용이론 인정여부에 따라 면소판결설, 공소기각설, 유죄판결설 대립

(1) 면소판결설

공소권 남용에 해당하여 일사부재리의 효력이 인정되는 면소판결에 의하여 절차 종결해야 한다는 입장(우리나라 주장학자 없음)

(2) 공소기각 판결설

소추재량은 기속재량으로 남용 시 공소제기 절차가 법률규정에 위반하여 무효인 때(제327조 제2호)에 해당하여 공소기각 판결로 절차를 종결해야 한다는 입장

※ 검사가 자의적으로 공소권을 행사하여 피고인에게 실질적인 불이익을 줌으로써 소추재량권을 현저히 일탈하였다고 보이는 경우에는 공소권 남용으로 보아 공소제기의 효력을 부인할 수 있음(2004도482)

(3) 유죄판결설

공소권 남용이론을 부정하는 입장으로 검사의 기소유예 여부는 재량에 속해 남용 시 공소기각이나 면소의 사유에 해당하지 않을 뿐만 아니라 기소유예의 실체에 관한 문제로 유죄판결로 절차를 종결해야 한다는 입장(다수설)

4. 차별적 공소제기

범죄의 성질과 내용이 비슷한 여러 피의자들 가운데 일부만을 선별, 공소제기 하여 다른 사람들은 수사에 착수하지도 않거나 기소유예하는 것을 선별기소 또는 차별적 공소제기라고 함

여기서도 남용이론 긍정여부에 따라 공소기각 판결설과 실체판결설이 대립되고 있음

(1) 공소기각 판결설

헌법이 규정한 평등원칙에 위반한 공소권 행사로서 공소제기 절차가 법률규정에 위반하여 무효인 때(제327조 제2호)에 해당하여 공소기각 판결을 선고해야 한다는 입장

(2) 실체판결설

검사의 차별적 공소제기는 현행법상 공소기각 사유에 해당하지 않아, 차별적 공소제기가 명백히 불합리한 경우에도 유죄 또는 무죄의 실체판결을 해야 한다는 입장(다수설, 판례)

※ 동일한 구성요건에 해당하는 행위를 한 공동피의자 중 일부만을 기소하고 다른 일부에 대하여 불기소 처분을 하였다고 할지라도 평등권을 침해하였거나 공소권을 남용하였다고 할 수 없다고 판시(90도646, 2004. 482, 2010도9349, 2011도1701)

5. 수사과정에 중대한 위법이 있는 경우의 기소

무권한 자에 의하여 공소가 제기되거나 공소제기의 소송조건이 결여되거나 또는 공소장의 현저한 방식위반이 있는 경우는 공소기각 판결 사유(90도1586)

※ 불법구금, 구금장소의 임의적 변경 등의 위법사유가 있다고 하더라도 그 위법한 절차에 의해 수집된 증거를 배제할 사유는 되지만 공소제기자체가 위법하여 무효인 경우에 해당하지 않음(90도1586)

※ 범의유발형 함정수사에 기한 공소제기는 그 절차가 법률의 규정에 위반하여 무효인 때에 해당(2005도1247)

6. 누락기소와 공소권 남용(악의적 분리기소의 문제)

실체적 경합관계에 있는 수개의 범죄사실에 대한 동시기소 또는 추가기소가 가능함에도 병합심리를 못하게 할 목적으로, 일부 범죄사실에 대한 공소제기를 하지 않다가, 선기소사건에

대한 유죄판결이 선고 내지 확정된 후에 비로소 공소제기하는 것으로 경합범의 동시심판이익이 박탈되는 경우에 어떻게 할지의 문제

여기에서도 공소기각설과 실체판결설이 대립됨

※ 공소기각설은 다시 이중위험기준설(동시소추의무 위배), 권리남용설(직무태만 내지 위법한 부작위), 실질적 기준설(알면서 누락시킨 경우 금반언 법리에 위배(제329조(공소취소와 재기소 금지))

판례는 검사가 자의적으로 공소권을 행사하여 피고인에게 실질적인 불이익을 줌으로써 소추재량권을 현저히 일탈하였다고 보이는 경우에 이를 공소권의 남용으로 보아 공소제기의 효력을 부인할 수 있는 것이고, 여기서 자의적인 공소권의 행사라 함은 단순히 직무상의 과실에 의한 것만으로는 부족하고 적어도 미필적이나마 어떤 의도가 있어야 한다고 봄(2001도3026)

※ 수사진행상황에 따라 여러 번에 걸쳐 나누어 분리 기소하였다 하여 검사의 소추재량권을 현저히 일탈한 것으로 보이지는 아니하며, 분리기소로 별개의 절차에서 재판을 받게 된 경우 선행사건에서 집행유예가 선고되어 형이 확정된 경우 그 집행유예기간의 도과여부를 불문하고 후행기소 범죄사실에 대해 형법 제62조 제1항 규정문언과 취지에 비추어 형의 집행유예를 선고할 수 있음(2007도5313)

※ 검사가 공소사실 부인에 따라 증거를 확보하느라 분리 기소된 경우 공소권남용으로 볼 수 없음(96도1730)

※ 검사가 자의적으로 공소권을 행사(단순한 직무상 과실만으로 부족하고 적어도 미필적으로나마 어떤 의도가 있어야 함)하여 소추재량권을 현저히 일탈한 위법이 있다고 보이지 아니할 뿐 아니라, 검사가 항소심 판결이후에 이 사건 공소를 제기한 것이 검사의 태만 내지 위법한 부작위에 의한 것으로 인정되지 아니하는 경우 관련사건 재판 때, 이 사건 범죄사실에 대하여 병합재판을 받지 못하였다고 하여 공소권 남용에 해당한다고 볼 수 없음(94도2568)

제2절 공소제기의 기본원칙

Ⅰ. 국가소추주의·기소독점주의

1. 국가소추주의

공소제기의 권한을 국가기관에게 전담하게 하는 것을 국가소추주의, 사인의 공소제기를 인정하는 것을 사인소추주의

※ 검사가 공소제기를 담당하는 것을 검사기소주의, 사인소추주의는 피해자소추주의와 공중소추주의가 있음

※ 영국은 기소청(Crown prosecution service)에 의한 국가기소와 사인이 사기(Fraud), 재산범죄, 살인 등(Property disputes, sexual assault, domestic violence, Sexual offences, Harassment, Perverting the course of justice, Blackmail, Manslaughter, murder)에 대하여 피해자 개인이나 상사법인 등이 사소기관(변호사가 있는 법무법인)에 신고를 하면 국가소추기관과 같은 역할을 수행함(In a private prosecution, the Private Prosecution Service assume the role of a state prosecutor in preparing a case for trial. The Private Prosecution Service is unique as we comprise both solicitors to prepare your case and barristers to advise and represent you in court)

※ 미국은 대배심에서 정식기소(indictment)를 결정하고, 소배심에서 사실심에 대한 판단을 함

※ 일본은 대배심과 유사한 검찰심사회제도를 유지하여 검사의 불기소처분에 대하여 불복하는 자의 신청이나 직권에 의하여 심사를 개시하여 의결서를 검사장에게 송부하고 이에 따라야 함

※ 프랑스와 독일은 국가소추주의를 원칙으로 하면서도 사인소추도 인정(독일은 주거침입 등 경미범죄에 프랑스는 위경죄를 제외한 모든 범죄 가능)

우리 형소법은 공소는 검사가 제기하여 수행한다라고 규정하여(제246조) 국가소추주의를 채택하고 있음

2. 기소독점주의

우리나라는 국가기관 중에서 검사만이 공소를 제기하고 수행할 권한을 갖는다고 규정(246조)하고 있어 국가소추주의와 검사 기소독점주의를 선언하고 있음

※ 기소독점주의는 검사의 자의와 독선, 비민주적, 검찰파쇼를 초래할 우려

3. 기소독점주의에 대한 규제

경찰서장의 즉결심판 청구권, 재정신청, 불기소 처분에 대한 항고제도, 불기소처분의 취지와 이유고지제도

※ 법정경찰권에 의한 제재(법원조직법 제61조 제1항, 법원심리 방해 시 20일 이하의 감치 및 100만 원 이하의 과태료)는 형벌이 아닌 질서벌로 기소독점 규제제도가 아님

II. 기소편의주의

1. 기소편의주의의 의의

수사결과 공소를 제기하기에 충분한 혐의가 인정되고 소송조건을 갖춘 때에도 재량에 의해 불기소처분(기소유예)을 인정하는 원칙

※ 검사는 형법 제51조의 사항을 참작하여 공소를 제기하지 아니할 수 있음(제247조)

※ 제51조는 양형조건으로 범인의 연령, 성행, 지능과 환경, 피해자에 대한 관계, 범행의 동기, 수단과 결과, 범행 후의 정황을 규정하고 있는데, 크게 보면 범인·범죄사실에 관한 사항, 범죄 후의 정황 등 세 가지로 볼 수 있음

※ 독일의 경우 기소법정주의를 원칙으로 하고 있으나, 개별법규(형사소송법(외국에서 범해진 범죄, 정치범죄, 적극적 참회 시, 중요하지 않은 부수적 범죄행위 등), 소년법원법, 마약관리법 등)에서 기소편의주의를 규정하고 있기도 함

※ 프랑스는 검사의 기소편의주의(opportunité de la poursuite)를 채택하고

있으며 불기소 처분 시 수사판사(juge d'instruction)에게 사소를 제기하는 경우(constitution de partie civile), 수사판사가 검사의 의견을 들어 수사개시여부를 판단하고, 불개시하는 경우 중죄수사부(chambre d'instruction)에 이의를 제기할 수 있음(고소내용이 허위일 경우 벌금확보차원에서 1,500유로의 보증금 납부토록)

※ 일본은 우리와 동일하고, 미국은 중죄는 대배심에서 중죄(felony, 1년 이상의 금고)의 기소여부를, 나머지 범죄인 경죄(misdemeanor)는 검사가 결정하여 사실상 기소편의주의 인정.

2. 기소편의주의와 기소법정주의 장·단점

기소법정주의는 공소제기에 대한 정치적·당파적 영향을 배제하고, 형사사법의 획일적 운영에 의한 법적 안정성 유지

반면 형사사법의 경직을 초래하고 불필요한 절차적 부담을 줌

※ 기소편의주의 장·단점은 기소법정주의의 장단점과 반대

3. 기소편의주의 내용

(1) 기소유예제도의 채택

형소법 제247조에 의한 불기소를 기소유예라 함

※ 검사는 「형법」 제51조의 사항을 참작하여 공소를 제기하지 아니할 수 있다(제247조).

※ 기소유예도 불기소처분의 일종이나 혐의 없음과 같은 협의의 불기소와 구별됨

기소유예처분에는 확정판결과 같은 확정력이 발생하지 않음

※ 따라서 기소유예 이후 공소제기하여 유죄판결을 선고하여도 일사부재리의 원칙에 반한다고 할 수 없음(87도2020, 83도2686)

(2) 기소유예 기준

검사가 참작해야 할 사항은 형법 제51조 규정상, 범인·범죄사실에 관한 사항 및 범죄 후 정황에 관한 사항, 범행에 대한 사회적 평가의 변화, 범행 후의 시간적 경과, 법령의 개폐 등의 사

정도 고려가능

(3) 조건부 기소유예와 일부 기소유예의 문제

1) 조건부 기소유예

피의자에게 일정한 지역에의 출입금지, 피해보상 또는 수강명령의 이행, 치료 등 일정한 의무를 부과하여 이를 준수하는 조건으로 기소유예하는 것을 말함

※ 소년법(제49조의 3, 선도조건부), 보호관찰 등에 관한 법률(제15조 3호), 가정폭력범죄의 처벌 등에 관한 특례법(제9조의 2, 상담), 아동학대범죄의 처벌 등에 관한 특례법(제26조), 마약사범에 대한 치료보호·교육이수, 성구매자 교육 등 다양한 조건부 기소유예가 활용되고 있음

2) 일부 기소유예

범죄혐의가 인정되고 소송조건이 구비된 범죄사실의 일부에 대한 기소유예의 허용여부에 대하여 부정설과 긍정설이 대립됨

(4) 기소변경주의

공소제기 후 공소의 취소를 인정하는 기소변경주의는 기소편의주의의 논리적 귀결이라고 해석하는 것이 다수설 입장

※ 공소취소는 제1심판결 선고 전까지 가능

4. 기소편의주의에 대한 규제

불기소·공소제기에 대한 규제로 나누어 볼 수 있음

(1) 불기소에 대한 규제

기소강제절차와 불기소처분에 대한 항고제도, 불기소처분의 취지와 이유고지 제도, 법무부장관의 구체적 사건에 대한 지휘·감독권의 제한

※ 법무부 장관은 검사에 대하여 일반적 지휘는 가능하나 구체적 지휘는 검찰총장에 한하여 가능(검찰청법 제8조)

(2) 공소제기에 대한 규제

형소법은 검사의 부당한 공소제기에 대하여는 아무런 규정이 없는 관계로 이러한 문제를 해결하기 위해 나온 이론이 공소권 남용이론임

III. 공소의 취소

1. 공소취소와 기소변경주의의 의의

공소의 취소란 검사가 공소제기를 철회하는 법률행위적 소송행위를 말함

일단 제기한 공소의 취소를 인정하는 태도를 기소변경주의라 함

※ 공소취소는 공소사실의 동일성이 인정되지 않는 수개의 공소사실의 전부 또는 일부를 철회하는 행위, 공소사실의 철회는 동일성이 인정되는 공소사실의 일부를 철회하는 행위

공소는 제1심판결 선고 전까지 취소 가능하고(제255조 제1항), 공소취소 사유에는 법률상 제한이 없음

※ 소송조건이 결여되었음이 판명된 경우나 증거불충분을 이유로 공소를 유지할 수 없음이 명백한 경우 등

※ 증거불충분을 이유로 공소를 취소하는 경우 무죄선고에 비해 피고인에게 다시 기소되는 위험을 부담하게 될 수도 있음

공소취소에 대해서는 불복절차가 별도로 없으며(2004도 3203), 명백한 위법의 경우라면 검사 또는 국가를 상대로 손해배상이나 국가배상청구가능

2. 공소취소 절차

(1) 공소취소 주체

검사만 가능

※ 재정신청에 대한 고등법원의 공소제기 결정에 따라 공소를 제기한 때에는 공소취소 불가(제264조의 2)

(2) 공소취소 방법

이유를 기재한 서면으로 하여야 하나 공판정에서는 구술로도 가능(제255조 제2항)

※ 공소취소 서면에 이유를 기재하지 않는 경우에도 공소취소는 유효(법원에 대해서는 참고사항에 지나지 않기 때문)

※ 공소취소 시 7일 이내에 서면으로 고소·고발인에게 통지하여야 함(제258조

제1항)

(3) 공소취소 시기

제1심 판결선고 전까지 가능(검사의 처분에 의해 재판의 효력 좌우 방지 목적)

※ 1심 판결선고란 제1심 판결고지를 의미하며 실체 또는 형식판결을 묻지 않음. 따라서 유·무죄 판결뿐만 아니라 면소·공소기각 판결이 선고된 경우에도 공소취소 불가

※ 1심판결에 대해 상소심의 파기환송이나 이송 판결이 있는 경우, 제1심판결에 대한 재심소송 절차 시에도 공소취소 불가

※ 약식명령의 경우 청구기간이 경과하거나 그 청구의 취하 또는 청구기각이 결정되면 확정판결과 동일한 효력을 가지는 경우에는 공소취소가 불가하나 정식재판의 청구에 의해 공판절차가 개시되면 가능

3. 공소취소의 효과

(1) 공소기각의 결정

공소가 취소되었을 때에는 결정으로 공소를 기각하여야 함(제328조 제1항 제1호)

※ 공소취소의 효력이 미치는 범위는 공소제기와 같이 공소장에 기재된 피고인과 공소사실과 단일성 및 동일성이 인정되는 사실에 미침

※ 단일성은 일정시점에서의 소송법적 행위의 단일성을 말하고, 동일성은 일정기간동안 기본적 사실의 동일성을 의미

(2) 재기소의 제한

공소취소에 의한 공소기각의 결정이 확정된 때에는 공소취소 후 그 범죄사실에 대한 다른 중요한 증거를 발견한 경우에 한하여 다시 공소제기 가능하고(제329조), 위 규정에 위반하여 공소가 제기되었을 때에는 판결로 공소기각의 선고를 하여야 함(제327조 제4호)

※ 이는 기판력에 의한 일사부재리의 효력이 아니라 법적 안정성과 인권보호를 고려한 조치

※ 다른 중요한 증거를 발견한 경우라 함은 새로 발견된 증거를 추가하면 충분히 유죄의 확신을 가지게 될 정도의 증거가 있는 경우를 말함(77도1308)

IV. 기소강제절차

1. 기소강제절차의 의의

검사의 불기소처분에 불복하는 고소인 등의 재정신청에 대하여 법원이 공소제기 결정을 한 경우 검사에게 공소제기를 강제하는 제도

※ 독일의 기소강제절차에서 유래하나 독일은 기소법정주의와 예외적으로 일부범죄에 대한 기소편의주의를 인정하고 있는데 이때 기소법정주의 대상사건에 대해 고소한 피해자가 검찰의 절차중단결정의 적법 여부에 대한 심사를 법원에 청구하는 독립된 중간절차로 연혁적으로 기소강제절차는 기소법정주의를 관철시키기 위한 도구로 인정됨

※ 2007년 형소법 개정으로 독일식 기소강제절차가 도입되었으나 그 이전에는 준기소절차제도가 있었음. 준기소절차는 공무원의 직권남용죄에 대하여 고소인 또는 고발인의 재정신청에 의하여 법원이 재정결정을 한 때 공소제기가 의제되는 것을 말함

※ 일본은 일반인으로 구성된 검찰심사회에서 검사의 불기소 처분을 심사하게 하여 기소가 상당한 경우 검사에게 다시 검토토록 하고 이후 다시 심사회에서 기소가 상당한 경우 이를 강제하는 제도, 우리의 준기소절차제도는 일본에서 유래한 것임

2007년 형소법 개정 시 준기소절차에서 기소강제절차로 전환하면서 재정신청 대상을 모든 범죄로 확대하고, 신청인은 원칙적으로 고소인에 제한, 반드시 검찰항고전치주의를 거치도록 하고, 고등법원의 공소제기 결정 시 검사가 공소제기 및 유지 규정을 둠

기소강제절차는 기소독점과 편의주의의 남용방지와 검찰 항고·재항고제도의 한계를 보완하기 위한 제도

2. 재정신청

(1) 재정신청권자 및 신청 대상

검사로부터 불기소처분의 통지를 받은 고소인, 다만 직권남용죄 등(제123조 ~ 제126조)에 대해서는 고발인도 가능

※ 특별법에서 재정신청 대상으로 규정된 범죄의 고발인도 가능(부패방지 및 국민권익위원회의 설치와 운영에 관한 법률상 뇌물, 업무상 횡령 등 부패범죄(제61조), 공직선거법상 중요한 선거범죄(제273조))

※ 검사의 불기소 처분에 불복 있는 고발인(직권남용죄 등 이외의 범죄)은 검찰항고나 재항고만 가능, 대리인에 의한 신청 가능, 고소를 취소한 자는 재정신청 불가

재정신청 대상은 모든 범죄에 대한 검사의 불기소 처분

※ 처분 이유에도 제한이 없고, 협의의 불기소뿐만 아니라 기소유예에 대해서도 가능

※ 공소취소는 불기소 처분이 아니므로 재정신청의 대상이 아님(주의)

(2) 재정신청 절차

1) 재정신청 방법

① 검찰항고전치주의

재정신청을 하려면 검찰청법 제10조에 따른 항고를 거쳐야 함(제260조 제2항)

※ 자체시정 기회 부여 목적이고 즉시 재정신청이 가능한 자(예외인정 사유 시)는 검찰청법에 의한 재항고 불가(검찰청법 제10조 제3항)

※ 예외인정 사유로는 ① 항고로 재수사가 이루어진 다음에 검사의 불기소 처분 통지를 받은 경우 ② 항고신청에 대한 처분이 3개월 동안 행하여지지 않은 경우 ③ 검사가 공소만료인 30일 전까지 공소를 제기하지 아니하는 경우(제260조 제2항 단서)

√ 즉시 재정신청 가능(지연으로 인한 고소인 불이익 방지목적)

② 재정신청 방식

항고기각 결정 통지를 받은 날로부터 10일 이내에 서면으로 불기소 처분을 한 검사 소속의 지방검찰청 검사장 또는 지청장에게 제출해야 함

예외인정 사유 시 ①과 ②의 경우 시점으로부터 10일 이내에, ③의 경우에는 공소시효 만료 전날까지 신청 가능(제260조 제3항)

※ 신청기간은 불변기간으로 기간을 도과한 신청은 허용되지 않음(65모59)

※ 신청서에 이유 있게 사유를 기재하지 않은 때에는 기각 가능(200모216)

2) 재정신청 효력

고소인 또는 고발인이 수인인 경우 공동신청권자 중 1인의 신청은 그 전원에 대하여 효력 발생(제264조 제1항)

재정신청이 있으면 재정결정이 확정될 때까지 공소시효의 진행이 정지됨(제262조의 4 제1항)

3) 재정신청의 취소

재정신청은 고등법원의 재정결정이 있을 때까지 취소할 수 있고 재정신청을 취소한 자는 다시 재정신청을 할 수 없음(제264조 제2항)

※ 재정신청 취소는 관할 고등법원에 서면으로 하여야 하나 기록이 고등법원에 송부되기 전에는 기록이 있는 검찰청 검사장 또는 지청장에게 하여야 함

※ 재정신청 취소는 다른 공동신청권자에 효력이 미치지 않음(제264조 제3항, 재정신청 효력은 전원에 대하여 미침)

(3) 지방검찰청 검사장·지청장의 처리

재정신청서를 제출받은 날로부터 7일 이내에 재정신청서·의견서·수사 관계서류 및 증거물을 관할 고등검찰청을 경유하여 관할 고등법원에 송부

항고전치주의 예외인정 사유의 경우 지방검찰청 검사장 또는 지청장은 항고가 이유 있는 것으로 인정하는 때에는 즉시 공소제기하고 그 취지를 관할 고등법원과 재정신청인에게 통지하고, 신청이 이유 없는 것으로 인정하는 때에는 30일 이내에 관할 고등법원에 송부(제261조)

3. 고등법원의 심리와 결정

(1) 재정신청 심리절차의 구조

법원은 검사로부터 수사서류와 증거를 인계받고 필요한 때에는 증거를 조사하여 재정결정 여부를 결정하게 되는데 이때 재정신청심리절차의 구조를 어떻게 볼 것인가에 따라 신청인과 피의자의 절차적 권리 인정범위가 달라지는 문제가 있음

심리절차 구조에 대해 수사설, 항고소송설, 중간설 및 형사소송유사재판설이 있음

1) 수사설

수사절차로 보아 신청인의 절차관여를 배제하는 입장(지지학자 없음)

2) 항고소송설

검사의 불기소처분의 당부를 심판의 대상으로 하는 행정사건에 있어서의 항고소송에 준하는 소송절차로 파악하여, 신청인은 검사와 대립당사자 지위를 가져 절차에 관여가 가능하다는 입장(지지학자 없음)

3) 중간설

수사와 항고소송으로서의 성격을 함께 가지고 있다고 보는 입장(소수설)

4) 형사소송유사설

수사절차가 아닌 재판절차이며 형사소송 유사의 재판절차로 파악하는 입장(다수설)

5) 형소법 태도

2007년 개정 전 형소법에서는 재정신청인에게 독자적인 증거신청권이나 제한 없는 증거서류의 열람·등사권 내지 증인신문 참여권까지 인정된다고 볼 수 없으나,

2007년 개정으로 피의자에게 그 사실을 통지하도록 규정하고(제262조 제1항), 재정신청 사건의 기록 열람·등사에 관한 규정을 신설하여 심리 중에는 열람 또는 등사할 수 없지만, 제262조 제2항 후단의 증거조사과정에서 작성된 서류의 전부 또는 일부의 열람 또는 등사를 허가할 수 있도록 하여(제262조의 2), 수사적 성격과 형사소송적 성격을 동시에 갖는 입장의 규정이라 볼 수 있음

※ 제262조 제2항 후단의 증거조사는 재정법원이 필요하여 수행한 증거조사를 말함

(2) 재정신청사건의 심리

1) 재정신청사건의 관할

불기소처분을 한 검사 소속 지방검찰청 소재지를 관할하는 고등법원의 관할에 속함(제260조 제1항)

※ 법원은 재정신청서를 송부받은 날로부터 10일 이내에 피의자, 재정신청인에게도 통지하여야 함(제262조 제1항, 소송규칙 제120조)

2) 재정신청사건의 심리방식

처리기간은 3개월(제262조 제2항), 항고 절차(검찰항고)에 준하여 결정(동조 제2항)

※ 따라서 재정신청사건의 심리는 특별한 사정이 없는 한 비공개(동조 제3항) 필요한 증거조사 가능(동조 제2항 2문)

※ 피의자 신문, 참고인에 대한 증인신문이나 검증(동의 전제)·감정 가능, But, 피의자 구속이나 압수·수색·검증 등의 강제처분 가능여부에 대해 부정설과 긍정설(다수설)이 대립
법원실무제요(2008, 457면)에서는 어떤 강제처분이 핵심적인 증거에 관한 것이어서 이를 조사하지 않으면 기소여부를 가릴 수 없는 것과 같은 사정이 있다면 예외적으로 강제처분이 허용된다고 봄(원칙적 임의처분, 예외적 강제처분 허용)

피의자의 기피신청 가능여부에 대해서도 긍정설(통설, 재판의 일종이기 때문)과 부정설 대립

(3) 고등법원의 재정결정

1) 기각결정

법률상의 방식에 위배되거나 이유 없는 때에는 신청기각(제262조 제2항 제1호)

※ 신청권자 아닌 자, 신청기간 경과, 검찰항고를 거치지 아니한 경우

※ 검사의 불기소 처분이 정당한 경우, 검사의 불기소처분이 위법하더라도 기소유예 처분을 할 만한 사건인 경우, 불기소 처분 당시 공소시효 완성된 경우(90모34), 재정신청 이유 유무는 결정 시를 기준으로 결정(불기소 처분 후 발견된 증거를 판단자료로 삼을 수 있음)

기각결정 시 즉시 그 정본을 재정신청인·피의자, 관할 지방검찰청검사장 또는 지청장에게 송부하여야 함(동조 제5항)
재정신청 기각결정이 확정된 사건에 대해서는 다른 중요한 증거를 발견한 경우를 제외하고는 소추불가(동조 제4항)

※ 다른 피해자의 고소가 있었던 경우도 동일(1개의 고소로서 수인을 무고하여 피해자의 수만큼 무고죄가 성립한다 할지라도 피해자 중의 한 사람이 한 고소에 대하여 검사의 혐의 없다는 불기소처분이 있었고 이에 대한 고소인의 재정신청이 이유 없다 하여 기각된 이상 그 기각된 사건 내용과 동일한 사실로서는 소추할 수 없다 할 것임(66도1222))

2) 공소제기 결정

재정신청이 이유 있는 때에는 사건에 대해 공소제기를 결정(동조 제2항 제2호)

공소제기를 결정하는 때에는 죄명과 공소사실이 특정될 수 있도록 이유를 명시해야 함(소송규칙 제122조)

※ 재정결정에 의해 공소를 제기하는 경우에도 공소장 일본주의가 적용됨

공소제기결정의 재정결정서를 송부받은 관할 지방검찰청 검사장 또는 지청장은 지체 없이 담당검사를 지정하고 지정받은 검사는 공소를 제기해야 함(동조 제6항)

※ 공소시효와 관련하여 공소제기 시점을 재정결정이 있는 날로 봄(제262조의 4 제2항)

3) 재정결정에 대한 불복

재정신청 기각결정에 대해서는 제415조에 따른 즉시항고 가능

※ 항고법원 또는 고등법원의 결정에 대하여는 재판에 영향을 미친 헌법·법률·명령 또는 규칙의 위반이 있음을 이유로 하는 때에 한하여 대법원에 즉시항고를 할 수 있다.(제415조)

※ 재정신청 기각결정에 대한 재항고나 그 재항고 기각결정에 대한 즉시 항고로서의 재항고에 대한 법정기간에 관하여 형소법 제344조 제1항의 재소자 피고인 특칙은 준용되지 않음(2013모 2347)

√ 재항고: 항고법원 또는 고등법원의 결정에 대한 항고(제415조)

√ 교도소 또는 구치소에 있는 피고인이 상소의 제기기간 내에 상소장을 교도소장 또는 구치소장 또는 그 직무를 대리하는 자에게 제출한 때에는 상소의 제기기간 내에 상소한 것으로 간주함(제344조 제1항)

공소제기 결정에 대해서 불복은 불가(제262조 제4항 전문)

※ 본안사건에서 잘못을 바로잡을 수 있기 때문(2012모1090)

※ 재정신청서에 형사소송법 제260조 제4항에 정한 사항(범죄사실과 증거 등)의 기재가 없어서 법원으로서는 그 재정신청이 법률상의 방식에 위배된 것으로서 이를 기각하여야 함에도, 공소사실에 대한 실체판단에 나아간 제1심판결을 유지한 원심의 조치를 정당하다고 한 사례(2009도224)

√ 재정신청서 기재요건을 위반한 재정신청을 인용한 공소제기 결정의 잘못을 본안사건에서 다툴 수도 없음과 같은 표현

4) 비용부담(남용억제 수단)

법원은 재정신청을 기각하는 결정을 하거나 재정신청인이 재정신청을 취소한 경우에 결정으로 신청절차에 의하여 생긴 비용의 전부 또는 일부를 부담하게 할 수 있고(제262조의 3 제1항) 또한 직권 또는 피의자의 신청에 따라 재정신청인에게 피의자가 재정신청절차에서 부담하였거나 부담한 변호인 선임료 등 비용의 전부 또는 일부의 지급을 명할 수 있음(동조 제2항)

※ 법원의 비용부담 결정에 대하여는 즉시항고 가능(제262조의 3 제3항)

4. 기소강제사건의 공판절차

법원의 공소제기 결정에 의한 기소강제사건의 공소제기를 위하여 검사는 공소장을 제출해야 하며, 공소유지도 검사가 담당

※ 통상 사건의 경우 검사의 권한(공소장 변경이나 상소 등)과 동일하나 공소취소는 불가(제264조의 2, 공소제기 결정 취지가 몰각될 우려 때문)

제3절 공소제기 방식

Ⅰ. 공소장 제출

공소를 제기함에는 서면인 공소장을 관할법원에 제출하여야 함(제254조 제1항)

※ 서면인 공소장에 기재된 부분에 한하여 인정되어 범죄일람표가 저장된 저장매체(CD) 자체를 첨부한 경우 저장된 문서까지 공소제기 된 것으로 볼 수 없음(2016도11138, 2015도3682)

공소장은 법원의 심판범위를 명확히 하고 피고인에게 방어활동을 하게 하는 기능

※ 공소장에는 법원에 예단이 생기게 할 수 있는 서류 기타 물건을 첨부할 수 없으나, 공소장 부본, 변호인선임서나 보조인 신고서, 구속영장 등 구속에 관한 서류(체포영장, 긴급체포서, 구속영장 등, 재판에서 미결구금일수 누락으로 인권침해 방지차원)를 첨부하도록 하고 있음(소송규칙 제118조 제1항)

Ⅱ. 공소장 기재사항

1. 필요적 기재사항

공소장에는 피고인·죄명·공소사실 및 적용법조를 기재하고(제254조 제3항), 검사가 기명날인 또는 서명하여야 함(제57조 제1항)

※ 기명날인이나 서명이 누락된 공소장이 법원에 제출된 경우, 공소제기의 효력은 원칙적으로 무효지만 추완하면 공소제기 효력이 있게 됨(2010도17052)

(1) 피고인의 성명 기타 피고인을 특정할 수 있는 사항

피고인을 특정해야 하며, 특정방법으로 피고인의 성명 이외에 주민등록번호·직업·주거를 기재하고, 법인인 경우 사무소 및 대표자 성명과 주소를 기재함(소송규칙 제117조 제1항 제1호)

※ 위 사항이 명백하지 아니한 경우 그 취지를 기재하고 인상·체격의 묘사나 사진의 첨부에 의하여도 특정가능하고, 구속된 피고인에 대해서는 유치번호 기재도 가능

특정의 정도는 타인과 구별할 수 있는 정도면 충분

※ 피고인의 주거·등록기준지·생년월일·직업 또는 인상·체격에 의하여 특정 가능한 경우 성명이 실제이름일 것을 요하지 않음

※ But, 갑을 조사하였는데 갑이 을의 성명·주소·생년월일 등 인적사항을 모용하였기 때문에 검사가 을의 이름으로 공소제기한 경우 검사가 피고인표시정정을 하지 않은 경우 갑에 대한 기소로서 특정되었다고 할 수 없음(97도2215, 85도756, 82도2078)

피고인을 특정하지 않은 공소제기는 무효이고 공소기각 판결 사유(제327조 제2호)

※ 공소장에 누범이나 상습범을 구성하지 아니하는 전과사실을 기재하는 것도 피고인을 특정할 수 있는 사항에 속한다고 봄(66도793)

※ 공소장의 공소사실 첫머리에 피고인이 전에 받은 소년부송치처분과 직업없음을 기재하였다 하더라도 이는 형사소송법 제254조 제3항 제1호에서 말하는 피고인을 특정할 수 있는 사항에 속하는 것이어서 그와 같은 내용의 기재가 있다 하여 공소제기의 절차가 법률의 규정에 위반된 것이라고 할 수 없음(90도1813)

(2) 죄명

죄명은 적용범죄와 함께 공소제기의 범위를 정하는 보조적 기능역할

※ 죄명은 구체적으로 표시해야 하나, 죄명의 표시가 틀린 경우에도 이로 인해 피고인의 방어에 실질적인 불이익이 없는 경우 공소제기 효력에는 영향 없음

(3) 공소사실

1) 공소사실의 의의

공소사실이란 범죄의 특별구성요건을 충족하는 구체적 사실을 말하며, 법원의 심판대상이 되는 사실임

※ 법률적·사실적으로 특정된 사실을 의미

2) 공소사실의 특정

공소사실의 기재는 피고인의 방어권 행사를 위해 범죄의 일시·장소와 방법을 명시하여 사실을 특정할 수 있도록 해야 함(제254조 제4항)

※ 세 가지 특정요소를 종합하여 다른 사실과의 식별이 가능하도록 범죄 구성요건에 해당하는 구체적 사실을 기재하여야 함
※ 공소의 원인이 된 사실을 다른 사실과 구별할 수 있을 정도면 되고(68도302, 2015도7989), 다른 적시된 사항들에 의해 공소사실이 특정가능하면 됨(2014도1196)
※ But, 단순히 추상적 구성요건만을 기재함에 그치고, 행위의 객체나 범행의 방법을 기재하지 아니한 경우 특정되었다고 할 수 없음

※ 피고인이 "1999년 5월 중순경부터 같은 해 11월 19일경까지 사이에 부산 이하 불상지에서 향정신성의약품인 메스암페타민 약 0.03g을, 1회용 주사기를 이용하여 팔 등의 혈관에 주사하거나 음료수 등에 타 마시는 방법으로, 이를 투약하였다."는 것인바, 위와 같은 투약량은 메스암페타민 투약자들이 보통 1회에 투약하는 최소한의 단위로 알려진 것이고, 위와 같은 투약방법 역시 그 어느 것이나 메스암페타민 투약자들이 일반적으로 사용하는 방법에 지나지 않는 것을 막연히 기재한 것임(2000도3082)

※ 방조범의 경우 전제요건이 되는 정범의 범죄구성요건을 구체적으로 기재하여야 함(2001도5158)

공소사실 특정한계
범죄일시는 적용법조를 결정하고, 행위자의 책임능력을 명확히 하며, 공소시효 완성여부를 결정할 수 있을 정도면 충분(이중기소 방지)
※ 초순·중순·하순 또는 일자 불상경이라는 기재로도 충분(78도2118)

※ 범죄의 성격에 비추어 개괄적 표시가 부득이한 경우 공소내용이 특정되지 않았다고 하여 위법하다고 할 수 없음
√ 향정신성의약품 관련 범죄의 특성상, 피고인의 모발에서 메스암페타민 성분이 검출되었다는 감정서가 증거로 제출되어 있고 피고인이 그 투약사실을 부인하는 경우에는, 검사가 모발을 성장기간 별로 구분하여 투약시기를 세분하여 감정한 모발감정 결과에 기초하거나 피고인의 행적 등 다른 증

거들에 의하여 모발감정에서 성분이 검출될 수 있는 기간의 범위 내에서 투약시기를 가능한 한 최단기간으로 특정하고, 장소도 토지관할의 구분이 가능할 정도로 특정하고 있다면, 그 시기·장소·방법·투약량 등을 불상으로 기재하더라도 공소사실이 특정되었다고 보아야 함(2005도1765)

√ "피고인은 마약류 취급자가 아님에도 불구하고 2008. 8. 3.부터 2008. 10. 2. 사이에 천안시 서북구 (상세 주소 생략) 피고인의 주거지 등지에서, 향정신성의약품인 메스암페타민(일명 필로폰) 약 0.03g을 음료수로 희석하여 마시거나 주사기로 혈관에 주사하는 방법 등으로 이를 투약하였다"라는 것이다. 그러나 메스암페타민의 투약시기에 관한 위와 같은 기재만으로는 피고인의 방어권 행사에 지장을 초래할 위험성이 크고, 단기간 내에 반복되는 이 사건 공소 범죄사실의 특성에 비추어 볼 때 위와 같이 투약시기로 기재된 위 기간 내에 복수의 투약가능성이 농후하여 심판대상이 한정되었다고 보기도 어려움(2009도9717)

범죄장소는 토지관할을 판단할 수 있을 정도, 범죄방법은 구성요건을 밝히는 정도로 특정하면 충분(84도1139)

※ 포괄일죄(수회의 절도나 뇌물죄 등)에 있어서 일죄의 일부를 구성하는 개개 행위에 대하여 구체적으로 특정되지 아니하더라도 그 전체 범행 시기와 종기, 범행방법과 횟수 또는 피해액의 합계, 피해자와 상대방 등을 기재하면 충분(2012도5220)

※ 특정해야 할 공소사실은 범죄구성요건에 해당하는 사실에 한함(2016도2696)

√ 유가증권위조죄에서 피해자(81도1359), 업무상과실치사상죄에서 피해자의 치료기간(83도3006)은 필요적 기재사항이 아니어서 구체적으로 특정할 필요는 없음

√ 배임죄에 있어서 손해를 가한 때라 함은 재산적 가치의 감소를 뜻하는 것이요 그것이 현실적인 실해를 가한 경우뿐만 아니라 실해발생의 위험을 초래한 경우도 포함되는 것임. 본인에게 손해를 가하였다고 인정되는 이상

그 손해액이 구체적으로 명백하게 확정되지 않았다 하더라도 배임죄가 성립되는 데는 영향이 없어 배임죄에 있어 재산상의 손해액이 구체적으로 확정될 필요는 없음(83도2602)

3) 공소사실 불특정 효과

공소사실의 특정은 공소제기의 유효요건으로 특정되지 아니한 경우 공소제기는 무효로 판결로서 공소를 기각해야 함

공소사실이 특정되지 아니한 경우 그 하자를 치유할 수 있는가의 문제가 있는바, ① 전혀 특정되지 아니한 경우 ② 구체적 범죄구성요건 사실이 표시되어 있는 경우가 있는데,

①의 경우 이의제기가 없거나 변론에 응하였다 하더라도 현저한 방식위반으로 하자가 치유될 수 없음

※ 공소장 변경신청서에는 마약사건 알선행위에 대한 공소사실과 이 사건 변경신청을 허가하여 달라는 취지의 문구만이 기재되어 있을 뿐 피고인의 성명 기타 피고인을 특정할 수 있는 사항, 적용법조 등이 기재되어 있지 않고, 이 사건 변경신청서가 피고인 또는 변호인에게 송달되지는 않았으며, 새로운 공소의 제기에 대한 사건번호의 부여 및 사건배당절차도 거치지 않은 사실이 인정되는 등 현저한 방식위반이 있는 경우로 무효(2008도11813)

②의 경우 검사 스스로 또는 법원의 석명(소송규칙 제141조, 2014도2727)에 의해 보정 가능

(4) 적용법조

적용법조는 공소사실에 적용된 법적 평가를 의미하며 죄명과 함께 공소의 범위를 확정하는 보조적 기능을 수행

※ 피고인의 방어권 보장목적으로, 오기나 누락의 경우 피고인의 방어에 실질적 불이익이 없는 한 공소제기의 효력에 영향 없음(2005도4085)

2. 임의적 기재사항

(1) 범죄사실과 적용법조의 예비적·택일적 기재

공소장에는 수개의 범죄사실과 적용법조를 예비적 또는 택일적으로 기재할 수 있음(제254조 제5항)(공소제기를 용이하게 하기 위한 목적)

※ 예비적 기재라 함은 수개의 사실 또는 법조에 대하여 심판의 순서를 정하여 선순위의 사실이나 법조의 존재가 인정되지 않는 경우 후순위의 사실 또는 법조의 존재의 인정을 구하는 취지의 기재

√ 선순위를 본위적(주위적) 공소사실, 후순위를 예비적 공소사실이라 함

※ 택일적 기재라 함은 수개의 사실에 관하여 심판의 순서를 정하지 않고 어느 것을 심판해도 좋다는 취재의 기재

※ 형소법은 범죄사실과 적용법조의 예비적·택일적 기재만 규정하고 있으나 죄명의 예비적·택일적 기재도 허용됨

공소제기 시 뿐만 아니라 공소장변경에 의해서도 가능(제298조)

※ 실무에서는 공소제기에서는 거의 이용되지 않고 공소장 변경 시 이용됨

(2) 허용범위

범죄사실의 동일성이 인정되지 않는 경우, 허용여부에 대하여 소극설(동일성 범위 내에서만 인정, 통설), 적극설(동일성 무관, 판례입장(65도114, 68도172))

(3) 법원의 심리·판단

1) 심판 대상

범죄사실과 적용법조를 예비적·택일적으로 기재한 때에는 공소장에 기재된 모든 범죄사실이 법원의 심판대상이 됨

※ 항소심에서도 예비적 공소사실을 유죄로 인정할 수 있고, 택일적 기재의 경우도 하나의 사실을 유죄로 인정한 원심을 파기하고 다른 사실을 유죄로 할 수 있음(70도2660)

2) 심판 순서

예비적 기재의 경우 검사의 기소순위에 제한을 받으나(위반 시 위법하여 항소이유(76도1126, 75도3238)), 택일적 기재의 경우 법원 심판순서에 제한이 없음

3) 판단 방법

예비적 기재 시 본위적 공소사실을 유죄로 인정하는 경우 예비적 공소사실에 대한 판단 불요, 예비적 공소사실을 유죄로 인정하는 경우 판결이유에서 본위적 공소사실에 대한 판단을 요함(76도1126)

※ 택일적 기재 시 판결이유에서도 다른 사실에 대한 판단 불요

III. 공소장 일본주의

1. 공소장 일본주의의 의의와 근거

(1) 공소장 일본주의의 의의(증거 불제출주의)

공소제기 시 법원에 제출하는 것은 공소장 하나이며 공소사실에 대한 증거는 물론 법원에 예단을 생기게 할 수 있는 것은 증거가 아니더라도 제출할 수 없다는 원칙

※ 법률에는 근거가 없으나 1982년 형사소송규칙 개정 시 일본법을 따라 공소장 일본주의 도입(일본 1947년 신형사소송법을 모델로 하되 1954년 제정당시 현실에 맞게 공소장 일본주의를 채택하지 않음)

※ 제척·기피·회피가 공평한 법원 구성을 실현하기 위함인 반면, 공소장 일본주의는 법원의 예단차단 목적

(2) 공소장 일본주의의 이론적 근거

당사자주의 소송구조, 예단배제의 원칙, 공판중심주의에 이론적 근거를 두고 있음

1) 당사자주의 소송구조

당사자주의 소송구조는 법원이 공평한 제3자 입장에서 공소장에 기재된 공소사실의 존부에 대하여 당사자 사이에 전개되는 공격·방어를 바탕으로 심증 형성할 것을 요구함

직권주의 소송구조는 공소제기와 동시에 수사기록과 증거물을 모두 법원에 제출하고 법관은 사건내용을 충분히 파악한 후 심리에 들어가게 됨

※ 독일, 프랑스가 취하고 있는 입장이고 영국과 미국은 배심단(여러명)에게 모든 것을 줄 수 없는 본질적인 차이가 있어 당사자주의를 취하고 있고, 일본은 패망 이후 맥아더 정부의 영향을 받아 도입하게 되었으며, 우리의 경우 제정당시에는 직권주의 입장을 취하다, 1982년 형사소송규칙 개정으로 변경하게 되었음

2) 예단배제 원칙

구체적 심판에 있어서 법관의 예단과 편견을 방지하여 공정한 판단을 보장하려는 원칙을 말하며, 공소장 일본주의는 예단배제원칙을 제도적으로 표현한 것이라 할 수 있음

3) 공판중심주의

법관의 심증형성은 공판(공개재판)기일의 심리에 의하여 한다는 원칙을 말하고(직접주의와 구두변론주의), 이러한 의미에서 공소장 일본주의는 공판중심주의를 실현하기 위한 제도라 할 수 있음

4) 위법증거의 배제

법원에 수사서류가 직접 공판절차에 유입되는 것을 방지함

※ 증거능력 있는 증거에 의해서만 심증형성하게 하고, 위법한 증거에 대해서는 접촉을 차단하게 해줌

2. 공소장 일본주의의 내용

(1) 첨부와 인용의 금지

공소장 일본주의는 사건에 관하여 법원에 예단이 생기게 할 수 있는 기타 물건을 첨부하거나 그 내용을 인용하는 것을 금지한다(소송규칙 제118조 제2항)

1) 첨부의 금지

법원에 예단을 줄 수 있는 서류 기타 물건

※ 사건의 실체심리 이전에 법관의 심증형성에 영향을 줄 수 있는 자료는 제출이 금지되며 단순히 검사의 주장인 공소사실만 제출되어야 함

※ 예단우려가 없는 물건 첨부는 가능(변호인 선임서, 보조인 신고서, 특별대리인 선임결정서, 체포영장, 긴급체포서·구속영장 기타 구속에 관한 서류 첨부해야(소송규칙 제118조 제1항)

2) 인용 금지

공소장에 증거 기타 예단이 생기게 할 수 있는 문서내용을 인용하는 것은 금지됨

※ But, 문서를 수단으로 협박·공갈·명예훼손 등의 사건에서 문서의 기재내용 그 자체가 범죄구성요건에 해당하는 중요한 요소인 경우 공소사실을 특정하기 위해 문서의 전부 또는 일부를 인용할 수 있음

※ 또한 범죄의 성격상 범위나 공모관계, 범행의 동기나 경위 등을 명확히 하기 위해 증거서류의 내용을 인용하는 것은 허용됨

√ 정당의 후보자 추천 관련 금품수수 범행의 공소사실에 범죄사실 이전 단계의 정황과 경위, 범행을 전후하여 관계자들이 주고받은 대화와 이메일 내용, 수첩의 메모 내용, 세세한 주변사실 등을 장황하게 기재한 사안을 공소기각 판결 대상이 아니라 봄(2009도7436)

(2) 여사기재의 금지

공소장에 제254조 제3항(피고인, 공소사실, 죄명, 적용법조)의 기재사항 이외의 사항을 기재하는 것을 여사(餘事)기재라 함

※ 여사기재에는 예단을 생기게 할 수 있는 기재와 예단 우려가 없는 것이 있는 바 후자의 경우는 삭제하면 됨

전과, 전과 이외의 소행, 범죄동기, 여죄기재 여부가 문제됨

1) 전과 기재

전과가 구성요건에 해당하거나(상습누범·상습범), 사실상 범죄사실의 내용을 이루는 경우(전과를 수단으로 한 공갈) 이외에는 동종이나 이종전과를 기재하는 것은 허용되지 않는다는 것이 통설

판례는 전과기재가 피고인을 특정할 수 있는 사항이면 허용한다는 입장(66도793)

※ 공소사실의 첫머리에 피고인이 전에 받은 소년부송치처분과 직업 없음을 기재한 경우 공소제기가 적법하다고 봄(90도1813)

2) 전과 이외의 악성격·경력·소행 기재

판례는 국가보안법위반 사건의 공소장 첫머리에 피고인의 과거 경력·성향·활동 등에 관한 사항을 나열하는 것은 적절하다고 할 수 없지만 이로 인하여 공소제기가 무효로 되지는 않는다고 봄(99도1860)

※ But, 학설은 구성요건이 되는 경우나 구성요건행위와 밀접한 관계가 있는 경우만 허용된다고 봄

3) 범죄동기 기재

판례는 살인, 방화 등의 경우 직접적인 동기나 공소사실과 밀접 불가분한 관계에 있는 동기기재는 당연 허용되며, 범죄의 직접적인 동기가 아닌 경우에도 동기의 기재는 공소장의 효력에

영향을 미치지 아니한다고 봄(2007도748)

※ 학설은 부정설과 긍정설 대립하나 일반범죄의 경우에도 범죄의 동기는 단순한 여사기재로 공소제기를 무효로 하지 않는다고 봄

4) 여죄 기재

삭제를 명하면 족하다는 견해, 공소기각을 결정해야 한다는 견해 대립

※ 판례는 공소시효가 완성된 범죄사실을 공소사실 이외의 사실로 기재한 공소장이 형소법 제254조 제3항의 규정에 위배되지 않는다고 봄(83도1979)

3. 공소장 일본주의 위반 효과

공소장 일본주의 위반(예단을 생기게 한 경우)은 공소제기 방식의 중대한 위반으로 공소제기가 무효로 되어 법원은 판결로 공소기각을 선고하여야 하는 것이 원칙(제327조 제2호, 2009도7436)

※ 예단을 생기게 할 우려가 없는 단순한 여사기재는 제254조(공소제기의 방식과 공소장) 제3항, 제4항 위반으로 검사에게 삭제를 명하면 됨

여기서 쟁점은 ① 공소장 일본주의 위반과 단순한 여사기재의 한계, ② 공소장 일본주의 위반하자의 치유 가능여부

※ 다수설은 법관에게 예단이 생기게 할 수 있는 여사기재는 모두 공소장 일본주의 위반이고 하자의 치유도 인정되지 않는다고 봄

※ But, 판례는 위반의 정도에 따라 하자가 치유될 수 있다고 봄

√ 공소장 일본주의에 위반한 경우라도 공소장 기재방식에 대하여 피고인 측으로부터 아무런 이의제기가 없었고, 법원 역시 범죄사실의 실체를 파악하는 데 지장이 없다고 판단하여 그대로 공판절차를 진행한 결과 증거조사절차가 마무리되어 법관의 심증형성이 이루어진 단계에서 공소장 일본주의 위배를 주장하여 이미 진행된 소송절차의 효력을 다툴 수 없다고 봄(2009도7436)

4. 공소장 일본주의의 예외

공소장 일본주의는 공소제기에 대하여 적용되므로, 약식절차, 즉결심판절차 등에서 예외가 인정됨

(1) 약식절차

약식절차가 서면심리에 의한 재판이라는 성질로 인하여 공소장 일본주의의 예외인정

※ But, 약식명령 청구 시 법원이 약식명령을 할 수 없거나 부적당하다고 인정하여 공판절차에 의하여 심판하거나(제450조), 정식재판의 청구가 있는 때(제453조)에는 공소장 일본주의가 적용됨

(2) 공소장 일본주의의 적용범위

공소제기에 대하여 적용되므로 공판절차 갱신 후의 절차, 상소심 절차, 파기환송(이송) 후의 절차에는 적용되지 않음

※ 공판절차의 갱신이라 함은 이미 행하여진 공판절차를 일단 무시하고 이를 다시 하는 것을 말하며, 공판개정 후 판사경질의 경우와 간이공판절차가 취소가 되면 공판절차를 갱신하여야 함

5. 관련문제

(1) 증거개시의 문제

2007년 형소법 개정으로 피고인에게 소송계속중인 관계서류 또는 증거물에 대한 열람·복사권 뿐만 아니라(제35조), 공소제기 후 검사가 보관하고 있는 서류 등의 열람·등사권 즉 증거개시를 인정하는 규정을 두고 있음(제266조의3 내지 4)

※ 개정 전에는 소송계속 중의 관계서류 또는 증거물에 대한 열람·복사권만을 규정하고 있었으나(제35조), 1982년 공소장 일본주의가 도입됨에 따라 공소제기 후에도 증거물과 수사기록을 모두 검사가 보관하게 되어 피고인의 방어권 보장을 위해 변호인의 검사에 대한 기록의 열람·등사권 인정여부가 문제가 되었으나 입법으로 해결하였음

(2) 공판기일 전의 증거제출

형소법은 공판기일 전의 증거조사(제273조)와 당사자의 공판기일 전의 증거제출(제274조)을 인정하고 있음

여기서 검사·피고인 또는 변호인이 공판기일 전에 서류나 물건을 증거로 법원에 제출할 수 있

도록 한 공판기일 전 증거제출이 공소장 일본주의에 위반되는지 여부가 문제됨
이에 대해 공소장 일본주의에 반하지 않고 제1회 공판기일 전후로 가능하다는 견해, 제1회 공판기일 이후의 공판기일 전을 의미한다는 견해(다수설, 예단방치 차원에서)가 있음

♣ 공판준비절차·공판기일 전 준비절차·공판 전 준비절차 비교

공판 전 준비절차에는 공판기일 전 준비절차와 공판 전 준비절차로 나눠지며, 공판기일 전 준비절차로는 공소장부본 송달, 공판기일 지정·변경, 공판기일 전 증거조사와 증거제출이 있고, 공판 전 준비절차는 국민참여재판 도입에 따라 배심원이 재판에 참여하는 경우 공판심리를 신속하게 하기 위해 도입된 것인데, 우리 형소법이 일반절차에까지 확대한 것임(쟁점정리, 증거정리, 증거개시, 심리계획 책정 등이 행해짐)

제4절 공소제기 효과

I. 공소제기의 의의

공소제기에 의해서 법원의 공판절차가 개시되며, 공소제기 효과로는 소송계속과 심판범위의 한정, 시효의 정지가 있음

※ **법원의 심판범위가 한정되는데 법원의 심판범위와 공소의 효력이 미치는 범위가 반드시 일치하는 것은 아님**

ex) 공소불가분의 원칙에 의해 범죄사실의 일부에 대한 공소의 효력이 전부에 미치나, 법원의 심판범위는 공소장에 기재된 공소사실에 한정. 동일성이 인정되는 사실도 공소장 변경에 의해서 비로소 법원의 현실적 심판의 대상이 됨

II. 공소제기의 소송법적 효과

1. 소송계속

(1) 소송계속의 의의

사건이 특정 법원의 심판대상으로 되어 있는 상태를 소송계속이라 함

※ **사건이 법원의 지배로 옮겨진다는 의미**

(2) 소송계속의 적극적 효과

1) 심판의 권리·의무

공소제기에 의하여 법원은 사건의 심리·재판할 권리·의무를 지게 됨

※ **소송계속의 적극적 효과 또는 공소제기의 내부적 효과라고도 함**

2) 실체적 소송계속과 형식적 소송계속

공소제기가 적법·유효한 경우의 소송계속을 실체적 소송계속이라고 하고(이 경우 유·무죄 실체재판), 공소제기가 부적법·무효인 경우의 소송계속은 형식적 소송계속이라 함(면소·공소기각·관할권위반 형식재판)

(3) 소송계속의 소극적 효과

공소제기가 있는 경우 동일사건에 대하여 다시 공소를 제기할 수 없음

※ 이중기소(재소) 금지 또는 공소제기의 외부적 효과라고도 함

※ 동일 사건을 수개의 법원에 이중 공소제기하는 것은 허용불가

2. 공소시효의 정지

공소제기에 의해 공소시효의 진행이 정지되며, 공소기각 또는 관할위반 재판이 확정된 때로부터 진행함(제253조 제1항)

※ 공소제기가 적법·유효할 것을 요하지 않음(소송조건을 구비할 필요는 없다는 것도 같은 의미)

공범 1인에 대한 시효정지는 다른 공범자에 대하여도 효력을 미침(동조 제2항)

※ 공소제기 효력은 당해 피고인에 대해서만 미치는 것이 원칙이지만 공평의 견지에서 특례인정 규정

※ 임의적 공범과 필요적 공범도 포함

※ 범인이 아닌 자에 대한 공소제기는 진범인에 대하여 시효정지 효력 ×

※ 공범의 1인으로 기소된 자가 구성요건에 해당하는 위법행위를 공동으로 하였다고 인정되기는 하나 책임조각을 이유로 무죄로 되는 경우와는 달리 범죄의 증명이 없다는 이유로 공범 중 1인이 무죄의 확정판결을 선고받은 경우에는 그를 공범이라고 할 수 없어 그에 대하여 제기된 공소로써는 진범에 대한 공소시효정지의 효력이 없다(98도4621)

공소제기에 의한 시효정지 효력은 잠재적으로 법원의 심판대상이 되는 공소사실과 단일하고 동일한 범위 내의 전체사실에 미침

※ 과형상 일죄(상상적 경합범) 일부에 대한 공소제기 시 다른 부분에 대해서도 공소시효 정지됨

III. 공소제기의 효력이 미치는 범위

1. 사건범위의 한정

(1) 공소불가분의 원칙

공소제기의 효과는 공소장에 기재된 피고인·공소사실과 단일성 및 동일성이 인정되는 사실에 미치는 것을 말함(공소제기는 법원의 심판대상을 한정시킴)

※ 범죄사실의 일부에 대한 공소는 그 효력이 전부에 미친다.(제248조 제2항)

(2) 심판대상과 공소불가분의 원칙

심판대상을 공소제기된 피고인의 범죄사실에 한정하는 것은 법원의 자의를 차단하고 피고인을 보호하기 위함

법원의 심판대상과 관련하여, ① 공소사실과 단일성·동일성이 인정되는 사실 전부가 심판대상이라는 견해(공소사실대상설 또는 범죄사실대상설) ② 심판은 공소장에 명시된 소인범위에 제한되고 공소사실은 소인변경범위를 결정하는 기능적 개념에 불과하다는 견해(소인대상설) ③ 공소장에 기재된 공소사실이 현실적 심판대상이고, 공소사실과 단일성·동일성이 인정되는 사실은 잠재적 심판대상이라는 견해(이원설, 다수설) ④ 소인이 현실적 심판대상이고 공소사실은 잠재적 심판대상이라는 견해(절충설)

※ 우리나라는 소인(訴因, count(죄명))개념을 차용하고 있지 않고, 공소장 변경제도를 허용하고 있는 점에 비추어 이원설이 타당

2. 공소제기의 인적 효력범위

(1) 인적 효력 범위

공소는 검사가 피고인으로 지정한 사람 외의 다른 사람에게는 그 효력이 미치지 아니함(제248조 제1항)

※ 법원은 검사가 공소장에 특정하여 기재한 피고인만 심판하여야 하며, 이러한 점에서 고소의 주관적 불가분의 원칙과 구별됨

※ 공소제기 후 진범인이 발견되어도 공소제기 효력은 진범인에 미치지 아니하고, 공범 중 1인에 대한 공소제기가 있는 경우 다른 공범자에 대해 효력이 미치지 않음

But, 공소제기로 인한 공소시효정지의 효력은 다른 공범자에게도 미침(제253조 제2항)

(2) 검사가 지정한 피고인

1) 피고인의 특정

검사가 지정한 피고인이란 공소장에 특정되어 있는 피고인을 의미. 다만 문제되는 것은 성명 모용이나 위장출석의 경우 처리에 문제가 됨

2) 성명모용의 경우

갑이 을의 성명을 모용하여 을의 이름으로 공소가 제기된 경우, 공소제기의 효력은 명의를 사칭한 자에게만 미치고 그 명의를 모용당한 자에게는 미치지 아니함(97도2215, 84도1610)

※ 모용한 갑이 공판정에 출석하여 유죄판결이 확정된 때에도 판결의 효력은 을에게 미치지 아니함

※ But, 을이 공판정에 출석하여 재판을 받거나 약식명령에 대하여 정식재판을 청구한 때에는 을은 검사가 지정한 피고인은 아니지만 형식적으로 피고인의 지위에 있는 자로 을에 대해서는 공소기각 판결을 하여야 하고(97도2215), 공소제기의 효력은 갑에게만 미침

모용 되었을 때 검사는 피고인을 특정하기 위해 공소장정정절차(검사가 법원에 신청하여 허락을 받는 형식)에 의해 피고인 표시를 정정하면 됨(85도756, 84도1610)

3) 위장출석의 경우

공소장에 갑이 피고인으로 기재되어 있음에도 을이 출석하여 재판을 받은 경우 갑은 실질적 피고인, 을은 검사가 지정한 피고인 이외의 자가 소송에 관여한 것으로 형식적 피고인이 되며, 이 경우에도 공소제기의 효력은 갑에게만 미침

3. 공소제기의 물적 효력범위

(1) 공소사실의 단일성과 동일성

공소제기 효력은 단일사건의 전체에 미치고 동일성이 인정되는 한 그 효력은 계속 유지됨

※ 공소사실의 일부에 대한 공소는 그 전부에 대하여 효력이 미침(제248조 제2항)

※ 여기서 공소사실의 동일성이란 공소사실의 단일성과 협의의 동일성을 포함하는 개념으로(광의설),

단일성은 일정 시점을 기준으로 범죄사실의 단복을 결정하는 문제인데 반해,

협의의 동일성은 공소사실의 단일성을 전제로 시간의 경과에 따라 발생하는

사실관계의 증감변경에도 불구하고 전후의 범죄사실이 그 동질성을 유지하는가의 문제

단일성과 동일성이 인정되는 사실 전체에 대하여 법원의 잠재적 심판대상이 되며 이러한 의미에서 공소제기의 물적 효력범위는 잠재적 심판범위를 의미

※ 잠재적 심판대상이 법원의 현실적 심판대상이 되기 위해서는 공소장변경 필요

※ 공소제기의 물적 효력범위는 잠재적 심판범위, 공소장변경 한계, 기판력의 객관적 범위와 일치

(2) 일죄의 일부에 대한 공소제기

1) 문제의 소재

소송법상 일죄로 취급되는 단순일죄 또는 과형상 일죄의 일부에 대한 공소제기 허용여부

※ 일죄의 전부에 대하여 혐의가 인정되고 소송조건이 구비된 경우에 일부만의 기소허용여부에 대한 논의를 말하고, 일부만 혐의나 소송조건이 인정되는 경우는 당연히 인정

√ 강도상해 사실을 강도로 기소하거나, 상대적 친고죄에 해당하는 형법 제331조 제1항 특수절도에 대하여 고소가 있는 경우 그 수단으로 또는 그에 수반하여 행하여진 재물손괴죄로 공소제기 할 수 있는지 여부

2) 학설 및 판례

허용되지 않는다는 소극설, 허용된다는 적극설, 원칙적으로 허용되지 않으나, 범죄사실의 일부를 예비적·택일적으로 기재한 경우 예외적으로 허용된다는 절충설, 판례는 적극설 입장

※ 부작위범인 직무유기죄와 작위범인 범인도피죄의 구성요건을 동시에 충족하는 경우 검사는 재량에 의하여 직무유기죄만 공소제기할 수 있다고 봄(99도1904)

3) 친고죄 수단인 범죄행위의 기소

친고죄의 경우 고소가 있는 경우 그 수단으로 또는 부수적으로 저질러진 범죄행위에 대한 공소제기는 당연 인정

But, 고소가 없는 경우 허용여부에 대하여 판례는 허용되지 않는다는 입장

※ 과거 친고죄였던 강간죄의 수단인 폭행·협박만의 공소제기에 대하여 무죄판결을 선고해야 한다는 입장에서 공소기각 판결을 하여야 한다고 입장 변경(2002도51)

※ 무죄판결입장은 공소제기가 적법하다는 입장이고, 공소기각 판결입장은 공소제기가 고소불가분의 원칙에 반하는 것으로 위법한 경우에 해당한다고 보는 것임

4) 공소제기 효력과 심판범위

일죄의 일부를 기소한 경우 공소제기 효력이 전부에 미침(공소불가분의 원칙)

※ 이중기소금지 원칙, 기판력은 일부의 전체에 미치고, 법원의 잠재적 심판범위가 됨

제5절 공소시효

Ⅰ. 공소시효의 의의와 본질

1. 공소시효의 의의

검사가 일정기간 동안 공소를 제기하지 않고 방치하는 경우 국가의 소추권을 소멸시키는 제도

※ 일정한 시간이 경과한 사실상의 상태를 유지·존중하기 위한 제도

※ 공소시효는 국가의 소추권을 소멸시키는 제도이고, 형의 시효는 확정된 형벌권을 소멸시키는 것으로 공소시효가 완성되면 면소판결, 형의 시효가 완성되면 형의 집행이 면제됨

2. 공소시효의 본질(독일 학설영향)

시간의 경과에 따라 사회의 응보감정 또는 범인의 악성이 소멸되기 때문에 소멸시킨다는 실체법설, 형벌권과는 관계없이 시간의 경과에 의해 증거가 없어지게 된다는 점을 고려하여 국가의 소추권을 억제한다는 소송법설, 가벌성 감소와 증거의 산일 등 실체법적 성격과 소송법적 성격을 함께 인정하는 경합설(경합설, 다수설)

Ⅱ. 공소시효 기간

1. 시효기간

공소시효 기간은 법정형 경중에 따라 차이가 있음

※ 사형은 25년, 무기징역이나 무기금고는 15년, 장기 10년 이상 징역 또는 금고 10년, 장기 10년 미만 징역 또는 금고 7년, 장기 5년 미만 징역 또는 금고, 장기 10년 이상 자격정지 또는 벌금 5년, 장기 5년 이상 자격정지 3년, 장기 5년 미만 자격정지, 구류, 과료 또는 몰수 1년(제249조 제1항)

※ 공직선거법상 범죄 선거일 후 6월(선거일 후 행하여진 범죄는 그 행위가 있는 날로부터 6월), 범인이 도피한 때나 범인이 공범 또는 범죄의 증명에 필요한 참고인을 도피시킨 때에는 3년(제268조 제1항)

성폭력 범죄 및 아동성범죄에 대해 과학적 증거가 있는 경우 공소시효 연장

※ 성폭력범죄의 처벌 등에 관한 특례법(이하 성폭력 특례법) 제2조 3호·4호의 죄와 동법 제3조~제9조의 죄, 아동·청소년의 성보호에 관한 법률(이하 아청법) 상의 강간·강제추행 등의 죄에 대해 DNA 증거 등 죄를 증명할 수 있는 증거가 있는 때에는 공소시효 10년 연장(성폭력특례법 제21조 제2항, 아청법 제20조 제2항)

공소시효 폐지

※ 살인죄(종범은 제외, 제253조의2), 13세 미만의 여자와 신체적·정신적 장애가 있는 여자를 대상으로 한 형법상의 강간죄 등 일부범죄, 성폭력 특례법상의 강간 등 상해·치상·살인·유사성행위, 아청법상의 강간 등 상해·치상·살인·치사, 군형법상의 강간 등 살인죄, 국제형사재판소 관할 범죄의 처벌 등에 관한 법률상의 집단살해죄 등(제6조)

의제 공소시효

공소제기 후 판결 확정 없이 25년이 경과하면 공소시효가 완성된 것으로 간주(제249조 제2항)

※ 피고인의 소재불명으로 인한 영구미제사건을 종결하기 위한 규정

2. 시효기간의 기준

(1) 기간결정의 기준이 되는 형

처단형이 아니라 법정형이 기준

※ 2개 이상의 형을 병과하거나 2개 이상의 형에서 그 1개를 과할 경우에는 중한 형이 기준(제250조)

※ 형법에 의해 가중 또는 감경하는 경우 가중 또는 감경하지 아니한 형이 기준(제251조)이 되며, 특별법에 의해 가중 또는 감경된 경우에는 그 법이 정한 법정형을 기준으로 결정(80도1959)

√ 납부하지 아니한 세액(이하 '逋脫稅額等'이라 한다)이 년 1,000만 원 이상인 때에는 무기 또는 5년 이상의 징역(특정범죄 가중처벌 등에 관한 법률 제8조 제1항, 독립된 구성요건으로 봄)

※ 교사범 또는 종범의 경우에는 정범의 형을 기준으로 하며, 필요적 공범에 있어서는 개별적으로 판단함(수뢰죄의 수뢰자와 증뢰자의 법정형 상이)

※ 양벌규정에 의해 법인이나 사업주를 처벌하는 경우 법인 또는 사업주의 시효기간에 대해 행위자본인 기준설, 사업주 법정규정설(다수설)

※ 법률변경에 의해 법정형이 가벼워진 경우 적용될 신법 법정형이 기준(2008도4376)

(2) 법정형 판단의 기초인 범죄사실

1) 공소장기재 공소사실(원칙)

공소시효는 공소장에 기재된 공소사실에 대한 법정형이 기준이 됨

※ 공소장에 수개의 공소사실이 예비적·택일적으로 기재된 경우 공소시효는 중한죄의 법정형이 기준이라는 견해와 개별적으로 결정해야 한다는 견해(다수설)가 있음

2) 과형상 일죄(여러 죄 중 어떤 것이 기준인가의 문제)

과형상 일죄인 상상적 경합의 경우 중한죄의 법정형이 기준이라는 견해와 실질적으로 수죄이므로 개별적으로 결정해야 한다는 견해가 있음

3) 공소장 변경의 경우(시기의 문제)

공소제기의 효력이 공소장에 기재된 공소사실과 동일성이 인정된 사실에 미치기 때문에 공소제기 시를 기준으로 함(91도3150, 82도535)

※ But, 공소장변경에 의해 법정형의 차이가 나는 경우에는 변경된 공소사실에 대한 법정형이 기준이 됨(2001도2902)

※ 공소제기 당시 공소시효가 완성된 경우 면소판결(2013도6182)

3. 공소시효의 기산점

(1) 범죄 종료 시

범죄행위를 종료한 때로부터 진행(제252조 제1항)

※ 다만 미성년자 또는 아동·청소년에 대한 성폭력범죄, 아동학대 범죄의 공소시효는 성폭력범죄로 피해를 당한 미성년 등이 성년에 달한 날로부터 진행(성폭력특례법 제21조 제1항, 아청법 제20조 제1항, 아동학대범죄의 처벌 등에 관한 특례법 제34조 제1항, 이하 아동학대 특례법)

범죄행위 종료 시의 의미에 대해 행위시설과 결과발생시설(통설, 판례(2002도3924))이 있음

※ 다만 거동범과 미수범의 경우에는 행위 시로부터 시효진행, 계속범에서는 법익침해가 종료된 때, 포괄일죄(하루 사이에 같은 창고에서 수회 물건을 절취 시)의 경우에는 최종의 범죄행위가 종료된 때(2010도17418)

과형상 일죄(상상적 경합, 1개의 행위로 수개의 죄를 범하는 것으로 수개의 죄명 중 가장 중한 것으로 처벌)의 경우 공소시효의 진행은 죄명별 개별적으로 결정

※ 결과적 가중범의 경우에는 중한 결과가 발생한 때로부터 진행하고, 신고기간이 정해져 있는 범죄의 경우 신고기간 경과 시 견해와 신고의무 소멸 시라는 견해(판례)

√ 문화재 등록의무는 시행령 소정의 30일이 경과함으로써 소멸되는 것이 아니라, 일반 동산문화재에 대한 소유 또는 점유를 계속하는 한 그 의무 또한 계속하는 것이라고 할 것임(78도2318)

(2) 공범에 관한 특칙

공범의 최종행위가 종료한 때로부터 모든 공범에 대한 시효기간 기산(제252조 제2항)

※ 공범에는 공동정범·교사범·종범·필요적 공범 포함

4. 공소시효 계산

초일은 시간 계산 없이 1일로 산정하고 기간 말일이 공휴일에 해당하는 날이라도 기간에 산입함(제66조)

III. 공소시효의 정지

1. 공소시효 정지의 의의

공소시효는 일정한 사유의 발생에 의하여 그 진행이 정지됨

※ 시효정지만 인정하고 중단제도는 없음, 시효정지는 사유가 존재하면 시효가 진행하지 않지만 사유가 없어지면 나머지 기간이 진행되는데 반해 중단은 사유가 소멸하면 새로 시효가 진행됨

2. 공소시효 정지사유

(1) 공소제기

공소제기로 진행이 정지되고 공소기각 또는 관할위반 재판이 확정된 때로부터 다시 진행됨(제253조 제1항)

※ 공소제기가 적법·유효할 것을 요하는 것은 아님

(2) 범인의 국외도피

범인이 형사처분을 면할 목적으로 국외에 있는 경우 그 기간 동안 공소시효가 정지됨(제253조 제3항)

※ 국외에서 범죄를 저지르고 형사처분을 면할 목적으로 국외에서 계속 체류하는 경우도 포함(2015도5916)

※ 형사처분 면할 목적은 여러 목적 중에 포함되어 있으면 충분

√ 형사처분을 면할 목적과 양립할 수 없는 범인의 주관적 의사가 명백히 드러나는 객관적 사정이 존재하지 않는 한 국외 체류기간 동안 '형사처분을 면할 목적'은 계속 유지된다고 볼 것임(2013도2510)

(3) 재정신청

재정신청이 있을 때에는 고등법원의 재정결정이 있을 때까지 공소시효의 진행이 정지됨(제262조의 4 제1항)

※ 재정결정이 공소제기결정 또는 기각결정인지 여부는 불문

(4) 소년보호사건의 심리개시결정

소년보호사건에 대하여 소년부판사가 심리개시결정을 한 때에는 그 사건에 대한 보호처분의 결정이 확정될 때까지 공소시효의 진행이 정지됨(소년법 제54조)

(5) 대통령이 범한 죄

내란 또는 외환의 죄를 제외한 대통령이 범한 죄에 대하여 재직기간 동안 공소시효의 진행이 정지됨(94헌마246, 전두환 전 대통령 12.12 사건 불기소 사건 헌법소원, 군형법상 반란죄는 재직 중 시효 정지되어 5.18 특별법을 제정하는 계기가 됨)

※ 대통령은 내란 또는 외환의 죄를 범한 경우를 제외하고는 재직 중 형사상 소추를 받지 아니함(헌법 제84조)

3. 시효정지효력이 미치는 범위

공소제기된 피고인에 대하여만 미치고, 공범의 경우 1인에 대한 시효정지는 다른 공범자에 대하여도 효력이 미치고 당해 사건의 재판이 확정된 때로부터 다시 진행(제253조 제2항)

※ 대향범(뇌물수뢰죄와 공여죄)의 경우 형법총칙상의 공범규정이 적용되지 않아 시효정지효력이 미치는 공범에 해당하지 않음(2012도4842)

※ 공범여부는 심판하고 있는 법원이 결정(검사가 단독범으로 기소하더라도 법원이 공범이 있다고 인정하는 경우)

공소시효가 다시 진행하는 시점은 당해 사건의 재판이 확정된 때

※ 공소기각·관할위반, 유·무죄, 면소판결이 확정된 때, 약식명령이 확정된 때에도 동일(2011도15137)

Ⅳ. 공소시효 완성의 효과

공소제기 없이 공소시효기간이 경과하거나 공소제기가 되었으나 판결이 확정되지 않고 25년을 경과한 때에는 공소시효가 완성됨(제249조)

※ 공소시효 완성은 소송조건으로 공소제기 전인 경우 검사는 공소권 없음의 불기소 처분을 하고, 공소제기 후 공소시효 완성이 판명된 경우 법원은 면소판결(제326조 제3호)

√ 면소판결을 하지 않고 유죄 또는 무죄의 실체판결을 한 경우 항소 또는 상고이유가 됨

제4편 공판

제1장 공판절차

제1절 공판절차의 기본원칙

I. 공판절차의 의의

공판절차란 공소가 제기되어 사건이 법원에 계속된 이후 그 소송절차가 종결될 때까지의 모든 절차를 말함

※ 법원이 피고사건에 대하여 심리·재판하고, 당사자가 변론을 행하는 절차단계, 이러한 절차 중 공판기일의 절차를 협의의 공판절차라 함

※ 법원의 심리는 모두 공판절차에서 행해진다는 의미에서 공판절차는 형사절차의 핵심

공소장 일본주의를 채택하여 법원 심리를 공판절차에 집중함으로써 공판중심주의 확립

※ 공판중심주의는 공개주의·구두변론주의·직접주의·전문법칙을 바탕으로 함

※ 공개된 법정에서 구두로 변론을 행하여 심증을 얻고, 공판정에서 반대심문의 기회를 주면서 직접 조사한 증거에 의하여 심증형성

II. 공판절차의 기본원칙

공판절차는 공판기일에 양 당사자의 공격과 방어를 중심으로 전개되므로 여기에는 당사자주의(adversarial system)가 지배되며, 공개주의·구두변론주의·직접주의·집중심리주의라는 기본원칙이 있음

※ 판례는 공판중심주의·구두변론주의·직접심리주의를 기본원칙으로 봄 (2013도12652)

1. 공개주의

(1) 공개주의의 의의

일반 국민에게 심리의 방청을 허용하는 주의를 말함(국민의 사법 통제기능)

※ 밀행주의·당사자 공개주의(소송관계인만 참여)와 대립되는 개념

※ 공개재판 받을 권리(헌법 제27조 제3항), 법원의 재판공개원칙(헌법 제109조), 재판의 심리와 판결 공개(법원조직법 제57조)

※ 1심뿐만 아니라 모든 재판에 적용되며 공개주의 위반 시 항소이유가 됨(제361조의 5 제9호)

(2) 공개주의의 내용

일반 공개주의를 의미

※ 누구나 특별한 어려움 없이 공판기일을 알 수 있고 공판정에 출입할 가능성이 부여된다는 의미

※ 누구든지 언제나 공판에 출석할 수 있는 것을 요구하는 것은 아님

(3) 공개주의의 한계

심리는 국가의 안정보장, 안녕질서 또는 선량한 풍속을 해칠 우려가 있는 경우에는 결정으로 공개하지 아니할 수 있음(헌법 제109조 단서, 법원조직법 제57조 1항 단서)

공개주의 적용배제 유형 3가지

1) 방청인의 제한

법정의 크기에 따라 방청인 수를 제한하거나, 법정 질서유지를 위하여 특정인의 방청을

허용하지 않는 것은 공개주의에 위배되지 않음

※ 흉기 기타 질서를 파괴할 물건을 소지한 자의 출입을 금지하는 경우(법정 방청 및 촬영 등에 관한 규칙)

2) 특수사건의 비공개

사건내용이 국가의 안전보장·질서유지·선량한 풍속을 해칠 우려가 있는 경우에는 심리 비공개 가능

※ 심리는 비공개가 가능하나 판결 선고의 비공개는 허용되지 않음

※ 특수사건에 대한 비공개 결정 시 그 이유를 밝혀 선고하여야 함(법원조직법 제57조 제2항)

※ 소년보호사건에 대한 심리는 비공개 원칙(소년법 제24조 제2항)

3) 퇴정명령

특정인에 대한 퇴정명령에 의하여 방청을 허용하지 않는 것도 공개주의에 반하지 않음

※ 재판장 허가 없이 녹음·녹화·촬영·중계방송 등을 하는 자, 음식을 먹거나 흡연을 하는 자, 법정에서 떠들거나 소란을 피우는 등 재판에 지장을 주는 자에 대해서는 퇴정명령을 할 수 있음(법정 방청 및 촬영 등에 관한 규칙 제3조)

(4) 법정에서의 사진촬영과 녹음

공개주의가 보도를 위한 법정에서의 사진촬영과 녹음(간접공개)을 허용하는 것은 아님

※ 누구든지 법정 안에서 재판장의 허가 없이 녹화, 촬영, 중계방송 등의 행위를 하지 못함(법원조직법 제59조)

재판장은 피고인의 동의가 있는 때에 한하여 사진촬영 등의 허가신청을 허가 할 수 있음(법정 방청 및 촬영 등에 관한 규칙 제4조)

※ But, 피고인의 동의와 관계없이 공공의 이익을 위하여 상당하다고 인정되는 경우에는 허가 가능(동조)

√ 2017. 5. 22. 박근혜 전 대통령 재판과정 일부 사진촬영 허용, 1996. 3. 전두환, 노태우 등 전직대통령이 12.12사태와 비자금사건 등으로 법정에 섰을 때에도 사진촬영 허용

2. 구두변론주의

법원이 당사자의 구두에 의한 공격·방어를 근거로 하여 심리·재판하는 것을 말함

※ 공판기일에서의 변론은 구두로 하여야 하며(제275조의 3), 특히 판결은 법률에 다른 규정이 없으면 구두변론에 의거하여야 함(제37조 제1항)

구두변론주의는 구두주의와 변론주의를 내용으로 함

(1) 구두주의(oral)

구두에 의해 제공된 소송자료에 의해 재판을 행하는 것을 말함

※ 구두에 의한 진술을 통해 법관이 심증을 형성하게 하고, 방청인에게 변론의 내용을 알릴 수 있다는 장점이 있음

※ 형소법은 구두주의 시 기억이 애매하고 변론의 내용을 증명하기 곤란한 점을 보완하기 위해 공판조서 작성이라는 서면주의에 의해 보충하고 있음

※ 구두주의는 실체형성행위에 대해서만 타당한 원칙이고 절차형성행위에 대해서는 서면주의가 지배됨

(2) 변론주의(직권탐지주의(Untersuchungsmaxime)의 반대개념)

※ 변론주의로 번역되는 독일어 Verhandlungsmaxime의 원뜻은 협상이나 거래원칙이라는 뜻이어서 오늘날 독일에서도 제출주의(Beibringungsgrundsatz)라는 용어를 쓰기도 함. 우리의 경우 일본 번역용어를 그대로 차용하다 보니 용어의 애매성이 더 가중되는 원인이 되기도 함

※ 불어로는 contradictoire라는 용어로 반대 당사자가 의견을 표명할 수 있다는 의미임(contra 반대편, dictoire 말하는의 의미)

1) 변론주의의 의의

당사자의 변론(주장과 입증)에 의해 재판하는 것을 말함

※ 형사소송은 민사소송과 달리 직권에 의한 증거조사(제295조), 법관에 의한 증인신문(제161조의 2), 법원의 공소장 변경요구권(제298조 제2항)을 인정하고 있는 점에서 철저한 변론주의는 아님

2) 변론주의의 강화

당사자주의의 강화에 의하여 형사소송법상 변론주의도 현저히 강화됨

※ 공판정에 당사자 출석요구(제275조 제2항, 제276조), 검사의 모두진술(제285조), 피고인의 모두진술(제286조), 당사자의 증거 신청권(제294조), 증거조

사에 대한 이의 신청권(제296조), 증인신문에서의 상호신문제도(제161조의 2), 사실과 법률적용에 대한 의견진술권(제302조, 제303조), 피고인이 심신 상실 상태인 경우 공판절차 정지(제306조), 국선변호와 필요적 변호의 확충 등

3. 직접주의

공판정에서 직접 조사한 증거만을 재판의 증거로 삼을 수 있는 것을 의미

※ 형식적 직접주의(법관이 직접 증거를 조사하여야 한다는 것)와 실질적 직접주의(원본증거를 재판의 기초로 삼아야 한다는 것)가 있음

직접주의는 구두주의와 함께 법관에게 정확한 심증을 형성할 수 있게 할 뿐만 아니라 피고인에게 증거에 관하여 직접 변명의 기회를 주기 위하여 요구되는 원칙

※ 공판개정 후 판사 경질 시 공판절차 갱신(제301조), 전문증거배제 법칙도 직접주의 요청

4. 집중심리주의(계속심리주의)

(1) 집중심리주의의 의의

심리에 2일 이상을 요하는 사건은 연일 계속하여 심리해야 한다는 원칙

※ 법관에게 확실하고 신선한 심증형성과 신속한 재판 실현이 목적이며, 이는 배심제를 택하고 있는 영미에서 현출증거에 대한 일관된 인상을 유지하기 위해 실시되던 제도

※ 국민참여재판 도입 전에는 명문으로 특정강력범죄의 처벌에 관한 특례법(이하 특강법, 살인, 약취·유인, 강간 등)에서 특정강력범죄사건에 집중심리 규정(동법 제10조)을 두었을 뿐 형소법에는 규정이 없어 구속사건에서만 일부 가능하고 불구속사건에서는 현실적으로 어려웠음

※ 국민참여재판 도입 후 형소법에 집중심리(제267조의 2), 즉일선고(제318조의 4) 규정을 통해 집중심리가 가능하게 되었음

(2) 집중심리주의 내용

집중심리와 판결의 즉일선고 원칙을 내용으로 함. 집중심리에 대하여,

※ 형소법은 심리에 2일 이상이 필요한 경우 부득이한 사정이 없는 한 매일 계속 개정하여야 하며(제267조의 2 제2항), 재판장은 여러 공판기일을 일괄 지정할 수 있고(동조 제3항), 계속개정을 못하는 경우 특별한 사정이 없는 한 전회 공판기일로부터 14일 이내에 다음 공판기일 지정해야 한다고(동조 제4항) 규정

※ 특강법은 심리에 2일 이상 걸리는 경우 매일 계속 개정해야 하고(동법 제10조 제1항), 그렇지 못할 경우 직전 공판기일로부터 7일 이내에 다음 공판기일 지정해야 한다고 규정(동조 제2항)

즉일선고 원칙과 관련하여,

※ 형소법은 즉일선고원칙을 선언하고(제318조의 4 제1항), 따로 선고기일을 정하는 경우 변론종결 후 14일 이내로 지정토록 하였음(동조 제3항)

※ 특강법은 변론종결 시 신속하게 판결을 선고하여야 하며, 그렇지 못할 경우 변론종결일로부터 14일을 초과하지 못하도록 규정하고 있음(동법 제13조)

제2절 공판심리 범위

Ⅰ. 심판대상

1. 형사소송의 소송물론

형사소송의 해석에 있어서 심판의 대상, 즉 소송물이 무엇인가의 문제

※ 법원의 심판대상이 공소장에 기재된 피고인과 공소사실에 제한되어야 한다는 것이 불고불리 원칙(Nemo iudex sine actore)에 어긋나지 않으려면 어떤 조건하에 어느 범위 내인가의 문제

2. 학설

(1) 공소사실 대상설

공소장에 기재된 공소사실과 단일성 및 동일성이 인정되는 사실이 심판대상이라는 견해

※ 인적범위는 불고불리원칙에 의해 한정되고, 물적 범위는 공소불가분 원칙 적용

(2) 소인대상설

소인이라는 개념을 인정하여 심판의 대상은 공소사실이 아니라 소인이라 해석하는 견해

※ 소인(訴因)은 일본이 미국법을 계수하면서 기소장의 count(하나의 죄명)에 해당하는 것을 번역한 것

※ 여기서는 공소사실은 실체개념이 아니라 소인변경을 한계지우는 기능개념에 불과하다고 봄

(3) 절충설

현실적 심판대상은 소인이고 공소사실은 잠재적 심판대상이라는 견해

※ 소인대상설과 다른 점은 공소사실의 실체성을 인정한다는 점

(4) 이원설(통설·판례)

공소장에 기재된 공소사실이 현실적 심판대상이고, 공소사실과 동일성이 인정되는 사실이 잠재적 심판대상이라고 보는 견해(85도1435)

※ 잠재적 심판대상은 공소장 변경이 있을 때 비로소 심판대상이 됨

√ But, 피고인의 방어권 행사에 실질적인 불이익을 초래할 염려가 없는 경우, 공소사실과 기본적 사실이 동일한 범위 내에서 법원이 공소장변경절차를 거치지 아니하고 다르게 사실을 인정하였다고 하더라도 불고불리원칙에 위배되지 않음

√ 간접정범으로 공소가 제기된 경우, 공소장변경 없이 방조범 성립여부를 심리하여 판단하는 것은 피고인의 방어권행사에 실질적인 불이익을 초래할 염려가 없어 위법하다고 볼 수 없음

II. 공소장 변경

1. 공소장 변경의 의의

(1) 공소장 변경의 개념

검사가 공소사실의 동일성을 해하지 않는 한도 내에서 법원의 허가를 얻어 공소장에 기재된 공소사실 또는 적용법조를 추가·철회 또는 변경하는 것을 말함(제298조 제1항)

※ 공소사실의 추가와 철회는 동일성이 인정되는 한도 내의 개념으로 추가기소와 공소취소와는 구별됨

※ 공소취소는 공소사실의 동일성이 인정되지 않는 수개의 공소사실의 전부 또는 일부를 철회하는 것

※ 공소장에 기재된 수개의 공소사실이 경합범의 관계에 있어서 동일성이 인정되지 않는 경우 그 일부 사실을 철회할 경우에는 공소장 변경이 아니라 공소취소절차에 따라야 함(97도2215)

(2) 공소장변경제도의 가치

공소제기의 효력과 판결의 기판력이 공소사실과 동일성이 인정되는 사건의 전부에 미친다는 점에서 법원심판의 필요성이 제기되고, 법원이 심판도 공소장변경이 있는 경우에만 가능하게

함으로써 피고인의 방어권 보장(심판대상의 변경을 가져옴)

※ 공소장에 기재된 일시나 피고인의 성명 등 명백한 오기가 있는 경우 이를 고치는 공소장 정정과 구별됨

2. 공소장변경의 한계

공소장 변경은 공소사실의 동일성을 해하지 않는 범위에서 허용(제298조 제1항)

※ 동일성은 공소제기 효력·기판력이 미치는 범위·공소장 변경의 한계를 결정하는 기능

(1) 공소사실의 동일성의 의의

공소사실의 단일성과 협의의 동일성을 포함하는 개념으로 보는 견해가 다수설

※ 단일성은 죄수의 문제에 지나지 않고 협의의 동일성 개념으로 보는 견해(소수설)

※ 단일성은 일정시점의 객관적 자기동일성, 동일성은 사건의 시간적 전후 동일성

※ 단일성 기준관련, 상상적 경합은 소송법상 일죄, 경합범은 소송법상 수죄, But, 경합범이라도 역사적 사실로서 하나로 인정될 경우 단일성 인정가능(주거침입과 절도처럼 목적과 수단관계에 있는 범죄)

(2) 동일성 기준

1) 기본적 사실동일설(판례입장)

공소사실을 그 기초가 되는 사회적 사실로 환원하여 그러한 사실 간에 다소의 차이가 있더라도 기본적인 점에서 동일하면 동일성 인정해야 한다는 견해(2010도16659)

※ 긍정사례

돈을 수령한 사실이 같은 이상 횡령죄의 공소사실을 사기죄로 변경하는 경우(83도3074), 재물을 취득한 사실이 있는 이상 장물죄를 절도죄로 변경하거나(64도664), 절도죄를 장물보관죄로 변경하는 경우(98도1483), 목을 조르고 폭행한 사실이 있는 때에 살인죄의 미수를 강간치상죄로 변경하는 경우(84도666), 흉기를 휴대한 사실이 있는 이상 강도예비를 폭력행위등처벌에관한법률위반죄로 변경하는 경우(85도897), 인터넷 설치업자에게 타인의 주민등록번호

를 불러준 이상 사문서위조죄를 인터넷 설치업자의 휴대정보단말기에 타인 명의를 서명한 사서명 위조죄로 변경하는 경우(2011도14986)

※ 부정사례

과실로 교통사고를 일으켰다는 교통사고처리특례법위반죄와 고의로 교통사고를 낸 뒤 보험금을 청구하거나 미수에 그쳤다는 사기 및 사기미수죄(2009도14236), 회사의 대표이사가 회사자금을 빼돌려 횡령한 다음 그중 일부를 배임증재에 공여한 경우 횡령과 배임은 별개의 행위(2009도13463), 조세범처벌법상 법인세 포탈행위와 종합소득세 포탈행위(2013도9330), 토지거래허가구역 내 토지에 대한 미등기전매 후 근저당권 설정한 배임죄와 매매대금을 편취하였다는 사기죄(2001도3469), 타인에게 필로폰 0.3그램을 교부하였다는 마약류관리법위반죄와 필로폰을 구해주겠다고 속여 대금을 편취하였다는 사기죄(2010도16659), 아파트를 사전분양한 주택건설촉진법위반죄와 건축·분양의사나 능력 없이 아파트 분양대금을 편취하였다는 사기죄(2011도1651), 피해자 등에게 187회 편취하였다는 사기죄와 피해자와 금액을 추가하여 288회 편취하였다는 사기죄(다른 피해자들이 추가로 포함되어 있는 등 범죄사실의 내용이나 행위태양이 달라서, 2010도3092)

※ 기본적 사실동일성 + 규범적 요소(처벌의 필요성)고려 판례

강도상해죄와 장물취득죄 사이에 그 수단, 방법, 상대방 등 범죄사실의 내용이나 행위가 별개이고, 행위의 태양이나 피해법익도 다르고 죄질에도 현저한 차이가 있음(93도2080), 약식명령이 확정된 약사법위반죄의 범죄사실과 보건범죄단속에관한특별조치법위반죄의 공소사실 사이에는 약식명령이 확정된 '약사법 위반죄'의 범죄사실과 '보건범죄단속에 관한 특별조치법 위반(부정의약품제조 등)'의 공소사실이 그 행위의 태양과 보호법익 및 죄질이 전혀 다르고, 범행일시 및 장소도 극히 일부만 중복될 뿐임 (2009도4785), 사기죄의 확정판결의 기판력은 그 기간 동안 상습사기 행위에 미치지 않음(2001도3206)

2) 죄질동일설

일정한 죄명, 즉 구성요건의 유형적 본질인 죄질의 동일성 인정되어야 공소사실의 동일성을 인정할 수 있다는 견해

※ 수뢰죄와 공갈죄, 폭행죄와 특수공무원폭행죄는 죄질이 상이하여 동일성 인정 ×

3) 구성요건공통설

A 사실이 갑 구성요건에 해당하고 B 사실이 을 구성요건에 해당하는 경우, B 사실이 갑 구성요건에 상당정도 부합하는 때에는 공소사실의 동일성 인정

※ 공갈죄와 수뢰죄, 사기죄와 공갈죄, 재산죄 상호 간에 동일성 인정

4) 소인공통설

구체적 사실을 의미하는 소인의 기본적 부분을 공통으로 할 때 공소사실의 동일성 인정견해

※ 일본에서 소인공통설에 입각하여 공소사실의 동일성의 구체적 기준에 대하여 형벌관심동일설, 사회적 혐의동일설, 총합평가설 등이 있음

3. 공소장변경의 필요성

(1) 공소장변경의 요부(필요성)

법원이 공소장 변경 없이 어느 범위까지 공소장에 기재된 공소사실과 다른 사실을 인정할 수 있는가의 문제

(2) 학설

1) 동일 벌조설

구체적 사실관계가 다르다 할지라도 그 벌조 또는 구성요건에 변경이 없는 한 공소장을 변경할 필요가 없다는 입장

※ 일시·장소가 다를지라도 구성요건을 같이하면 공소장 변경이 필요 없으나, 절도죄가 횡령죄로, 사기죄가 공갈죄로 바뀌는 경우는 변경필요

2) 법률 구성설

구체적 사실관계가 다르다 할지라도 그 법률구성에 영향이 없을 경우 변경불요

※ 동일법조설과 유사하나, 강도죄의 경우 폭행에 의한 강도와 협박에 의한 강도, 사기의 경우 재물사기와 이득사기는 법적 유형을 달리한다고 봄

3) 사실기재설(통설·판례)

공소장에 기재되어 있는 사실과 실질적으로 다른 사실을 인정할 경우 공소장 변경 필요

※ 사실에 있어 실질적 차이가 있는 경우에만 가능하며, 실질적 차이를 판단하는 기준은 형식적으로 사회적·법률적 의미를 달리하고, 실질적으로 방어권행

사에 불이익 여부

※ 방어권행사에 실질적으로 불이익을 초래할 염려가 존재하는지 여부는 공소사실의 기본적 동일성 요소 + 법정형의 경중 + 경중에 따른 방어에 들일 노력·시간·비용에 관한 판단을 달리할 가능성 여부를 종합하여 판단(2010도14391)

⑶ 필요성판단 기준

방어권행사에 불이익을 초래한다는 추상적 기준의 구체화 필요, 구성요건이 동일한 경우와 상이한 경우로 구분

1) 구성요건이 동일한 경우

여기서 다시 심판대상을 특정하기 위하여 필요불가결한 사실과 기타의 사실로 나누어 전자의 경우 공소장변경이 필요하지만 후자의 경우에는 불요

① 범죄 일시·장소

범죄의 일시와 장소 변경은 공소장 변경원칙

※ 피고인의 방어권 행사에 직접 영향을 미치기 때문

※ 범죄의 일시는 공소사실의 특정을 위한 요건이지 범죄사실의 기본적 요소는 아니므로 동일범죄사실에 대하여 약간 다르게 인정하는 경우에도 반드시 공소장의 변경을 요하지 아니하나, 그 범행일시의 차이가 단순한 착오기재가 아니고 그 변경인정이 피고인의 방어에 실질적 불이익을 가져다줄 염려가 있는 경우에는 공소장의 변경을 요함(92도1824)

√ 1987. 3월경 판시 신양오비파의 행동대장으로 가입하여 간부가 되었다는 공소사실은 증명이 없고, 그로부터 1년 6월이 지난 1988.9.경에 단순 가입한 사실은 인정된다는 이유로 유죄를 선고한 것은 위법

② 범죄의 수단과 방법

범죄의 수단 또는 방법이 변경된 경우 공소장 변경원칙

※ 살인죄에서 살해방법, 강도죄나 공갈죄에 있어 폭행·협박의 수단, 사기죄에서 기망의 내용이나 태양 등

√ 갈취의 방법을 ‘흉기 등 휴대’에서 ‘다중의 위력’으로 변경하는 경우

③ 범죄의 객체

범죄의 객체 변경도 공소장 변경원칙

※ 차용액, 기망의 태양, 피해의 내용이 실질에 있어 동일한 것이고, 피고인이

시인하여 방어권에 불이익을 주지 않을 때에는 공소장변경을 요하지 않음(84도312)

※ 범죄의 객체가운데 일부만을 인정하는 때에도 변경을 요하지 않음(69도1761)

④ 기타 사항

범죄의 객체가 동일한 경우 피해자를 달리 인정하는 때에는 공소장 변경을 요하지 않음(77도3522)

※ 사기죄나 배임죄에서 피해자가 다르거나, 인과관계의 진행에 차이가 있거나(80도1074), 배임죄에서 임무가 변경된 경우(2011도1651), 단순한 상해 정도의 차이(84도1803), 뇌물전달자가 다른 경우(84도682)에는 공소장변경을 요하지 않음

2) 구성요건이 다른 경우

공소사실과 법원이 인정할 범죄사실 간에 구성요건을 달리하는 경우 사실도 변경되기 때문에 공소장변경 원칙

※ 허용되지 않는 경우

특수절도죄를 장물운반죄로, 특수강도죄를 특수공갈죄로, 강간치상죄를 강제추행치상죄로, 성폭력범죄의 처벌 및 피해자 보호 등에 관한 법률상 주거침입강간미수죄를 주거침입강제추행죄로, 명예훼손죄를 모욕죄로, 강제집행면탈죄를 권리행사방해죄로, 사기죄를 상습사기죄로, 강도상해교사죄를 공갈교사죄로, 살인죄를 폭행치사죄로, 장물보관죄를 업무상과실 장물보관죄로 인정하는 경우

♣ 허용되는 경우

배임죄를 횡령죄로 변경하는 경우(2013도9481), But, 다음 2가지는 공소장변경을 요하지 않음

① 축소사실의 인정

구성요건을 달리하는 사실이 공소사실에 포함되어 있는 경우(대는 소를 포함한다)

※ 공소장 변경 없이 가능한 경우

강간치상죄를 강간죄로, 강간치사죄를 강간죄의 미수로, 특수절도죄를 절도죄로, 강도상해죄를 절도죄와 상해죄로, 강도강간죄를 강간죄로, 수뢰 후 부정처

사죄를 뇌물수수죄로

※ 공소장이 변경되지 않았다는 이유로 처벌받지 않는다면 실체진실발견이라는 형사소송의 목적에 비추어 현저히 정의와 형평에 반하는 것으로 인정되는 경우가 아닌 한 법원이 직권으로 그 범죄사실을 인정하지 않았다고 하여 위법은 아님(2013도658)

√ 폭행치사죄 또는 상해치사죄의 공소사실에 대하여 공소장변경이 없어 폭행이나 상해죄를 인정하지 않고 무죄를 선고한 경우(93도3058)

√ But, 살인죄로 기소된 경우 폭행·상해, 체포·감금(2007도616), 필로폰투약죄의 기수로 기소된 경우 미수(99도3674)의 범죄사실이 인정되는 경우 직권으로 인정해야 한다고 봄

② 법률평가만을 달리하는 경우

사실의 변화 없이 법적평가만을 달리하는 경우

※ 공소장에 기재된 적용법조보다 법정형이 무거운 적용법조를 인정하는 경우에는 공소장 변경을 요함(2007도10601)

※ 특정범죄가중처벌등에관한법률위반의 공소사실에 대하여 수뢰죄·관세법위반·준강도죄(82도1716)를 적용하는 경우 반드시 공소장의 변경이 있어야 하는 것은 아님

※ 죄수에 대한 법적평가만을 달리하는 경우에는 공소장 변경 요하지 않음

√ 경합범으로 공소제기된 것을 포괄일죄나 상상적 경합으로 인정하는 때, 포괄일죄의 공소사실을 경합범으로 인정하는 경우 공소장 변경 불요

√ 공동정범으로 공소제기된 사실에 관하여 피고인이 방조범임을 주장하는 경우 방조사실 인정, 단독정범으로 기소된 것을 공동정범으로 인정하는 경우 방어권 행사에 실질적 불이익을 줄 우려가 없으면 공소장 변경 불요(판례입장)

4. 공소장변경의 절차

(1) 검사의 신청에 의한 공소장 변경

1) 공소장변경 신청

검사의 서면신청에 의함(제298조 제1항)

※ 검사는 공소사실을 예비적·택일적으로 변경할 수 있고, 이때 법원의 판단순

서도 검사의 기소순서에 의함(75도114)

검사의 공소장변경 허가신청이 있을 경우 법원은 신속히 그 사유를 피고인 또는 변호인에게 고지해야 하고(제298조 제3항), 고지는 부본의 송달에 의함(소송규칙 제142조 제3항)

※ 부본이 공판정에서 교부된 경우 피고인이 충분히 진술·변론한 때에는 판결에 영향을 미치지 않음(85도1041)

2) 공소장변경 허가

검사의 신청이 공소사실의 동일성을 해하지 않는 때에 법원은 이를 허가하여야 할 의무를 짐(2012도14097)

※ 불이익변경금지의 원칙을 이유로 신청을 불허할 수 없음(2011도14986)

√ 불이익변경금지 원칙이란 피고인이 항소 또는 상고한 사건과 피고인을 위하여 항소 또는 상고한 사건에 관하여 상소심은 원심판결의 형보다 중한 형을 선고하지 못한다는 원칙

※ 피고인이 재정하는 공판정에서 피고인에게 이익이 되거나 피고인이 동의하는 경우 구술에 의한 공소장변경 허가 가능(소송규칙 제142조 제5항)

※ 신청이 현저히 시기에 늦거나, 부적법한 공소사실로 변경하는 경우 허가를 하지 않을 수 있음

공소장 변경이 피고인의 방어에 불이익을 증가할 염려가 있다고 인정될 경우 법원은 결정으로 필요한 기간 공판절차 정지가능(제298조 제4항, 준비기간 부여의미)

단독판사 관할사건이 공소장변경에 의해 합의부 관할로 변경된 경우 법원의 결정으로 관할권 있는 법원에 이송(제8조 제2항)

※ 반대의 경우 법률 규정이 없음(합의부⇒단독관할), 이 경우 합의부에서 심리해야 함(2013도1658)

(2) 법원의 공소장변경요구

1) 공소장변경요구의 의의

법원이 검사에게 공소사실 또는 적용법조의 추가·변경을 요구하는 것(철회는 ×)

※ 법원은 심리의 경과에 비추어 상당하다고 인정할 때에는 공소사실 또는 적용법조의 추가 또는 변경을 요구하여야 함(제298조 제2항)

제1회 공판기일 이전에 법원이 공소장 변경요구를 할 수는 없음

※ 심리의 경과에 비추어 상당하다고 인정될 때 하는 것이기 때문

※ 1심, 항소심에서도 허용되며, 변론을 종결한 후일지라도 이를 재개하여 요구 가능

2) 공소장변경요구의 의무성

공소장변경요구가 법원의 의무라고 할 수 있는지에 대해 의무설, 재량설, 예외적 의무설(다수설, 재량이 원칙이나 공소장변경요구를 하지 아니하고 무죄판결을 하는 것이 현저히 정의에 반하는 경우에 한해 예외적으로 의무가 된다는 입장)

판례는 공소장변경요구는 법원의 권한에 불과하며(99모3003), 법원이 공소장 변경요구를 하지 않았다고 하여 심리미진의 위법이 있는 것은 아니라고 보고 있어(2010도5994), 재량설 입장

3) 공소장변경요구의 형성력

법원의 공소장변경요구가 있는 경우 공소장변경요구의 형성력에 의해 공소장이 자동적으로 변경되는지 여부에 대해 긍정설과 부정설(통설)

공고장변경요구가 검사에 대한 관계에 대해 어떤 효과를 가지는가에 대해 권고효설(통설)과 명령효설

(3) 항소심에서의 공소장변경

항소심에서 공소장변경이 허용여부에 대해 항소심에서도 당연히 인정된다는 견해가 다수설과 판례

※ 일죄의 관계에 있는 여러 범죄사실 중 일부 범죄사실에 대하여 공소가 제기된 뒤 항소심에서 나머지 부분을 추가한 경우, 법원이 공소장변경신청을 허가하여야 하는지 여부(적극)(2013도8118)

[형사소송 절차 흐름도]

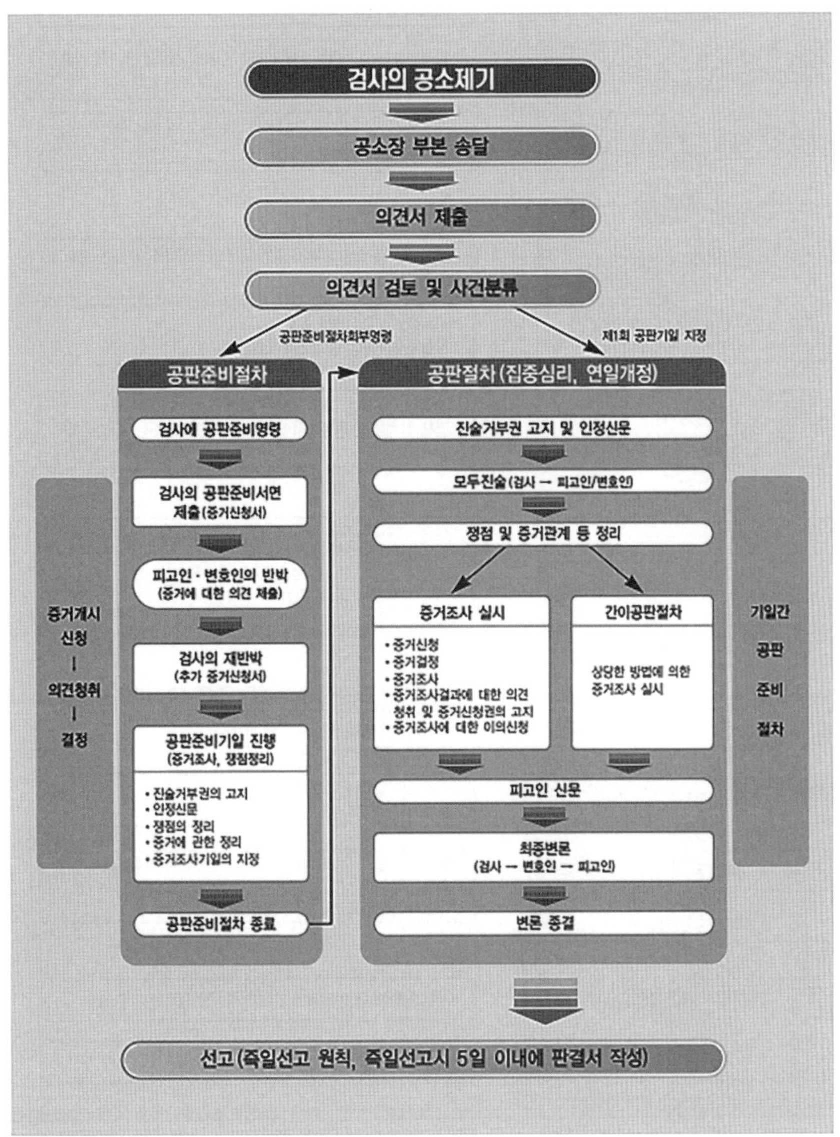

출처: 법원행정처, 새로운 형사재판의 이해, 2007. 12. 15면

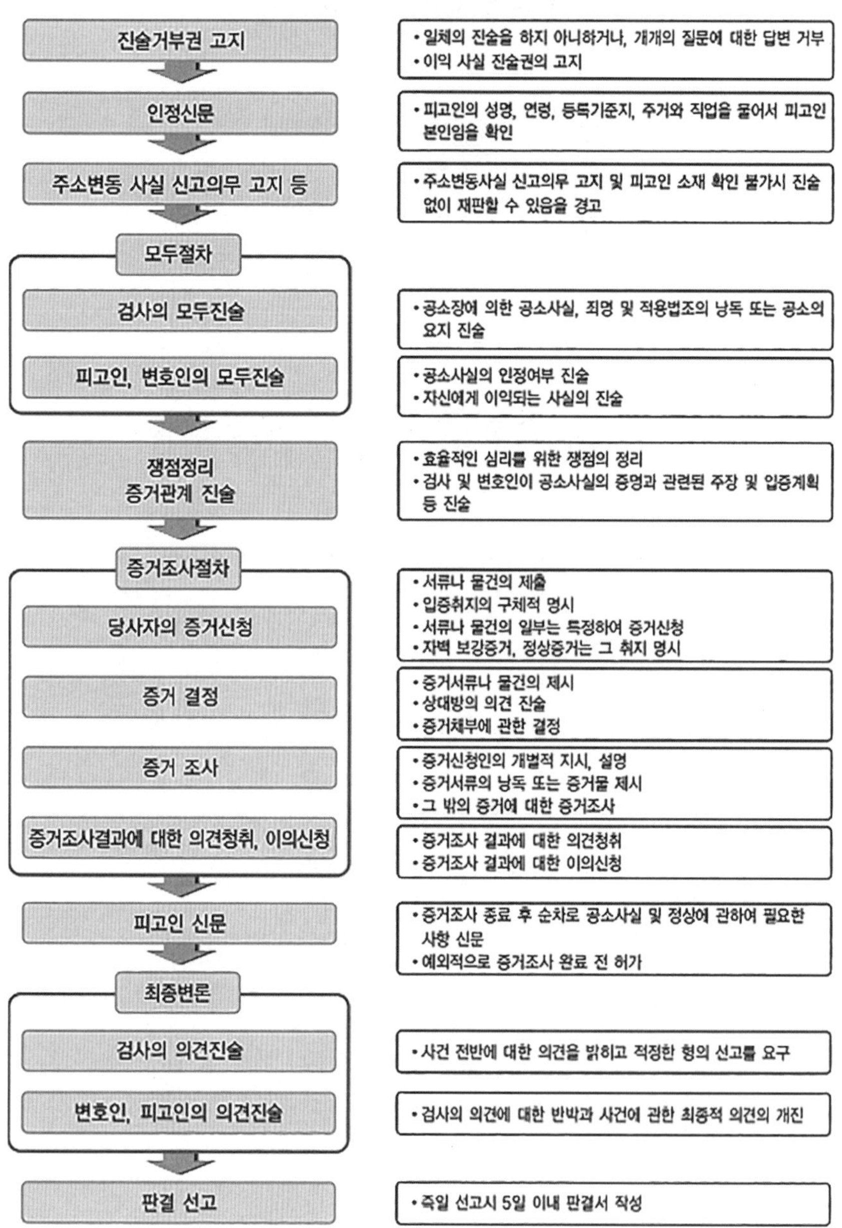
형사공판절차 개요도
진술거부권 고지
• 일체의 진술을 하지 아니하거나, 개개의 질문에 대한 답변 거부
• 이익 사실 진술권의 고지
인정신문
• 피고인의 성명, 연령, 등록기준지, 주거와 직업을 물어서 피고인 본인임을 확인
주소변동 사실 신고의무 고지 등
• 주소변동사실 신고의무 고지 및 피고인 소재 확인 불가시 진술 없이 재판할 수 있음을 경고
모두절차
검사의 모두진술
• 공소장에 의한 공소사실, 죄명 및 적용법조의 낭독 또는 공소의 요지 진술
피고인, 변호인의 모두진술
• 공소사실의 인정여부 진술
• 자신에게 이익되는 사실의 진술
쟁점정리
증거관계 진술
• 효율적인 심리를 위한 쟁점의 정리
• 검사 및 변호인이 공소사실의 증명과 관련된 주장 및 입증계획 등 진술
증거조사절차
당사자의 증거신청
• 서류나 물건의 제출
• 입증취지의 구체적 명시
• 서류나 물건의 일부는 특정하여 증거신청
• 자백 보강증거, 정상증거는 그 취지 명시
증거 결정
• 증거서류나 물건의 제시
• 상대방의 의견 진술
• 증거채부에 관한 결정
증거 조사
• 증거신청인의 개별적 지시, 설명
• 증거서류의 낭독 또는 증거물 제시
• 그 밖의 증거에 대한 증거조사
증거조사결과에 대한 의견청취, 이의신청
• 증거조사 결과에 대한 의견청취
• 증거조사 결과에 대한 이의신청
피고인 신문
• 증거조사 종료 후 순차로 공소사실 및 정상에 관하여 필요한 사항 신문
• 예외적으로 증거조사 완료 전 허가
최종변론
검사의 의견진술
• 사건 전반에 대한 의견을 밝히고 적정한 형의 선고를 요구
변호인, 피고인의 의견진술
• 검사의 의견에 대한 반박과 사건에 관한 최종적 의견의 개진
판결 선고
• 즉일 선고시 5일 이내 판결서 작성

출처: 법원행정처, 새로운 형사재판의 이해, 2007. 12. 147면

제3절 공판준비절차

공판기일의 심리를 준비하기 위해 수소법원에 의해 행하여지는 절차(신속과 능률 확보)

※ 2007년 종래의 공판준비절차인 공판기일 전 절차 이외에 공판기일의 효율적이고 집중적인 심리를 준비하기 위해 공판 전 준비절차 도입(제266조의 5내지 15)

※ 제1회 공판기일 전 또는 제2회 이후의 공판기일 전 여부를 가리지 않음

※ 수소법원과 관계없이 행해지는 증거보전이나 각종 영장의 발부는 포함되지 않음

※ 준비절차에서 과도한 심리 시 공판중심주의의 핵심인 공판기일의 심리절차가 형식적 절차로 유명무실해지지 않도록 증거조사의 범위가 고려되어야 함

※ 미국의 사전재판절차(Pretrial Proceedings)의 하나로 공판 전 회합절차(Pretrial Conference)나 사전확인절차(Preliminary Examination)에서 유래

√ Preliminary Examination의 목적은 3가지 ① 상당한 이유 확인(probable cause), ② 증거공개(discovery, 우리와 일본은 개시로 번역, 서로의 패를 볼 수 있도록 하여 불의의 습격방지목적), ③ 유치여부 결정(binding over, 피고인의 신병을 계속 확보할 것인지 아니면 보석조건으로 할 것인지 등 여부 판단)

∇ 사전확인절차 주관은 정식법관(judge)이 아닌 정식법관으로 지명받아 임무를 수행하는 Magistrate(통상 치안판사로 번역)가 담당

※ 일본은 2004. 11. 1. 공판전 정리절차와 기일 간 정리절차에 관한 규정 신설(제316조의 2내지 32)

공판 전 준비절차는 2008년에 도입된 국민참여재판과 증거개시제도의 도입에 따라 배심원의 심리를 신속하게 하기 위해 도입되었으나, 국민참여재판뿐만 아니라 일반공판절차에도 확대 적용하였음

공판준비절차 회부이전단계와 공판준비절차로 크게 구별되며, 공판준비절차는 공판준비절차와 공판준비기일, 기일 간 공판준비절차로 나누어 볼 수 있음

I. 공판준비절차 회부이전 절차

공판준비절차 회부이전 절차는 공소장 부본의 송달, 의견서 제출, 국선변호인 선정, 검사, 피고인 또는 변호인의 증거자료 열람 등사 등이 있음

1. 법원

(1) 대상사건

국민참여재판 사건(필수적), 일반사건에서는 법원이 필요하다고 인정하는 경우

※ 재판장은 제8조에 따라 피고인이 국민참여재판을 원하는 의사를 표시한 경우에 사건을 공판준비절차에 부쳐야 한다.(국민의 형사재판참여에 관한 법률 제 36조 제1항)

※ 국민의 형사재판참여에 관한 법률 제5조

① 다음 각호에 정하는 사건을 국민참여재판의 대상사건으로 함

1. 「법원조직법」 제32조 제1항(제2호 및 제5호는 제외한다)에 따른 합의부 관할 사건,

√ 사형, 무기 또는 단기 1년 이상의 징역 또는 금고에 해당하는 사건 등 합의부 관할 사건

2. 제1호에 해당하는 사건의 미수죄·교사죄·방조죄·예비죄·음모죄에 해당하는 사건

3. 제1호 또는 제2호에 해당하는 사건과 「형사소송법」 제11조에 따른 관련 사건으로서 병합하여 심리하는 사건

② 피고인이 국민참여재판을 원하지 아니하거나 제9조 제1항에 따른 배제결정이 있는 경우는 국민참여재판을 하지 아니함

※ 재판장은 제8조에 따라 피고인이 국민참여재판을 원하는 의사를 표시한 경우에 사건을 공판준비절차에 부쳐야 함(국민의 형사재판참여에 관한 법률 제36조 제1항)

※ 일반사건의 경우 ① 사안이 복잡하고 쟁점이 많은 사건 ② 증거관계가 많거나 복잡한 사건, ③ 증거개시가 문제된 사건

√ 재판장은 효율적이고 집중적인 심리를 위하여 사건을 공판준비절차에 부칠 수 있음(제266조의 5 제1항)

(2) 공소장부본 송달

법원은 공소제기가 있는 경우 지체 없이 공소장부본을 제1회 공판기일 전 5일까지 피고인 또는 변호인에게 송달하여야 함(제266조)

※ 송달 × or 5일의 유예기간을 두지 아니한 송달 시 피고인은 이의신청가능 (제269조)

→ 다시 송달 or 공판기일 지정 취소 or 변경해야 함

※ 이의신청은 모두진술단계까지 하여야 하며, 그렇지 않고 실체에 대하여 진술한 경우 치유됨

(3) 국선변호인 선정

필요적 변호사건의 경우 변호인 없이 개정할 수 없다는 사실과 피고인이 스스로 변호인을 선임하지 않는 경우 법원이 직권으로 국선변호인 선정한다는 취지 고지

2. 소송관계인

(1) 사건 쟁점 확정

피고인·변호인은 검사가 제출한 공소장의 공소사실과 적용법조에 대한 구체적인 대응방법 확정

※ 공소사실 전면부인, 일부부인, 인정 시 책임이나 위법성 조각주장, 전면인정하고 동기나 정상에 관련 주장

※ 쟁점은 공소사실 인정여부에 한정되지 않고, 법률적 평가, 범행 후의 정황, 범행 가담 정도 등 정상에 관한 사항에 이르기까지 다양

(2) 증거서류·증거물의 사전 열람

공판준비가 신속하고 적절하게 이루어지기 위해서는 검사와 변호인 쌍방이 지니고 있는 증거서류와 증거물을 사전에 열람할 필요가 있어 형소법에 증거개시 규정(제266조의 3, 제266조의 11) 도입

※ 피고인 또는 변호인이 보관하는 서류 등에 대하여는 현장부재·심신상실 또는 심신미약 등 법률상·사실상의 주장을 한 경우에 한해 열람·등사 요구가능하

다고(제266조의 11 제1항), 규정하고 있어 사전준비단계에서 문제되는 것은 피고인·변호인이 검사가 보관하고 있는 수사기록 열람·등사에 한정되게 됨

(3) 의견서 제출

피고인의 입장을 조기에 확인하여 심리계획 수립을 용이하게 하고, 피고인으로서도 공소장에 대응하는 의사표시를 할 기회로 활용함으로써 방어에 도움이 되도록 하기 위해 의견서 제출제도 도입

※ 피고인 또는 변호인으로 하여금 공소장 부본을 송달받은 날로부터 7일 이내에 공소사실에 대한 인정여부, 공판준비절차에 관한 의견 등을 기재한 의견서를 법원에 제출토록 의무 부과(제266조의 2 제1항)

※ 피고인이 진술을 거부하는 경우에는 그 취지를 기재한 의견서 제출 가능(제266조의 2 제1항 단서)

※ 공판준비절차에 들어가기 전 피고인의 의사를 확인하는 유일한 방법

3. 의견서 심사와 사건분류

의견서에 기재된 피고인의 답변 심사결과 공소사실을 모두 인정하는 사건, 그렇지 않은 사건, 의견서가 제출되지 않은 사건 등으로 분류하고, 공소사실을 인정하는 사건과 의견서를 제출하지 않은 사건은 제1회 공판기일을 원칙적으로 지정하고,

※ 전체적으로 공소사실의 주요한 부분을 인정하는 경우도 포함

공소사실을 다투는 사건의 경우 재판장은 공판준비절차에 회부할 수 있음

※ 공판준비절차에 회부하는 경우에도 기일 외에서 서면방식의 공판준비절차만을 진행할 수 있고, 공판기일을 지정할 수도 있으며, 공판준비절차 회부와 제1회 공판기일을 함께 지정하는 것도 가능

국민참여재판에서는 공판준비절차가 필수적 절차로 되어 있음(국민참여재판법 제36조 제1항 본문)

※ 공정한 평결을 위해 배심원이 증거능력 없는 증거에 노출되는 것 차단필요

II. 공판준비절차

1. 공판준비명령과 공판준비서면

(1) 공판준비명령

재판장은 검사·피고인 또는 변호인에게 기한을 정하여 공소장 등 법원에 제출된 서면에 대한 설명을 요구하는 등 공판절차의 진행에 필요한 사항을 미리 준비하게 하거나 그 밖에 공판준비에 필요한 명령을 할 수 있음(제266조의 6 제4항)

※ 공판준비절차에 대한 협력의무를 부과하고 있으나(제266조의 5 제3항), 이것만으로는 한계가 있어 강제규정 도입

√ 공소사실의 불특정에 대한 보정명령, 피고인의 주장에 대한 검사의 의견과 반대증거 신청 촉구, 증인의 소재를 확인토록 하는 것 등

(2) 공판준비서면

소송초기 단계에서 당사자의 공소사실에 대한 주장이나 이를 뒷받침하는 증거신청, 공판준비명령에 대한 답변을 기재하여 재판부에 제출할 수 있는데 이것이 공판준비서면임

※ 검사, 피고인 또는 변호인은 법률상·사실상 주장의 요지 및 입증취지 등이 기재된 서면을 법원에 제출할 수 있다(제266조의 6 제1항)

※ 공판준비서면에는 증거로 할 수 없거나 증거로 신청할 의사가 없는 자료에 기초하여 법원에 사건에 대한 예단 또는 편견을 발생하게 할 염려가 있는 사항을 기재하여서는 안 됨(형소규칙 제123조의 9 제3항)

2. 공판준비절차 회부와 검사에 대한 공판준비명령

(1) 재판장의 회부명령

공판준비절차는 재판장의 공판준비절차 회부 명령으로 개시됨(제266조의 5 제1항)

※ 사건의 분류결과 공판준비절차를 통하여 쟁점을 정리하고 향후 입증계획을 수립할 필요가 있는 사건에 관해서는 공판준비절차 회부 필요

※ 공판준비절차 회부명령은 의견서 제출단계에서 이루어지는 것이 보통이나 공판기일이 진행된 이후에도 가능

※ 재판장의 회부명령에 대해서는 불복 불가

(2) 검사에 대한 공판준비명령(쟁점정리의 시작)

1) 검사에 대한 공판준비명령

공판준비절차에 회부되는 경우 검사에게 공소사실에 대한 입증책임이 있음을 전제로 검사가 증명하려는 사실과 이를 증명하는데 사용할 증거를 신청하게 하는 방식으로 쟁점을 시작하도록 규정(제266조의 제1항, 소송규칙 제123조의 7 제1항)

※ 다툼이 있는 부분과 없는 부분을 구분하는 과정이며, 사실관계, 법률영역, 공소사실의 존부나 위법성·책임성 조각사유, 양형인자 부분도 쟁점으로 정리필요

2) 검사의 공판준비서면 제출

재판장의 공판준비명령이 있는 경우 검사는 피고인이 제출한 의견서의 기재를 통하여 피고인 측이 다투는 취지를 확인하고 그에 따라 증명하고자 하는 주된 사실과 이를 증명하는데 사용할 증거를 신청하여야 함

통상 검사는 당해 사건의 주된 입증사항과 함께 증거목록 형태의 서면을 제출하는 방식으로 증거신청을 하게 됨

※ 법원은 검사가 제출한 서면을 피고인 또는 변호인에게 교부하여야 함

(3) 피고인·변호인의 반박과 검사의 재반박

1) 피고인 측의 반박서면의 제출

① 검사의 증명사실과 신청할 증거에 대한 피고인 측의 의견

피고인 측은 검사의 증명사실과 증거신청에 대한 의견을 밝혀야 함

※ 의견서 제출은 공소장 부본 송달 후 1주일 이내로 증거의 열람이나 등사, 국선변호인의 선정도 되지 않은 상태이나 이 단계에서는 증거의 열람이나 등사도 가능하여 쟁점이 구체적으로 정리가능한 시기

※ 검사가 제출한 증거신청에 대한 의견은 검사가 증거조사를 신청한 개개의 증거에 관하여 증거채부에 관한 의견을 구체적으로 적시하는 방법에 의함

② 공소사실에 대한 사실상·법률상 주장과 그에 대한 증거신청

피고인 측은 공소사실에 대한 사실상·법률상 주장과 그에 대한 증거를 신청하여야 함

※ 피고인 측이 단순히 공소사실을 부인한다는 경우에도 그러한 행위와 전혀 관련이 없다는 것인지, 공소사실과 관련 있으나 공소사실과 같은 행위를 한 적이 없는 것인지, 공소사실에 해당하는 행위를 한 적은 있으나 이를 구성요건행위로 평가할 수 없다는 것인지 여부를 구체적으로 밝힐 필요가 있음

※ 범죄성립을 방해하거나 범죄행위를 부인하는 주장을 하는 경우도 상세한 내용 설명 필요(제266조의 11, 동규정에 의해 검사도 피고인 측의 증거를 열람·등사 가능하기 때문)

※ 공소사실에 대한 주장 및 증거뿐만 아니라 양형에 대한 증거신청도 가능

2) 검사의 재반박과 추가 증거의 신청

피고인이 검사의 증명사실과 증거신청에 대한 의견을 밝히고 공소사실에 대한 사실상·법률상 주장과 그에 대한 증거를 신청하게 되면 검사는 이에 대한 반박과 추가적인 증거신청을 하거나 이미 신청한 증거의 입증취지를 상세히 진술함으로써 피고인 측의 주장에 대응하게 됨

※ 피고인·변호인이 증거에 관한 의견을 밝힌 연후에야 비로소 증인을 신청하고 있는 검찰실무에 비추어 검사는 이 단계에서 비로소 증인을 신청하게 됨

(4) 공판준비절차의 종결

공판준비절차는 ① 쟁점 및 증거의 정리가 완료된 때, ② 사건을 공판준비절차에 부친 뒤 3개월이 지난 때, ③ 검사·변호인 또는 소환받은 피고인이 출석하지 아니한 때에 원칙적으로 공판절차 종결(제266조의 12)

※ 다만 ②, ③의 경우 공판준비를 계속하여야 할 상당한 이유가 있는 때에는 공판절차를 계속할 수 있음

III. 공판준비기일

1. 공판준비기일 지정

(1) 공판준비기일 지정여부

공판준비절차를 거친 이후 공판준비기일 지정여부를 재판부의 재량에 맡김

※ 법원은 검사, 피고인 또는 변호인의 의견을 들어 공판준비기일을 지정할 수 있음(제266조의 7 제1항)

But, 국민참여재판에서는 공판준비절차와 공판준비기일 지정이 필수(국민의 형사재판참여에 관한 법률 제37조 제1항)

(2) 공판준비기일 지정 절차

법원은 직권으로 또는 당사자의 신청에 따라 공판준비기일 지정가능(제266조의 7 제1항· 제2항)

※ 공판준비기일은 재판장이 아닌 법원이 지정함(공판준비절차 회부는 재판장 권한)

(3) 공판준비기일의 변경

검사·피고인 또는 변호인은 부득이한 사유로 공판준비기일을 변경할 필요가 있는 때에는 그 사유와 기간 등을 구체적으로 명시하여 변경을 신청할 수 있음(소송규칙 제123조의 10)

※ 빈번한 변경을 차단하기 위해 '부득이한 사유'로 한정

2. 공판준비기일의 절차상의 유의점

(1) 절차의 주재자

공판준비기일은 법원(수소법원)이 진행함

※ 재판부 전원이 함께 진행할 것인지 수명법관을 지정하여 운영할 것인지 판단

(2) 공판준비기일과 피고인 출석

공판준비기일에 검사와 변호인은 출석, 법원사무관 등은 반드시 참여해야 하는데 반해 피고인은 출석하지 않더라도 공판정 개정 가능(제266조의8 제1항·제2항, 제266조의8 제5항)

※ 법원은 필요하다고 인정하는 때에는 피고인을 소환할 수 있으며, 법원의 소환이 없는 때에도 공판기일에 출석가능(제266조의8 제5항)

※ 피고인 출석 없이도 개정이 가능한 것은 공판준비기일이 지정된 사건에 대해 변호인이 없는 때에는 법원이 직권으로 변호인 선임의무가 있기 때문(제266조의8 제4항)

※ 공판준비기일에서는 절차의 형성만 가능할 뿐 실체형성이 이루어져서는 안 됨

(3) 공판준비기일의 공개

공판준비기일은 공개, 다만 공개하면 절차의 진행이 방해될 우려가 있는 경우에는 공개하지 아니할 수 있음(제266조의7 제4항)

※ 증거신청 등 사건의 실체와 관련되는 사항으로 비공개로 인한 의심을 불식시키기 위함

(4) 공판준비기일의 조서작성

공판준비기일을 종료하는 때에 법원은 피고인, 증인, 감정인, 통역인 또는 번역인의 진술의 요지와 쟁점 및 증거에 관한 정리결과 그 밖에 필요한 사항을 공판준비기일 조서에 기재하여야 함(소송규칙 제123조의 12 제2항)

※ 기재할 피고인의 진술은 절차진행에 관한 쟁점정리와 증거에 관한 정리결과를 의미

3. 공판준비기일의 진행

(1) 공판준비기일에 할 수 있는 행위

쟁점정리, 증거정리, 증거개시, 심리계획의 책정이 행하여짐(제266조의 9, 총 12가지)

1) 쟁점정리

① 공소사실 또는 적용법조를 명확하게 하는 행위, ② 공소사실 또는 적용법조의 추가·철회 또는 변경을 허가하는 행위, ③ 공소사실과 관련하여 주장할 내용을 명확히 하여 사건의 쟁점을 정리하는 행위, ④ 계산이 어렵거나 그 밖에 복잡한 내용에 관하여 설명하도록 하는 행위

2) 증거정리

① 증거신청을 하도록 하는 행위 ② 신청된 증거와 관련하여 입증취지 및 내용 등을 명확하게 하는 행위 ③ 증거채부의 결정을 하는 행위 ④ 증거조사의 순서 및 방법을 정하는 행위

※ 증거신청에 관한 공판준비서면이 제출된 경우에도 실제 증거신청은 공판준비기일 또는 공판기일에서 현실적인 신청행위를 필요로 한다는 점을 유의해야 함

※ 여기서 증거채부란 증거조사신청에 대해 증거조사를 인정한다는 의미이지 증거로 받아들인다는 의미가 아니며, 증거채부라는 축약된 용어로 사용되다 보니 의미의 혼란을 초래할 수 있는 용어임

3) 증거개시

서류 등의 열람·등사와 관련된 신청의 당부를 결정하는 행위

※ 검사 또는 피고인· 변호인이 증거의 열람·등사를 거부할 경우 법원이 그 신청의 당부를 결정할 수 있음

4) 심리계획

① 공판기일을 지정 또는 변경하는 행위 ② 그 밖에 공판절차의 진행에 필요한 사항을 정하는 행위

(2) 공판준비기일에서 검사의 역할

법원 또는 수명법관이 공판준비기일을 진행한다고 하더라도 구체적인 주장의 제출 및 증거의 신청행위는 당사자, 특히 검사가 주도적일 수밖에 없음

(3) 공판준비기일의 구체적 진행

피고인이 출석하는 경우 진술거부권의 고지, 인정신문, 쟁점정리와 증거의 채부결정 순으로 진행

1) 진술거부권의 고지와 인정신문

공판준비기일에서도 피고인에게 진술 거부권 고지의무(제266조의8 제6항)

※ 피고인이 실체에 관하여 진술하는 경우에 대비하기 위함

2) 쟁점의 정리

법원은 공소사실과 각종 서면을 통하여 확인된 주장을 토대로 정리한 쟁점을 제시하고 이에 대한 쌍방의 의견을 진술하게 함

※ 제시한 쟁점에 이견이 있거나 또는 그 외 다른 쟁점이 있다는 진술이 있는 경우 다시 쟁점을 정리하고 이에 대한 의견을 묻는 방식으로 절차 진행

※ 쟁점정리 절차는 향후 증거조사가 필요한 것이 무엇인지만을 확정하는 절차로 운영되어야지 실체관계에 대한 심리까지 나아가서는 안 됨

3) 증거의 정리

법원은 공판준비서면 등을 통하여 미리 증거의 신청이 있었거나 그에 관한 상대방의 의견진술이 있었던 경우 그 결과를 정리하여 제시하고 이에 대한 변경이나 이의유무를 물어야 함

검사와 피고인·변호인이 증거신청과 의견진술을 마친 후 법원은 증거채부에 관한 결정을 하여야 함(제266조의9 제2항)

※ 결정에 대하여 검사, 피고인 또는 변호인은 이의신청을 할 수 있고 이에 대하여 결정을 하여야 함(제296조)

4) 증거조사기일의 지정

법원은 조사할 증거가 확정되면 증거조사의 순서 및 방법을 정해야 함

※ 사안의 성격과 성상에 따라 선후 및 방법 결정

※ 조사순서에 있어 피고인의 자백진술을 내용으로 하는 증거는 다른 객관적

증거에 관한 조사 후에 행하도록 규정(소송규칙 제135조)

법원은 증거에 관한 정리결과에 기초하여 증거조사가 이루어질 수 있도록 공판기일을 지정해야 함

※ 집중적인 증거조사가 가능하기 위해서는 증인신문이 집중적으로 이루어져야 함

(4) 공판준비기일과 증거조사

공판준비기일에는 증거신청과 그에 대한 의견진술, 증거채부까지만 하고 증거조사는 공판기일에 하는 것이 원칙

법원이 증거채부를 결정하기 전에 당해증거의 증거능력 유무를 판단하는데 이 시점에서 증거능력 판단에 필요한 증거조사를 공판준비기일에서 할 수 있는지 여부에 대해, 공판준비절차에서는 증거채부까지 결정하는 것이 원칙이므로 이를 위하여 필요한 증거조사는 공판준비절차에서 당연히 할 수 있음

√ 피의자 신문조서의 실질적 진정성립이나 임의성이 문제될 때 공판준비기일에서 이에 관한 영상녹화물의 조사를 통해 실질적 진정성립 여부를 결정하거나, 조사경찰관이나 조사에 참여한 검찰수사관을 증인으로 신문하여 임의성 유무를 판단할 수 있고,

참고인진술조서의 경우에도 원진술자의 행방불명 사실을 확인한 경찰관의 증언을 청취하거나 이를 입증할 각종 서류에 대하여 증거조사를 할 수 있음

4. 공판준비기일 종결의 효과(실권효)

공판준비절차의 실효성 도모를 위해 실권효 규정

공판준비기일에 신청하지 못한 증거는 ① 그 신청으로 인하여 소송을 현저히 지연시키지 아니한 때 ② 중대한 과실 없이 공판준비기일에 제출하지 못하는 등 부득이한 사유가 있음을 소명한 때의 어느 하나에 해당하는 경우에 한하여 공판기일에 이를 신청할 수 있음(제266조의 13 제1항)

※ But, 법원은 실체진실 발견을 위해 이에 구애받지 않고 직권으로 증거조사 가능(동조 제2항)

※ 공판준비기일을 열지 아니하고 종결한 후 공판기일을 지정한 경우에는 적용 안 됨

※ 실권효란 민사소송법에 나오는 개념으로 기판력의 시간적 범위와 관련되는데, 기판력의 기준시점인 변론종결 시까지 당사자는 공격방어방법을 제출할 수 있고, 앞 소송 판결이 확정되어 기판력이 발생하면 뒤 소송에서 표준시 이전의 사유를 공격방어방법으로 제출할 수 없는 것을 의미 차단효 라고도 함

※ 형소법에 규정된 유일한 차단효 규정

IV. 기일 간 공판준비절차

법원은 쟁점 및 증거의 정리를 위하여 필요한 경우 제1회 공판기일 후에도 사건을 공판준비절차에 부칠 수 있음

※ 공판 전 준비절차에 관한 규정이 준용됨

V. 공판준비절차로 회부하지 않는 경우

공소장 부본 송달, 의견서 제출, 의견서 검토 및 사건분류 후 제1회 공판기일 지정

1. 공소장부본의 송달과 의견서 제출

(1) 공소장부본의 송달

법원은 공소제기가 있는 경우 지체 없이 공소장부본을 제1회 공판기일 전 5일까지 피고인 또는 변호인에게 송달하여야 함(제266조)

※ 송달 × or 5일의 유예기간을 두지 아니한 송달 시 피고인은 이의신청가능(제269조)

√ 다시 송달 or 공판기일 지정 취소 or 변경해야 함

※ 이의신청은 모두진술 단계까지 하여야 하며, 그렇지 않고 실체에 대하여 진술한 경우 치유됨

(2) 의견서 제출

피고인 또는 변호인은 공소장부본 송달받은 날부터 7일 이내에 공소사실에 대한 인정여부,

공판준비절차에 대한 의견 등을 기재한 의견서를 법원에 제출하여야 함(제266조의 2 제1항)

※ 피고인이 진술을 거부하는 경우 그 취지를 기재한 의견서 제출

※ 제출된 의견서는 검사에게 송부하여야 함(동조 제2항)

2. 공판기일의 지정·변경

(1) 공판기일의 지정과 변경

재판장은 공판기일을 정하는데 직권 또는 검사·피고인이나 변호인의 신청에 의해 공판기일을 변경할 수 있음(제267조 제1항, 제270조 제1항)

※ 변경신청 시 사유와 기간, 진단서 기타 자료로서 소명해야 함(소송규칙 제125조)

(2) 공판기일의 통지와 소환

공판기일은 검사·변호인과 보조인에게 통지하여야 하며(제267조 제3항), 공판기일에는 피고인·대표자 또는 대리인을 소환하여야 함(동조 제2항)

제1회 공판기일은 소환장 송달 후 5일 이상의 유예기간을 두어야 함. But, 피고인이 이의 없는 때에는 유예기간을 두지 아니할 수 있음(제269조)

※ 이의는 피고인의 모두진술단계(검사 기소요지 진술 후 지체 없이)에 하여야 함

※ 질병 기타의 사유로 출석하지 못할 경우 진단서 등의 자료를 제출해야 함(제271조)

3. 제273조 상의 공판기일 전 증거조사의 의미(제1회 공판기일 전도 포함)

(1) 증거조사 범위

법원 또는 소송관계인은 공판기일 전에 증거를 수집·정리하여 공판기일에 신속한 심리가 이루어지도록 할 필요가 있음

※ 법원의 직권 또는 검사·피고인·변호인 신청에 의한 조사

공무소 또는 공사단체에 대한 조회의 보고나 보관서류의 송부(제272조)

※ 검사·피고인·변호인 신청에 의한 증거조사(직권은 불가)

피고인 또는 증인 신문, 검증·감정 또는 번역(제273조)

※ 서류나 물건의 제출
검사·피고인 또는 변호인은 공판기일 전에 서류나 물건을 증거로 제출할 수 있음(제274조)

(2) 공소장 일본주의와의 관계

법원의 예단을 금지하는 공소장 일본주의에 반할 우려가 있어 공판기일 전의 증거조사에서 공판기일 전이라 함은 제1회 공판기일 이후의 공판기일을 의미한다고 보나(통설), 실무에서는 제1회 공판기일 전까지 포함된다고 봄(실무제요 II, 88면)

제4절 공판정 심리

Ⅰ. 공판정 구성

1. 판사·검사 및 변호인의 출석

공판정은 판사와 검사, 법원사무관 등이 출석하여 개정하고(제275조 제2항), 공판기일에 공판정에서 심리(동조 제1항)

※ 공판정은 공개된 법정 의미

※ 검사의 출석은 공판정 개정요건, 다만 검사가 공판기일의 통지를 2회 이상 받고도 출석하지 아니하거나 판결만을 선고하는 때에는 검사의 출석 없이 개정가능(제278조)

√ 2회 이상이란 검사가 2회에 걸쳐 출석하지 아니한 때에는 그 기일에 바로 개정할 수 있다는 뜻이고(66도1710), 반드시 계속해서 2회 이상 불출석할 것을 요하는 것은 아님(66도1415)

※ 변호인은 당사자가 아니어서 출석이 공판개정요건이 아님, But, 필요적 변호사건과 국선변호사건에 관하여는 변호인 없이 개정하지 못함(제282조, 제283조), 그러나 판결만을 선고하는 경우에는 예외인정(제282조 단서)

√ 필요적 변호사건에서도 변호인이 임의로 퇴정하거나 피고인과 합세하여 법정질서를 문란케 하여 재판장의 퇴정명령을 받은 경우와 같이 방어권 남용 또는 변호권의 포기로 보이는 때에는 변호인 없이 개정가능(90도646)

2. 피고인의 출석

피고인 출석은 공판개정요건

※ 피고인이 공판기일에 출석하지 아니한 때에는 특별한 규정이 없으면 개정하지 못함(제276조)

※ 피고인 출석은 권리인 동시에 의무(출석과 재정의무로 출석피고인은 재판장의 허가 없이 퇴정하지 못함(제281조 제1항))

예외적으로 피고인의 출석 없이 심판할 수 없는 경우

1) 소송무능력자의 소송행위의 대리와 대표

① 피고인이 의사무능력자인데 처벌하는 경우

형법의 책임능력에 관한 규정이 적용되지 않는 범죄사건의 피고인이 의사무능력자인 경우 법정대리인 또는 특별대리인이 출석한 때에는 피고인의 출석을 요하지 않음(제26조, 제28조), But, 법정대리인 또는 특별대리인의 출석은 공판개정 요건임

※ 담배사업법 위반죄의 경우 형법상 책임능력에 관한 규정 적용받지 않음(제31조)

※ 특별대리인이란 특정사안에 대해 이해관계인의 이해대립을 조정하기 위해 법원에 의해 선임되는 자

② 피고인이 법인인 경우

피고인이 법인인 때에는 법인이 소송행위를 할 수 없으므로 대표자가 출석하면 됨(제27조 제1항)

※ 대표자가 반드시 출석할 것을 요하지 않고, 대리인을 출석하게 할 수 있음 (제276조 단서)

2) 경미사건 및 피고인에게 유리한 재판을 하는 경우

법정형이 다액 500만 원 이하의 벌금 또는 과료에 해당하는 경미한 사건뿐만 아니라 경미한 사건으로 다툼이 없거나 피고인에게 유리한 재판을 할 것이 명백한 경우 피고인의 출석 없이 재판가능(불필요한 재판지연 방지 목적)

① 다액 500만 원 이하의 벌금 또는 과료에 해당하는 사건

피고인의 출석을 요하지 않을 뿐이지 권리가 상실되는 것은 아님(제277조 제1호)

※ 피고인 소환, 대리인 출석도 정상적으로 진행가능

② 공소기각 또는 면소의 재판을 할 경우

공소기각 또는 면소 재판을 할 것이 명백한 사건에 관하여도 피고인의 출석을 요하지 않음(동조 제2호)

※ 무죄판결이나 형면제 판결을 할 것이 명백한 경우는 불출석 대상이 아님

※ 피고인이 사물의 변별능력 또는 의사결정능력이 없거나, 질병으로 출정할 수 없는 경우에는 공판절차를 정지하여야 하며(제306조 제1항·제2항), 이 경우 출석여부의 문제는 없으나 무죄, 면소, 형의 면제 또는 공소기각의 재판을 할 것이 명백한 경우에는 피고인 출정 없이 재판가능(동조 제4항)

③ 법원이 피고인의 불출석을 허가한 경우

장기 3년 이하의 징역 또는 금고, 다액 500만 원을 초과하는 벌금 또는 구류에 해당하는 사건에서 피고인의 불출석허가신청이 있고, 법원이 피고인의 불출석이 그의 권리를 보호함에 지장이 없다고 인정하여 허가한 사건은 피고인의 출석을 요하지 않음(제277조 제3호)

※ But, 인정신문이나 판결선고 시에는 출석해야 함(동조 동호)

④ 약식명령에 대한 정식재판청구

약식명령에 대하여 피고인만이 정식재판을 청구하여 판결을 선고하는 즉 '선고 시'의 경우에만 피고인의 출석을 요하지 않음(동조 제4호)

⑤ 즉결심판사건

즉결심판에 의해 피고인에게 벌금 또는 과료를 선고하는 경우에도 피고인의 출석을 요하지 않음(즉결심판절차법 제8조의 2)

※ 즉심은 20만 원 이하의 경미한 재산형만을 규정하고 있기 때문

3) 피고인이 퇴정하거나 퇴정명령을 받은 경우

① 퇴정명령 시

피고인이 재판장의 허가 없이 퇴정하거나, 재판장의 질서유지를 위한 퇴정명령을 받은 때에는 피고인의 진술 없이 판결가능(제330조)

※ 판결의 전제가 되는 공판정 개정도 불출석하에 가능

② 일시 퇴정 시

재판장은 증인 또는 감정인이 피고인 또는 어떤 재정인의 면전에서 충분한 진술을 할 수 없다고 인정하는 때에는 피고인을 퇴정하게 하고 진술하게 할 수 있음(제297조 제1항)

※ 피고인이 다른 피고인 면전에서 충분한 진술을 할 수 없다고 인정한 때에도 동일(동조 동항)

피고인의 일시퇴정은 피고인의 증인신문권을 침해할 우려가 있으므로 진술종료 시 퇴정한 피고인을 입정시킨 후 진술요지를 고지하여야 함(동조 제2항)

※ 이러한 경우에도 피고인의 반대신문권을 배제하는 것은 허용되지 않음(2009도9344)

√ 다음 공판기일에 증인신문결과 등을 공판조서에 의해 고지하고 피고인에게 진술기회를 부여하는 방식 등 반대심문권을 보장해야 함

4) 피고인이 불출석하는 경우

① 구속피고인의 출석거부

구속피고인이 정당한 사유 없이 출석을 거부하고, 교도관에 의한 인치가 불가능하거나 현저히 곤란하다고 인정되는 경우 피고인의 출석 없이 공판절차 가능(제277조의 2 제1항)

※ 이 경우 출석한 검사 및 변호인의 의견을 들어야 함(동조 제2항)

※ 집단공안사건에서 구속피고인이 법정투쟁의 일환으로 출정을 거부하는 경우 등 예정

※ 모두절차, 증거조사절차, 판결선고절차 등 공판절차에서 제한 없이 인정

② 피고인 소재불명

제1심 공판절차에서 피고인에 대한 송달불능보고서가 접수된 때로부터 6개월이 지나도록 피고인의 소재를 확인할 수 없는 경우, 피고인이 공시송달의 방법에 의한 공판기일 소환을 2회 이상 받고도 출석하지 아니한 때에는 피고인 진술 없이 재판가능(소송촉진 등에 관한 법률 제23조, 동 규칙 제19조)

※ But, 사형·무기 또는 장기 10년을 넘는 징역이나 금고에 해당하는 경우는 피고인이 출석해야 함(동법률 동조)

③ 항소심에서의 특칙

항소심에서 피고인이 공판기일에 출정하지 아니하고, 다시 정한 기일에 출정하지 아니한 때에는 피고인의 진술 없이 판결가능(제365조)

※ 판결뿐만 아니라 심리도 불출석하에 가능

④ 정식재판청구에 의한 공판절차의 특칙

약식명령에 대하여 정식재판을 청구한 피고인이 정식재판절차의 공판기일에 2회 출석하지 아니한 경우 출석 없이 심판 가능(제458조 제2항)

5) 피고인 출석이 부적당한 경우

상고심 공판기일에서 피고인의 소환을 요하지 않고(제389조의 2), 피치료감호청구인이 심신장애로 공판기일에 출석이 불가능한 경우에도 출석 없이 개정가능(치료감호법 제9조)

※ 상고심은 법률심이기 때문에 변호인만 변론가능

3. 전문심리위원의 참여

법원은 소송관계를 분명하게 하거나 소송절차를 원활하게 진행하기 위하여 필요한 경우 직권 또는 검사, 피고인 또는 변호인의 신청에 의해 결정으로 전문심리위원을 지정, 공판준비 및 공판기일 등 소송절차에 참여하게 할 수 있음(제279조의 2 제1항)

전문심리위원은 기일에서 재판장의 허가를 받아 피고인 또는 변호인, 증인 또는 감정인 등 소송관계인에게 소송관계를 분명하게 하기 위해 필요한 사항에 관하여 직접 질문 가능(동조 제3항)

법원은 전문심리위원이 제출한 서면이나 설명 또는 의견진술에 대해 검사, 피고인 또는 변호인에게 구술 또는 서면에 의한 의견진술 기회를 주어야 함(동조 제4항)

II. 소송지휘권

1. 소송지휘권의 의의

소송 진행을 질서 있게 하고 심리를 원활하게 하기위한 법원의 합목적적 활동

※ 공판기일의 소송지휘는 재판장이 한다(제279조)

※ 소송지휘권의 본질은 법원의 고유한 권한이고, 법원의 소송지휘권을 포괄적으로 재판장에게 맡긴 것에 불과

※ 소송지휘권은 공판기일절차뿐만 아니라 공판기일 외의 절차에도 인정됨

2. 소송지휘권 내용

(1) 재판장의 소송지휘권

재판장의 소송지휘권은 공판기일의 지정과 변경(제276조, 제270조), 인정신문(제284조), 증인신문순서의 변경(제161조의 2 제3항), 불필요한 변론의 제한(제299조), 석명권(소송규칙 제141조 제1항) 등이 있음

※ 이 중 중요한 의미를 가지는 것은 변론제한과 석명권 행사

1) 변론의 제한

재판장은 소송관계인의 진술 또는 신문이 중복된 사항이거나 그 소송에 관계없는 사항인 때에는 소송관계인의 본질적 권리를 해하지 아니하는 한도에서 제한 가능(제299조)

2) 석명권

사건의 내용을 명확히 하기 위해 당사자에게 사실상·법률상의 사항을 질문을 하여 그 진술 내지 주장을 보충·정정할 기회를 주고 입증을 촉구하는 것을 말함

※ 재판장뿐만 아니라 합의부원에 대하여도 인정되고, 검사·피고인 또는 변호인은 재판장에 대해 석명을 위한 발문을 요구할 수 있음(소송규칙 제141조)

(2) 법원의 소송지휘권

중요한 사항은 법률에 의해 법원에 유보되어 있음

※ 국선변호인의 선임(제283조), 특별대리인의 선임(제28조), 증거조사에 대한 이의신청의 결정(제296조 제2항), 재판장의 처분에 대한 이의신청의 결정(제304조 제2항), 공소장변경의 허가(제298조 제1항), 공판절차의 정지(제306조), 변론의 분리·병합·재개(제300조, 제305조)

3. 소송지휘권의 행사

(1) 소송지휘권의 행사방법

재판장의 소송지휘권은 법률의 명문의 규정이 있는 때에는 이에 따라야 하며, 법원(합의부)의 의사에 반하지 않는 범위 내에서 행사할 것을 요함

※ 재판장의 소송지휘라 할지라도 사전에 합의부원의 의견을 물어 사실상 합의를 거쳐 행하는 것이 바람직

법원의 소송지휘권은 결정형식, 재판장은 명령형식을 취하는 것이 일반적이나 재판장의 결정에 의하여 소송지휘권을 행사하는 것이 금지되는 것은 아님

※ 결정과 명령은 종국전 재판, 구두변론 불요, 사실조사 가능인 점에서 동일하나, 결정의 주체는 법원, 명령은 재판장·수명법관·수탁판사, 결정은 이유를 명시한다는 점에서 차이

(2) 소송지휘권에 대한 불복

재판장의 소송지휘권에 대하여 이의신청 가능(제304조)

※ 법령의 위반이 있는 경우에만 허용됨(소송규칙 제136조)

※ 법원의 소송지휘권 행사에 대한 불복방법은 없음(제403조)

III. 법정경찰권

1. 법정경찰권의 의의

법정질서를 유지하고 심판 방해를 제지·배제하기 위해 법원이 행하는 권력작용을 말함

※ 법정질서 유지는 신속성을 고려하여 재판장이 담당(법원조직법 제58조 제1항)

2. 법정경찰권의 내용

(1) 예방작용

재판장은 법정의 존엄과 질서를 해칠 우려가 있는 사람의 입정금지 또는 퇴정을 명할 수 있고, 그 밖에 법정의 질서유지에 필요한 명령을 할 수 있음(법원조직법 제58조 제2항)

※ 방청권의 발행과 소지품검사(법정방청 및 촬영 등에 관한 규칙 제2조), 피고인에 대한 간수명령(제280조) 등

(2) 방해배제작용

재판장은 피고인의 퇴정을 제지하거나 법정의 질서유지를 유지하기 위하여 필요한 처분을 할 수 있고(제281조 제2항), 피고인(제297조) 및 방청인(법원조직법 제58조 제2항)에 대하여 퇴정명령을 할 수 있음

※ 재판장은 법정 질서유지를 위하여 필요하다고 인정할 때에는 개정 전후에 상관없이 관할 경찰서장에게 국가경찰공무원의 파견을 요청할 수 있고, 파견된 경찰관은 법정 내외의 질서유지에 관하여 재판장의 지휘를 받음(법원조직법 제60조 제1항, 제2항)

(3) 제재작용

법원이 발한 명령에 위반하는 행위를 하거나 폭언·소란 등의 행위로 법원의 심리를 방해하거나 재판의 위신을 현저하게 훼손한 사람에 대하여 20일 이내의 감치, 100만 원 이하의 과태료를 부과하거나 병과가능(법원조직법 제61조 제1항, 제3항)

※ 감치로 구속한 때로부터 24시간 이내에 감치에 처하는 재판을 하지 않으면 즉시 석방해야 함(동법 동조 제4항)

※ 감치에 처하는 재판에 대하여는 항고 및 특별항고 가능

3. 법정경찰권의 한계

(1) 시간적 한계

심리의 개시부터 종료 시까지 절차가 행하여지고 있는 시간 내 발동가능

※ 심리 전후 시간도 포함

(2) 장소적 한계

법정 내외를 불문하고 법관에 대한 방해 행위를 직접 목격 또는 들을 수 있는 장소까지 미침

(3) 인적 한계

방청인, 피고인·변호인·검사·법원사무관, 배석판사 등 심리에 관계있는 모든 사람에 대하여 미침

제5절 공판기일절차

공판기일절차(제1심 공판절차)는 모두절차와 사실심리 절차 및 판결선고 절차로 구성

※ 모두절차는 진술거부권 고지, 인정신문, 검사의 모두진술, 피고인의 모두진술, 재판장의 쟁점정리 및 검사·변호인의 증거관계 등에 대한 진술 순서로 진행

※ 사실심리절차는 증거조사와 피고인 신문 및 소송관계인의 의견진술(변론) 순으로 진행(공판기일의 핵심절차)

※ 판결절차는 수소법원에 의해 선고의 형식으로 행하여지는 최종 공판절차

Ⅰ. 모두절차

1. 진술거부권의 고지

재판장은 진술을 하지 아니하거나 개개의 질문에 대하여 진술을 거부할 수 있고, 이익이 되는 사실을 진술할 수 있음을 고지하여야 함(제283조의 2 제2항, 소송규칙 제127조)

※ 인정신문 전에 진술거부권 고지로 개정법(2007)에서 규정

2. 인정신문

재판장은 피고인의 성명·연령·등록기준지·주거와 직업을 물어서 피고인임에 틀림없음을 확인하여야 함(제284조)

※ 공소장에 기재된 피고인과 출석한 자가 동일인인가 확인하는 절차

※ 인정신문에 대한 진술거부권 행사 가능여부에 대해 학설이 대립했으나 입법으로 가능하도록 해결

3. 검사의 모두진술(opening statement)

검사는 공소장에 의해 공소사실·죄명 및 적용법조를 낭독하여야 한다. 다만 재판장은 필요하다고 인정하는 때에는 검사에게 공소의 요지를 진술하게 할 수 있음(제285조)

※ 사건개요와 입증방침을 명백히 하여 법원의 소송지휘를 가능하게 할 뿐만 아니라 충분한 방어준비 기회 보장 목적, 항소심 또는 상고심에서는 요하지 않음

4. 피고인의 모두진술

피고인은 검사의 모두진술이 끝난 뒤 공소사실 인정여부를 진술하여야 한다. 다만 피고인이 진술거부권을 행사하는 경우에는 그러하지 아니함(제286조 제1항)

※ 공소사실에 대한 인정여부, 주장과 신청 등 사건에 관한 총괄적인 진술기회 보장. 공판준비절차의 의견서 제출제도(제266조의 2)의 도입과 함께 사건의 쟁점을 조기에 파악하고 신속한 심리를 가능케 하는 제도

※ 이익되는 사실, 관할이전신청(제15조), 국선변호인 선정청구(제23조 제2항), 공판기일변경신청(제270조) 등을 할 수 있으며, 관할위반신청(제320조), 제1회 공판기일의 유예기간에 대한 이의신청(제269조)은 이때까지 신청하지 않으면 하자를 다툴 수 없음

5. 재판장의 쟁점정리 및 검사·변호인의 증거관계 등에 대한 진술

재판장은 피고인 또는 변호인에게 쟁점정리를 위하여 필요한 질문을 할 수 있음(제287조 제1항)

※ 증거조사를 효율적으로 하기 위한 것임

재판장은 증거조사를 하기에 앞서 검사 및 변호인으로 하여금 증명과 관련된 주장 및 입증계획 등을 진술하게 할 수 있음(동조 제2항)

II. 사실심리절차

1. 증거조사(형사증거법 및 사실인정론, 사법연수원 2018)

(1) 증거조사의 의의

좁은 의미의 증거조사와 넓은 의미의 증거조사 중 넓은 의미의 증거조사(제290조)를 의미

※ 좁은 의미

공판기일 및 공판기일 외에서 피고사건에 관한 사실을 인정함에 필요한 심증을 얻기 위해서 각종 증거방법을 조사하여 그 내용(증거자료)을 감지하는 소송행위

※ 넓은 의미

좁은 의미 + 증거신청, 증거결정, 이의신청 등 유관절차 전체를 의미

(2) 증거조사의 목적

법원의 심증형성 + 검사나 피고인의 공격·방어기회의 보장

(3) 증거재판주의와 증거조사

형사절차에서 증거재판주의(엄격한 증명법리)는 주요사실(공소사실)의 인정은 법률상 증거능력 있고 적법한 증거조사를 거친 증거에 의해 증명되어야 한다는 것을 의미한다는 점에서 적법한 증거조사는 증거재판주의의 요청이라 할 수 있음

※ 엄격한 증명의 자료로 되는 증거에 대한 증거조사는 증거능력 있는 증거에 대해서만 행해져야 함(사경 피신조서의 내용을 부인한 경우 증거조사를 하면 안 됨)

증거조사는 엄격한 증명의 자료로 되는 증거뿐만 아니라 자유로운 증명의 자료로 되는 증거에 대해서도 행해져야 함

※ 엄격한 증명을 요하는 경우, 법률에서 정하는 엄격한 증거조사 절차와 방식에 의하여야 하나, 자유로운 증명으로 족한 경우에는 엄격한 절차와 방식을 요하지 않고 상당하다고 인정되는 방법으로 하면 됨

(4) 증거조사의 시기·순서

공판기일의 증거조사 시기는 인정신문, 검사와 피고인의 모두진술, 재판장의 쟁점정리 및 검사·변호인의 증거관계 등에 대한 진술이 끝난 후에 증거조사 실시(제290조)

증거조사 순서는 검사가 신청한 증거를 먼저 조사하고, 피고인 또는 변호인이 신청한 증거를 조사한 다음 법원이 직권으로 결정한 증거 조사(제291조의 2)

※ But, 직권 또는 당사자의 신청에 따라 변경가능(동조)

※ 또한, 피고인의 자백을 진술 내용으로 하는 조서나 서류는 범죄사실에 관한 다른 증거를 조사한 후에 조사하여야 함(소송규칙 제135조)

2. 증거신청

(1) 의의

증거조사 신청을 말함

※ 법원에 대하여 특정한 증거조사의 시행을 구하는 당사자의 소송행위

※ 증거신청의 구체적 모습 ① 서류나 물건 증거의 제출 ② 증인·감정인·통역인

또는 번역인의 신문 신청(제294조 제1항)

√ 검증은 법률에 규정되어 있지 않으나 허용된다고 봄(공판기일 전에도 신청가능(제273조 제1항))

(2) 신청권자

검사, 피고인 또는 변호인(제294조 제1항), 피해자 또는 그 법정대리인(피해자가 사망한 경우 배우자·직계친족·형제자매 포함)도 가능(제294조의 2 제1항)

※ 피고인의 법정대리인, 보조인도 가능(실무제요II, 87면)

※ 피고인 또는 피의자의 법정대리인·배우자·직계친족과 형제자매는 보조인이 될 수 있음(제29조 제1항)

(3) 신청시기와 순서

신청의 시기에는 아무런 제한이 없으나, 변론종결 시까지만 허용(증거조사 시기와 구별필요)

※ 공판기일, 공판준비기일, 공판기일 외에서도 가능(제266조의 9, 제273조 제1항)

※ 검사 신정의 경우 제273조 1항의 공판기일 전의 의미에 대하여 학설은 제1회 공판기일 이후의 공판기일 전을 의미한다고 보나 실무는 제1회 공판기일 전도 포함하고 있음(실무제요II, 88면)

※ But, 고의로 증거를 뒤늦게 신청하여 지연하는 것으로 인정되는 경우 각하시킬 수 있고(제294조 제2항), 공판준비절차를 거치는 경우에는 실권효의 제한이 있음(제266조의 13)

증거신청은 검사가 먼저 한 후 피고인 또는 변호인이 함(소송규칙 제133조, 거증책임원칙상)

※ 공판기일 외의 증거신청에 있어서는 이 순서가 지켜지지 않아도 무방

(4) 신청방식

증거신청은 서면 또는 구술로 가능하고(소송규칙 제176조 제1항), 증거특정과 동시에 입증취지(증거와 증명하고자 하는 사실과의 관계) 구체적으로 명시해야 함(소송규칙 제132조의 2 제1항)

※ 증거특정 시 인증은 성명과 주소 또는 전화번호 등. 서증이나 물증은 그 표

목을 명시해야 하고, 일부에 대한 증거신청 시에는 해당면수를 표시하거나 해당부분을 밑줄로 긋는 등 특정해야 함(소송규칙 제132조의 2 제3항)

※ 입증취지는 재판장이 증거신청단계에서 제출하고자 하는 증거의 내용을 먼저 파악할 수 없기 때문에 반드시 필요함

※ 피고인의 자백을 보강하는 증거나 정상에 관한 증거는 보강증거 또는 정상에 관한 증거라는 취지를 명시해야 함(소송규칙 제132조의 2 제2항)

검사·피고인 또는 변호인은 특별한 사정이 없는 한 필요한 증거를 일괄하여 신청하여야 함

※ 집중적인 증거조사를 위해 필요

제311조부터 제315조까지 또는 제318조(증거동의)에 따라 증거로 할 수 있는 서류나 물건이 수사기록의 일부인 때에는 검사는 이를 특정하여 개별적으로 제출하여 증거조사를 신청하여야 함(소송규칙 제132조의 3 제1항)

증거분리제출제도

2006. 4. 1. 이전에는 검사가 공판기일에서 최초로 증거신청을 할 때, 수사기록을 그대로 증거로 제출하면서 증거로 제출할 서류의 증거목록만을 별도로 제출하였으나, 2006. 4. 1. 이후 수사기록 중 증거능력이 인정되어 증거로 채택된 증거서류만을 법정에 제출토록 하였음

※ 검사가 신청하는 증거 중 ① 증거 동의한 증거서류는 동의한 후에, ② 부동의하여 증거채부가 보류된 증거서류는 원진술자의 법정진술 등에 의하여 증거능력을 취득한 이후에 증거서류 원본을 개별적으로 분리하여 제출

(5) 증거신청의 철회

증거를 신청한 당사자는 채택결정이 있는 경우에도 철회가 가능하나 이미 조사를 마친 증거에 대한 증거신청의 철회는 불가

3. 직권증거조사

당사자의 증거신청에 의한 증거조사가 원칙이지만 법원은 직권으로도 증거조사를 개시할 수도 있음(제295조 후단)

4. 증거결정에 대한 의견진술

(1) 의견진술의 의의

증거조사 신청 시 증거조사의 시행여부를 결정하는 증거결정 전에 증거결정에 대한 검사 및 피고인 등의 의견진술이 행해짐

※ 증거조사 실시 후 그 결과에 대하여 피고인이 행하는 증거조사결과에 대한 의견진술과 구별됨

(2) 의견진술의 종류

1) 임의적 진술

법원은 증거결정을 함에 있어 필요하다고 인정할 때에는 그 증거에 대한 검사, 피고인 또는 변호인의 의견을 들을 수 있음(소송규칙 제134조 제1항)

※ 증인이 요증사실을 알 수 있는 지위에 있는지 여부, 소환 가능 여부 등

2) 필요적 의견진술

법원은 서류 또는 물건이 증거로 제출된 경우에 이에 대한 증거결정을 함에 있어서는 제출한 자로 하여금 그 서류 또는 물건을 상대방에게 제시하여 상대방으로 하여금 증거능력 유무에 대한 의견을 진술하게 하여야 함(소송규칙 제134조 제2항 본문)

※ 증거능력의 제한(임의성 없는 자백 등) 또는 완화(전문증거에 대한 당사자 동의)는 유·무죄 판단에 중요한 의미를 가지기 때문에 상대방 의견을 듣도록 한 것임

※ 여기서의 제시는 증거결정전 증거능력에 대한 조사로 증거결정 후 증거조사 실시 단계에서 행해지는 제시(제292조의 2 제1항)와는 구별됨

※ 증거동의가 간주되는 간이공판절차에서는 증거능력유무 조사가 무의미하므로 의견진술이 필요 없음(소송규칙 제134조 제2항 단서)

필요적 의견진술의 종류로는 ① 적법한 절차와 방식에 따라 작성되었는지, 진정성립 인정여부(제312조 제1항, 제5항, 제313조), ② 내용의 인정 여부(제312조 제3항), ③ 적법한 절차에 따르지 아니하고 수집한 증거인지 여부(제308조의 2), ④ 임의성 인정여부(제309조, 제317조), ⑤ 증거동의에 대한 동의 여부(제318조), ⑥ 증거로 함에 동의한 서류 또는 물건이 진정한 것이 아니라는(제318조 제1항) 주장 등이 있음

※ 실무에서 변호사는 편의상 임의성, 성립, 내용 인정하지 아니하는 증거와 부동의 하는 증거를 먼저 거시한 후 나머지 증거는 모두 임의성, 성립, 내용을 인

정하거나 동의한다는 방식으로 증거인부서(증거능력에 관한 의견서)를 작성 제출하기도 함(형사증거법 및 사실인정론, 사법연수원, 2018, 134면)

증거물(증거물인 서면포함)에 대하여는 원칙적으로 동의여부의 진술을 들을 필요가 없음

※ 다만 압수절차 위법 등을 이유로 증거능력이 문제될 것에 대비하여 그에 관한 이의신청을 미리 포기하는 취지로 증거목록에 '동의'라고 기재하기도 함

√ 가벼운 위법이 있는 증거물에 동의에 의한 증거능력 부여에 대해서는 견해대립

피고인 측이 제출하는 증거는 탄핵증거로 사용되는 경우뿐만 아니라 반증으로 사용되는 경우에도 증거능력을 갖출 필요가 없다고 보는 판례의 입장에 따라 피고인 측이 제출하는 증거에 대한 검사의 의견을 반드시 들을 필요는 없음

※ 탄핵증거는 진술의 증명력을 다투기 위한 증거, 반증은 반대당사자가 본증에 의해 증명하려고 하는 사실을 부정하기 위하여 제출하는 증거, 본증은 거증책임을 지는 당사자가 제출하는 증거를 말함

5. 증거결정

(1) 의의

법원은 당사자의 증거신청에 대하여 증거조사여부를 결정 하여야 하는데(제295조 전단), 이에는 채택결정과 각하 또는 기각결정이 있으며, 신청이 없더라도 직권으로 증거조사하기로 하는 직권결정이 있으며, 이상을 통틀어 증거결정이라 함

(2) 시기

신청에 의한 증거결정은 증거신청이 있은 후 가능한 한 신속히 하되 특별한 제한 없음

※ 서류의 경우 당사자의 의견진술을 통하여 증거능력이 있다고 인정되면 바로 채택결정을 하고, 증거능력 없음이 확정된 경우(경찰 피신조서 피고인 내용부인 시) 기각결정,

당사자의 의견진술에 의하여 증거능력유무가 당장은 확실치 않거나 장차 원진술자의 증언 등을 통해 증거능력을 구비하게 될 가능성이 있는 경우에는 결정

을 보류하였다가 증거능력 유무가 확실해진 이후 증거결정

직권결정은 법원이 필요성 인정 시 언제든 가능

※ 단 제1회 공판기일 전 직권으로 증인신문, 검증, 감정, 번역을 결정하거나 시행할 수는 없음(공판기일 전에는 당사자의 신청에 의해서만 가능)

(3) 방법

공판기일에서의 증거결정은 재판장이 구두로 고지하고 그 내용을 공판조서에 기재하면 됨

공판기일 외에서의 증거결정은 원칙적으로 결정서를 작성하고 당사자에게 고지해야 함

※ But, 기각결정 시 고지는 신청인에 대해서만, 채택결정 시 별도로 결정서 작성필요 없이 신청된 절차 착수하면 됨

(4) 채택여부(채부)

1) 재량여부

증거채부에 관한 결정을 법원의 재량사항으로 독립하여 불복할 수 없고, 채증법칙에 관한 사항으로 볼 수 있는 경우에는 판결과 함께 상급심 법원의 통제를 받음(90도646)

※ 채증법칙 위반이란 사실을 오인하여 판결에 영향을 미치기에 이른 경우 등과 같이 합리적인 증거평가에 위배하여 위법하다는 것을 말하며 이는 법관의 자유심증주의도 논리와 경험칙에 반하여 합리성을 잃어서는 안 된다는 것을 의미

2) 증거신청의 각하

검사, 피고인 또는 변호인이 고의로 증거를 뒤늦게 신청함으로써 공판 완결을 지연하는 것으로 인정할 때에는 직권 또는 상대방의 신청에 따라 각하 가능(제294조 제2항)

※ 공판준비기일을 거친 경우 공판준비기일에서 신청하지 못한 증거는 그 신청으로 인하여 소송을 현저히 지연시키지 아니한 때, 중대한 과실 없이 공판준비기일에 제출하지 못하는 등 부득이한 사유를 소명한 때, 법원이 직권조사 필요성을 인정한 때 외에는 공판기일에서 신청 불가(제266조의 13) ⇒ 신청 시 각하

※ 각하와 기각

각하는 법정 문을 열지 않는 것이고 기각은 문은 열 되 주장의 설득력이 없어 패소시킨 것

√ 각하는 민소법상 소송조건을 구비하지 아니한 경우 소송이 부적법하여

본안재판에 들어가지 않고 소송을 종료시키는 것이고, 기각은 본안으로 들어가 실체내용을 종국재판에서 이유 있다고 배척하는 것
▽ 형소법에서는 일반적으로 각하라는 용어 사용하지 않고 기각으로 사용(법률전문가이고 국가기관인 검사의 행위에 대한 고려로 보임)

3) 기각 결정

증거신청이 그 방식에 위반한 때 기각가능(소송규칙 제132조의2 제5항, 제132조의3 제2항)

※ 증거능력 없는 증거에 대한 신청(경찰 피신조서 부동의 시), 증인적격 없는 증인에 대한 신문신청

※ 보정이 가능한 것은 보정을 명하고, 방식위반으로 기각되었어도 보정 후 재증거신청 가능

사망자에 대한 증인신청과 같이 증거조사가 불가능한 경우, 피고사건과 관련성이 없는 경우, 공지사실이거나 이미 입증된 사실일 경우에도 기각가능

4) 채택결정

증거신청을 받아들이는 경우 채택결정을 하고 증거조사를 시행함

※ 증거결정을 하지 아니하고 당사자가 신청한 증거에 대한 조사를 시행하는 경우에도 증거조사는 적법하다는 것이 통설임

※ 증인으로 채택할 증인이 아동복지법 위반 피해자(아동매매나 앵벌이 시), 아청법 피해자, 범죄의 성질, 증인의 연령, 심신의 상태, 피고인과의 관계, 그 밖의 사정으로 인하여 피고인 등과 대면하여 진술하는 경우 심리적인 부담으로 정신의 평온을 현저하게 잃을 우려가 있다고 인정되는 자(제165조의2 제1호~제3호)에 해당하는 경우,
비디오 중계장치 또는 가림막시설을 통한 신문과 비공개여부를 함께 결정해야 함(소송규칙 제84조, 제84조의6)

5) 증거결정의 취소

일단 증거조사 여부에 대한 채택결정을 한 증거라도 당사자가 증거신청을 철회하거나 증거로 함에 동의하여 원진술자를 증인 신문할 필요가 없게 된 경우, 증거조사에 대한 이의신청(제296조 제1항)이 이유 있다고 인정되는 경우 채택결정을 취소하게 됨

6. 대상별 증거조사

(1) 서류 및 물건에 대한 증거조사

1) 조사 대상

서류 및 물건이란 증거서류, 증거물, 증거물인 서면을 의미

※ 소송관계인이 증거로 제출한 서류나 물건, 공무소 또는 공사단체에서의 조회나 서류촉탁 요구에 의해 송부된 회보문서나 송부문서, 제273조(공판기일 전 증거조사)에 의해 작성된 서류

2) 조사 순서

검사가 신청한 증거를 먼저 조사한 후 피고인 또는 변호인이 신청한 증거를 조사하고 그 증거에 대한 조사 후 직권으로 결정한 증거조사 원칙

※ 법원은 직권 또는 당사자 신청에 의해 조사순서 변경가능(제291조 제3항)

※ 피고인의 자백을 진술내용으로 하는 경우 다른 증거 조사 후에 조사(소송규칙 제135조)

√ 피고인이 수사기관에서 자백하였다가 법정에서 부인하는 사건에서 의미

3) 조사 방법

① 목적물의 지시설명

증거조사의 대상이 되는 서류나 물건은 원칙적으로 검사, 피고인 또는 변호인 등 소송관계인이 주체가 되어 각자 필요한 것을 공판정에서 개별적으로 지시 설명하면서 조사하게 됨(제291조 제1항)

※ "이것은 사법경찰관리 작성 피해자 진술조서이고 이것은 피고인이 범행에 사용한 흉기이다" 식으로 개별적·구체적으로 행함

② 증거조사의 실시

개별적 지시설명 후 서류 또는 물건에 대한 본격적인 증거조사가 실시됨

ⓐ 증거서류(서증)의 경우 증거신청인이 법정에 현출하고 낭독하는 것이 원칙

※ 당사자 신청 시 당사자가 낭독하여야 하며(제292조 제1항), 법원이 직권 증거조사 하는 경우 소지인 또는 재판장이 낭독(동조 제2항)

※ 재판장은 필요하다고 인정하는 경우 신청인이나 소지인 또는 재판장이 요지를 고지하는 '내용의 고지' 방법으로 할 수 있음

※ 신청인, 소지인, 재판장의 낭독 또는 고지에 갈음하여 법원사무관 등으로 하

여금 행하게 할 수 있음(제292조 제4항)

※ 낭독이나 내용의 고지보다 열람이 보다 적절한 증거조사방법이라고 인정되는 경우 열람방법으로 증거서류를 조사할 수 있음(제292조 제5항)

ⓑ 증거물의 경우 증거신청인이 제시하고(제292조의 2 제1항), 직권조사 시 소지인 또는 재판장이 제시(동조 제2항)

ⓒ 증거물인 서면의 경우, 증거물과 증거서류의 성질을 겸하고 있으므로 낭독·내용의 고지 또는 열람절차와 제시절차가 함께 이루어져야 함

ⓓ 그 밖의 증거(증거서류와 증거물이 아닌 특수증거)

※ 도면·사진·녹음테이프·비디오테이프·컴퓨터용 디스크, 그 밖에 정보를 담기 위해 만들어진 물건으로서 문서가 아닌 증거의 조사에 관하여 필요한 사항은 대법원 규칙에 위임(제292조의 3)

ⓘ 컴퓨터용 디스크 등에 기억된 문자정보 등에 대한 증거조사(소송규칙 제134조의 7)

기억된 문자정보를 증거자료로 하는 경우에는 읽을 수 있도록 출력하여 인증한 등본을 낼 수 있고,

증거조사를 신청한 당사자는 법원이 명하거나 상대방이 요구한 때에는 컴퓨터 디스크 등에 입력한 사람과 입력한 일시, 출력한 사람과 출력한 일시를 밝혀야 함

※ 기억된 정보가 도면·사진 등에 관한 것인 경우 위와 같음(출석, 인증등본, 입·출력 일시, 입·출력한 자)

ⓘⓘ 음성·영상자료 등에 대한 증거조사(동 규칙 제134조의 8)

음성이나 영상을 녹음 또는 녹화하여 재생할 수 있는 매체에 대한 증거조사는 재생하여 청취 또는 시청하는 방법으로 함

※ 증거조사 신청 시 녹음·녹화 등이 된 사람·한 사람, 일시·장소를 밝혀야 하고, 법원이 명하거나 상대방이 요구한 때에는 녹음·녹화 매체 등의 녹취서, 그 밖에 그 내용을 설명하는 서면을 제출해야 함

※ 피고인들이 금지통고된 옥외집회를 진행하던 중 3회에 걸쳐 자진해산명령을 받고도 불응하여 체포되어 기소된 사안에서 검사가 체포 장면이 녹화된 동영상 CD를 별도의 증거로 제출하지 않고 CD 내용을 간략히 요약한 수사보고서에 CD를 첨부하여 수사보고서만을 서면으로 제출한 경우 형사소송규칙에

서 정한 증거조사절차를 거치지 아니한 채 이를 유죄의 증거로 채택한 원심조치는 잘못(2009도13846)

ⅲ 도면·사진 그 밖에 정보를 담기 위하여 만들어진 물건으로서 문서가 아닌 증거(동 규칙 제134조의 9)

증거서류와 증거물에 대한 형소법 규정(제292조(지시설명, 낭독·고지·열람), 제292조의 2(제시)) 준용

※ 서면을 촬영한 사진의 경우 서면의 사본에 준하여 증거조사

ⓕ 탄핵증거에 대한 조사방식은 공판정에서 조사는 필요하나 엄격한 증거조사 절차와 방식에 의할 필요는 없음(통설과 판례)

※ 그러나 서증의 경우 낭독 또는 내용 고지의 방법에 의할 수밖에 없음

(2) 증인신문(증인에 대한 조사방법)

1) 증인과 증인신문의 의의

① 증인

법원 또는 법관에 대하여 자기가 과거에 체험한 사실을 진술하는 제3자를 말하고 증인의 진술을 증언이라고 함

※ 수사기관에 대해 진술하는 자는 참고인, 전문지식이나 경험을 보충하기 위해서 법원이 지시하는 사실판단의 지식이나 그 지식을 적용하여 얻은 구체적 결과를 보고하는 감정인과 구별

※ 증인은 비대체적이지만(강제구인 인정), 감정인은 대체적임(강제구인 불인정)

※ 특별한 지식에 의하여 알게 된 과거의 사실을 진술하는 자는 감정증인으로 증인에 속함

② 증인신문

증인에 대한 증거조사는 증인신문임

증인에게는 출석·선서·증언의무가 있고(제151조, 제152조, 제156조, 제157조 제2항, 제161조), 의무 불이행 시 강제가 가하여지므로 강제처분에 해당

※ 공판기일에 공판정에서 수소법원에 의해 이루어지는 것이 원칙이나, 공판기일 외(제273조), 법정 외(제165조), 수명법관이나 수탁판사(제167조) 또는 판사(제184조)에 의해 이루어지는 것도 가능

※ 16세 미만의 자와 선서의 취지를 이해하지 못하는 자에 대하여는 선서를 하

게 하지 아니하고 신문하여야 하고(제159조), 정당한 이유 없이 선서를 거부한 경우 결정으로 50만 원 이하의 과태료 가능(제161조 제1항· 제2항)

2) 증인적격과 증언능력

① 증인적격

증인으로 선서하고 진술할 수 있는 자격을 증인적격이라 함

※ 증인적격 없는 자에 대한 증인신문에서 나온 증언은 증거능력 부정됨

※ 법원은 법률에 다른 규정이 없으면 누구든지 증인으로 신문할 수 있다(제146조)고 규정하고 있으나 증인적격에 대해 입법정책적 필요와 증인개념상 일정한 제한이 있음

ⓐ 법관 및 법원사무관 등

당해 사건을 심판하거나 그 공판절차에 관여하는 법관 또는 법원사무관 등은 그 사건에 관하여 증인으로 될 수 없음

ⓑ 검사 및 사법경찰관

공판관여검사가 아닌 수사검사나 기소검사, 그리고 검찰수사관, 검찰주사 및 사법경찰관리 등은 증인적격 인정

※ 당해 사건의 공판관여검사의 증인적격여부에 대해서는 견해 대립, 실무는 원칙적으로 소극설 입장이나 예외적으로 실체적 진실발견을 위해서 증인으로 심문해야 할 필요성이 있는 경우 증인적격 인정(실무제요 II, 201면)

ⓒ 피고인 및 변호인

피고인, 피고인의 법정대리인·특별대리인·대리인(제277조), 피고인이 법인인 경우 그 대표자 등도 증인적격 부인됨

※ 경미사건(500만 원 이하 벌금 등)의 경우 대리인 출석 가능

※ 변호인의 증인적격 여부에 대해 긍정설과 부정설(통설) 대립

ⓓ 공동피고인

판례는 공범인 공동피고인은 당해 소송절차에서 피고인의 지위에 있으므로 증인적격을 부인하나 소송절차가 분리된 경우 증인적격 인정

ⓔ 기타 제3자(증인거부권)

그 밖의 제3자는 누구든지 가능

But, 공무원 또는 공무원이었던 자가 그 직무에 관하여 알게 된 사실에 관하여 본인

또는 당해 공무소가 직무상 비밀에 속한 사항임을 신고한 때에는 그 소속공무소 또는 감독관공서의 승낙 없이는 증인으로 신문하지 못함(제147조 제1항)

※ 국가의 중대한 이익을 해하는 경우를 제외하고는 승낙을 거부하지 못함(동조 제2항)

② 증언능력

증인 자신이 과거에 경험한 사실을 그 기억에 따라 공술할 수 있는 정신적인 능력을 말함 구체적으로 증언능력 유무는 증인의 연령, 지적수준, 증언태도 및 내용, 경험한 과거사실이 증인의 이해력·판단력 등에 의해 변별하고 인식될 수 있는 범위 내에 속하는지 여부를 고려하여 개별적·구체적으로 판단(2005도9561)

※ 형소법은 증언능력에 대해 아무런 규정도 두고 있지 않아 개개 사건에서 법원의 구체적인 판단에 의할 수밖에 없음

※ 초등학교를 졸업한 13세 소녀도 특단의 사정이 없는 한 한 사람을 특정할 수 있는 정도의 변식능력이 있다고 인정(71도1592)

※ 증언능력이 있다 하더라도 신빙성 유무는 자유심증주의에 의해 별도 판단(92도874)

3) 증언거부권

증언의무가 인정된 증인이 일정한 사유를 근거로 증언을 거부할 수 있는 권리

※ 증언거부권을 가진 자는 증언을 거부할 수 있을 뿐 출석이나 선서를 거부할 수 없으며, 정당한 이유 없이 증언을 거부한 경우 50만 원 이하의 과태료 부과 가능(제161조)

① 자기의 형사책임과 증언거부권

누구든지 자기가 형사소추 또는 공소제기를 당하거나 유죄판결을 받을 사실이 발로될 염려 있는 증언을 거부할 수 있음(제148조 전단)

※ 형사소추에는 공소제기이외에 약식명령 청구, 즉결심판 청구도 포함

※ But, 유·무죄 또는 면소판결이 확정되어 더 이상 공소제기나 유죄판결 가능성 없음이 분명해진 경우에는 증언거부 불가(2011도11994)

② 근친자의 형사책임과 증언거부권

누구든지 자기와 친족 또는 친족관계에 있었던 자, 법정대리인·후견감독인의 관계에 있는 자가 형사소추 또는 공소제기를 당하거나 유죄판결을 받을 사실이 발로될 염려가 있는 증언을 거부할 수 있음(제148조 후단)

※ 가족관계 등 특별히 밀접한 사회적 관계를 보호하기 위한 입법정책적 고려

※ 가족은 민법 제777조(8촌 이내 혈족, 4촌 이내 인척, 배우자)

③ 업무상 비밀과 증언거부권

변호사, 변리사, 공증인, 공인회계사, 세무사, 대서업자, 의사, 한의사, 치과의사, 약사, 약종상, 조산사, 간호사, 종교의 직에 있는 자 또는 이러한 직에 있던 자가 그 업무상 위탁을 받은 관계로 알게 된 사실로서 타인의 비밀에 관한 것은 증언을 거부할 수 있다. 단 본인의 승낙이 있거나 중대한 공익상 필요가 있는 때에는 예외로 함(제149조)

※ 업무상 비밀과 상대방인 위탁자의 비밀 보호취지

※ 동조의 증언거부권자에 대해 통설은 예시적 열거가 아니고 제한적 열거로 봄

④ 증언거부권의 설명(고지)

증인이 제148조, 제149조에 해당하는 경우 재판장은 신문 전에 증언을 거부할 수 있음을 설명해야 함(제160조)

※ 선서 후 증언거부권을 고지 받지 못하여 증언거부권을 행사하는데 사실상 장애가 초래되었다고 볼 수 있는 경우에는 위증죄 성립 부정(2008도942)

※ 증언거부권을 고지하지 않고 신문한 경우 증언의 증거능력에 대해 판례는 효력에는 영향이 없다는 입장(4290형상23)

⑤ 증언거부권의 행사와 포기

증언거부권자는 증언거부권을 포기하고 증언할 수 있음

※ But, 증인이 주신문에 대해서는 증언한 후 반대신문에 대하여 증언할 수 없고, 증언거부 하는 자는 사유를 소명해야 함(제150조)

⑥ 비용청구권

소환받은 증인은 법률의 규정한 바에 의하여 여비·일당과 숙박료를 청구할 수 있다. 단 정당한 사유 없이 선서 또는 증언을 거부한 자는 예외로 함(제168조)

※ 증언을 거부한 자에는 증언의 일부를 거부한 자도 포함

4) 증인신문의 절차와 방법

검사 또는 피고인이나 변호인이 증인신문신청을 하여 법원이 이를 채택하는 결정을 하면 법원은 먼저 증인을 소환하는 외에 당사자에 대하여 참여의 기회를 부여하고 신문사항을 기재한 서면을 제출하게 함

증인이 출석하면 재판장이 인정신문을 한 후 선서할 증인에 대하여 위증의 벌을 경고하고 필요한 경우 증언거부권을 설명한 후 증인으로 하여금 선서하게 하고 증인신문에 들어가게 됨

① 증인신문의 신청

ⓐ 신청 시기

증거조사는 원칙적으로 피고인에 대한 인정신문, 검사와 피고인의 모두진술, 재판장의 쟁점정리 및 검사·변호인의 증거관계에 대한 진술이 끝난 후에 하는 것이므로 증인신청도 위 절차가 끝난 후에 하는 것이 통상적임

※ 증인신청 순서도 검사, 피고인 또는 변호인순으로 하는 것이 원칙이고 특별한 사정이 없는 한 필요한 증인신청도 일괄해서 해야 함(소송규칙 제133조)

ⓑ 신청 방법

증인신청은 서면 또는 구술로 가능

※ 실무에서는 먼저 법정에서 구술로 입증취지를 명시하여 증인신청을 하여 채택이 되면 증인신문신청서 또는 증인신문사항을 제출함

※ 재판장은 피해자·증인의 인적사항 공개 또는 누설을 방지하거나 그 밖에 피해자·증인의 안전을 위하여 필요하다고 인정할 때에는 증인의 신문을 청구한 자에 대하여 사전에 신문사항을 기재한 서면의 제출을 명할 수 있음(소송규칙 제66조)

② 증인의 출석

증인을 신문하기 위하여 원칙적으로 증인을 소환해야 함

※ 증인에 대한 소환장이 송달 불능된 경우 증인의 주소를 보정하게 하거나 소재탐지를 행하는 경우가 있음

√ 소재탐지는 경찰서에 소재파악에 필요한 자료를 조사하여 회보할 것을 촉탁하는 행위로 사실조회의 한 종류에 속하며, 소재탐지를 행하는 실익은 이러한 절차를 거치는 것이 전문증거의 증거능력 인정요건이 된다는 점에 있음

증인이 소환을 받고도 정당한 사유 없이 출석하지 아니한 때에는 구인가능(제152조)

※ 증인이 정당한 사유 없이 출석하지 아니한 경우 결정으로 불출석으로 인한 소송비용을 부담하도록 명하고, 500만 원 이하의 과태료 부과가능(제151조 제1항), 과태료를 받고도 정당한 사유 없이 출석하지 않는 때에는 7일 이내의 감치에 처하고(동조 제2항), 소환에 정당한 사유 없이 응하지 아니하는 경우 강제구인 가능(제152조)

증인신문은 공판기일 공판정에서 하는 것이 원칙이지만 부득이한 경우 범죄현장이나

기타의 장소에서 증인을 신문할 수 있음

※ 증인의 연령, 직업·건강상태 기타의 사정을 고려하여 검사·피고인 또는 변호인의 의견을 묻고 증인을 법정 외 소환하거나 현재지에서 신문할 수 있음(제165조)

③ 당사자 참여권

검사·피고인 또는 변호인은 증인신문에 참여할 권리를 가짐

※ 이를 위해 신문일시와 장소를 검사·피고인 또는 변호인에게 미리 통지하여야 하며, 다만 참여하지 않는다는 의사를 명시한 때에는 예외로 함(제163조)

※ 일시와 장소를 통지하지 아니한 증인신문은 위법하여 그 증언은 증거능력 배제됨(67도613)

※ 피고인이 참여하게 하여 달라고 신청한 경우 변호인이 참여한 경우에도 피고인 참여 없이 실시한 증인신문은 위법(68도1481)

검사·피고인 또는 변호인이 증인신문에 참여하지 아니할 경우에 법원에 대하여 필요한 사항의 신문을 청구할 수 있고, 법원은 피고인에게 예기치 아니한 불이익한 증언이 진술된 때에는 그 내용을 피고인 또는 변호인에게 알려주어야 함(제164조)

※ 당사자 참여 없이 행하여지거나 당사자에게 통지하지 아니한 때에도 공판정에서 증거조사를 거쳐 당사자가 이의제기를 하지 아니한 때에는 책문권의 포기로 하자치유(2009도9344)

※ 제184조에 의한 증거보전절차에서 증인신문을 하는 경우 일시와 장소를 사전통지를 하여 증인신문 참여기회를 주어야 하나 참여기회를 주지 아니한 경우라도 피고인과 변호인이 증거로 함에 동의하여 별다른 이의 없어 적법하게 증거조사를 거친 경우에는 증인신문절차가 위법하였는지 여부에 관계없이 증거능력 부여됨(86도1646)

재판장은 증인이 피고인의 면전에서 충분한 진술을 할 수 없다고 인정한 때에는 피고인을 퇴정하게 하고 증인신문을 할 수 있음(제297조)

※ 이 경우에도 피고인의 반대신문권을 배제하는 것은 허용되지 않음(제2011도15608)

④ 증인신문 방법

ⓐ 교호신문(상호신문)

증인을 신청한 측과 그 상대방이 교차하여 증인신문을 행하는 방식을 말함

※ 반대당사자의 반대신문권을 보장한다는 점에 소송법적 의의가 있음

※ 우리 형소법은 순수한 당사자주의가 아니라 교호신문 중에도 재판장의 개입 허용(제161조의 2 제3항)

ⓘ 교호신문의 방식

교호신문은 주신문, 반대신문, 재주신문의 순서로 행해지고 추가로 재반대신문이나 재재주신문 등이 필요한 경우에 재판장의 허가를 얻어 행해짐(소송규칙 제75조~제79조)

㉠ 주신문

증인을 신청한 당사자가 자신에게 유리한 증언을 얻을 목적으로 먼저 행하는 신문을 말함(직접신문이라고도 함)

※ 당사자 쌍방이 신청한 증인인 경우 거증책임을 지는 당사자가 먼저 주신문

주신문은 증명할 사항과 이에 관련한 사항에 한하며(소송규칙 제75조 제1항), 주신문은 원칙적으로 유도신문을 하여서는 안 됨(소송규칙 제75조 제2항, 제3항)

※ 유도신문이란 증인에 대하여 자기가 바라는 답을 암시하는 질문을 말함

㉡ 반대신문

주신문 後 상대방이 행하는 신문을 말함

※ 반대신문은 주신문의 모순점을 지적하거나 주신문에서 누락된 부분을 진술하게 함으로써 그때까지 반대신문자에게 불리하였던 진술을 유리하게 바꾸기 위해서 행해짐

반대신문은 주신문에 나타난 사항과 이에 관련된 사항 및 증언의 증명력을 다투기 위한 사항에 대하여 행함(소송규칙 제76조 제1항, 제77조)

※ 반대신문에서 필요한 경우 유도신문을 할 수 있으나, 재판장은 유도신문의 방법이 상당하지 아니하다고 인정할 때에는 이를 제한할 수 있음(소송규칙 제76조 제2항, 제3항)

√ 다툼이 있는 사실은 마치 실제 있었던 사실인 것처럼 가정하여 이를 전제로 하는 유도신문 등은 증인을 착오에 빠뜨릴 위험이 있어 허용되지 않음

반대신문기회에 주신문에 나타나지 아니한 새로운 사항에 관하여 신문하고자 할 때에는 재판장의 허가를 받아야 하고, 이 경우 그 신문은 그 사항에 관하여 주신문으로 봄(소송규칙 제76조 제4항, 제5항)

㉢ 재주신문

주신문을 한 검사, 피고인 또는 변호인은 반대신문이 끝난 후 반대신문에 나타난 사항과 이와 관련된 사항에 관하여 다시 신문을 할 수 있음(소송규칙 제78조 제1항)

※ 재주신문은 주신문의 예에 의함

㉣ 추가신문

검사, 피고인 또는 변호인은 주신문, 반대신문, 재주신문이 끝난 후에도 재판장의 허가를 얻어 다시 신문할 수 있음. 재반대신문, 재재주신문 등이 이에 해당

㉤ 신문순서의 조정과 직권증인신문

원칙적으로 재판장은 당사자 신문이 끝난 후에 신문할 수 있고 이를 보충신문이라고 함(소송규칙 제161조의 2 제2항)

※ 그러나 재판장은 필요하다고 인정하면 어느 때나 신문가능하고, 교호신문의 순서를 변경할 수 있음(소송규칙 제161조의 2 제3항)

법원이 직권으로 신문할 증인이나 범죄로 인한 피해자의 신청에 의하여 신문할 증인의 신문방식은 재판정이 정함(소송규칙 제161조의 2 제4항)

※ 재판장이 신문한 후 검사, 피고인 또는 변호인이 신문하는 경우 반대신문의 방법에 따름

㉥ 증언의 증명력을 다투기 위한 신문

주신문 또는 반대신문의 경우 증언의 증명력을 다투기 위해서 필요한 사항을 신문할 수 있음(소송규칙 제77조 제1항)

※ 증인의 경험, 기억 또는 표현의 정확성 등 증언의 신빙성에 관한 사항 및 증인의 이해관계, 편견 또는 예단 등 증인의 신용성에 관한 신문을 행함

ⓘⓘ 개별신문

㉠ 개별신문과 대질

증인신문은 개별신문을 원칙으로 하며, 필요한 때에는 증인과 다른 증인 또는 피고인을 대질하게 할 수 있음(제162조 제1항, 제3항)

※ 대질신문은 서로 모순 저촉되는 부분에 대하여 변명을 구하는 신문방식을 말함

㉡ 구술신문

증인신문은 원칙적으로 구두로 해야 함. 그러나 증인이 들을 수 없는 경우 서면으로 묻고, 말할 수 없는 때에는 서면으로 답하게 할 수 있음(소송규칙 제73조)

㉢ 포괄신문 금지

두 개 이상의 사항을 하나의 질문으로 묻는 복합질문이나 포괄적이고 막연한 질문은 허용되지 않고 일문일답식이어야 함

㉣ 부당한 신문의 금지

증인이 증언을 함에 있어서 위협적이거나 모욕적인 신문은 어떤 경우에도 허용되지 않음(소송규칙 제74조 제2항 제1호)

※ 전의 신문과 중복되는 신문, 의견을 묻거나 의논에 해당하는 신문, 증인이 직접 경험하지 아니한 사항에 해당하는 신문은 정당한 이유가 없는 한 금지됨

㉤ 피고인 또는 다른 재정인(在廷人)의 퇴정

증인이 피고인 또는 어떤 재정인 면전에서 충분한 진술을 할 수 없다고 인정될 때에 재판장은 그 피고인 또는 재정인을 퇴정하게 하고 진술하게 할 수 있음(제297조 제1항)

※ 반대신문권 보장차원에서 변호인이 있는 경우 변호인으로 하여금 반대신문을 하도록 하고, 변호인이 없는 경우 진술요지를 알려주고 반대신문할 사항을 물어본 후 재판장이 반대신문을 대신하도록 하는 것이 타당(실무제요 II, 225면)

㉥ 서류 등의 사용

증인에 대하여 서류 또는 물건의 성립, 동일성 기타 이에 준하는 사항에 관한 신문을 할 때에는 그 서류 또는 물건을 제시할 수 있음(소송규칙 제82조 제1항)

※ 서류 또는 물건이 증거조사를 마치지 않은 것일 때에는 상대방에게 열람기회를 주어야 하나 이의하지 아니할 때에는 그러하지 아니함(소송규칙 제82조 제2항)

5) 비디오 등 중계장치 등에 의한 증인신문

법원은 ① 아동복지법 제71조 제1항 제1호부터 제3호까지의 규정에 해당하는 죄의 피해자(1호) ② 아동·청소년의 성보호에 관한 법률 제7조, 제8조 제11조부터 제15조까지 및 제17조 제1항에 해당하는 죄의 대상이 되는 아동·청소년 또는 피해자(2호) ③ 범죄의 성질·증인의 연령·심신의 상태·피고인과의 관계 그 밖의 사정으로 인하여 피고인 등과 대면하여 진술하는 경우 심리적인 부담으로 정서적 평온을 현저하게 잃을 우려가 있다고 인정되는 자(3호)의 어느 하나에 해당하는 자를 신문하는 경우 상당하다고 인정되는 때에는

검사와 피고인 또는 변호인의 의견을 들어 비디오 등 중계장치에 의한 중계시설을 통하여 신문하거나 차폐시절을 설치하고 신문할 수 있음(제165조의 2)

※ 특정 범죄피해자의 심리적 압박과 정신적 고통을 완화하고 피해자를 보호하기 위한 제도

① 증인신문 요건

증인이 피고인 등과 대면하여 증언할 경우 심리적 부담으로 정신의 평온을 현저하게 잃을 우려가 있고, 상당하다고 인정될 것을 요함

※ 평온상실우려는 수치심·곤혹·공포심이 현저하여 상당한 정도의 심리적·정신적 부담을 지게 될 염려를 의미, 상당한 이유는 평온상실우려가 인정되면 당연 긍정되지만 증인의 연령, 증언할 당시의 정신적·심리적 상태, 범행의 수단과 결과, 범행 후의 피고인이나 사건관계인의 태도 등을 고려 판단

② 증인신문 방법

비디오 등 중계장치 등에 의한 증인신문에는 ① 비디오 등 중계장치에 의한 중계시설을 통한 증인신문과 ② 차폐시설을 통한 증인신문이 있음

①의 방법은 영상과 음향의 송수신에 의하여 법정의 재판장, 검사, 피고인과 증언실의 증인이 상대방을 인식할 수 있는 방법으로 증인신문을 행함

※ 중계장치를 통해 증인과 피고인이 대면하는 것이 증인보호를 위해 상당하지 않다고 인정되는 경우, 재판장은 검사, 변호인의 의견을 들어 영상으로 인식할 수 있는 장치의 작동을 중지시킬 수 있음(소송규칙 제84조의 5 제1항 단서)

②의 방법은 법정 안에서 증인과 피고인 또는 방청인 사이에 패널스크린(panel screen) 등의 차단장치를 설치하고 증인을 신문하는 방법임

※ 법원은 피고인과 증인이 서로의 모습을 볼 수 없도록 필요한 조치를 취해야 함(소송규칙 제84조의 9)

법원은 ①의 방법과 ②의 방법 증인을 보호하기 위해 필요하다고 인정하는 경우 결정으로 심리를 비공개할 수 있음(소송규칙 제84조의 6 제1항)

※ 증인과 그 가족도 증인신문의 비공개를 신청할 수 있음(동조 제2항)

6) 피해자의 진술권

① 피해자 진술권의 의의

법원은 범죄로 인한 피해자 또는 그 법정대리인의 신청이 있는 때에는 일정한 경우를 제외

하고 그 피해자 등을 증인으로 신문하여야 함(제294조의 2제1항)

※ ⓐ 피해자 등이 이미 당해 사건에 관하여 공판절차에서 충분히 진술하여 다시 진술할 필요가 없다고 인정되는 경우, ⓑ 피해자 등의 진술로 인하여 공판절차가 현저하게 지연될 우려가 있는 경우

√ 피해자를 증인으로 신문하는 경우 위증의 부담을 느낄 수 있어 피해자 자격으로 의견을 진술하는 제도 도입

2015. 6. 29. 형소규칙을 개정하여 필요하다고 인정되는 경우 직권 또는 신청에 따라 범죄사실의 인정에 해당하지 아니하는 사항에 대하여 피해자 등을 증인신문에 의하지 아니하고 의견을 진술하게 하거나(소송규칙 제134조의 10 제1항), 의견진술에 갈음한 서면을 제출하게 할 수 있음(소송규칙 제134조의 11 제1항)

② 형사절차에서 범죄피해자의 지위강화

그간 피해자의 역할을 국가(검사)가 대신하면서 무시되거나 잊힘

그러나 피해자의 피해에 대한 원상회복도 형사절차에서 중요한 요소. 이외에 형사절차에 대한 참여를 위해 진술권, 출석권, 기록열람권, 방어권 보장을 위해 변호인 조력권 보장 등 필요

형사소송법은 피해자의 정보권 보장을 위해 검사의 처분결과 통지의무(제259조의 2), 피해자의 공판기록열람·등사권 인정(제294조의 4), 피해자의 방어권을 보장하기 위해 공판절차와 수사절차에 신뢰관계인의 동석 인정(제163조의 2, 제221조 제3항)

ⓐ 피해자의 정보권

범죄피해자는 사건의 진행 및 결과에 대하여 적지 않은 이해관계를 지님

※ 사기죄의 피의자 소재탐지나 처분결과에 대해서는 채권을 확보하거나 손해배상을 받을 수 있고, 보복범죄의 경우에는 피고인의 석방 등 처분결과에 따라 보호의 필요가 있는 등 밀접한 이해관계를 가짐

피해자 또는 법정대리인 등의 신청이 있는 경우 검사는 당해 사건의 공소제기 여부, 공판 일시·장소, 재판결과, 피의자·피고인의 구속·석방 등 구금에 관한 사실 등을 통지하여야 함(제259조의 2)

또한, 피해자 등은 재판장에게 공판기록 열람·등사권 신청권(제294조의 4 제1항)

※ 소송계속 중인 피해자, 피해자의 법정대리인 또는 이들로부터 위임을 받은 피해자의 배우자·직계친족·형제자매·변호사

※ 피해자 등의 권리구제를 위하여 필요하다고 인정하거나 그 밖의 정당한 사유가 있는 경우, 범죄의 성질·심리 상황 그 밖의 사정을 고려하여 상당하다고 인정하는 때에는 열람·등사 허가 가능(제294조의 4 제3항)

ⓑ 신뢰관계인의 동석, 피해자 변호사 및 진술조력인의 조력 등

ⓘ 신뢰관계인 동석

임의적 신뢰관계인 동석

피해자를 증인으로 신문하는 경우 증인의 연령·심신의 상태 그 밖의 사정을 고려하여 증인이 현저하게 불안 또는 긴장을 느낄 우려가 있다고 인정하는 때에 직권 또는 피해자·법정대리인·검사의 신청에 의해 피해자와 신뢰관계 있는 자 동석 가능(제163조의 2 제1항)

※ 신뢰관계 있는 자란 피해자의 배우자, 직계친족, 형제자매, 가족, 동거인, 고용주, 변호사 그 밖에 피해자의 심리적 안정과 원활한 소통에 도움을 줄 수 있는 자를 의미(소송규칙 제84조의 3 제1항)

※ 검사 또는 사법경찰관이 범죄로 인한 피해자를 조사하는 경우에도 동일(제221조 제3항)

필수적 신뢰관계인 동석

13세 미만이거나 신체적 또는 정신적 장애로 사물을 변별하거나 의사를 결정할 능력이 미약한 경우에는 재판에 지장을 초래할 우려가 있는 등 부득이한 경우가 아닌 한 피해자와 신뢰관계 있는 자를 동석하게 하여야 함(동조 제2항)

ⓘⓘ 피해자 변호사

성폭력범죄의 피해자(성폭력범죄의 처벌 등에 관한 특례법 제27조 제1항), 아동·청소년 대상 성범죄 피해자(아동·청소년의 성보호에 관한 법률 제30조 제1항), 아동학대범죄의 피해아동(아동학대범죄의 처벌 등에 관한 특례법 제16조) 및 그 법정대리인은 형사절차상 입을 수 있는 피해를 방어하고 법률적 조력을 보장하기 위하여 변호사 선임가능

※ 변호사가 없는 경우 피해자 권익 보호를 위해 검사는 국선변호사를 선정가능(동조 제6항, 사법경찰관은 피해자가 선임을 원할 경우 신청서를 검찰청에

팩스로 보내고 검찰에서 선임이 결정되면 경찰서로 선임결정서를 보내주고 이후 피해자에게 통보됨)

※ 변호인은 수사기관 피해자 조사 시 참여·의견진술(성폭력처벌법 제27조 제2항 본문), 구속 전 피의자 심문, 증거보전절차, 공판준비기일 및 공판절차에 출석하여 의견진술(동조 제3항), 증거보전 후 관계서류나 증거물, 소송계속 중의 관계서류나 증거물 열람·등사, 대리가 허용되는 민·형사상 소송행위에 대한 포괄 대리(동조 제4항) 가능

ⓘⓘⓘ 진술조력인

13세 미만의 아동이거나 신체적으로 또는 정신적인 장애로 의사소통이나 의사표현에 어려움이 있는 성폭력피해자, 아동학대범죄 피해아동에 대해서는 의사소통을 중개하거나 보조하기 위해 진술조력인을 둘 수 있음

※ 수사기관은 직권이나 피해자 등의 신청에 따라 진술조력인을 둘 수 있고, 법원은 직권 또는 검사, 피해자 등의 신청에 의해 진술조력인이 증인신문에 참여하여 중개 내지 보조하게 할 수 있음(성폭력처벌법 제37조)

※ 단 피해자 또는 그 법정대리인이 원하지 아니하는 의사표시를 하는 경우는 예외(동법 제36조 제1항)

ⓘⓥ 기타 피해자 지원을 위한 제도 개관(경찰청 자료)

<table>
<tr><th>'18 기준</th><th>신뢰관계자</th><th>진술분석전문가</th><th>진술조력인</th><th>국선변호인</th><th>진술녹화</th><th>속기사</th></tr>
<tr><td>근거규정</td><td>성폭법§34
아청법§28
형소법§163의2</td><td>성폭법§33조</td><td>성폭법§36조</td><td>성폭법§27
아청법§30</td><td>성폭법§30
아청법§26</td><td>성폭법 §29
아청법 §25
경찰자체시행</td></tr>
<tr><td>지원대상</td><td>19세 미만(신청시)
13세미만/장애인(의무)</td><td>13세 미만
/장애인(의무)</td><td>13세 미만
/장애인(임의)</td><td>성폭력/아동학대 피해자
(신청시)</td><td>19세 미만
/장애인(의무)
(불원시 예외)</td><td>19세 미만
/장애인
(동의하는 경우)</td></tr>
<tr><td>주요역할</td><td>피해자 심리적
안정 도모</td><td>정신 심리상태, 진술내용에 대한 전문가 의견조회</td><td>의사 소통 중개 · 보조</td><td>수사 공판절차 지원</td><td rowspan="4">피해조사 과정
영상녹화</td><td>진술녹화 시
속기록 작성</td></tr>
<tr><td>참여방법</td><td>조사실 내부</td><td>외부 모니터링실</td><td>조사실 내부</td><td>조사실 내부</td><td>외부 모니터링실</td></tr>
<tr><td>선발기준</td><td>재판에 지장을 주지 않고, 피해자에게 불리하지 않으며, 피해자가 원하는 자(배우자,직계친족,형제자매,동거인,고용주,변호사 등)</td><td>정신건강의학, 심리학, 사회복지학, 그 밖의 자격요건자 중 경찰청장이 선발, 지방청장이 위촉한 전문가
(경찰청 양성)</td><td>정신건강의학, 심리학, 사회복지학, 교육학 등 아동 장애인의 심리나 의사소통 관련 전문가
(법무부 양성)</td><td>변호사,
공익법무관</td><td>용역업체 위탁</td></tr>
<tr><td>인력풀</td><td>해당 없음</td><td>전국 101명</td><td>전국 94명
(센터상근 12명)</td><td>국선변호인
예정자 명부</td><td>전국 32명</td></tr>
<tr><td>운영방법</td><td>피해자 또는 법정대리인이 신청</td><td>필요시 요청</td><td>신청 또는 필요시 요청</td><td>- 검사 직권 또는 피해자 신청
- 국선전담변호사 또는 국선변호사 예정자 명부 등재된 자 중 선정</td><td>-경찰관서 진술녹화실 매년 노후 시설 개선
-해바라기센터 진술녹화실은 자체 예산으로 관리</td><td>센터별 전담속기사 1명</td></tr>
</table>

③ 피해자의 진술방법

ⓐ 절차

피해자 진술은 증인신문절차와 그렇지 않은 경우로 나누어지며 증인신문의 절차에 의할 경우 신문방식은 재판장이 정함(제161조의 2 제4항)

증인신문에 의하지 아니하는 경우에는 공판기일에 출석하게 하여 범죄사실의 인정에 해당하는 것(피해정도 및 결과 피고인에 대한 처벌, 그 밖의 사건에 대한 의견) 이외의 사항에 관하여 의견진술을 하게 하거나 진술에 갈음한 서면을 제출하게 할 수 있음(소송규칙 제11조)

※ 이 경우 진술이나 서면은 범죄사실의 인정을 위한 증거로 할 수 없음(소송규칙 제134조의 12)

ⓑ 피해자 진술의 비공개

법원은 범죄로 인한 피해자를 증인으로 신문하는 경우 당해 피해자·법정대리인 또는 검사의 신청으로 피해자 사생활의 비밀이나 신변보호를 위하여 필요하다고 인정하는 때에는 결정으로 심리를 공개하지 않을 수 있음(제294조의 3 제1항)

④ 피해자 진술의 제한

법원은 ① 피해자 등이 이미 당해 사건에 관하여 공판절차에서 충분히 진술하여 다시 진술할 필요가 없다고 인정되는 경우, ② 피해자 등의 진술로 인하여 공판절차가 현저하게 지연될 우려가 있는 경우 피해자를 증인으로 신문할 것을 요하지 않음(제294조의 2 제1항 단서)

증인신문에 의하지 아니한 의견 진술의 경우에도 위의 사유 외에 범죄사실의 인정에 관한 것이거나 그 밖의 사유로 상당하지 아니하다고 인정되는 경우 제한 가능(소송규칙 제 134조의 10 제6항)

(3) 감정·통역·번역

1) 감정의 의의

특수한 지식·경험을 가진 제3자가 그 지식·경험에 의하여 알 수 있는 법칙 또는 그 법칙을 적용하여 얻은 판단을 법원에 보고하는 것

※ 법원 또는 법관으로부터 감정의 명을 받은 자를 감정인이라고 하고, 수사기

관으로부터 감정을 위촉받은 감정수탁자는 감정인에 해당하지 않음

※ 감정인에 대한 신문도 증거조사로 증인신문에 관한 규정이 구인에 관한 규정을 제외하고는 준용되며, 감정증인은 증인이므로 증인에 관한 규정 적용됨

2) 감정의 절차

① 감정의 방법

법원의 감정명령(제169조), 감정인 감정전 선서의무, 선서예외 불인정(일반증인 16세 미만 선서 생략), 선서 없이 한 감정 증거능력 없음, 감정인을 소환하여 선서시킨 후 감정사항을 알리고 감정을 명하는 감정신문(감정 경과와 결과 제출과 이에 관한 설명을 시키는 것도 포함됨)

※ 필요한 경우 법원 외에서 감정가능하고, 이 경우 감정을 요하는 물건을 감정인에게 교부할 수 있음(제172조 제1항 제2항)

② 감정유치

피고인의 정신 또는 신체에 관한 감정이 필요한 때에는 법원은 기간을 정하여 병원 기타 적당한 장소에 피고인을 유치하게 할 수 있으며(제172조 제3항), 이를 감정유치라 함

※ 감정유치함에는 감정유치장을 발부하여야 하고, 구속에 관한 규정은 특별한 규정이 없는 한 준용되나, 보석에 관한 규정은 준용되지 않음

※ 유치는 미결구금일수의 산입에 있어 구속으로 간주하나(동조 제8항), 구속 중인 피고인에 대하여 감정유치장이 집행되었을 때 유치기간은 그 구속집행이 정지된 것으로 간주됨(제172조의 2 제1항)

③ 감정에 필요한 처분

감정인은 감정에 관하여 필요한 때에는 법원의 허가를 얻어 타인의 주거·간수자 있는 가옥·건조물·항공기·선차 내에 들어갈 수 있고, 신체의 검사, 사체의 해부, 분묘의 발굴, 물건의 파괴를 할 수 있음(제173조)

※ 감정인이 감정처분을 함에는 허가장을 발부받아야 하며, 처분 시 허가장을 제시하여야 함(제173조)

※ 법원은 수명법관으로 하여금 감정에 관하여 필요한 처분을 하게 할 수 있음(제175조)

④ 감정인의 참여권·신문권과 당사자의 참여권

감정인은 감정에 관하여 필요한 경우 재판장의 허가를 얻어 서류와 증거물 열람 또는 등사하고 피고인 또는 증인신문에 참여 가능(제174조)

※ 감정인은 피고인 또는 증인의 신문을 해달라 하거나 재판장의 허가를 얻어 직접 발문가능(제174조)

※ 검사·피고인 또는 변호인은 감정에 참여가능(제176조 제1항)

⑤ 감정의 보고

감정의 경과와 결과는 감정인으로 하여금 서면으로 제출하게 하여야 하며, 필요한 경우 감정인에게 설명하게 할 수 있음(제171조)

※ 감정인을 출석시켜 감정서에 관한 설명을 시키는 것(제171조 4항)도 감정신문임

3) 통역과 번역

법원으로부터 통역과 번역의 명을 받은 자를 통역인 또는 번역인이라고 하며, 통·번역은 특별한 지식에 의하여 행한 보고이므로 감정과 유사한 성질을 가져 감정에 관한 규정이 준용됨(제183조)

① 통역

국어에 통하지 아니한 자의 진술에는 통역인으로 하여금 통역하게 하여야 함(제180조)

※ 내·외국인이 중요한 것이 아니라 국어에 통하는지 여부가 핵심이며 듣거나 말하는 데 장애가 있는 사람(농·아자)의 진술에 대해서도 통역을 하게 할 수 있음(제181조)

② 번역

국어 아닌 문자 또는 부호는 번역하게 하여야 함(제182조)

※ 우리나라에서 일반적으로 통용되고 있는 문자 또는 부호 아닌 것을 말하며, 방언이나 널리 통용되는 외래어는 번역의 대상이 되지 않음

(4) 검증

1) 검증의 의의

법관이 오관의 작용에 의하여 사물의 존재와 상태를 직접 실험·인식하는 증거조사를 말함

※ 공판정에서 행하는 증거물에 대한 증거조사도 넓은 의미의 검증으로 볼 수 있으나, 검증은 대개 범죄현장 등 법원 외의 장소에서 행해지는데 이를 현장검증이라고 함(임검이라고도 함)

검증은 그 대상이 되는 사람의 의사나 물건 및 장소의 소유자 또는 점유자의 의사에 반하여

검증처분이 행해지기도 해 강제처분의 성질을 가짐

※ 검증은 수사기관이 임의수사의 일환으로 범죄현장 또는 기타 장소에서 임하여 실황을 조사하는 실황조사와는 구별됨

※ 법원이 직접 시행하기 때문에 수사기관의 검증과는 달리 영장주의가 적용되지 않음

2) 검증의 객체

검증의 목적물에는 아무런 제한이 없음

※ 물건의 존재, 형태, 성상이 증거자료로 되는 경우라면 모두 검증의 객체

※ 문서에 있어서 그 기재내용을 확인하는 것은 법원의 판단작용에 의하여 서증의 증거조사에 해당하지만, 어떤 필기구, 활자종류, 지질, 인쇄상태 등에 대한 것은 검증

3) 검증의 준비

① 검증의 신청

검증목적 즉 사람이나 물건 또는 장소 등을 명시하고, 그에 의하여 입증할 사항 즉 검증사항(현장 상황, 설비의 구조와 기능 등)을 명시하여 신청

② 기일의 지정

공판기일 이외의 일시와 장소에서 검증을 행하는 경우에는 검증기일을 지정

※ 검증기일 지정은 공판기일 지정에 준하여 재판장이 행함

③ 참여권자 및 관리권자 등에 대한 통지

검사, 피고인, 변호인은 검증에 참여할 권리가 있으며, 그들이 참여하지 않겠다는 의사를 명시한 경우나 급속을 요하는 경우가 아닌 한 미리 그들에게 검증의 일시와 장소를 통지하여야 함(제145조, 제121조, 제122조)

※ 공무소, 군사용의 항공기 또는 선박·차량 내에서 검증을 함에는 그 책임자에게 참여할 것을 통지하여야 하고(제145조 제123조 제1항), 군사상 비밀을 요하는 장소에서의 검증은 책임자의 승낙을 요함

※ 검증을 위해서 사체의 해부 또는 분묘의 발굴을 하는 경우 미리 유족에게 통지해야 함(제141조 제4항 후단)

④ 신체검사 상대방의 소환

피고인 또는 피고인 아닌 자에 대하여 신체검사를 하는 경우 법원 기타 지정한 장소에 소

환할 수 있는바, 이 경우 소환장에는 신체검사를 하기 위해서 소환한다는 취지를 기재하여야 함(제142조 소송규칙 제64조 제65조)

※ 피고인 아닌 자가 소환에 불응한다 하더라도 법에 명문의 규정이 없으므로 구인하거나 과태료 등의 제재를 과할 수는 없음(실무제요Ⅱ, 278면)

⑤ 사법경찰관리에 대한 보조명령

필요한 때에는 사법경찰관리에게 검증의 보조를 명할 수 있음(제144조)

※ 검증 중의 간수(제145조, 제127조), 법원이 하는 실험행위, 측정행위 등 사실상 보조이건 관계없음(형사증거법 및 사실인정론, 166면)

4) 검증의 실시

① 검증의 개시

검증현장에서 참여권을 가진 자의 참여여부를 확인한 다음 재판장이 검증개시 선언

타인의 주거, 간수자 있는 가옥, 건조물, 항공기 또는 선차 내에서 압수·수색영장을 집행함에는 주거주, 간수자 또는 이에 준하는 자를 참여하게 하여야 함(제123조 제2항)

※ 동 조항은 공무소, 군사용의 항공기 또는 선박·차량 내는 제외, 군사용 등의 경우에는 책임자에게 참여할 것을 통지하여야 함

※ 주거주나 간주자 등을 참여하게 할 수 없을 때에는 이웃사람이나 지방공공단체의 직원(동사무소 직원 등)을 참여하게 하여야 하나(제145조, 제123조 제2항, 제3항), 참여시키기 곤란한 경우 참여 없이도 검증 개시 가능(실무제요Ⅱ, 제275면)

※ 일출 전, 일몰 후 검증은 가주(家主, 집주인), 간수자, 이에 준하는 자의 승낙이 있어야만 그곳에 들어갈 수 있음(제143조 제1항 본문)

√ 야간이 아니면 검증의 목적을 달성할 수 없을 염려가 있는 경우(제143조 제1항 단서), 일몰 전에 검증을 개시하여 일몰 후까지 계속하는 경우(제143조 제2항), 도박 기타 풍속을 행하는 행위에 상용된다고 인정되는 장소나 여관, 음식점 기타 야간에 공중이 출입할 수 있는 장소로서 공개한 시간 내의 경우(제143조 제3항, 제126조)에는 가주 등의 승낙 없이도 야간에 검증 가능

② 현황 파악 및 지시·설명 청취

검증의 목적을 달성하기 위해서는 그 기초가 되는 검증대상의 현황을 정확히 파악하는 것이 필요

※ 검증대상의 위치, 형태, 보관상황 등에 관하여 참여인 기타 현장에 있는 자로부터 적절한 지시·설명을 청취하는 경우가 많음

③ 검증 중의 처분

검증 중에는 자물쇠를 열거나 개봉 기타 필요한 처분을 할 수 있고(제145조, 제120조), 나아가 신체의 검사, 사체의 해부, 분묘의 발굴, 물건의 파괴 기타 필요한 처분을 할 수 있음(제140조)

※ 검증현장에서 필요가 있으면 목적물을 영장 없이 압수 가능

검증실시 중 타인의 출입을 금지할 수 있고, 이에 위배한 자에게는 퇴거하거나 검증 종료시까지 간수자를 붙일 수 있음(제145조, 제119조)

④ 신체검사에 관한 특례

사람의 신체에 대한 검증을 신체검사라고 하며, 피검자의 인권을 고려하여 몇 가지 특례를 규정하고 있음

피고인이나 피고인 아닌 자에 대하여도 가능

※ 피고인 아닌 자의 신체검사는 필요한 증거를 발견할 수 있다고 인정되는 사유가 현저한 때에 한하여 행할 수 있음(제141조 제2항)

검사를 당하는 자의 성별, 연령, 건강상태 기타 사정을 고려하여 그 사람의 건강과 명예를 해하지 아니하도록 주의하여야 하고 여자를 검사하는 경우에는 의사나 성년의 여자를 참여하게 하여야 함(제141조 제1항, 제3항)

※ 신체검사를 피검사자가 거부하는 경우 신체검사를 위한 실력행사 허용여부에 대하여 법적근거가 없는 이상 직접강제든 간접강제든 인정곤란(실무제요II, 278면)

5) 검증조서

검증에 관하여는 검증조서를 작성하여야 하고(제49조 제1항), 공판기일에 법원이 검증을 행한 때에는 오관의 작용에 의하여 감득한 결과가 바로 증거가 되며 검증조서의 증거조사 문제는 생기지 않음

※ But, 공판기일 외의 검증결과는 바로 증거가 되는 것이 아니라 검증조서에 대한 증거조사가 필요하게 되며 이 경우 검증조서는 증거능력이 당연 인정됨

(5) 증거조사에 대한 이의제기와 증거조사결과에 대한 피고인의 의견

검사, 피고인 또는 변호인은 증거조사에 관하여 이의신청을 할 수 있음(제296조 제1항)

※ 이의신청 외에는 달리 불복수단이 없으며(90도646), 대상은 증거신청, 증거결정, 증거조사의 순서·방법, 증거능력 유무 등 증거조사에 관한 모든 절차와 처분이 포함됨

재판장은 피고인에게 각 증거조사의 결과에 대한 의견을 묻고 권리를 보호함에 필요한 증거조사를 신청할 수 있음을 고지하여야 함(제293조)

※ But, 간이공판절차에서의 증거조사에서는 그러하지 아니함

7. 피고인 신문

(1) 피고인 신문의 의의

피고인에 대하여 공소사실과 그 정상에 관한 필요한 사항을 신문하는 절차를 의미

피고인은 증거방법으로서의 지위를 가지지만 당사자 지위를 가지기 때문에 피고인신문제도를 인정하면서도 진술거부권을 인정하고, 신문방법도 증인신문의 방법에 의하도록 규정하고 있음(제296조의 2 제3항)

※ 피고인이 공판정에서 공소사실에 대하여 자백한 때에는 법원은 그 공소사실에 한하여 간이공판절차에 의하여 심판할 것을 결정 할 수 있음(제286조의 2)

(2) 피고인신문 순서

검사 또는 변호인은 증거조사 후에 순차로 피고인에게 공소사실 및 정상에 관하여 필요한 사항을 신문할 수 있음(제296조의 2 제1항)

※ 재판장은 필요하다고 인정하는 때에는 증거조사가 완료되기 전이라도 이를 허가할 수 있고(동조 동항), 재판장도 피고인을 신문할 수 있음(동조 제2항)

※ 피고인 신문순서는 증인신문에 관한 규정 준용됨(동조 3항)

(3) 피고인신문의 방법

피고인신문을 하는 때에는 피고인을 증인석에 앉도록 하여야 함(제275조 제3항 단서)

※ 피고인신문에서 진술의 강요와 유도신문이 금지됨

※ 피고인이 어떤 재정인 앞에서 충분한 진술을 할 수 없다고 인정한 때에는 그 재정인을 퇴정하게 하고 진술하게 할 수 있음(소송규칙 제140조의 3)

신뢰관계인의 동석 가능(제276조의 2 제1항)

※ ① 피고인이 신체적 또는 정신적 장애로 사물을 변별하거나 의사를 결정·전달할 능력이 미약할 경우 ② 피고인의 연령·성별·국적 등의 사정을 고려하여 그 심리적 안정의 도모와 원활한 의사소통을 위하여 필요한 경우의 어느 하나에 해당하는 때에는 직권 또는 피고인·법정대리인·검사의 신청에 따라 동석하게 할 수 있음

8. 최종변론

증거조사와 피고인 신문이 끝나면 당사자의 의견진술이 진행되며, 의견진술은 검사의 의견진술과 피고인과 변호인의 최후진술의 순서로 진행됨

(1) 검사의 의견진술

검사는 사실과 법률적용에 관하여 의견을 진술하여야 하며, 이를 검사의 논고(論告)라고 하며, 특히 검사의 양형에 대한 의견을 구형(求刑)이라고 함

※ 검사의 출석 없이 개정한 경우에는 공소장의 기재사항에 의해 의견진술이 있는 것으로 간주되고(제302조), 법원은 검사의 구형에 구속되지 않음

(2) 피고인과 변호인의 의견진술

재판장은 검사의 의견을 들은 후 피고인과 변호인에게 최종의 의견을 진술할 기회를 주어야 함(제303조)

※ 피고인과 변호인에게 모두 주어줘야 하고, 진술기회를 주지 않은 채 심리를 마치고 판결을 선고하는 것은 위법(75도1010)

※ But, 변호인이 공판기일통지서를 받고도 공판기일에 출석하지 아니하여 변호인 없이 변론을 종결한 경우에는 변호인에게 변명의 기회를 주지 않은 것은 아님(77도835)

피고인의 최종진술을 끝으로 변론을 종결하면(결심) 판결만 남게 됨

※ 법원은 필요하다고 인정한 때에는 직권 또는 검사·피고인이나 변호인의 신

청에 의하여 결정으로 종결한 변론을 재개할 수 있음(제305조)

III. 판결의 선고

공판절차의 최종단계는 판결선고 절차임. 판결의 선고는 변론을 종결한 기일에 하여야 하고, 특별한 사정이 있는 때에는 따로 선고기일을 정할 수 있음(제318조의 4 제1항)

※ 선고기일은 변론종결 후 14일 이내로 지정되어야 함(동조 제3항)

※ 변론을 종결하는 기일에 판결을 선고하는 경우 선고 후 5일 이내에 판결서를 작성해야 함

판결은 재판장이 공판정에서 재판서에 의하고, 주문을 낭독하고 이유의 요지를 설명하여야 함(제42조, 제43조)

※ 선고 시 상소기간과 상소할 법원을 고지하여야 함(제324조)

선고기일에 피고인은 출석하여야 함

※ But, 피고인이 진술하지 아니하거나, 재판장의 허가 없이 퇴정하거나, 재판장의 질서유지를 위한 퇴정명령을 받은 때에는 피고인 출석 없이 판결가능(제330조), 피고인 출석 없이 개정할 수 있는 경우도 동일

판결의 선고에 의하여 당해 심급의 공판절차는 종결되고 상소기간이 진행됨

제6절 공판절차의 특칙

Ⅰ. 간이공판절차

1. 간이공판절차의 의의와 특색

(1) 간이공판절차의 의의

피고인이 공판정에서 자백하는 때에는 형사소송법이 정하는 증거조사절차를 간이화하고 증거능력의 제한을 완화하여 심리를 신속하게 하기 위하여 마련된 공판절차

※ 피고인이 공판정에서 공사사실에 대하여 자백할 때에는 법원은 그 공소사실에 한하여 간이공판절차에 의하여 심판할 것을 결정할 수 있음(제286조의 2)

※ 다툼이 있는 사건에 대해서는 충실한 심리를 진행하고 자백한 사건은 간이한 절차로 신속하게 처리하자는 취지

(2) 간이공판절차의 특색

간이공판절차는 피고인이 자백한 사건에 대하여 증거능력 제한을 완화하고 증거조사절차를 간이화하는데 그 특색이 있음

※ 일본의 간이공판절차(제291조의 2, 3)와 유사한 제도

2. 간이공판절차 개시 요건

(1) 제1심 관할 사건

지방법원 또는 지방법원지원의 제1심 관할 사건(합의부· 단독불문)에 대하여만 인정됨

※ 상고심이나 항소심의 공판절차에서는 불인정

※ 1995년 형소법 개정 전에는 제1심 단독사건, 특정강력범죄사건의 합의사건에만 가능

(2) 피고인의 공판정에서의 자백

피고인이 공판정에서 공소사실에 대하여 자백할 것을 요함(제286조의 2)

1) 자백의 주체

자백은 피고인이 하여야 함

※ 법인의 경우 법인의 대표자, 의사무능력자인 경우 법정대리인이나 특별대리인(제28조)

√ 피고인을 대리 또는 대표할 자가 없는 때에는 법원은 직권 또는 검사의 청구에 의하여 특별대리인을 선임하여야 함

※ 변호인이 자백하거나, 피고인이 출석 없이 개정할 수 있는 사건에 대하여는 간이공판절차를 개시할 수 없음

2) 공소사실에 대한 자백

공소사실에 대하여 자백한 때에 한하여 허용

※ 공소장에 기재된 사실을 전부 인정하고 위법성조각사유나 책임조각사유의 원인되는 사실의 부존재를 인정하는 것을 의미

※ 위법성·책임조각사유의 부존재는 사실상 추정되는 것이므로 동 사유를 주장하지 않으면 자백한 경우에 해당(87도1269)

※ 공소사실을 인정하고 죄명이나 적용법조만을 다투거나 정상관계사유나 형면제의 원인이 되는 사실을 주장하는 경우도 포함

※ 경합범의 경우 수개의 공소사실 가운데 일부에 대하여만 자백한 경우 자백한 공소사실에 대하여 간이공판절차 가능

3) 자백의 시기

자백은 공판정, 즉 공판절차에서 할 것을 요함

※ 수사절차나 공판준비절차에서의 자백을 이유로 간이공판절차를 개시할 수 없음

※ 공판절차 개시 시로부터 변론종결 시까지 하면 족함

4) 자백의 신빙성

자백은 신빙성이 있어야 하며, 자백에 신빙성이 없는 때에는 간이공판절차의 취소사유에 해당

※ 법원은 피고인의 자백이 신빙할 수 없다고 인정되거나 간이공판절차로 심판하는 것이 현저히 부당하다고 인정할 때에는 검사의 의견을 들어 그 결정을 취소하여야 함(제286조의 3)

3. 간이공판절차의 개시 결정

간이공판절차는 법원의 결정에 의해 개시됨

(1) 결정의 성질(임의적)

법원은 간이공판절차 개시 요건이 구비된 경우 간이공판절차에 의하여 심판할 것을 결정할 수 있음(제286조의 2)

※ 따라서 법원은 요건에 해당되더라도 간이공판절차에 의해 심판하지 않을 수 있음

(2) 결정 방법

재판장은 미리 피고인에게 간이공판절차의 취지를 설명해야 하고(소송규칙 제131조), 결정은 공판정에서 구술로 고지하면 족함

(3) 결정에 대한 불복방법

간이공판절차의 개시결정은 판결 전 소송절차에 대한 결정으로 항고 불가(제403조 제1항)

※ But, 간이공판절차에 의할 수 없는 경우인데도 이에 의하여 심리하는 경우 소송절차의 법령위반에 해당하여 항소 이유가 됨(제361조의 5 제1호)

※ 판결 전 소송절차에 대한 결정은 명문으로 즉시항고 제기(3일 이내)를 규정하고 있는 외에는 항고를 하지 못함. 결정은 원래판결을 목표로 하는 절차의 일부이기 때문에 종국판결에 대한 상소를 허용하면 충분하기 때문

√ But, 구금·보석·압수나 압수물의 환부에 관한 결정 또는 감정하기 위한 피고인의 유치에 관한 결정에 대해서는 보통항고가 허용되고(권리침해), 체포·구속적부심사 청구기각결정이나 구속된 피의자 석방결정에 대해서는 항고 불가(제214조의 2 제8항)

4. 간이공판절차의 특칙

(1) 증거능력에 대한 특칙

간이공판절차의 증거에 관하여는 전문법칙이 적용되는 증거(제310조의 2, 제312조 내지 314조, 제316조의 규정에 의한 증거(전문진술))에 대하여 제318조 1항(당사자의 동의와 증거능력)의 동의가 있는 것으로 간주됨(제318조의 3)

※ 단, 검사·피고인 또는 변호인이 증거로 함에 이의가 있는 때에는 그러하지 아니함(동조)

증거능력 제한이 완화되는 것은 전문법칙에 한정됨

※ 전문법칙 이외의 증거법칙, 즉 임의성 없는 자백, 위법수집증거, 당해 사건에 관한 의사표시적 문서, 부적법하여 무효로 된 진술조서 등은 적용이 배제되지 않아 증거로 할 수 없음

√ 의사표시적 문서란 고소·고발장, 공소장과 같이 소송행위자의 일방적 의사표시가 기재된 문서

※ 증명력의 제한도 완화되는 것이 아니므로 간이공판절차에서도 자백보강법칙이 적용됨

(2) 증거조사에 대한 특칙

1) 상당하다고 인정하는 방법

간이공판절차에서도 증거조사를 생략할 수는 없으나, 정식 증거조사방식에 의할 필요는 없고 법원이 상당하다고 인정하는 방법으로 증거조사를 하면 족함(제297조의 2)

※ 상당하다고 인정하는 방법이란 공개주의 원칙상 당사자 및 방청인에게 증거내용을 알게 할 수 있을 정도로 행할 것을 요한다는 의미

※ 제1심에서 상당한 방법으로 증거조사를 인정한 이상, 항소심에서 범행을 부인하였다고 하더라도 증거로 할 수 있고 다시 증거조사를 할 필요는 없음(2004도8313)

※ 공판조서의 일부인 증거목록에 증거방법을 표시하고 증거조사 내용을 '증거조사함'이라고 표시한 경우에도 상당한 방법이라고 봄(80도333)

※ 증거서류 또는 증거물인 서류의 증거조사방법은 내용의 고지와 제시는 요하지 않아도, 최소한 증거의 표목과 입증취지를 간략하게 고지하되, 이와 함께 보강증거에 해당하는 증거 중 핵심부분의 요지를 고지하는 것은 필요함(실무제요II, 315-316면)

2) 적용이 배제되는 증거조사방법

증인신문 방식(제161조의 2), 증거조사의 시기와 방식(제290조 내지 제292조, 신문순서가 자유로워짐), 증거조사결과와 피고인의 의견(제293조), 증인신문 시의 피고인의 퇴정(제297조)에 관한 규정은 적용이 배제됨(제297조의 2)

※ But, 증인선서(제156조), 당사자의 증거조사참여권(제163조), 당사자의 증

거신청권(제294조), 증거조사에 대한 이의신청권(제296조)은 간이공판절차에서도 인정됨

(3) 공판절차에 관한 규정의 적용

증거능력과 증거조사에 대한 특칙이 인정되는 이외에 공판절차에 대한 일반규정이 그대로 적용됨

※ 간이공판절차에서도 공소장변경이 가능하며, 재판서작성에서도 간이한 방식은 인정되지 않고, 유죄판결 이외에 공소기각이나 관할위반, 무죄판결도 선고가능

5. 간이공판절차의 취소

(1) 취소 사유

피고인의 자백이 신빙할 수 없다고 인정되거나, 간이공판절차로 심판하는 것이 현저히 부당하다고 인정할 때에는 간이공판절차로 심판하기로 한 결정을 취소하여야 함(제286조의 3)

1) 피고인의 자백이 신빙할 수 없다고 인정될 때

피고인이 진의에 의해 자백한 것이 아니라고 의심되는 때를 말함

※ 임의성 없는 자백으로 인정되는 경우

2) 간이공판절차로 심판하는 것이 현저히 부당하다고 인정된 때

간이공판절차의 요건이 구비되지 않는 경우뿐만 아니라 법정요건이 구비되었어도 간이공판절차에 의하여 심판하는 것이 제도의 취지에 비추어 부당한 경우

※ 처음부터 요건이 구비되지 않은 경우 + 사정변경에 의해 구비되지 않는 경우 (공소장 변경에 의해 변경된 공소사실에 대하여 부인하거나 자백을 철회한 경우)

※ 공범 일부가 자백하거나 과형상 일죄의 일부에 대하여 자백을 하였으나 같이 심판하는 것이 효율적인 경우

(2) 취소 절차

취소는 법원의 직권에 의함

※ 취소 전 검사의 의견을 들어야 하나(제286조의 3), 검사의 의견에 구속되지는 않으며, 취소사유가 있는 경우 반드시 취소해야 함

(3) 취소 효과

간이공판절차 결정이 취소된 경우 공판절차를 갱신해야 함(제301조의 2)

※ 공판절차 갱신 시 통상절차에 의해 다시 심판해야 하므로 증거조사절차를 다시 행하는 것이 원칙이나, 검사·피고인 또는 변호인이 이의가 없는 때에는 갱신을 필요로 하지 않음(동조 단서)

√ 갱신이 필요하지 않은 경우 간이공판절차의 증거조사는 그대로 효력을 유지하고 이미 조사된 전문증거도 증거능력이 인정됨

II. 공판절차의 정지와 갱신

1. 공판절차의 정지

(1) 공판절차정지의 의의

심리의 진행을 방해할 중대한 사유가 발생한 경우 그 사유가 없어질 때까지 공판절차를 법률상 진행할 수 없게 하는 것을 말함

※ 피고인이 방어능력이 없거나, 출석할 수 없거나 공소장변경이 있는 경우 등 피고인의 방어권을 보호하기 위한 제도

(2) 피고인의 심신상실과 질병

1) 피고인의 심신상실과 질병

피고인이 사물의 변별 또는 의사결정능력이 없는 상태인 경우 법원은 검사의 의견을 들어 그 상태가 계속되는 기간 공판절차를 정지하여야 함(제306조 제1항)

피고인이 질병으로 인하여 출정할 수 없는 때에도 검사와 변호인의 의견을 들어 출정할 수 있을 때까지 공판절차를 정지하여야 함(동조 제2항)

※ But, 무죄·면소·형의 면제 또는 공소기각 재판이 명백한 경우나 대리인이 출정할 수 있는 경미사건에 대하여는 공판절차를 정지하지 아니할 수 있음(동조 제4항, 제5항)

√ 제277조 상의 경미사건(500만 원 이하의 벌금, 구류 등)

2) 공소장 변경

법원은 공소사실 또는 적용법조의 추가·철회 또는 변경이 피고인의 불이익을 증가할 염려가

있다고 인정한 때에는 직권 또는 피고인이나 변호인의 청구에 의하여 피고인으로 하여금 방어의 준비를 하도록 하기 위해 공판절차를 정지할 수 있음(제298조 제4항)

3) 소송절차의 정지

① 기피신청

기피신청이 있는 때에는 기피신청이 부적법하여 기각하는 경우 외에는 소송진행을 정지하여야 하며, 급속을 요하는 경우에는 예외로 함(제22조)

※ 기피신청을 받은 법관이 소송진행을 정지하지 않고 한 소송행위의 효력(=무효) 및 그 후 기피신청에 대한 기각결정이 확정된 경우에도 동일한 법리가 적용되는지 여부에 대해 적용된다고 봄(2012도8544)

② 병합심리 신청 등이 있는 경우

법원은 계속 중인 사건에 관하여 토지관할의 병합심리신청, 관할지정신청 또는 관할이전신청이 제기된 경우 그 신청에 대한 결정이 있기까지 소송절차를 정지하여야 함(소송규칙 제7조)

※ 단 급속을 요하는 경우에는 그러하지 아니함(소송규칙 동조)

③ 재심청구의 경합

재심청구가 경합된 경우에 항소법원 또는 상고법원은 하급법원의 소송절차가 종료할 때까지 소송절차를 정지하여야 함(소송규칙 제169조)

※ 항소기각 확정판결과 그 판결에 의해 확정된 제1심판결에 대해 각각 재심의 청구가 있는 경우를 말함

(3) 공판절차정지의 절차와 효과

1) 공판절차정지의 절차

공판절차의 정지는 법원의 결정으로 함

※ 공소장변경의 경우는 직권 또는 피고인·변호인의 청구에 의해 가능하나, 그 외에는 법원 직권으로 가능하며, 기간의 제한은 없음

※ 심신상실 또는 질병의 경우 의사의 의견을 들어야 함(제306조 제3항)

2) 공판절차정지의 효과

공판절차 정지결정이 있으면 취소될 때까지 공판절차가 정지됨

※ 정지되는 것은 협의의 공판절차 즉 공판기일절차에 한함. 따라서 구속 또는 보석에 관한 재판이나 공판준비는 정지 기간에도 할 수 있음

※ 광의의 공판절차는 공소가 제기되어 사건이 법원에 계속된 후부터 소송절차가

종료할 때까지의 전 절차(공판준비절차, 법정 외의 증인신문 및 검증절차)를 의미

공판절차정지 결정을 취소하거나 정지기간이 경과한 경우 법원은 공판절차를 다시 진행해야 함

※ 심신상실 사유로 정지된 후 취소된 경우 공판절차를 갱신하여야 하나(소송규칙 제143조) 그 외에는 갱신을 요하지 않음

※ 공판절차상의 정지사유가 있음에도 공판절차를 진행하는 것은 위법하므로 상소이유가 됨

2. 공판절차의 갱신

(1) 공판절차 갱신의 의의

공판절차를 진행한 법원이 판결선고 이전에 이미 진행된 공판절차를 일단 무시하고 다시 그 절차를 진행하는 것을 말함

※ 파기환송 또는 이송판결에 의하여 하급법원이 공판절차를 진행하거나 사건을 이송받은 법원이 공판절차를 다시 진행하는 것은 공판절차의 갱신이 아님

(2) 공판절차갱신의 사유

1) 판사의 경질

공판개정 후 판사의 경질이 있는 때에는 공판절차를 갱신해야 함(제301조 본문)

※ 직접주의와 구두변론주의의 표현

※ 판결의 선고만을 하는 경우에는 예외(동조 단서)

※ 전보·퇴임·질환을 불문하며, 판사의 경질이 있음에도 갱신하지 않은 때에는 절대적 항소이유가 됨(제361조의 5 제8호)

√ 법령위반은 원칙적으로 상대적 항소이유에 해당, 그러나 법령위반 가운데 판결에 대한 영향이 현저하거나 또는 그 입증이 곤란한 경우는 절대적 항소이유가 됨

2) 간이공판절차의 취소

간이공판절차의 결정이 취소된 때에는 공판절차를 갱신하여야 함

※ 다만 검사·피고인 또는 변호인의 이의가 없는 때에는 그러하지 아니함(제301조의 2)

※ 공판절차를 갱신하지 아니하고 판결을 선고한 경우 상대적 항소이유가 됨

(제361조의 5 제1호)

3) 심신상실로 인한 공판절차의 정지

피고인의 심신상실로 인하여 공판절차가 정지된 경우에는 그 정지사유가 소멸한 후의 공판기일에 공판절차를 갱신하여야 함(소송규칙 제143조)

※ 정지 전 소송행위에 대한 충분한 기억 부족 이유

(3) 공판절차갱신의 절차와 효과

공판절차 갱신은 종래의 절차를 무효로 하고 처음부터 절차를 다시 시작하는 것이 원칙이나 갱신의 이유를 고려하여 결정

1) 판사경질의 경우

갱신절차에 대한 명문의 규정은 없으나, 직접주의 요청상 갱신 전의 실체형성행위는 효력을 상실하므로 다시 해야 하나, 절차형성행위는 영향을 받지 않음

※ 실체형성행위는 증거조사, 당사자 변론, 증언 등 법관의 심증형성을 위한 행위를 말하며, 절차형성행위는 공소제기, 공판기일 지정, 소송관계인의 소환, 증거신청, 상소제기 등 절차면의 형성에 역할을 담당하는 행위를 말함

2) 간이공판절차의 취소와 공판절차정지의 경우

간이공판절차의 결정이 취소되는 것은 간이공판절차에서의 심리가 부적법하거나 상당하지 않다고 인정되는 경우이므로 실체형성행위뿐만 아니라 절차형성행위도 효력을 상실

※ 심신상실로 공판절차가 정지된 후 다시 재개하는 경우에도 동일

3) 공판절차의 구체적 갱신절차(소송규칙 제144조)

진술거부권 고지, 인정신문, 검사로 하여금 공소장 요지낭독, 피고인에게 공소사실 인정여부 및 정상에 관한 진술기회 부여, 갱신 전 공판기일의 피고인 또는 피고인 아닌 자의 진술 또는 법원의 검증결과를 기재한 조서에 대한 증거조사,

갱신 전 공판기일에서 증거조사된 서류 또는 물건에 대하여 다시 증거조사, 서류 또는 물건에 대한 증거조사에서 검사, 피고인 또는 변호인의 동의가 있는 때에는 그 전부 또는 일부에 관하여 상당하다고 인정되는 방법으로 가능

※ 증거능력이 없다고 인정되는 서류나 물건, 증거로 함에 상당하지 아니하고 당사자가 이의를 제기하지 아니하는 서류나 물건에 대해서는 증거조사를 하지 아니함

III. 변론의 병합·분리·재개

1. 변론의 병합과 분리

변론의 병합이란 수개의 사건이 동일 또는 별개의 법원에 계속되어 있는 경우 한 개의 절차로 병합하여 동시에 심리하는 것

변론의 분리란 병합된 수개의 사건을 분리하여 별개의 절차에서 심리하는 것을 말함

※ 법원은 필요하다고 인정한 때에는 직권 또는 검사·피고인이나 변호인의 신청에 의해 결정으로 변론을 분리하거나 병합할 수 있음(제300조)

※ 변론의 분리 또는 병합은 법원의 재량사항임(87도706)

경합범의 경우 특별한 사정이 없는 한 피고인의 이익을 위하여 변론을 병합

쟁점은 공범사건 또는 피고인이 2인 이상인 경우 변론을 병합할 것인지 여부인데 이에 대해 변론병합과 분리의 장단점을 고려하여 판단하되, 피고인이 병합을 요구하는 경우 가능한 한 병합하는 것이 타당(이재상, 형사소송법 527면)

※ 단일사건을 분리하거나 과형상 일죄(상상적 경합)의 일부를 분리하는 것은 허용되지 않음

2. 변론의 재개

법원은 필요하다고 인정한 때에는 직권 또는 검사·피고인이나 변호인의 신청에 의하여 결정으로 종결한 변론을 재개할 수 있음(제305조)

※ 종결된 변론의 재개여부는 법원의 재량사항(83도2279)

※ 변론 재개 후 증거조사가 개시되고 다시 최종변론이 행해지며, 피고인과 변호인은 최후진술권을 가지게 됨

IV. 국민참여재판의 공판절차

국민참여재판은 공판 전 준비절차와 공판절차, 평의·평결 및 판결선고에 있어서 통상의 공판절차와 다른 특칙이 인정됨

1. 공판 전 준비절차

국민참여재판 사건은 공판준비절차가 필수적 절차(국민의 형사재판 참여에 관한 법률 제36조 제1항)

※ 통상의 공판절차는 재판장이 필요하다고 인정하면 부칠 수 있는 임의적 절차

※ 공판준비절차에 부치기 전 법원의 국민참여재판 배제결정 시(동법 제9조, 배심원 등이 보복 등의 우려로 출석이 어렵거나, 공범 중 일부가 원하지 않는 경우 등)에는 공판준비절차는 임의적 절차(동법 제36조 제1항 단서)

※ 공판준비절차에 부친 이후 피고인이 국민참여재판을 원하지 아니하는 의사표시를 표하거나 법원의 배제결정이 있는 때에는 공판준비절차를 종결할 수 있음(동조 제2항)

※ 참여재판의 공판준비절차에서 법원은 반드시 공판준비기일을 정해야 함(동법 제37조 제1항)

√ 통상의 공판준비절차에서 공판준비기일은 임의적으로 지정된다는 것과는 구별됨

※ 공판준비기일은 공개가 원칙이고 배심원이 참여하지 아니함(동조 제3항, 제4항)

2. 공판절차의 특칙

1) 공판정 구성

공판정은 판사·배심원·예비배심원·검사·변호인이 출석하여 개정함(동법 제39조 제1항)

※ 배심원은 판사를 바라보고 왼쪽, 증인석은 오른쪽에 위치

※ 배심원은 법정형 중한 사건(사형, 무기징역·금고)은 9명, 이외는 7명, 공소사실 인정 시에는 5명, 배심원 결석대비 5명 이내의 예비배심원 지정

2) 배심원의 권리와 의무

배심원에게 신문요청권과 필기권이 인정됨

※ 배심원과 예비배심원은 피고인 또는 증인에 대하여 필요한 사항을 신문하여 줄 것을 재판장에게 요청할 수 있음(동법 제41조 제1항 제1호)

√ 피고인 또는 증인에 대한 신문이 종료된 직후 서면에 의하여야 하며, 신문요청이 불필요하거나 부적절한 질문인 경우 원활한 진행을 위하여 필요한 경우 수정하여 신문하거나 신문하지 아니할 수 있음(동조 제2항)

※ 배심원과 예비배심원은 필요하다고 인정되는 경우 재판장의 허가를 받아

각자 필기를 하여 이를 평의에 사용할 수 있음(동법 제41조 제1항 제2호)

√ 재판장은 공판진행에 지장을 초래하는 등(필기한다고 중요한 진술을 놓치는 경우) 필요하다고 인정되는 때에는 허용한 필기를 언제든지 다시 금지시킬 수 있음(국민의 형사재판 참여에 관한 규칙 제34조)

국민참여재판의 진행협력 및 평결의 공정성과 공평성유지 행동의무

※ 심리 도중 법정을 떠나거나, 평의·평결 또는 토의가 완결되기 전에 재판장의 허락 없이 그 장소를 떠나는 행위, 평의가 시작되기 전에 사건에 관한 자신의 견해를 밝히거나 의논하는 행위, 재판절차 외에서 당해 사건에 관한 정보를 수집하거나 조사하는 행위, 평의·평결 또는 토의에 관한 비밀을 누설하는 행위를 하여서는 안 됨(동법 제41조 제2항)

※ 배심원 또는 예비배심원은 법원의 증거능력에 관한 심의에 관여할 수 없음(동법 제44조)

3) 간이공판절차 규정의 배제

국민참여재판에는 간이공판절차에 관한 규정을 적용하지 아니함(동법 제43조)

※ 국민참여재판에는 간이공판절차상의 증거능력과 증거조사의 특칙을 적용하기에는 부적합한 재판이기 때문

4) 공판절차의 갱신

공판절차가 개시된 후 새로 재판에 참여하는 배심원 또는 예비배심원이 있는 때에는 공판절차를 갱신하여야 함(동법 제45조 제1항)

※ 새로 참여한 배심원 또는 예비배심원이 쟁점 및 조사한 증거를 이해할 수 있도록 하되 그 부담이 과중하지 않도록 하여야 함(동조 제2항)

3. 평의·평결 및 판결선고

국민참여재판에서 배심원은 유·무죄에 대한 평결뿐만 아니라 양형에 관하여 토의하고 그에 관한 의견도 개진함

※ But, 배심원의 평결과 의견은 법원을 기속하지 아니함(동법 제46조 제5항)

1) 평의와 평결 절차

재판장은 변론종결 후 법정에서 배심원에게 공소사실의 요지와 적용법조, 피고인과 변호인의 주장 요지, 증거능력 그 밖에 유의할 사항에 관하여 설명하여야 하며, 이때 필요한

경우 증거의 요지에 관하여 설명할 수 있음(동조 제1항)

심리에 관여한 배심원은 재판장의 설명을 들은 후 유·무죄에 관하여 평의하고, 전원 의견이 일치하면 그에 따라 평결함(동조 제2항)

※ 의견이 일치하지 않을 경우 평결을 하기 전에 심리에 관여한 판사의 의견을 들어야 하며 평결은 다수결로 하되, 판사는 평결에 참여할 수 없음(동조 제3항)

평결이 유죄인 경우 배심원은 심리에 관여한 판사와 함께 양형에 관하여 토의하고 그에 관한 의견을 개진함(동조 제4항)

2) 판결 선고

판결의 선고는 변론을 종결한 기일에 하여야 하나, 특별한 사정이 있는 때에는 변론종결 후 14일 이내에 따로 선고기일을 지정할 수 있음(동법 제48조 제1항, 제3항)

※ 변론을 종결한 기일에 판결을 선고하는 경우 판결서를 선고 후에 작성할 수 있음(동조 제2항)

※ 재판장은 판결선고 시에 피고인에게 배심원의 평결결과를 고지하여야 하며, 평결결과와 다른 판결을 선고하는 때에는 이유를 설명하여야 함(동조 제4항)

제2장 증거

제1절 증거의 의의 및 역사

I. 증거의 의의

사실관계를 확정하는데 사용되는 자료를 증거라 함

※ 형사절차는 사실관계를 확정(사실인정)하고, 그 사실에 대해 형벌법규를 적용하여 국가형벌권을 실현시키는 과정

※ 증거에 의해 사실관계가 확인되는 과정을 '증명'이라 하고, 증명의 대상이 되는 사실을 '요증사실', 증거와 증명하고자 하는 사실과의 관계를 '입증취지'라 함

II. 증거의 종류

1. 직접증거, 간접증거(정황증거)

요증사실을 직접 증명 하는 증거를 직접증거(피해자 또는 목격자 진술)라 하고, 요증사실을 간접적으로 추인케 하는 사실을 증명하는 증거를 간접증거 또는 정황증거(범행도구나 장물)라 함

※ 간접증거에 의해 요증사실을 인정하는 경우 그 추론과정이 논리칙이나 경험칙에 부합하여야 함(94도13350)

2. 인증, 물증(증거물), 증거서류, 증거물인 서면

※ witnesses(parties, experts), documents, real evidence.

법원의 면전에서 행한 사람의 진술내용이 증거가 되는 것을 인증(증인의 증언과 피고인의 진술 등), 물건의 존재 및 상태가 증거로 되는 것을 물증 또는 증거물(흉기나 장물 등), 서류의 기재내용이 증거로 되는 것을 증거서류라 함

※ 증거물인 서면은 증거물과 증거서류의 성질을 같이 가지고 있는 경우(위조죄에서 위조문서, 무고죄에서 허위고소장 등)

분류의 실익은 증거조사방법에 있어 구별됨

※ 인증은 신문(訊問), 물증은 제시, 증거서류는 낭독(또는 내용의 고지), 증거물인 서면은 제시 및 낭독(내용의 고지)에 의함

3. 본증, 반증

거증책임을 지는 당사자가 그 책임을 다하기 위해 제출하는 증거를 본증이라 하고, 본증에 의해 증명하려고 하는 사실의 존재를 부인하기 위하여 제출하는 증거를 반증이라 함

※ 본증 또는 반증으로 제출된 증거 자체의 신뢰성을 다투기 위하여 제출되는 탄핵증거는 요증사실의 존부를 직접 또는 간접으로 증명하기 위하여 사용되는 본래의 증거인 반증과 구별됨

√ 증거의 증명목적에 따라 실질증거(주요사실의 존부를 직·간접적으로 증명하기 위한 증거)와 보조증거(실질증거의 증명력을 다투기 위한 증거)로 나뉘며 보조증거는 다시 증강증거(증명력 증강)와 탄핵증거(증명력 감소 또는 소멸)로 나뉨

※ 탄핵증거는 범죄사실을 인정하는 증거가 아니므로 엄격한 증거조사를 거쳐야 할 필요가 없으나(제318조의 2 제1항) 법정에서 탄핵증거로서의 증거조사는

필요하다는 판례(2005도2617)에 따라 실무에서도 탄핵증거에 대해서도 증거조사를 함

√ 증거목록에 기재되지 않고 증거결정이 있지 아니한 서증들이 공판과정에서 그 입증취지가 구체적으로 명시되고 제시까지 된 경우, 탄핵증거로서의 증거조사가 이루어졌다고 볼 수 있음(2005도6271)

III. 증거법의 역사

12세기 이전 민·형사법의 구별 없이 재판이 진행되었고, 재판의 목적은 화해에 있었음(conciliation)

※ 재판진행절차도 당사자주의에 따라 공개상태에서 당사자가 증거를 수집하고 처벌을 요구하는 결과에 따라 재판이 집행됨

※ 구체적인 재판방법은 ① 주변인이 선서하고 평판을 증언하는 방법 ② 일정한 시련을 부과하여 시련을 통과한 자가 승리하는 방법(ordeal, 신탁재판)

※ 선서는 주변인들이 선서한 후에 고소인이나 피고인의 평판을 증언하는 것으로 범죄의 중요도에 따라 필요인원이 증가하고, 쌍방이 다 인원을 채워 우열을 가릴 수 없는 경우 신탁재판으로 회부, 신탁재판은 불이나 끓는 물, 십자가, 결투재판의 방법을 동원하여 이긴 자에게 신의 뜻이 있다고 봄

이러한 증거방법의 폐단을 차단하기 위해 12세기에 법정증거주의(system of legal proof)를 도입하여 18세기 후반 프랑스 혁명 시까지 600년간 존속 후 자유심증주의(free evaluation of evidence)로 전환하게 됨

※ 법정증거주의가 나오게 된 배경은 12세기 르네상스로 로마법이 전수·연구되고, 전문적인 법률가가 양성되면서 당사자주의가 체계화되는 동시에 직권주의가 출현하게 되고, 직권주의로 사실판단의 주체인 법관의 자의를 차단하기 위해 도입됨

※ 직권주의는 교회권력이 강해지고 집권화함에 따라 교회의 도덕성 제고와 교회의 명성을 침해하는 추문(성직매매, 동거금지 등)을 방지하기에 공개적으로 진행되는 당사자주의는 적합하지 아니하여 교회에서 도입한 이후 세속 도시국가와 영주들이 도입함

※ 특히 교황 이노센트 3세는 범죄가 처벌되지 않아서는 안 된다는 것을 요구하는 것이 공공이익(public interest)이고 이러한 개념 하에 형법이 출현하고 사법고문을 정당화하게 됨

※ 교회에서 신탁재판을 폐지한 이유는 이러한 방법은 성서에 나오지 않는 내용이며, 인간이 신을 불러낼 수 있다는 것에 대해서도 타당한지도 의문이며 성직자의 규율을 확보하는데도 비효율적이고, 불확실한 수단으로 봄. 또한 당시 교회의 권력강화와 중앙집권화, 로마법의 대안제시로 대륙법계에서는 증거법정주의가, 영국에서는 배심제도가 탄생하게 됨

※ 세속 도시국가나 영주도 해당지역의 평온 유지를 위해 살인, 강간, 강도 등에 대해 공공이익이라는 개념을 통해 개입함으로써 직권주의를 정착시켜나갔으나, 아직도 대부분은 당사자주의이거나 비법률적인 해결이 대부분이었고 직권주의는 예외적인(extraordinary) 절차로 받아들여짐

법정증거주의는 확신에 해당하는 완전증거(자백 또는 증인 2명 등)를 범죄의 경중에 따라 미리 규정함

※ 교회법과 로마법을 분석하여 수많은 논의 끝에 마련, 규제받지 않는 법관의 자의성에 대한 보장기능을 하는 것으로 법관이 따르지 않을 경우 무효가 되고, 법관은 기소대상이 되나, 증언의 신뢰성이나 증거에 대한 평가는 법관의 재량

※ 신탁재판에 의해 재판관이 사형을 선고하는 것을 두려워하여 이에 대한 대안으로 판단을 배심이 하도록 하는 배심제도(영국), 사람이 아닌 추상적 규범이 하게 하는 증거법정주의(대륙법)가 도입되어 법관의 책임이 완화되게 됨

법정증거주의하에서 사형 등 중범죄의 경우 완전증거가 부족하지만 강한 의심(strong evidence)이 있는 경우 사법고문(judicial torture)을 통해 완전증거를 확보하거나 중범죄보다 경미한 범죄로 처벌하는 것은 법관의 재량사항

※ 사형 등 중범죄의 경우 자백 또는 2명의 증인 등 고도의 확실성 수준의 증거가 필요하고, 자백만으로 충분한 것이 아니고 임의성(voluntarily, 법관 앞에서 자백 시 인정)과 신뢰성(credible), 그리고 법정에서 자백하여야 하고, 이때 진실

여부는 다른 정황에 의해서 보강되어야 함

※ 만약 사법고문 시 자백하고 법정에서 부인하는 경우 다시 사법고문이 개시되는데 3회에 걸쳐 가능했음

※ 자백사건이나 명확한 사건(notoriety)은 더 이상의 증거 없이 간이절차(summary procedure)에서 처리

※ 증인은 중대성에 따라 2 내지 3명이 되어야 완전증거가 되며 직접 목격한 사람(witness de visu)이 진술한 것만 증거가 되며 hearsay는 허용되지 않음

√ 결격사유(변호인이거나 친족 등)가 있는 증인은 배제되며, 누구의 증언, 어떤 증언이 신뢰할 수 있는 지도 규정

※ 서류증거(written documents)에 대하여는 명확한 규정이 없으며, 당시에 대다수가 문맹인 것에 기인한 것으로 보임

√ 서면보다는 증인의 증언이 더 신뢰할 수 있다고 보았는데 이는 죽어있는 동물가죽에 쓰여 있는 것 보다 살아있는 증인이 더 신뢰할 수 있다고 보았기 때문

법정증거주의하에서도 재판관은 완전증거가 충족되지 않는 경우 사법고문으로 회부하거나, 보다 경미한 범죄로 처벌, 일시면제(absolutio ab instantia, 석방하지만 언제든 다시 기소 가능한 상태) 처분 시 재량을 행사하고 있었고 중대범죄 이외에는 특별한 증거법이 없어 법관의 재량이 이미 행사되고 있었음

※ 18~19세기 계몽주의 영향으로 사형과 가혹한 신체형의 감소로 자유심증주의 수용에 유리한 환경이 되었고, 정황증거에 기초한 확신개념이 확대됨에 따라 사법고문도 제한적으로 행사됨

1750~1870년 사이에 대륙법계에도 당사자주의가 도입되면서 피고인은 변호인 조력권, 자기부죄 특권이 인정되어 더 이상 피고인의 자백에 의존하는 것은 불가능하게 됨

제2절 증거재판주의

Ⅰ. 의의

1. 형사소송법 제307조의 취지

형사소송법 제307조 제1항은 "사실의 인정은 증거에 의하여야 한다"라고 규정하여 증거재판주의 선언

이는 피고사건을 구성하는 사실이, 법률이 자격을 인정한 증거(증거능력 있는 증거)에 대하여 법률이 규정한 증거조사방법에 따라 증명되는 경우에 처벌된다는 의미이고 이러한 원칙을 "엄격한 증명의 법리"라고 함

※ 증거능력은 Admissibility, 증명력은 Strength of evidence, 증거능력은 영미법의 배심제를 전제로 한 개념이고 증명력은 1789년 프랑스 혁명 시 증거법정주의가 자유심증주의로 변하면서 도입된 개념

2. 엄격한 증명과 자유로운 증명(독일 개념)

증거능력이 없는 증거나 법률이 규정한 증거조사방법을 거치지 아니한 증거에 의한 증명을 자유로운 증명이라 함

※ 법원의 재량에 의해 상당한 방법으로 조사하면 충분하고, 법정에서 이에 대한 증거조사 자체는 필요(97도1770)

Ⅱ. 엄격한 증명의 대상

1. 공소범죄사실

공소범죄사실이란 범죄의 특별구성요건을 충족하는 구체적 사실로 위법성과 책임성을 구비한 것을 말함

※ 공소장에 기재된 범죄사실은 엄격한 증명의 대상이 됨

(1) 구성요건 해당사실

객관적 구성요건 요소(행위 주체, 객체, 일시, 장소, 방법, 결과발생, 인과관계 등), 주관적 구성

요건 요소(고의, 과실, 불법영득의사 등)도 엄격한 증명의 대상

※ 공모공동정범에서 공모(2002도6103), 교사자의 교사행위(99도1252), 상습범의 상습성, 죄수를 결정짓는 사실, 야간주거침입절도죄 등과 같이 범행이 야간에 이루어진 경우 일몰·일출시각, 과학공식 등 법칙을 적용하는 경우 그 전제가 되는 사실에 대하여도 엄격한 증명 필요

√ 위드마크 공식을 사용하여 혈중알코올농도를 추정함에 있어 그 전제사실인 음주량, 음주시각, 체중, 평소의 음주정도 등의 인정에 관한 것(2005도3904)

√ 위드마크 공식은 1914년에 독일계인 위드마크가 창안한 계산방법으로, 운전자가 사고 전 섭취한 술의 종류와 음주한 양, 체중, 성별을 조사하여 사고 당시 주취상태를 계산한다. 우리나라의 경우 경찰이 1996년 6월 음주뺑소니 운전자 처벌을 위해 도입

√ C = A /(P×R) = mg／10 =% (C: 혈중알코올농도 최고치, A: 섭취한 알코올 양, P: 체중, R: 성별계수, 남은 0.7, 여는 0.6)

(2) 위법성과 책임에 관한 사실

구체적 사실이 특별구성요건을 충족하면 위법성과 책임성은 사실상 추정됨

쟁점은 피고인이 위법성·책임성 조각사유를 주장하고 법관이 이에 대해 합리적 의심을 갖게 된 경우 검사에게 증명책임이 있고, 그 방법도 엄격한 증명에 의하여야 함

그러나 명예훼손죄에 있어 위법성조각사유인 '오로지 공공의 이익에 관한 때'에 대한 사실증명에 대하여 판례는 행위자가 증명하여야 하며, 자유로운 증명의 대상으로 보기에 전문증거에 대한 증거능력의 제한을 규정한 형사소송법 제310조의2는 적용될 여지가 없다고 봄(2004도1497)

※ 학설은 엄격한 증명의 대상으로 봄

(3) 처벌조건에 관한 사실

처벌조건은 공소범죄사실은 아니지만 실체법상 범죄성립요소를 이루면서 형벌권의 발생에 직접 기초가 되는 사실이기 때문에 엄격한 증명의 대상이 됨

※ 친족상도례에 있어서 친족관계의 부존재에 관한 사실은 엄격한 증명의 대상이 됨

※ 처벌조건이란 범죄가 성립한 이후에 형벌권의 발생을 위하여 필요한 조건, 인적 처벌조건(친족상도례, 중지미수에서 중지), 객관적 처벌조건(사전수뢰죄에서 공무원이나 중재인이 된 사실 등)이 있으며, 처벌조건이 없는 경우 형 면제 판결을 함

√ 소추조건: 범죄가 성립하고, 형벌권이 발생한 경우에도, 소추하기 위하여 소송법상 필요한 조건을 말하고, 친고죄와 반의사 불벌죄가 있음

2. 형벌권의 범위에 관한 사실

형의 종류와 형량에 관한 사실은 범죄사실의 존부 못지않게 피고인의 이익에 중대한 영향을 미치는 사유이기 때문에 엄격한 증명의 대상이 된다고 보는 것이 통설

(1) 법률상 형의 가중·감면의 이유되는 사실

누범전과와 같은 법률상 형을 가중하는 사유에 해당하는 사실이 엄격한 증명의 대상이 됨에는 의문의 여지가 없음

※ 판례는 전과에 관한 사실은 피고인의 자백만으로 인정 가능하고(73도280, 엄격한 증명대상이지만 자백 이외의 별도의 보강증거가 필요 없다는 의미), 심신장애를 인정하는 경우 그 기초가 되는 사실은 엄격한 증명의 대상은 아니라고 봄(98도159)

(2) 몰수·추징에 관한 사실

판례는 몰수·추징의 대상이 되는지 여부나 추징액 인정은 엄격한 증명이 필요 없다고 봄(2006도9314)

3. 간접사실·경험법칙·법규

(1) 간접사실

요증사실이 주요사실인 경우 요증사실을 간접적으로 추인케 하는 사실, 간접사실도 엄격한 증명의 대상이 됨(2006도641)

※ 피고인이 공모의 점과 함께 범의를 부인하는 경우에는 이러한 주관적 요소로 되는 사실은 사물의 성질상 범의와 상당한 관련성이 있는 간접사실 또는 정황사실을 증명하는 방법에 의하여 이를 입증할 수밖에 없으며, 이때 무엇이 상당한 관련성이 있는 간접사실에 해당할 것인가는 정상적인 경험칙에 바탕을 두고 치밀한 관찰력이나 분석력에 의하여 사실의 연결상태를 합리적으로 판단하

는 방법에 의하여야 하고, 이러한 간접사실이나 정황사실도 범죄의 구성요건에 관한 것이므로 합리적인 의심의 여지가 없는 엄격한 증명을 요한다고 할 것임(2006도641)

※ 알리바이(현장부재) 증명에 대하여, 주요사실에 대한 간접적인 반대증거가 될 수 있는 간접사실이어서 피고인에게 입증책임이 있다고 보는 견해(소수설)와 구성요건해당사실의 존재에 대한 다툼으로 검사가 구성요건해당사실 자체를 엄격한 증명의 방법으로 입증해야 한다는 견해(다수설)가 있음

(2) 경험법칙

증명과정에서 사용되는 준칙이지 증명의 대상이 되는 것은 아님

※ 경험법칙이란 경험에서 귀납된 사물의 성상(性狀)과 인과관계 등에 관한 지식과 법칙

※ 경험법칙이 보통의 상식과 교양에 속하는 공지의 것이 아니고 특수한 전문적 지식을 요구하는 과학적 경험법칙인 경우에는 엄격한 증명의 대상이 됨

(3) 법규

증명의 대상이 되지 않는 것이 원칙

※ 외국법규와 관습법과 같이 그 법규의 존재 및 내용이 일반적으로 명백하지 않은 경우 증명필요(친족상도례에서 친족관계, 외국법규나 관습법이 그 전제되는 사실과 밀접 불가분의 관계를 이루게 되는 경우)

III. 자유로운 증명의 대상

1. 정상관계 사실

형의 선고유예, 집행유예, 작량감경 및 양형의 조건이 되는 일반적인 정상관계사실은 형벌권의 범위에 관한 사실이기는 하지만 법원의 재량사항으로 자유로운 증명으로 족하다는 것이 통설과 판례입장

※ 피고인의 경력, 성격, 환경, 범죄 후의 정황, 양형의 자료인 전과 등

2. 소송법적 사실

소송법적 사실 중 소송조건의 존부와 절차진행의 적법성에 관한 순수한 소송법적 사실은 자유로운 증명으로 족함

※ 친고죄 고소유무, 고소의 취소(반의사 불벌죄에서), 피고인의 구속기간, 공소제기·공판개시·피고인 신문 적법여부 등

※ 소송법적 사실이란 범죄사실이나 양형사실 이외에 형사절차와 관련된 사실을 말함

소송법적 사실 중 증거능력 인정을 위한 기초사실, 특히 자백의 임의성에 관한 사실에 대하여 견해 대립, 판례는 법원의 제반사정을 참작하여 자유로운 심증으로 임의성 여부를 판단하면 족하다는 입장(2010도3029)

※ 제313조 제1항 단서의 '특히 신빙할 수 있는 상태'는 증거능력 요건에 관한 것으로 입증책임은 검사에게 있지만 소송법적 사실에 관한 것으로 엄격한 증명을 요하지 않음(2000도1743)

3. 보조사실

증거의 증명력에 영향을 미치는 보조사실, 즉 증거의 증명력을 탄핵하는 사실은 자유로운 증명으로 족함(판례, 2013도12507)

※ 강간범행 피해자의 진술을 탄핵하기 위해 피해자가 피해망상증으로 정신병원에서 치료받은 적이 있다는 사실, 또는 그 피해자가 전에도 다른 사람을 강간혐의로 고소하였는데 그 사건이 무혐의 처리된 사실 등

※ 공소사실과 양립할 수 없는 반대사실(무죄의 사실인정)도 자유로운 증명으로 가능하다고 봄(94도1159)

제3절 증거능력

I. 총론

1. 증거능력과 증명력

증거능력이란 증거가 엄격한 증명의 자료로 사용될 수 있는 법률상의 자격(허용성,Admissibility)을 말하며, 증명력은 어떠한 사실을 증명할 수 있는 증거의 실질적 가치를 말함

※ 증거능력 유무는 미리 법률에 규정되어 있음에 반해 증명력 판단은 법관의 자유심증에 맡겨져 있음

※ 자유로운 증명의 경우 증거능력이 없는 증거도 심증형성의 자료가 됨

2. 증거능력과 증거조사

증거능력 없는 증거는 엄격한 증명을 요하는 범죄사실의 인정에 관하여 심증형성의 자료로 채용할 수 없을 뿐만 아니라, 공판정에 증거로 제출하여 증거조사를 하는 것도 허용되지 않음

※ But, 탄핵증거는 범죄사실을 인정하는 증거가 아니므로 엄격한 증거조사를 거쳐야 할 필요는 없지만 법정에서 탄핵증거로서의 증거조사는 필요

3. 현행법상 증거능력 제한

현행법상 증거능력제한 규정은 위법수집증거 배제법칙(제308조의2), 자백배제법칙(제309조), 전문법칙(제310조의2 내지 제316조), 증거에 대한 당사자의 동의가 있음

※ 증거능력제한은 영미법의 배심원을 전제로 한 것으로 특히 미국제도를 대폭 도입하였음

II. 위법수집증거의 증거능력(위법수집증거 배제법칙)

1. 의의

위법한 절차에 의하여 수집된 증거의 증거능력을 인정할 것인지 여부에 관한 논의가 바로 위법수집증거배제법칙의 문제

※ 위법수집증거배제법칙(The Exclusionary Rule)은 미국 수정헌법상의 권리인 상당한 이유(probable cause)에 의한 영장에 의하지 아니하고는 압수수색을 당하지 않을 권리를 보호하기 위해 미국법원이 경찰의 절차상 과오(misconduct)를 통제하기 위한 목적에서 나온 개념(Mapp v. Ohio(1961))으로 경찰의 과오나 남용에 의한 절차위반을 효과적으로 통제하기 위해서는 내부징계나 민사소송보다는 증거능력을 배제시키는 것이 가장 효과적인 것으로 보았음

위법수집증거의 증거능력에 대해 우리 형소법은 일반적인 규정을 두지 않았었고, 개별법규에서 규정하고 있었으나, 2007. 6. 1. 명문으로 형소법에서 도입(제308조의 2)

※ 형소법 제309조 상의 "피고인의 자백이 고문, 폭행, 협박, 신체구속의 부당한 장기화 또는 기망 기타의 방법으로 임의로 진술한 것이 아니라고 의심할 만한 이유가 있는 때에는 이를 유죄의 증거로 하지 못한다."(자백배제법칙)

※ 통신비밀보호법 제4조 "불법검열에 의하여 취득한 우편물이나 그 내용 및 불법감청에 의하여 지득 또는 채록된 전기통신의 내용은 재판 또는 징계절차에서 증거로 사용할 수 없다"

※ 형소법 제308조의 2 "적법한 절차에 따르지 아니하고 수집한 증거는 증거로 할 수 없다"

2. 구 형사소송법하의 해석

위법수집증거 배제의 명문규정이 없던 시기에도 학설은 전문적 위법수집증거배제법칙 도입 긍정

판례는 진술증거의 경우 일찍부터 위법수집증거배제법칙을 받아들였으나, 비진술증거인 증거물에 대해서는 전면적으로 받아들이지 않는 태도를 취하다가 2007. 11. 15. 선고 2007도3061 판결을 통해 종래의 태도를 변경하여 진술·비진술 증거에도 위법수집증거배제 법칙 적용 판시

※ 변호인의 접견교통권을 침해하거나 진술거부권을 고지하지 아니하고 획득한 피의자 진술, 헌법재판소에 의해 위헌결정된 구 형사소송법 제221조의2 제2항 및 제5항 중 같은 조 제2항에 관한 부분(진술번복우려)에 의하여 시행된 제1회 공판기일 전 증인신문절차에서 작성된 증인신문조서, 위법한 긴급체포에 의해

유치 중 작성된 피의자신문조서, 검사의 서명·날인이 누락된 검사작성 피의자 신문조서의 증거능력 부인

※ 2007도3061판결은 헌법과 형소법이 정한 절차에 따르지 아니하고 수집된 증거는 기본적 인권보장을 위해 마련된 적법한 절차에 따르지 않는 것으로 원칙적으로 유죄의 증거로 삼을 수 없다고 봄

3. 현행 형사소송법하의 해석

(1) 서론

형소법 제308조의2에 따라 위법수집증거의 증거능력은 배제된다고 명시적으로 규정되어 있지만 증거능력이 배제되는 증거의 범위에 대해서는 여전히 불명확하며, 판례에 의해 제시된 1차적 기준은 2007도3061 판결에서 적시 되었고 향후 판례에 의해 더욱 구체화 될 것임

※ 전체적·종합적으로 살펴볼 때, 수사기관의 절차위반행위가 적법절차의 실질적인 내용을 침해하는 경우에 해당하지 아니하고, 오히려 그 증거의 증거능력을 배제하는 것이 헌법과 형사소송법이 형사소송에 관한 절차조항을 마련하여 적법절차의 원칙과 실체진실규명의 조화를 도모하여 형사사법정의를 실현하려는 취지에 반하는 결과를 초래하는 것으로 평가되는 예외적인 경우라면 증거로 사용가능

√ 수사기관이 증거수집과정에서 이루어진 절차위반행위와 관련된 모든 사정을 고려(절차조항의 취지와 그 위반의 내용 및 정도, 구체적인 위반의 경위와 회피가능성, 절차조항이 보호하고자 하는 권리 또는 법익의 성질과 침해정도 및 피고인과의 관련성, 절차위반행위와 증거수집 사이의 인과관계 등 관련성 정도, 수사기관의 인식과 의도 등)

적용범위와 관련하여

피고인 또는 변호인이 위법수집증거를 증거로 사용하는데 동의하면 증거능력이 인정되는지 여부에 대해, 판례는 증거능력 부인

※ 영장주의에 위반하여 수집한 압수물과 그 2차 증거에 대하여 피고인의 동의에도 불구하고 그 증거능력은 부정(2011도15258)

※ 위법수집증거를 탄핵증거로 사용가능 여부에 대해 학설은 불허

위법한 증거수집과정에서 권리나 이익이 직접 침해된 사람에 대한 관계에서만 증거가 배제되는지 아니면 권리나 이익이 침해되지 않은(공범) 자에 대해서도 증거능력이 배제되는지 여부에 대해 판례는 권리 또는 이익이 침해되지 않은 다른 공범에 대한 관계에서도 증거능력 배제(2009도6717)

사인이 위법하게 수집한 증거에 대해서도 위법수집증거배제법칙이 적용되는지 여부에 대해, 판례는 증거능력을 인정함(2010도12244)

(2) 위법수집증거의 유형

일반적으로 증거수집절차의 하자가 경미하거나 단순한 훈시규정 위반만으로는 부족하고 본질적 증거절차규정을 위반하거나 중대한 위법이 있는 경우 증거능력 배제된다고 봄(판례, 학설)

※ due process의 기본이념에 반하거나 정의감에 반하고 문명사회의 양심에 충격을 주는 경우(shock the conscience)에 한하여 증거능력 배제

1) 영장주의 위반

판례는 긴급체포의 요건을 갖추지 못한 체포 중에 작성된 피의자신문조서는 유죄의 증거로 할 수 없고(2009도6717), 긴급검증에 대해 사후영장을 발부받지 아니한 경우 그 검증조서의 증거능력 부정(90도1263), 현행범체포를 하면서 대마를 압수하고 다음 날 피고인을 석방하고도 사후영장을 발부받지 않는 경우 그 압수물과 압수조서는 증거능력 부정(2017도13458, 2009도10092)

영장주의에 위반하여 압수한 압수물에 대해 증거동의를 한 경우에도 증거능력은 없다고 봄(2009도2109)

통설도 영장주의는 헌법에 의해 보장된 것이므로(제12조 제3항) 이에 위반하여 수집된 증거의 증거능력은 부정된다고 봄

2) 적정절차 위반

판례는 증인신문이 비공개로 이루어진 경우의 증언은 증거능력이 없으며(2013도2511), 증인신문 시 피고인에게 실질적 반대신문권을 보장하지 않은 경우의 증인의 증언도 증거능력이 없으며(2011도15608), 적법한 절차에 의하지 아니한 음주측정결과를 기재한 음주운전자적발보고서도 증거능력 배제된다고 봄(2009도8376, 위법한 강제연행 상태에서의 호흡측정)

※ 불법강제연행 상태에서 마약 투약혐의 확인을 위한 채뇨요구는 위법하다면서 그 채뇨요구에 의해 수집된 소변검사시인서는 증거능력이 배제되지만 이후 압수영장에 기하여 이루어진 2차 채뇨와 채모절차를 거쳐 획득한 소변감정서 등 2차적 증거는 절차적 위법과 증거수집 간의 인과관계를 희석할 만한 정황이 있어 증거능력 인정(2012도13611)

제척사유가 있는 통역인이 통역한 증인의 증인신문조서도 유죄인정의 증거로 사용 불가

※ 그 외에 판례는 불법감청에 의해 획득한 녹음테이프 및 녹취록(2010도9016), 동의 또는 영장 없이 강제 채취된 혈액을 이용한 감정결과 보고서(2011도15258), 압수수색영장에 기재된 피의자와 무관한 타인의 범죄사실에 관한 녹음파일을 압수한 경우 그 녹음파일(2013도7101), 선거관리위원회 위원·직원이 선거범죄를 조사하면서 관계인에게 진술이 녹음된다는 사실을 알려주지 아니하고 녹음한 경우, 그 녹음파일과 녹취록(2011도3509)도 증거능력 부정

함정수사의 결과로 수집한 증거의 증거능력에 대하여 학설은 증거능력이 없다고 보나, 판례는 범의 유발형 함정수사의 경우 증거능력 부정의 문제가 아니라 공소제기절차가 법률의 규정에 위반하여 무효인 때에 해당한다는 이유로 형소법 제327조 제2호에 의해 공소를 기각하고 있음(2009도7114)

학설은 야간압수·수색금지 규정에 위반한 압수·수색, 당사자의 참여권을 보장하지 않은 검증과 감정, 의사나 성년의 여자를 참여시키지 않은 여자의 신체검사 결과, 당사자의 참여권과 신문권을 침해한 증인신문 결과 등은 증거능력이 없다고 봄

3) 피의자신문의 위법

판례는 진술거부권 불고지에 의한 자백, 위법한 신체구속 중의 자백, 접견교통권의 침해에 의한 자백 등에 대해서는 증거능력 배제 입장

※ 진술거부권이 고지되었더라도 적법한 절차와 방식에 따라 작성되지 않았거나 정당한 사유 없이 변호인의 참여에 관한 조치를 취하지 않은 채 작성된 피신조서 역시 증거능력 배제(2010도3359)

√ 진술거부권 행사 여부에 대한 피의자의 답변이 자필로 기재되어 있지 아니하거나 그 답변 부분에 피의자의 기명날인 또는 서명이 되어 있지 아

니한 경우

공소제기 후 수사기관의 피고인신문에 대한 증거능력 여부에 대하여 판례(적극설)는 공소제기후 피고인 신문은 가능하나 그 내용이 피의자신문조서와 실질적으로 같은 경우 검사가 미리 진술거부권을 고지하지 아니한 경우에는 위법수집증거로서 진술의 임의성이 인정되는 경우에도 증거능력 부정(2012도8698)

※ 공소제기 후 수사기관의 피고인신문은 불가하다고 보는 소극설과 절충설(공소제기 후 제1회 공판기일까지 가능)은 이에 위반하여 작성된 피고인에 대한 진술조서는 증거능력이 부인되어야 한다고 봄

4) 위법수집증거를 기초로 획득한 증거(독수과실이론)

적법한 절차에 따르지 아니하고 수집된 증거를 기초로 획득된 2차적 증거에 관하여도 2007도3061 판결은 유죄의 증거로 삼을 수 없다고 판시

더 나아가 2008도1147(2009. 3. 12)판결은 2차적 증거의 증거능력 유무 판단 시 먼저 1차적 증거의 증거능력 유무를 판단한 다음 다시 2차적 증거를 수집하는 과정에서 추가로 발생하는 사정들까지 주로 인과관계 희석 또는 단절여부를 중심으로 모두 고려하여 판단하도록 판시

※ 진술거부권을 고지하지 않은 것이 단지 수사기관의 실수일 뿐 피의자자백을 이끌어내기 위한 의도적이고 기술적인 증거확보의 방법으로 이용되지 않았고, 그 이후 이루어진 신문에서는 진술거부권을 고지하여 잘못이 시정되는 등 수사절차가 적법하게 진행되었다는 사정,

최초 자백 이후 구금되었던 피고인이 석방 후 변호인으로부터 충분한 조력을 받은 가운데 상당한 시간이 경과되었음에도 다시 자발적으로 동일한 내용을 자백하였다는 사정, 최초 자백 이외에 다른 독립된 제3자의 행위나 자료 등도 물적증거나 증인의 증언 등 2차적 증거수집의 기초가 되었다는 사정, 증인이 그의 독립적인 판단에 의해 형사소송법이 정한 절차에 따라 소환을 받고 임의로 출석하여 증언하였다는 사정 등은 통상 2차적 증거의 증거능력을 인정할만한 정황에 속한다고 판시(2008도11437)

2차적 증거의 증거능력 유무는 사안마다 개별적, 구체적으로 결정되어야 함

※ 절차위반 유형이나 증거방법 등을 기준으로 미리 획일적, 통일적으로 판단 되어서는 안 됨

독수과실이론의 예외(미국판례입장)

① 오염순화에 의한 예외(The Purged Taint Exception, attenuation)

후에 피고인의 자의에 의하여 행한 행위는 위법성의 오염을 희석시킨다는 것으로 피고인의 자유의사에 의한 행위에 의하여 위법한 경찰행위와 오염된 증거 사이의 인과관계가 단절된다는 것을 이유로 함

② 불가피한 발견의 예외(inevitable discovery exception)

살인사건을 수사하던 경찰관이 변호인 조력권을 고지하지 않고 피의자를 신문한 결과 시체의 소재를 알게 되어 발견한 경우, 수색팀도 현장주변에 있어 발견이 불가피한 경우

③ 독립된 오염원의 예외(independent untainted source exception)

위법한 수색에 의하여 피고인의 집에서 유괴된 소녀를 발견한 경우, 유괴된 소녀의 진술의 증거능력은 이미 부모가 실종신고를 하여 경찰이 그 소녀가 피고인의 집에 있다는 것을 파악하고 있던 때에 한하여 가능

④ 선의의 예외(the good faith exception)

위법하게 수집된 증거라 할지라도 그 위법이 경찰관에 의하여 범해지지 않았거나 경찰에 의해 범해진 경우에도 경찰관이 정직하고 합리적인 때에는 증거로 허용됨

※ 경찰의 잘못이 아니고 판사가 상당한 이유(probable cause)를 잘못 판단하여 영장이 무효가 되는 경우 이에 기초하여 행한 경찰행위는 유효하다는 것을 의미

5) 수사기관이 아닌 사인이 위법하게 수집한 증거

판례는 형사소추 및 형사소송에서 진실발견이라는 공익과 개인의 사생활 보호이익을 비교형량하여 그 허용여부를 결정해야 한다고 판시하면서 위법수집증거배제법칙 적용 배제

※ 간통피고인의 남편인 고소인이, 피고인이 실제상 거주를 종료한 주거에 침입하여 획득한 휴지 및 침대시트 등을 목적물로 하여 이루어진 감정의뢰회보의 증거능력 긍정(2008도3990)

III. 임의성 없는 자백의 증거능력 - 자백배제법칙(confession rule)

1. 자백의 의의

(1) 자백의 정의

범죄사실의 전부 또는 일부를 인정하는 일체의 진술을 말함

※ 진술하는 자의 법률상 지위나 진술의 형식 및 상대방을 묻지 않음, 구두·서면 모두 가능, 사인에 대하여 진술한 것도 포함되며 일기 등에 기재하는 것과 같이 상대방 없이 행하여진 경우도 포함

But, 상업장부나 항해일지, 진료일지 또는 이와 유사한 금전출납부 등과 같이 범죄사실 인정 여부와 관계없이 자기에게 맡겨진 사무를 처리한 사무내역은 그 존재와 기재가 그러한 내용의 사무가 처리되었음을 판단할 수 있는 별개의 독립된 증거자료에 불과

※ 공소사실에 일부 부합되는 사실의 기재가 있더라도 이를 피고인이 자백하는 문서라고 볼 수 없음(94도2865)

자백여부 판단은 전후의 진술내용 및 경위 등을 종합하여 판단

※ 공소장 기재를 낭독하면서 사실유무를 물은 데 대해 "예, 그랬습니다"라고 답한 후 계속되는 검사와 변호인, 재판장의 물음에 대해 다시 범행을 부인하는 취지의 대답을 한 경우 공소사실의 경과 일부를 자백한 것이지 공소사실 전부에 대하여 자백한 것은 아님(84도141)

※ 피고인이 공판기일에 진술한 항소이유서에 "돈이 급해 지어서는 안 될 죄를 지었습니다.", "진심으로 뉘우치고 있습니다"라고 기재되어 있으나 이후 검사와 재판장 변호인의 신문에 대하여 범죄사실을 부인하였고, 수사단계에서도 부인하여온 경우, 추상적인 항소이유서의 기재만으로 범죄사실을 자백한 것으로 볼 수 없음(99도3341)

2. 자백배제법칙의 의의

(1) 자백배제법칙의 정의

임의성이 의심스러운 자백의 증거능력을 부정하는 증거법칙을 자백배제법칙이라 함

※ 형소법 제309조는 "피고인의 자백이 고문, 폭행, 협박, 신체구속의 부당한 장기화 또는 기망 기타의 방법으로 임의로 진술한 것이 아니라고 의심할만한 이유가 있는 때에는 이를 유죄의 증거로 하지 못한다"라고 규정

※ 헌법 제12조 제7항은 "피고인의 자백이 고문, 폭행, 협박, 구속의 부당한 장기화 또는 기망 기타의 방법에 의하여 자의로 진술된 것이 아니라고 인정될 때 … 에는 이를 유죄의 증거로 삼을 … 수 없다"고 규정

(2) 자백배제법칙 배경

자백증거의 허용은 공정성(fairness)과 정확성(accuracy)의 문제를 제기함

1184년 교황 루치아 3세(Pope Lucius III)가 처음으로 주교들이 자기 교구 내에서 이단에 대한 사법적 조사를 할 것을 요구하면서 로마종교재판의 직권주의(Inquisition)가 시작

※ 우리의 경우 규문주의와 직권주의를 나누어 분류함. 규문주의는 하나의 기관이 수사·기소·재판을 다 담당하는 것을 말하고 직권주의는 수사와 기소는 다른 기관이 담당하고 재판기관이 재판을 주도적으로 진행하는 것을 말함. 그러나 통상 유럽에서는 당사자주의와 직권주의라는 용어로 설명하고 중세종교재판에서 유래하는 규문주의도 특이한 형태의 직권주의로 포섭하여 설명

※ 종교재판관들은 이단으로부터 자백을 받기 위해 고문하거나 어둡고 더러운 지하감옥에 장기간 감금하기도 함

세속에서는 13세기 중엽, 북부 이탈리아에서 고문을 사용하기 시작하고, 16세기 영국을 제외한 유럽의 모든 나라에서 합법적으로 고문이 사용되다가 18세기 중엽 프랑스 혁명을 거치면서 고문이 법적으로 금지됨

중세 영국에서 고문은 공식적으로 자백을 받아내기 위한 방법으로 인정되지 않았고, 재판관은 고문이나 기타 잔인한 방법을 사용하여 얻은 자백을 거부할 권한을 가지고 있었음

※ 영국은 직권주의를 거부하고, 재판관이 배심재판을 주재하고, 자백을 확보할 의무를 지지 않는 당사자주의를 채택

17~18세기 동안 영국법은 미국법으로 계수되었고, 강제로 피고인이 자기의 죄를 인정하게 하는 것은 기본적 인권에 반하는 것이라고 보아, 헌법 제정 시 자기부죄에 대한 보호(protection against self-incrimination)를 당사자주의의 가장 핵심적 요소로 규정

※ 미국에서도 20세기까지 강제로 획득한 자백이 법정 증거로 제출되었으나 1936년 Brown v. Mississipi 사건에서 강제적인 자백에 기인한 판결을 처음으로 파기시킴

√ 농장주 살인사건 흑인 피의자 3명에 대한 가혹한 고문을 통해 얻은 자백의 증거능력 배제

※ 자백보강법칙(corroboration of confession)

자백만으로 유죄를 인정하지 못한다는 것에 대해 19세기까지 영국에서 명문의 규정은 없었으나 19세기 초부터 실무에서는 자백만으로 유죄를 선고받아서는 안 된다는 판결들이 나왔는데 이는 당시의 사법체계와 관련된 경제·사회적 압력, 반칙에 영향을 받을 수 있는 가장 약한 형태의 증거라는 재판관들 인식의 부산물로 자백보강법칙이 형성됨

(3) 자백배제법칙 근거

허위배제설, 인권옹호설, 절충설, 위법배제설 등의 견해가 대립되나 판례는 위법배제설 내지 절충설 입장(83도3248(부산 미문화원 방화사건, 2004도7900)

※ 허위배제설은 임의성 없는 자백에는 허위가 숨어들 위험성이 많기 때문에 증거능력 배제

※ 인권옹호설은 범죄사실 인부에 대한 의사결정의 자유, 즉 진술의 자유를 침해한 위법·부당한 압박하에 행해진 자백의 증거능력 배제

※ 절충설은 허위배제설과 인권옹호설을 모두 근거로 함

※ 위법배제설은 자백취득과정에서 적정절차(due process)에 반하여 위법하게 취득된 자백의 증거능력 배제

3. 자백배제법칙의 구체적 적용범위

(1) 서론

판례는 제309조에 규정된 '고문, 폭행, 협박, 신체구속의 부당한 장기화 또는 기망'은 일응 피고인 진술의 자유를 침해하는 위법사유의 예시에 불과하고 '기타의 방법' 또한 다양하다고 봄(82도2413(고숙종 사건)

(2) 고문·폭행·협박에 의한 자백

고문이란 사람의 정신 또는 신체에 대하여 비인도적·비정상적 위해를 가하는 것을 말하고, 폭행이란 신체에 대한 유형력의 행사, 협박이란 해악을 고지하여 공포심을 일으키는 것을 말함

※ 수사기관이 피의자를 손으로 때리거나 발로 차는 행위(94도1843), 장기간 신문이나 철야신문을 통해 잠을 자지 못하게 하는 행위(82도2413), 긴급체포한 다음 날 저녁부터 그다음 날 아침까지 피고인이 전혀 잠을 자지 아니한 상태에서 피의자 신문조서가 작성된 경우(84도36)

※ 고문·폭행·협박과 자백진술 시점 간에 시간적으로 반드시 일치할 필요는 없음 피의자가 경찰조사과정에서 고문에 의한 자백을 한 후 다시 검사 앞에서 자백한 경우 검사 면전 자백이 경찰의 강압수사에 의해 생긴 임의성 없는 심리상태가 검사조사단계까지 계속된 결과 행해진 것이라면 검사 앞 자백의 증거능력도 배제(92도2409)

2020년 개정 형소법에 의해 검사작성 피신조서의 증거능력 인정요건이 사경작성피신조서의 증거능력과 동일하게 되어 경찰이든 검찰이든 단계에 관계없이 피고인이 내용을 부인하기만 하면 증거능력이 없도록 개정되었음(2022. 1. 1. 시행)

(3) 신체구속의 부당한 장기화로 인한 자백

원래 구속자체는 적법하나 구속상태가 부당하게 장기화한 경우를 말하며 구속자체가 불법인 이른바 불법구속 중의 자백문제와는 구별됨

※ 어느 정도가 부당한 구금이 되는지 여부는 사건의 경중, 심판의 난이, 도망·증거인멸의 위험 정도, 피고인의 심신상태 등 주·객관적인 구체적 사정을 종합적으로 참작, 구속의 필요성과 비례성을 기준으로 판단

(4) 기망에 의한 자백

위계를 사용하여 상대방을 착오에 빠지게 한 결과 행하여진 자백을 말하며, 위계에 의한 자백이라고도 함

기망에 의한 자백임을 이유로 증거능력을 주장하기 위해서는 국가기관에 대하여 신문방법이

정당하지 않음을 비난할 수 있는 적극적인 사정이 있어야 함

※ 적극적인 사술이 사용되어야 하며 단순한 착오나 논리모순을 이용하는 것은 통상의 신문방법으로 허용되기 때문에, 위계의 내용이나 태양으로 보아 허위자백 유발의 가능성과 신문방법으로서의 부당성·위법성이 어느 정도인지 여부에 따라 판단해야 함

※ 검사 피신에 참여한 검찰주사가 모든 피의사실을 자백하면 불문에 부치거나 가볍게 처리할 것이며, 보호감호의 청구를 하지 않겠다는 각서를 작성하여 주면서 자백을 유도한 경우 기망에 의한 자백으로 봄(85도2182)

(5) 기타의 방법에 의한 자백

1) 불법구속 중의 자백

원칙적으로 증거능력 부정

※ 구속영장 없이 임의동행 형식으로 경찰에 연행된 이래 계속 구금상태에서의 사경작성 피의자 신문조서(82도716)

※ 긴급체포 요건에 위배된 긴급체포 기간 중에 작성된 피의자 신문조서(2000도5701)

2) 약속에 의한 자백

자백의 대가로 이익을 제공하겠다고 약속하고 피의자 등이 그 약속에 기하여 자백하는 경우

※ 이익의 약속은 자백에 영향을 미치는데 적합한 것이어야 하나, 반드시 형사처벌 자체에 관련된 것뿐만 아니라 가족의 보호 등과 같은 일반적·세속적 이익도 포함됨

※ 이익을 약속하는 자는 약속내용을 실현할 권한이 있거나 그 권한자에게 영향을 미칠 수 있다고 믿을만한 사정이 있는 경우이어야 함

※ 200만 원을 뇌물로 받은 것으로 하면 특정범죄가중처벌등에관한법률위반으로 중형을 받게 되니 금 20만 원 중 금 30만 원을 술값으로 갚은 것으로 조서를 허위작성한 것이라면 이는 단순수뢰죄의 가벼운 형으로 처벌되도록 하겠다고 약속하고 자백을 유도한 것으로 그 임의성에 의심이 간다고 봄(83도2782)

※ 제1심 7회 공판기일에 범죄사실을 자백한 것처럼 되어 있으나, 그 공판기일 공판개시 이전에 검사가 피고인을 검사실로 불러 피고인에게 최소한 피해자를 밀쳤다고만 시인하면 공소장을 변경하여 벌금형이 선고되도록 하여 주겠다고

제의하므로 피고인은 당시 미결구금일수가 165일이나 되었고 혹시 검사가 신청한 증인들의 증언에 의하여 유죄로 인정되어 무거운 처벌을 받게 될지도 모른다는 두려움 때문에 사실과 다른 허위자백을 한 것이라고 변소하고 있는 사안에서 자백내용이 객관적 합리성이 없으며 자백에 이르게 된 경우가 다른 증거에 비추어 모순된다면 그 신빙성이 없다고 판단(87도317)

√ 동 사안은 법정에서의 자백에 대한 문제로 증거능력이 아닌 증명력의 문제로 처리함

3) 진술거부권 불고지 또는 변호인과의 접견교통권 침해에 의한 자백

판례는 수사기관이 피의자에게 진술거부권을 고지하지 아니한 상태에서의 피의자 진술은 진술의 임의성이 인정되는 경우라도 위법하게 수집된 것으로 증거능력이 부인되고(2008도8213), 변호인과의 접견교통이 위법하게 제한된 상태에서 얻어진 피의자 자백의 증거능력도 부인(제90도1586)

4) 정신적·심리적 압박에 의한 자백

피의자 조사 시 정신적·심리적 압박을 가할 수밖에 없는데 문제는 강제내지 임의성이 없는 상황이라고 할 것과 그렇지 않은 것과의 한계가 중요한데 이는 조사하는 측의 사정뿐만 아니라 피의자 측의 사정(연령, 지위, 건강상태 등)도 고려하여 종합적으로 판단하여야 함

① 유도신문 등

피의자의 변명에 포함되어 있는 모순점, 불합리한 점, 애매한 점 등을 이치에 따라 추궁하거나 객관적인 사실내재 증거와의 모순점을 따져 변경에 궁해진 피의자로부터 자백을 얻는 것은 특별한 사정이 없는 한 강제내지 임의성을 상실시키는 정신적·심리적 압박이라고 할 수 없음

② 집요한 신문, 철야신문 등

집요한 신문, 장시간의 계속적인 조사 등이 임의성에 어떠한 영향을 미치는가 하는 것은 그 정도, 태양 및 다른 사정과 종합하여 판단할 문제

※ 철야신문이나 심야에 이르도록 장시간 조사하는 것은 피의자에게 피로, 공복이나 수면부족에 의한 육체적 고통을 주게 되어 피의자의 의사에 반하거나 심신상태, 휴식이나 식사 등에 대한 배려가 없는 철야심문 등은 그 자체로서 임의성에 의심을 가지게 하는 상황으로 보아야 함

※ 피고인이 검찰에 연행된 때로부터 약 30시간 동안 잠을 재우지 아니한 채 검사 2명이 교대로 신문을 하면서 회유한 끝에 받아낸 자백의 증거능력 부정

(95도1964)

※ 별건으로 수감 중인 자를 약 1년 3개월 기간 동안 무려 270회나 검찰청으로 소환하여 밤늦은 시각 또는 그다음 날 새벽까지 조사를 하였다면 과도한 육체적 피로, 수면부족, 심리적 압박감 속에서 진술한 것으로 보여 이에 대한 진술조서는 그 임의성에 의심할 만한 사정이 있다고 봄(2004도517, 참고인 진술조서의 임의성에 관한 사항)

5) 마취분석 등에 의한 자백

일정한 약물을 투여하여 무의식 상태 하에서 진술을 획득하는 마취분석은 약물에 의하여 인간의 의사결정능력을 배제하는 것으로, 피의자나 피고인의 진술거부권을 침해하는 신문방법으로 동의 여하를 불문하고 자백의 증거능력 배제(통설)

※ 최면술에 의한 자백도 증거능력 부정하는 것으로 봄

4. 입증 및 판단

(1) 임의성 입증책임

판례는 진술의 임의성은 추정되나(97도1720), 자백의 임의성을 의심할 만한 사유가 엿보여 그 임의성에 다툼이 있을 경우 임의성 의문해소 입증책임은 검사에게 있다고 봄(2004도7900)

(2) 임의성 판단방법

판례는 피고인이 진술의 임의성을 다투는 경우 법원은 구체적 사건에 따라 조서의 형식과 내용, 피고인의 학력, 경력, 직업, 사회적 지위, 지능 정도 등 제반사정을 참작하여 자유로운 심증으로 임의성 여부를 판단하면 된다고 봄(2010도3029)

※ 엄격한 증명대상이 아닌 자유로운 증명대상으로 봄

5. 자백배제법칙의 효과

(1) 증거능력 배제

임의성 없는 자백의 증거능력은 배제되고, 절대적이어서 탄핵증거로도 사용불가하고, 피고인이 증거로 함에 동의하더라도 증력능력을 가지지 못함(통설)

※ 임의성 없는 자백은 유죄의 증거로 하지 못한다(헌법 제121조 제7항, 형사소송법 제309조)

※ 참고인 진술의 임의성 인정되지 아니하여 증거능력이 없는 경우 피고인이

증거동의하더라도 이를 증거로 할 수 없음(2004도7900)

임의성 없는 자백은 반증으로도 사용할 수 없다는 견해가 있지만 판례는 피고인에게 유리하게 반증으로 사용하는 것은 허용된다는 취지의 판결이 있음(82도2413)

※ 반증은 본증에 의하여 증명하려고 하는 사실의 존재를 부인하기 위하여 제출하는 증거

임의성 없는 자백에 근거하여 유죄판결을 한 경우 자백배제법칙 및 증거재판주의에 위반한 것으로 상대적 상소이유(제361조의5 제1호, 제383조 제1호)에 해당

※ 판결에 영향을 미친 헌법·법률·명령 또는 규칙의 위반이 있는 때

(2) 임의성 없는 자백에 의하여 수집된 증거의 증거능력

피고인을 고문하여 얻은 자백으로부터 사체의 소재를 알고 이를 발굴한 경우 그 사체의 증거능력 인정여부에 대해

임의성 없는 자백에 의해 수집된 증거의 증거능력을 전면적으로 부정해야 한다는 견해와 강제에 의한 자백의 경우에만 부정해야 한다는 견해, 그리고 독수과실의 이론에 의해 해결해야 한다는 견해가 있음

판례는 압수된 망치, 국방색 작업복과 야전잠바 등은 고문에 의한 자백으로 임의성 없는 피고인의 증거능력 없는 자백에 의해 획득된 것으로 증거능력이 없다고 봄(77도210)

IV. 전문증거의 증거능력(hearsay rule, examination in person(직접주의) - 전문법칙

1. 의의

(1) 전문증거

전문증거(hearsay evidence)란 사실인정의 기초로 되는 경험적 사실을 경험자 자신이 직접 법원에 진술하지 아니하고 다른 형태로 간접적으로 보고하는 경우 그 간접적 보고를 말함

※ 전문증거에는 ① 경험사실을 들은 타인이 전문한 사실을 법원에 진술하는

경우(전문진술) ② 경험자 자신이 경험사실을 서면에 기재하는 경우(진술서 또는 자술서) ③ 경험사실을 들은 타인이 서면에 기재하는 경우(진술녹취서)가 포함되며 진술서와 진술녹취서를 합하여 전문서류 또는 진술대용서류라고 함

※ 재전문증거에는 구두진술, 조서 등의 형태가 있으며, 재전문증거의 경우 판례는 증거능력을 인정하는 규정을 두고 있지 않으므로 피고인이 증거로 함에 동의하지 아니하는 한 이를 증거로 할 수 없다고 봄(2003도171)

√ A(경험자)→ B(전문자)→ C(재전문자)→ 법원에 보고

A(경험자)→ B(전문자)→ 사법경찰관에게 보고(조서작성)→ 법원 제출 시

(2) 전문법칙

전문법칙(hearsay rule)이라 함은 전문증거의 증거능력을 원칙적으로 부정하는 증거법상의 원칙을 말함

※ 영미 증거법에서 유래, 인정하는 이유는 불공정(unfairness, 피고인에게 반대신문기회를 주지 않으면)과 부정확성(inaccuracy)의 문제가 있기 때문이며, 이러한 문제가 있음에도 신뢰성(reliability, 통상 신용성이라는 용어를 쓰는데 이 용어는 일본이 reliability와 trustworthiness를 번역한 것으로 이하 신용성으로 표기), 필요성(necessity)이 각각 또는 모두 인정되는 경우에 예외로 증거능력을 인정함

※ 또한 전문법칙은 영미의 배심원을 전제로 발전한 것으로 대륙법계의 직권주의에서는 별도의 발전이 없었으나 독일은 대체증거가 아닌 직접증거에 의한 사실인정의 형태로 전문증거가 적용되기는 하나 기본적인 전제에는 차이가 있음(이를 직접주의라고 함)

(3) 현행법 규정

형소법 제310조의2는 "제311조 내지 316조에 규정한 것 이외에는 공판준비 또는 공판기일에서의 진술에 대신하여 진술을 기재한 서류나 공판준비 또는 공판기일 외에서의 타인의 진술을 내용으로 하는 진술은 이를 증거로 할 수 없다"라고 규정

2. 전문법칙의 적용범위

(1) 전문증거의 개념요소

1) 진술증거

전문증거는 요증사실을 직접 체험한 자의 진술을 내용으로 하는 증거로 진술증거만 전문증거가 될 수 있음

※ 증거서류이든 인증이든 진술증거만 전문증거가 되고, 흉기나 지문, 검증의 대상이 되는 물건이나 장소, 피해자의 상해부위를 촬영한 사진(2007도3906)은 비진술증거로 전문법칙 적용 안 됨

√ 사진도 사본으로서의 사진이나 진술증거의 일부분을 이루는 사진은 전문증거로서 일정한 요건 충족 시 증거능력이 인정됨

2) 요증사실과의 관계

전문증거는 원진술의 내용이 된 사실 자체의 존부가 요증사실을 이루고 있어야 함

※ "갑이 을을 살해하였다"고 말하는 것을 병으로부터 들은 정이 갑에 대한 살인사건에서 증언하는 경우는 전문증거에 해당하나, 병에 대한 명예훼손 사건에서 증언하는 것은 원본증거임

※ 판례는 진술을 하였다는 것 자체 또는 진술의 진실성과 관계없는 간접사실에 대한 정황증거로 사용함에 있어서는 반드시 전문증거가 되는 것은 아니라고 봄(2012도16001)

3) 공판준비 또는 공판기일 외에서의 진술일 것

전문증거로 되기 위해서는 원진술이 공판준비 또는 공판기일에서 행해진 것이 아니어야 함(제310조의 2)

※ 공판준비기일 또는 공판기일에 법관이 원진술을 직접 청취하는 경우는 전문법칙이 적용될 여지가 없음

(2) 전문법칙 적용이 배제되는 경우

형식적으로 전문증거인 것처럼 보이지만 전문법칙이 적용되지 않는 경우가 있음

① 원진술 존재자체가 요증사실의 구성요소를 이루는 경우(말한 것이 명예훼손 구성 시) ② 진술이 어떠한 행위나 언동의 의미가 애매한 경우 오로지 그 의미를 설명할 목적으로 제출되는 경우(폭행을 위한 행동인지 우정표현인지 여부를 설명하기 위해) ③ 진술을 원진술자의 심리적·정신적 상태를 증명하기 위한 정황증거로 사용한 경우 ④ 증인의 증언의 신용성을 탄핵

하기 위해 공판정 외에서의 자기모순진술을 증거로 제출하는 경우

3. 전문법칙의 예외이론

(1) 예외인정의 필요성

전문증거가 부정확하기는 하지만 신용성(reliability), 필요성(necessity) 있음에도 증거능력을 과도하게 배제하는 경우 실체진실발견이라는 장애가 될 뿐만 아니라 무용한 증거조사로 소송경제에도 반할 우려가 있기 때문에 일정한 요건 하에 예외 인정

※ 미국의 경우 예외가 23개에 이르는 등 전문법칙은 판례나 법률을 통한 예외 확대의 역사

(2) 예외인정 요건

1) 신용성의 정황적 보장(circumstantial guarantee of trustworthiness)

공판정 외 진술의 진실성이 제반의 정황에 의해 보장되어 있는 것 또는 반대신문에 대신할 만한 외부적 정황 아래서 진술이 행해진 것을 의미

※ 신용성이란 진술내용의 진실성을 의미하는 것이 아니라 진실성을 보장할 만한 외부적 정황을 의미

2) 필요성(necessity)

같은 가치의 증거를 얻는 것이 불가능하거나 곤란하기 때문에 전문증거라도 사용할 필요가 있는 것을 의미

※ 원진술자의 사망·질병·행방불명·국외체재 등으로 원진술자를 공판정에서 진술하게 하는 것이 불가능하거나 현저히 곤란한 경우

3) 양자 관계

양자 요건을 동시에 요구하는 경우도 있지만 양자는 반비례관계나 상호보완관계인 경우가 많음

※ 다만 필요성을 지나치게 강조하는 경우 피고인의 방어권을 중대하게 침해할 우려가 있어 필요성 사유로 증거능력 부여 시 신경을 기하여야 함

(3) 현행법상 전문법칙 예외규정

형소법은 제311조 내지 316조의 전문증거를 제외하고는 증거능력 불인정

※ ① 법원 작성조서(제311조) ② 수사기관 작성조서(제312조) ③ 사인작성 서류(진술서)(제313조) ④ 수사기관 작성조서·사인작성서류에서 원진술자의

진술불능으로 진정성립을 구비하지 못하는 경우를 대비한 보충규정(필요성과 특신성, 제314조) ⑤ 당연 증거능력 인정 서류(제315조) ⑥ 전문진술(제316조)로 구성 이외에는 증거능력 불인정

※ 위 규정들은 다시 전문증거가 서류인 경우와 구두 진술인 경우, 원진술자가 피고인인 경우와 그렇지 않는 경우, 신용성의 정황적 보장을 이유로 하는 경우와 필요성을 이유로 하는 경우 등으로 구분됨

또한, 2016. 5. 29. 형소법 개정으로 전문증거인 진술서, 진술서류 등에 각종 정보저장매체에 저장된 문서도 포함된다고 규정되었고, 진술서 작성자의 진술 외에 과학적 분석결과에 기초한 디지털포렌식 자료, 감정 등 객관적 방법으로 성립의 진정 인정가능하게 되었음

문제는 각종서류 개념에 정보저장매체(digital evidence)를 포함하면서도 제313조(자필, 서명 또는 날인) 이외에는 증거능력에 대한 요건을 규정하고 있지 않음. 이에 대해 판례는 ① 정보저장매체의 원본성 확인 ② 정보저장매체에 기억된 정보에 대한 전문법칙 적용(제311조 내지 316조)이라는 두 단계로 나누어 검토

※ 정보저장매체는 ① 문자정보매체, ② 녹음·녹화매체 ③ 도면·사진매체로 분류(대법원 규칙 제134의 7, 제138의 8)

※ 문자정보매체의 원본성(original) 요건은 ① 동일성(authenticity) ② 무결성(chain of custody, Documents to demonstrate and support the authenticity of the evidence)(2013도2511)

√ 미국 자료 등에서는 신뢰성(reliability, 기기의 정확성과 디지털 전문가의 정보처리 등)을 요건으로 두고 있으나, 우리의 판례는 정보저장매체를 출력하는 경우 동일성,무결성을 요건으로 한다면서, 하드카피나 이미징 카피 시에 기기의 신뢰성, 조작자의 전문성을 동일성을 확보하는 수단으로 설명하고 있고 모든 교과서에서도 이를 무결성으로 보고 있음

√ 문자정보매체에 기억된 문자정보 또는 그 출력물을 증거로 사용하기 위해서는 정보저장매체 원본에 저장된 내용과 출력 문건의 동일성이 인정되어야 하고, 이를 위해서는 정보저장매체 원본이 압수 시부터 물건출력 시

까지 변경되지 않았다는 사정 즉 무결성이 담보되어야 함(2013도2511)

√ 정보저장매체 원본을 대신하여 저장매체에 저장된 자료를 하드카피 또는 이미징한 매체로부터 출력한 문건의 경우 정보저장매체 원본과 하드카피 또는 이미징한 매체 사이에 자료의 동일성도 인정되어야 할 뿐 아니라 이를 확인하는 과정에서 이용한 컴퓨터의 기계적 정확성, 프로그램의 신뢰성, 입력·처리·출력의 각 단계에서 조작자의 전문적인 기술능력과 정확성이 담보되어야 함(2013도2511)

√ 증명방법은 ① 피압수·수색 당사자가 정보저장매체 원본과 하드카피 또는 이미징한 매체의 해쉬(Hash)값이 동일하다는 취지로 서명한 확인서면을 교부받아 법원에 제출하는 방법이 원칙 ② ①의 방법이 불가한 경우 정보저장매체 원본에 대한 압수, 봉인해제, 하드카피 또는 이미징 등 일련의 절차에 참여한 수사관이나 전문가 등의 증언에 의해, 정보저장매체 원본이 최초 압수 시부터 밀봉되어 증거제출 시까지 변경되지 않았거나, 정보저장매체 원본과 하드카피 또는 이미징한 매체사이의 해쉬값이 동일하다는 것을 증명하는 방법(2013도2511) ③ 법원이 정보저장매체 원본에 저장된 자료와 증거로 제출된 출력문건을 대조하여 양자의 동일성과 무결성을 인정하는 방법(2013도2511)

※ 녹음·녹화매체의 원본성 요건

녹음·녹화 매체가 녹음·녹화테이프 형태와 컴퓨터용 디스크 등 이와 비슷한 방법이 있는데 컴퓨터용 디스크 등의 경우에는 문자정보매체의 원본성 요건이 그대로 적용되나 테이프 형태의 경우는 요건 상이

√ 녹음·녹화테이프의 경우 원칙적으로 원본이어야 하고, 사본일 경우 복사과정에서 편집되는 등의 인위적 개작 없이 원본내용 그대로 복사된 것이어야 함(2011도6035)

√ 녹음파일의 경우 녹음파일의 생성과 전달 및 보관 등의 절차에 관여한 사람의 증언이나 진술, 원본이나 사본 파일 생성 직후 해쉬값의 비교, 녹음파일에 대한 검증·감정결과 등 제반 사정을 종합하여 판단(2014도10978)

※ 도면·사진매체의 원본성 요건

원칙적으로 원본이어야 하고, 사본일 경우 복사과정에 편집되는 등의 인위적 개작 없이 원본 내용 그대로 복사된 사본이어야 함

√ 도면·사진 등의 정보가 컴퓨터용 디스크 및 그 밖에 이와 비슷한 정보저장매체에 기억된 경우 동일성과 무결성 요건 구비 필요

4. 법원 또는 법관 면전조서(제311조)

(1) 제311조의 취지

법원 또는 법관이 주재하는 절차에서 작성된 조서로서 비록 수소법원이 아니라 할지라도 수소법원을 구성하는 법관이나 이와 동일한 자격을 가지고 있는 법관이 진술을 청취하고 그 결과 조서가 작성되었다면 그 성립의 진정과 신용성의 정황적 보장이 인정된다고 볼 수 있기 때문에 전면적으로 그 증거능력 인정

※ 제311조는 "공판준비 또는 공판기일에 피고인이나 피고인 아닌 자의 진술을 기재한 조서는 증거로 할 수 있다. 제184조(증거보전절차) 및 제221조의2(증인신문 청구)의 규정에 에 의하여 작성한 조서도 또한 같다"

(2) 공판준비 또는 공판기일에 피고인의 진술을 기재한 조서

공판준비기일은 공판준비절차에서 피고인신문이 행해진 결과 작성된 조서를 의미하고, 공판기일에서 피고인 진술은 그 자체가 바로 증거가 되므로 피고인의 진술을 기재한 공판조서가 증거능력이 인정되는 것은 판사경질로 공판절차가 갱신된 경우 그 갱신 전 공판조서를 의미

※ 이외에 파기환송·이송 전 조서도 포함

※ 본조의 각 조서(증인신문조서, 검증조서 등)가 당해 사건에 관하여 작성된 조서에 국한되는지, 다른 사건에 있어서 작성된 조서도 포함되는지 여부에 대해 판례는 당해 사건에 한한다는 입장(66도617), 따라서 다른 사건의 공판조서나 검증조서 등은 제315조 제3호에 해당하는 것으로 봄

√ 제315조 제3호 "기타 특히 신용할 만한 정황에 의하여 작성된 문서"

※ 또한, 피고인의 공판조서열람권을 침해하여 열람 또는 등사나 낭독청구에 응하지 아니한 때에는 그 공판조서를 유죄의 증거로 할 수 없고(제55조 제3항),

공판조서에 기재된 당해 피고인이나 증인의 진술도 증거로 할 수 없음(2003도 3282)

(3) 공판준비 또는 공판기일에 피고인 아닌 자의 진술을 기재한 조서

피고인 아닌 자라 함은 증인·감정인·통역인·번역인 등을 의미하고, 공범자와 공동피고인도 포함. 증인의 진술을 기재한 공판조서가 본조에 의해 증거능력이 인정되는 것은 공판절차 갱신 시 갱신 전 공판조서를 의미

※ 공범인 공동피고인의 진술을 기재한 조서는 피고인의 동의를 기다릴 필요도 없이 증거능력이 인정되나. 공범 아닌 단순 공동피고인의 경우 증인 지위에 불과하므로 증인선서 없이 한 공동피고인의 공판정 진술은 피고인에 대한 공소사실을 인정하는 증거로 사용 불가(82도1000)

(4) 법원 또는 법관의 검증결과를 기재한 조서

수소법원이 공판기일 외에서 행한 검증 또는 수소법원 이외의 법원 또는 법관이 행한 검증의 결과를 기재한 조서를 의미

※ 수소법원이 공판기일에 법정에서 검증을 행한 때에는 검증결과가 바로 증거가 되어 증거능력의 문제는 생기지 않음

※ 당해 사건의 검증조서라도 당사자에게 참여기회를 주지 않는 경우 적법성 결여로 증거능력이 없다고 봄

※ 검증목적물의 현상을 명확하게 하기 위해 첨부된 도화나 사진의 경우에는 검증조서와 일체를 이루는 것으로 본조에 의해 증거능력이 인정됨

※ 사인이 피고인 아닌 자의 진술을 녹음한 녹음테이프에 대하여 법원이 실시한 검증의 내용이 녹음테이프에 녹음된 대화내용과 검증조서에 첨부된 녹취서에 기재된 내용이 같다는 것에 불과한 경우 본조가 아닌 제313조 제1항에 따라 원진술자의 진술에 의해 녹음테이프에 녹음된 진술내용이 자신이 진술한 대로 녹음된 것이라는 것을 인정해야 함(96도2417)

(5) 증거보전절차(제184조) 및 제1회 공판기일 전 증인신문절차 작성조서

선서와 법관의 직권신문에 강한 신용성이 인정되기 때문에 공판조서와 동일하게 취급

※ 공범인 공동피고인이 증거보전절차에서 증언한 증인신문조서는 다른 공동피고인에 대하여 증거능력 있으나(86도1646), 피고인이 당사자로 참여하여 반대신문한 것에 지나지 않는다면 피고인의 진술부분에 대하여는 본조의 증거능력 인정 불가(84도508)
※ 증인신문을 하면서 신문 일시와 장소를 피의자 및 변호인에게 미리 통지하지 아니하여 증인신문에 참여할 수 있는 기회를 주지 않은 경우 증거능력 인정 불가(91도2337)

5. 수사기관 작성 조서(제312조)

(1) 수사기관 작성조서 증거능력의 체계와 검·경 수사권 조정

2020년 수사권 조정 형소법 개정으로 수사기관 작성조서는 검사와 사경 작성조서에 차이를 두지 않아, 수사기관 작성 피의자 신문조서, 수사기관 작성 피고인 아닌 자의 진술을 기재한 조서(참고인 조서 등), 수사기관 작성 검증조서 등 3가지로 분류됨

※ 2020년 개정 전에는 검사 작성 피의자 신문조서와 사경작성 피의자 신문조서의 증거능력 인정 요건이 상이하여 4가지 분류 방식이었음
※ 검사 작성 피의자 신문조서의 증거능력 요건에 사경(내용부인으로 증거능력 상실)과 차이를 둔 것은 일본강점기 때부터 이어져 내려온 경찰의 고문 등 강압수사를 차단하기 위한 목적이었으나,
이렇게 되면 공판단계에서 경찰 신문조서를 피고인이 내용 부인하면 증거능력이 부정되고, 피고인이 진술거부권을 행사하게 될 경우 범인을 석방해야 하는 문제가 발생하게 된다. 이에 대한 대비책으로 검사 작성 피신조서의 증거능력을 사경과 차등을 두어 성립진정이 인정되면 내용부인에도 불구하고 증거능력을 인정하는 제도를 두게 된 것임(이로 인해 이중 수사가 필수적이게 됨)

그러나 2020년 검·경 수사권 조정 개정 시 검·경의 협력관계에 비추어 적절치 않다고 보아 검사와 사경작성 신문조서의 증거능력을 일치시키되 급격한 변화로 인한 실무상 문제를 고려하여 2022. 1. 1.부터 시행키로 함

(2) 제312조 제1항 개정 내용

1) 개정 전 규정과 개정 후 규정

개정 전

검사가 피고인이 된 피의자의 진술을 기재한 조서는 적법한 절차와 방식에 따라 작성된 것으로서 피고인이 진술한 내용과 동일하게 기재되어 있음이 공판준비 또는 공판기일에서의 피고인의 진술에 의하여 인정되고, 그 조서에 기재된 진술이 특히 신빙할 수 있는 상태에서 행하여졌음이 증명된 때에 한하여 증거로 할 수 있다.

※ 제312조 제2항 "제1항에도 불구하고 피고인이 그 조서의 성립의 진정을 부인하는 경우에는 그 조서에 기재된 진술이 피고인이 진술한 내용과 동일하게 기재되어 있음이 영상녹화물이나 그 밖의 객관적인 방법에 의하여 증명되고, 그 조서에 기재된 진술이 특히 신빙할 수 있는 상태 하에서 행하여졌음이 증명된 때에 한하여 증거로 할 수 있다."

개정 후

검사가 작성한 피의자신문조서는 적법한 절차와 방식에 따라 작성된 것으로서 공판준비, 공판기일에 그 피의자였던 피고인 또는 변호인이 그 내용을 인정할 때에 한정하여 증거로 할 수 있다

※ 제312조 제2항은 2020년 개정으로 삭제되었고, 시행 시기는 제312조 제1항과 달리 개정시기인 2020. 2. 4.이어서 시차가 있음

2) 개정 내용

① 실질적 진정 성립요건과 이에 대한 대체적 증명방법이 삭제되었으나, 실질적 진정 성립요건이 없어진 것은 아님

※ 실질적 진정 성립은 기재내용이 진술한 대로 기재되어 있다고 인정하는 것을 말하고, 형식적 진정성립은 원진술자인 피고인이 공판정에서 간인·서명·날인 등이 원진술자인 피고인의 것이라는 것을 확인하는 것을 말하고 양자를 합하여 성립의 진정이라 함

※ 또한 개정 후에도 적법한 절차와 방식 요건은 동일

② 특신상태 요건이 삭제됨

※ 검사작성 피신의 증거능력 요건에 '내용인정'이 규정되면서 '조서에 기재된 진술이 특히 신빙할 수 있는 상태 하에 행해졌음이 증명된 때'라는 요건이 의미를 잃음

※ 개정 전에 '특신성' 요건을 두었던 이유는 내용부인에도 증거능력을 인정하기

위해서였음

(3) 수사기관 작성 피의자 신문조서

1) 수사기관 작성 피의자 신문조서의 범위(주체와 서류형식의 문제)

① 검사작성 피의자 신문조서(제312조 제1항)

피의자의 진술을 기재한 서류 또는 문서가 검찰단계에서 검사의 조사과정에 작성된 것이라면, 진술조서, 진술서, 자술서라는 형식을 취하였다고 하더라도 검사작성 피의자 신문조서와 같은 요건 아래 증거능력이 인정됨(제312조 제5항, 2014도5939)

※ 수사과정에서 검사가 피의자와 대담하는 장면을 녹화한 비디오테이프에 대한 법원의 검증조서도 피의자 신문조서에 준하여 증거능력을 가려야 함(92도682)

검사직무대리가 재정합의사건을 포함한 단독판사 심판사건의 피의자에 대하여 작성한 신문조서도 검사작성 피의자 신문조서에 포함됨(2012도3927)

※ 재정 합의는 사건의 속성을 따져본 뒤 1명의 판사가 심리하는 단독 재판부 사건을 3명의 판사가 심리하는 합의부로 배당하는 절차를 말함

② 사경작성 피의자 신문조서(제312조 제3항)

검사 이외의 수사기관이 작성한 피의자 신문조서를 말하며, 사법경찰단계에서 작성된 것이라면 검사작성 피신조서와 같이 형식에 관계없이 사경피신조서와 같은 요건 하에 증거능력 인정됨(제312조 제5항, 2014도5939)

사경에는 검찰청 소속 검찰수사관도 포함되며(제245조의9 제1항), 외국의 권한 있는 수사기관도 포함됨(2003도6548).

※ 원칙적 작성주체는 사법경찰관이지만 사법경찰리가 사법경찰관사무취급의 자격으로 작성한 경우, 사법경찰리가 검사의 지휘를 받고 수사사무를 보조하기 위하여 작성한 서류라 할 것이므로 이를 권한 없는 자의 조서라 할 수 없다고 봄(82도1080)

※ 제312조 제1항 및 제3항은 전문법칙이나 직접심리주의의 예외규정이라는 의미를 넘어서는 위법수사 방지장치 및 인권보장 장치로서 우리나라에 고유한 규정으로 다른 전문증거의 증거능력 규정과는 뚜렷하게 구별되는 의미를 가짐

2) 피고인이 된 피의자의 의미(가급적 넓게 인정하여 피의자를 보호하려는 취지로 해석)

개정 형소법 제312조 제1항 및 제3항에서는 수사기관 작성 피의자 신문조서는 그 피의자였던 피고인 또는 변호인이 그 내용을 인정할 때에 한하여 증거능력이 인정된다고 규정하고 있는데 이때 '그 피의자였던 피고인'의 범위가 문제됨

수사기관이 작성한 해당 피고인에 대한 피의자 신문조서를 유죄의 증거로 하는 경우는 당연히 적용되고(2016도9367), 해당 피고인과 공동정범, 교사범, 방조범 등 공범관계에 있는 다른 피고인이나 피의자의 피의자 신문조서를 해당 피고인에 대한 유죄의 증거로 채택하는 경우에도 적용(2016도9367)

※ 강학상 필요적 공범내지 대향범 관계에 있는 자들 사이에서도 적용(2007도6129, 2016도9367)

√ 필요적 공범은 대향범(둘 이상의 대향적 협력에 의해 성립), 집합범(다수의 행위자가 동일한 방향에서 같은 목표를 향하여 공동으로 행하는 범죄), 합동범(형벌법규에 2인 이상이 합동하여 일정한 죄를 범한 경우 가중 처벌하도록 규정된 죄)으로 구분

※ 양벌규정에 따라 기소된 경우 이러한 법인 또는 개인과 행위자 사이에서도 적용(2016도9367)

3) 다른 전문증거 조항과의 관계(제314조, 제312조 제4항)

① 제314조와의 관계

제312조 제1항과 제3항 의해 증거능력이 부정된 수사기관 작성 피의자 신문조서에 대하여 원진술자가 사망이나 소재불명 등의 사유로 진술할 수 없는 때에는 예외적으로 증거능력을 인정하는 제314조를 적용할 수 있는지 여부에 대해 판례는 부정(2016도9367)

※ 병원 사무장이 영리목적으로 소개·알선·유인의 대가로 금원을 제공한 사무장에 대한 피의자 신문조서를 병원장 피고사건에서 병원장이 피신조서를 부인함에도 하급심은 형소법 제312조 제4항(피고인 아닌 자의 진술을 기재한 서류)에 해당하고, 원진술자가 사망하여 제314조를 적용하여 대법원에서 파기한 것임(2020. 6. 11)

※ 법인 사업주의 대표자나 개인 사업주가 내용을 부인하면 행위자인 종업원에 대해 작성한 피의자 신문조서에 대하여 제314조를 적용하여 증거능력 인정 불가(2016도9367)

② 제312조 제4항과의 관계

제312조 제1항과 제3항에 의해 증거능력이 부정된 공범자에 대한 피의자신문조서를 제312조 제4항의 참고인진술조서로 보아 증거능력을 인정할 수 있는지 여부에 대해 판례는 부정(2016도9367)

※ 제312조 제1항과 제3항 상의 내용인정 요건의 입법취지를 고려할 때 제312조 제1항과 제3항을 제314조 제4항보다 우선 적용해야 하기 때문

※ 공범자에 대한 수사기관 작성 피신조서가 적법한 절차와 방식, 실질적 진정성립, 반대신문권 보장, 특신상태 등 제312조 제4항 요건을 갖춘 경우라도 해당 피고인이 공판기일에서 그 조서의 내용을 부인하면 증거능력 부인(2016도9367)

4) 증거능력 인정요건

① 적법 절차와 방식

피의자에 대한 조서작성 과정에서 지켜야 할 진술거부권의 고지 등 형사소송법이 정한 제반 절차를 준수하고 조서의 작성방식에도 어긋남이 없어야 한다는 의미(2010도3359)

※ 다시 말해 조서작성의 절차와 방식이 적법함을 의미

※ 적법절차와 방식은 형식적 진정성립 + 조서작성 과정의 절차와 방식의 적법성까지 포함하는 개념

√ 2007년 개정 전 형소법은 적법절차와 방식규정 없이 진정성립(형식적 진정 + 실질적 진정)만을 규정하였으나 2007년 개정 후 형소법은 피의자 신문조서의 증거능력을 보다 엄격히 통제하기 위해 '적법한 절차와 방식'이라는 요건을 규정하면서 형식적 진정 성립에 대한 규정 없이 실질적 진정성립에 대한 규정만 명시하였다가, 2020년 개정 시 실질적 진정성립 규정도 삭제되었음(그러나 해석상 인정)

√ 형식적 진정성립 외에 추가되는 요건은 신문주체의 문제(검찰주사가 조사 직후 검사가 피의자에게 개괄적으로 질문한 사실이 있을 뿐인데 검사가 작성한 것으로 되어 있는 경우 검사작성피신조서 해당하지 않음(90도1483)), 검사나 사법경찰관 피의자 신문 시 검찰수사관이나 사법경찰관리 참여(제243조), 피의자 신문일시·장소에 관한 협의(수사준칙 제19조 제2항), 심야시간 제한(수사준칙 제21조 제1항), 장시간 조사의 제한(수사준칙 제22조 제1항, 총 12시간, 대기·휴게 등 제외 시 8시간), 휴식시간의 부여(수

사준칙 제23조 제1항), 수사과정 기록(형소법 제244조의 4 제1항), 피의자 신문조서의 내용확인(형소법 제244조 제2항 제3항) 등

√ 진술거부권을 고지하고 행사여부를 질문하였더라도 제244조의 3 제2항에서 규정한 방식에 위반하여 진술거부권 행사 여부에 대한 피의자의 답변이 자필로 기재되어 있지 아니하거나 그 답변부분에 피의자의 기명날인이나 서명이 되어 있지 아니한 수사기관 작성 피신조서는 적법한 절차와 방식에 따라 작성된 조서라 할 수 없음(2014도1779)

적법절차와 방식을 위반하는 경우 증거능력이 인정되지 않는 것이 원칙임. 즉 진술거부권이나 변호인 조력권 등 흠결이 헌법상 적법절차 위반에 이르는 경우 제312조 제1항, 제3항뿐 아니라 위법수집증거배제법칙을 규정한 제308조의 2에 의해 증거능력이 없을 뿐만 아니라 동의하더라도 증거능력이 인정되지 않음(2009도10092)

※ But, 흠결이 헌법상 적법절차 위반에 이르지 아니하는 사소한 경우라면 증거동의에 의해 증거능력이 인정될 수 있음

※ 적법한 절차와 방식에 대한 증명은 법관 면전에서 원진술자인 피고인이 조서가 적법한 절차와 방식에 따라 작성되었음에 의해 인정되어야 하며(제312조 제1항, 제3항), 검사 작성 피의자 신문조서에 대한 진정성립의 대체적 증명방법을 규정한 형소법 제312조 제2항은 삭제되었음(2021. 1. 1. 시행)

② 실질적 진정성립

개정 형소법 제312조 제1항과 제312조 3항은 실질적 진정성립 요건을 명시하지 않고 있으나, 내용인정 요건을 검토하려면 그 전제로 실질적 진성성립이 필요하기 때문에 개정 후에도 실질적 진정성립 요건이 요구됨

실질적 진정성립은 피고인이 진술한 내용과 동일하게 기재되어 있음이 공판정에서 피고인의 진술에 의해 인정되어야 하는데 여기서 '기재 내용이 동일하다'라는 것은 ⓐ 적극적으로 진술한 내용이 그 진술 그대로 기재되어 있어야 한다는 것뿐만 아니라 ⓑ 진술하지 아니한 내용이 진술한 것처럼 기재되어 있지 아니할 것을 포함함(2011도8325)

※ 피고인 또는 변호인이 수사기관 작성 피신조서에 기재된 내용이 피고인이

진술한 내용과 다르다고 진술할 경우, 피고인 또는 변호인은 당해 조서 중 피고인이 진술한 부분과 같이 기재되어 있는 부분과 다르게 기재되어 있는 부분을 구체적으로 특정해야 함(소송규칙 제134조 제3항)

√ 심리 후 진술한 대로 기재되어 있는 부분에 한하여 증거능력 인정(2011도8325)

※ 실질적 진정성립의 증명은 공판준비 또는 공판기일에서 피고인의 진술에 의해 인정되어야 함(2011도8325)

√ 영상녹화물에 의한 대체적 증명방법은 허용되지 않음(2021. 1. 1. 폐지)

③ 내용인정

조서의 내용이 객관적 진실에 부합함을 인정하는 진술을 의미하고, 원진술자인 피고인 외에 변호인도 내용인정 진술이 가능함

※ 내용인정은 적법 절차와 방식, 실질적 진정성립 요건 구비를 전제로 한다는 점에서 이러한 요건이 갖추어지지 아니한 때에도 증거능력을 부여하는 증거동의(제318조 제1항)와 구별

※ 피고인 또는 변호인이 내용을 부인하면 조서는 물론 조서에 기재된 진술 자체도 증거능력 부인됨(2000도4383)

5) 피신조서 증거능력 부정 시 대안과 특례

① 조사자 증언제도

피의자의 진술을 청취한 검사나 사법경찰관을 공판기일에 증인으로 채택하여 피의자의 진술내용을 증언하게 한 후 이 증언에 증거능력을 부여하는 방법을 말하며, 2007년 형소법 개정 시 제316조 제1항에 명문으로 도입

※ 피고인 측이 내용부인을 통해 증거능력을 차단하더라도 검사는 법정에서 행해지는 조사자증언을 통해 수사단계에서 행해진 피고인의 진술을 법관면전에서 현출할 수 있게 되었음

※ 조사자 증언은 증인신문 방식에 의해 진행되므로 조사자는 위증의 벌을 받겠다고 선서한 후에 피의자였던 피고인의 진술을 법원에 보고하게 됨

※ 조사자 증언제도 도입 이전에 검사들은 사경 피신조서의 증거능력을 인정하기 위한 방법으로 ⓐ 피의자의 진술을 청취한 사법경찰관을 증인으로 채택하여 피의자의 진술내용을 증언하게 한 후 사법경찰관의 증언을 구 제316조 제1항을 근거로 증거능력을 인정하는 방법(2005도5831) ⓑ 사경 조사 당시 옆에

서 사경 피신조서에 기재된 진술과 동일한 내용의 진술을 들었다는 다른 증인의 증언에 대하여 구 제316조 제1항을 적용(82도385), ⓒ 피의자의 진술을 청취한 사법경찰관리를 검사가 참고인으로 조사하여 진술조서를 작성하고 이 진술조서에 대하여 제312조 제4항을 적용(94도1905) ⓓ 사법경찰관이 피의자신문조서를 작성하지 않고 피의자로 하여금 자필로 자술서를 쓰게 하고 이 자필진술서에 대하여 제313조 적용(82도1479)

√ But, 판례는 일관하여 제312조 제3항을 적용하여 증거능력 배제

② 즉결심판

20만 원 이하의 벌금, 구류 또는 과료에 처할 경미한 범죄사건을 신속하게 심판하기 위한 절차(즉결심판에 관한 절차법에 따라 경찰서장이 심판청구)

즉결심판절차에서는 형소법 제312조 제3항이 적용되지 않아서(동법 제10조) 피고인이 사경작성 피신조서의 내용을 부인하더라도 증거능력 인정됨

※ 즉결심판에 대해서는 피고인이 정식재판을 청구할 수 있고(동법 제14조), 정식재판 절차에서 형소법 제312조 제3항이 적용되어 내용부인 진술을 통해 증거능력을 배제할 수 있기 때문

※ 즉심절차에서는 제312조 제3항 외에 자백보강법칙(제310조), 진술서 등의 증거능력(제313조)의 적용이 배제됨

√ 자백보강법칙은 증거능력 있는 자백에 법관의 유죄의 심증을 얻었다 할지라도 이를 보강하는 증거가 없으면 유죄로 인정할 수 없다는 원칙

(5) 수사기관 작성 참고인 진술조서(제312조 제4항)

1) 참고인 진술조서

수사기관이 피고인 아닌 자의 진술을 기재한 조서를 참고인 진술조서라고 하며, 형소법은 검사와 사경작성 참고인 진술조서의 증거능력을 동일한 조문에서 동일하게 규정(제312조 제4항)

※ 참고인이 수사기관의 수사과정에서 작성한 진술서도 참고인 진술조서와 동일한 요건 하에 증거능력 인정(제312조 제5항)

※ 휴대전화기에 대한 압수조서 중 '압수경위'란에 기재된 내용은 피의자가 범행을 저지르는 현장을 직접 목격한 사람의 진술이 담긴 것으로 형소법 제312조 제5항에 정한 '피고인이 아닌 자가 수사과정에서 작성한 진술서'에 준하는

것으로 볼 수 있음(2019도13290)

√ 이는 수사기관 작성 형식인 '압수조서'라 하더라도 범죄현장을 직접 목격한 점에 주목하여 수사기관이 아닌 일반인이 범죄현장을 보고 작성한 진술서의 증거능력과 같다고 본 것임

2) 증거능력 요건(4가지)

증거능력 요건은 ① 적법한 절차와 방식에 따라 작성 ② 수사기관 앞에서 진술한 내용과 동일하게 기재되어 있음이 증명될 것(ⓐ 원진술자의 공판준비 또는 공판기일에서의 진술 또는 ⓑ 영상녹화물 기타 객관적인 방법에 의해) ③ 피고인 또는 변호인이 공판준비 또는 공판기일에 그 기재내용에 관하여 원진술자를 신문할 수 있었던 것 ④ 조서에 기재된 진술이 특히 신빙할 수 있는 상태에서 행하여졌음이 증명된 때(제312조 제4항)

※ 요건 중 반대신문권 보장과 특신상태 요건은 2007년 개정 시 명문으로 도입되었으나, 특신상태는 형소법 제316조 제2항을 매개로 요건으로 인정하고 있었음

√ 제316조 제2항 '피고인 아닌 자의 공판준비 또는 공판기일에서의 진술이 피고인 아닌 타인의 진술을 그 내용으로 하는 것인 때에는 원진술자가 사망, 질병, 외국거주, 소재불명 그 밖에 이에 준하는 사유로 인하여 진술할 수 없고, 그 진술이 특히 신빙할 수 있는 상태 하에서 행하여졌음이 증명된 때에 한하여 이를 증거로 할 수 있다.'

① 적법 절차와 방식

참고인 진술에 대한 조서작성 과정에서 지켜야 한다고 정한 여러 절차를 준수하고 조서 작성 방식에도 어긋나지 않아야 한다는 것을 의미(2015도12981)

수사기관 작성 피신 시 요건과 마찬가지로 형식적 진정성립(간인·서명·날인) 이외에 조서작성 과정의 절차와 방식의 적법성까지 포함하는 의미를 가짐

※ 참고인 조사의 일시·장소에 관한 협의(수사준칙 제19조 제6항, 제2항), 심야조사의 제한(동 준칙 제21조 제1항), 장시간 조사의 제한(동 준칙 제22조 제1항), 휴식시간의 부여(동 준칙 제23조 제1항), 신뢰관계인 동석(법 제221조 제3항, 제163조의2 제1항), 자료·의견 제출기회 보장(동 준칙 제25조 제1항), 수사과정 기록(법 제244조의 4 제3항, 제1항), 참고인 진술조서의 내용확인(법 제244조의 4 제3항) 등

※ 진술자와 피고인과의 관계, 범죄의 종류, 진술자 보호의 필요성 등 여러 사정으로 볼 때 상당한 이유가 있는 경우 가명의 참고인 진술조서를 작성했다는 이유만으로 적법한 절차와 방식에 따르지 않았다고 할 것은 아님(2011도7757)

※ 공판정에서 증언한 증인을 검사가 소환한 후 피고인에게 유리한 증언을 추궁하여 이를 일방적으로 번복시키는 참고인 진술조서는 증거능력이 부정되며(2012도13665), 다시 법원에 나와 성립의 진정을 인정하고 반대신문을 하는 경우에도 참고인 진술조서의 증거능력 배제(2012도13655)

※ 검사가 공판정에서 증언을 마친 증인에게 수사기관에 출석할 것을 요구하여 그 증인을 상대로 위증혐의를 조사한 내용을 담은 피의자 신문조서도 증거능력 없다(2012도13655)

※ 1심에서 피고인에 대해 무죄판결이 선고되어 검사가 항소한 후 수사기관이 항소심 증인으로 신청해 신문할 수 있는 사람을 특별한 사정없이 미리 수사기관에 소환해 작성한 진술조서는 피고인이 증거로 할 수 있음에 동의하지 않은 한 증거능력 없음(2013도6825)

② 실질적 진정성립

실질적 진정성립은 '원진술자의 진술'에 의해 인정되어야 하는 것이 원칙이나 형소법은 영상녹화물 또는 그 밖의 객관적 방법에 의한 대체적 증명방법을 허용하고 있음

※ 수사기관 작성 피신조서에서는 대체증명을 허용하지 않음

※ 영상녹화물은 조사 개시 시부터 종료까지 전과정 및 객관적 정황이 영상녹화된 것이어야 하며(제244조의2 제1항), '그 밖의 객관적 방법'은 영상녹화물에 준할 정도의 객관적 증명방법이어야 하기 때문에 조사관이나 통역인 등의 증언은 해당하지 않음(2015도16586)

※ 증명은 단순한 소명을 넘어 합리적 의심의 여지가 없을 정도로 입증되어야 하며, 증명방법은 공판준비나 공판기일에 법관 면전에서 조사되어야 함(참고인 진술과의 형평성 문제)

③ 반대신문 기회부여

원진술자(참고인)가 법관 면전에 출석하여 선서한 다음 피고인 또는 변호인의 반대신문에 응해야 하며, 반대신문 기회가 제공되는 것으로 족함

※ 증인(참고인)에 대한 증인신문 이후에 증거서류에 대한 증거조사가 이루어짐

※ 수사기관 작성 피신조서의 증거능력 요건과 크게 차이 나는 부분

※ 공범자 등의 진술기재 부분에 대하여 피고인 측이 내용을 부인하는 경우 판례는 제312조 제4항보다 제312조 제1항과 3항을 우선 적용함

※ 다만, 성폭력범죄의 처벌 등에 관한 특례법 제30조 제6항에 의해. 일정한 성폭력범죄의 경우 피해자의 진술이 담긴 영상녹화물이 증거로 제출된 경우 원진술자인 피해자뿐만 아니라 조사과정에 동석하였던 신뢰관계 있는 사람 또는 진술조력인의 진술에 의하여 그 진정성립을 인정할 수 있어 원진술자에 대한 반대신문권 보장을 반드시 요건으로 하지는 않음(2009도12048)

④ 특신상태

특신상태는 ⓐ 진술의 내용이나 조서 또는 서류의 작성에 허위개입의 여지가 거의 없고 ⓑ 그 진술 내용의 신빙성이나 임의성을 담보할 구체적이고 외부적인 정황이 있는 경우를 의미(2011도3809)

※ 특신상태 요건은 전문법칙의 예외가 과도하게 인정되는 것을 통제하는 장치로 제312조 4항(참고인조서), 제313조 제1항 단서(피고인 진술서), 제314조(필요성 예외), 제316조 제1항, 제2항(전문진술)에서 규정

※ 수사기관이 수사기록 목록을 작성하지 않거나 피고인·변호인의 증거개시청구에 응하지 아니하는 경우 특신상태를 의심하게 하는 상황 가능(제198조 제3항, 서류·물건 목록 의무)

(6) 수사기관 작성 검증조서(제312조 제6항)

1) 검증조서의 범위

영장에 의한 검증(제215조)에 기하여 작성된 조서와 영장에 의하지 아니한 강제처분으로서의 검증(제216조, 제217조)에 기하여 작성된 조서

※ 긴급처분으로서 검증이 행해진 경우 그 검증이 사후에 법원으로부터 영장을 발부받은 것일 때 비로소 검증조서에 증거능력이 부여될 수 있음(83도3006)

※ 수사기관이 임의수사의 일환으로 실황조사를 행하고 그 결과를 기재한 실황조사서가 제312조 제6항에 해당하는지 여부에 대해 검증조서에 준하여 증거능력을 판단하여야 하나, 단지 수사의 경위 및 결과를 내부적으로 보고하기

위하여 작성된 서류(수사보고서)에 불과하다면 그 안에 검증의 결과에 해당하는 기재가 있다고 하여 이를 '검사 또는 사법경찰관이 검증의 결과를 기재한 조서'라고 할 수 없음(2000도2993)

※ 수사기관의 검증조서에 검증참여자의 진술이 기재되어 있는 경우, 이때 검증조서에 기재된 진술의 증거능력이 어떻게 되는 가의 문제에 대해, 피의자 진술일 경우 제312조 제1항과 제3항, 참고인일 경우 제312조 제4항 적용

※ 압수·수색 조서의 증거능력에 관한 규정이 없는바, 이에 대해서도 제312조 제6항을 적용하는 것으로 봄(94도1476)

2) 증거능력 요건

① 적법한 절차와 방식 ② 실질적 진정성립(공판준비 또는 공판기일에서 작성자의 진술에 따라 그 성립의 진정함이 증명된 때)이 인정되면 증거능력이 인정됨

※ 법원 또는 법관 검증조서는 증거능력이 당연 인정됨

※ 작성자는 검증의 주체가 된 검사 또는 사법경찰관을 말하며, 단순히 검증에 참여한데 불과한 사법경찰관은 성립진정을 인정할 수 없음(76도500)

6. 진술서 및 진술기재 서류(제313조)

(1) 조문 구조에 대한 이해

1) 제313조 제1항

'전 2조의 규정 이외에 피고인 또는 피고인이 아닌 자가 작성한 진술서나 그 진술을 기재한 서류로서 그 작성자 또는 진술자의 자필이거나 그 서명 또는 날인이 있는 것(피고인 또는 피고인 아닌 자가 작성하였거나 진술한 내용이 포함된 문자·사진·영상 등의 정보로서 컴퓨터용 디스크, 그 밖에 이와 비슷한 정보저장매체에 저장된 것을 포함한다)은 공판준비나 공판기일에서의 그 작성자 또는 진술자의 진술에 의하여 그 성립의 진정함이 증명된 때에는 증거로 할 수 있다.

단, 피고인의 진술을 기재한 서류는 공판준비 또는 공판기일에서 그 작성자의 진술에 의하여 그 성립의 진정함이 증명되고 그 진술이 특히 신빙할 수 있는 상태 하에서 행하여진 때에 한하여 피고인의 공판준비 또는 공판기일에서의 진술에 불구하고 증거로 할 수 있다.

2) 2016년 개정

서류 및 진술기재 서류에 정보저장매체를 명문으로 동일하게 취급하고, 성립진정에 대한 대체적 증명방법을 허용하였으며, 피고인 아닌 자가 작성한 진술서의 경우 반대신문권 보장을 증거능력 요건으로 추가하였음

3) 작성자·진술자의 의미

제313조 제1항의 구조는 본문과 단서로 구분되며, 본문에서는 진술주체와 진술기재자가 동일한 경우를 작성자, 다른 경우 진술자이고, 단서에서는 본문과 다르게 진술주체와 다른 진술기재자가 작성자가 됨

※ 단서 규정의 도입은 피고인의 진술여하에 따라 서류의 증거능력이 좌우되는 상황을 방지하기 위함

※ 제313조 제1항의 서류는 ① 피고인이 자신의 진술을 스스로 서면에 기재한 서류 ② 피고인 아닌 자가 자신의 진술을 스스로 서면에 기재한 서류 ③ 피고인의 진술을 제3자가 서면에 기재한 서류 ④ 피고인 아닌 자의 진술을 제3자가 서면에 기재한 서류 등 4가지

4) 객체

제313조의 규율대상은 서류와 정보저장매체

※ 서류에는 법관 면전조서(제311조), 수사기관 면전조서(제312조) 이외의 것으로 피고인 또는 피고인 아닌 자가 작성한 진술서나 그 진술을 기재한 서류

※ 선거관리위원회 위원이나 직원은 사법경찰관리가 아니기 때문에 선거사범 제보자를 상대로 작성한 문답서는 제313조 제1항 본문에 의해 증거능력 부여 (2013도5441)

※ 사인 또는 공증인 등에 의하여 작성된 서류, 사인인 의사의 진단서, 진술서 등이 적용대상

(2) 제313조 제1항 본문상의 증거능력 요건

1) 예외인정 요건

① 자필 또는 서명·날인

자필은 진술주체 자신의 필적을 말하고, 서명은 진술주체가 직접 자신의 이름을 기재하는 방식, 날인은 진술주체가 서면에 직접 자신의 인장을 압날하는 방식

② 성립의 진정(형식적 진정성립 + 실질적 진성성립)

형식적 진정성립은 서류의 진술주체가 원진술자임을 확인하는 것으로, 원진술자가 진술서면에 기재된 필적이나 서명·날인이 자신의 것임을 확인하는 진술을 통해 인정됨
실질적 진정성립은 진술서면의 기재내용이 진술자가 진술한 대로 기재되었다는 원진술자의 확인진술을 말함

※ 성립의 진정을 인정받으려면 직접 작성한 진술서든 제3자가 원진술자의 진술을 기재한 서류이든 원진술자가 공판정에 출석하여 직접 진술해야 함

③ 성립진정 부인 시 대체증명과 반대신문권 보장(진술서에만 적용)

2016년 개정 전까지 제313조에 의한 서류의 경우 원진술자의 진술 이외의 방법으로 진정성립이 인정되지 않는다는 판례(2015도2625, 국정원 여직원 댓글사건, 파일의 증거능력 여부)에 따라 성립의 진정을 부인하는 경우 과학적 분석결과에 기초한 디지털포렌식 자료, 감정 등 객관적으로 증명하는 대체적 증명방법을 허용하는 입법을 도입하게 됨(제313조 제2항)

※ 형식적 진정성립은 필적감정 등과 같은 객관적 방법, 실질적 진정성립은 녹음·녹화와 같이 진술 내용을 그대로 전달할 수 있는 객관적 방법에 의해 가능

√ 목격자나 참여자의 진술 등은 객관적 방법이 아니므로 허용되지 않음 (2015도16583)

제313조 제2항 본문에서 대체적 증명방법을 허용하면서도 동시에 단서에서 피고인 측에 반대신문권을 보장함으로써 균형도모

※ 반대신문권 보장은 '피고인이 작성한 진술서' 또는 '피고인의 진술을 기재한 서류'를 규율 대상에서 제외시킴(이는 피고인이 반대신문을 하기 때문에 논리적으로 당연)

※ 반대신문권 보장 범위를 '피고인 아닌 자가 작성한 진술서'로 표현하고 있으나, '피고인 아닌 자의 진술을 기재한 서류'의 경우에도 포함됨

2) 제313조 제1항 단서상의 증거능력 요건(진술기재 서류만 적용)

단서규정은 '진술을 기재한 서류' 즉 제3자가 '피고인의 진술을 기재한 서류'에 대해 특칙을 규정하고 있는 것임

※ 피고인이 진정성립을 부인하고, 진술거부권을 행사하는 경우 동일한 진술을 피고인으로부터 재차 획득할 수 없는 한계에 봉착하는 것을 방지하기 위해 마련

여기서 '작성자'란 제313조 제1항과 달리 원진술자가 아니라 '피고인의 진술을 기재한 서류'를 실제로 작성한 사람(진술기재자)을 의미하고, '그 진술이 특히 신빙할 수 있는 상태에서 행해진 때'에서 '그 진술'은 원진술자인 피고인의 진술을 의미

단서에 의한 증거능력을 인정받으려면 실제작성자에 의한 성립진정과 피고인 진술의 특신상태가 인정되어야 함
※ 참고인 진술서나 참고인 진술기재 서류에는 특신성 불요

(3) 정보저장매체와 제313조 제1항 본문과 단서
전문법칙의 적용을 받는 정보저장매체가 예외적으로 증거능력을 인정받으려면 제313조 제1항 본문이 규정하는 ① 자필 또는 서명·날인 ② 성립의 진정 요건이 갖추어져야 함
1) 자필 또는 서명·날인
작성자나 진술자가 자신의 진술이 직접적으로 정보저장매체에 기록·저장되었음을 확인하는 진술을 해당 정보저장매체에 기록·저장하는 방법으로 가능
※ 그 외에 녹음형태의 저장매체라면 진술주체의 음성을, 녹화형태라면 진술주체의 용모와 음성을 통해 진술의 직접성 확인 가능
2) 성립의 진정
형식적 진성성립은 정보저장매체의 진술주체가 원진술자임을 확인하는 것을 말하며, 실질적 진정성립은 정보저장매체에 기록·저장된 진술내용이 진술자가 진술한 대로 기재되었다는 확인진술을 의미(2011도8325)
※ 원칙적으로 원진술자가 공판정에 출석하여 직접 성립의 진정에 관한 진술을 해야 함
※ 원진술자가 성립진정을 부인하는 경우 대체적 증명방법으로는 정보저장매체의 사용자 및 소유자, 로그기록 등 정보저장매체에 남은 흔적, 초안문서의 존재, 작성자만의 암호사용여부, 전자서명 유무 등이 있음
※ 대체적 증명방법으로 성립진정을 인정하는 경우 피고인 등의 반대신문권이 보장됨
※ 제313조 제1항 단서규정도 서류와 동일한 법리 적용

(4) 감정 경과와 결과를 기재한 서류(제313조 제3항)

감정서도 피고인 아닌 자가 작성한 진술서와 마찬가지로 감정인의 자필이거나 그 서명 또는 날인이 있고, 공판준비나 공판기일에서 감정인의 진술에 의하여 그 성립의 진정함이 증명된 때에는 증거능력이 부여됨

※ 감정의 경과와 결과를 기재한 서류도 제1항 및 제2항과 같다(제313조 제3항)

※ 감정인이 성립진정을 부인하더라도 과학적 분석결과에 기초한 디지털 포렌식 자료, 감정 등 객관적 방법으로 성립의 진정함이 증명되는 때에는 증거로 할 수 있음

※ 법원 또는 법관의 명령에 의하여 감정인이 제출한 감정서(제171조 제1항), 수사기관에 의하여 감정을 위촉받은(제221조 제2항) 감정수탁자가 작성한 감정서, 수사기관 내부의 기관도 이에 해당하고, 문서의 형식과 제목도 감정서라는 제목에 한정되지 않음

7. 필요성 원칙에 의한 예외(제314조)

(1) 입법취지

1) 제314조

제312조 또는 제313조의 경우 공판준비 또는 공판기일에 진술을 요하는 자가 사망·질병·외국거주·소재불명 그 밖에 이에 준하는 사유로 인하여 진술할 수 없는 때에는 그 조서 및 그 밖의 서류(피고인 또는 피고인 아닌 자가 작성하였거나 진술한 내용이 포함된 문자·사진·영상 등의 정보로서 컴퓨터용 디스크, 그 밖에 이와 비슷한 정보저장매체에 저장된 것을 포함한다)를 증거로 할 수 있음

다만, 그 진술 또는 작성이 특히 신빙할 수 있는 상태 하에서 행하여졌음이 증명된 때에 한함

2) 입법취지

본조는 제312조 및 제313조에 규정된 조서나 서류가 원진술자의 진술불능으로 진정성립 요건을 구비할 수 없는 경우에 대비한 보충적 규정으로, 필요성과 신용성의 정황적 보장을 요건으로 증거능력을 부여

(2) 적용범위

1) 피고인 아닌 자의 원진술(참고인 진술)

동조의 규율은 제312조 및 제313조 대상 가운데 원진술자의 진술에 의하여 진정성립이 인정되지 않는 것(진술 불능)에 한정되므로 참고인 진술조서, 검증조서, 감정서 등이 이에 포함됨

※ 문제는 피고인과 공범관계에 있는 다른 피의자에 대한 수사기관 작성 피신조서의 경우에도 적용 가능한지 여부에 대해 위법수사방치 차원에서 제314조 적용은 배제되고 제312조 제1항과 제3항이 적용됨(2003도7185, 2022. 1. 1. 검사 피신조서 내용인정 요건 도입 시행)

√ But, 공범관계에 있지 아니한 자에 대한 수사기관 작성 피신조서는 제314조 적용

※ 외국수사기관 작성 서류의 경우도 국내 수사기관 작성 서류와 차이가 없기 때문에 제314조 적용가능

2) 재전문진술 서면

재전문진술을 기재한 조서나 서류 또는 정보저장매체에 대하여 증거능력을 인정하는 규정은 없음. 따라서 피고인이 증거동의 하지 않은 한 증거로 할 수 없음(2003도171)

(3) 증거능력 인정 요건(진술불능(필요성)과 특신상태)

1) 진술불능(필요성)

가능하고 상당한 수단을 다하더라도 진술을 요하는 자를 법정에 출석하게 할 수 없는 사정이 있는 때를 말함(2015도17115)

※ 공판준비 또는 공판기일에 진술을 요하는 자가 사망·질병·외국거주·소재불명 그 밖에 이에 준하는 사유로 인하여 진술할 수 없는 때(제314조)

① 질병

공판이 계속되는 기간 동안 임상신문이나 출장신문도 불가능할 정도의 중병임을 요함(2004도3619)

② 소재 불명

소환장이 주소불명 등으로 송달불능이 되어 소재탐지촉탁까지 하여 소재수사를 하였어도 진술을 요하는 자의 소재를 확인할 수 없는 경우를 가리킴(2003도171)

③ 외국 거주

'외국거주'는 진술해야 할 사람이 단순히 외국에 있다는 것만으로는 부족하고. 가능하고 상당한 수단을 다하였더라도 그 사람을 법정에 출석하게 할 수 없는 사정이 있어야 예외적으로 그 요건이 충족될 수 있음(2013도2511)

※ 증인을 소환할 수 없는 경우에 외국법원에 사법공조로 증인신문을 실시하도록 요청하는 등의 절차를 전혀 시도해 보지도 않은 것은 진술불능사유에 해

당하지 않음(2015도17115)

※ 소재확인이나 소환장 발송과 같은 절차를 거치지 않더라도 법원이 그 사람을 법정에서 신문하는 것을 기대하기 어려운 사정이 있다면 외국거주의 요건은 충족됨(2013도2511)

※ 진술을 요하는 자가 피고사건의 공동정범에 해당하는 경우, 법정 출석을 기대하기 어렵기 때문에 소재확인이나 소환장 발송 등의 조치를 하지 않았다 하더라도 외국거주 요건 충족(2016도8137)

④ 진술 거부

원진술자의 진술불능에는 출석한 후 진술을 하지 않는 경우도 포함

※ 원진술자가 진술을 한 경우라도 증인신문 당시 일정한 사항에 관하여 기억나지 않는다는 취지로 진술을 하여 그 진술의 일부가 재현 불가능하게 된 경우 진술불능에 포함(2005도9561)

⑤ 증언 거부권

증인이 형소법 제148조(근친자의 형사책임과 증언거부) 및 제149조(업무상비밀과 증언거부)에 따라 정당하게 증언거부권을 행사하여 증언을 거부한 경우 진술불능사유에 해당하지 않는다고 봄(2009도6788)

※ 종래 판례는 증언거부권을 행사하여 증언을 거부한 때에도 진술불능에 해당한다고 보았으나(92도1211), 판례를 변경하여 해당하지 않는다고 입장 변경(변호사 작성 전자문서 출력한 법률의견서에 대하여 피고인이 증거동의하지 않고 변호인도 증언거부 시 증거능력 부인)

√ 변호사 등 업무자와 의뢰인 사이의 특권을 사실상 인정한 것임

※ 증인에 대해 유죄판결이 확정된 경우에는 새로이 처벌받을 위험이 없으므로 공범에 대한 피고사건에서 증언을 거부할 수 없음(2011도11994)

※ 증인이 정당하게 증언거부권을 행사한 것으로 볼 수 없는 경우에도 피고인이 증인의 증언거부 상황을 초래하였다는 등의 특별한 사정이 없는 한 정당하게 증언거부권을 행사한 경우와 마찬가지로 진술불능 사유에 해당하지 않는다고 봄(2018도13945)

√ 정당하게 증언거부권을 행사한 경우와 정당하지 않게 행사한 경우 양자 모두 피고인의 반대신문권이 보장되지 않는다는 점에서 동일하기 때문

2) 특신상태

험심사평가원의 입원진료 적정성 여부 등 검토의뢰에 대한 회신은 범죄인정 여부와 관련 있는 어떠한 의견 제시를 내용으로 담고 있는 문서는 제315조 제3호에 해당하지 않음(2017도12671)

※ 체포·구속적부심사절차에서 작성된 심문조서(2003도5693), 다른 피고사건의 공범의 피고인으로서의 진술을 기재한 공판조서(65도372), 다른 피고인에 대한 형사사건의 공판조서 중 일부인 증인신문조서(2004도4428), 군법회의 판결사본(81도2591), 판사의 영장실질심사에서 작성된 조서(법201의2 제6항)

9. 전문진술의 증거능력(제316조)

(1) 의의와 적용범위

형소법은 전문증거를 서류와 구두진술 형태로 나누면서(전문서류와 전문진술), 서류에 대하여는 제311조~제315조, 구두진술에 의한 전문증거는 제316조에서 규정하고 있음. 제316조는 다시 피고인의 진술을 내용으로 하는 제3자 진술(여기에 조사자 증언제도 도입), 피고인 아닌 타인의 진술을 내용으로 하는 진술 두 가지 유형을 규정하고 있음

※ 전문법칙의 출발은 구두의 전문진술에 대한 증거능력을 제한하기 위하여 발전한 것임

원진술의 내용인 사실이 요증사실인 경우에 전문증거가 되며, 원진술 존재 자체가 요증사실인 경우는 본래증거이지 전문증거가 아님

※ 공소외 2가 건축허가 담당 공무원이 4,000만 원을 요구하는데 사례비로 2,000만 원을 주어야 한다는 말을 들었다는 취지로 수사기관, 제1심 및 원심 법정에서 진술하였음을 알 수 있는데, 피고인의 위와 같은 원진술의 존재 자체가 이 사건 알선수재죄에 있어서의 요증사실이므로, 이를 직접 경험한 공소외 2가 피고인으로부터 위와 같은 말들을 들었다고 하는 진술들은 전문증거가 아니라 본래증거에 해당(2008도8007)

또한, 제316조는 단순한 전문형태를 취하는 경우에 한하여 예외적으로 증거능력 인정

※ 구두의 재전문진술은 증거능력을 인정하는 규정이 마련되어 있지 않아 피고인이 증거동의하지 않는 한 증거능력 불가(2003도171)

√ 형사소송법은 전문진술에 대하여 제316조에서 실질상 단순한 전문의 형태를 취하는 경우에 한하여 예외적으로 그 증거능력을 인정하는 규정을 두고 있을 뿐, 재전문진술이나 재전문진술을 기재한 조서에 대하여는 달리 그 증거능력을 인정하는 규정을 두고 있지 아니하고 있으므로, 피고인이 증거로 하는데 동의하지 아니하는 한 형사소송법 제310조의2의 규정에 의하여 이를 증거로 할 수 없다(2003도171)

(2) 피고인의 진술을 내용으로 하는 제3자의 진술(제316조 제1항)

1) 입법취지

범죄사실의 증명을 위해 피고인의 진술이 필요한 경우 피고인이 공판정에서 피고인신문 시 나타나는 것이 원칙인데, 피고인이 진술거부권을 행사하는 경우 피고인의 진술을 내용으로 하는 제3자의 진술을 증거로 사용할 수 있도록 허용한 것임

※ 피고인이 아닌 자(공소제기 전에 피고인을 피의자로 조사하였거나 그 조사에 참여하였던 자를 포함한다. 이하 이 조에서 같다)의 공판준비 또는 공판기일에서의 진술이 피고인의 진술을 그 내용으로 하는 것인 때에는 그 진술이 특히 신빙할 수 있는 상태 하에서 행하여졌음이 증명된 때에 한하여 이를 증거로 할 수 있다.(제316조 제1항)

또한 2007년 개정 시 피고인의 내용부인 진술만으로 사경 피신조서상의 피의자 진술이 증발되는 문제가 있어 수사절차에서 획득한 피의자 진술증거를 사용하기 위해 조사자증언제도의 도입과 함께 수사절차의 투명성을 제고토록 했음

※ 위법수집증거배제법칙, 진술거부권고지의 충실화(제244조의3), 수사과정기록제도(제244조의4), 피의자진술과정의 영상녹화(제244조의2), 피의자신문 시 변호인참여(제243조의2) 등 도입

※ 피의자 진술을 법정에 현출시킬 수 있는 방법 중 2020년 개정 전에는 검사작성 피신조서와 조사자 증언제도가 있었으나, 검사작성 피신조서의 증거능력 요건변화로 인해 조사자증언제도가 유일하게 되어 향후 활성화될 것으로 보임

2) 증거능력 요건(유일하게 특신성)

피고인의 원진술이 특히 신빙할 수 있는 상태에서 행하여졌음이 증명되어야 함

※ 피고인이 경찰조사 시 파출소 2층에서 친구에게 범행사실을 순순히 자복하였다는 내용의 그 친구의 증언 및 그에 대한 검사작성 진술조서에 대하여 피고인이 사건 당일로부터 5일간 경찰관에 의해 연행, 호텔에 연금되어 잠을 자지 못하고 조사를 받은 사실 등에 비추어 보면 피고인의 그와 같은 진술이 특신성이 있다고 보기 어렵다고 봄(83도3032)

※ 피고인과의 전화통화 중에 자백하는 것을 들은 경우 특신성 불인정(99도4814)

(3) 피고인 아닌 타인의 진술을 내용으로 하는 제3자의 진술(제316조 제2항)

1) 입법 취지

영미 형사재판에서 피고인 아닌 타인의 진술을 내용으로 하는 전문진술이 전문법칙의 전형적인 예외조항. 우리 형소법도 공판절차에서 구두변론주의(제275조의3)를 강조함에 따라 구술형태의 전문진술에 대한 예외적 허용을 규정한 제316조 제2항은 점점 더 중요해짐

※ 피고인 아닌 자의 공판준비 또는 공판기일에서의 진술이 피고인 아닌 타인의 진술을 그 내용으로 하는 것인 때에는 원진술자가 사망, 질병, 외국거주, 소재불명 그 밖에 이에 준하는 사유로 인하여 진술할 수 없고, 그 진술이 특히 신빙할 수 있는 상태 하에서 행하여졌음이 증명된 때에 한하여 이를 증거로 할 수 있다(제316조 제2항)

√ '피고인 아닌 타인'이란 제3자는 물론이고 공범자와 공동피고인을 모두 포함하는 개념(2019도11552)

2) 증거능력 요건(진술불능과 특신상태)

제316조 제2항 의하여 전문진술에 증거능력이 인정되려면 원진술자의 진술불능과 특신상태의 존재라는 두 가지 요건이 구비되어야 함

※ 진술불능과 특신상태의 내용은 제314조와 같음

① 진술불능

원진술자가 사망, 질병, 외국거주, 소재불명 그 밖에 이에 준하는 사유로 인하여 진술할 수 없어야 함

※ 원진술자가 법정에 출석하여 수사기관에서의 진술을 부인하는 취지로 증언을 한 이상 이후 원진술자가 공판정에 재차 출석하지 아니하여 진술불능이 되더라도 원진술자의 진술을 내용으로 하는 조사자의 증언능력은 증거능력이 없

음(2008도6985)

√ 조사자 증언제도는 제316조 제1항에서 피고인의 진술을 내용하는 증언에 대해서만 인정하고 있기 때문

② 특신상태

진술이 허위개입의 여지가 거의 없고, 진술내용의 신빙성이나 임의성을 담보할 구체적이고 외부적인 정황이 있는 경우를 말함(2012도725)

3) 피고인 아닌 타인의 진술을 내용으로 하는 피고인의 진술(명문 규정 없음)

피고인의 공판준비 또는 공판기일에서의 진술이 피고인 아닌 자의 진술을 내용 하는 경우에 관하여 명문의 규정이 없어 이에 대해 학설 대립

※ ① 피고인에게 불이익한 경우에는 증거능력을 인정하고(반대신문권 포기로 간주), 이익이 되는 경우에는 제316조 제2항 유추적용(소수설) ② 316조 제2항을 유추적용하여야 한다는 입장(다수설)

V. 전문증거 관련문제

1. 정보저장매체의 증거능력

(1) 증거능력 인정체계

정보저장매체란 도면·사진·녹음테이프·비디오테이프·컴퓨터용 디스크 그 밖에 정보를 담기 위해 만들어진 물건을 의미하고(제292조의3, 제313조 제1항, 제314조), 형사소송규칙은 형소법 제292조의 3(그 밖의 증거에 대한 조사방식)의 위임을 받아 정보저장매체를 ① 문자정보매체(규칙 제134조의 7) ② 녹음·녹화매체(규칙 제134조의 8) ③ 도면·사진매체(규칙 제134조의 9) 등 세 가지로 분류하고 있음

정보저장매체의 증거능력은 ① 원본성 여부(동일성·무결성) ② 원본이 전문증거인지 여부(요증사실의 증명과 관련되는지 여부) ③ 전문증거에 해당하는 경우 제313조 제1항에 의해 성립의 진정 요건이 충족되면 증거능력 인정 ④ But, 전문증거에 해당하지 않을 경우 전문법칙 적용되지 않고 증거물의 증거능력 요건(위법수집증거 배제법칙 등) 충족 하에 증거능력 인정(공포심 유발 문자와 같은 범행수단이거나 상해부위 촬영한 사진 등은 비진술 증거로 적용대상이 아니지만 증거로 사용가능)

(2) 컴퓨터디스켓, 자기디스크 등 정보저장매체, 출력물의 증거능력

1) 정보저장매체 등 수집절차에 위법이 없을 것(2015도12400)

① 관련된 부분 문서출력하거나 해당파일 복사 원칙

전자정보에 대한 압수·수색영장 집행 시 혐의사실과 관련된 부분(2017도13458)만을 문서 출력물로 수집하거나 수사관이 휴대한 저장매체에 해당파일을 복사하는 방식이 원칙

② ①이 불가능한 경우, 매체 자체 혹은 하드카피나 이미징 가능(영장 적시 필요)

집행현장 사정상 ①의 방식 집행이 불가능하거나 현저히 곤란한 부득이한 사정이 존재하고 영장에 외부반출이 가능하도록 기재되어 있는 경우 저장매체를 직접 혹은 하드카피나 이미징 등의 형태로 수사기관 사무실 등 외부로 반출 가능

③ 외부 반출 후, 관련 없는 정보임의 탐색·복사·출력 금지, 열람·복사 시 참여권 보장

범죄혐의 관련성에 대한 구분 없이 임의로 문서를 출력하거나 파일을 복사하는 행위가 금지되며, 열람·복사 시에도 피압수·수색자, 변호인의 참여권 보장, 참여권이 보장되지 않을 경우 전자정보의 왜곡이나 훼손, 오·남용 및 임의적인 복제나 복사 등을 막기 위한 적절한 조치가 이루어져야 함

※ 탐색과정에서 별도의 범죄혐의와 관련된 전자정보를 우연히 발견한 경우라면 추가 탐색을 중단하고, 별도의 영장을 발부받아야만 압수·수색 가능(2011모1839)

※ 피고인과 변호인에게 압수·수색 일시와 장소를 통지하지 아니하고, 인거인이나 지방공공단체 직원의 참여도 없이 이루어진 압수수색에 대하여 피처분자가 현장에 없거나 현장에서 그를 발견할 수 없는 경우 등 영장제시가 현실적으로 불가능한 경우에는 영장을 제시하지 아니한 채 압수·수색을 하더라도 위법하다고 볼 수 없다고 봄(2014도10978)

2) 무결성, 원본 자료와 출력물의 동일성이 인정될 것

정보저장매체는 원본이거나 또는 복사본, 하드카피나 이미징으로 한 경우 원본과의 동일성이 인정되어야 하며, 출력물일 경우 출력문건과 정보저장매체에 저장된 자료가 동일하여야 함(2012도16001)

※ 판례는 무결성 내지 동일성 증명방법으로 다섯 가지를 제시 ① 해시값 동일 확인서면 ② 수사관이나 전문가의 해시값 동일 증언 ③ 관리의 연속성 입증(chain of custody) ④ 법원의 직접 대조 ⑤ 압수·수색과정 촬영 녹화물 재생(2013도2511)

3) 전문법칙과의 관계에서 증거능력 인정요건을 충족할 것

저장매체의 문자정보 또는 저장매체로 출력한 문건이 증거물로 사용되는 경우에는 전문법칙의 적용이 없으나, 이를 진술증거로 사용하는 경우 그 기재내용의 진실성에 관하여는 전문법칙이 적용됨(실무제요II, 137, 138면)

이러한 문자정보와 문건은 제313조 제1항, 제2항에 따라 공판정에서 그 작성자 또는 진술자의 진술에 의해 성립의 진정이 증명되면 증거로 사용가능

※ 성립의 진정을 부인하는 경우 과학적 분석결과에 기초한 디지털포렌식 자료, 감정 등 객관적 방법으로 증명 가능

원본파일이 공무원이 직무상 증명할 사항에 관하여 작성한 전자문서(전자결재시스템상의 기안과 결재), 성매매업소에서 영업에 참고하기 위해 성매매 상대방 정보를 작성한 메모리카드 내용도 제315조 상의 당연 증거능력 있는 서류로 봄(2007도3219)

(3) 사진의 증거능력

사진은 사본으로서의 사진, 진술증거의 일부를 이루는 사진, 비밀촬영사진 등 세 가지 유형이 있음

1) 사본으로서의 사진

문서의 복사본이나 증거물의 사진과 같이 사진이 원래 증거로 제출되어야 할 서면이나 증거물의 대체물로 사용되는 경우를 말하며, 증거물의 대체물인 경우는 원본의 존재, 정확성, 필요성(제출불능 또는 곤란사정) 요건이 충족되면 증거능력을 가지나 서면인 경우 같은 요건을 충족하면 원본성이 인정되고 진술 부분에 대한 증거능력은 진술의 성격에 따라 판단

※ 휴대전화기에 저장된 문자정보 및 이를 휴대전화기 화면에 띄워 촬영한 사진의 증거능력 인정(2006도 2556), 증거물인 수표의 사본의 증거능력 인정(2015도2275)

※ 피의자 신문조서의 원본이 존재하거나 존재하였을 것, 피의자신문조서의 원본 제출이 불능 또는 곤란한 사정이 있을 것(다른 국가보안법 위반 수사목적상 등), 원본을 정확하게 전사하였을 것 3가지를 요건으로 검사작성 피의자신문조서 원본과 동일하게 취급할 수 있다고 봄(2000도5461, 본 판례에서는 당해 공소사실과 관련이 없어야 한다는 조건부가)

※ 문서의 등본이나 초본, 기록보존을 위해 문서에 대신하여 문서의 사진을 수록한 마이크로필름에 대하여도 동일한 요건 적용

2) 진술증거의 일부를 이루는 사진

사진이 진술증거의 일부로 사용되는 경우로 사진이 진술증거의 일부를 이루는 보조수단에 불과하므로 사진의 증거능력은 진술증거인 검증조서나 감정서와 일체로 판단

※ 사법경찰관 작성 검증조서 중 피고인의 범행재연 영상부분은 사경작성 피신조서의 증거능력 요건을 요구하고(98도159), 여기에 첨부된 현장 지시사진(목격자의 목격위치나 자동차 사고 시 자동차의 위치 등을 지시·설명하는 경우)은 단순히 검증활동의 동기를 설명하는 비진술증거에 해당하여 검증조서와 일체로 증거능력을 판단하면 됨

3) 현장사진(CCTV, 블랙박스 영상)

범인의 행동에 중점을 두어 범행상황과 그 전후 상황을 촬영한 사진으로서 독립증거로 이용되는 경우를 말함

※ 현장 녹화인 VTR, CCTV에 의한 녹화 등

현장사진의 취급에 대해 비진술증거설과 진술증거설, 검증조서유추설이 대립하나 실무는 비진술증거설의 입장(실무제요 Ⅱ. 131면)

4) 비밀촬영 사진(집회시위 시 촬영)

수사기관이 범죄를 수사함에 있어 현재 범행이 행하여지고 있거나 행하여진 직후이고 증거보전의 필요성 및 긴급성이 있으며, 일반적으로 허용되는 방법으로 촬영한 경우라면 영장 없는 촬영이라도 이를 위법하다고 단정할 수 없음(2013도2511)

※ 일본 또는 중국에서 북한 공작원들과 회합하는 모습을 동영상으로 촬영한 것은 위 피고인들이 회합한 증거를 보전할 필요가 있어서 이루어진 것이고, 피고인들이 반국가단체의 구성원과 회합 중이거나 회합하기 직전 또는 직후의 모습을 촬영한 것으로 그 촬영 장소도 차량이 통행하는 도로 또는 식당 앞길, 호텔 프런트 등 공개적인 장소인 점 등을 알 수 있으므로, 이러한 촬영이 일반적으로 허용되는 상당성을 벗어난 방법으로 이루어졌다거나, 영장 없는 강제처분에 해당하여 위법하다고 볼 수 없다. 따라서 위와 같은 사정 아래서 원심이 위 촬영행위가 위법하지 않다고 판단하고 그 판시와 같은 6mm 테이프 동영상을

캡처한 사진들의 증거능력을 인정한 조치는 정당(2013도2511)

※ 무인장비에 의한 제한속도 위반차량 단속은 제한속도를 위반하여 차량을 주행하는 범죄가 행하여지고 있고 그 범죄의 성질·태양으로 보아 긴급하게 증거보전을 할 필요가 있는 상태에서 일반적으로 허용되는 한도를 넘지 않는 상당한 방법에 의한 것이라고 판단(98도3329)

(4) 녹음테이프의 증거능력

녹음테이프(디지털녹음기로 녹음한 녹음파일도 포함)는 사람의 음성과 기타 음향을 기계적 장치를 통하여 기록하여 재생할 수 있도록 한 것을 말함

증거능력을 인정하기 위해서는 ① 녹음과정, 증거수집과정에 위법이 없어야 하며 ② 녹음테이프 자체가 원본 또는 개작 없는 사본이어야 하고, ③ 녹음진술을 증거로 사용하는 경우 전문법칙과의 관계에서 증거능력 요건을 충족하여야 함

1) 녹음과정, 증거수집 과정에 위법이 없을 것

불법감청에 의하여 지득 또는 채록된 전기통신의 내용 및 불법 대화녹음·청취의 내용은 재판 또는 징계절차에서 증거로 사용할 수 없다(통신비밀보호법 제4조, 제14조 제2항)고 규정하고 있으므로 이에 위반하여 타인 간의 전화통화나 공개되지 아니한 타인 간의 대화를 동의 없이 녹음한 녹음테이프나 녹취서는 증거능력이 없음(99도2317)

※ 제3자(피해자나 수사기관)가 타인 간의 대화나 전화통화를 몰래 녹음하거나 감청한 것은 공개되지 아니한 타인과의 대화를 불법으로 녹음하거나 불법감청한 것으로 증거능력이 없다고 봄(2001도3106)

※ 그러나 전화통화 당사자 일방이 상대방 모르게 통화내용을 녹음하는 것은 감청에 해당하지 않음

√ 제3자가 당사자 일방의 동의를 받았다고 하더라도 상대방의 동의를 받지 않는 경우는 불법(2002도123)

※ 선관위 위원·직원이 녹음된다는 사실을 알려주지 않고 조사하면서 녹음한 녹음파일, 녹취록은 유죄의 증거로 사용불가(위법수집증거 배제법칙 적용, 2011도3509)

※ 압수·수색 영장기재 범죄와 무관한 녹음파일을 압수한 것은 영장주의에 반

하므로 녹음파일을 증거로 사용할 수 없음(2013도7101)

2) 원본 또는 개작 없는 사본일 것

녹음테이프가 원본이거나 원본으로부터 복사한 사본일 경우(녹음디스크에 복사할 경우도 동일)에는 복사과정에서 편집되는 등의 인위적 개작 없이 원본 내용 그대로 복사된 사본이어야 함(2014도10978)

※ 녹음자의 증언, 피고인의 일부 진술과 대검찰청 과학수사담당관실에서 국제적으로 널리 사용되는 다양한 분석방법을 통해 정밀 감정한 결과 녹음파일 사본에 편집의 흔적을 발견할 수 없는 점, 녹음파일 사본 파일정보와 녹음 주파수 대역이 디지털 녹음기로 생성한 파일의 것과 같다는 점을 근거로 원본과의 동일성 인정(2012도7461)

※ 녹음파일 생성과 전달, 보관 등 절차에 관여한 사람의 증언이나 진술, 원본이나 사본 파일 생성 직후의 해쉬값 비교, 녹음파일에 대한 검증·감정 결과 등 제반 사정을 종합하여 판단(2014도10978)

※ 사본(카세트테이프)이 제출되었을 뿐 소지하고 있다고 주장되는 원본(보이스펜)에 대하여 제출받아 이를 검증한 다음 작성자인 피해자의 진술 혹은 녹음상태 감정 등의 증거조사를 거쳐 그 채택 여부를 결정하였어야 할 것임에도 이러한 증거조사절차를 거치지도 아니한 것을 증거로 한 것은 잘못(2005도2945)

※ 인위적 개작 없이 원본의 내용 그대로 복사된 사본임이 증명되지 않는 한 녹음테이프에 수록된 대화내용이 이를 풀어쓴 녹취록의 기재와 일치하거나 녹음테이프의 대화내용이 중단되었다고 볼 만한 사정이 없다는 점만으로 동일성 인정 안 됨(2011도6035)

3) 전문법칙과의 관계에서 증거능력 인정요건을 충족할 것

녹음테이프에 녹음되어 있는 진술내용이 요증사실이 되는 것을 진술녹음이라고 하며, 진술녹음은 제311조 제312조 규정 이외의 피고인이나 또는 피고인 아닌 자의 진술을 기재한 서류와 다를 바 없어 전문법칙이 적용되며 제313조 제1항에 따라 증거능력 여부 결정

※ 진술내용이 피고인의 진술인 경우 제313조 제1항 단서에 의해 작성자(피해자)에 의해 진정성립과 특신성이 인정되어야 하고(2005도2945), 피고인 아닌

자의 진술인 경우 제313조 제1항 본문에 따라 원진술자의 진술에 의하여 진정 성립이 인정되어야 함(2010도7497)

※ 녹음자가 공판준비나 공판기일에서 성립의 진정을 부인하는 경우 제313조 제2항의 취지에 따라 과학적 분석결과에 기초한 디지털포렌식 자료, 감정 등 객관적 방법으로 성립의 진정이 증명되는 때 증거로 사용 가능

※ 녹취록이 증거로 제출되는 경우, 증거능력 인정을 위해 녹취의 기초가 된 녹음테이프의 증거능력이 인정되어야 하고, 녹취록이 녹음테이프의 진술과 동일하게 녹취되었다는 사실(2012도7461)이 인정되어야 함(2006도8869)
※ 현장녹음의 증거능력에 대하여도 판례는 없으나 학설은 비진술증거설과 진술증거설로 대립
※ 증거조사방법은 테이프를 재생기에 걸어 공판정에서 재현하거나 검증의 결과에 의하여 그 결과를 기재하는 방법에 의함(규칙 제134조의8 제3항)

(5) 비디오테이프 등의 증거능력

비디오테이프나 영화필름의 증거능력에 관하여, 영상부분은 사진에 관한, 진술 내지 음성부분은 녹음테이프에 관한 각각의 이론에 따라 증거능력을 판단하면 됨

※ 수사기관이 아닌 사인이 피고인 아닌 사람과의 대화내용을 촬영한 비디오테이프는 제311조, 제312조 규정 외에 피고인 아닌 자의 진술을 기재한 서류와 다를 바 없으므로 피고인이 증거동의 하지 않는 한 진술부분에 대해 증거능력을 부여하기 위해서는 ① 원본이거나 인위적 개작 없는 원본내용의 사본일 것 ② 제313조 제1항에 따라 원진술자의 진술에 의해 그 비디오테이프에 녹음된 각자의 진술내용이 자신이 진술한 대로 녹음된 것이라는 것이 인정되어야 한다고 봄(2004도3161)

단, 성폭력범죄 사건의 경우 19세 미만이나 장애인 피해자에 대한 조사 시 촬영한 영상물에 수록된 피해자의 진술은 공판준비 또는 공판기일에서 피해자 또는 조사과정에 동석하였던 신뢰관계에 있는 자의 진술에 의하여 성립의 진정이 인정되면 증거로 사용가능 하도록 하여 제312조의 예외 허용 (성폭력범죄의 처벌 등에 관한 특례법 제30조)

※ 원진술자 이외의 동석하였던 신뢰관계인 또는 진술조력인의 진술에 의해서 도 진정성립 인정가능

2. 수사기관 영상녹화물의 증거능력

형소법은 법원이나 수사기관이 영상녹화한 기록물을 '영상녹화물'이라고 표현하고(제56조의 2제2항, 제312조 제4항, 제318조의 2 제2항), 법원이나 수사기관 이외의 사람이 본인이나 다른 사람의 진술을 녹화해놓은 기록물은 '정보저장매체'라는 표현을 사용함(제106조 제3항, 제313조 제1항, 제314조)

※ 피의자신문의 경우 영상녹화는 수사기관의 재량이지만(제244조의 2 제1항), 참고인 진술청취의 경우는 참고인의 동의는 의무사항(제221조 제1항)

※ 영상녹화물에 의해 피의자 신문조서의 실질적 진정성립에 대한 대체적 증명방법은 제312조 제2항 삭제로 인정되지 않고, 참고인 진술조서의 경우 제312조 제4항에 근거하여 영상녹화물에 의한 실질적 진성정립을 인정하고 있음

※ 그러나 수사기관이 촬영한 영상녹화물을 피의자 신문조서나 참고인진술조서를 대체하는 증거방법(본증)으로 사용하는 것은 허용되지 않음(명문의 허용규정이 없음)

※ 또한, 수사기관 영상녹화물에 대해서는 탄핵증거로도 사용이 불가하나(배심원들의 심증형성에 지나친 왜곡을 초래할 수 있기 때문), 조서의 특신상태를 증명하는 방법으로는 가능

√ 제318조의 2 '제1항에도 불구하고 피고인 또는 피고인이 아닌 자의 진술을 내용으로 하는 영상녹화물은 공판준비 또는 공판기일에 피고인 또는 피고인이 아닌 자가 진술함에 있어서 기억이 명백하지 아니한 사항에 관하여 기억을 환기시켜야 할 필요가 있다고 인정되는 때에 한하여 피고인 또는 피고인이 아닌 자에게 재생하여 시청하게 할 수 있다.'

▽ 오직 기억환기용으로만 사용가능

※ 녹음테이프·비디오테이프·컴퓨터용 디스크 등 정보저장매체가 수사기관의 영상녹화물에 해당할 경우 영상녹화물에 관한 규정 우선 적용

3. 기타

(1) 피해신고서, 고소장 등

피해신고서는 피고인 아닌 자가 작성한 진술서로 보아 제313조 제1항에 의해 증거능력을 인정할 수 있고, 고소·고발장 중 범죄사실을 신고하는 보고 부분을 범죄사실의 입증에 사용하는 경우에도 동일

※ 단 고소·고발장을 소송조건을 입증하기 위해 사용하는 경우 소송조건에 대한 증명은 자유로운 증명으로 족하고 증거능력 제한은 문제되지 않음

(2) 수사보고서

사법경찰관리 등이 수사과정에서 필요한 조사를 하여 그 결과를 상사 앞으로 보고하는 수사보고서도 제313조 제1항(제3자가 제3자의 진술을 기재)에 따라 증거능력을 판단함(99도4)

※ 다만 내용이 작성자의 단순한 의견 또는 추측에 불과한 때에는 의사표시적 문서로 보아야 하고 작성자가 타인으로부터 들은 내용인 경우 문서형식과 전문의 문제가 생김(98도2742)

√ 검찰주사보가 외국에 거주하는 참고인과의 전화 대화내용을 문답형식으로 기재하고 참고인의 서명 또는 날인이 없어 제313조 제1항에 정한 진술을 기재한 서류에 해당한다 할 수 없다고 봄(98도2742) 제312조 제4항(참고인진술조서), 제312조 제5항(진술서)에도 해당하지 않음

※ 수사보고서에 검증결과에 해당하는 기재가 있는 경우 그 기재 부분은 실황조서 또는 실황조사서에 해당하지 아니하며, 단지 수사의 경위 및 결과를 내부적으로 보고하기 위하여 작성된 서류에 불과하므로 제312조 제6항 상의 검증조서에도 해당하지 않고, 제311조, 제315조, 제316조의 적용대상도 아니어서 그 기재부분은 증거로 할 수 없음(2000도2933)

(3) 검시 조서

변사자 등을 검시하고(제222조) 작성한 검시조서는 실황조사서에 준하여 증거능력 판단

(4) 음주 측정서

사법경찰관리가 음주운전을 단속하면서 작성한 음주측정서 중 알코올농도의 검사결과를 기입한 부분은 검증조서에 준하여 증거능력 판단(적법 + 성립진정)

(5) 속도 측정서

속도위반을 단속함에 있어 스피드건에 의해 측정하고 그 결과를 기재한 경우 검증조서에 준하여 증거능력을 판단하고, 무인카메라에 의해 촬영된 사진의 경우 현장사진으로 보면 됨(증거물)

(6) 범죄경력조회, 조회회보서

피고인의 전과에 관하여 수사기관에 보관되어 있는 전산자료 등에 기하여 작성된 범죄경력조회, 조회회보서나 지문을 대조하여 확인한 수사자료카드 등은 제315조 제1호에 해당하는 서류로서 당연 증거능력 인정

(7) 판결서

판결서도 전문법칙의 적용을 받지만 제315조 제3호에 의해 당연히 증거능력이 인정됨

(8) 재전문

전문법칙 예외의 법리에 따라 증거능력이 인정되는 전문증거가 그 내용에서 다시 전문증거를 포함하는 경우, 즉 이중의 전문이 되는 경우를 재전문(hearsay within hearsay, double hearsay)이라고 함

※ 재전문에는 전문진술을 서면에 기재한 경우와 전문진술을 들은 자로부터 전문한 진술이 포함됨

재전문증거의 증거능력 인정여부에 대하여

판례는 법은 전문진술에 대하여 제316조에서 실질상 단순한 전문의 형태를 취하는 경우에 한하여 예외적으로 그 증거능력을 인정하는 규정을 두고 있을 뿐, 재전문진술이나 재전문진술을 기재한 조서에 대하여 달리 증거능력을 인정하는 규정을 두고 있지 않으므로, 피고인이 증거로 하는 데 동의하지 아니하는 한 이를 증거로 할 수 없다고 봄(2003도171)

※ 전문진술이 기재된 조서는 제312조 또는 제314조의 규정에 의해 증거능력이 인정될 수 있는 경우에 해당하여야 함은 물론, 나아가 제316조 제1항 또는 제2항의 규정에 따른 요건도 갖추어야 예외적으로 증거능력이 있다고 보고 있

음(99도4814)

√ 공장에 들어가 사용할 목적으로 자신이 휴대폰을 훔쳐 가지고 나왔다 라고 피고인이 말하는 것을 들은 참고인의 진술을 기재한 사경 진술조서 (전문진술 기재한 조서)는 증거능력 인정(99도4814)

재전문진술, 재전문진술 기재조서는 증거능력 불허, 전문진술 기재조서는 이중의 요건 충족 해야 증거능력 인정

VI. 전문증거의 임의성(제317조)

1. 입법취지 및 조문구조

임의성 없는 진술의 증거능력을 부정하는 취지는 임의성이 없는 진술의 경우 진술자체가 실체적 진실에 부합하지 아니하고 진술자의 기본적 인권을 침해하는 것을 차단하기 위함

제317조는 제1항에서는 구두진술, 제2항은 서면화된 진술, 제3항은 검증조서의 일부가 피고인 또는 피고인 아닌 자의 진술을 기재한 경우 제1항과 제2항 준용하는 구조

※ 제317조

① 피고인 또는 피고인 아닌 자의 진술이 임의로 된 것이 아닌 것은 증거로 할 수 없다.

② 전항의 서류는 그 작성 또는 내용인 진술이 임의로 되었다는 것이 증명된 것이 아니면 증거로 할 수 없다.

③ 검증조서의 일부가 피고인 또는 피고인 아닌 자의 진술을 기재한 것인 때에는 그 부분에 한하여 전2항의 예에 의한다.

2. 진술의 임의성과 증거능력

진술의 임의성과 서류작성 임의성이 동시에 충족되어야 임의성이 인정됨

3. 진술임의성에 대한 조사와 증명

임의성은 증거능력 요건이므로 법원은 직권으로 조사하여야 하나 당사자가 증거로 함에 동의하는 경우 상당하다고 인정되면 임의성을 조사할 필요는 없음

임의성 조사시기는 증거조사 전에 하는 것이 원칙이나 반드시 사전조사를 요하는 것은 아니며, 조사방법에 대하여는 명문의 규정이 없어 적당하다고 인정되는 방법으로 조사하면 족함

※ 진술의 임의성은 소송법적 사실이므로 자유로운 증명으로 충분

진술의 임의성을 증명하기 위하여 법관에게 확신을 줄 것을 요하며, 임의성에 대한 거증책임은 증거를 제출하는 당사자에게 있음

※ 검사가 제출한 증거에 대하여 피고인이 임의성을 다툰 경우에는 검사가 거증책임을 짐

VII. 당사자 동의와 증거능력(제318조)

1. 동의의 의의와 성질

(1) 동의의 의의

검사와 피고인이 증거로 할 수 있음을 동의한 서류 또는 물건은 진정한 것으로 인정한 때에는 증거로 할 수 있음(제318조 제1항)

이는 증거능력 없는 전문증거라도 당사자가 증거로 하는데 동의한 경우 원진술자나 작성자를 소환·신문하지 않고도 증거능력을 인정할 수 있도록 함으로써 신속 재판과 소송경제(효율)를 도모하기 위함

(2) 동의의 본질

당사자의 증거동의는 형식적으로 증거능력 없는 증거에 대해 증거능력을 부여하기 위한 당사자의 소송행위라 할 수 있는데, 여기서 동의의 본질을 어떻게 보느냐에 대해 처분권설(소수설), 반대신문권 포기설(통설)의 입장이 있음

※ 따라서 동의에 의해 증거능력이 인정되는 것은 반대신문권의 보장과 관련된 증거여야 하며, 임의성 없는 자백은 물론 위법하게 수집된 증거는 동의의 대상이 될 수 없음(다수설)

2. 동의의 방법

(1) 동의의 주체와 상대방

1) 동의의 주체

동의의 주체는 검사와 피고인 당사자임

※ But, 일방당사자가 신청한 증거는 타방 당사자의 동의가 있으면 되고, 법원에서 직권으로 수집한 증거에 대하여는 양 당사자의 동의가 있어야 함

※ 피고인의 동의 시 별도로 변호인의 동의를 요하지 않으며, 변호인도 동의가 가능하나 종속대리권으로 피고인의 묵시적 동의나 추인 필요

√ 피고인의 동의를 변호인이 취소할 수 없고, 피고인의 부동의를 변호인이 번복하더라도 특별한 사정이 없는 한 효력 없음(2013도3)

√ 변호인이 피고인의 명시의 의사에 반하지 않는 한 피고인을 대리하여 동의할 수 있음(99도2029)

2) 동의의 상대방

동의의 상대방은 법원(반대신문권을 통해 실체진실을 밝히는 것이 법원이기 때문)

※ 반대당사자, 특히 검사에 대한 증거동의는 동의로서 효력이 없음

(2) 동의의 대상

1) 서류 또는 물건

동의가 반대신문권의 포기를 의미하기 때문에 서류 이외에 전문증거가 되는 진술도 대상에 포함됨

※ 공동피고인 또는 상피의자에 대한 피의자신문조서, 진술조서, 서류의 사본, 사진, 대화내용이 녹음된 보이스펜, 수사기관 작성 피신조서, 조서의 일부에 대한 동의도 가능

물건, 즉 증거물이 동의의 대상이 되는지 여부에 대해 포함시키는 적극설과 포함되지 않는다는 소극설(다수설)이 대립하나 실무에서는 동의의 대상으로 보지 않음(사법연수원, 형사증거법 및 사실인정론, 2018, 110면)

※ 증거물의 경우 동의 여부와 관계없이 증거능력이 있음은 당연하고, 다만 증거물인 서면에 동의 의견이 기재되었거나 증거물에 동의의 진술을 하여 증거목록에 그 취지가 기재되었다면 그 증거물이 물건인지 서류인지 불분명할 경우 그 동의가 전문법칙 적용문제를 해결해주는 기능을 할 수 있음

√ 한편, 수집절차에 비교적 가벼운 위법이 있는 증거물에 동의에 의하여

증거능력을 부여할 수 있는지에 대하여도 견해가 나뉨

2) 증거능력 없는 증거

동의의 대상은 증거능력 없는 증거에 한함

※ 반증은 증거능력 있는 증거에 의할 것을 요하므로 동의의 대상이 되지만, 유죄증거에 대하여 반대증거로 제출된 서류가 유죄사실을 인정하는 자료가 아닌 이상 동의 없어도 증거판단의 자료로 할 수 있는 만큼 동의의 대상이 되지 않음(80도1547)

√ 반증은 거증책임을 지는 당사자가 제출한 본증에 의해 증명하려고 하는 사실의 존재를 부인하기 위해 제출하는 증거를 말함

(3) 동의의 시기와 방식

1) 동의의 시기

증거조사 전 증거(조사)결정의 단계에서 행하여야 함

※ 증거능력 없는 증거에 대한 증거조사는 허용되지 않기 때문

※ 실무에서는 증거결정단계에서 증거능력 유무에 대한 의견진술을 받으면서 증거동의 여부를 물어 동의 시 바로 증거조사로 들어가고, 부동의 시 제311조 이하의 전문증거의 요건 구비여부를 확인하는 절차를 거치고 요건이 구비되면 증거조사절차로 들어감

2) 동의의 방식

동의는 증거능력을 부여하는 중요한 소송행위이므로 명시적으로 하는 것이 원칙이지만 묵시적 동의도 가능

※ 참고인 진술조서에 대하여 피고인이 이견이 없다고 진술하고, 공판정에서 진술서의 기재내용과 부합하는 진술을 한 경우도 포함(72도922)

※ 검사가 제시한 모든 증거에 대하여 피고인이 증거로 함에 동의한다는 방식으로 이루어진 것이라도 증거동의 효력 긍정(82도2873)

동의는 서면이나 구두로 가능하고, 대질신문이 기재된 진술조서나 범행 자백부분과 현장상황 부분으로 이루어진 검증조서(98도159) 등과 같이 내용이 가분적인 경우 하나의 서류 중 일부에 대한 동의도 가능

3. 동의의 의제

(1) 피고인의 불출석

피고인이 출정하지 아니하는 경우 법원은 동의여부를 확정할 방법이 없어 소송이 지연되는 것을 방지하기 위해 경미사건에 한해 동의를 의제하되, 대리인이나 변호인이 출정한 때에는 이들이 동의여부를 진술할 수 있어 이 경우에는 동의의제 적용을 배제하는 것을 말함

※ 제318조 제2항 '피고인의 출정 없이 증거조사를 할 수 있는 경우에 피고인이 출정하지 아니한 때에는 전항의 동의가 있는 것으로 간주한다. 단, 대리인 또는 변호인이 출정한 때에는 예외로 한다.'

※ 피고인이 법인인 경우 대리인이 출석하지 아니한 때(제276조 단서), 경미사건, 공소기각 또는 면소의 재판을 할 것이 명백한 사건에 피고인이 출석하지 아니한 때(제277조), 구속된 피고인이 정당한 사유 없이 출석을 거부하고 교도관에 의한 인치가 불가능하거나 현저히 곤란하다고 인정되는 경우(제277조의2)도 동의가 의제됨

※ 피고인이 재판장의 허가 없이 퇴정하거나 재판장의 질서유지를 위한 퇴정명령을 받은 경우(제281조, 제330조), 판례는 피고인과 변호인이 출석하지 않은 상태에서 증거조사를 할 수밖에 없는 경우 동의가 있는 것으로 봄(91도865)

약식명령에 불복하여 정식재판을 청구한 피고인이 2회 이상 불출정 하는 경우(2007도5776, 제365조, 2회 불출정 시 피고인 진술 없이 판결가능), 소송촉진 등에 관한 특례법 제23조에 따라 피고인이 공시송달의 방법에 의한 공판기일 소환을 2회 이상 받고도 출석하지 아니한 경우(2010도15977)도 해당

(2) 간이공판절차에서의 특칙

간이공판절차 결정(제286조의2)이 있는 사건의 증거에 관하여는 전문증거에 대하여도 동의가 있는 것으로 간주함. 다만 검사·피고인 또는 변호인이 증거로 함에 이의가 있는 때에는 그러하지 아니함(제318조의3)

※ 피고인이 공소사실에 대해 자백한 이상 증거에 대한 반대신문권도 포기한 것으로 봄

4. 동의의 효과

(1) 증거능력 인정

1) 진정성과 증거능력

당사자가 동의한 서류 또는 물건은 제311조 내지 제316조의 요건을 갖추지 아니하더라도 진정성이 인정되면 증거능력이 부여됨

※ 여기서 '진정성'이란 진술서에 서명·날인이 없거나 진술서의 기재내용이 진술과 상이한 경우 또는 진술내용이 진실과 다른 경우와 같이 신용성을 의심스럽게 하는 정황이 없는 것을 의미

2) 위법수집증거와 증거동의

고문에 의한 경찰단계의 자백(82도2413), 증거보전절차에서 증인신문 시 피의자와 변호인의 참여권을 보장하지 않은 경우 변호인이 공판정에서 이의신청을 한 경우(91도2337)에는 증거능력을 부정하였으나, 피고인과 변호인이 증인신문조서에 대해 동의하여 이의 없이 증거조사를 거친 경우 증인신문조서의 신문절차 위법여부와 관계없이 증거능력 부여(84도1552)

(2) 동의의 효력이 미치는 범위

동의의 대상으로 특정된 서류 또는 물건 전체에 미치고, 일부 동의는 허용되지 않는 것이 원칙이나 다만 가분적일 경우 일부에 대하여도 동의가능(물적 범위)

동의한 피고인에 대해서만 효력이 미치며 다른 공동피고인에게는 미치지 않음. 동의하지 아니하는 피고인에 대하여는 원진술자를 증인으로 신문하여 증거능력을 인정하여야 함(인적 범위)
공판절차의 갱신이 있거나, 심급을 달리하는 경우, 항소심에서 비로소 범행인정 여부를 다투고 있다 하여도 이미 동의한 효력에는 아무런 영향이 없음(시간적 범위)

5. 동의의 철회와 취소

(1) 동의의 철회

증거동의도 철회가 허용되나 문제는 언제까지 철회가 허용되는가에 있음. 이에 대해 판례는 증거조사 완료 후에는 동의의 철회가 허용될 수 없다고 봄(다수설도 동일 입장)

※ 제1심에서 한 증거동의를 제2심에서 취소할 수 없다고 봄(99도2029)

(2) 동의의 취소

착오나 강박을 이유로 증거동의를 취소할 수 있는가의 문제로 증거조사완료 전 단계에서는

철회의 영역이고, 취소는 증거조사완료 이후에 논의 가능한 영역이나 취소를 인정하는 견해와 책임 없는 사유로 인한 착오의 경우에만 취소가 가능하다는 견해가 대립함

※ 판례는 증거동의가 어떤 법률효과가 있는지 모르고 한 것이었어도 공판정에서 변호인이 아무런 이의나 취소를 한 사실이 없다면 하자가 있다고 볼 수 없다고 본 것이 유일함(83도1019)

Ⅷ. 공범 자백의 증거능력

1. 서론

공범 진술은 형사증거법에서 여러 문제점을 안고 있는데 공범 진술이 어느 단계에서 이루어졌는가(법정진술, 검찰·경찰 진술), 공범이 병합 또는 분리 기소되었는지 여부에 따라 달라질 수 있음

2. 공범의 범위

판례는 공범에 공동정범, 합동범(2인 이상의 절도 등), 필요적 공범(수뢰자와 증뢰자), 교사범 및 종범과 정범도 포함

※ But, 본범과 장물범, 상호 싸움을 한 경우 등은 불포함

3. 공범 진술의 증거능력

(1) 공동피고인의 법정진술의 증거능력(진술)

판례는 공범인 공동피고인의 법정진술은 당해 피고인에 의한 반대신문권이 보장되어 있음을 이유로 증거능력 인정(92도917)

반면 공범이 아닌 공동피고인의 법정진술에 대하여는 증거능력을 부정하고 있음(82도1000)

※ 병합심리로 공동피고인이 되었을 뿐 피고인에 대한 관계는 증인에 불과하여 선서 없이 한 공판정 진술을 증거로 쓸 수 없기 때문

(2) 공동피고인의 법정 외 진술의 증거능력(조서)

1) 당해 사건에서 법원 또는 법관 면전에서 공동피고인의 진술을 기재한 공판조서 또는 증인신문조서의 증거능력(제311조)

판례는 제184조에 의한 증거보전절차 증인신문에서 검사는 뇌물을 주고받은 필요적 공범관계라도 필요한 경우 판사에게 공동피고인을 증인으로 신문할 것을 청구할 수 있다고 봄(86도1646)

또한 다른 피고사건의 공판조서는 제315조 제3호의 문서로 당연히 증거능력이 있다고 보면서 제311조의 해석에서 공범이나 공동피고인은 '피고인 아닌 자'에 해당하는 것으로 보고, 제311조의 조서는 당해 사건의 조서에 한한다는 견해를 취하고 있음(65도372)

2) 공동피고인의 수사기관 진술(검사작성 피신조서, 사경작성 피신조서)의 증거능력

공범인 공동피고인의 수사기관 진술에 공동피고인이 피의자신문 과정에서든 증인신문과정에서든 진성성립과 내용을 인정하더라도 당해 피고인의 내용인정이 없는 한 증거능력이 없고, 공범인 공동피고인이 내용을 부인하더라도 당해 피고인이 내용을 인정하면 당해 피고인에 대하여는 증거능력 인정

공범 아닌 공동피고인의 경찰 피신조서에 관하여, 순수한 제3자의 진술과 다를 바 없으므로 공동피고인이 피고인의 지위에서 진성성립 또는 내용을 인정하더라도 당해 피고인이 증거로 함에 동의하지 않는 한 공동피고인을 증인으로 신문하여 진정성립이 증명된 때에 한하여 증거능력이 있다고 봄

> ※ 2020년 형소법 개정 전에는 검사작성 피신조서의 증거능력 요건이 사경과 상이하여 다른 법리가 있었다. 즉 공범인 공동피고인의 검찰진술은 진술에 대한 증거(신청)결정에 대한 의견진술과정에서 진정성립 및 임의성이 인정되고, 당해 피고인 측에서 공동피고인에 대한 반대신문의 기회를 부여받은 경우(제312조 제4항)에는 증거능력이 있고,
>
> √ 이 경우 피고인이 이를 증거로 함에 부동의하는 경우에도 증거능력을 인정하는 판례 다수(95도484 등)

공범이 아닌 공동피고인의 검찰진술은 당해 피고인이 증거로 함에 동의하지 않는 한 그 공동피고인을 증인으로 신문하여 진정성립이 인정되어야 증거능력을 인정하는 등 사경과 같은 구조

2020년 형소법 개정으로 검사 작성 피신조서가 사경과 동일하게 조정(2022. 1. 1. 시행)됨에 따라 아직까지 판례는 나오지 않았지만 사경 작성 피신조서와 같은 법리 적용

(3) 다른 사건에서 공범 또는 공범이 아닌 제3자의 진술을 기재한 공판조서의 증거능력

판례는 다른 피고사건의 공판조서는 제315조 제3호 문서로 당연히 증거능력이 있다고 보고 있음(65도372)

※ 다른 피고사건의 공판조서에서 공범의 법정진술을 기재한 경우, 공범이 아닌 제3자에 대한 다른 피고사건에서의 증인신문조서는 증거능력 인정되나, 공범이 아닌 제3자에 대한 다른 피고사건에서의 피고인으로 한 진술을 기재한 조서에 대해서는 판례가 없음

(4) 다른 사건에서 공범 또는 공범이 아닌 제3자의 수사기관에서의 진술의 증거능력

공동피고인의 수사기관 진술(검사작성 피신조서, 사경작성 피신조서)의 증거능력과 동일한 법리를 적용

※ 공범이 자기 사건에서 내용을 인정하든 피고사건에서 증인으로 나와 내용 인정을 하든 현재 피고인이 내용인정을 하지 않는 한 증거능력 부정되며, 공범 아닌 제3자의 경우 현재 피고인이 증거로 함에 동의하지 않는 한 제3자를 증인으로 신문하여 진정성립이 증명된 때에 증거능력 인정

※ 2020년 형소법 개정 전에는 증거능력 부정의 사유가 반대신문의 결여에 있다고 보고, 공범 또는 제3자가 자기 사건에서 임의성과 진정성립을 인정하더라도 현재 피고사건에서 공범 또는 제3자가 피고사건의 증인으로 나와 진정성립을 인정하여야 증거능력을 인정할 수 있었다. 그러나 법 개정으로 사경과 같은 법리 적용

제4절 증명력

I. 증명력

증명력이란 어떤 사실을 증명할 수 있는 증거의 실질적 가치를 말하며, 증거의 증명력은 법관의 자유판단에 의하며 이를 자유심증주의라 함

※ 제308조(자유심증주의) 증거의 증명력은 법관의 자유판단에 의한다.

자유심증주의는 증거재판주의와 함께 증거법의 양대 축을 구성하고 있으며, 자유심증주의 단계에서 적용되는 증거법으로는 증명력을 다투기 위한 증거인 탄핵증거(제318조의2(증명력을 다투기 위한 증거)), 자유심증을 얻었더라도 일정한 제한을 가하는 자백 보강법칙(제310조(불이익한 자백의 증거능력)), 공판조서의 증명력(제56조) 규정이 있음

※ 제56조(공판조서의 증명력) 공판기일의 소송절차로서 공판조서에 기재된 것은 그 조서만으로써 증명한다

또한 자유심증주의의 실체형성 단계로 증명력 판단의 기준으로 판례가 제시하고 있는 근거 유무, 진술 내의 일관성, 진술 간의 불일치, 진술자의 위치, 범행의 동기 내지 사건화된 동기, 논리적인 관점 내지 사회통념,

간접증거에 의한 주관적 요소, 주관적 요소 외의 사실에 대한 증명여부에 대한 것도 살펴볼 것임

II. 자유심증주의(사실인정 총론)

1. 의의

증거의 증명력을 법률로 규정하지 않고 법관의 자유로운 판단에 맡기는 원칙으로 증거평가 자유의 원칙이라고도 함

※ 제308조(자유심증주의) 증거의 증명력은 법관의 자유판단에 의한다.

※ 증거법정주의는 증거의 증명력을 법률로 정하여 일정한 증거가 존재하면 일

정한 사실의 존재를 인정하여야 하고, 일정한 증거가 존재하지 아니하면 일정한 사실의 존재를 인정할 수 없도록 하는 것을 말함

√ 증거법정주의는 법관의 주관적·자의성을 차단하기 위해서 고안된 원칙이지만 실체적 진실발견에 오히려 부당한 결과 초래할 위험

2. 자유심증주의의 내용

(1) 증명력 판단의 주체

증명력 판단의 주체는 개개 법관이며, 합의체에서는 구성원인 각 법관의 자유심증의 결과를 기초로 하여 합의라는 형식으로 사실인정을 하게 됨

(2) 자유판단의 대상

법관이 자유롭게 판단할 수 있는 것은 증거의 증명력임

※ 증명력은 요증사실과의 관계를 떠나 증거 그 자체가 진실일 가능성을 뜻하는 신용력(信用力)과 신용력을 전제로 요증사실의 존재를 인정하게 하는 힘을 뜻하는 협의의 증명력을 포함하는 개념

※ 엄격한 증명과 자유로운 증명은 그 증거능력과 증거조사절차에 있어 차이가 있지만, 어느 경우에나 자유심증주의가 적용된다는 점에서 동일

※ 증거능력에서 임의성이나 특신상황 등의 존부 판단에 있어서는 결국 자유심증주의가 작용(95도484)

※ 증인의 표정이나 피고인의 반응 등과 같이 증거자료의 신빙성을 판단할 수 있는 정보의 총체인 변론취지도 증명력 판단에서 고려되고, 다수의 개별증거를 종합하여(종합증거) 전체로서 어떠한 사실을 인정하는 것도 허용

(3) 자유판단의 의미와 한계

자유판단이란 법관이 증거의 증명력을 판단힘에 있어 미리 정해져 있는 어떠한 기준이나 법칙에 따르지 않고 자신의 합리적 이성에 의해 사실의 존부에 관한 판단을 행하는 것

But, 자유심증주의에 있어 자유가 자의(恣意)를 의미할 수는 없으며, 사실인정이 법관의 전단(專斷)이 되어서는 안 됨

※ 합리성과 객관성을 결여한 증거가치 판단은 위법하고(84도554), 논리칙과

경험칙에 위배되지 않은 범위 내에서 허용되는 것임(85도2109)

(4) 구체적 적용사례

1) 피고인 진술

자백의 신빙성 유무를 판단함에 있어서,

① 자백의 진술내용 자체가 객관적인 합리성을 띠고 있는지 여부,

※ 피고인이 평소 투약량의 20배에 달하는 1g의 메트암페타민을 한꺼번에 물에 타서 마시는 방법으로 투약하였다는 것은 쉽게 믿기 어렵고…(2002도6766)

② 자백의 동기나 이유 및 자백에 이르게 된 경위가 어떠한가

※ 수사과정에서 다른 피고인들이 이미 범행을 자백한 것으로 오인하거나, 검사가 선처받을 수도 있다고 말하여 자백한 것으로 보이는 점 등의 정황으로 비추어 피고인들의 검찰 자백진술은 그 신빙성이 의심된다(2009도1151)

③ 자백 외의 정황증거 중 자백과 저촉되거나 모순되는 것이 없는가 하는 점 등을 고려해야

※ 법원은 피고인의 학력, 경력, 직업, 사회적 지위, 지능 정도, 진술의 내용, 피의자신문조서의 경우 그 조서의 형식 등 제반사정을 참작하여 진술이 임의로 된 것인지 여부를 판단해야 함(2001도1381)

피고인의 범행 부인 진술내용에 일관되지 아니하고 상호 모순되거나 저촉되는 점이 있다 하더라도 이것만으로는 유죄 인정의 증거가 될 수 없음(84도417)

2) 증인 또는 참고인 진술

증언의 신빙성은 증인의 입장, 이해관계 및 그 내용은 물론 다른 증거와도 구체적으로 비교 검토하여 합리적으로 판단하여야 함(77도2381)

※ 13세 증인의 증언을 증거로 하여 사실 인정한 것은 적법(71도1592), 사건당시 3년 4개월, 증언당시 3년 7개월 남짓 된 여아의 증언에 대하여 자신이 당한 추행 장면을 묘사하고, 추행사실을 일관되게 진술하면서 일부 진술은 직접 경험하지 않았다면 표현하기 어려운 부분까지 진술하고 있는 점에 비추어 신빙성 인정,

사건 당시 4세가 안 된 피해자의 일관되지 않고 분명하지 않은 진술만으로 강간치상을 인정하는 것은 증명이 되었다고 보기 어렵고(92도874), 모의 편향되

고 유도적인 반복 질문에 따라 녹취한 만3세 1개월 남짓한 피해자의 유일한 진술만으로 강제추행 인정을 증명하였다고 보기 어려움(2000도159)

피해자의 경찰, 검찰 및 법원에서의 각 진술에 사소한 차이가 있으나 전체적으로 일관성이 있고 모순이 없다면 유죄인정의 자료가 될 수 있음(86도555)

※ 유일한 피해자 진술이 경찰과 검찰에서 서로 모순되고 검찰에서의 진술도 공소제기 후에 이루어진 것으로서 피해자가 증인소환에 불응하여 피고인 측에서 반대신문기회가 없었던 경우에는 신빙성 인정하기 어려움(92도1880)

※ 일관성이 없고 서로 모순되어 신빙성이 희박하거나 단순한 추측에 불과하여 믿기 어려운 증거들을 채용하여 유죄를 인정한 것은 채증법칙 위반(93도93)

직접증거를 뒷받침할 수 있는 간접 또는 정황증거가 있는 경우에 그 직접증거를 배척하려면 이를 배척할 수 있는 합리적인 이유가 있어야 함(85도1572)

※ 공소외 4가 경찰에서 동인이 앉아있던 자리와 피고인이 현금을 인출한 현금자동지급기와는 약 7~8미터 떨어졌다고 진술하였는데 현장검증결과 그 거리가 약 15미터 정도나 되기 때문에 믿을 수 없다고 판시하고 있으나 경험사실에 관한 시간과 거리를 정확하게 기억하는 것은 어려운 일이며 다소의 차이가 생길 수 있는 것인 바 원심법정에서 공소외 4는 위와 같은 거리에 대한 실제 미터 수 차이에 관하여 "재보지 않아서 정확히 목측할 수 없읍니다"라고 하면서 "따라서 실제의 거리가 15미터임에도 증인이 경찰에서 진술할 때 7~8미터정도라고 진술한 것은 증인이 현장을 보지 않았기 때문이 아니라 거리를 추측할 때 생긴 오차에 불과하지요"라는 질문에 "예, 그렇습니다"라고 대답한 것으로 미루어 입증된다.

수사기관이 원진술자의 진술을 기재한 조서는 원본 증거인 원진술자의 진술에 비하여 본질적으로 낮은 정도의 증명력을 가질 수밖에 없다는 한계를 지니는 것이고, 특히 원진술자의 법정 출석 및 반대신문이 이루어지지 못한 경우에는 그 진술이 기재된 조서는 법관의 올바른 심증형성의 기초가 될 만한 증거가치를 가진 것으로 인정받을 수 없는 것이 원칙

※ But, 예외적으로 기재된 진술이 직접 경험한 사실의 구체적인 경위와 정황의 세세한 부분까지 정확하고 상세하게 묘사하고 있어 구태여 반대신문을 거치지 않더라도 진술의 정확한 취지를 명확히 인식할 수 있고, 그 내용이 경험칙에

부합하는 등 신빙성에 의문이 없어 조서의 형식과 내용에 비추어 강한 증명력을 인정할 만한 특별한 사정이 있거나 그 조서에 기재된 진술의 신빙성과 증명력을 뒷받침할 만한 다른 유력한 증거가 따로 존재하는 경우에는 증거가치 인정가능

※ 원진술자의 사망이나 질병 등으로 인하여 원진술자의 법정출석 및 반대신문이 이루어지지 못한 경우는 물론 수사기관의 조서를 증거로 함에 피고인이 동의한 경우에도 동일한 논리 적용

3) 감정서

전문감정인의 감정결과는 중요한 참고자료가 되기는 하나 이에 기속 받는 것은 아님

※ 심신상실 상태라는 감정인의 의견을 배척하고 심신미약만을 인정(94도581)

√ 범행의 동기와 범행방법, 범행 후의 정황 등 피고인의 일련의 행위가 정상적인 사람의 행동범위를 크게 벗어나지 아니하고, 피고인의 의식과 지남력, 기억력, 지식, 지능이 모두 정상이며, 착각이나 환각 같은 지각장애가 없는 점 등을 종합하면 피고인은 이 사건 범행 당시 사물의 선악과 시비를 합리적으로 판단하여 구별할 수 있는 능력이나 사물을 변별한 바에 따라 의지를 정하여 자기의 행위를 통제할 수 있는 능력이 미약한 상태에 있었다고 봄이 상당하고, 이에서 나아가 그 사물의 변별력이나 의사결정 능력을 상실한 상태에까지 이른 것이라고는 볼 수 없다고 판시(94도581)

※ 범행 당시 피고인의 음주 명정의 정도 등은 전문가로 하여금 감정을 하게 하지 않고서도 다른 거시증거에 의하여 판정가능(83도2431)

But, 사실인정이 사실심의 전권이라 하더라도 합리적 근거 없이 이를 배척하는 것은 자유심증주의 한계를 벗어나는 것으로 허용불가(2007도1950)

※ 모발에서 메트암페타민 성분 검출의 국과수 회보, 전문가의 필적감정, 유전자검사 결과나 혈액검사 결과 등 과학적 증거방법은 법관의 사실인정에 상당한 정도의 구속력을 가짐

4) 진단서

진단서의 기재만으로 상해가 피고인의 행위에 기인한 것이라는 점에 대한 증거가 될 수는 없음(84도421)

※ But, 진단서는 상해의 부위와 정도에 대한 증거는 될 수 있으며, 상해가 범죄로 인한 것이라는 사실을 증명하기 위해서는 상해 진단일자 및 진단서 작성일자가 상해 발생시점과 시간상으로 근접하고, 기재된 상해부위와 정도가 피해자가 주장하는 상해원인 내지 경위와 일치하고(제3자의 폭행사실 없고), 진단서 발급 경위에 특별한 신빙성을 의심할 만한 사정이 없는 한, 그 진단서는 피고인의 상해 사실에 대한 유력한 증거가 되고 합리적인 근거 없이 증명력을 배척할 수 없다고 봄(2010도12728)

※ 피해자가 폭행으로 인하여 상해를 입었다는 점은 피해자의 일방적 증언만으로는 인정하기 어려움(83도940)

√ 피고인의 위 각 진술내용은 모두 피고인이 시비 끝에 피해자의 안면부를 1회 구타하였다는 것에 불과하고 그로 인하여 어떠한 내용의 상해를 입힌 것인지에 관하여는 아무런 언급이 없으며 또한 피해자의 위 제1심 법정에서의 증언내용은 동인이 시비 끝에 피고인으로부터 안면부를 2회 구타당하고 그로 인하여 5일 내지 8일간의 치료를 요하는 고막파열의 상해를 입었다는 것이어서 위 증언들에 의하면 피고인이 피해자에게 폭행을 가한 사실은 인정된다 할 것이나 피해자가 위 폭행으로 인하여 판시와 같은 상해를 입었다는 점은 위와 같은 피해자의 일방적 증언만으로는 인정하기 어렵다 할 것(83도940)

침술행위가 업무인 침사(鍼士)의 의견서와 의사의 진단서에 대등한 증명력을 인정할 수 없다고 봄(88도1970)

5) 처분문서

처분문서의 진정성립이 인정되는 이상, 법원은 반증이 없는 그 문서의 기재내용에 따른 의사표시의 존재 및 내용을 인정하여야 하고, 합리적 이유설시도 없이 이를 배척하여서는 안 됨

※ 처분문서란 당사자가 계약을 할 때 자신의 의사를 표현하는 계약서나 약관과 같은 문서

※ But, 기재내용과 다른 명시적·묵시적 약정이 있는 사실이 인정되는 경우 다른 사실을 인정할 수 있고, 법률행위를 해석 시에도 경험칙과 논리법칙에 어긋나지 않는 범위 내에서 자유로운 심증으로 판단가능(81도3148)

6) 관련사건의 판결

형사재판에서 관련된 민사사건의 판결에서 인정된 사실은 유력한 인정자료가 된다고 할지라도 이에 구속되는 것은 아니어서 형사법원은 증거에 의하여 민사판결에서 확정된 사실과 다른 사실을 인정할 수 있음(95도19211)

※ But, 반대 사실을 인정한 관련 민사판결이 있음에도 그 판결이 상소심에서 어떻게 되었는지 심리하지 않은 채 유죄로 단정한 원심판결을 파기한 사례도 있음(92도1914)

변론 분리로 다른 공동피고인들에 대하여 유죄판결이 상고심에서 확정된 후 하급심이 동일한 증거관계하의 피고인에 대하여 무죄를 선고한 것은 채증법칙을 위반(90도121511)

7) 증거의 종합

자유심증주의 원칙상 법원은 자백한 피고인 자신의 범행에 관한 부분만 믿고, 다른 공동피고인들이 범행에 관여하였다는 부분을 배척가능하고, 동일한 사항에 대하여 서로 다른 내용의 공판조서가 있는 경우 증명력 판단은 법관의 자유로운 심증대상(86도1646)

※ 진술조서 기재의 일부분을 믿고 다른 부분을 믿지 아니하여도 부당하지 않고, 공동피고인 중 1인이 다른 공동피고인들과 공동으로 범행을 하였다고 자백한 경우 반드시 그 자백을 전부 믿어 공동피고인들 전부에 대하여 전부 유죄로 인정하거나 그 전부를 배척하여야 하는 것은 아님(95도2043)

검찰진술과 법정증언이 다를 경우 반드시 후자를 믿어야 한다는 법칙은 없고 자유심증주의의 대상에 속함(88도740)

※ 상반된 감정 중 어느 것을 사실인정의 자료로 인용할 것인가도 자유심증의 대상(86도1547)

증거를 종합하여 피고인의 범죄사실을 인정한 이상 피고인이 제출한 증거를 배척한 이유를 설시하지 않았다 하여 위법이라 할 수 없음(84도682)

8) 기타

증거보전된 증거가 항상 진실이라고 단정 지을 수 없는 것이므로 믿지 않을 만한 사유가 있어 이를 믿지 않은 것에 자유심증주의 남용이 있다고 보기 어렵고(79도21251),

경찰 및 검사가 작성한 실황조사서의 기재가 사고현장을 설명하면서 경찰이나 검사의 의견을 기재한 것에 불과하다면 이것만으로는 피고인이 이 사건 사고를 일으켰다고 인정할 자료가 될 수 없다고 봄(83도948)

3. 심증의 정도

(1) 합리적 의심의 여지가 없는 증명과 의심스러울 때는 피고인의 이익으로

법원이 범죄사실의 존부에 대한 심리를 다하였음에도 합리적 의심의 여지가 없을 정도의 심증형성에 이르지 못하였을 때에는 '의심스러운 때는 피고인의 이익으로' 원칙에 의해 무죄를 선고하여야 함

※ 제307조(증거재판주의) ② 범죄사실의 인정은 합리적인 의심이 없는 정도의 증명에 이르러야 한다.

※ 유죄인정은 우월한 증명력을 가진 정도로는 부족하고(86도586), 합리적 의심을 할 여지가 없을 정도로 공소사실이 진실한 것이라는 확신을 가지게 할 수 있는 증명력을 가진 증거에 의하여야 함(2000도3143)

여기서 합리적 의심이라 함은 모든 의문, 불신을 포함하는 것이 아니라 논리와 경험칙에 기하여 요증사실과 양립할 수 없는 사실의 개연성에 대한 합리적 의문을 의미(2008도2621)

※ 합리적 의심의 여지가 없는 증명이라 함은 합리성 없는 모든 가능한 의심을 배제할 정도에 이를 것까지 요구하는 것은 아님(2003도3945)

(2) 합리적 의심의 여지가 없는 증명의 대상

합리적 의심의 여지가 없을 정도의 증명을 필요로 하는 사실은 검사가 주장하는 피고인에게 불리한 사실에만 한정

① 공소사실은 인과관계를 포함한 객관적 사실과 고의 등 주관적 사실도 대상
피고인 측의 입증활동에 의하여 법관이 범죄성립조각사유에 대하여 합리적 의심을 갖게 되는 경우 검사가 증명하여야 하며, 알리바이의 주장이 있는 경우도 동일

② 누범전과와 같이 형벌의 범위를 확장시키는 사실도 대상

③ 간접사실에 경험칙을 적용하여 사실상 추정에 의하여 범죄사실을 인정함에 있어서는 간접사실과 범죄사실과의 간격의 차이, 간접사실의 증명도, 적용된 경험칙의 내용 등을 고려하여 합리적 의심의 여지가 없을 정도로 증명되었느냐에 대한 신중한 검토 필요

4. 자백 보강법칙

(1) 의의 및 근거

법관이 피고인의 자백을 기초로 유죄의 심증을 얻게 되었다 할지라도 그 자백이 다른 증거에 의하여 보강되지 않는 유일한 증거인 경우 유죄로 할 수 없다는 원칙(2007도7835)

※ 제310조(불이익한 자백의 증거능력) 피고인의 자백이 그 피고인에게 불이익한 유일의 증거인 때에는 이를 유죄의 증거로 하지 못한다.

※ 헌법 제12조 제7항 후단 '정식재판에 있어서 피고인의 자백이 그에게 불리한 유일한 증거일 때에는 이를 유죄의 증거로 삼거나 이를 이유로 처벌할 수 없다'

※ 자백 보강법칙은 영미에서 배심원의 심증형성에 오류가 개입하는 것을 막기 위해 발달한 것으로 대륙법계인 독일 형소법에서는 자유심증주의에 특별한 제한을 두고 있지 않음

자백배제법칙은 증거능력에 관한 문제인데 반해 자백보강법칙은 증명력에 관한 문제로 자유심증주의의 예외를 이룸

자백보강법칙은 허위자백으로 인한 오판의 방지와 자백편중 수사로 인한 인권침해의 방지에 근거가 있음

(2) 적용 범위

1) 정식재판

검사의 공소제기에 의하여 공판절차가 진행되는 통상의 형사절차인 정식재판뿐만 아니라 간이공판절차나 약식명령절차에서도 적용됨

※ 즉결심판이나 소년보호사건의 경우에는 적용되지 않음(82모36)

2) 피고인의 자백

보강증거를 필요로 하는 것은 피고인의 자백이고, 증인의 증언이나 참고인의 진술에는 보강증거 불요

※ 통설과 판례는 공판정에서의 자백에도 보강법칙 적용된다고 봄(66도634)

3) 공범의 자백

피고인의 자백에 공범자의 자백이 포함되는지 여부에 대하여 판례는 제310조의 피고인의 자

백에는 공범인 공동피고인의 진술은 포함되지 않는다고 봄(92도917)

※ 공동피고인의 진술은 피고인의 반대신문권이 보장되어 증거능력이 있고 상호 보강증거가 될 수 있음

※ 다만, 공범들이 자기의 형사책임을 가볍게 하기 위해 동료들을 끌어들이거나 책임을 전가하기 위해 허위진술의 우려가 있는 만큼, 자백내용 자체의 객관적 합리성, 자백의 동기나 이유 및 경위, 자백 외의 정황증거가 자백과 모순되는 것은 없는지 등 신중한 판단 필요

(3) 보강증거의 자격

보강증거는 엄격한 증명의 자료로 될 수 있는 자격인 증거능력을 갖추고 있어야 함

※ 전문증거의 경우 예외적으로 증거능력이 인정되는 경우에만 보강증거 가능

자백과 독립한 별개의 증거여야 함

※ 피고인의 자백은 독립한 증거가 아니므로 보강증거가 될 수 없으며, 피고인의 자백을 내용 하는 피고인 아닌 자의 진술내용은 제310조의 피고인의 자백은 아니지만 실질에 있어 피고인의 자백과 같은 것으로 보강증거로 불가, 피고인이 범행 장면을 재현하는 것도 실연(實演)에 의한 자백에 불과하여 보강증거가 불가, 피고인이 피의자로 수사받기 전에 자백내용을 기재한 일기장, 메모도 불가

※ But, 상업장부나 항해일지, 진료일지 또는 이와 유사한 금전출납부 등과 같이 범죄사실의 인정여부와 관계없이 맡겨진 사무를 처리한 사무내용을 계속적·기계적으로 기재한 문서는 보강증거로 가능(94도2865)

※ 독립한 증거인 이상 인증, 서증, 물증 등 그 형태를 묻지 아니하고 직접증거뿐만 아니라 간접증거, 정황증거도 보강증거가 될 수 있음(98도159)

공범의 자백은 보강증거가 될 수 있다고 봄(68도43)

(4) 보강증거의 범위

1) 범위

자백 내용의 어느 범위까지 보강증거가 필요한지 여부에 대하여 ① 죄체(罪體)의 전부 또는 중요 부분에 관하여 보강증거가 있어야 한다는 죄체설 ② 자백사실이 가공적인 것이 아니고 진실한 것이라고 인정할 수 있는 정도의 증거면 족하다는 실질설(진실성 담보설), ③ 공판정에서의 자백에 대해서는 실질설, 공판정 외에서의 자백은 죄체설을 취하는 절충설

※ 판례는 실질설 입장(2005도8704)

2) 구체적 검토

① 구성요건사실 이외의 사실

객관적 처벌조건인 사실(수뢰죄에 있어서 공무원이 된 사실 등) 전과에 관한 사실, 확정판결의 존부 등은 범죄사실과 구별되는 것으로 피고인의 자백만으로 인정가능

※ 범행 동기나 경위, 정상(情狀)에 관한 사실 및 몰수·추징의 사유도 자백만으로 인정가능

② 범죄의 주관적 요소

판례는 고의, 과실, 지정(知情), 공동가공의 의사, 목적범의 목적과 같은 주관적 요소에 대하여는 보강증거를 필요로 하지 않는다고 봄(4294형상171)

③ 범인과 피고인의 동일성

범인과 피고인의 동일성에 관하여 실무는 보강증거를 요하지 않음

④ 범죄의 객관적 요소

상습성, 업무성에 대한 보강증거 필요성에 대하여 우리 판례는 전무

※ 일본은 상습성 긍정, 업무성은 부정한 판례가 있음

⑤ 죄수와 보강증거

경합범은 수죄로 각각의 범죄에 대하여 보강증거 필요, 상상적 경합범의 경우 실체법 수죄인 이상 각 범죄에 대해 보강증거가 필요하다는 견해와 하나의 범죄에 대한 보강증거는 다른 죄에 대한 보강증거가 되어 실질적 차이가 없다는 견해가 있음

포괄일죄 중 피해법익과 범죄행위의 유사성 등으로 인하여 다수의 행위가 일죄로 파악되는 영업범의 경우 개별행위가 독립된 의미를 가지지 아니하여 개별행위별 보강증거를 요하지 않지만

행위자의 인격적 특성을 근거로 다수의 행위가 일죄로 포괄되는 상습범의 경우 각 행위별로 보강증거 유무를 판단해야 한다는 견해가 다수설 입장

※ 판례(2001도6712)도 다수설에 가까운 입장

⑥ 보강증거의 증명력

판례는 보강증거 자체만으로 범증을 확정할 수 없다 하더라도 자백과 서로 어울려 전체로서 범죄사실을 인정할 수 있으면 보강증거로서 족하다고 봄(99도18581)

※ 보강증거는 그 증거만으로 객관적 구성요건에 해당하는 사실을 인정할 수 있는 정도의 것임을 요하지 않음(82도3107)

3) 판례에 나타난 사례들

① 인정한 사례

피고인이 위조신분증을 제시·행사한 사실을 자백하고 있고, 제시·행사한 신분증이 현존하고 있다면, 그 신분증은 피고인의 자백사실의 진실성을 인정할 간접증거(보강증거)가 된다고 봄(82도3107)

압수된 피해품의 현존사실도 강도미수, 야간주거침입절도 범행에 대한 자백의 보강증거가 될 수 있음(85도8481)

국가보안법상 회합죄를 피고인이 자백하는 경우 회합 당시 상대방으로부터 받았다는 명함의 현존은 보강증거로 될 수 있음(90도741)

오토바이를 절취당한 피해자로부터 오토바이가 세워져 있다는 신고를 받고 그곳에 출동한 경찰관이 잠복근무 중 피고인이 오토바이 시동을 걸려는 것을 체포하면서 오토바이를 압수하였다는 압수조서의 기재는 피고인이 무면허 운전하였다는 자백사실에 대해서는 보강증거가 됨(2000도2365)

뇌물공여의 상대방인 공무원이 뇌물 수수를 부인하면서도 그 일시 경에 뇌물 공여자를 만났던 사실 및 공무에 관한 청탁을 받기도 한 사실 자체는 시인하였다면 이는 뇌물을 공여하였다는 뇌물공여자의 자백에 대한 보강증거가 가능하고(94도993)

뇌물 수수자가 무자격자인 뇌물공여자로 하여금 건축공사를 하도급 받도록 알선하고 그 하도급계약을 승인받을 수 있도록 하였으며, 공사대금도 하도급업자인 뇌물공여자 측에서 직접 지불하는 등 각종 편의를 보아주었다면 이는 뇌물공여자의 자백에 대한 보강증거가 될 수 있음(98도2890)

피고인이 검문 당시 매우 짧은 시간 전에 메트암페타민 투약에 사용되었음이 분명한 주사기들을 소지하고 있었던 사실은 메트암페타민 투약사실에 대한 보강증거로서 충분(99도338)

② 부정한 사례

자기 집 앞에서 세워둔 봉고화물차 1대를 도난당하였다는 공소외인의 진술, 피고인이 위 차를 타고 그 무렵 충주까지 가서 소매치기 범행을 하였다고 자백한 사건에서 피고인의 자백이 범행장소인 충주까지 가기 위한 교통수단으로 이용하였다는 취지인 경우 소매치기 범행과는 직·간접적으로 관계가 없어 보강증거 불가(85도2656)

검사가 보강증거로 제출한 증거 내용이 피고인과 공소외 갑이 현대자동차 춘천영업소를 점거했다가 갑이 처벌받았다는 것이고, 피고인의 자백내용은 현대자동차 점거로 갑이 처벌받은 것은 학교 측의 제보 때문이라 하여 그 보복으로 학교 총장실을 침입 점거했다는 것이라면 위 증거는 공소사실의 객관적 부분인 주거 침입, 점거사실과 관련 없는 범행의 침입동기에 관한 정황증거에 불과하므로 위 증거와 자백을 합쳐보아도 자백사실을 진실한 것이라 인정하기에 족하다고 볼 수 없어 보강증거가 될 수 없음(90도2010)

소변검사결과는 1995. 1. 17. 자 투약행위로 인한 것일 뿐, 그 이전의 4회에 걸친 투약행위와는 무관하고, 압수된 약물도 이전 투약행위에 사용되고 남은 것이 아닌 경우, 위 소변검사 결과. 압수약물은 투약습성에 대한 정황증거에 불과하고, 이와 같은 정황증거만으로 객관적 구성요건인(1995. 1. 17. 이전 4회) 각 투여행위가 있었다는 점에 대한 보강증거로 삼을 수 없음(95도1794)

(4) 보강법칙 위반의 효과

보강법칙을 위반한 경우 항소이유 및 상고이유가 됨

증명력 형성과정 단계에서 적용되는 탄핵증거, 증거에 대한 증명력에 대해서도 일정한 제한을 가하는 자백보강법칙과 공판조서의 증명력에 관한 법리가 있음

5. 공판조서의 절대적 증명력

(1) 의의

1) 공판조서의 개념

공판조서란 공판기일의 소송절차가 법정 방식에 따라 적법하게 행하여졌는지 여부를 인증하

기 위하여 법원 사무관 등이 공판기일의 소송절차의 경과를 기재하는 조서를 말하고, 기재의 정확성을 담보하기 위해 재판장과 법원사무관 등의 기명날인 또는 서명을 요구하고 있음

※ 제53조 제1항(공판조서에는 재판장과 참여한 법원사무관 등이 기명날인 또는 서명하여야 함)

2) 공판조서의 증명력과 자유심증주의 예외

형소법 제56조는 '공판기일의 소송절차로서 공판조서에 기재된 것은 그 조서만으로 증명한다'라고 규정하고 있는데, 이를 공판조서의 배타적(절대적) 증명력이라 함

공판조서의 배타적 증명력을 인정하는 이유는 공판기일에 있어서의 소송절차에 법령위반이 있는가를 상소심에서 심판하는 경우에 원심의 법관이나 법원사무관 등을 증인으로 신문하는 것은 번잡을 초래할 뿐만 아니라 타당하지 않다는 고려에서 공판조서에 대하여 사전에 그 정확성을 보장하고 상소심의 판단자료를 공판조서에 한정하여 상소심에서의 심사의 편의를 도모하기 위한 목적임

공판조서에 배타적 증명력을 인정하는 것은 자유심증주의에 대한 예외가 됨

※ '조서만으로써 증명한다'라는 것은 그 기재가 명백한 오기인 경우를 제외하고는 공판기일의 소송절차로서 기재된 것은 조서만으로써 증명하여야 하고, 그 증명력은 공판조서 이외의 자료에 의한 반증이 허용되지 않는 절대적인 것이라는 의미(2003도3282)

(2) 배타적 증명력의 범위

1) 공판기일의 소송절차

공판조서에서 배타적으로 증명할 수 있는 것은 공판기일의 절차 중 순수하게 피고사건의 절차면에 관련된 부분에 대하여만 인정됨

※ 피고인·변호인 출석 여부, 검사의 모두진술, 진술거부권 고지, 증거조사결과에 대한 의견진술 및 최종의견 진술기회 부여, 판결서에 의한 판결선고 여부 등 판결선고 절차의 적법여부, 증거목록에 기재된 증거동의에 대한 동의 또는 진정성립 여부 등에 관한 피고인의 의견 등이 이에 해당(판례)

※ 일단 진행된 절차의 적법성은 물론 절차의 존부를 문제 삼는 경우에도 모두 인정됨

이에 반해 피고인의 진술이나 증인의 증언과 같이 피고사건의 실체면에 관련된 사항에 대해서는 배타적 증명력이 인정되지 않고 다른 증거에 의해서 다툴 수 있음

2) 공판조서에 기재된 소송절차

배타적 증명력은 공판기일의 소송절차 가운데 공판조서에 기재된 것에 한정(필요적 기재 여부 불문)

※ 당해 사건의 공판조서만을 의미하고 다른 사건의 공판조서에는 배타적 증명력 불인정

√ 공판조서가 위조, 변조 또는 허위로 작성되었음이 다른 형사절차에서 증명되는 경우 배타적 증명력 부인됨

※ 공판조서의 기재가 명백한 오기인 경우 공판조서는 그 올바른 내용에 따라 증명력을 가짐(95도1289)

공판조서에 기재되지 아니한 소송절차라 하여 그 존재가 부인되는 것은 아니고 다른 자료에 의하여 증명할 수 있고, 소송법적 사실로 자유로운 증명으로 가능

※ 공판조서에 피고인 인정신문 기재가 없지만, 조서기재에 의해 피고인 출석이 분명하고, 피고인과 다른 공동피고인이 시인하는 경우 인정신문의 존재가 추정된다고 봄(72도2421)

(3) 공판조서의 멸실 및 무효

공판조서가 처음부터 작성되지 아니하였거나 도중에 멸실된 경우 또는 공판조서가 무효인 경우에는 배타적 증명력이 없음

※ 배타적 증명력은 유효한 공판조서의 존재를 전제로 함

공판조서가 멸실·무효인 경우 상소심에서 원심소송절차의 법령위반 여부를 판단함에 있어 다른 자료를 사용할 수 있는지 여부에 대하여 통설은 긍정설의 입장

6. 탄핵증거

(1) 의의

1) 개념

진술의 증명력을 다투기 위한 증거를 말함

※ 甲이 乙을 폭행하는 현장을 목격하였다는 丙의 증언에 대하여 丙이 전에 "그 현장을 목격한 일이 없다"라고 말하는 것을 들었다는 丁의 증언을 丙 증언의 증명력을 다투기 위해 사용하는 경우

※ 제318조의2(증명력을 다투기 위한 증거) ① 제312조부터 제316조까지의 규정에 따라 증거로 할 수 없는 서류나 진술이라도 공판준비 또는 공판기일에서의 피고인 또는 피고인이 아닌 자(공소제기 전에 피고인을 피의자로 조사하였거나 그 조사에 참여하였던 자를 포함한다. 이하 이 조에서 같다)의 진술의 증명력을 다투기 위하여 증거로 할 수 있다.

√ 전문법칙에 의해 증거능력 없는 전문증거도 탄핵증거로 사용가능

2) 탄핵증거의 성질

탄핵증거는 자유심증주의의 예외가 아니라 보강하는 의미를 가지며, 전문법칙의 적용이 없는 경우로 보는 것이 일반적인 견해임

※ 탄핵증거에 있어서도 진술 불일치 여부와 탄핵되는 증거의 증명력은 법관의 자유판단에 의해 결정됨

3) 탄핵증거, 반대신문, 반증

진술의 증명력을 다투는 방법에는 탄핵증거 외에도 반대신문과 반증의 방법이 있음

※ 반대신문이란 증인을 신문함에 있어 증인을 신청한 소송관계인이 행한 주신문에 뒤이어 이해관계가 대립하는 소송관계인이 행하는 신문을 말함

√ 반대신문권 행사는 증언의 증명력을 다투는 경우에 한정되지만, 탄핵증거는 증인의 증언뿐만 아니라 피고인의 진술 및 증인 이외의 자의 진술에 대해서도 다툴 수 있고, 반대신문권은 법관면전에서 구두질문의 형태로 행하여지지만 탄핵증거는 구두진술 외에 서면의 제출도 허용된다는 점에 차이가 있음

※ 반증은 본증에 의하여 증명하려고 하는 사실의 존재를 부인하기 위해 제출하는 증거로 판례는 주요사실과 관련 없는 경우 반증과 탄핵증거를 엄격하게 구분하지 않고 증거능력 및 엄격한 증거조사 절차를 요구하지 않음(80도1547)

√ 검사가 유죄의 자료로 제출한 증거들이 그 진정성립이 인정되지 아니하고 이를 증거로 함에 상대방의 동의가 없더라도, 이는 유죄사실을 인정하

는 증거로 사용하는 것이 아닌 이상 공소사실과 양립할 수 없는 사실을 인정하는 자료로 쓸 수 있다고 보아야 한다고 봄(94도1159)

(2) 탄핵증거의 허용범위

1) 탄핵증거의 범위

어떠한 전문증거를 탄핵증거로 사용할 수 있는지 여부에 관하여 판례는 있으나 명확한 입장이 없어 절충설과 이원설로 해석되고, 학설은 대립

※ 한정설은 자기모순 진술에 한정된다는 입장, 절충설은 자기모순 진술 이외에 원진술자의 성격, 이해관계, 전과사실, 평판 등과 같이 원진술자의 신빙성과 관련된 보조사실에 관한 전문증거는 포함되나 범죄사실이나 간접사실에 관한 전문증거는 포함되지 않는다는 입장, 이원설은 검사는 자기모순의 진술만을, 피고인은 제한 없이 모든 전문증거를 탄핵증거로 제출할 수 있다는 입장

2) 탄핵증거의 제한 등

탄핵증거의 범위 내에 속하는 전문증거라도 탄핵증거로 사용이 제한되는 경우가 있음

※ 임의성 없는 자백(제309조)이나 진술(제317조)은 탄핵증거로 허용불가 (2005도2617) 하고, 위법수집증거(제308조의2)도 마찬가지로 허용불가

※ 검사 이외 수사기관 작성 피신조서가 임의로 작성된 것이 아니라고 의심할 만한 사정이 없는 한 탄핵증거로 허용(2005도2617)

(3) 탄핵 대상과 범위

1) 탄핵 대상

① 피고인 또는 피고인 아닌 자의 진술

공판정에서의 진술뿐만 아니라 공판정 외의 진술도 서면형식으로 증거가 된 경우에는 탄핵대상이 됨

※ 피고인의 진술의 탄핵대상 여부에 대하여 판례(97도1770)는 적극설 입장

② 자기 측 증인의 탄핵

자기 측 증인의 증언에 대한 탄핵도 가능(통설)

③ 진술의 일부 탄핵

진술의 일부 탄핵도 가능

2) 탄핵 범위

탄핵증거는 진술증거의 증명력을 감쇄하기 위하여 사용되어야 함

※ 처음부터 증거의 증명력을 지지·증강하기 위해 사용하는 것은 허용되지 않음(견해일치)

(4) 탄핵증거의 조사방법

1) 제출시기

성질상 탄핵증거에 의하여 증명력이 다투어질 진술이 행하여진 후가 아니면 사용불가

※ 증인의 경우 신문 중 또는 신문 종료 후, 피고인의 경우 피고인 신문 중 또는 신문 종료 후에 제출하는 것이 적절

2) 제출방법

탄핵증거의 어느 부분에 의하여 진술의 어느 부분을 다투려고 하는지(입증취지)를 구체적으로 명시해야 함(2005도2617)

3) 조사방식

공판정에서의 조사는 필요하나 법정의 엄격한 증거조사 절차와 방식에 의할 필요는 없음(97도1770)

※ 탄핵증거가 증인인 경우 신문의 방법으로, 서증인 경우 낭독 또는 내용의 고지 등의 방법으로 할 것이나 판례는 검사가 입증취지를 진술하고 피고인 측에 열람기회를 준 후 의견을 듣는 방법(2005도2617)이나 입증취지가 구체적으로 명시되고 서증이 제시까지 된 경우 증거조사가 이루어졌다고 봄(2005도6271)

(5) 기억 환기를 위한 영상녹화물

피고인 또는 피고인 아닌 자의 진술을 기재한 영상녹화물도 전문증거에 해당하는데, 이때 영상녹화물을 탄핵증거로 제출할 수 있는지 여부에 대하여 형소법 제318조 제2항은 탄핵증거로 사용할 수 없고 피고인 또는 증인의 기억 환기용으로만 사용토록 입법화함(2007년 개정 시)

※ 제318조 제2항 '제1항에도 불구하고 피고인 또는 피고인이 아닌 자의 진술을 내용으로 하는 영상녹화물은 공판준비 또는 공판기일에 피고인 또는 피고인이 아닌 자가 진술함에 있어서 기억이 명백하지 아니한 사항에 관하여 기억을 환기시켜야 할 필요가 있다고 인정되는 때에 한하여 피고인 또는 피고인이 아닌 자에게 재생하여 시청하게 할 수 있다.'

※ 기억환기를 위한 영상녹화물의 재생은 검사의 신청이 있는 경우에 한하고, 법원이 시청하는 것이 아니라 피고인 또는 피고인 아닌 자에게만 시청하도록 하고 있어(소송규칙 제134조의5 제1항), 피고인·변호인의 신청에 의한 조사는 원칙적으로 허용하지 아니하고, 재판장의 필요에 따라 직권으로 재생할 수도 없음(실무제요 II, 150면)

기억환기를 위한 영상녹화물의 진정성립은 제244조의 2(피의자진술의 영상녹화), 소송규칙 제134조의2 제3항부터 5항(영상녹화물의 조사신청) 규정 준용

※ 전과정 영상녹화, 진술자 얼굴 식별가능, 화면에 실시간 녹화 날짜와 시간 표시 등

III. 증명력 판단 기준(사실인정 각론)

1. 서론

자유심증주의가 증명력 판단을 법관의 합리적인 재량에 맡기고 있지만, 법관의 인식능력의 부족과 한계, 인격적인 편향 및 직업적 타성과 보수성 등으로 오판가능성 상존

※ 이러한 문제를 차단하기 위한 장치로 적정절차에 의한 증거능력제한(위수배, 자백법칙, 전문법칙 등), 증거조사 방식의 제한, 당사자주의 소송제도의 도입(증거신청권, 증거보전청구권, 증거결정에 대한 당사자의 의견진술, 증거조사에 관한 이의신청권, 증거의 증명력을 다투는 권리 등), 상소심에 의한 사실오인의 구제 등을 도입하고 있음

그러나 이러한 절차적인 단계의 장치와 더불어 실체판단 시 적용할 수 있는 기준이 수사나 기소, 재판 등 모든 단계에서 필요하며 이를 유형화하기는 쉽지 않으나 판례에서 제시된 기준을 유형화하는 것은 실체판단 시 의미가 있음

2. 증명력 판단 기준

증명력 판단에 관한 판례의 기준은 근거의 유무, 진술의 일관성, 진술 간의 불일치 여부, 진술자의 위치, 범행의 동기 내지 사건화된 경위, 논리적인 관점 내지 사회통념 순으로 살펴보려 함

(1) 근거의 유무

1) 누가 봐도 증거 자체로 믿을 만한 것인지 여부

뚜렷한 근거를 가지거나(직접 목격한 자의 진술, 처분문서 등 확실한 자료에 기한 진술), 신뢰할 수 있는 합리적인 이유가 있는지(상업장부, 통상적인 업무일지 등), 단순한 추측진술이거나 다른 사람으로부터 전해 들은 것에 불과한지 여부

2) 범행현장을 직접 목격한 사람의 증언을 합리적인 근거 없이 배척불가(85도1572)

카드 절취 후 현금지급기에서 인출 사안에서 직접 목격증언이 범행시간을 11;30분부터 11;51까지 차이 나게 진술하고 거리가 7.8m라고 하였다가 15m 정도 된다며 일관성이 없다며 배척한 원심은 이러한 직접증거를 배척하려면 상당한 합리적 이유가 있어야 한다면서 원심판결은 채증법칙 위반이라 판시(85도1572)

3) But, 직접 목격증인의 증언이라도 합리적 근거가 있다면 배척 가능(2000도4946)

강도상해의 피해자들이 진술의 번복(공범→단독), 피고인 사진을 보고 범인이 아니라고 하였다가 범인이라고 진술번복, 피해자가 진술한 인상착의와 실제모습이 다르고(170→164, 광대뼈○, 검은 얼굴→ ×, 흰 얼굴), 피의자 지목 후 1대1 대면 등의 사유가 있는 경우 믿기 어렵다고 봄(2000도4946)

(2) 진술의 일관성

진술의 번복여부, 진술번복 시 납득사유의 존재 여부(2003도6631), 시간경과에 따른 진술이 명료해지면서 공소사실에 부합하는 내용으로 바뀌고 있는 점 등을 신빙성 배척의 근거로 삼은 경우도 있음

1) 진술이 번복된 것을 신빙성 배척의 근거로 삼은 경우

발로 팔꿈치를 차는 폭행을 하였는지 여부가 쟁점인 사안에서, 목격자가 경찰단계에서는 피고인이 발로 피해자의 팔을 밟았다고 진술, 1심에서는 당시 범행장소에 외등이 없어 어두웠으며, 범행현장을 여러 사람이 모여서 밀고 당기며 밟고 하였으나 피고인이 폭행에 가담하였는지 만류하였는지는 알 수 없고, 다만 피고인이 파출소에 따라오지 않고 달아난 것으로 보아 폭행에 가담한 것으로 추측한다고 번복하였고, 피해자는 경찰 및 제1심에서 피고인이 피해자의 양팔을 구둣발로 밟았다고 진술하였으나 2심에서는 피고인이 구둣발로 밟았는지 여부는 모르겠지만 피해자의 팔을 비튼 것은 틀림없다고 번복진술한 점을 배척의 근거로 제시(84도851)

2) 시간이 갈수록 명료해지는 증언을 배척한 경우

피해자 진술이 범행 다음 날 조사 시에는 칼을 들이댄 범인이 피고인인지 알 수 없다고 하다가 검찰, 법정에서 피고인임이 틀림없다고 하고, 다른 피고인에 대해서도 검찰조사 시까지는 정확히 기억하지 못하다가 법정에 이르러 다른 피고인들의 범행가담이 틀림없는 내용이라는 피해자 진술은 신빙성이 없다고 봄(84도22)

(3) 진술 간의 불일치

여러 증거 등을 비교 검토하여 그 진술내용들이 일치하는지, 그리고 그 진술내용이 객관적으로 인정된 사실에 배치되는지 여부

※ 살인미수의 피고인과 피해자의 진술이 서로 불일치하는 경우 즉, 피고인과 피해자가 대질 이후 피해자의 진술이 바뀌었고, 피고인이 보일러실로 내려가는 피해자를 곧바로 쫓아왔는지, 아니면 피해자가 보일러실에 내려간 후 조금 있다가 피해자를 찾으러 보일러실로 갔는지, 피고인이 보일러실에 들어갈 때 피해자가 보일러실에서 불을 켜고 있었는지, 아니면 불을 끄고 숨어있었는지 등의 점에서 불일치하다면서 피해자의 진술을 믿기 어렵다고 봄(97도852)

(4) 진술자의 위치

문제의 진술을 하는 자가 중립적·객관적 위치에 있는지, 아니면 피고인이나 고소인 중 어느 한 쪽에 편중된 자인지 여부도 신빙성 판정에 중요한 요소로 작용

1) 피고인과 대립되는 이해관계를 가진 자인 경우

뇌물사건에서 수수여부에 대하여 피고인과 증인이 전혀 상반되는 진술을 하는 경우 증인이 뇌물을 공여하였다는 증언을 하게 된 경위를 잘 따져 보아야 함

※ 수뢰사실을 부인하고 있고 이를 뒷받침할 금융자료 등 물증도 없는 경우에 뇌물공여자의 진술의 신빙성 여부 판단 시 진술내용 자체의 합리성, 객관적 상당성, 전후의 일관성, 사람됨, 그 진술로 얻게 되는 이해관계 유무, 특히 공여자에게 어떤 혐의가 있고 그 혐의에 대한 수사개시 가능성이 있거나 수사가 진행중인 경우 이를 이용한 협박이나 회유, 그로 인한 궁박한 처지를 벗어나려는 노력이 진술에 영향을 미칠 수 있는지 여부도 살펴보아야 한다고 판시(2003도4776)

2) 허위사실을 증언할 이유가 없는 경우

증인이 의심받을 처지에 있지 아니하여 범행을 목격하였다고 허위 증언할 필요가 없었음을

신빙성의 근거로 봄(85도1572)

(5) 범행의 동기 내지 사건화된 동기

피고인의 경우 범행의 동기와 납득가능성, 피해자의 경우 사건화된 경위(고소 배경이나 인지 경위 등)에 의혹 여부도 살펴보아야 함(2001도4392)

1) 경제적인 어려움을 근거로 살인의 동기가 있음을 인정한 사례

자녀와 조카 등을 살해한 사건에서 피고인과 공소외인의 불륜관계, 이로 인한 가정파탄, 피고인의 채무규모와 경제적 어려움, 피고인이 사건 발생 2일 내지 5일 전에 가입한 보험의 기본계약을 변경하고 실효된 보험을 부활시키는 한편 자녀인 피해자 2 등을 피보험자로 하는 4개의 보험에 가입한 경위, 피고인과 피해자 1 사이의 건물신축 공사를 둘러싼 다툼 등의 사실관계에 비추어 피고인이 교통사고를 가장하여 피해자인 자녀들을 살해하고 보험금을 수령하여 경제적 곤란을 정리하고 범행을 은폐할 목적으로 다시 조카와 피해자 1을 승용차에 태운 후 고의로 승용차를 저수지에 추락시켜 사망케 한 것으로 살인의 범의 인정(2001도4392)

2) 사건화된 경위를 문제 삼은 경우

노래연습장에서 주류판매 및 접대부 알선 등의 범법사실을 신고하는 것을 반복하는 자의 진술을 쉽사리 믿어 노래연습장 업주인 피고인이 술을 판매하고 접대부를 알선하였다는 공소사실을 유죄를 인정한 원심을 파기하면서, 일반적으로 불순한 동기를 가지고 타인의 범법을 탐지하여 감독관청에 고자질을 일삼는 사람의 언행에는 허위가 개입될 개연성이 농후하므로 이를 신빙하여 유죄를 선고함에 있어서는 특히 신중하여야 한다고 봄(2005도8965)

(6) 논리적인 관점 내지 사회통념

문제의 증거가 합리성을 갖추었는지, 진술내용이 자연스러운지, 문제된 진술증거의 진술내용과 양립할 수 없는 사실이 있을 수 있는지, 진술내용이 사회통념상 수긍할 수 있는지, 논리와 경험칙에 부합하는지 등을 통상인의 상식에 비추어 판단하는 방법을 말함

1) 양립할 수 없는 사실의 발생가능성을 판정의 근거로 삼은 경우

폭행사건에서 폭행현장을 목격한 자가 없는 경우 공소사실과 양립할 수 없는 사실이 일어났을 가능성은 없는지, 즉 피고인 외의 제3자에 의한 범행가능성도 잘 살펴보아야 함(2003도3463)

2) 신체조건 등 사고 당시의 상황

가해자와 피해자의 신체적 조건을 신빙성 판정의 근거로 제시

※ 피고인은 46세의 왜소한 부인, 피해자는 171cm, 몸무게 85kg의 55세의

건강한 거구의 남자, 서로 얽혀 있는 상태에서 피고인이 피해자의 뺨을 2회 구타하였다 하여 곧바로 치아가 탈구된다는 것은 그 힘의 차이로 보아 쉽사리 수긍되지 아니하므로 원래 병약한 상태의 치아였다는 등 특별한 사정이 없는 한 피해자의 상해가 피고인의 구타로 인한 것이라고 보기 어렵다고 봄(82도2081)

※ 교통사고 운전자가 누구인지가 쟁점인 사안에서 피고인을 운전자라고 보아야 할 근거 중의 하나로 가해 자동차의 운전석과 조수석의 구조 및 피고인과 조수석 탑승자의 상해부위와 정도 등을 들고 있음(2003도242)

3) 다른 사람이 그 범행을 자신이 저지른 것이라고 시인하는 경우

피고인과 면식 없는 공소외인이 그 공소범죄사실이 자기의 소행이라고 증언하고 있다면 비록 피고인과 위 공소외인이 경찰서 유치장에서 함께 수감된 일이 있다 하더라도 그것만으로 공소외인이 피고인의 범행을 뒤집어쓸 사정이 있었다고 보기 어려워 그가 거짓 증언할 특별한 사정의 유무에 관하여 심리함이 없이 그 증언을 배척한 것은 채증법칙 위반 내지 심리미진이라고 봄(84도2971)

3. 간접증거에 의한 사실인정(증명력 판단)

(1) 간접증거의 의의

범죄사실을 직접 증명 하는 증거를 직접증거라 하고, 범죄사실의 존부를 경험칙상 추인케 하는 사실을 간접사실이라 하며, 이러한 간접사실의 존부를 증명하는 증거를 간접증거라 함

오늘날 범죄가 직접증거를 남기지 않는 경우가 많아짐에 따라 간접증거에 의한 사실인정의 필요성 내지 중요성이 점차 강조되는 추세

※ 치아, 치흔감식, 모발감식, 거짓말탐지기 검사, 의류감식, 화재원인조사, 전화음성 감정, 중성자방사화분석법을 통한 모발의 개인감별, 유전자에 의한 개인식별기법, 혈흔, 정액, 타액감식, DNA, 지문감식 등 과학적 수사기법 등이 간접증거임

간접사실은 개개 사실로 비교하면 직접증거에 비하여 그 증명도가 낮은 것은 사실이나 수개의 간접사실의 증명도와 그 상호관계 및 거기에 적용될 경험칙의 내용 등에 의해 직접증거와 동등한 정도의 증명력을 인정할 수 있음

(2) 간접증거에 의한 사실인정 방법

간접증거에 의해 주요사실을 인정하는 경우 간접증거로부터 법관의 자유로운 심증에 의해 간접사실을 인정하는 단계(1단계), 간접사실 또는 간접사실 군으로부터 논리와 경험칙에 따라 주요사실을 추리하는 단계(2단계)의 사고과정을 거침

※ 직접증거에 의해 주요사실을 인정하는 경우 직접증거의 증명력은 법관의 자유로운 심증에 의하여 판단하는 1단계 과정에 의함

형사재판에서 심증은 경험칙과 논리법칙에 위반되지 아니하는 한 간접증거에 의하여 형성되어도 관계없으며, 간접증거가 개별적으로 범죄사실에 대한 완전한 증명력을 가지지 못하더라도 전체증거를 상호 관련하에 종합적으로 고찰할 경우 종합적 증명력이 있는 것으로 판단되면 그에 의하여도 범죄사실을 인정할 수 있음

※ 상당한 관련성이 있는 간접사실은 정상적인 경험칙에 바탕을 두고 치밀한 관찰력이나 분석력에 의하여 사실의 연결상태를 합리적으로 판단하는 방법에 의하여야 함(2005도8645)

간접증거에 의한 사실인정은 범죄의 주관적 요소인 고의, 공모 등의 존재여부를 판정하는 데 유용함

1) 주관적 요소

① 범의

범죄의 주관적 요소는 피고인이 부인하는 경우 사물의 성질상 고의와 상당한 관련성이 있는 간접사실을 증명하는 방법에 의해 입증할 수밖에 없음

ⓐ 사기죄

사기죄의 구성요건인 편취범의도 피고인이 자백하지 않은 이상 범행 전후 피고인의 재력, 환경, 범행의 내용, 거래의 이행과정과 같은 객관적인 사정을 종합하여 판단할 수밖에 없음(95도424)

ⓑ 장물죄

장물인 정을 알고 있었느냐 여부는 소지자의 신분, 재물의 성질, 거래의 대가 기타 상황을 참작하여 이를 인정할 수밖에 없음(94도1968)

ⓒ 살인죄

피고인이 살인의 범의를 부인하면서 상해 또는 폭행의 범의만 있었을 뿐이라고 다투

는 경우 피고인이 범행에 이르게 된 경위, 범행의 동기, 준비된 흉기의 유무·종류·용법·공격의 부위와 반복성, 사망의 결과발생 가능성 정도, 범행 후에 있어서의 결과회피 행동의 유무 등 범행 전후의 객관적 사정을 종합하여 판단(2002도5835)

② 그 외의 주관적 요소

ⓐ 공모

금괴를 인수하는 방법으로 밀수에 가담여부가 쟁점인 사안에서, 선착장에서 잠복 중이던 경찰관으로부터 검문을 당하자 등산가는 길에 한번 가보려고 하여 들어가는 것이라고 하면 될 것을 굳이 조선소에 일하러 간다고 거짓말을 한 사실, 수사기관 진술 시 범행을 한 사람 중 A, B는 알지만 C는 전혀 모른다고 하였지만 압수된 피고인의 전화번호 수첩에는 C의 전화번호가 적혀 있는 사실, 검문 당시 가스총을 소지하고 있었고, 금괴를 운반할 다른 피고인에게 운반비 등으로 지급할 3백만 원 가량을 소지하고 있었던 사실 등을 이유로 유죄 인정(92도3327)

ⓑ 교사

A 등을 교사하여 A가 조폭을 동원하여 B를 보호한다는 명분으로 자신들의 요구를 들어주지 않으면 위해를 가할 듯이 하여 피해자로부터 금원을 갈취토록 한 사안을 유죄로 인정하면서 그 근거로, A 등이 피고인에 대한 협박 교사사실은 부인하면서도 피고인으로부터 B를 보호하여 달라는 부탁을 받은 사실을 인정하고 있는 점, A 등이 피고인의 부탁을 받고 B를 보호한다는 명목으로 2대의 승용차에 6명의 조폭을 태워 피해자가 경영하는 회사에 난입한 점, 피해자를 만나 피고인으로부터 5억 원의 제의를 받고 왔다면서 피해자의 신체에 위해를 가할 뜻을 분명히 한 점, 처음부터 A가 조폭인 것을 알고 있었던 점을 들고 있음(99도1252)

ⓒ 목적범에 있어서 목적

당선되지 못하게 할 목적으로 공연히 사실을 적시하여 피해자를 비방하였다는 사안에서 그러한 목적이 있다고 보기 어렵다면서 그 근거로, 피고인의 직업·취미 등 개인적인 요소, 피고인이 이 사건 통신문을 게재하게 된 동기 및 경위, 그 후의 태도와 당시의 사회상황 등 여러 사정을 종합하여 보면, 피고인이 문제의 글을 통신문 형태로 게재한 것은 자신이 반대하는 정당의 대변인 지위에 있는 사람의 품위 없는 발언을 비난하고 정당별 의석수 등 전체 선거결과에 대한 관심을 표시한 것일 뿐, 국회의원 선거에서 피해자를 당선되지 못하게 할 목적으로 한 것이라고 볼 수 없다고 봄(96도2910)

2) 그 외의 경우

① 남녀 간 성관계

위계 또는 위력에 의한 간음여부가 쟁점인 사안에서 남녀 간의 정사를 내용으로 하는 범죄에서 성관계가 행위의 성질상 당사자 사이에서 극비리 또는 외부에서 알기 어려운 상태하에서 감행되는 것이 보통이고 그 피해자 외에는 이에 대한 물적 증거나 직접적인 목격증인 등의 증언을 기대하기 어려운 사정이 있으므로

이러한 범죄에서는 피해자의 피해전말에 관한 증언을 토대로 하여 범행 전후 사정에 관한 제반증거를 종합하여 경험법칙에 비추어 범행이 있었다고 인정될 수 있는 경우에는 유죄를 인정 가능하다고 봄(74도1519)

※ 피해자의 연령, 경력, 직업환경 및 피고인의 연령, 환경과 두 사람 사이의 신분관계, 피고인과 피해자가 문제의 여관에 이르게 된 경위(미장원 주인 남편이 종업원인 피해자에게 저녁을 하고 숙소로 보내준다면서 서울지리에 생소한 점을 이용 버스를 여러 번 갈아타 야간통행금지에 걸려 부득이 여관에 투숙하게 한 점) 등을 토대로 성교관계가 승낙하에 이루어진 것이라고 경험칙상 보기 어렵다고 판시(74도1519)

※ 여관에 투숙한 지 1시간 30분이 지난 뒤 고소인이 객실에 들어가 보니 남자는 팬티만 입고 있었고, 여자는 팬티와 블라우스만을 입고 있었으며, 방바닥에 구겨진 화장지가 여러 장 널려 있었다면 두 남녀가 서로 정을 통하였다고 인정하는 것이 경험칙상 상당하다고 봄(97도974, 간통죄(위헌결정))

※ 강간인지 화간인지 여부가 쟁점인 사안에서, 다방종업원인 피해자가 피고인을 처음 만나 차를 배달한 후 피고인 옆에 앉아 30분 정도 함께 술을 마신 후 다방에 돌아가서 입금하고 다시 돌아와 피고인의 승용차에 동승하여 가다가 성관계에 이른 점, 피해자가 피고인으로부터 찻값 외에 따로 돈을 받은 점, 피고인과 피해자가 15살이나 차이가 나는 점, 승용차 안에서 성관계 이후 곧바로 들른 여관에서 피고인 및 피해자의 태도(피해자가 피고인을 무서워하지 않고 피고인이 화가 난 상태로 피고인은 제대로 말을 하지 못하는 상태), 피고인이 여관 숙박부에 본명을 적고 여관비가 없다면서 핸드폰과 자동차 키를 맡긴 점 등의 사정으로 보아 피고인에게 강간당하였다는 피해자의 진술은 의심스럽다고

봄(2000도5395)

② 공갈

기자들이 공사업체에 불이익한 기사를 게재할 것처럼 해악을 고지하여 광고비 명목으로 금품을 갈취하였는지 여부가 쟁점인 사안에서 유죄를 인정하면서 그 근거로,

피고인들은 관급공사를 도급받은 공사업체에 직접 광고비를 요구하는 것이 실효성이 적다고 판단하고 공사 감독기관인 시청 담당국장 혹은 과장을 내세워 그들의 감독권능을 이용하여 광고비를 요구하였고, 이러한 요구를 거절하자 기자단의 위세를 이용하여 수차례 광고비를 요구한 점, 공사업체들도 공사 도중 발생할지도 모를 민원, 법규위반 등이 언론기관에 보도될 것을 우려하고 있던 점, 광고비를 주지 않을 경우 사소한 것까지 보도하고 감독기관의 감사를 받고, 진상보고를 하게 되면 공사업체들은 불이익을 당할 수밖에 없어 광고비를 지급하였다고 진술하고 있는 점, 피고인들이 광고비를 받고 신문에 내고자 한 광고는 그 내용이 위 업체와는 전혀 관계가 없는 순수한 공익광고로서 위 공사업체들로서는 그러한 광고를 낼 아무런 필요가 없었던 점 등을 들고 있음(2001도6747)

③ 특정범죄가중처벌등에관한법률위반(도주치상)

2002. 11. 6. 교통사고 야기 후 도주 사안에 대하여 2개월 전에 차를 도난당하여 사고 당시에는 차량을 운전한 적이 없다고 다툰 사안에서 차량 안에서 발견된 물품과 피고인과의 관련성 등에 의해 유죄로 인정(2004도2221)

※ 피고인이 가해차량을 도난당하였다고 하면서 도난신고는 하지 않은 점, 사건 발생 직후 가해차량에서 피고인 소유의 지갑이 발견되었고 그 안에 다른 물품은 없었으나 음주소란으로 피고인 명의로 발부된 2002. 8. 19자 범칙금납부통지서가 들어 있고 범칙자인 피고인의 전화번호가 그 통고서에 기재되어 있는 사실, 지갑과 함께 가해차량 내에서 발견된 휴대폰은 그 가입자가 피고인과 평소 아는 A로 되어 있는데, 그 휴대폰의 최근 발신번호에 의하면 사고 무렵까지 피고인과 관련된 통화내역이 조회되는 사실, 피고인은 A 명의의 휴대폰은 자신이 사용하던 것이 아니라고 변소하면서 자신이 사용하던 휴대폰 번호를 전혀 기억하지 못한다고 진술하고 있지만 A 명의의 휴대폰의 실제 가입자 및 사용자는 피고인이라고 봄이 상당하다고 봄(2004도2221)

제3장 재판

제1절 재판의 의의와 종류

I. 재판의 의의

협의로는 유·무죄의 실체적 종국재판, 광의로는 법원 또는 법관이 행하는 법률행위적 소송행위를 말함. 소송법적 의미는 광의의 개념

※ 재판은 내용에 따라 실체재판과 형식재판으로 분류됨. 실체재판은 실체를 심리하고 그 실체관계에 구체적 형벌법규를 적용하여 얻은 공권적 판단, 형식재판은 실체면을 제외한 나머지 부분과 관련하여 행하여진 일체의 재판을 의미

II. 재판의 종류

1. 종국재판과 종국전 재판

종국재판은 피고사건의 소송계속을 그 심급에서 종결시키는 재판, 종국전 재판(중간재판)은 종국재판에 이르기까지의 절차에 관한 재판

※ 종국재판은 유·무죄 판결, 관할위반·공소기각 판결, 공소기각 결정, 종국전

재판은 종국재판을 제외한 그 밖의 결정이나 명령

※ 소송계속이란 피고사건이 수소법원의 심리와 재판의 대상이 되는 상태를 말함

2. 판결·결정·명령

(1) 판결

수소법원이 행하는 종국재판의 원칙적 형식으로 재판 중 가장 중요

※ 판결은 법률에 다른 규정이 없으면 구두변론(제37조 제1항)과 이유를 명시(제39조 본문)해야 하고, 선고는 재판장이 하며, 판결을 선고함에는 주문을 낭독하고 이유의 요지를 설명하여야 함(제43조)

판결의 외부적 표시는 법관이 작성한 판결서에 의해 공판정에서 선고하는 것이 원칙(제 38조, 제42조)

※ 단, 변론종결 기일에 판결을 선고하는 경우 판결 선고 후에 판결서 작성 가능(제318조의 4 제2항)

판결에 대한 상소방법은 항소(제357조) 및 상고(제371조)

(2) 결정

결정은 수소법원이 행하는 종국전 재판의 기본형식

※ But, 예외적으로 공소기각 결정(제328조 제1항)은 결정이면서 종국재판

결정은 구두변론을 거치지 아니할 수 있으며(제37조 제2항), 필요하면 사실을 조사할 수 있고(동조 제3항), 결정은 판결(선고)과 달리 고지의 방법으로 할 수 있고(제42조), 고지는 재판장이 함(제43조)

※ 재판은 재판서에 의하는 것이 원칙이지만 결정을 고지하는 경우 재판서를 작성하지 아니하고 조서에만 기재하여 할 수 있음(제38조)

※ 상소를 불허하는 결정에는 이유를 명시할 필요가 없음(제39조 단서)

※ 결정의 고지는 공판정에서는 재판서에 의하여야 하고, 기타의 경우 재판서 등본의 송달 또는 다른 적당한 방법으로 하여야 하고(제42조), 다른 규정이 있는 경우에는 예외

결정에 대한 상소방법은 항고(제402조)와 재항고(415조)가 있음

(3) 명령

명령은 수소법원의 구성원인 재판장 또는 수명법관이 행하거나 수소법원의 촉탁을 받은 수탁판사가 행하는 재판으로 전부 종국전 재판에 해당함

※ 수사절차에서 지방법원 판사가 행하는 영장발부 등 각종 재판이 이에 해당

결정과 마찬가지로 구두변론을 거치지 않을 수 있으며, 필요하면 사실을 조사할 수 있음

※ 명령에 대한 재판서 방식과 이유설시, 재판의 고지에 엄밀성이 완화되는 것은 결정과 동일

명령은 원칙적으로 상소방법이 없으나(2006도646), 일정한 사유가 있는 경우 예외적으로 이의신청(제304조 제1항(재판장의 처분에 대한 이의))이나 준항고(제416조)가 허용

※ 제416조 제1항(기피신청을 기각한 재판, 구금, 보석, 압수 또는 압수물환부에 관한 재판, 감정하기 위하여 피고인의 유치를 명한 재판, 증인, 감정인, 통역인 또는 번역인에 대하여 과태료 또는 비용의 배상을 명한 재판에 대해 불복가능)

제2절 재판의 성립과 재판서

Ⅰ. 재판의 성립

재판은 법원 또는 법관이 행하는 공권적 의사표시

※ 의사의 결정(내부적 성립)과 결정된 의사의 외부적 표시(외부적 성립)의 2단계를 거쳐 이루어짐

1. 재판의 내부적 성립

재판의 의사표시적 내용이 재판기관 내부에서 형성되는 것을 말함

※ 심리에 관여하지 아니한 법관이 재판의 내부적 성립에 관여하는 것은 위법하고 절대적 항소이유(제361조의5 제8호), 상대적 상고이유(제383조 제1호)가 됨

√ 우리나라 법제는 상소이유는 대법원의 업무량을 고려하여 모두 상대적 이유로 규정

재판의 내부적 성립의 확정은 법관이 경질되어도 공판절차를 갱신할 필요가 없다는 데 의미가 있음

※ 합의부 판결은 법관들의 합의가 있을 때, 단독판사의 경우에는 판결서의 작성시점(절차갱신의 요부라는 관점에서)을 내부적 성립시기로 봄

※ 판결 외의 결정이나 명령은 그 원본이 법원사무관 등에게 교부되었을 때 성립한 것으로 봄

√ 일단 성립한 결정 또는 명령은 그 취소 또는 변경을 허용하는 별도의 규정이 있는 등의 특별한 사정이 없는 한 결정을 한 법원 또는 명령을 한 법관이라도 이를 취소·변경할 수 없음(2014마667)

√ 일단 결정·명령이 성립하면 당사자 본인에 대해 결정·명령이 고지되기 전이라도 불복여부를 결정할 수 있음(2014마667)

2. 재판의 외부적 성립

(1) 선고와 고지

재판의 의사표시적 내용이 대외적으로 재판받은 사람에게 인식될 수 있는 상태에 이른 것을 재판의 외부적 성립이라 하며, 재판성립 시기는 선고 또는 고지의 시점임(92헌바1)

※ 선고란 공판정에서 재판의 내용을 구술로 선언하는 행위이고, 고지는 선고 이외의 방법으로 재판내용을 관계인에게 알려주는 행위(재판서 등본 송달)

재판의 선고나 고지는 내부적 성립에 관여하지 아니한 법관이 하더라도 그 효력에 영향이 없고 상소사유에 해당하지 아니함

(2) 외부적 성립의 효력발생 시점

재판의 대외적 효력은 외부적 성립 시에 발생함

※ 재판에 대한 불복의 시기(출발점)는 재판의 내부적 성립시점, 불복의 종기(끝나는 시점)의 기준시점은 외부적 성립시점을 기준으로 계산됨

(3) 외부적 성립효과

재판이 외부적으로 성립하면 재판을 한 법원은 대외적으로 자신의 판단을 변경할 수 없음

※ 제1심판결에 대해 검사가 항소하여 항소심판결이 선고된 후라면 피고인이 동일한 제1심판결에 대해 항소권 회복청구를 하는 것은 적법하지 아니하고 기각하여야 함(2016모2874)

√ 상소권 회복이란 상소제기기간의 경과로 소멸된 상소권을 법원의 결정에 의하여 회복시키는 것으로 상소권자가 자신 또는 그 대리인이 책임질 수 없는 사유로 상소를 하지 못한 경우에 허용되는데 상소심판결이 선고되기 전에 청구가 있어야 함

√ 제1심 재판 또는 항소심재판이 '소송촉진 등에 관한 특례법'이나 형사소송법 등에 따라 피고인이 출석하지 않는 가운데 불출석 재판으로 진행된 경우에도 동일한 논리

II. 재판서

1. 재판서의 의의

재판서란 재판내용을 기재한 문서이고, 재판의 선고 또는 고지 이전에 작성되는 것이 원칙

※ 결정 또는 명령의 경우 재판내용이 조서에 기재되어 있는 경우 조서자체는 재판서가 아님

※ But, 변론종결 기일에 판결을 선고하는 경우에는 판결의 선고 후에 판결서 작성 가능(제318조의4 제2항)

재판서에는 법률에 다른 규정이 없으면 재판을 받을 자의 성명, 연령, 직업과 주거를 기재하여야 함(제40조 제1항)

※ 법인인 경우 그 명칭과 사무소 기재

※ 판결서에 기소·공판 검사의 관직(기소실명제 2011년 도입)과 성명, 변호인의 성명 기재

재판서에는 주문과 이유가 기재되며, 주문이 없는 재판서는 재판서로서 효력 없음

※ 주문이란 재판의 대상이 된 사건에 대한 최종결론, 이유는 주문에 이르게 된 논리적 과정을 설명한 것

※ 재판에는 이유를 명시해야 하지만, 상소를 불허하는 결정 또는 명령에는 이유를 기재하지 않을 수 있음(제39조)

2. 재판과 재판서의 관계

(1) 재판서의 불일치

공판정에서 선고 또는 고지한 재판내용과 재판서에 기재된 내용이 일치하지 않을 경우 어느 것을 기준으로 재판의 효력을 결정할 것인가의 문제로, 선고 또는 고지된 내용에 따라 효력 발생

※ 공판정에서 선고한 형과 판결서에 기재된 형이 다른 경우 공판정 선고형으로 집행(81모8)

(2) 재판서의 경정

재판서에 오기 기타 이에 유사한 오류가 있음이 명백한 경우 법원은 직권 또는 당사자의 신청에 의해 경정결정을 할 수 있는데(소송규칙 제25조 제1항) 이를 재판서의 경정이라 함

※ 종국재판의 경우 재판을 행한 법원 스스로 재판의 내용을 변경할 수 없는 재판의 구속력이 원칙이나 사소한 오기나 오류가 있는 경우 재판서의 경정인정

필요

※ 상소법원은 그 판결의 내용에 오류가 있음을 발견한 때에는 직권 또는 검사, 상고인이나 변호인의 신청에 의하여 판결로써 정정가능(제400조 제1항)하고, 이를 판결정정이라고 함(79도952)

√ 판결정정은 주체가 상고법원이라는 점, 대상이 판결에 한정된다는 점, 정정 형식이 판결이라는 점에서 경정과 구별

제3절 종국재판의 종류와 내용

Ⅰ. 유죄판결

1. 유죄판결의 의의와 종류

수소법원이 피고사건에 대하여 범죄의 증명이 있다고 판단하는 경우에 내리는 종국재판(제321조, 제322조)

유죄판결은 주문형식에 따라 ① 형을 선고하는 유죄판결(제321조 제1항) ① 형을 면제하는 유죄판결(제322조 전단) ③ 형의 선고를 유예하는 유죄판결(제322조 후단)로 구별

※ 형 선고 시 압수한 서류 또는 물품이 몰수의 요건(형법 제48조)에 해당하는 경우 부가형으로 몰수 선고

√ 범인소유는 물론 공범자의 소유물도 공범자의 소추여부를 불문하고 몰수가능(2012도11586)

유죄판결의 형 선고 주문 이외에 여러 가지 다른 형태의 주문이 병기됨

※ 집행유예 및 그에 따른 보호관찰, 수강명령, 사회봉사명령, 노역장 유치, 가납판결, 압수장물 환부, 소송비용부담, 배상명령, 피해자를 위한 판결공시 등

√ 배상명령절차란 법원이 직권 또는 피해자의 신청에 의하여 피고인에게 피고사건의 범죄행위로 인하여 발생한 손해의 배상을 명하는 절차를 말하고 부대소송 또는 부대사소라고도 함

※ 성폭력범죄의 처벌 등에 관한 특례법과 아동·청소년의 성보호에 관한 법률상 수강명령, 이수명령, 보호관찰 등의 주문

※ 공소제기와 함께 보안처분이 청구된 경우 판결선고와 동시에 보안처분도 선고

※ 아동·청소년 성보호에 관한 법률상 등록정보 공개명령, 고지명령 등, 전자장치 부착 등에 관한 법률은 전자장치 부착명령 및 보호관찰 등의 주문 예정

2. 유죄판결에 명시할 이유

유죄판결에는 특별히 상세한 이유기재가 요구됨

※ 유죄판결에 기재된 이유가 심판범위를 특정함으로써 기판력의 효력범위를 확정하고 재판의 집행기관에게 수형자의 처우에 관한 기준을 제시하기 때문

유죄판결의 이유로 명시해야 할 기본사항은 ① 범죄 될 사실 ② 증거의 요지 ③ 법령의 적용(제323조 제1항) ④ 피고인으로부터 법률상 범죄의 성립을 조각하는 이유 또는 형의 가중·감면의 이유되는 사실의 진술이 있는 경우 이에 대한 판단도 명시해야 함(동조 제2항)

※ ④의 경우 피고인의 방어권 보장을 위한 배려에서 나온 것으로 앞의 ①~③과는 성격을 달리함

(1) 범죄 될 사실

특정한 구성요건에 해당하는 위법하고 유책한 구체적 사실로서 피고인에 대한 형사처벌의 근거를 이루는 사실을 말함

※ 범죄사실의 기재는 기판력의 범위를 확정한다는 점에서 중요한 의미를 가지고, 기판력의 범위를 판단할 수 있을 정도로 충분히 특정되어야 함(89도1688)

√ 기판력은 유·무죄의 실체재판 및 면소판결에 부여되는 재소금지의 효력을 말하며 일사부재리의 효력이라고도 함

√ 기판력의 객관적 범위는 유죄판결에 기재된 범죄 될 사실과 동일성이 인정되는 전체 범죄 사실에 미침(제248조 제2항)

※ 구성요건해당사실, 위법성과 책임, 처벌조건, 형의 가중·감면사유 등이 포함됨

(2) 증거의 요지

범죄 될 사실을 인정하는 자료가 된 증거의 개요를 말하고, 이는 법관의 사실인정에 합리성을 담보하고 소송관계인에게 판결의 타당성을 설득하며, 상소심법원의 심판자료로 제공하기 위함임

현행 형소법은 상세한 증거설명이나 간이한 증거표목 방법 대신에 증거의 요지를 기재하도록 하는 중도적 입장을 취함(제323조 제1항)

※ 증거의 요지는 어느 증거의 어느 부분에 의하여 범죄사실을 인정하였는가 하는 이유를 설명까지 할 필요는 없지만 적어도 어떤 증거에 의해 어떤 범죄사실을 인정하였는가를 알아볼 정도로 증거의 중요부분은 표시해야 함(2009도2338)

유죄판결에 기재되는 증거는 증거능력 있는 증거로서 적법한 증거조사를 거친 것에 한정

※ 증거요지에 이러한 증거를 적시하면 족하고 그 증거가 적법하다는 이유를 설시할 필요는 없음

(3) 법령의 적용

유죄판결의 이유에는 법령의 적용을 명시해야 하고, 법관은 형의 종류를 선택하고 형량을 정함에 있어서는 양형기준을 존중해야 함

※ 양형기준은 법적 구속력을 갖지는 않지만(법원조직법 제81조의7 제1항), 양형기준을 벗어난 판결을 하는 경우 판결서에 양형이유를 기재해야 함

√ But, 약식절차 또는 즉결심판절차에 의해 심판하는 경우에는 그러하지 않음

※ 국민참여재판의 경우 배심원의 유·무죄 평결과 양형의견은 법원을 기속하지 않지만(국민참여재판법 제46조 제5항), 평결과 다른 판결을 선고하는 경우 판결서에 그 이유를 기재하여야 함(동법 제49조 제2항)

(4) 소송관계인의 주장에 대한 판단

법률상 범죄의 성립을 조각하는 이유 또는 형의 가중·감면의 이유되는 사실의 진술이 있은 때에는 이에 대한 판단을 명시하도록 요구(제323조 제2항)

※ 진술은 단순한 법적 평가만으로는 부족하고 사실을 주장하였을 것을 요함

√ 공소사실에 대한 적극 부인만으로는 법률상 범죄의 성립을 조각하는 사유에 관한 주장이라고 볼 수 없음(90도427)

소송관계인이 법률상 범죄의 성립을 조각하는 이유 또는 형의 가중·감면의 이유되는 사실을 진술하는 경우, 법원이 어느 정도 구체적으로 그에 대한 판단을 기재해야 할 것인가에 대해 판례는 임의적 감면사유에 대한 주장이나 피해회복에 관한 주장의 경우 반드시 명시적으로 판단하지 않더라도 위법으로 보지 않음(2011도1204, 2017도14769)

II. 무죄판결

1. 무죄판결의 의의

피고사건이 범죄로 되지 아니하거나 범죄사실의 증명이 없는 때에는 판결로써 무죄를 선고하여야 함(제325조)

※ 무죄판결은 실체재판이며 종국판결이고, 소송조건이 구비되어 있어야 함

√ 범죄 없음이 증명되고 동시에 소송조건의 흠결(재판권이 없거나, 친고죄에서 고소가 없는 경우)이 확인된 경우 무죄판결이 아니라 공소기각 판결 등의 형식재판을 하여야 함(94도1818)

무죄판결은 주문에서 '피고인은 무죄'라는 형식을 취함

※ But, 판결주문이 아니라 판결 이유에서만 무죄로 판단되는 경우도 있음

√ 상상적 경합범으로 기소된 사안에서 일부 공소사실은 유죄, 다른 공소사실이 무죄로 인정되는 경우 무죄 부분의 공소사실이 판결 이유에서만 무죄로 판단되는 경우

무죄판결은 ① 피고사건이 범죄로 되지 아니하여 무죄로 되는 경우 ② 범죄사실의 증명이 없어서 무죄로 되는 경우가 있음

2. 피고사건이 범죄로 되지 아니하는 때

피고사건이 범죄로 되지 아니하는 때는 범죄불성립과 위헌법령의 두 가지 경우가 있음

(1) 범죄불성립

① 공소제기된 사실 자체는 인정되지만 법령 해석상 범죄를 구성하지 않는 경우 ② 범죄구성요건을 충족하는 사실임이 인정되지만 위법성조각사유 또는 책임조각사유 등이 존재하는 경우를 말함

※ 무죄판결 사유인 '피고인이 범죄로 되지 아니하는 때'와 공소기각 결정 사유로서 '공소장에 기재된 사실이 진실하다 하더라도 범죄가 될 만한 사실이 포함되지 아니하는 때(제328조 제1항 제4호)의 구별은 전자는 실체심리 후의 개념이고 후자는 실체심리를 행하기 전부터 명백한 경우를 말함

√ 교통사고처리 특례법 위반죄로 기소된 사안에서 처벌불원 의사표시, 보험이나 공제조합에 가입하여 공소제기할 수 없는 경우라면 공소기각 판결,

그러나 실체심리가 완료된 이후에 무죄의 실체판결을 선고하였더라도 위법 하지 않음(2012도11431)

(2) 위헌법령

헌법재판소법 제47조 제3항에 따라 형벌에 관한 법률조항에 대하여 위헌 결정이 선고된 경우 그 조항은 소급하여 효력이 상실되므로 법원은 해당조항이 적용되어 공소제기된 경우 무죄를 선고하여야 함(2017도8610)

※ 위헌 법령으로 '피고사건이 범죄로 되지 아니한 때'란 ① 헌법재판소의 위헌 결정으로 형벌법령이 소급하여 효력을 상실한 경우 ② 헌재의 헌법불합치 결정 ③ 형벌법령이 법원에서 위헌·무효로 선언된 경우(2010도5986) ④ 형벌법령이 재심판결 당시 폐지되었다 하더라도 그 폐지가 당초부터 헌법에 위배되어 효력이 없는 법령에 대한 것인 경우(2010도5986)

√ 명령·규칙 또는 처분이 헌법이나 법률에 위반되는 여부가 재판의 전제가 된 경우에는 대법원이 최종적인 심사권을 가지나(헌법 제107조 제2항), 법률이 헌법에 위반되는지 여부, 효력을 상실케 하는 권한은 헌법재판소가 가짐(동조 제1항)

(3) 범죄사실의 증명이 없는 때

① 범죄사실의 부존재가 적극적으로 증명되는 경우 ② 범죄사실의 존재에 관하여 법관이 합리적 의심이 없을 정도의 확신을 얻지 못한 경우를 말함(증거불충분)

※ 자백에 의해 심증을 가졌더라도 보강증거가 결여된 경우도 증거불충분에 의한 무죄판결에 포함됨

공소장에 기재된 범죄사실 기준으로 무죄이지만 공소장변경절차를 통하여 공소사실을 변경하면 유죄로 인정될 수 있는 경우 법원이 공소장변경요구를 하지 않고 바로 무죄판결을 할 수 있는지 여부에 대하여

무죄판결을 내려야 하는 것이 원칙이나 증거의 명백성과 중대성에 비추어 피고인을 무죄방면하는 것이 형사사법의 존립 자체를 의심하게 할 정도로 현저히 정의에 반하는 때에는 무죄판

결을 해서는 안 됨(2005도9268)

(4) 무죄판결의 공시와 명예회복

피고사건에 대해 무죄판결을 선고하는 경우 무죄판결공시의 취지를 선고하여야 함(형법 제58조 제2항)

※ 피고인이 동의하지 아니하거나 동의를 받을 수 없는 경우에는 그러하지 아니함(동조 단서)

무죄재판을 받아 확정된 사건의 피고인은 무죄재판이 확정된 때로부터 3년 이내에 확정된 무죄재판사건의 재판서를 법무부 인터넷 홈페이지에 게재하도록 해당 사건을 기소한 검사가 소속된 지방검찰청에 명예회복을 청구할 수 있음(형사보상 및 명예회복에 관한 법률 제30조)

※ 무죄가 확정된 피고인이 미결구금을 당하였을 경우 국가에 보상청구가 가능(동법 제2조)

III. 면소판결

1. 면소판결의 의의

면소판결은 형식재판이면서도 기판력을 인정하는 등 실체재판에 가까운 판결을 의미

※ 제326조는 ① 확정판결이 있은 때 ② 사면이 있은 때 ③ 공소시효가 완성되었을 때 ④ 범죄 후의 법령개폐로 형이 폐지되었을 경우 등 네 가지의 경우 판결로 면소 선고를 하도록 규정

※ 면소판결은 형식재판으로 분류되지만 공소기각 판결·결정, 관할위반 판결과 달리 정지된 공소시효를 다시 진행시키지 않고(제253조 제1항), 고소인 등의 소송비용부담(제188조), 재심사유(제420조 제5호) 판단에 있어 무죄판결과 동일하게 취급

2. 면소판결의 본질

실체재판과 형식재판의 중간형태로서의 면소판결을 실체재판과 형식재판 가운데 어디에 위치시킬 것인가의 문제로 실체재판설, 형식재판설(통설), 이분설 등의 학설이 있으며, 판례는 형식재판설 입장(64도64)

※ 실체재판설은 면소판결을 형벌권의 부존재를 확인하는 실체재판의 일종으로 보고, 형식재판설은 실체심리에 들어가지 않고 형사절차를 종결시키는 형식재판의 일종이라는 견해이며, 이분설은 확정판결의 경우 형식재판으로, 나머지 사유의 경우에는 실체재판이라고 보아 형식적 면소판결과 실체적 면소판결로 나누자는 견해

※ 다만, 형식재판이면서도 기판력이 인정되는 이유는 면소판결사유가 다른 형식재판과 달리 실체판단에 보다 근접한 단계에서 판단되기 때문

3. 면소판결의 구체적 논점(법적 성질)

면소판결의 본질론은 형식재판에 불과한 면소판결에 기판력이 인정되는 근거를 설명하기 위한 이론

그러나 기판력 이외에 ① 면소판결을 함에 있어 범죄사실의 존부에 대한 실체심리를 필요로 하는지 여부 ② 면소판결이 있는 경우 피고인이 무죄를 구하기 위해 상소할 수 있는지 여부 ③ 제326조의 면소사유가 열거적인가 예시적인가의 논점이 있음

(1) 면소판결과 실체심리

면소판결은 형사절차에서 피고인을 조기에 해방시키기 위한 법적장치로 공소장에 기재된 범죄사실 자체로부터 이미 명백하게 면소사유가 인정되는 경우 실체심리에 들어갈 필요가 없고, 실체심리를 하지 않으면 면소사유의 존부를 판단할 수 없는 경우 실체심리 가능

(2) 면소판결과 피고인의 상소

면소판결이 행해진 경우 피고인이 무죄를 주장하면서 상소할 수 있는가의 문제로 판례는 피고인에게 실체판결 청구권이 없다는 이유로 면소판결에 대한 상소 불허가 원칙(84도2106)

※ But, 예외적으로 재심사건에서 형벌에 관한 법령이 재판판결 당시 폐지되었다 하더라도 그 폐지가 당초부터 헌법에 위배되어 효력이 없는 법령에 대한 것이었다면 무죄의 선고를 해야 하기 때문에 면소판결에 대한 상소가능(2010도5986)

√ 무죄판결과 면소판결의 가장 커다란 차이는 형사보상 청구에 있음

√ 긴급조치 제1호의 내용은 대한민국헌법을 부정, 반대, 왜곡 또는 비방하는 일체의 행위, 대한민국헌법의 개정 또는 폐지를 주장, 발의, 제안 또는 청원하는 일체의 행위와 유언비어를 날조, 유포하는 일체의 행위 및 이와 같이 금지된 행위를 권유, 선동, 선전하거나, 방송, 보도, 출판 기타 방법으로 이를 타인에게 알리는 일체의 언동을 금하고(제1항 내지 제4항), 이 조치를 위반하거나 비방한 자는 법관의 영장 없이 체포, 구속, 압수, 수색하며 15년 이하의 징역에 처한다(제5항)

4. 면소판결 사유

(1) 확정판결이 있은 때

재소 허용으로 인해 법원 판단의 불일치를 방지하기 위함

※ 확정판결이란 유·무죄·면소의 확정판결뿐만 아니라 확정판결 효력이 부여된 약식명령과 즉결심판을 포함함(95도1270)

도로교통법(제164조 제3항), 경범죄 처벌법(제8조 제3항)에 의해 범칙금을 납부한 자에 대해서는 확정판결에 준하는 효력을 갖지만(2001도849), 효력 범위에 대해서는 논란이 있음

※ 도로교통법상 범칙금 통고의 이유에 기재된 당해 범칙행위(신호위반) 및 그 범칙행위와 동일성이 인정되는 범칙행위에 한정되어, 동일시간과 장소에서 이루어진 행위라도 별개의 형사범죄행위(업무상 과실치상 등)에 대해서는 범칙금의 납부로 인한 불처벌의 효력이 미치지 않음(2006도4322)

※ 경범죄처벌법상의 범칙금 납부도 확정판결에 준하는 효력이 인정되나(2002도2642), 그 효력 범위에 대해서 판례는 도로교통법상 범칙금납부와는 달리 별개의 형사범죄행위까지 확장하는 입장(2002도2642)

√ 소란행위에 대한 범칙금 납부와 검사가 제기한 상해죄의 공소사실의 경우 동일한 일시와 장소에서 발생한 것으로 기본적 사실관계가 동일한 것으로 보고 후소에 대해 면소판결 선고

조세범 처벌절차법(제15조 제3항)이나 관세법(제317조)상 과세 관청의 통고처분을 받은 자가

통고대로 이행한 경우 확정판결에 준하는 효력을 갖지만, 동일한 시간과 장소에서 행해진 행위라도 범칙행위와 별개의 형사범죄행위에 대해서는 통고처분의 이행으로 인한 불처벌의 효력이 미치지 않음(2006도4322)

(2) 사면이 있은 때

형사절차를 면소판결로 종결하는 것은 아직 형의 선고가 없는 경우를 대상으로 하기 때문에 면소판결 사유로 되는 사면은 형의 선고를 받지 아니한 자에 대한 일반사면을 의미(2011도1932)

※ 일반사면은 죄를 범한 자를 대상으로 죄의 종류를 정하여 대통령령으로 행하는 사면임

※ 특별사면은 형의 선고를 받아 확정된 특정한 사람을 대상으로 하는 사면으로 대통령이 행함

※ 형의 선고가 있더라도 아직 판결이 확정되지 않은 상태는 형의 선고가 없는 경우에 해당

(3) 공소시효가 완성되었을 때

공소시효의 완성은 미확정의 형벌권을 소멸시키는 것으로 공소계속(추행)의 이익이 없다는 점에서 면소사유로 규정

※ 공소제기 시 공소시효가 완성된 경우를 의미하며, 공소장 변경의 경우에도 공소제기 당시를 기준으로 함(2001도2902)

※ 공소제기 후 판결 확정 없이 25년을 경과하면 공소시효가 완성된 것으로 간주되므로(제249조 제2항), 이 경우도 면소판결로 종결(79도1520)

(4) 범죄 후 법령개폐로 형이 폐지되었을 때

명문으로 폐지한 경우뿐만 아니라 법령에 정해진 유효기간의 경과, 전법과 후법의 저촉에 의하여 실질적으로 벌칙의 효력이 상실된 경우도 포함(2003도2770)

범죄 후 법령개폐에서 '범죄 후'의 기준이 중요

※ 범죄 후 형이 폐지되었으면 면소판결 대상이지만 범죄 전에 형이 폐지되었

다면 무죄, 결과발생을 요하는 결과범의 경우에는 결과발생시점 이후가 아니라 실행행위 시점 이후로 보아야 함(살인죄 등)

헌법재판소법 제47조 제3항 규정상 형벌에 관한 법률 또는 법률의 조항은 소급하여 그 효력을 상실하고, 종전에 합헌으로 결정한 사건이 있는 경우에는 그 결정이 있는 날 다음 날로 소급하여 그 법률 또는 법률 조항의 효력은 상실됨(간통죄의 경우)

※ But, 형벌법령이 재판판결 당시 폐지되었다 하더라도 그 폐지가 당초부터 헌법에 위배되어 효력이 없는 법령에 대한 것이었다면 제325조의 무죄사유(피고사건이 범죄로 되지 아니한 때)에 해당하고 면소사유에 해당하지 않음(2010도5986)

5. 면소판결의 공시와 명예회복

무죄판결에 준하여 면소판결 공시의 취지를 선고할 수 있음

※ 무죄판결과 달리 면소판결의 공시는 법원의 재량사항

무죄판결에 준하여 확정된 면소판결 사건의 재판서를 법무부 인터넷 홈페이지에 게재하도록 청구 가능(형사보상 및 명예회복에 관한 법률 제34조 제1항, 제2항)

Ⅳ. 관할위반 판결

1. 관할위반 판결의 의의

관할의 부존재만을 유일한 사유로 하는 형식재판

※ 관할은 법원의 재판권을 전제로 한 개념으로 재판권이 없는 경우 공소기각 판결

※ 기판력이 발생하지 않는다는 점에서 공소기각 판결·결정과 동일

2. 관할위반 판결 사유

사물관할과 토지관할이 법원관할에 속하지 아니하는 때(제319조)

※ 관할권 존재는 소송조건이므로 공소제기 시 및 재판 시에도 인정되어야 하고, 법원은 직권으로 관할 유무를 조사하여야 함(제1조)

(1) 사물관할의 부존재

공소장에 기재된 공소사실을 기준으로 판단

※ 단독판사 관할사건이 공소장 변경에 의해 합의부 관할사건으로 변경된 경우, 관할위반판결을 내릴 것이 아니라 결정으로 피고사건을 관할권 있는 법원에 이송하여야 함(제8조 제2항)

(2) 토지관할의 부존재

토지관할이 존재하지 않는 경우 수소법원은 관할위반 판결을 하는 것이 원칙

※ But, 피고인의 신청이 없으면 토지관할에 관하여 관할위반의 선고를 하지 못하며(제320조 제1항), 관할위반 신청은 방어권 보장 차원에서 피고인의 모두진술 단계 이후인 재판장의 쟁점정리에 이은 피고인 측의 의견진술 단계까지 할 수 있음(피고사건에 대한 진술 전의 의미(제320조 제2항)

V. 공소기각 판결

1. 공소기각 판결의 의의

피고사건에 대한 형식적 소송조건이 결여된 경우 판결로써 소송계속을 종결시키는 종국적 형식재판

※ 소송조건의 흠결을 이유로 공소기각 판결을 선고해야 함에도 법원이 무죄판결을 선고하는 것은 원칙적으로 불허용(94도1818)

※ But, 이러한 원칙에 판례는 일부 예외 인정

√ 사건의 실체에 관한 심리가 이미 완료되어 교통사고처리특례법상 특례배제사유(동법 제3조 제2항 단서 등(횡단보도나 음주사고 등))이 없는 것으로 판명되고 달리 피고인이 과실로 교통사고를 일으켰다고 인정되지 않는 경우라면, 피고인의 이익을 위하여 교통사고처리특례법 위반의 공소사실에 대하여 무죄의 실체판결을 선고하였더라도 이를 위법이라 볼 수 없다고 봄(2012도11431)

공소기각 판결과 공소기각 결정은 형식적 소송조건이 결여된 경우의 종국재판이지만 전자는 판결이므로 구두변론에 의하여 공판정에서 선고해야 하며, 상소방법은 항소와 상고, 이에 반

해 후자는 결정으로 구두변론에 의하지 아니할 수 있고, 재판서등본의 송달 또는 다른 적당한 방법으로 고지가능하고, 상소방법은 즉시항고와 재항고

2. 공소기각 판결 사유

※ 재판권, 공소제기절차 법률위반, 이중기소, 공소취소 후 재기소, 친고죄 · 반의사불벌죄의 소송조건 결여 등 총 6개

(1) 피고인에 대하여 재판권이 없을 때

피고인에 대하여 재판권이 없을 때라 함은 공소제기 후에 재판권이 없게 된 경우와 그 이전에 재판권이 없는 경우를 말함(98도2734)

※ 재판권은 원칙적으로 대한민국 내에 있는 내국인과 외국인 모두에게 미침

※ 일반법원과 군사법원 간에 재판권 없이 기소된 경우 공소기각 판결을 하는 것이 원칙이나 형소법은 결정으로 사건을 재판권이 있는 같은 심급의 법원으로 이송하도록 하여 소송경제를 도모하고 있고(제16조의 2), 이송 전 행한 소송행위는 이송 후에도 효력에 영향이 없음(동조, 2011도1932)

(2) 공소제기 절차가 법률 규정에 위반하여 무효일 때

공소제기 권한이 없는 자가 공소제기를 한 경우, 공소사실의 불특정과 같이 공소장 기재방식에 중대한 하자가 있는 경우(2006도5147), 공소제기 당시에 소송조건이 결여된 경우, 공소장일본주의에 위반하여 공소를 제기한 경우(2009도7436)

※ 공소장제출이 아예 없는 경우는 공소제기가 불성립한 것으로 공소기각 판결을 내릴 수 없고(2003도2735), 구두나 전보, CD 등 정보저장매체(2015도3682)에 의한 공소제기도 동일하게 취급

※ 국회의원 면책특권에 속하는 행위에 대한 공소제기(91도3317), 위법한 함정수사가 개입된 사건의 경우(2005도1247)도 공소기각 판결 대상

※ 검사가 범칙금 납부기간(1차 10일, 2차 20일(20/100가산)이 지나기 전에 범칙행위와 동일한 공소사실로 공소를 제기한 경우 공소제기 절차가 법률규정에 위반되어 무효인 때에 해당하여 공소기각 판결해야 함(2017도13409)

(3) 공소제기된 사건에 대해 다시 공소제기된 때(이중기소)

동일한 피고사건에 대하여 국법상 동일한 법원에 이중으로 공소가 제기된 경우를 말하며, 범죄사실의 동일성을 기준으로 이중기소 여부 판단

※ 동일한 사건이 국법상 서로 다른 법원에 이중으로 기소된 경우(중복기소로 중복기소와는 용어의 구별 필요)는 공소기각 결정 사유가 됨(제328조 제1항 제3호)

피고인이 즉결심판에 대하여 정식재판청구를 하였는데 검사가 관할법원에 사건기록과 증거물을 그대로 송부하지 않고 즉결심판이 청구된 위반내용과 동일성이 있는 범죄사실에 대하여 약식명령을 청구한 경우, 이중기소에 해당하여 공소기각 판결 선고(2017도3458)

※ 즉결심판을 받고 적법한 정식재판청구를 한 경우 경찰서장의 즉결심판청구는 공소제기와 동일한 소송행위임

※ 즉결심판절차에 관한 절차법 제14조 제3항(정식재판의 청구) '판사는 정식재판청구서를 받은 날부터 7일 이내에 경찰서장에게 정식재판청구서를 첨부한 사건기록과 증거물을 송부하고, 경찰서장은 지체 없이 관할지방검찰청 또는 지청의 장에게 이를 송부하여야 하며, 그 검찰청 또는 지청의 장은 지체 없이 관할법원에 이를 송부하여야 한다.'

이중기소의 경우 뒤에 기소된 사건에 대하여 공소기각 판결하는 것이 원칙

※ 뒤에 기소된 사건이 판결선고 후 판결확정 전이라면 먼저 기소된 사건에 대하여 심판해야 하고, 뒤에 기소된 사건은 상소절차를 밟아 공소기각 판결 선고해야 하며(제363조, 제382조), 뒤에 제기된 사건에 대한 판결이 확정되었다면 예외적으로 먼저 기소된 사건에 대하여 공소기각 판결

이중기소와 공소사실 중복기재의 구별

※ 이중기소는 이미 기소된 사건에 대하여 별개의 공소장에 의해 이중으로 공소가 제기된 경우를 말하나, 공소사실의 중복기재는 하나의 공소장에 동일한 사건이 중복 기재되어 있는 경우로 단순한 공소장 기재의 착오 문제로 신청이나 직권에 의해 정정하면 족하고 별도로 공소기각 판결할 필요는 없음(82도1199)

(4) 공소취소 후 재기소(제329조) 규정에 위반하여 공소가 제기되었을 때

공소취소로 인해 공소기각 결정이 확정된 경우 공소취소 후 그 범죄사실에 대한 다른 중요한 증거를 발견한 경우에 한하여 공소를 제기할 수 있고(제329조), 동규정에 위반하여 공소가 제기된 경우는 공소기각 판결사유가 됨

※ 공소취소는 공소기각 결정 사유임(제328조 제1항 제1호)

※ '중요한 증거가 발견된 때'라 함은 공소취소 전에 검사가 가지고 있던 증거 이외의 증거로서 공소취소 전의 증거만으로 증거불충분으로 무죄가 선고될 가능성이 있으나 새로 발견된 증거를 추가하면 충분히 유죄의 확신을 가지게 될 증거가 발견된 때를 말함

(5) 고소가 있어야 공소를 제기할 수 있는 사건에서 고소가 취소되었을 때(친고죄 고소취소)

친고죄 사건에서 유효한 고소의 존재가 인정되어 공소가 제기되었으나 제1심 판결선고 전까지 고소가 취소된 경우 공소기각 판결로 절차 종결

※ 고소취소는 유효한 고소를 전제로 하고, 공소제기 당시부터 유효한 고소가 없었던 경우는 '공소제기 절차가 법률규정에 위반하여 무효인 때'에 해당

※ 상소심에서 파기되어 제1심법원에 환송되었다면 종전의 제1심판결은 파기되어 효력을 이미 상실하였으므로 환송 후의 제1심 판결선고 전까지 고소가 취소되었다면 고소취소의 효력이 있으므로 이에 따라 공소기각 판결을 선고하여야 함(2009도9112)

√ 상고심은 2심판결에 대하여 불복하는 것이 원칙이나 1심판결에 대하여도 법령 미적용·착오, 1심판결 이후 형의 폐지나 변경, 사면이 있는 경우 대법원에 비약상고 가능

(6) 반의사불벌죄에서 처벌을 원하는 의사표시가 없거나 철회되었을 때

반의사불벌죄 사건에서 피해자가 처벌을 원하지 아니하는 의사표시를 하거나 처벌을 원하는 의사표시를 철회하였을 경우 공소기각 판결 사유가 됨

※ 의사표시의 철회는 제1심 판결선고 전까지 이루어져야 함(제232조 제3항, 제1항)

※ 공소제기 전에 처벌불원 의사표시가 있었음에도 공소제기된 경우는 공소제

기 절차의 법률위반(제327조 제2호) 사유에 해당하여 공소기각 판결함

VI. 공소기각 결정

1. 공소기각 결정의 의의

공소기각 결정은 형식적 소송조건의 흠결이 중대하고 명백한 경우 결정의 형식으로 공판절차를 종결시키는 재판을 말함

※ 공소기각 결정에 대한 불복방법은 즉시항고와 재항고임

공소기각 결정 사유로는 공소취소, 피고인이 사망하거나 피고인인 법인이 존속하지 아니하게 되었을 경우, 형소법 제12조(동일사건과 수개의 소송계속) 또는 제13조(관할의 경합) 규정에 의해 재판할 수 없을 경우, 공소장에 기재된 사실이 진실하다 하더라도 범죄가 될 만한 사실이 포함되지 아니한 경우 등 4가지임(제328조 제1항)

2. 공소기각 결정 사유

(1) 공소취소

공소취소란 적법하게 공소가 취소된 경우를 말함

※ 공소취소란 검사가 공소제기를 철회하는 법률행위적 소송행위를 말하며 사유에는 법률상 제한이 없으나, 공소제기 후 발생한 사정변화에 의하여 불기소하는 것이 상당하다고 인정되는 경우에 취소하는 것이 원칙

※ 공소사실과 동일성이 인정되는 범위에서 공소사실을 일부 철회하거나 변경하는 공소장변경은 공소취소가 아니므로 공소기각 결정을 할 수 없음(2002도4372)

(2) 피고인의 사망 등

'피고인이 사망하거나 피고인인 법인이 존속하지 아니하게 되었을 때'란 공소제기 후에 이러한 사유가 발생한 경우를 말함(2013도658)

※ 유죄 확정된 자가 사망한 경우 그 배우자, 직계친족 또는 형제자매가 재심을 청구하는 경우, 재심개시결정에 따라 열리게 된 재심사건의 심판절차에서는 사망자에 대한 공소기각 결정은 인정되지 않음(제438조 제2항 제2호)

(3) 중복 기소

동일사건이 수개의 국법상 의미의 법원에 중복 기소되는 경우를 말하고, 사물관할을 달리하는 수개의 법원에 계속된 경우에는 합의부가 심판하고(제12조), 심판할 수 없게 된 단독판사는 공소기각 결정, 사물관할은 같은 여러 개의 법원에 계속된 경우 먼저 공소 받은 법원이 심판하는 것이 원칙이고(제12조), 후소법원은 공소기각 결정으로 소송계속 종료시킴

(4) 범죄사실 불포함

공소장에 기재된 사실이 진실하다 하더라도 범죄가 될 만한 사실이 포함되지 아니한 때란 공소장 기재사실 자체에 대한 판단만으로 그 사실 자체가 죄가 되지 아니함이 명백한 경우를 말함(2012도12867)

※ But, 범죄성립 여부에 대해 다소라도 의문이 남은 경우 또는 공소장의 보정이나 공소장변경에 의해 공소가 유효하게 될 가능성이 있는 경우에는 공소기각 결정을 할 수 없음

제4절 소송비용 및 기타 절차

Ⅰ. 소송비용부담

1. 소송비용의 의의

형사절차에 관하여 지출된 비용으로서 '형사소송비용 등에 관한 법률'이 규정한 것을 말함

※ 증인·감정인·통역인 또는 번역인의 일당·여비 및 숙박료, 감정인·통역인 또는 번역인의 감정료·통역료·번역료, 그 밖의 비용, 국선변호인의 일당·여비·숙박료 및 보수를 규정

※ 소송비용부담은 부당한 고소·고발에 대한 상소·재심의 청구에 대한 제재로서의 성질을 가짐

형소법에 따른 비용보상은 재판에 소요된 비용자체에 대한 보상이고, '형사보상 및 명예회복에 관한 법률'에 의한 형사보상은 미결구금이나 형집행에 대한 보상임

※ 형소법은 무죄판결 확정의 경우 국가가 당해 사건의 피고인이었던 자에 대하여 재판에 소요된 비용을 보상하도록 규정(제194조의 2 이하)

2. 소송비용의 부담기준

형소법은 형사절차에 관한 모든 비용을 일단 국고에서 지급하고 그 중 일정한 비용만을 소송비용으로 지정하여 일정한 요건 하에 피고인이나 제3자에게 부담시키고 있음

(1) 피고인의 소송비용부담

형을 선고하는 때에는 피고인에게 소송비용의 전부 또는 일부를 부담하게 하여야 함(제186조 제1항)

※ But, 피고인이 경제적 사정으로 소송비용을 납부할 수 없는 때에는 미적용

※ '형을 선고하는 때'에는 집행유예가 포함되지만(제321조 제2항), 형 면제나 선고유예는 해당하지 않음(제322조)

형을 선고하지 아니하는 경우라도 피고인에게 책임지울 사유로 발생된 비용은 피고인에게 부담하게 할 수 있음(제186조 제2항)

※ 피고인이 정당한 사유 없이 출정하지 아니한 결과 소환된 증인을 공판기일에 신문할 수 없게 되어 발생한 비용의 경우

공범의 소송비용은 공범인에게 연대부담하게 할 수 있음(제187조)

※ 임의적 공범뿐만 아니라 필요적 공범도 포함됨

(2) 제3자의 소송비용부담

고소·고발 사건에 대하여 무죄 또는 면소판결을 받은 경우 고소인·고발인에게 고의 또는 중대한 과실이 있는 때에는 소송비용의 전부 또는 일부를 부담하게 할 수 있음(제188조)

※ 형의 면제, 형의 선고유예, 공소기각 판결·결정의 경우에는 소송비용을 부담시키지 못함

검사 아닌 자가 상소 또는 재심을 청구한 경우, 상소 또는 재심의 청구가 기각되거나 취하된 때에 소송비용을 부담하게 할 수 있음(제190조 제1항)

※ 검사 아닌 자에는 피고인도 포함

※ 피고인 아닌 자가 피고인이 제기한 상소 또는 재심 청구를 취하한 경우에도 그 자에게 소송비용을 부담하게 할 수 있으나(제190조 제2항), 변호인에게는 소송비용을 부담하게 할 수 없음

3. 소송비용부담 재판

(1) 재판으로 소송절차가 종료되는 경우

재판으로 소송절차가 종료되는 경우 피고인에게 소송비용을 부담하게 하는 때에는 법원은 직권으로 재판하여야 함(제191조 제1항)

※ 소송비용부담 재판에 대하여 본안의 재판에 대해 상소하는 경우에 한하여 불복가능하고(제191조 제2항), 소송비용부담 재판에 대한 상소에는 불이익변경금지의 원칙이 적용되지 않음(2001도872)

※ 재판으로 소송절차가 종료되는 경우 피고인 아닌 자에게 소송비용을 부담하게 하는 때에는 직권으로 결정을 하여야 하고(제192조 제1항), 결정에 대해 즉시항고 가능

(2) 재판에 의하지 아니하고 소송절차가 종료되는 경우

재판에 의하지 아니하고 소송절차가 종료되는 경우, 소송비용을 부담하게 하는 때에는 사건의 최종계속법원이 직권으로 결정하여야 함(제193조 제1항)

※ 상소취하, 재심청구의 취하, 정식재판청구의 취하 등의 경우로 소송비용부담 결정에 대하여는 즉시항고 가능(제193조 제2항)

(3) 소송비용부담액의 산정과 집행

소송비용부담에 관한 재판을 할 때 법원은 부담시킬 소송비용의 가액을 산정하여 표시할 수도 있고, 추상적으로 부담자 및 부담부분만을 지정하여 표시하는 것도 가능

※ 재판에 금액을 표시하지 아니하는 경우, 집행을 지휘하는 검사가 비용을 산정하며(제194조), 집행은 검사의 명령에 의함(제477조 제1항)

※ 소송비용 재판집행에 관한 검사의 명령은 집행력 있는 집행권원과 동일한 효력이 있음(제477조 제2항)

※ 소송비용부담 재판을 받은 자가 빈곤으로 인하여 이를 완납할 수 없을 때에는 재판확정 후 10일 이내에 재판을 선고한 법원에 소송비용의 전부 또는 일부에 대한 재판의 집행면제를 신청할 수 있음(제487조)

II. 무죄판결에 대한 비용보상

1. 형사소송법상 비용보상

(1) 비용보상의 의의

국가의 잘못된 형사사법권 행사로 인하여 피고인이 무죄를 선고받기 위해 부득이 변호사 보수 등을 지출한 경우 국가가 피고인에게 재판에 소요된 비용을 보상하도록 하는 제도

※ 제194조의 2 제1항 '국가는 무죄판결이 확정된 경우 당해 사건의 피고인이었던 자에 대하여 그 재판에 소요된 비용을 보상하여야 한다.'

(2) 주문 무죄와 비용보상

판결 주문에 무죄가 선고된 경우 국가는 그 재판에 소요된 비용을 보상하여야 함(제194조의 2 제1항)

※ But, 다음의 4가지 경우 재판비용의 전부 또는 일부를 보상하지 아니할 수 있

음(제194조의2 제2항)

√ ① 피고인이었던 자가 수사 또는 재판을 그르칠 목적으로 허위의 자백을 하거나 다른 유죄의 증거를 만들어 기소된 것으로 인정된 경우 ② 한 개의 재판으로 경합범의 일부에 대하여 무죄판결이 확정되고 다른 부분에 대하여 유죄판결이 확정된 경우 ③ 형법 제9조, 제10조 제1항의 사유에 의한 무죄판결이 확정된 경우 ④ 그 비용이 피고인이었던 자에게 책임을 지울 사유로 발생한 경우에 해당하는 경우

(3) 이유 무죄와 비용보상

무죄판결 비용보상청구는 판결주문에서 무죄가 선고된 경우뿐 아니라 판결 이유에서 무죄로 판단된 경우에도 가능(2018모906)

(4) 비용보상 절차와 범위

피고인이었던 자의 청구에 따라 무죄판결을 선고한 법원 합의부에서 결정으로 하며(제194조의3 제1항), 청구는 무죄판결이 확정된 사실을 안 날로부터 3년, 무죄판결 확정된 때로부터 5년 이내에 하여야 함(동조 제2항)

비용보상범위는 피고인이었던 자 또는 그 변호인이었던 자가 공판준비 및 공판기일에 출석하는 데 소요된 여비·일당·숙박료와 변호인이었던 자에 대한 보수에 한함

※ 비용보상청구·절차, 비용보상과 다른 법률에 따른 손해배상과의 관계, 보상받을 권리의 양도·압류 또는 피고인이었던 자의 상속인에 대한 비용보상에 관하여 형사소송법에 규정한 것을 제외하고는 '형사보상 및 명예회복에 관한 법률'에 의한 보상에 따름(제194조의5)

2. 형사보상법상의 구금에 대한 보상

(1) 형사보상의 대상

재판에 의하여 무죄판단을 받은 자가 그 재판에 이르기까지 억울하게 미결구금을 당한 경우 보상을 청구할 수 있도록 하는 장치(2014모2521)

※ 헌법 제28조, 형사보상 및 명예회복에 관한 법률(이하 형사보상법)

형사보상의 대상이 되는 미결구금과 형집행 등 3가지임

※ ① 형소법에 따른 일반 절차 또는 재심이나 비상상고 절차에서 무죄재판을 받아 확정된 사건의 피고인이 미결구금을 당하였을 때(형사보상법 제2조 제1항) ② 상소권회복에 의한 상소, 재심 또는 비상상고 절차에서 무죄재판을 받아 확정된 사건의 피고인이 원판결에 의하여 구금되었을 때(동조 제2항) ③ 상소권회복에 의한 상소, 재심 또는 비상상고절차에서 무죄재판을 받아 확정된 사건의 피고인이 원판결에 의하여 형집행을 받았을 때(동법 제2조 제2항)

√ 비상상고란 확정판결에 대하여 그 심판의 법령위반을 바로잡기 위하여 인정되는 구제절차를 말함

(2) 형사보상의 제한과 배제

형사보상 대상이 되는 미결구금이나 형집행이 있더라도 다음의 경우에 법원은 재량으로 보상청구의 전부 또는 일부를 기각할 수 있음(형사보상법 제4조)

※ ① 형사미성년자 및 심신상실의 사유로 무죄판결을 받은 경우 ② 본인이 수사 또는 심판을 그르칠 목적으로 거짓 자백을 하거나 다른 유죄의 증거를 만듦으로써 기소, 미결구금 또는 유죄판결을 받게 된 것으로 인정된 경우 ③ 1개의 재판으로 경합범의 일부에 대하여 무죄재판을 받고 다른 부분에 대하여 유죄재판을 받았을 경우 등

형사보상은 판결주문에서 무죄가 선고된 경우뿐만 아니라 판결이유에서 무죄로 판단된 경우에도 청구가능(2014모2521)

※ 판결이유에서 무죄로 판단된 경우 미결구금 가운데 무죄로 판단된 부분의 수사와 심리에 필요하였다고 인정된 부분에 대하여 형사보상 청구가능

제5절 재판의 확정과 효력

Ⅰ. 재판의 확정

1. 재판확정의 의의

재판의 확정이란 재판이 보통의 상소방법이나 기타 불복방법으로 더 이상 다툴 수 없게 되어 그 내용을 변경할 수 없는 상태에 이른 것을 말함

재판은 확정되어야 그 본래의 효력이 발생하고, 재판확정시기는 재판에 불복이 허용되는지 여부에 따라서 달라짐

2. 재판확정 시기

(1) 불복이 허용되지 않는 재판

재판의 선고 또는 고지와 동시에 확정

※ 법원의 관할 또는 판결 전의 소송절차에 관한 결정에 대하여 즉시항고를 할 수 있는 경우 외에는 항고를 하지 못하여(제403조 제1항), 이에 해당하는 결정

※ 대법원 재판은 불복이 허용되지 않으므로 상고기각판결은 선고와 함께 확정되고 상고기각결정 등은 송달 등 고지와 함께 확정(2011도15914)

(2) 불복이 허용되는 재판

불복이 허용되는 재판은 그 불복 가능성이 소멸된 때에 확정

※ 불복신청 기간 경과 시(제1심·항소심은 선고 시로부터 7일, 약식명령이나 즉결심판은 재판을 고지받은 날로부터 7일)

√ 즉시항고의 경우 7일, 보통항고는 기한제한이 없어 결정을 취소하여도 실익이 없게 된 때에 확정된 것으로 봄(제404조)

불복신청의 포기 또는 취하에 의해 확정

※ 검사나 피고인 또는 기타 항고권자는 원칙적으로 상소의 포기 또는 취하를

할 수 있으나(제349조), 사형 또는 무기징역이나 무기금고가 선고된 판결에 대해서 피고인 또는 항고권자는 상소의 포기를 할 수 없음(제349조)

※ 약식명령에 대한 정식재판의 청구는 제1심판결 선고 전까지 취하할 수 있으나(제454조), 피고인은 정식재판청구 포기 불가(제453조 제1항), 즉결심판에 대한 정식재판 청구는 취하뿐만 아니라 포기도 가능(즉결심판법 제14조 제4항)

II. 재판확정의 효력

1. 형식적 확정력

확정된 재판의 효력은 형식적 확정력과 내용적 확정력으로 나뉘며, 재판이 통상적인 불복방법에 의해 다툴 수 없게 된 상태에 이른 것을 재판의 형식적 확정이라 하고, 이러한 불가쟁적 효력을 형식적 확정력이라 함

※ 내용적 확정력이란 재판의 의사표시내용이 확정되면 그 판단 내용에 따라 법률관계가 확정되고 이때의 효력을 말함

※ 형식적 확정력은 절차면에서의 효력으로, 소송관계인 입장에서 재판에 대한 불복이 불가능하고 재판을 행한 법원은 스스로 재판 내용을 철회하거나 변경할 수 없는 불가변력을 말함

형식적 확정력은 ① 당해 사건에 대한 소송계속 종료 ② 재판집행의 기준시점 제공 ③ 유죄판결의 형식적 확정은 누범가중, 선고유예의 실효, 집행유예의 실효 등에 관한 기준 ④ 내용적 확정력 발생의 전제가 됨

2. 내용적 확정력

(1) 내용적 확정력의 의의

재판의 의사표시내용이 확정되면 그 판단 내용에 따라 법률관계가 확정되고 이때의 효력을 가리켜 내용적 확정력이라 함

유·무죄 실체판결, 면소판결의 경우 실체와 관련된 내용적 확정력을 가지게 되는데 실체적 확정력이라고 하고, 실체적 확정력이 발생하면 동일한 사건에 대하여 재소가 금지되는 특수한 효과가 발생하며, 이를 기판력 또는 일사부재리의 효력이라고 함

(2) 내용적 확정력의 대내적 효과

재판이 확정되면 원칙적으로 집행력이 발생하는데, 당해 사건 자체에 대한 효력이라는 의미에서 내용적 확정력의 대내적 효과라고 함

※ 재판의 집행력은 재판확정에 의해 발생하는 것이 원칙이지만 재판 확정 전에도 집행력이 인정되는 경우도 있음

√ 결정 및 명령의 재판은 즉시항고가 허용되는 경우를 제외하고는 고지에 의해 집행력 발생하는 것이 원칙, 벌금 가납재판도 확정 전에 즉시 집행가능(제334조)

※ 실체재판, 형식재판(보석허가결정이나 구속영장 발부 등)을 가리지 않고 집행을 요하는 확정재판에 기하여 발생하나 무죄판결은 집행력을 발생시키지 않음

(3) 내용적 확정력의 대외적 효과

재판이 확정되면 그 표시된 판단내용은 후소법원을 구속하는데, 후소법원에 대하여 발생하는 이러한 효과를 가리켜 재판의 내용적 구속력 또는 내용적 확정력의 대외적 효과라 함

형식재판(관할위반판결, 공소기각 판결·결정)이 확정되면 다른 법원은 동일한 사정 및 동일한 사항에 관하여 다른 판단을 할 수 없는 것이 원칙

※ But, 사정변경이 있는 경우 다시 공소제기가 허용되고 후소법원은 실체판단 가능

√ 친고죄인 모욕죄로 기소된 사건에 적법한 고소가 없음을 이유로 공소기각 판결이 확정된 후 반의사불벌죄인 명예훼손죄가 밝혀진 경우 다시 기소와 실체판단 가능

유죄·무죄·면소판결이 확정되면 대외적 효력으로 동일사건에 대하여 후소법원의 심리가 금지되는 효과 발생하는데 이러한 재소금지의 효력을 기판력 또는 일사부재리의 효력이라 함

※ 확정판결 효력이 부여되는 약식명령이나 즉결심판에도 같은 효력 발생

III. 기판력

1. 기판력의 의의

(1) 법적 근거

한번 판결이 확정되면 그 후 동일한 사건에 대해서 다시 심판하는 것이 허용되지 않는다는 원칙을 말함(2016도5423)

※ 헌법 제13조 제1항 '모든 국민은 … 동일한 범죄에 대하여 거듭 처벌받지 아니한다'고 규정

√ 여기서 '처벌'은 형벌권 실행으로서의 벌을 과하는 것을 말하고 국가가 행하는 일체의 제재나 불이익처분이 모두 여기에 포함되는 것은 아님(2016도5423)

(2) 기판력과 일사부재리의 효력과의 관계

기판력에 대한 통일적인 개념이 없는 상태에서 대륙법계 소송법에서 사용되는 기판력 개념 속에 영미 형사소송법의 이중위험금지(double jeopardy) 법리를 포함시키고자 하는 데서 개념의 혼란 발생

학설에서는 이중위험금지 법리에 기초한 재소금지의 효력을 일사부재리의 효력으로 보고 양자의 관계에 대해 견해가 나뉨

① 일치설

기판력과 일사부재리 효력을 동일한 개념으로 보는 입장

② 구별설

기판력은 재판의 내용적 확정력 가운데 대외적 효과를 의미하는 소송법적 개념인데 반해 일사부재리 효력은 피고인의 불안정한 상태를 제거하려는 이중위험금지 법리에서 유래한 것으로 양자는 관계가 없다는 입장

③ 포함설

형식·실체재판을 가리지 않고 재판의 내용적 구속력을 기판력이라 부르고, 실체재판에서 동일한 사건에 대한 재소금지 효과를 일사부재리의 효력이라고 하는 입장

2. 기판력의 본질

기판력의 본질은 피고사건에 대하여 실체적 진실에 반하는 유죄판결이 확정되었을 때 그 법적 효과를 어떻게 평가해야 할 것인가를 둘러싸고 논의됨

(1) 실체법설

확정판결에 부여되는 기판력의 본질이 실체법률관계를 형성·변경하는 효력에 있다고 보는 입장

⑵ 구체적 규범설

실체법의 일반적·추상적 규범이 형사절차를 통하여 개별적·구체적인 법률관계로 형성되도록 하는 힘을 기판력으로 봄

⑶ 소송법설(통설)

후소법원의 실체심리를 차단하는 소송법적 효력을 기판력으로 봄

⑷ 신소송법설

기판력의 근거를 국가 내지 법원의 권위라는 관점이 아니라 소추 측 당사자의 모순행위 금지라는 관점에서 구할 수 있다고 보는 입장

3. 기판력이 인정되는 재판

⑴ 기판력이 인정되는 경우

유죄·무죄·면소판결이 확정된 경우 발생원칙, 그 밖에 법률이 일정한 재판에 대해 확정판결의 효력을 부여함으로써 기판력이 인정되는 경우가 있음

※ 면소판결은 단순한 소송조건의 흠결을 이유로 하는 것이 아니라 소송추행 이익이나 필요성을 소멸시키는 중대한 소송장애사유임

※ 약식명령이나 즉결심판이 확정된 경우에도 확정판결과 동일한 효력이 생기고, 재소금지의 기판력이 인정됨

√ 법관이 심리하는 절차에서 이루어지기 때문

※ 범칙금 납부 중 도로교통법 위반 범칙행위에 대한 통고처분에서 범칙금을 낸 경우 확정판결에 준하는 효력이 인정되어 기판력이 인정되나(2001도849), 그 효력범위는 제한되어 범칙행위와 별개의 형사범죄행위에 대해서는 미치지 않음(처벌 가능)

But, 경범죄 처벌법상 범칙금 납부행위에 대해서도 도로교통법과 마찬가지로 기판력이 인정되나 그 범위에 대해 관련 형사범죄행위에까지 미친다고 봄(2002

도2642, 불처벌)

※ 조세범처벌법이나 관세법에 의한 통고처분 이행의 경우도 기판력이 인정되나 그 범위에 대해 범칙행위와 별개의 형사범죄행위에 대하여는 기판력이 미치지 않는다고 봄(2006도4322)

(2) 기판력이 부정되는 경우

1) 확정판결 이외의 제재

기판력은 동일한 범죄에 대하여 거듭 처벌받지 아니한다는 것으로 여기서 '처벌'은 형벌권의 실행을 의미하는 것으로 국가가 행하는 일체의 제재나 불이익 처분이 모두 포함되는 것은 아님(2016도5423)

※ 행정벌인 과태료는 기판력이 인정되지 않아 면소판결 사유가 되지 않음

2) 보호처분

소년법이나 가정폭력처벌법에 따른 보호처분은 확정판결이 아니므로 기판력이 인정되지 않으나, 법률에서 '다시 공소를 제기할 수 없다'라고 규정하고 있어 다시 공소된 경우 면소판결이 아닌 공소제기절차가 법률규정에 위배하여 무효일 때에 해당하여 공소기각 판결을 해야 함(2016도5423)

※ 소년법 제53조(보호처분의 효력) '보호처분을 받은 소년에 대하여는 그 심리가 결정된 사건은 다시 공소를 제기하거나 소년부에 송치할 수 없다'

※ 가정폭력범죄의 처벌 등에 관한 특례법 제16조(보호처분의 효력) '보호처분이 확정된 경우에는 그 가정폭력행위자에 대하여 같은 범죄사실로 다시 공소를 제기할 수 없다'

※ 보호처분하지 않기로 하는 불처분 결정에는 기판력이 인정되지 않음(2016도5423)

4. 기판력이 인정되는 부분

주문에 대해 기판력이 인정되나, 이유부분에 기재된 사실판단에 대해서도 인정여부에 대해서는 견해가 대립

5. 기판력의 주관적 범위

일사부재리 효력은 공소가 제기된 피고인에 대해서만 발생

※ 공동피고인의 경우 한 피고인에 대한 확정판결 효력은 다른 피고인에게 영향을 미치지 않음(2004도4751)

※ 피고인이 타인의 성명을 모용한 경우 판결효력은 피모용자에게 미치지 않으며, 다만 약식명령을 송달받은 피모용자가 정식재판을 청구하였다면 피모용자에게 사실상 소송계속이 발생하여 법원에서는 적법한 공소제기가 없었음을 밝혀주는 의미에서 공소기각 판결을 하여야 함

※ But, 위장 출석한 피고인에 대해서는 판결의 효력이 미치며 형식적 피고인인 위장출석자를 배제하는 방법에 대하여는 무죄사유가 존재하므로 재심으로 구제하여야 한다는 재심설과 형식적 소송조건 흠결을 간과한 위법이 있다고 보아 비상상고를 통해 구제하자는 비상상고설이 있음

6. 기판력의 객관적 범위

(1) 이원설

법원의 심판대상을 현실적 심판대상과 잠재적 심판대상으로 나누고 법원의 심리활동은 검사가 공소장에 기재하여 심판을 구한 공소사실 즉 현실적 심판대상에 국한된다고 보는 입장

⇒ 이원설은 법원이 현실적으로 심판하지 아니한 부분에 대하여 일사부재리 효력을 인정하는 근거를 어떻게 설명할 것인가의 문제에 봉착하게 됨

(2) 소인대상설

법원의 심판대상을 소인으로 한정시키는 견해이지만 공소사실과 동일성이 인정되는 전체범죄사실에 대해서 기판력을 인정하는데 견해가 일치되어 있음

※ 소인이란 검사가 구체적 사실을 특별구성요건에 대입하여 재구성한 범죄사실을 말함

⇒ 이원설과 마찬가지로 현실적으로 심판되지 아니한 부분에 대하여 기판력이 미치는 이유를 어떻게 설명할 것인가의 문제가 있음

(3) 범죄대상설

형소법 제248조 제2항에 의해 공소제기의 효력이 미치는 전체범죄사실이 심판대상이라고

보는 입장

※ 제248조 제2항(공소의 효력범위) '범죄사실의 일부에 대한 공소의 효력은 범죄사실 전부에 미친다'

7. 기판력의 객관적 범위의 구체적 검토

기판력의 객관적 범위는 범죄사실의 단일성과 동일성을 기준으로 판단하고 동일성 기준은 기본적 사실관계가 동일한지 여부에 따라 판단

(1) 범죄사실의 단일성

1) 포괄일죄

포괄일죄 확정판결의 기판력은 실제로 법원의 심리대상이 되지 아니하는 부분행위에까지 미치는 것이 원칙이지만, 판례는 일정한 기준에 따라 기판력 범위의 과도한 확장을 제한하고 있음

① 중간범행에 대한 확정판결로 기판력 범위 제한

포괄일죄로 묶을 수 있었던 범행 중 중간에 확정판결이 나면 그 시점 전까지만 기판력이 미치고 확정판결 이후 범행에 대해서는 기판력이 미치지 않는다고 봄(2010도9317)

② 상습사기죄의 범인이 포괄일죄의 기판력을 인정받으려면 처음부터 상습사기죄로 기소되어 확정판결을 받아야 한다고 봄(2001도3206)

※ 단순사기죄로 기소되어 유죄판결이 확정된 범인은 상습성을 매개로 상습사기죄의 포괄일죄로 파악되는 여타의 사기범행에 대하여 기판력을 주장하지 못함

③ 상습범의 경우와 동일한 법리가 가중처벌을 규정하고 있는 특별법 위반 사건에도 적용

※ 포괄일죄를 이루는 조세범처벌법 위반범죄의 경우 일부 조세범처벌법 위반 범죄에 대한 확정판결 효력은 특가법 위반범죄사실에 미치지 않음(2015도2207)

2) 저작재산권 침해범죄

수회에 걸쳐 저작재산권 침해 범죄를 범한 것이 상습성의 발현에 따른 것이라고 하더라도, 원칙적으로 경합범으로 보아야 하는 것이지 하나의 죄로 처단되는 상습범으로 볼 것은 아님(2011도1435)

※ 저작권법은 상습으로 저작재산권 침해범죄를 저지른 경우 가중 처벌한다는 규정을 두고 있지 않기 때문

3) 과형상 일죄

과형상 일죄의 경우 부분사실에 대한 확정판결의 기판력은 나머지 부분에 대해서도 미침

※ 상상적 경합범의 경우 그중 1죄에 대한 확정판결의 기판력은 다른 죄에 대하여도 미침(2017도11687)

※ 배임죄와 사문서위조죄가 상상적 경합관계에 있는 경우 사문서위조죄에 대한 확정판결의 기판력은 배임죄 부분에까지 미침(2008도5634)

4) 사후의 결과발생

판결이 확정된 후 사건 내용에 변경이 생긴 경우 기판력은 변형된 부분에까지 미침(89도1046)

※ 단순폭행죄의 유죄판결이 확정된 후 피해자가 사망한 경우 폭행치사 부분에까지 기판력이 미침

(2) 범죄사실의 동일성

범죄사실의 동일성에 대한 판단기준으로 기본적 사실관계 동일설, 죄질동일설, 구성요건공통설, 소인 주요부분공통설, 범죄행위동일설 등이 있음

판례는 기본적 사실관계 동일설에 입각하여 규범적 요소도 기본적 사실관계동일설의 실질적 내용의 일부를 이루는 것으로 보고 있음(2010도3950)

※ 판례는 기준으로 피고인의 행위와 그 사실관계를 기본으로 하되 규범적 요소도 고려하여야 하며, 일시만 다른 경우 공소사실과 양립가능성 여부에 따라 동일성 여부 판단

※ 집회참가로 인한 집시법 위반죄로 확정판결이 있은 후에 동일한 금지통고 집회에서 주최로 인한 집시법 위반으로 기소된 경우 후행의 공소사실과 선행 확정판결의 공소사실은 기본적 사실관계가 동일한 것으로 평가(2015도11679)

8. 기판력의 시간적 범위

상습범, 영업범, 계속범 등과 같이 부분행위가 포괄적으로 결합하여 행해지는 포괄일죄의 경우 일련의 행위가 확정판결 이후에도 계속 행해지는 경우 기판력을 어느 시점까지 인정할 것인가에 대하여, 판례는 사실심 판결선고 시를 표준으로 기판력의 범위를 결정함(2013도11649)

※ 판결선고 후의 포괄일죄는 판결선고 전 포괄일죄와 분리하여 별개의 범죄사실 구성

상고심의 파기환송에 의하여 포괄일죄가 항소심에 다시 소송계속된 경우, 판결의 기판력 범

위는 환송 후 항소심의 판결선고 시점을 기준으로 결정

※ 약식명령의 경우 약식명령 송달시점이 아니라 발령시점이 기판력의 기준시점이 됨(84도1129)

√ 약식명령은 별도의 선고절차가 없고 판결선고 시에 해당하는 것이 발령시점임

9. 기판력의 배제

실체진실 발견 요청에 배치될 경우, 기판력을 배제하기 위한 예외적 장치로 상소권 회복(제345조), 재심(제420조), 비상상고(제441조) 제도가 있음

※ 상소권 회복은 판결 확정 자체가 현저히 부당한 경우에 재판의 확정을 저지하기 위하여 마련된 제도이고, 재심과 비상상고는 일단 확정판결의 존재를 전제로 한다는 점에서 상소권 회복과 구별됨

※ 재심은 확정된 유죄판결을 전제로 사실관계 인정에 개입된 오류를 바로잡아 유죄 확정판결을 받은 자의 불이익을 구제하는 제도

※ 비상상고는 확정판결에 적용된 법령위반을 시정하여 법령해석이 통일을 기하는 제도

제5편
상소와 그 밖의 절차

제1장 상소

제1절 상소통칙

Ⅰ. 상소의 의의와 종류

1. 상소의 의의

상소란 미확정의 재판에 대하여 상급법원에 그 구제를 구하는 불복신청 제도를 의미

※ 상소 형태는 항소(제357조), 상고(제371조), 항고(제402조) 등 세 가지로 항소와 상고는 법원의 판결에 대한, 항고는 법원 결정에 대한 상소방법

※ 검사의 불기소 처분에 대한 검찰항고(검찰청법 제10조), 재정신청(제260조), 검사 또는 사법경찰관의 구금·압수 또는 압수물의 환부에 관한 처분과 변호인의 접견교통 및 피의자신문참여 등에 관한 처분에 대한 준항고와 구별(상소는 법원의 재판에 대한 불복수단)

※ 확정판결에 대한 비상 구제철차인 재심(제420조)이나 비상상고(제441조)와 구별

※ 당해 법원이나 동급법원에 구제를 구하는 이의신청이나 정식재판청구와 구별(상고는 상급법원에 대한 불복수단)

√ 증거조사에 대한 이의신청(제296조), 재판장 처분(법정 녹음·녹화 제한, 방청제한 조치 등)에 대한 이의신청(제304조), 대법원판결에 대한 정정신청(제400조)은 동일 법원에 대한 불복방법, 약식명령이나 즉결심판에 대한 정식재판 청구는 동급법원에 대한 불복방법이라는 점에서 상소와 구별됨

※ 재판장 또는 수명법관이 일정한 재판을 고지한 경우 그 법관 소속의 법원에 재판의 취소 또는 변경을 청구하는 준항고(제416조)는 상소가 아니나 형소법은 편의상 재판장 또는 수명법원의 재판에 대한 준항고(제416조)와 검사 또는 사법경찰관의 처분에 대한 준항고를 상소의 일종인 항고의 장에 같이 규정하고 있음

2. 상소의 종류

(1) 항소

항소는 제1심판결에 대한 상소(7일 이내)

※ 지방법원 단독판사가 선고한 것은 지방법원 본원 합의부, 지방법원 합의부가 선고한 것은 고등법원에 항소 가능(제357조)

(2) 상고(7일 이내)

상고는 2심판결에 대한 상소가 원칙이지만 예외적으로 1심판결에 대하여 상고가 허용되는 경우가 있음

※ 상고심은 대법원으로 한정되어 있고, ① 지방법원 단독판사와 지방법원 본원 합의부를 거쳐 대법원에 제기하는 경우, ② 지방법원 합의부와 고등법원을 거쳐 대법원에 제기하는 경우가 있음

※ 1심판결에 대해 상고가 허용되는 경우는 ① 원심판결이 인정한 사실에 대하여 법령을 적용하지 아니하였거나 법령의 적용에 착오가 있는 경우, ② 원심판결이 있은 후 형의 폐지나 변경 또는 사면이 있는 때에 바로 상고 가능하며 이를 비약상고 또는 비약적 상고라고도 함

(3) 항고

항고는 법원의 결정에 대한 상고

※ 법원 결정에 불복이 있으면 형소법에 특별한 규정이 있는 경우를 제외하고는 항고가능(제402조)

항고는 일반항고(1심 결정에 대한 상고)와 재항고(2심)가 있고, 일반항고는 다시 보통항고(제402조)와 즉시항고(제405조)로 나누어짐

※ 즉시항고는 결정의 집행이 이루어질 경우 항고인에게 회복할 수 없는 손해가 발생하는 것을 방지하기 위한 제도로 법률에서 개별적으로 허용하는 경우에만 가능하고, 제기기간은 7일임, 보통항고는 즉시항고를 제외한 항고를 말하고, 결정에 대해 항고가능하나 형소법에 특별규정이 있는 경우 불가

√ 법원의 관할 또는 판결 전 소송절차에 관한 결정에 대해서 즉시항고가 가능한 경우를 제외하고는 항고불가(제403조 제1항)

√ 구금, 보석, 압수나 압수물 환부에 대한 결정 또는 감정을 위한 피고인 유치에 관한 결정에 대해서는 보통항고 허용(제403조 제2항), 기소 전 보증금 납입조건부 석방결정(피의자 보석결정)은 항고가능(97모21)

√ 체포·구속된 피의자 등이 체포·구속적부심사를 청구한 경우 이에 대한 기각이나 인용결정에 대해서는 항고 불가(제214조의2 제8항)

√ 즉시항고 7일 이내, 보통항고는 언제든지 가능하나 원심결정 취소 시 실익이 없게 된 때에는 불가, 재항고는 즉시항고와 동일하게 7일 이내

※ 재항고는 항고법원, 고등법원 또는 항소법원의 결정에 대하여 재판에 영향을 미친 헌법, 법률, 명령 또는 규칙 위반이 있음을 이유로 하는 때에 한하여 대법원에 항고 가능하고 즉시항고와 동일한 절차

√ 재판장 또는 수명법관의 재판에 대하여 불복이 있는 경우(제416조)와 검사 또는 사법경찰관의 구금 등에 관한 처분에 대하여 불복이 있는 경우(제417조)에 준항고가 인정됨

√ 수사단계에서 지방법원 판사가 행하는 각종 영장청구에 대한 재판(2006모646)이나 구속기간 연장신청에 대한 재판(97모1)은 항고의 대상이 되는 결정에 해당하지 아니하고, 준항고의 대상이 되는 '재판장 또는 수명

법관의 구금 등에 관한 재판'에도 해당하지 않아 불복이 허용되지 않음

II. 상소권

1. 상소권의 의의와 발생

형사재판에 대하여 상소할 수 있는 소송법상 권리를 말하고 재판의 선고 또는 고지에 의해 발생(제343조 제2항)

※ 법원의 관할 또는 판결 전 소송절차에 관한 결정에 대해서는 즉시항고를 할 수 있는 경우를 제외하고는 항고 불가(제403조 제1항)

※ 피고인에게 소송비용을 부담시키는 재판도 본안 재판에 관하여 상소하는 경우에 한하여 불복 가능(제191조 제2항)

2. 상소권자

검사 또는 피고인은 상소가능하고, 검사는 공익의 대표자(검찰청법 제4조 제1항)로서 피고인의 이익을 위하여도 상고가능(92모21)

※ 과태료나 감치결정을 받은 증인 또는 과태료 결정을 받은 감정인은 항고가능(제339조)

※ 피고인의 법정대리인은 피고인을 위하여 상소 가능하며, 피고인의 명시한 의사에 반하여 상소가능하나 배우자나 변호인 등 그 밖의 상소권자는 피고인의 명시한 의사에 반하여 상소하지 못함

3. 상소제기 기간

(1) 상소제기 기간

상소제기기간은 재판을 선고 또는 고지한 날로부터 진행(제343조 제2항)

※ 판결은 공판정 선고, 판결 외 재판은 고지(또는 재판서 등본 송달 시)

항소, 상고, 즉시항고는 7일, 보통항고는 기간제한이 없으나 원심결정을 취소해도 실익이 없게 된 때 상소권이 소멸된 것으로 봄(제404조)

(2) 상소제기 기간 계산

일(日) 단위로 계산하므로 재판이 선고·고지된 초일은 산입하지 않고 익일부터 계산하고(제66조 제1항), 상소제기 기간의 말일이 공휴일 또는 토요일에 해당하는 날은 상소제기 기간에 산입하지 않음(제66조 제3항)

※ 형사소송규칙 제44조에서 기간연장 규정 '해로 100킬로미터, 육로 200킬로미터마다 각 1일을 부가, 홍수, 천재지변 등 불가피한 사정이 있거나 교통통신의 불편 정도를 고려하여 법정기간을 연장함이 상당하다고 인정하는 때에는 연장 가능'

※ 재소자 특칙 인정

교도소 또는 구치소에 있는 피고인이 상소 제기기간 내에 상소장을 교도소장·구치소장 또는 그 직무를 대리하는 자에게 제출한 때에는 상소 제기기간 내에 상소한 것으로 간주(제344조 제1항)

√ 경찰서에 설치된 유치장은 미결수용실에 준하므로(형의 집행 및 수용자 처우에 관한 법률 제87조) 재소자 특칙이 적용됨

4. 상소의 포기

(1) 상소포기의 의의

상소권자가 상소제기기간 내에 상소권 행사를 포기한다는 의사를 표시하는 소송행위를 말함

※ 상소포기는 상소제기기간 경과 전에 재판을 확정시킬 수 있고, 이를 통해 형 집행 시기를 앞당길 수 있다는 점에서 실질적인 의미가 있음(99모40)

※ 상소권의 소멸시효로 상소포기, 상소취하, 상고제기기간의 도과(경과), 피고인의 사망 등이 있음

(2) 상소 포기권자

검사나 피고인 또는 항고권자(제339조)는 상소포기 가능(제349조)

※ 제339조(항고권자) 검사 또는 피고인 아닌 자가 결정을 받은 때에는 항고할 수 있다.

※ 사형, 무기징역이나 무기금고가 선고된 판결에 대하여 피고인 또는 기타 상소권자(배우자 등)는 상소포기를 할 수 없음(제349조 단서)

※ 법정대리인이 있는 피고인이 상소포기 시 법정대리인의 동의를 얻어야 하나 (제350조), 법정대리인의 사망 기타 사유로 인하여 동의를 얻을 수 없는 때에는

예외로 함(동조 단서)

(3) 상소포기 시기와 방식

상소포기는 상소제기기간 내에 원심법원에 대하여 하여야 하고(제353조), 서면이 원칙이나 공판정에서 구술로도 가능(제352조 제1항)

※ 상소포기에도 재소자 특칙이 적용됨(제355조)

(4) 상소포기 효력

상소포기가 있으면 상소권이 소멸하고, 상소를 포기한 자 또는 상소포기에 동의한 자는 그 사건에 대하여 다시 상소하지 못함(제354조)

※ 제354조에 '상소취하한 자'만을 규정하고 있지만 상소포기에 의해 상소권은 소멸하므로 재상소가 금지된다고 봄(99모40)

※ 원심변호인에게 인정되는 상소권은 대리권에 불과하여 피고인이 상소권을 포기한 경우 원심변호인의 상소권도 소멸됨

※ 항소포기 후 상대방이 항소한 결과 항소법원이 판결을 내린 경우 항소포기자가 상고를 할 수 있는지 여부에 대하여, 상소포기에 의해 소멸되는 상소권은 당해 심급의 상소권에 한정되어 상소의 이익이 있는 한 가능하다고 봄

5. 상소의 취하

(1) 상소취하의 의의

일단 제기한 상소를 철회하는 소송행위

※ 상소포기는 원심법원에 상소취하는 상소법원에 대한 소송행위. 그러나 소송기록이 상소법원에 송부되지 아니한 경우에 상소취하를 원심법원에 제출할 수 있음(제353조 본문)

※ 상소포기가 상소제기 이전의 소송행위임에 반해 상소취하는 상소제기 이후의 소송행위

(2) 상소취하권자

검사나 피고인 또는 항고권자는 상소취하 가능(상소포기와 동일)

※ 원심변호인은 피고인의 동의를 얻어 상소취하 가능하고(제351조, 제341조),

이때 피고인의 동의가 없으면 상소취하의 효력은 발생하지 않음

※ 피고인은 공판정에서 구술로 상소취하가 가능하고(제352조 제1항 단서), 변호인의 상소취하에 대한 피고인의 구술동의는 명시적으로 이루어져야 함(2015도7821)

(3) 상소취하 시기와 방식

상소심의 종국재판이 있기 전까지 가능하고 상소법원에 해야 하나(제353조), 소송기록에 상소법원에 송부되지 아니한 때에는 원심법원에 가능

서면이 원칙이지만 공판정에서는 구술로도 가능하고(제352조 제1항), 상소취하 시 법원은 지체 없이 상대방에게 사유를 통지해야 함(제356조)

※ 재소자 특칙도 적용됨(제355조)

(4) 상소취하 효력

상소취하가 있으면 상소권이 소멸하고, 상소를 취하한 자 또는 취하에 동의한 자는 그 사건에 대하여 다시 상소하지 못함(제354조)

※ 항소를 취하하였으나 상대방이 항소를 제기하여 항소심 판결을 행한 경우 항소취하한 자가 항소심판결에 대하여 상고가능한지 여부에 대해 가능하다고 봄(상소포기와 동일한 논리)

6. 상소절차 속행의 신청

일단 개시된 상소절차가 재판절차 없이 종결 처리된 상황에서 이용되는 절차

※ 상소포기 또는 상소취하가 부존재 또는 무효임을 주장하는 자는 상소포기 또는 상소취하 당시 소송기록이 있었던 법원에 절차속행의 신청을 할 수 있음(소송규칙 제154조 제1항)

※ 상소권회복청구는 상소제기가 없는 상태에서 상소제기기간이 경과한 경우에 대한 구제방법이나 상소절차속행신청은 상소가 제기된 상태에서 상소포기나 상소취하를 이유로 재판 없이 종결된 경우에 대한 구제방법(99모40)

7. 상소권 회복

(1) 상소권회복의 의의

상소제기기간의 경과로 소멸된 상소권을 법원의 결정에 의하여 회복시키는 것

※ 상소권자가 책임질 수 없는 사유로 상소제기기간이 경과한 경우, 구체적 타당성 관점에서 재판확정을 저지하고 상소권자에게 상소의 기회를 주기 위해 마련된 장치

※ 상소권회복은 상소권자 자신 또는 그 대리인이 책임질 수 없는 사유로 상소제기기간 내에 상소를 하지 못한 경우에 허용됨(제345조)

√ 상소권자 또는 그 대리인에게 귀책사유가 전혀 없는 경우는 물론 본인 또는 대리인의 귀책사유가 있더라도 그 사유와 상소제기기간의 도과라는 결과 사이에 다른 독립한 원인이 개입된 경우에도 인정(2005모507)

▽ 소송촉진 등에 관한 특례규칙 제18조 제1항에 따라 재판장이 피고인에 대한 인정신문을 마치고 피고인에게 주소변동이 있을 때 법원에 보고할 것을 명하고, 소재가 확인되지 않는 경우 피고인 진술 없이 재판할 수 있다고 경고하였음에도 변경신고를 하지 않았다면 피고인의 귀책사유에 해당

▽ But, 위법한 공시송달(소재수사도 없이 송달불능사유로)에 터 잡아 피고인의 진술 없이 공판이 진행되고, 피고인이 출석하지 않은 기일에 판결이 선고된 이상, 피고인은 자기 또는 대리인이 책임질 수 없는 사유로 인하여 상소제기기간 내에 상소를 하지 못한 것으로 봄이 상당(2005모507)

(2) 상소권회복 청구절차

상소권 있는 자가 상소권회복을 청구하는 경우 자기 또는 대리인이 책임질 수 없는 사유(제345조의 사유)가 해소된 날로부터 상소 제기기간에 해당하는 기간 내에 서면으로 원심법원에 제출해야 함(제346조 제1항)

※ 책임질 수 없는 사유를 소명하여야 하며, 상소권회복청구와 동시에 상소를 제기하여야 함(제346조 제2항, 제3항)

※ 재소자 특칙도 적용됨(제355조)

상소권회복청구를 받은 법원은 청구의 허부에 관한 결정을 하여야 하며(제347조 제1항), 이

때 결정 시까지 재판의 집행을 정지하는 결정을 할 수 있음(제348조 제1항)

※ 법원의 허부 결정에 대하여는 즉시항고 할 수 있고(제347조 제2항), 재판의 집행정지결정을 한 경우 피고인의 구금 필요시 구속사유의 요건이 구비된 경우 구속영장을 발부하여야 함(제348조 제2항)

상소권회복청구를 인정하는 결정이 확정된 경우 상소권회복청구와 동시에 행한 상소제기가 적법·유효하게 되며, 일단 발생했던 재판의 확정력은 배제됨

(3) 상소권회복청구의 가능시점

상소권회복청구 및 동시에 제기하는 상소는 상소심판결 선고 전까지 이루어져야 함

※ 검사의 항소에 의한 항소심 판결이 선고되면 제1심판결에 대한 항소권은 소멸함(2016모2874)

※ 소송촉진 등에 관한 특례법이나 형사소송법에 따라 제1심 재판이나 항소심 재판이 피고인이 출석하지 않은 가운데 불출석 재판으로 진행된 경우에도 동일한 법리(2016모2874)

III. 상소제기 방식과 효력

1. 상소제기 방식

상소제기 기간 내에 서면으로 해야 하며, 상소장은 원심법원에 제출해야 함(제359조, 제375조, 제406조)

※ 상소법원이 아닌 원심법원에 제출토록 한 것은 재판확정 여부를 신속하게 알 수 있도록 하기 위함임

※ 항소, 상소, 즉시항고는 7일, 보통항고는 항소의 실익이 있는 한 언제든지 가능(제404조)

※ 상소가 법률상 방식에 위반하거나 상소권이 소멸 후인 것이 명백한 경우, 원심법원이 상소기각결정을 하거나(제360조 제1항, 제376조 제1항, 제407조 제1항), 상소법원이 상소기각결정을 함(제362조 제1항, 제381조, 제413조)

※ 재소자 특칙도 적용됨(제344조)

2. 상소제기 효력

상소제기의 효력에는 정지와 이심(移審)의 효력 두 가지가 있음

(1) 정지 효력

상소제기에 의하여 원심재판의 확정과 집행이 정지되는 것을 말하며, 재판확정에 대한 정지 효력은 항소, 상고, 항고를 가리지 않고 언제나 발생하지만 집행정지 효력에는 예외가 인정됨

※ 항고는 즉시항고를 제외하고는 재판의 집행정지 효력이 없으나, 항고결정이 있을 때까지 집행을 정지시킬 수도 있음(제409조)

※ 무죄, 면소, 형 면제, 형의 선고유예, 형의 집행유예, 공소기각 또는 벌금이나 과료를 과하는 판결이 선고된 경우 구속영장은 효력을 잃는데(제331조), 그 효력은 상소제기에 의해 영향을 받지 않음

※ 가납재판은 상소제기와 관계없이 즉시 집행가능(제334조 제2항)

√ 가납재판이란 법원이 벌금·과료 또는 추징 선고를 하는 경우 판결 확정 전에 피고인에게 벌금·과료 또는 추징에 상당한 금액을 미리 납부할 것을 명하는 재판

(2) 이심 효력

상소제기가 있으면 피고사건에 대한 소송계속은 원심법원으로부터 상소심으로 옮아가게 되는 효력을 말함(상소제기의 본질적 효과)

1) 이심의 기준시점

상소제기에 의한 이심의 효력이 구체적으로 어느 시점에 발생하는가의 문제로 원심판결기준설, 상소제기기준설, 소송기록송부기준설로 나뉘나 판례는 상소제기기준설을 취하고 있음(85모12)

※ 원심법원이 상소제기 후에도 일련의 재판을 행하는 경우가 있는데, 이는 상소법원에 소송계속이 있음을 전제로 상소법원의 권한을 원심법원이 대행한 결과임

√ 제105조(상소와 구속에 관한 결정) 상소기간 중 또는 상소 중의 사건에 관하여 구속기간의 갱신, 구속의 취소, 보석, 구속의 집행정지와 그 정지의 취소에 대한 결정은 소송기록이 원심법원에 있는 때에는 원심법원이 하여야 한다.

2) 상소 후 피고인 구속

원심에서 불구속 유죄판결을 선고하고, 피고인이 상소한 상황에서 소송기록이 상소법원에 도달하기 전에 원심법원이 피고인을 구속할 수 있는지 여부에 대하여, 상소제기기준설 입장에서는 불가

※ But, 형소법 제105조 및 형소규칙 제57조 제1항을 근거로 원심법원이 상소법원의 구속 대행 가능하다는 해석 가능

√ 형소규칙 제57조(상소 등과 구속에 관한 결정) ① 상소기간 중 또는 상소 중의 사건에 관한 피고인의 구속, 구속기간갱신, 구속취소, 보석, 보석의 취소, 구속집행정지와 그 정지의 취소의 결정은 소송기록이 상소법원에 도달하기까지는 원심법원이 이를 하여야 한다.

3) 상소 후 구속기간 갱신

원심법원에 의한 마지막 차수의 구속기간 갱신이 종료되기 직전에 상소제기가 있고, 소송기록이 상소법원에 도달하지 아니한 상황에서 피고인에 대한 구속기간갱신을 원심법원에서 또 다시 할 수 있는지 여부에 대하여,

형소법 제105조 및 형소규칙 제57조 1항에 근거하여 원심법원에 상소법원의 권한을 대행하여 구속기간갱신을 행함

IV. 상소이익

1. 상소이익의 의의

상소에 의하여 원심재판에 대한 불복을 제거함으로써 얻게 되는 법률상태의 개선이나 변화를 말함

※ 상소이익이 없음에도 제기된 상소는 상소기각재판의 대상

※ 상소이익은 상소에 의해 제거할 불만이 존재하는지 여부의 문제인 반면, 상소이유는 원심재판의 사실인정, 법령적용, 양형 등에 있어서 구체적 오류가 개입하고 있는지 여부의 문제임

√ 상소는 상소제기의 적법요건과 이유요건이 필요한데, 상소이익은 적법요건에 해당하고 상소이유는 이유요건에 해당하여 상소이익은 상소이유 판단의 전제조건이 됨

→ 적법요건에는 상소권 유무, 상소 제기방식, 상소이익

√ 다시 말해 상소이익은 상소가 상소권자에게 이익이 되는가 여부, 상소이유는 원판결에 잘못이 있는가의 문제로 상소이익도 상소이유를 고려하여 판단한다는 점에서 밀접한 관련

2. 검사의 상소이익

검사는 법령의 정당한 적용을 청구할 뿐만 아니라 그 법령 적용대상이 되는 사실관계의 정확한 규명을 청구할 수 있음. 이에 따라 검사는 원심판결이 피고인에게 유·불리를 가리지 않고 원심재판에 오류가 개입되었다고 판단되면 상소를 제기할 이익을 가짐

3. 피고인의 상소이익

(1) 상소이익 판단기준

피고인은 원심재판이 자신에게 불이익한 경우에 상소를 제기할 수 있고, 유리한 재판을 불리한 내용으로 변경을 구하는 상소는 불가(상소이익이 없기 때문)

※ 상소이익 유무를 어떤 기준에 의할 것인지 여부에 대하여 피고인 본인의 주관을 기준으로 하는 주관설, 사회통념을 기준으로 하는 사회통념설, 순수히 객관적 표준을 기준으로 삼는 객관설이 있으나 상소제도가 피고인의 불이익 구제뿐만 아니라 법령적용의 오류도 방지한다는 점에서 객관설이 타당

(2) 유죄판결에 대한 피고인의 상소

유죄판결의 경우 무죄나 경한 형벌의 선고를 구하는 상소는 허용되나 무거운 형의 선고를 요구하는 경우는 불허(2016도8347)

※ 형면제·형의 선고유예 판결의 경우 무죄를 주장하면서 상소를 제기 가능

※ 벌금형 원심판결에 집행유예가 인정되는 징역형을 구하는 상소제기는 허용되지 아니하나(2004헌가27), 벌금형 원심판결에 집행유예가 가능한 500만 원 이하의 벌금을 구하는 상소는 허용됨

√ 형법 제62조(집행유예의 요건) ① 3년 이하의 징역이나 금고 또는 500만 원 이하의 벌금의 형을 선고할 경우에 제51조의 사항을 참작하여 그 정상에 참작할 만한 사유가 있는 때에는 1년 이상 5년 이하의 기간 형의 집행을 유예할 수 있다. 다만, 금고 이상의 형을 선고한 판결이 확정된 때부터 그 집행을 종료하거나 면제된 후 3년까지의 기간에 범한 죄에 대하여 형을 선고하는 경우에는 그러하지 아니하다.

※ 포괄일죄를 인정한 원심판결에 대해 그 범죄사실 중 일부가 실체적 경합범에 해당한다고 주장하여 상소하는 경우 실체적 경합범에 해당할 경우 죄수가 증가하고 처단형이 높아져 피고인에게 불이익이 된다면 상소불가(2017도11564)

(3) 무죄판결에 대한 피고인의 상소

원심의 무죄판결에 대해 상소이익은 인정되지 않음

(4) 형식재판에 대한 피고인의 상소

면소·관할위반·공소기각 판결, 공소기각 결정 등 형식재판이 선고된 경우 피고인이 무죄를 구하며 상소 가능한지 여부에 대해

학설은 피고인을 형사절차에서 빨리 해방시킨다는 점과 무죄추정에 있어 별다른 차이가 없다는 점을 근거로 원심법원 또는 상소법원이 상소기각결정을 해야 한다는 입장이고,

판례는 공소기각 판결에 대해 무죄판결을 구하는 상소에 대해 상소이익이 없다는 이유로(2007도6793), 면소판결에 대해 무죄판결을 구하는 상소에 대해 실체판결청구권이 없다는 이유로 상소제기 불허(84도2106)

※ 면소판결에 대해 무죄판결을 구하는 상고는 원칙적으로 불가하지만 위헌법령의 경우에는 면소를 할 수 없고 피고인에게 무죄의 선고를 해야 하므로 면소판결에 대해 예외적으로 상소가능(2010도5986)

※ 교통사고처리 특례법 위반죄로 기소된 사안에서 사건의 실체에 관한 심리가 완료된 상태에서 공소기각 판결사유가 있음에도 무죄판결을 하더라도 위법이라 볼 수 없으나(2012도11431), 이러한 판례에 따라 교통사고처리 특례법 위반죄 사안에서 공소기각 판결로 종료된 원심판결에 대해 무죄판결을 구하는 상소는 인정되지 않음

√ 당해 심급에서는 피고인의 이익을 도모한 것이지만 상소심과의 관계에서는 형식적· 객관적 관점에서 상소이익을 논하기 때문임

V. 일부상소

1. 일부상소의 의의

재판의 객관적 범위의 일부에 대한 상소를 말함

※ 잔여부분에 대한 재판확정을 촉진하여 법적안정성을 꾀하고 상소법원의 심판범위를 축소함으로써 심리의 신속·정확과 소송경제를 도모하기 위한 목적에서 허용

※ 제342조 제1항 '상소는 재판의 일부에 대하여 할 수 있다.'

※ 공동피고인 중 일부가 상소하는 경우와 같이 주관적 견련관계(제11조 2~4호)에 있는 사람들 가운데 일부 사람만 상소하는 것은 여기에 해당하지 않음

일부상소가 허용되는 재판의 일부란 하나의 범죄사실의 일부를 말하는 것이 아니라 수개의 범죄사실이 병합심리되고 그 재판의 주문이 수개인 경우의 재판의 일부를 의미

※ 재판의 일부에 대한 상소는 그 일부와 불가분의 관계에 있는 부분에 대하여도 효력이 미치는데(제342조 제2항) 이를 상소불가분의 원칙이라 함

2. 일부상소의 허용범위

(1) 일부상소가 허용되는 경우

일부상소는 원심재판을 분할하여 그 일부만 상소심의 심판대상으로 하는 것이므로 재판 내용이 가분(可分)인 경우에 허용됨

※ 수개의 범죄사실이 실체적 경합범의 관계에 있어야 하고 또한 그 재판의 주문도 분할이 가능하도록 수개여야 함

일부상소가 허용되는 경우는 ① 실체적 경합관계에 있는 수개의 범죄사실의 일부에 대하여, 유죄, 다른 일부에 대하여 무죄·면소·공소기각·관할위반이 선고되어 재판의 주문이 수개인 경우 ② 실체적 경합관계에 있는 수개의 범죄사실의 전부에 대하여 유죄가 선고되었더라도 일부는 징역형, 다른 일부는 벌금형이나 형의 면제 또는 형의 선고유예 판결이 선고되어 재판의 주문이 수개인 경우 ③ 실체적 경합관계 있는 수개의 범죄사실이 확정판결 전후에 범한 죄이기 때문에 수개의 형으로 선고되어 재판의 주문이 수개인 경우(형법 제37조 후단) ④ 실체적 경합관계에 있는 수개의 범죄사실 전부에 대하여 무죄·면소·공소기각·관할위반이 선고되어 재판의 주문이 수개인 경우 등임

※ 원심법원에서 일부 유죄, 일부 무죄가 선고된 경우 피고인이 유죄부분만을 상소하거나 검사가 무죄부분만을 상소하는 일부상소가 허용되며, 쌍방이 상소하지 않는 나머지 부분은 상소제기기간의 경과 등으로 확정됨

(2) 일부상소가 허용되지 않는 경우

재판 내용이 불가분의 관계에 있다면 상소불가분의 원칙(제342조 제2항)에 의해 재판의 일부만을 불복대상으로 삼은 경우라도 그 상소 효력은 전부에 미침

1) 일죄의 일부에 대한 상소

일죄의 일부에 대한 상소는 허용되지 않음

※ 여기서 '일죄'에는 단순일죄와 포괄일죄, 상상적 경합범도 과형상 일죄로 포함되어 일부에 대한 상소는 나머지에 대해서도 효력이 미침

※ 다만 판례는 포괄일죄나 상상적 경합관계에서 상소되지 않은 유죄부분도 심판대상이 된다고 하면서 상소되지 않은 무죄부분이나 공소기각부분은 심판대상이 되지 않는다고 봄

√ 판례에 대해 학설은 긍정설(피고인의 이익고려), 부정설(상소심에서 소송계속을 인정하면서도 심판대상에서 제외하는 것은 논리모순)이 있음

2) 1개의 형이 선고된 경합범에 대한 상소

실체적 경합관계에 있는 수개의 범죄사실이라도 그 전부에 대하여 1개의 형이 선고된 경우 일부상소가 허용되지 않음(2003도1256)

※ 선고된 1개의 형은 수개 범죄사실이 종합적으로 반영된 결과로 가분이 곤란하기 때문

3) 주형과 일체가 된 부수처분에 대한 상소

주형과 일체가 되어 있는 노역장유치, 집행유예·보호관찰·사회봉사명령, 몰수와 폐기·추징·피해자환부 등은 주형과 분리하여 상소 불가(2008도5596)

※ But, 배상명령은 유죄판결에 대한 상소와 관계없이 독립하여 즉시항고가 허용되며(소송촉진 등에 관한 특례법 제33조 제5항)

※ 소송비용부담부분에도 상소불가분의 원칙이 적용됨(2008도11921)

3. 일부상소의 방식

일부상소를 하기 위해서는 상소장에 일부 상소를 한다는 취지를 명시하고 불복하는 부분을 특정하여야 함

※ 일부상소 취지를 명시하지 않고 불복부분을 특정하지도 않은 경우 전부상소로 보나, 일부 유죄, 일부는 무죄·면소·공소기각·관할위반 재판이 선고되어 피고인이 전부상소한 경우에도 유죄부분을 제외한 나머지 부분에 대하여 상소이익이 없어 유죄부분에 대하여 일부상소한 것으로 봄

일부상소와 전부상소의 판단기준을 상소장만으로 할 것인지 아니면 상소이유서까지 참작할 것인지 여부에 대하여 학설은 상소장 기재내용에 따라 판단하지만 명확하지 않은 경우 상소이유까지 참작할 수 있다는 적극설과 상소장만을 기준으로 한다는 소극설이 대립하며, 판례는 적극설 입장

4. 상소심 심판범위

(1) 일부상소에 의한 심판범위의 제한

상소심의 심판범위는 원칙적으로 상소가 제기된 부분에 한정되고, 상소가 제기되지 않은 부분은 상소제기기간의 경과로 확정되어, 확정된 부분에 대해 상소법원은 심판과 파기할 수 없게 됨

(2) 검사의 상소이유가 인정되는 경합범에서 일부유죄와 일부무죄의 경우

1) 검사의 상소

실체적 경합관계에 있는 수개의 범죄사실에 대하여 원심법원이 일부유죄, 일부무죄가 선고되어 피고인만 유죄부분에 대하여 상소하고 상소심에서 유죄부분을 무죄로 인정하는 경우 검사가 상소하지 않은 부분은 상소심에 이심되지 않았으므로 당연시 상소심의 심판범위와 파기는 유죄부분에 한정됨

그러나 원심법원에서 일부유죄, 일부무죄가 선고되어 검사만 무죄부분에 대하여 상소하고 상소심에서 무죄부분을 유죄로 인정하는 경우 피고인이 상소하지 않은 유죄부분은 상소심에 이심되지 않았는데도 상소심의 심판범위에 포함되어 무죄부분과 함께 유죄부분도 파기하여야 하는지 여부에 대해 논란이 있으나 판례는 일부파기설 입장(2010도10985)

※ 학설은 일부파기설(검사가 상소한 무죄부분만 파기, 통설), 전부파기설(확정 유죄판결과 함께 2개의 유죄판결을 받게 되면 피고인에게 불이익 초래가 우려되어 유죄부분까지 전부파기) 대립

√ 전부파기설의 우려로 인해 2005년 형법 제39조 제1항을 개정하여 형의 감경과 면제를 허용하여 전부파기설의 설득력이 크게 줄어들게 되었음

2) 검사와 피고인의 쌍방 상소

원심법원에서 일부유죄, 일부무죄가 선고되어 검사는 무죄부분에, 피고인은 유죄부분에 각각 일부상소한 경우 각자의 입장에서는 일부상소이지만 전체로서는 전부상소가 되어 원심재판의 전부가 확정되지 않고 상소심으로 이심됨

이러한 상황에서 피고인의 유죄부분에 대한 상소이유가 인정되지 않는 경우라도 검사의 무죄부분에 대한 상소이유가 인정되고 유죄부분과 무죄부분이 형법 제37조 전단의 경합범 관계에 있다면, 상소심은 상소이유가 인정되지 않는 유죄부분에 대해 상소기각할 것이 아니라 피고인을 위하여 1개의 판결이 선고되도록 무죄부분과 함께 유죄부분까지 전부 파기하여야 한다는 것이 통설·판례 입장

(3) 상소심에서 죄수판단이 변경된 경우

원심법원에서 수개의 범죄사실에 대하여 실체적 경합관계에 있다고 판단하여 일부유죄, 일부무죄가 선고되어 검사만 무죄부분에 대해 일부상소하거나 피고인만 유죄부분에 일부상소를 한 상황에서 상소심 심리결과 수개의 범죄사실이 상상적 경합관계 또는 포괄일죄나 단순일죄로 판단되는 경우 상소심의 심판범위가 논란이 됨

이에 대해 학설은 일부이심설(상소된 일부만 심판), 전부이심설(상소불가분의 원칙에 의거), 이원설(피고인인 유죄부분에 대해 상소한 경우 무죄부분 확정, 검사가 무죄부분 상소한 경우 유죄부분도 심판범위), 면소판결설(상소 제기되지 않은 부분 확정되어 나머지 포함 전체에 대하여 면소판결), 판례는 전부이심설 입장

VI. 불이익변경금지의 원칙

1. 의의와 근거

피고인이 상소한 사건이나 피고인을 위하여 상소한 사건에 관하여 상소심이 원심판결의 형보다 무거운 형을 선고하지 못한다는 원칙을 말함

※ 피고인에게 불이익한 일체의 변경을 금지하는 것이 아니라 원심판결의 형보다 무거운 형을 할 수 없도록 하는 원칙으로 중형변경금지 원칙이 보다 정확한 표현이고, 형의 선고와 관련 있기 때문에 항소심과 관련된 부분에 조문위치(368조)

※ 위치추적 전자장치 부착명령과 같은 보안처분을 불리하게 변경하는 것은 형의 변경이 아니므로 불이익변경금지원칙에 저촉되지 않음(2010도16939)

불이익변경금지 원칙의 근거에 대해 ① 당사자주의 내지 변론주의의 당연한 결과라는 견해 ② 검사의 상소가 없는 이상 피고인의 이익인 한도 내에서 상대적 확정력이 생기고, 이 이론

에서 근거를 구하는 견해 ③ 피고인이 중형변경 위험 때문에 상소제기를 단념하는 것을 방지하기 위하여 정책적으로 상소권을 보장한다는 견해가 있으며, 정책적 배려설이 통설·판례

2. 적용범위

불이익변경금지 원칙은 ① 피고인이 상소한 사건 ② 피고인을 위하여 상소한 사건에 대하여 적용되나 ③ 피고인과 검사 쌍방이 상소한 사건에 대하여 적용되지 않음(2005도8507)

(1) 피고인이 상소한 사건

피고인이 상소한 사건이란 피고인만 상소한 사건을 의미

※ ① 검사만 상소한 사건이나 ② 검사와 피고인 모두 상소한 사건(2017도14322)에 대해서도 불이익변경금지원칙이 적용되지 않음

※ 피고인만 항소하였으나 검사가 항소심판결에 불복하여 상고하였을 때 상고심 판결에 불이익변경금지원칙이 적용될 수 있는지 여부에 대해 파기환송이나 파기자판의 경우에도 적용된다고 봄(4290형비상1)

√ 파기환송의 경우 항소심은 불이익변경금지원칙 적용, 파기자판의 경우 적용하지 않는다면 파기환송의 경우와 형평성 문제

(2) 피고인을 위하여 상소한 사건

피고인을 위하여 상소한 사건이란 고유의 상소권자(제338조)가 아닌 자, 즉 피고인의 법정대리인(제340조), 피고인의 배우자, 직계친족, 형제자매 또는 원심의 대리인이나 원심의 변호인 등 형소법에 의해 상소권이 인정되는 자가 상소를 제기한 사건을 말함

※ 검사가 피고인의 이익을 위하여 상소한 사건에도 이러한 원칙을 적용할 것인지 여부에 대해 적극설과 소극설이 대립하나 통설과 판례는 적극설의 입장임

(3) 상소한 사건

상소한 사건이므로 항소심뿐만 아니라 상고심에서도 적용, 다만 항소심에서 다른 사건이 병합되어 경합범으로 처단되는 때에는 적용되지 않음(80도981)

※ 소송비용부담 재판에 상소에는 적용되지 않으나, 재심사건에는 적용됨(2001도872)

상소사건의 범위와 관련하여 세 가지 쟁점

1) 항고사건

피고인만 항고한 항고사건에 적용되는지 여부에 대해 준용해야 한다는 적극설과 소극설이 대립하나 소극설이 다수설(타당)

2) 파기환송 또는 파기이송사건

상소심법원이 피고인의 상소를 이유 있는 것으로 받아들여 원심판결을 파기하고, 원심법원에 환송하거나 그와 동동한 다른 법원에 이송할 경우 환송 또는 이송받은 법원의 심판절차에서도 적용되는지 여부에 대해 판례는 적용된다고 봄(2005도8607)

※ 원심법원과 같은 심급의 법원이기 때문에 제기되는 문제

3) 정식재판의 청구

약식명령에 대한 정식재판청구사건에 대해 불이익변경금지원칙을 1995년 도입(제457조의2), 판례는 동조를 즉결심판에 대한 정식재판청구사건에도 확대 적용

2017년 형소법 개정으로 정식재판청구권을 보장하면서도 남상소를 방지하기 위해 형종상향변경금지원칙으로 개정(중한 벌금형 가능)

※ 제457조의2(형종 상향의 금지 등) ① 피고인이 정식재판을 청구한 사건에 대하여는 약식명령의 형보다 중한 종류의 형을 선고하지 못한다.

3. 불이익변경금지원칙의 내용

(1) 불이익변경금지의 대상

형의 선고만이 대상이 되므로 선고한 형이 변경되지 않는 한 원심이 인정한 죄보다 중한 죄를 인정하거나, 원심에서 일죄로 인정한 것을 경합범으로 변경하는 등 법령적용을 불이익하게 변경하는 것은 원칙에 위반하지 않는 것임(83도3211)

여기서 형은 형법 제41조에 규정된 형의 종류에 엄격히 제한되지 않고, 실질적으로 피고인에게 형벌과 같은 불이익을 주는 처분은 대상이 됨

※ 추징, 미결구금일수의 산입, 벌금형에 대한 노역장 유치기간, 성폭력 특별법상 재범예방에 필요한 수강명령이나 이수명령, 아동·청소년의 성보호에 관한 법률, 장애인복지법상 성범죄자에 대한 취업제한 명령도 이에 해당

√ But, 제1심이 선고한 징역형을 항소법원이 단축하면서 제1심보다 더 긴 기간 장애인복지시설에 대한 취업제한을 명하는 것은 전체적·실질적으로

피고인에게 더 불이익한 판결이라 할 수 없음(2019도11609)

※ 소송비용부담은 여기의 형에 해당하지 않음(2001도872)

(2) 불이익변경 판정기준

형의 선고가 불이익하게 변경되었는지 여부를 판단하는 기준에 대해 형소법은 명문의 규정을 두고 있지 않아 형식설과 실질설이 있음

※ 형식설은 형의 종류(형법 제41조) 및 형의 경중(형법 제50조)에 관한 형법규정을 기준으로 판단하는 입장이고, 실질설은 판결의 두 주문을 전체적·종합적으로 고찰하여 어느 형이 실질적으로 피고인에게 불이익한지를 판단하는 입장, 판례는 실질설 입장(2018도13367)

(3) 구체적 검토

1) 형의 추가와 종류의 변경

ⓐ 동종의 형을 과하면서 무거운 형을 선고하거나 다른 형을 추가하는 경우는 불이익 변경

ⓑ 징역형을 금고형으로 변경하면서 형기인상도 불이익 변경

ⓒ 금고형을 징역형으로 변경하면서 형기를 단축하는 것은 불이익 변경에 해당하지 않음

ⓓ 벌금형을 자유형으로 변경하는 것은 불이익 변경

ⓔ 자유형을 벌금형으로 변경하는 경우 벌금형에 대한 노역장유치기간이 자유형을 초과하는 때에는 해당하지 않음(2000도3945)

ⓕ 징역형을 단축하면서 벌금형의 액수가 같고 환형유치기간이 길어진 것 해당하지 않음(93도2849)

ⓖ 부정기형을 정기형으로 변경하는 경우, 부정기형 중 최단기형과 정기형을 비교함(2006도734)

※ 1심에서 징역 단기 1년 장기 2년을 선고받고 피고인만 항소한 경우 항소심에서 징역 1년 6개월을 선고한 경우는 불이익 변경에 해당

2) 집행유예와 선고유예

ⓐ 집행유예를 붙인 자유형 판결에 집행유예만을 없애거나 유예기간만을 연장한 경우는 불이익 변경에 해당(83도2034)

ⓑ 징역형 또는 금고형을 줄이면서 집행유예를 박탈한 경우도 해당(70도33)

ⓒ 징역형을 늘리면서 집행유예를 늘린 경우는 해당(66도1319)

ⓓ 징역형에 집행유예를 붙이면서 벌금형을 병과하거나 벌금액을 늘린 경우 해당(80도2977)

ⓔ 금고형을 징역형으로 바꾸면서 집행유예를 선고한 경우도 해당(75도1543)

ⓕ 집행유예를 붙인 자유형판결에 대해 형을 가볍게 하면서 유예기간을 길게 하는 경우 해당하지 않는다고는 봄(다수설)

ⓖ 자유형에 대한 집행유예판결을 벌금형으로 변경하는 경우 해당하지 않음(66도1026)

ⓗ 자유형에 대한 선고유예를 벌금형으로 변경하는 경우 해당(65도1261)

ⓘ 항소심에서 1심의 징역형에 대해 집행유예를 하고 1심에서 선고를 유예한 벌금형을 병과한 경우 해당하지 않음(74도1785)

ⓙ 형의 집행면제 판결을 집행유예로 변경하는 경우는 해당하지 않음(84도2972)

3) 몰수·추징과 미결구금일수 산입

ⓐ 원심의 징역형을 그대로 두면서 몰수 또는 추징을 추가하거나 원심보다 무거운 추징을 병과하는 경우 불이익 변경에 해당(92도2020)

ⓑ 추징을 몰수로 변경하는 경우는 해당하지 않음(2005도5822)

ⓒ 징역형을 줄이면서 몰수·추징을 일부 추가한 경우 해당하지 않음(97도1716)

ⓓ 자유형을 줄이면서 추징액이 크게 증가한 경우 불이익변경에 해당(81도2685)

ⓔ 벌금형을 줄이면서 추징·몰수를 추가한 경우 벌금액과 추징·몰수액의 합계를 비교하여 판단(63도224)

ⓕ 1심판결에서 치료감호만 선고되고 피고인만 항소했는데 항소심에서 징역형을 선고한 경우는 불이익변경에 해당(83도765)

Ⅶ. 파기재판의 기속력

1. 기속력(羈束力)의 의의

상소법원이 원심재판을 파기하여 사건을 하급심으로 환송 또는 이송하는 경우 상소심이 행한 판단은 환송 또는 이송을 받은 하급심을 기속하는 효력을 파기재판의 기속력이라고 함

※ 법원조직법 제8조 '상급법원 재판에서의 판단은 해당사건에 관하여 하급심을 기속한다.'

※ 기속력은 상소심의 '파기판결'에서 발생하는 것이 원칙이나 대법원의 재항고심(제415)에는 결정에 의한 파기환송 또는 파기이송도 하급심에 대한 기속력이 발생함

√ 제415조(재항고) 항고법원 또는 고등법원의 결정에 대하여는 재판에 영

향을 미친 헌법·법률·명령 또는 규칙의 위반이 있음을 이유로 하는 때에 한하여 대법원에 즉시항고를 할 수 있음

※ 재판의 구속력은 재판을 행한 법원이 재판 후 스스로 그 재판을 철회 또는 변경할 수 없는 효력을 의미하나 기속력은 상소법원의 파기재판이 하급법원을 기속하는 효력을 말함

2. 기속력의 근거

법령해석의 통일이라는 상소제도의 관점에서 설명하는 견해, 심급제도의 유지라는 법원조직의 관점에서 설명하는 견해, 양자의 종합이라는 견해가 있음

3. 기속력의 범위

(1) 기속력을 발생시키는 재판

기속력을 발생시키는 재판은 상소심의 파기재판으로 환송 또는 이송을 가리지 않음

※ 상고법원의 파기판결뿐만 아니라 항소법원의 파기판결에도 발생하나, 항소법원은 파기자판 하는 것이 원칙이므로(제364조 제6항) 제한되고 재항고심에서의 결정에 의한 파기에도 기속력이 발생함

√ 원심에서 사건실체에 대한 심리가 이루어지지 않은 경우에만 파기환송(제366조) 또는 파기이송(제367조) 가능

(2) 기속력의 상대방이 되는 법원

상고심으로부터 형사사건을 환송받은 하급심 법원은 환송 후의 심리과정에 새로운 증거가 제시되어 기속력 있는 판단의 기초가 된 증거관계에 변동이 생기지 않는 한 그 사건의 재판에서 상고법원이 파기이유로 제시한 사실상·법률상 판단에 기속됨(2017도14322)

※ 제1심, 제2심을 거쳐 상고심에서 제2심판결을 파기하여 환송하고 제1심법원이 환송사건을 재판하였으나 다시 불복 항소한 경우 환송 후 항소법원도 하급심에 해당

※ 환송 후 하급심이 파기환송한 상급심의 판단에 따라 사건을 재판하였는데, 피고인 또는 검사가 다시 상고법원에 환송 후의 하급심판결의 변경을 구하는 것이 가능한지 여부에 대해 판례는 상급법원 자신까지도 기속한다고 보고 있으나

(98두15597),

전에 내린 환송·이송재판의 법률상 판단을 변경한 경우에는 예외적으로 자신이 내린 파기재판에 기속되지 않고 전원합의체 재판으로 변경가능(98두15597)

(3) 파기재판의 기속력이 미치는 판단의 범위

상급법원이 파기재판에서 내린 판단이 해당사건에 관하여 하급심을 기속한다고 할 때 그 기속력이 어디까지 미치는가의 문제

① 파기의 직접적 이유로 된 부분, 즉 원심재판에 대한 소극·부정적 판단부분(…의 인정은 잘못이다)에 대하여 미침

② 법령의 해석과 적용에 관한 상급법원이 내린 판단

③ 상급법원이 내린 사실판단이 하급심을 기속하는 가로 법률심인 상고법원의 판단이 사실심인 하급법원을 기속할 수 있느냐의 문제가 됨. 이에 대해 판례는 사실판단도 기속력을 가진다고 봄(2008도10572)

※ 법률심인 상고심도 형소법 제383조, 제384조에 의해 사실인정에 관한 원심판결의 당부에 관하여 제한적으로 개입할 수 있으므로 조리상 상고심판결의 파기 이유가 된 사실상의 판단도 기속력을 가짐(2008도10572)

※ 환송 후의 심리과정에서 새로운 증거가 제시되어 기속적 판단의 기초가 된 증거관계에 변동이 생기는 경우에는 상급심 재판의 기속력이 미치지 않음(2008도10572)

제2절 항소

Ⅰ. 항소심의 의의

제1심판결에 불복하여 제2심법원에 제기하는 상소가 항소이며, 항소제기에 의해 진행되는 항소법원에서의 심리절차를 항소심이라 함

※ 항소는 판결에 대한 불복방법으로 결정이나 명령에 대해서는 항소 불가

※ 판결인 이상 유·무죄, 공소기각, 관할위반 등 그 내용을 가리지 않음

항소심은 원심판결에 포함된 법령위반, 사실오인, 양형부당 등의 오류를 바로잡기 위한 제도로 법령위반 문제를 중점적으로 다루는 상고심과는 구별됨

※ 제1심판결에 대해 법률심인 대법원에 바로 상소하는 것을 비약상고(제372조)라 하고, 비약상고는 상고이며 항소에 해당하지 않음

Ⅱ. 항소심 구조

1. 항소심 구조에 관한 입법모델

(1) 복심구조

원심판결을 전부 무로 돌리고 처음부터 새로 재판하는 것을 말함

※ 새로이 사실심리, 법령적용, 양형을 하게 되며 1961년까지 시행

(2) 사후심 구조

원심판결 자체를 심판대상으로 삼아 그의 적법 여부를 심사하는 것을 말함

※ 미국이 시행하는 제도로 제1심법원의 배심원이 사실판단을 전담하고 제1심 유죄에 대한 항소 시 직업법관으로 구성된 항소법원에서는 원심판결에 적용된 법령의 적정여부만을 판단함

(3) 속심구조

제1심법원의 심리결과를 토대로 항소심이 새로운 사실과 증거를 추가하여 판단을 내리는 것

으로 복심구조와 사후심구조의 중간 형태임

※ 항소심이 제2차 사실심으로 변질되어 제1심 절차가 무의미해질 우려가 있음

2. 항소심 구조론

(1) 현행법상 항소심 구조

1) 연혁

1954년~1961년까지 복심구조, 1961년~1963년까지 사후심구조, 1963년 속심구조로 변화

2) 속심적 요소

제1심법원에서 증거로 할 수 있었던 증거는 항소법원에서도 가능(제364조 제3항), 항소심에서 증거조사를 통해 항소이유 유무 판단, 항소이유가 인정되는 경우 파기자판 원칙(제364조 제6항), 원심에서 사건실체에 대한 심리가 이루어지지 않은 경우에만 파기환송(제366조) 또는 파기이송(제367조)하여 제1심의 실체적 심리를 받도록 함

√ 제366조(원심법원에의 환송) 공소기각 또는 관할위반의 재판이 법률에 위반됨을 이유로 원심판결을 파기하는 때에는 판결로써 사건을 원심법원에 환송하여야 한다.

3) 사후심적 요소

제1심판결에 대하여 항소하려면 항소이유서를 제출해야 하고(제361조의3 제1항), 항소이유서가 제출되지 않으면 항소기각결정(제361조의4 제1항), 항소이유 없음이 명백한 경우 무변론 항소기각판결 인정(제364조 제5항), 항소심에서 증인신문은 예외적으로 허용(소송규칙 제156조의5 제2항), 항소심에서 피고인 신문은 항소이유의 당부를 판단함에 필요한 사항에 한하여 허용(소송규칙 제156조의6 제1항)

※ 소송규칙 제156조의5 ② 항소심 법원은 다음 각호의 어느 하나에 해당하는 경우에 한하여 증인을 신문할 수 있다.

1. 제1심에서 조사되지 아니한 데에 대하여 고의나 중대한 과실이 없고, 그 신청으로 인하여 소송을 현저하게 지연시키지 아니하는 경우
2. 제1심에서 증인으로 신문하였으나 새로운 중요한 증거의 발견 등으로 항소심에서 다시 신문하는 것이 부득이하다고 인정되는 경우
3. 그 밖에 항소의 당부에 관한 판단을 위하여 반드시 필요하다고 인정되는 경우

(2) 속심구조하에 사후심적 요소 강화추세

항소심은 원칙적으로 속심구조를 취하고 있음

※ 항소심은 제1심에 대한 사후심적 성격이 가미된 속심으로 제1심과 구분되는 고유의 양형재량을 가지고 있고(2015도3260), 항소심에서 공소장변경을 할 수 있다고 봄(2013도 7101)

국민참여재판 실시로 배심원이 참여하는 제1심 공판절차의 중요성이 높아지면서 항소심이 사후심적 구조로 무게중심이 옮겨지고 있음

※ 제1심의 판단을 재평가하여 사후심적으로 판단하여 뒤집고자 할 때에는 ① 제1심의 증거가치 판단이 명백히 잘못되었다거나 ② 사실인정에 이르는 논증이 논리와 경험법칙에 어긋나는 등으로 ③ 그 판단을 그대로 유지하는 것이 현저히 부당하다고 볼 만한 합리적인 사정이 있어야 함(2008도7917)

※ 국민참여재판에서 배심원이 만장일치 의견으로 내린 무죄평결이 재판부의 심증에 부합하여 그대로 채택된 경우라면 ① 항소심에서 새로운 증거조사를 통해 ② 그에 명백히 반대되는 ③ 충분하고도 납득할 만한 ④ 현저한 사정이 나타나지 않는 한 항소심에서 한층 더 존중되어야 함(2009도14065)

III. 항소심 사유

1. 항소이유와 직권조사사유·직권심판사항

(1) 항소이유

항소권자 및 변호인이 적법하게 항소를 제기할 수 있는 법률상 이유를 말함

※ 제361조의 3 제1항 '항소인 또는 변호인은 소송기록접수 통지를 받은 날로부터 20일 이내에 항소이유서를 항소법원에 제출하여야 함'

※ 피고인에게 불이익한 결과를 초래하는 주장은 피고인 측의 항소이유로 삼을 수 없으며(2016도8347), 항소이유서 미제출은 항소기각 결정사유가 됨(제361조의4 제1항)

※ 항소이유는 항소이유서를 통해 제시되어야 하나(제361조의3 제1항), 항소장에도 항소이유를 기재할 수 있음(제361조의4 제1항 단서)

√ 항소이유서에 포함되지 아니한 사항을 공판정에서 진술한다 하더라도 그러한 사정만으로 진술주장과 같은 항소이유가 있다고 볼 수 없음(2006도8488)

항소이유는 항소심의 심판대상을 제한하는 기능을 가짐

※ 검사가 상상적 경합관계에 있는 무죄부분 전부에 대하여 항소하였으나, 그중 일부 무죄부분에 대하여 항소이유로 삼지 않는 경우 항소이유로 삼지 아니한 무죄부분도 항소심에 이심되나 그 무죄부분까지 판단할 수는 없음(2008도8922)

(2) 직권조사사유와 직권심판 사항

1) 직권조사사유

상소인이 상소이유로 주장하지 않았다고 하더라도 원심판결의 잘못을 시정하기 위해 상소법원이 직권으로 심리를 해야 하는 사유를 말함

※ 제361조의4 제1항 '항소인이나 변호인이 소송기록접수 통지를 받은 날로부터 20일 기간 내에 항소이유서를 제출하지 아니한 때에는 결정으로 항소를 기각하여야 함. 단, 직권조사사유가 있거나 항소장에 항소이유의 기재가 있는 때에는 예외로 함'

※ 법령적용이나 법령해석의 착오 여부 등 당사자가 주장하지 아니하는 경우에도 법원이 직권으로 조사하여야 할 사유를 말함(2005도564)

√ 관할이나 처벌불원 의사표시의 부존재(반의사 불벌죄) 등과 같은 소송조건(2019도10678)

√ 제1심이 실체적 경합범 관계에 있는 공소사실 중 일부에 대하여 재판을 누락한 경우 항소심으로서는 당사자의 주장이 없더라도 직권으로 제1심의 누락 부분을 파기하고 그 부분에 대하여 재판하여야 함(2011도7259)

√ 국민참여재판 받을 권리를 침해하여 진행된 제1심법원의 소송절차상 하자, 제1심이 공소기각 사유가 있음에도 이를 간과하고 무죄를 판결하여 항소한 경우(2012도11431), 귀책사유 없이 제1심과 항소심의 공판절차에 출석할 수 없었던 피고인에 대해 항소법원이 유죄판결을 선고하여 확정된 경우 이를 상고이유 가운데 원심판결에 재심청구의 사유가 있는 때(2014도17252)

2) 직권심판 사항

법원이 직권으로 조사하는 사항을 말하고, 직권조사사유와 달리 그 사유가 판결에 영향을 미쳤다고 판단할 때 비로소 심사가능하며, 항소이유에 대한 보충적 지위에 있음

※ 제364조 제2항 '항소법원은 판결에 영향을 미친 사유에 관하여는 항소이유서에 포함되지 아니한 경우에도 직권으로 심판할 수 있음'

※ 항소심 직권심판 사항과 상소심 직권심판 사항 간에 차이가 있음

√ 항소심은 법령위반·사실오인은 포함되나 양형부당은 포함되지 않음(2015도11696), 상고심의 경우 법령위반을 대상으로 하나(2001도6730), 사실오인이나 양형부당은 포함되지 않음

※ 직권조사의무 및 법령위반·사실오인의 직권심판 사항을 간과한 항소심 판단은 상고심에서 파기 대상이 됨

3) 항소이유와의 관계

직권조사사유는 항소제기가 적법하다면 항소이유서 제출여부, 포함여부에 관계없이 반드시 심사해야 함(2006도8488)

항소이유는 항소권자가 주장할 수 있는 권리인데 반해 직권조사사유 및 직권심판 사항의 경우 항소권자의 주장과 관계없이 항소법원이 반드시 판단해야 하는 사유로 항소인은 이들의 간과를 다툴 수 없음

2. 상대적 항소이유(3개)

(1) 상대적 항소이유의 의미

객관적으로 오류가 존재하더라도 그것이 판결에 영향을 미쳤음이 확인되는 경우 비로소 원심판결을 파기하도록 하는 항소이유를 말함

※ 항소이유는 절대적·상대적 항소이유로 나뉘는데 절대적 항소이유는 판결에 영향을 미쳤는가를 묻지 않고 바로 원심판결을 파기하도록 하는 항소이유를 말함

√ 자백보강법칙 위반하여 유죄판결을 한 경우 절대적 항소이유에 해당

상대적 항소이유의 경우 객관적 오류와 판결 사이에 규범적 인과관계가 존재해야 함

※ 인과관계의 정도는 그 객관적 오류가 없었더라면 판결 결과가 달리 나오게 되었을 것이라는 가능성이 인정되면 족하며, 판결내용에는 주문과 이유가 포함됨

상대적 항소이유는 다시 법령위반, 사실오인, 양형부당(범행의 동기 및 수법이나 범행 전후의 정황)으로 나뉘고, 우선순위는 법령위반, 사실오인, 양형부당 순으로 부여됨

※ 항소이유로 양형부당만을 다툰 후 상고심에서 상고이유로 법령위반이나 사실오인을 주장할 수 없음(2010도15986)

(2) 법령 위반

상대적 항소이유를 이루는 법령위반은 다시 실체법령위반과 소송절차에 관한 법령위반으로 나뉨

※ 제361조의5 제1호 '판결에 영향을 미친 헌법·법률·명령 또는 규칙의 위반이 있는 때'를 상소이유로 규정

※ 법령위반 사유는 항소이유 외에 상고·재항고 이유도 됨

실체법령위반은 원심판결이 인정한 사실관계를 전제로 형법 등 실체법규의 적용을 하지 않았거나 그 해석 및 적용에 오류가 있는 것을 말하며, 소송절차에 관한 법령위반은 원심의 심리 및 판결절차가 소송법규에 위반한 경우를 말함

※ 소송절차 법령위반은 단순히 원심법원의 공판절차나 공판준비절차의 진행에 잘못이 있는 경우뿐만 아니라 법원 자신에게 부과된 실체적 진실의무를 다하지 아니하여 발생하는 심리미진의 위법을 포함함(2005도890)

※ 판결내용 자체가 아니고 단지 피고인의 신병확보를 위한 구속 등 소송절차가 법령에 위반된 경우에, 피고인의 방어권이나 변호인의 조력을 받을 권리가 본질적으로 침해되고 판결의 정당성마저 인정하기 어렵다고 보이는 정도에 이르지 않는 한, 그 자체만으로는 판결에 영향을 미친 위법이라 할 수 없음(2018도19034)

소송절차 법령위반은 원심절차에 관한 법령위반을 의미

※ 수사절차에 관한 법령위반은 그 자체로 항소이유가 되지 않으나(96도561), 위법수집증거배제법칙을 근거로 증거능력 배제는 가능

(3) 사실오인

원심법원이 인정한 사실과 객관적 사실 간에 차이가 있는 것을 말함

※ 제361조의5 제14호 '사실의 오인이 있어 판결에 영향을 미칠 때'

사실오인 대상은 범죄사실을 넘어 피고인 보호 차원에서 엄격한 증명 요구사실까지 포함

※ 범죄구성사실, 객관적 처벌조건을 이루는 사실, 형의 가중감면의 이유되는 사실, 범죄성립조각사유 및 인적처벌조각 사유에 해당하는 사실도 포함되나 단순한 소송법적 사실과 양형관련 사실은 포함되지 않음

(4) 양형 부당

원심판결의 선고형이 구체적 사안의 내용에 비추어 너무 무겁거나 너무 가벼운 경우를 말함 (2015도3260)

※ 제361조의5 제15호 '형의 양정이 부당하다고 인정할 사유가 있는 때'

※ 형의 양정은 법정형, 선택형, 처단형, 선고형 단계를 거치는데 법정형이나 선택형, 처단형의 범위 자체를 벗어나서 형을 선고하는 것은 양형부당이 아니라 법령위반(제361조의5 제1호)에 해당

양형부당 사유는 법령위반이나 사실오인 사유에 비해 부차적 지위를 가짐

※ 1심판결에 대해 양형부당만을 이유로 항소한 경우 이후 법령위반이나 사실오인을 주장하여 상고 불가(2000도3483)

3. 절대적 항소이유(8개)

(1) 판결 후 형의 폐지나 변경 또는 사면이 있는 때(제361조의5 제2호)

형의 폐지·변경 및 사면 사유는 원심판결이 선고된 이후에 발생한 사유여야 함

※ 여기서 사면은 일반사면만을 가리킴(94도1531), 왜냐하면 특별사면은 이미 형을 선고받아 집행 중인 사람을 대상으로 하기 때문임(사면법 제3조 제2호, 제5조 제1항 제2호)

√ 일반사면과 특별사면의 차이

일반사면은 형 선고의 효력이 상실되고 형의 선고를 받지 않은 사람에 대해서는 공소권이 상실되며, 일반사면은 국무회의 심의를 거쳐 국회의 동의를 얻어 대통령령으로 행함. 이에 반해 특별사면은 형의 집행이 면제되지만 이후에 특별한 사정이 있을 때에는 형 선고의 효력을 상실하게 할 수 있

으며, 특정인에 대하여 법무부장관이 사면심사위원회의 심사를 거쳐 대통령에게 상신하고 국무회의 심의를 거쳐 대통령이 명함

(2) 관할인정 또는 관할위반의 인정이 법률에 위반한 때(제361조의5 제3호)

토지관할이나 사물관할 등 소송절차에 관한 법령위반이지만 절대적 상소이유로 규정되어 있음

※ 다만 토지관할의 경우 진술 이후에는 관할위반의 하자가 치유되어 법원은 그 사건에 대한 관할권을 가지게 되며, 법원은 피고인의 신청이 없으면 관할위반의 선고를 하지 못함

√ 관할위반 신청은 피고사건에 대한 진술 전에 해야 함(제320조 제1항, 제2항)

(3) 판결법원의 구성이 법률에 위반한 때(제361조의5 제4호)

판결법원이란 판결 및 그 기초가 된 심리를 행한 법원, 즉 소송법적 의미의 법원을 말함

※ 합의부법원이 법적 구성원 수를 충족하지 못하는 경우, 결격사유 있는 법관이 재판부의 구성원이 된 경우 등

(4) 법률상 그 재판에 관여하지 못할 판사가 그 사건의 심판에 관여한 때(제361조의5 제7호)

재판에 관여하지 못할 판사란 제척사유(제17조) 있는 판사, 기피(제18조), 회피(제24조)의 신청이 이유 있다고 결정된 판사를 말하고, 사건의 심판에 관여한 때란 판결의 내부적 성립에 관여한 경우를 의미

※ 판결의 선고에만 관여한 경우는 여기에 해당하지 않음

(5) 사건의 심리에 관여하지 아니한 판사가 그 사건의 판결에 관여한 때(제361조의5 제8호)

사건의 판결에 관여한 때라 함은 판결의 내부적 성립에 관여한 경우를 말하고 판결의 선고에만 관여한 경우는 포함하지 않음

(6) 공판의 공개에 관한 규정에 위반한 때(제361조의5 제9호)

판결의 선고를 공개하지 아니한 경우, 심리비공개의 결정 없이 심리를 비공개한 경우, 심리비공개 결정에 이유가 없는 경우 등 공판공개에 관한 규정에 위반한 경우

(7) 판결에 이유를 붙이지 아니하거나 이유에 모순이 있는 때(제361조의5 제11호)

이유를 붙이지 아니한 때란 이유가 없거나 불충분한 경우를, 이유에 모순이 있는 때란 주문과 이유 사이 또는 이유와 이유 사이에 모순이 있는 경우를 말함

(8) 재심청구의 사유가 있는 때(제361조의5 제13호)
유죄의 선고를 받은 자에 대하여 무죄를 인정할 명백한 증거가 새로 발견된 때와 같은 재심사유(제420조)가 존재함에도 불구하고 항소를 허용하지 않고 재판이 확정되기를 기다린 다음 재심을 청구하도록 하는 것은 피고인보호와 소송경제에 반함

※ 소송촉진 등에 관한 특례법 제23조 특례 규정에 따라 진행된 제1심의 불출석 재판에 대하여 검사만 항소하고 항소심도 불출석 재판으로 진행한 후에 제1심판결을 파기하고 새로 또는 다시 유죄판결을 선고하여 유죄판결이 확정된 경우에도, 재심 규정(소송촉진 등에 관한 특례법 제23조2 제1항)을 유추 적용하여 귀책사유 없이 제1심과 항소심의 공판절차에 출석할 수 없었던 피고인은 재심 규정이 정한 기간 내에 항소심 법원에 유죄판결에 대한 재심을 청구할 수 있다고 봄(2014도17252)

√ But, 피고인이 재심을 청구하지 않고 상고권회복에 의한 상고를 제기하여 위 사유를 상고이유로 주장하는 경우에도 형사소송법 제383조 제3호에서 상고이유로 정한 원심판결에 '재심청구의 사유가 있는 때'에 해당한다고 볼 수 있어 원심판결에 대한 파기사유가 될 수 있다 봄

나아가 위 사유로 파기되는 사건을 환송받아 다시 항소심 절차를 진행하는 원심으로서는 피고인의 귀책사유 없이 특례 규정에 의하여 제1심이 진행되었다는 파기환송 판결 취지에 따라, 제1심판결에 형사소송법 제361조의5 제13호의 항소이유에 해당하는 재심 규정에 의한 재심청구의 사유가 있어 직권 파기 사유에 해당한다고 보고, 다시 공소장 부본 등을 송달하는 등 새로 소송절차를 진행한 다음 새로운 심리 결과에 따라 다시 판결을 하여야 한다고 봄(2014도17252)

Ⅳ. 항소심 절차

1. 항소의 제기

제1심법원이 형을 선고하는 경우 재판장은 피고인에게 항소할 기간과 법원을 고지하여야 하고(제324조), 이 경우 재판장은 항소장을 제출해야 할 원심법원도 함께 고지해야 함

항소 제기기간은 7일이며, 불복대상은 제1심판결. 판결은 공판정에서 선고하며, 판결등본이 당사자에게 송달여부에 관계없이 공판정에서 판결이 선고된 날로부터 상소기간이 기산됨

※ 피고인이 불출석한 상태에서 재판하는 경우에도 동일(2002모6)

항소 시 항소장은 원심법원에 제출해야 함(제359조)

※ 재소자에 대한 특칙도 인정됨(제344조 제1항)

※ 항소장에는 항소취지와 항소대상 판결을 기재하면 족하고 항소이유를 기재할 필요는 없으나 항소장에 항소이유를 기재하는 것은 무방(제361조의4 제1항 단서 후단)

2. 항소심 공판기일 전의 절차

(1) 원심법원에서의 절차

항소제기가 법률상 방식에 위반하거나 항소권 소멸 후인 것이 명백한 경우 원심법원은 항소를 기각하여야 하며(제360조 제1항), 이 결정에 즉시항고할 수 있음(동조 제2항)

항소기각결정을 하지 않는 경우 원심법원은 항소장을 받은 날로부터 14일 이내에 소송기록과 증거물을 항소법원에 송부하여야 함(제361조)

(2) 항소법원에서의 기각결정

항소제기가 법률상 방식에 위반하거나 항소권소멸 후인 것이 명백한 경우 제1심법원이 항소를 기각해야 하나, 항소기각결정을 하지 않는 경우 항소법원이 결정으로 항소를 기각함(제362조 제1항)

※ 동 결정에 대하여도 즉시항고 가능(동조 제2항)

※ 공소기각 결정 사유인 공소취소, 피고인 사망이나 피고인인 법인이 존속하지

아니하게 된 경우, 동일사건이 이중으로 계속되어 다른 법원이 심판하게 된 경우, 공소장 기재된 사실이 범죄가 될 만한 사실을 포함하지 아니한 경우에는 공소기각 결정을 함(제363조 제1항)

(3) 항소법원의 국선변호인 선정

원심인 제1심에서 선임된 변호인은 항소제기로 제1심법원의 소송계속이 종료함과 동시에 그 권한이 종료됨(제32조 제1항)에 따라 필요적 변호사건(제33조)이나 국선변호가 신청된 사건(제33조 제2항)의 경우 항소심에서 새로이 변호인의 선임이나 선정이 필요함

(4) 항소법원의 소송기록 접수통지

1) 통지방식

항소법원이 기록송부를 받은 때에는 즉시 항소인과 즉시 상대방에게 그 사유를 통지해야 함(제361조의2 제1항)

※ 통지는 법령에서 다르게 정하는 특별한 사정이 없는 한 서면 이외에 구술·전화·모사전송·전자우편·휴대전화 문자전송 그 밖에 적당한 방법으로도 할 수 있고 통지의 대상자에게 도달됨으로써 효력 발생(2017모1680)

2) 피고인에 대한 통지

항소법원은 기록송부를 받은 경우 즉시 항소인에게 사유를 통지하고, 피고인이 항소한 경우(제338조 제1항) 피고인에게 소송기록접수통지를 해야 함

※ 피고인의 배우자 등이 피고인을 위하여 항소한 경우(제341조 제1항)에도 소송기록접수통지는 항소인인 피고인에게 해야 함(2018모642)

※ 교도소·구치소 또는 국가경찰관서의 유치장에 체포·구속 또는 유치된 사람에게 할 송달은 교도소·구치소 또는 국가경찰관서의 장에게 하여야 함(제65조, 민소법 제182조)

3) 사선변호인에 대한 통지

소송기록 접수통지를 하기 전에 피고인이 사선변호인을 선임한 경우 항소법원은 사선변호인에게도 소송기록 접수통지를 해야 함(제361조의2 제2항)

※ 피고인에게 소송기록 접수통지를 한 후 사선변호인이 선임되는 경우 별도의 소송기록접수통지를 하지는 않음

※ 또한 국선변호인 선정결정을 한 후 항소이유서 제출기간 내(20일)에 피고인

이 책임질 수 없는 사유로 그 선정결정을 취소하고 새로운 국선변호인을 선정한 경우 그 변호인에게 새로이 소송기록 접수통지를 하도록 하고 있음(소송규칙 제156조의2 제3항)

√ But, 사선변호인에게는 적용 안 됨(2015도10651)

4) 국선변호인에 대한 통지

항소법원은 국선변호인을 선정한 경우 그 변호인에게 소송기록 접수통지를 해야 함(규칙 제156조의2 제1항, 제2항)

※ 항소이유서를 작성·제출할 수 있도록 하여 변호인의 조력을 받을 피고인의 권리를 보호하기 위함임(2014도4496)

※ 청구국선(제33조 제2항)의 경우 피고인이 항소이유서 제출기간이 도과한 후에야 비로소 국선변호인 선정청구를 하고 법원이 선정결정을 한 경우 국선변호인에게 소송기록접수통지를 할 필요가 없음(2013도4114)

5) 상대방에 대한 통지

항소법원이 기록을 송부받은 때에는 즉시 항소의 상대방에게 그 사유를 통지해야 함(제361조의2 제1항). 송달 형식에 의할 경우 검사에 대한 송달은 서류를 소속검찰청에 송부해야 함(제62조)

※ 피고인이 교도소 또는 구치소에 있는 경우 원심인 제1심법원에 대응한 검찰청 검사는 소송기록접수의 통지를 받은 날로부터 14일 이내에 피고인을 항소법원 소재지의 교도소 또는 구치소에 이송해야 함(제361조의2 제3항)

(5) 항소이유서 제출기간의 계산

소송기록 접수통지는 소송관계인에 대한 안내와 함께 20일의 항소이유서 제출기간(제361조의3 제1항)을 기산하는 효력이 있음

※ 항소이유서 제출기간은 피고인, 사선변호인, 국선변호인에게 소송기록접수통지가 이루어지는 시점부터 각각 계산됨

※ 국선변호인 선정청구관련 항소이유서 제출기간 특칙(소송규칙 제156조의2 제4항)

항소법원이 국선변호인 선정청구를 기각한 경우 국선변호인 선정청구한 날부터 선정청구기각결정등본을 송달받은 날까지 기간은 항소이유서 제출기간에 산입하지 않지만, 국선변호인 선정청구 기각결정을 받은 후 같은 법원에 다시 선정청

구를 한 경우 선정청구일로부터 선정청구기각결정 등본 송달까지의 기간에 대해서는 적용되지 않음

(6) 항소이유서의 제출

항소인 또는 변호인은 항소법원으로부터 소송기록 접수통지를 받은 날로부터 20일 이내에 항소이유서를 항소법원에 제출해야 하며(제361조의3 제1항), 단 항소장에 항소이유의 기재가 있는 경우에는 예외로 함(동조 동항 단서 후단)

※ 항소이유서 제출에 대해서도 재소자 특칙이 인정됨(제361조의3 제1항, 제344조)

(7) 항소이유서 제출기간의 보장

항소법원은 항소이유서가 제출되었더라도 항소이유서 제출기간의 경과를 기다리지 않고는 항소사건을 심판할 수 없음

※ 항소이유서를 제출하거나 수정·추가 등을 할 수 있는 변호인의 권리가 보호되어야 하기 때문(2014도4496)

※ 항소이유서 제출기간 내 변론이 종결되었는데 그 후 제출기간 내 항소이유서가 제출되었다면 특별한 사정이 없는 한 항소법원으로서는 변론을 재개하여 그 항소이유 주장에 대해서도 심리를 해야 함(2015도1466)

(8) 항소이유서 미제출과 항소기각결정

항소인이 적법한 소송기록 접수통지를 받고 정당한 이유 없이 20일의 항소이유서 제출기간 내에 항소이유서를 제출하지 아니한 때에는 항소법원의 결정으로 항소 기각(제361조의4 제1항), 다만 직권조사사유가 있거나 항소장에 항소이유의 기재가 있는 때에는 예외로 함(동조 동항 단서)

※ 피고인의 항소대리권자인 배우자가 피고인을 위하여 항소한 경우(제341조)에도 소송기록접수통지는 항소인인 피고인에게 하여야 하는데(제361조의2), 피고인이 적법하게 소송기록접수통지서를 받지 못하였다면 항소이유서 제출기간이 지났다는 이유로 항소기각결정을 하는 것은 위법(2018모642)

※ 국선변호인 선정 사건에서 피고인과 국선변호인 모두 법정기간 내에 항소이유서를 제출하지 아니하였다고 하더라도 국선변호인이 항소이유서를 제출하지

아니한 데 대하여 피고인에게 귀책사유 있음이 밝혀지지 않는 한, 항소법원은 기각결정을 해서는 안 되며, 새로운 국선변호인이 소송기록 접수통지를 받은 때로부터 20일 기간 내에 항소이유서를 제출토록 해야 함(2009모1044)

√ 종전 국선변호인 선정을 취소하고 새로운 국선변호인을 선정하기 전에 피고인이 사선변호인을 선임하는 경우에도 사선변호인에게 다시 소송기록 접수통지를 해야 하며, 이때로부터 20일 기간 내에 피고인을 위해 항소이유서를 제출하도록 해야 함(2019모4221)

(9) 답변서의 제출

항소이유서를 제출받은 항소법원은 지체 없이 그 부본 또는 등본을 상대방에게 송달해야 하며(제361조의3 제2항), 송달받은 상대방은 송달일로부터 10일 이내에 답변서를 항소법원에 제출해야 함(제361조의3 제3항)

※ 답변서는 항소이유서에 대해 상대방이 반론을 기재한 서면을 말하며, 송달은 상대방에게 방어준비 기회를 주기 위함임

(10) 무변론 항소기각판결 등

1) 무변론 항소기각판결

항소법원은 항소이유 없음이 명백한 때에는 항소장, 항소이유서, 기타의 소송기록에 의하여 변론 없이 판결로서 항소기각 가능(제364조 제5항)

※ 무분별한 상소를 방지하기 위한 장치로 사후심적 성격을 나타냄

2) 공판기일 지정 등

항소이유서, 답변서제출, 부본송달이 종료되면 항소법원은 공판기일을 지정하여 피고인을 소환하고, 검사, 변호인 등에게 공판기일을 통지하여 공판기일 전의 증거조사준비 등을 행함

3. 항소심 공판기일절차

특별한 규정이 없으면 제1심 공판절차에 관한 규정은 항소심에 준용되어(제370조), 제1심공판절차에 준하여 진행되고, 몇 가지 특례들이 항소심에서 인정되고 있음

(1) 피고인 소환과 출석

피고인 출석은 항소심 공판개정 요건이며(제370조, 제276조), 피고인을 소환함에는 소환장을

발부하고(제73조), 송달해야 함(제76조 제1항)

※ But, 검사·변호인 등의 소송관계인은 출석의무가 없으며, 이들에 대해서는 소환대신 공판기일을 통지함(제370조, 제267조 제3항)

※ 소환장 송달과 동일한 효력이 있는 경우

① 피고인이 기일에 출석한다는 서면을 제출한 경우(제76조 제2항) ② 출석한 피고인에 대하여 차회기일을 정하여 출석을 명한 경우(동조 동항) ③ 구금된 피고인에 대하여 교도관을 통하여 소환통지를 한 경우(동조 제3항) ④ 법원 구내에 있는 피고인에 대하여 공판기일을 통지한 경우(제268조)

(2) 피고인의 불출석과 불출석 재판

피고인이 불출석한 상태에서 그의 진술 없이 판결할 수 있기 위해서는 피고인이 적법한 공판기일 통지를 받고도 2회 연속으로 정당한 이유 없이 출정하지 않아야 함(2011도16166)

※ 제365조(피고인의 출정) ① 피고인이 공판기일에 출정하지 아니한 때에는 다시 기일을 정하여야 함, ② 피고인이 정당한 사유 없이 다시 정한 기일에 출정하지 아니한 때에는 피고인의 진술 없이 판결을 할 수 있음

※ 법원이 피고인에게 휴대폰 문자 메시지로 공판기일 변경사실을 통보한 것은 적법한 피고인 소환방법이 아니므로 피고인이 기일에 불출석하더라도 정당한 이유 없이 출정하지 않는 경우로 볼 수 없음(2018도18934)

※ 약식명령에 피고인만이 정식재판을 청구하여 항소심에 이른 경우, 제277조(경미사건 등과 피고인의 불출석) 제4호에 따라 피고인 불출석 상태에서 곧바로 판결 가능하고(2011도16166), 2회 연속 불출석 요건도 불필요

(3) 항소심 공판기일 진행순서

1) 모두 절차

항소심은 제1심 공판절차 순서로 진행되지만 '검사의 모두진술', '피고인의 모두진술'은 '항소인의 모두진술', '상대방에 의한 답변진술' 형태로 전환됨

※ 제1심 공판절차는 피고인에 대한 진술거부권 고지, 인정신문, 검사·피고인의 모두진술, 재판장의 쟁점정리, 검사·변호인의 증거관계에 대한 진술 순으로 진행

항소이유와 항소이유에 대한 답변을 구체적으로 진술하여야 하고(소송규칙 제156조의3 제1항, 제2항), 항소법원은 항소이유와 답변서에 터 잡아 해당사건의 사실상·법률상 쟁점을 정리하여 밝히고 증명하여야 하는 사실을 명확히 하여야 함(동 규칙 제156조의4)

※ 항소이유는 공판정에서 구두변론의 형태로 제시되어야 하며(2015도11696), 항소이유의 일부를 철회할 수 있고, 철회하는 경우 다시 상고이유로 삼을 수 없으며, 철회는 명백하게 이루어져야 효력이 있음(2011도4451)

2) 증거조사

항소이유진술 및 답변진술이 종료되면 항소법원의 쟁점정리가 이루어지고 항소심 사실심리의 첫 단계로서 증거조사가 행해지고 이후 피고인 신문이 진행됨

※ 제1심법원에서 증거로 할 수 있었던 증거는 항소법원에서도 증거로 사용 가능하고(제364조 제3항), 피고인의 출정 없이 증거조사를 할 수 있는 경우(제365조 제2항) 피고인이 출정하지 아니한 때에는 증거동의(제318조)가 있는 것으로 간주됨. 다만 대리인 또는 변호인이 출정한 때에는 예외로 함(제318조 제2항)

※ 재판장은 증거조사에 들어가기에 앞서 제1심의 증거관계와 증거조사결과의 요지를 고지해야 하고(소송규칙 제156조의5 제1항), 새로운 증거신청과 증거결정에 따른 추가적인 증거조사가 가능함

3) 증인신문의 제한

제1심 공판중심주의 강화에 따라 항소심절차에서 증인신문의 제한이 나타남(사후심적 요소 강화)

증인신문은 다음의 세 가지 경우에 한정됨(소송규칙 제156조의5 제2항)

※ ① 제1심에서 조사되지 아니한 데 대하여 고의나 중대한 과실이 없고, 그 신청으로 인하여 소송을 현저하게 지연시키지 아니하는 경우 ② 제1심에서 증인으로 신문하였으나 새로운 중요한 증거의 발견 등으로 항소심에서 다시 신문하는 것이 부득이하다고 인정되는 경우 ③ 그 밖에 항소의 당부에 관한 판단을 위해 반드시 필요하다고 인정되는 경우

증인이 한 진술의 신빙성 판단에서도 일정한 제약이 따름

※ 제1심 판단이 명백하게 잘못되었다고 볼 특별한 사정이 있거나 제1심 판단을

유지하는 것이 현저히 부당하다고 인정되지 않는 한 진술의 신빙성 유무에 대한 판단이 다르다는 이유만으로 제1심 판단을 함부로 뒤집어서는 안 됨(2008도7917, 2018도17748)

4) 피고인 신문

증거조사 후 검사 또는 변호인은 항소이유의 당부를 판단함에 필요한 사항에 한하여 신문 가능(소송규칙 제156조의6 제1항)

※ 피고인 신문을 항소이유 판단에 필요한 사항에 한하여로 제한한 것은 사후심적 요소

※ 재판장은 제1심 피고인신문과 중복되거나 항소이유의 당부를 판단하는데 필요 없다고 인정하는 때에는 신문의 전부 또는 일부를 제한할 수 있고, 필요하다고 인정하는 때에는 직접 신문가능(소송규칙 제156조의6 제2항, 제3항)

√ 재판장의 변호인의 피고인신문에 대한 전부 또는 일부제한은 소송법상 본질적 권리를 해하는 것으로서 소송절차의 법령위반에 해당(2020도10778)

5) 최종 진술

증거조사와 피고인 신문절차가 종료된 경우 검사는 원심판결의 당부와 항소이유에 대한 의견을 구체적으로 진술하여야 함(소송규칙 제156조의7 제1항)

※ 재판장은 검사의 의견을 들은 후 피고인과 변호인에게도 의견진술 기회를 주어야 함(소송규칙 동조 제2항)

6) 공소장 변경

판례는 항소심 성격을 사후심이 가미된 속심이라는 이유로 공소장 변경이 가능하다고 봄(2013도7101)

※ 공소장 변경신청은 항소심 변론종결 시까지 가능(86도1691)

7) 항소심 심판범위

항소법원은 항소이유에 포함된 사유에 관하여 심판함(제364조 제1항)

※ 항소이유에 포함된 사유에 '관하여'로 한정되는 것이 원칙이나 판결에 영향을 미친 직권심판사항에 해당하는 경우에는 항소이유서에 포함되지 않는 경우에도 가능(제364조 제2항)

√ 판결에 영향을 미친 직권심판사항에는 법령위반과 사실오인이 포함되나 양형부당은 포함되지 않음(2015도11696)

8) 항소심 판결선고

최종진술 후 판결선고를 하며, 특별한 규정이 없는 한 변론종결 기일에 하는 것이 원칙(제370조, 제318조의4 제1항), 단 특별한 사정이 있는 경우 따로 선고기일을 정할 수 있음

※ 항소심 판결선고는 기록송부를 받은 날로부터 4개월 이내에 해야 함(소송촉진법 제21조, 훈시규정, 1심은 공소제기일로부터 6개월, 상고심은 4개월)

9) 항소심 구속기간(최장 6개월)

피고인이 구속된 경우 구속기간은 2개월 원칙(제92조 제1항), 구속 계속 필요시 2개월 단위로 2차에 한하여 갱신가능(총 4개월, 동조 제2항), 증거조사, 항소이유를 보충하는 서면의 제출 등으로 추가 심리가 필요한 경우 3차에 한하여 갱신가능(총 6개월, 동조 동항 단서)

V. 항소심 재판

1. 항소기각과 공소기각

항소법원의 판단을 얻기 위해서는 적법요건 충족과 항소에 이유가 있어야 함

(1) 적법요건이 불비된 경우 항소법원은 항소기각 결정

항소제기가 법률상 방식에 위반되거나 항소권 소멸 후인 것이 명백한 경우(제362조 제1항, 제360조 제1항), 항소이유서가 제출되지 아니한 경우(제361조의4 제1항)

※ 일단 항소이유서가 법정기간 내에 제출되었다면 항소이유서에 항소이유를 특정하여 구체적으로 명시하지 않았다고 하더라도 결정으로 항소기각 불가(2005모564)

(2) 공소기각 결정사유(제328조 제1항 제1호~제4호) 시 항소법원은 공소기각 결정(제363조 제1항)

※ 공소기각 결정은 원심판결의 당부에 대한 것이 아니라 피고사건 자체와 관련된 판단

(3) 적법요건이 구비된 경우라도 항소이유 없음이 명백한 경우, 항소장, 항소이유서, 기타 소송기록에 의하여 변론 없이 판결로서 항소기각 가능하며 이를 무변론 항소기각판결이라 함

※ 판결은 구두변론에 의하여야 하며(제37조 제1항, 제275조의3), 법률에 다

른 규정이 있는 경우에는 예외가 인정되는데(제37조 제1항), 무변론 항소기각판결이 이에 해당

(4) 공판기일에 심리를 하였으나 항소가 이유 없다고 인정되는 경우 항소기각 판결함(제364조 제4항)

2. 원심판결의 파기

(1) 파기판결의 종류

공판기일에 변론을 열어 심리한 결과 ① 항소가 이유 있다고 인정하거나(제364조 제6항) ② 항소이유에는 포함되지 않았으나 판결에 영향을 미친 사유가 있다고 판단한 경우(동조 제2항)에는 항소법원은 판결로써 원심판결을 파기함

파기의 재판형식에는 파기자판(제364), 파기환송(제366조), 파기이송(제367조)이 있음

※ 파기재판의 원칙적인 판단형식은 파기자판임(제364조 제6항)

(2) 파기자판

1) 의의

항소가 이유 있다고 인정하는 경우 항소법원은 원심판결을 파기하여 다시 판결해야 함(제364조 제6항)

※ '항소이유 있다고 인정하는 때'란 항소이유로 주장된 사항이 정당하다고 인정되는 경우뿐만 아니라 항소법원이 직권조사 결과 판결에 영향을 미친 사유(동조 제2항)가 있다고 판단되는 경우를 포함함

※ '원심판결을 파기하고 다시 판결한다'라 함은 원심판결을 없었던 것으로 돌리고 원심 및 항소심의 심리결과를 총결산하여 새로이 판결하는 것을 말함

※ 판례는 제1심 공판중심주의를 강조하지만 항소심이 원칙적으로 속심이라는 이유로 항소심에 고유한 양형재량권을 인정하고 있음(2015도3260)

2) 파기범위

항소심 파기범위는 상소불가분의 원칙(제342조 제2항)이 미치는 범위를 한도로 함

※ 제342조 제2항 '일부에 대한 상소는 그 일부와 불가분의 관계에 있는 부분에 대하여도 효력이 미침'

※ 제1심판결과 동시에 선고되는 부수처분이 있는 경우 주된 판결과 부수처분이 전부 파기됨

※ 소송비용부담 부분은 본안 부분과 한꺼번에 심판되어야 하고 분리 확정될 수 없는 것이므로 1심 본안 부분을 파기하는 경우 소송비용부담 부분까지 함께 파기하여야 함(2008도11921)

3) 파기자판 재판의 형태

유·무죄 판결, 면소·공소기각 판결, 공소기각 결정이 있음

※ 제1심판결 선고 후 피고인이 사망한 경우 항소법원은 공소기각 결정해야 함(2013도658, 제328조 제1항 제2호)

※ 항소법원의 형 선고 판결에도 불이익변경금지원칙이 적용되고, 항소심이 파기자판 하면서 무죄, 면소, 형 면제, 형의 선고유예, 형의 집행유예, 공소기각 또는 벌금이나 과료를 과하는 판결을 선고하는 경우 피고인에 대한 구속영장은 효력을 상실함(제370조, 제331조)

항소법원이 공판기일에 구두변론을 열지 않고 파기자판 재판을 할 수 있는지 여부에 대해 판례는 무변론 항소기각(제364조 제5호)과 달리 무변론 재판을 허용하는 규정이 없어 반드시 구두변론을 거쳐야 한다는 입장(81도1482)

(3) 파기환송

공소기각 또는 관할위반의 재판이 법률에 위반됨을 이유로 원심판결을 파기하는 경우 항소법원은 판결로써 사건을 원심법원에 환송하여야 하는데(제366조) 이를 파기환송이라 함

※ 파기환송을 받으면 원심법원은 피고사건에 대하여 소송계속이 부활하고 원심법원의 변호인 선임은 파기환송 후에도 효력이 있음(소송규칙 제158조)

※ 제1심법원이 필요적 변호절차를 위반하였음에도 항소법원이 파기자판을 하는 경우 제1심에서 변호인의 조력을 받을 기회가 사라져 피고인이 제1심에서 변호인의 조력을 받으려면 항소법원은 원심판결을 파기환송 해야 하는데,

형소법 제366조는 파기이송 사유로 공소기각 또는 관할위반 재판이 법률에 위반되는 경우만 규정하고 있어 피고인의 심급이익을 부당하게 박탈하여 헌법상

보장되고 있는 적법절차 원칙(헌법 제12조 제1항) 위반여부에 대하여 헌재는 합헌으로 봄(2008헌바67)

(4) 파기이송

관할인정이 법률에 위반됨을 이유로 원심판결을 파기하는 경우 판결로써 사건을 관할법원에 이송하여야 하는 것(제367조)을 말함

※ 다만 항소법원이 그 사건의 제1심 관할권이 있는 때에는 제1심으로 심판하여야 함(동조 단서)

※ '관할인정이 법률에 위반되었다' 함은 원심법원이 사건에 대하여 관할권이 없음에도 불구하고 관할위반 선고를 하지 않고 사건에 대하여 실체판결을 행한 경우를 말함

(5) 공동피고인을 위한 파기

항소법원이 피고인을 위하여 원심판결을 파기하는 경우 파기 이유가 항소한 공동피고인에게 공통되는 때에는 그 공동피고인에 대하여도 원심판결을 파기하여야 함(제364조의2)

※ 항소를 제기한 공동피고인 상호 간 공평을 도모하기 위함임(2002도6834)

※ 항소한 공동피고인이라 함은 원심에서 공동피고인으로서 항소한 자를 말하며 항소심에서도 공동피고인으로 병합심리 되었는지 여부는 묻지 않음

√ 제1심 공동피고인 갑과 을이 함께 상소한 사안에서 갑이 변호인 선임서를 제출하지 아니한 채 항소이유서만을 제출하고 항소이유서 제출기간이 경과한 후에 비로소 변호인 선임서를 제출한 경우(이때 변호인 지위 발생) 갑의 항소이유서는 적법·유효한 항소이유서가 될 수 없음(2013도9605)

이때 항소법원이 을의 항소이유를 받아들여 제1심판결을 파기하는 경우 그 파기의 이유가 항소한 제1심 공동피고인 갑에게 공통되는 때라면 항소법원은 갑에 대해서도 제1심판결을 파기해야 함(2013도9605)

(6) 항소심재판서 기재방식

항소법원 재판서에는 항소이유에 대한 판단을 기재해야 하며, 원심판결에 기재한 사실과 증

거를 인용할 수 있음(제369조)

※ 원심판결을 파기하여 형을 선고하는 경우 판결이유에 범죄 될 사실, 증거요지와 법령의 적용을 명시하여야 함(제370조, 제323조 제1항)

※ 검사와 피고인 양쪽이 상소를 제기한 경우 어느 일방의 항소는 이유 없으나 다른 일방의 항소가 이유 있어 원판결을 파기하고 다시 판결하는 때에는 이유 없는 항소에 대해 판결이유 중에서 그 이유가 없다는 점을 적으면 충분하고 반드시 주문에서 그 항소를 기각해야 하는 것은 아님(2019도17995)

제3절 상고

I. 상고심의 의의

상고는 제2심판결에 불복하여 대법원에 제기하는 것이 원칙이고(제371조), 대법원에서 진행되는 심리를 상고심이라 함

※ But, 제1심판결에 대하여 항소를 제기하지 아니하고 곧바로 대법원에 상고가 허용되는 경우가 있는데(제372조), 이를 비약상고라 함

대법원에 불복할 수 있는 재판은 판결에 한정됨

※ 결정이나 명령은 재판에 영향을 미친 헌법, 법률, 명령 또는 규칙 위반이 있음을 이유로 하는 경우에 한하여 즉시항고의 형태로 대법원에 불복할 수 있을 뿐이고(제415조, 제419조), 대법원에 제기하는 즉시항고를 재항고라 함(법원조직법 제14조 제2호)

√ 재항고는 항소법원이나 고등법원의 결정에 불복하는 경우도 있어 2번째 항고가 아닌 첫 번째 항고도 동일한 이름을 붙임

II. 상고심 구조

1. 법률심

(1) 상고심의 기능

상고심의 기능은 ① 법령해석의 통일성 확보 ② 판결의 구체적 타당성을 통한 피고인 구제에 있음

※ 상고심을 원칙적으로 원심판결에 대한 사후의 법률심으로 파악하나, 사형, 무기 또는 10년 이상의 징역이나 금고가 선고된 사건의 경우에 ⓐ 중대한 사실오인이 있거나 ⓑ 현저한 양형부당이 있는 원심판결에 대해 예외적으로 사실심으로서의 기능을 부여하고 있음(제383조 제4호)

(2) 채증법칙 위반과 법령 위반

채증법칙 위반은 하급심의 법령적용 잘못을 심사하는 법률심과 증거취사와 사실인정의 잘못을 심사하는 사실심의 경계선상에 있는 것으로, 자유심증주의의 한계를 이루는 논리칙과 경험칙 위반을 말함

※ 채증법칙 위반은 법률심의 판단대상이 되나 단순한 사실오인은 법률심인 상고심의 대상이 되지 못함

※ 하급심의 구체적인 논리법칙과 경험법칙 위반의 점을 지적하지 아니한 채 단지 증거취사와 사실인정만을 다투는 것은 특별한 사정이 없는 한 사실오인의 주장에 불과(2007도1755)

2. 사후심

(1) 원칙적 사후심

상고심은 사후심으로 규정하고 있어 속심구조를 가지는 항소심과는 구별됨

※ 상고심은 원칙적으로 상고이유서에 포함된 사유에 관하여 심판하여야 하고(제384조), 상고이유서에 포함되지 않은 사유로는 ① 판결에 영향을 미친 법령위반 ② 판결 후 형의 폐지나 변경 또는 사면 ③ 재심청구사유라는 세 가지에 한하여 예외적으로 상고심의 심판대상이 됨(동조 단서)

※ 항소심의 경우 항소이유에 포함된 사유와 항소이유에 포함되지 않더라도 판결에 영향을 미친 사유는 전반적으로 판단대상이 됨(제364조 제1항, 제2항)

상고심에서는 새로운 증거에 대하여 증거조사를 신청하거나 새로운 사실의 발생을 주장하지 못하고, 사실판단이 허용되지 않으므로 검사의 공소장변경신청은 인정되지 않음

(2) 예외적 속심

상고심은 원칙적으로 사후심이지만 예외적으로 이후에 나타난 사실이나 증거를 사용함으로써 속심적 성질을 가지는 경우가 있음

※ ① 판결 후 형의 폐지나 변경 또는 사면 ② 원심판결 후에 재심청구 사유가 판명된 경우(제383조 제2호, 제3호)

※ 형의 폐지 등이 원심판결의 신속이나 지연과 같은 우연한 사정이 판결에 영향을 미치는 경우 피고인 보호와 재심사유 시 신속한 권리구제와 소송경제 차원에서 인정

(3) 상고이유 제한의 법리

항소인이 항소심에서 항소이유로 주장하지 아니하거나 항소심에서 직권으로 심판대상으로 삼은 사항 이외의 사유에 대하여 이를 상고이유로 삼을 수 없다는 제한을 말함

※ 명문의 근거규정은 없으나 판례가 인정(2017도16593-1)

III. 상고 이유

1. 상고이유의 검토

(1) 현행 상고이유의 특색

형소법은 상고이유로 ① 판결에 영향을 미친, 헌법, 법률, 명령 또는 규칙 위반이 있는 때(제383조 제1호) ② 판결 후 형의 폐지나 변경 또는 사면이 있는 때(동조 제2호) ③ 재심청구의 사유가 있는 때(동조 제3호) ④ 사형, 무기 또는 10년 이상의 징역이나 금고가 선고된 사건에서 ⓐ 중대한 사실오인이 있어 판결에 영향을 미친 때 또는 ⓑ 형의 양정이 심히 부당하다고 인정할 현저한 사유가 있는 때(동조 제4호)의 네 가지를 규정하고 있음

※ 피고인에게 불이익한 결과를 초래하는 주장은 피고인 측에서 상고이유로 삼을 수 없음(2016도8347)

※ 재심청구 사유가 있는 경우(제3호)에는 특별법(소송촉진에 관한 특례법, 헌법재판소법)에 의한 재심청구사유도 포함됨

√ 소송촉진법에 의해 동 법률에 따른 불출석 재판(송달불능 6개월 후)으로 유죄판결을 받고 그 판결이 확정된 자가 책임질 수 없는 사유로 공판절차에 출석할 수 없었던 경우 재심청구권자는 판결이 있었던 사실을 안 날로부터 14일 이내에 제1심법원에 재심청구할 수 있음(소송촉진법 제23조의2 제1항)

√ 헌법재판소법은 위헌으로 결정된 형벌법규에 근거한 유죄의 확정판결에 대하여 재심을 청구할 수 있다(헌법재판소법 제47조 제3항)고 규정

※ 귀책사유 없이 불출석한 피고인에 대하여 항소심에서 유죄가 확정되어 소송촉진법 제23조의 2에 정해진 기간(14일) 내에 항소법원에 재심을 청구할 수 있고, 이 경우 재심을 청구하지 않고 상고권회복청구와 함께 상고를 제기하여 소송촉진법상의 재심사유를 상고이유로 주장한다면 원심판결에 '재심청구 사유가

있는 때'(제383조 제3호)에 해당하여 적법한 상고이유가 됨(2014도17252)

(2) 중대한 사실오인과 현저한 양형부당

일반적인 사실오인이나 양형부당 주장은 상고이유에 해당하지 않으나 양형판단의 내재적 한계를 침해하는 경우는 위법하여 상고이유에 해당

※ 사실심 법원이 증명되지 않은 별도의 범죄사실을 핵심적인 형벌가중적 양형조건으로 삼아 형의 양정을 하는 것은 부당성을 넘어 죄형 균형 원칙이나 책임주의 원칙의 본질적 내용을 침해하는 것으로 적법한 항고에 해당(2020도8353)

사형, 무기 또는 10년 이상의 징역이나 금고가 선고된 사건에서 중대한 사실오인이나 현저한 양형부당을 상고이유로 인정(제383조 제4호)

※ 피고인의 이익을 구제하기 위함으로 상고이유는 피고인의 이익을 위해서만 주장가능하고 검사가 상고하는 것은 허용되지 않음(94도1705)

※ 상고심은 선고유예에 관하여 형법 제51조의 사항과 개전의 정상이 현저한지 여부에 대한 원심판단의 당부를 심판할 수 없음(2001도6138)

√ 선고유예 대상은 1년 이하의 징역이나 금고, 자격정지 또는 벌금의 형을 선고할 경우 형법 제51조의 사항과 개전의 정이 현저한지 여부를 판단함

(3) 상대적 상고이유의 문제점

우리 형소법은 상고이유를 기본적으로 상대적 상고이유로 규정

※ 상고이유 4가지 중, 제1호(헌법, 법률 등 위반), 제4호(10년 이상 징역이나 금고 선고 시 중대한 사실오인 등)는 판결에 영향을 미치는 경우를 요건으로 하고 있고, 나머지 두 가지(제2호(형의 폐지나 변경), 제3호(재심청구 사유))는 절대적 상고이유이기는 하지만 원심법원의 잘못 없이 형이 폐지·변경되거나, 정책적 배려에서 인정된 사유임

※ 1963년 형소법 개정 시 그전까지 규정되었던 다수의 절대적 상고이유들을 상고심의 업무량을 고려하여 폐지하고 현재에 이르고 있음

2. 상고이유와 직권조사사유·직권심판사항

직권조사사유란 상고인이 법령적용이나 법령해석의 착오 등을 상고이유로 주장하지 않았다

고 하더라도 원심판결의 잘못을 시정하기 위해 상고법원이 직권으로 조사해야 하는 사유를 말함(2005모564)

※ 직권조사사유는 상고심이 최종심으로 직권조사 의무를 강제할 상급심이 없어 별다른 의미가 없음

상고법원은 ① 판결에 영향을 미친 헌법·법률·명령 또는 규칙의 위반이 있는 때(법령위반, 제383조 제1호) ② 판결 후 형의 폐지나 변경 또는 사면이 있는 때(동조 제2호) ③ 재심청구 사유가 있는 때(동조 제3호)에는 상고이유서에 포함되지 않더라도 직권으로 심판할 수 있음(제384조 2문)

※ 상고심은 법령위반, 사실오인, 양형부당 가운데 법령위반만 직권심판사항이 됨(2001도6730, 법률심이기 때문). 이에 반해 항소심은 법령위반과 사실오인만 직권심판사항에 해당함(제364조 제2항)

√ 피고인이 항소하면서 항소이유로 양형부당만을 주장하는 경우 피고인은 상고심에서 항소심판결에 대한 법령위반 내지 법리오해의 위법이 있다는 주장은 적법한 상고이유가 되지 못함(2016도16170). 다만 직권심판을 촉구하는 의미는 가능

IV. 상고심 절차

1. 상고의 제기

제2심판결에 대하여 불복이 있으면 7일 기간 내에 대법원에 상고할 수 있음(제371조, 제374조)

※ 판결의 상소기간은 판결등본 송달여부와 관계없이 공판정에서 판결이 선고된 날로부터 기산됨

상고를 함에는 상고장을 원심법원에 제출함(제375조)

※ 판결의 확정 여부를 신속하게 알 수 있도록 하기 위함이고, 상고장 제출 시에도 재소자 특칙이 적용됨(제344조 제1항)

2. 비약 상고

제1심판결에 대해 항소를 제기하지 아니하고 곧바로 대법원에 상고하는 경우를 말하며, 2가

지 상황에서 허용됨(제372조)

① 원심판결이 인정한 사실에 대하여 법령을 적용하지 아니하였거나 법령적용에 착오가 있는 때 ② 원심판결이 있은 후 형의 폐지나 변경 또는 사면이 있는 때(제372조 제1호, 제2호)

※ '법령적용의 착오가 있는 때'란 제1심판결이 인정한 사실이 올바르다는 것을 전제로 그에 대해 법령의 적용을 잘못한 경우를 말함

※ 상대방의 심급이익 상실 우려가 있어 제1심판결에 대한 상고는 항소가 제기된 경우 효력을 잃도록 하고 있음(제373조). 단 항소의 취하 또는 항소기각 결정이 있는 때에는 예외로 함(동조 단서)

※ 상대방으로부터 항소가 제기된 경우 비약상고는 효력을 잃게 되어 상고는 물론 항소로서의 효력도 인정되지 않아(71도28), 별도의 항소제기 필요

3. 상고법원에서의 변론이전 절차

상고심 절차는 특별한 규정이 없는 한 항소심에 관한 규정이 준용됨(제399조)

(1) 원심법원에서의 절차

상고제기가 법률상 방식에 위반하거나 상고권 소멸 후인 것이 명백한 경우 원심법원은 결정으로 상고를 기각하여야 하고(제376조 제1항), 동 결정에 대해 즉시항고할 수 있음(동조 제2항)

※ 상고를 기각하는 경우 외에 원심법원은 상고장을 받은 날로부터 14일 이내에 소송기록과 증거물을 상고법원에 송부하여야 함(제377조)

(2) 상고심의 상고기각과 공소기각

상고법원은 상고제기가 법률상 방식에 위반하거나 상고권소멸 후인 것이 명백한 경우로 원심법원이 상고기각을 결정하지 아니한 때에는 결정으로 상고를 기각함(제381조)

※ 항고기각결정에 의해 원심판결이 확정됨

공소기각 결정 사유(제328조 제1항 제1호~제4호)가 있는 경우 상고법원은 결정으로 공소기각 결정을 함(제382조)

※ 공소기각 결정에 의해 피고사건의 소송계속은 확정적으로 종결됨

(3) 상고심에서의 변론준비 절차

1) 소송기록 접수통지

상고법원이 소송기록의 송부를 받은 때에는 즉시 상고인과 상대방에 대하여 그 사유를 통지하여야 하며(제378조 제1항), 통지 전 변호인이 선임되어 있는 경우 변호인에 대하여도 통지하여야 함(동조 제2항)

※ 상고심은 법률심이므로 사선변호인을 선임하는 경우 변호사 아닌 자를 변호인으로 선임하지 못함(제386조)

2) 국선변호인 선정

기록송부를 받은 상고법원은 필요적 변호사건(제33조 제1항 제1호~제4호)에 있어서 변호인이 없는 경우 지체 없이 변호인을 선정한 후 그 변호인에게 소송기록 접수통지를 해야 함(소송규칙 제164조, 제156조의2 제1항)

3) 상고이유서 제출

상고인 또는 변호인은 상고법원으로부터 소송기록접수 통지를 받은 날로부터 20일 이내에 상고이유서를 상고법원에 제출해야 함(제379조 제1항 1문)

※ 상고이유서 제출에는 재소자 특칙(제379조 제1항 2문, 제344조 제1항)이 인정되며, 상고이유서를 제출기간 내에 제출하지 아니한 경우 상고기각 결정을 함(제380조 제1항). 단 상고장에 이유의 기재가 있는 경우는 예외(동조 동항 단서)

4) 상고이유의 제한

항소심에서 항소이유로 주장하지 아니하거나 항소심이 직권으로 심판대상으로 삼은 사항 외의 사유는 피고인이 이를 상고이유로 삼을 수 없음(2017도16593-1)

※ 상고심은 항소법원 판결에 대한 사후심이기 때문

5) 상고이유서의 방식

상고이유서는 형소법 제383조 각호에 규정된 상고이유(4가지)를 포함하고 있는 서면으로 상고이유를 특정하여 원심판결의 어떤 점이 법령에 어떻게 위반되었는지를 구체적이고도 명시적인 이유설시가 있어야 함

※ 상고이유서에 구체적이고도 명시적인 이유설시 없이 상고이유로 단순히 "원심판결에 사실오인 내지 법리오해의 위배가 있다"라고만 기재한 경우는 적법한 상고이유서가 제출된 것이라고 볼 수 없음(2008도5634)

상고장 및 상고이유서에 기재된 상고이유 주장이 형소법 제383조 각호의 어느 하나의 사유에 해당하지 아니함이 명백한 경우 상고법원은 결정으로 상고기각 결정(제380조 제2항)

※ 2014년 상소남발에 대한 견제장치로 신설된 규정임

6) 답변서 제출

상고이유서 제출을 받은 상고법원은 지체 없이 그 부본 또는 등본을 상대방에게 송달해야 하고(제379조 제3항), 상대방은 상고이유서를 송달받은 날로부터 10일 이내에 답변서를 상고법원에 제출할 수 있음(동조 제4항)

※ 답변서를 제출받은 상고법원은 지체 없이 그 부본 또는 등본을 상고인 또는 변호인에게 송달해야 함(동조 제5호)

4. 상고심의 변론절차

(1) 상고심 재판부의 구성

대법원의 심판권은 대법관 전원의 2/3 이상의 합의체에서 행사하며 대법원장이 재판장이 됨(법원조직법 제7조 제1항). 다만 다음의 4가지 경우 외에는 대법관 3명으로 구성된 부에서 먼저 심리하여 의견 일치의 경우에 한하여 그 부에서 재판할 수 있음(동법 동조 동항 단서)

※ 부에서 재판할 수 없는 사건은 ① 명령 또는 규칙이 헌법에 위반된다고 인정하는 경우 ② 명령 또는 규칙이 법률에 위반된다고 인정하는 경우 ③ 종전 대법원에서 판시한 헌법·법률·명령 또는 규칙의 해석 적용에 관한 의견을 변경할 필요가 있다고 인정하는 경우 ④ 부에서 재판함이 적당하지 아니함을 인정하는 경우(법원조직법 제7조 제1항 단서)

※ 대법원전원합의체에서 본안재판을 하는 사건에 관하여 구속, 구속기간 갱신, 구속 취소, 보석, 보석 취소, 구속 집행정지, 구속 집행정지의 취소를 함에는 대법관 3인 이상으로써 구성된 부에서 재판가능(소송규칙 제162조)

(2) 상고심 변론

1) 공판기일

상고법원은 공판기일을 열어 상고이유에 대한 변론을 듣기로 결정한다면 공판기일을 지정해야 하며 검사와 변호인은 상고이유서에 의해 변론하여야 함(제388조)

※ 변호인 선임이 없거나 변호인이 공판기일에 출정하지 아니한 때에는 검사의 진술을 듣고 판결 가능(제389조 제1항), But, 필요적 변호사건(제282조)의 경우 예외로 함(동조 동항 단서)

※ 상고심 공판기일에는 피고인을 소환하지 않으며(제389조의2), 변호인이 아니면 피고인을 위하여 변론하지 못함(제387조)

상고법원은 필요한 경우 특정한 사항에 관하여 변론을 열어 참고인의 진술을 들을 수 있음(제390조 제2항)

※ 상고법원이 필요한 전문가 의견을 듣기 위한 장치

2) 서면심리 허용

판결은 구두변론에 의하는 것이 원칙이나(제37조 제1항), 예외적으로 변론에 서면심리 방식을 허용하고 있음

※ 제390조 제1항 '상고법원은 상고장, 상고이유서 기타의 소송기록에 의해 변론 없이 판결할 수 있음'

※ 실무상 상고법원이 공판기일을 열어 변론을 듣는 경우는 대단히 드물고, 서면심사는 상고기각과 원심판결 시 모두 가능

3) 상고심 심판범위

상고이유서에 포함된 사유에 관하여 심판해야 하나(제384조 1문), 상고이유 중 법령위반, 형의 폐지나 변경·사면, 재심청구 사유 시(제383조 제1호~제3호)의 경우 직권으로 심판가능 함(제384조 2문)

V. 상고심 재판

1. 상고심 재판의 종류

(1) 형식판단

상고는 실체판단에 앞서 먼저 적법요건을 구비하고 있어야 하며 적법요건이 갖추어지지 않은 경우 원심법원의 상고기각결정(제376조), 상고법원의 상고기각결정(제381조), 상고법원의 공소기각 결정 재판이 행해짐

※ 상고이유서 제출기간 내에 제출하지 않는 경우 상고기각결정, 단 상고장에 이유의 기재가 있는 경우는 예외(제380조 제1항)

※ 상고장 및 상고이유서에 기재된 상고이유 주장이 형소법 제383조 각호의 어느 하나에 해당하지 아니함이 명백한 경우에는 결정으로 상고기각(제380조 제2항)

√ 상고기각결정 등본이 피고인에게 송달되는 등의 방법으로 고지되면 원심판결은 확정됨(2011도15914)

(2) 실체 판단

1) 기각과 파기

상고제기의 적법요건이 구비되었으나 상고가 이유 없다고 인정한 경우 상고법원은 상고기각판결을 하여야 하고(제399조, 제364조 제4항), 상고가 이유 있는 경우 판결로써 원심판결을 파기 함(제391조)

※ 피고인의 이익을 위하여 원심판결을 파기하는 경우 파기의 이유가 상고한 공동피고인에게 공통되는 경우 그 공동피고인에 대하여도 원심판결을 파기해야 함(제392조, 2013도9605)

√ 여기서 상고한 피고인이란 원심의 공동피고인으로서 상고한 자를 말하며 상고심에서 반드시 공동피고인일 필요는 없음

파기하는 경우 상고법원은 환송, 이송, 자판의 세 가지 재판형식이 있으며, 이중 환송과 이송이 원칙인데 이는 상고심이 기본적으로 사후심이기 때문임

※ 이에 반해 항소심 파기의 경우 파기자판이 원칙임(제364조 제6항)

2) 파기환송

적법한 공소를 기각하였다는 이유 또는 관할위반의 인정이 법률에 위반되었다는 이유로 원심판결 또는 제1심판결을 파기하는 경우 판결로써 사건을 원심법원 또는 제1심법원에 환송하여야 함(제393조, 제395조)

3) 파기이송

관할 인정이 법률에 위반되었다는 이유로 원심판결 또는 제1심판결을 파기하는 경우 판결로써 사건을 관할 있는 법원에 이송하여야 함(제394조)

4) 파기자판

상고법원이 원심판결을 파기하면서 직접 재판하는 것을 파기자판이라고 하며, 이 경우에도 불이익변경금지원칙이 적용됨

※ 검사와 피고인 양쪽이 상고를 제기하여, 일방의 상고는 이유가 없으나 다른 일방의 상고가 이유가 있어 원판결을 파기하고 다시 판결하는 경우 이유 없는 상고에 대해서는 판결이유에 기재하면 충분하고 반드시 주문에 그 상고를 기각해

야 하는 것은 아님(2019도17995)

2. 상고심의 판결선고

상고법원의 재판서에는 상고이유에 관한 판단을 기재해야 하며(제398조), 합의에 관여한 모든 대법관의 의견을 표시하여야 함(법원조직법 제15조)

상고심에서 상고이유의 주장이 이유 없다고 판단되어 배척된 부분은 그 판결선고와 동시에 확정력이 발생하여 상고인이 더 이상 다툴 수 없게 되며, 환송받은 법원도 상고이유에 대한 판단과 배치되는 판단을 할 수 없음(법원조직법 제8조, 2006도2017)

※ 법원조직법 제8조(상급심 재판의 기속력) '상급법원 재판에서의 판단은 해당 사건에 관하여 하급심(下級審)을 기속(羈束)함'

3. 상고심판결 정정

상고법원은 그 판결 내용에 오류가 있음을 발견한 경우 직권 또는 검사, 상고인이나 변호인의 신청에 의하여 판결로써 이를 정정할 수 있음(제400조 제1항)

※ 확정판결이지만 내용의 오류가 명백한 경우 시정할 수 있는 제도적 장치

※ '판결내용의 오류'라 함은 판결 내용에 계산 잘못, 오기 기타 이와 유사한 것이 있는 경우를 의미하고 판결 내용의 부당에 대하여는 재심이나 비상상고의 방법에 의한 구제 가능

※ 상고심판결의 정정은 오류를 정정하는 것에 지나지 않아 그 상고심판결의 그 선고와 동시에 확정됨(67초22)

제4절 항고

Ⅰ. 항고의 의의와 대상

1. 항고의 의의

항고는 법원의 결정에 대한 상소를 말하며, 결정에 대해 불복이 있으면 원칙적으로 항고가능(제402조)

※ 결정은 수소법원이 판결에 이르는 과정에서 문제되는 절차상의 사항에 관하여 행하는 재판이 일반적이지만 공소기각 결정(제328조 제1항)과 같이 종국재판인 경우도 있음

2. 법관의 명령과 준항고

법관이 행하는 재판인 명령에 대해서는 불복방법을 인정하고 있지 않음

※ 검사의 각종 영장청구에 대한 지방법원판사의 재판(2006모646), 검사의 구속기간연장신청에 대한 지방법원 판사의 재판(97모1) 등에 대해서는 불복 허용되지 않음

But, 법관이 재판부의 구성원으로서 내리는 판단에 대해서는 일정부분 불복 가능한데 이를 준항고라 함

※ 재판장 또는 수명법관이 일정한 재판을 고지한 경우 불복이 있는 사람은 그 법관 소속의 법원에 재판의 취소 또는 변경을 청구할 수 있으며(제416조), 상급법원에 대한 불복신청이 아니라는 점에서 엄밀한 의미의 항고는 아님

검사 또는 사법경찰관의 구금, 압수 또는 압수물 환부에 관한 처분, 변호인의 접견교통 및 피의자신문참여(제243조의2)에 관한 처분에 대하여 불복이 있으면 그 직무집행지의 관할법원 또는 검사의 소속검찰청에 대응한 법원에 그 처분의 취소 또는 변경을 청구할 수 있는데 이를 수사절차상 준항고라 함

※ 수사절차상 준항고도 상급법원에 불복을 제기하는 것이 아니므로 항고에 해당하지 않음

재판장 또는 수명법관의 재판에 대한 준항고(제416조)와 수사절차상 준항고(417조)에는 항고에 관한 절차가 대부분 준용되고, 이러한 점에서 항고와 같이 규정되어 있음

II. 일반적 항고

1. 항고의 종류

(1) 즉시항고

1) 의의

항고는 즉시항고와 보통항고로 나뉘는데 즉시항고는 제기기간이 7일로 제한되어 있는 항고이고, 보통항고는 원칙적으로 제기기간의 제한이 없으나 원심결정을 취소하여도 실익이 없게 되는 때에는 항고를 제기할 수 없음(제404조)

즉시항고는 ① 당사자의 중대한 이익에 관련된 사항이나 ② 소송절차의 원활한 진행을 위하여 신속한 결론을 얻는 것이 필요한 사항을 대상으로 함(2015헌바77)

즉시항고는 법률에서 개별적으로 허용하는 경우에만 가능

※ 공소기각 결정과 같은 종국재판으로서 결정을 대상으로 하는 경우(제328조 제2항, 제363조 제2항), 보석조건 위반 시 감치결정(제102조 제4항), 증인에 대한 감치결정(제151조 제8항) 등과 같이 종국전 결정을 대상으로 하는 경우, 재정신청을 기각하는 고등법원의 결정에 대해 재항고(제415조) 방식으로 대법원에 즉시항고 가능(제262조 제4항)

2) 제기기간

제기기간은 7일이며 결정을 고지한 날로부터 기산(제343조 제2항)

※ 불복대상이 된 결정이 아직 고지되지 않았더라도 결정이 내부적으로 성립하는 시점, 즉 결정 원본이 법원사무관 등에게 교부되었을 때부터 제기가능(2014마667)

※ 즉시항고의 종기(終期)는 결정을 고지한 날로부터 기산하여 초일 불산입한 후 7일째가 되며, 기간의 말일이 공휴일 또는 토요일에 해당하는 날은 산입하지 아니함(제66조 제3항)

3) 집행정지효

즉시항고는 보통항고와 달리 그 제기기간 내에 제기가 있는 때에는 재판의 집행이 정지됨(제410조)

※ 즉시항고 제기기간 동안은 물론이고 즉시항고가 제기된 경우 그 항고심 재판이 확정될 때까지 원심재판의 집행이 일률적으로 정지됨(2011헌가36)

But, 집행정지효력이 절대적인 것은 아니며 경우에 따라 인정되지 않기도 하고, 보통항고의 경우에도 법원결정으로 집행정지도 가능함(제409조 단서)

※ 제415조가 고등법원 결정에 대하여 재항고를 즉시항고로 규정하고 있다고 하여 당연히 즉시항고에 집행정지의 효력이 인정된다고 볼 수 없고, 고등법원의 보석취소결정에 대해 대법원에 즉시항고를 하더라도 보석취소결정에 대한 집행정지 효력은 발생하지 않음(2020모633)

※ 그 밖에 즉시항고이면서 집행정지 효력이 발생하지 않는 경우

기피신청에 대한 간이기각결정에 대해서는 즉시항고를 할 수 있으나(제23조 제1항, 제416조 제1항 제1호), 통상적인 즉시항고와 달리 집행정지 효력이 없으며(제23조 제2항), 증인에 대한 감치명령에 대해서도 즉시항고를 할 수 있으나 집행정지의 효력이 없음(제151조 제8호 제410조)

(2) 보통항고

보통항고란 즉시항고를 제외한 항고를 말하며 법원의 결정에 불복이 있으면 항고할 수 있음(제402조). 단 형소법에 특별한 규정이 있는 경우는 예외로 함

※ 특별규정 내용

√ 원칙적 금지

법원의 관할 또는 판결 전 소송절차에 관한 결정에 대하여 특히 즉시항고를 할 수 있는 경우 외에는 항고를 하지 못함(제403조 제1항). 절차의 일부로 종국재판에서 상소하면 족하다고 봄

체포·구속된 피의자 등이 체포·구속적부심사를 청구한 경우에 그에 대하여 내려진 기각이나 인용결정에 대해서는 항고 불허(제214조의2 제8항)

√ 예외적 허용

구금, 보석, 압수나 압수물의 환부에 관한 결정 또는 감정하기 위한 피고인

의 유치에 관한 결정에 대해서는 보통항고 허용(제403조 제2항). 인신구속이나 재판권 행사제약 초래로 신속한 구제가 가능토록 하기 위함

형소법 제214조의2 제5항에 기한 기소 전 보증금 납입조건부 석방결정(피의자 보석)에 대해서는 항고가 가능하다고 봄(판례 97모21)

※ 성질상 항고가 허용되지 않는 결정
대법원의 결정은 최종심 결정으로 항고가 허용되지 않고(87모4), 항고법원, 고등법원 또는 항소법원의 결정에 대한 재판에 영향을 미친 헌법, 법률, 명령 또는 규칙의 위반이 있음을 이유로 하는 때에 한하여 즉시항고가 허용될 뿐이므로, 여기에 해당하지 않는 항고법원, 고등법원, 항소법원 결정은 항고의 대상이 되지 않음

2. 항고 절차와 재판

(1) 원심법원에서의 절차

항고를 제기하려면 항고장을 원심법원에 제출해야 하며(제406조), 항고장 기재사항이나 항고이유서 제출절차에 대한 규정이 없음

항고는 즉시항고 외에는 언제든지 할 수 있고(제404조), 단 원심결정을 취소하여도 실익이 없게 된 때에는 항고를 제기할 수 없음(동조 단서)

즉시항고 제기기간은 7일로 한정되며, 공판정에서 결정이 고지된 경우에는 고지된 날로부터, 공판정 외에서 재판서등본이 송달된 경우에는 송달된 날로부터 기산됨

항고제기가 법률상 방식에 위반되거나 항고권소멸 후인 것이 명백한 경우 원심법원은 결정으로 항고를 기각해야 하며(제407조 제1항), 동 결정에 대하여는 즉시항고 할 수 있음

원심법원은 항고가 이유 있다고 인정한 때에는 결정을 경정하여야 하며(제408조 제1항), 원심법원 스스로 원결정을 경정하는 것을 원심법원의 재검토라 함

※ 신속한 수정을 통해 절차진행을 촉진하기 위한 목적
※ 결정을 경정한다 함은 원결정 자체를 취소하거나 변경하는 것을 말함

※ 집행정지 효력은 즉시항고에만 있으며(제409조), 원심법원이 재판을 고지하면 바로 집행기관에 의해 집행이 개시되지만 원심법원은 결정으로 항고에 대한 결정이 있을 때까지 원결정의 집행을 정지할 수 있음(동조 단서)

원심법원은 항고의 전부 또는 일부가 이유 없다고 인정하는 때에는 항고장을 받은 날로부터 3일 이내에 의견서를 첨부하여 항고법원에 송부하여야 함(제408조 제2항)

(2) 항고법원에서의 절차

항고 제기가 법률상 방식에 위반되거나 항고권 소멸 후인 것이 명백한 사건에 대하여 원심법원이 항고기각결정을 하지 아니한 경우 항고기각 결정(제413조)

※ 원심법원이 집행정지결정을 하지 않은 경우 항고법원은 결정으로 항고에 대한 결정이 있을 때까지 원결정의 집행을 정지할 수 있음(제409조 단서)

※ 항고법원은 소송기록과 증거물의 송부를 받은 날로부터 5일 이내에 당사자에게 그 사유를 통지해야 함(제411조 제3항)

※ 항고심은 결정을 위한 심리절차로 구두변론에 의하지 않을 수 있고(제37조 제2항), 필요한 경우 사실을 조사할 수 있음(동조 제3항)

항고가 이유 없다고 인정하는 때에는 결정으로 기각하고(제414조 제1항), 항고가 이유 있다고 인정한 때에는 결정으로 원심결정을 취소하고 필요한 경우 항고사건에 대하여 직접 재판하여야 함(동조 제2항)

III. 재항고

1. 재항고의 의의와 대상

(1) 재항고의 의의

재항고란 대법원에 제기하는 항고를 말함(제415조)

※ 항고법원, 고등법원, 항소법원의 결정에 대하여 가능(형소법 제415조, 법원조직법 제14조 제2호)

※ 준항고(제416조)·수사기관의 처분에 대한 준항고(제417조)에 대한 관할법원의 결정에 대해서도 대법원에 재항고 가능(제419조)

재항고는 원심결정의 재판에 영향을 미친 헌법, 법률, 명령, 규칙의 위반이 있음을 이유로 하는 경우에 가능(제415조)

※ 사실오인을 이유로 하는 재항고는 허용되지 않고 법령위반의 경우로 제한한 것은 대법원의 법령해석의 통일성 확보와 업무부담 경감 목적

(2) 재정신청 기각결정과 재항고

2016년 개정 시 제262조 제4항을 개정하여 '제2항 제1호 결정(기각결정)에 대하여는 제415조에 따른 즉시항고를 할 수 있고, 제2항 제2호의 결정(공소제기결정)에 대하여는 불복할 수 없다'로 개정

※ 개정 전 형소법 제262조 제4항의 재정신청에 대한 고등법원의 재정결정에 대해 '불복할 수 없다'라는 규정과 제415조의 '고등법원 결정에 대해 대법원에 즉시 항고할 수 있도록 한 규정과의 관계에 대해 헌재는 제262조 제4항의 불복할 수 없다' 부분에 형소법 제415조의 재항고가 포함되는 것으로 해석하는 한 제262조 제4항은 헌법에 위반된다고 판단(2008헌마578)하여 형소법 개정에 이르게 되었음

2. 재항고심의 절차와 재판

재항고는 즉시항고의 일종으로 제기기간은 7일로 한정되며(제405조), 재항고 제기 시 재판집행은 정지됨(제410조)

※ 재항고 절차는 소송법에 규정이 없어 상고에 관한 규정이 준용됨(2012모1090)

※ 재항고를 함에는 재항고장을 원심법원에 제출해야 하고(제375조), 재항고 대상이 아닌 결정에 대해 재항고가 제기된 경우 원심법원은 기각결정을 함(제376조 제1항, 201모1090)

※ 기각사유가 없다고 인정되는 경우 원심법원은 재항고장을 받은 날로부터 14일 이내에 소송기록과 증거물을 재항고법원에 송부해야 함(제377조)

※ 재항고법원은 재항고 제기가 법률상 방식에 위반한 것이 명백한 경우로서 원심법원이 재항고기각결정을 하지 아니한 때에는 재항고 기각결정을 함(제381조)

재항고심은 구두변론을 요하지 않으므로 서면심리 형태를 취함(제390조)

※ 심리결과 재항고가 부적법하거나 이유 없다고 인정하는 경우 재항고 기각결정(제380조), 이유 있다고 인정하는 경우에는 결정으로 원심결정을 취소하고 필요한 경우 직접 재판해야 함(제414조 제2항)
※ 피고인의 이익을 위하여 원심결정을 파기하는 경우 파기의 이유가 재항고한 공동피고인에게 공통되는 때에는 그 공동피고인에 대하여도 원심결정을 파기해야 함(제392조)

IV. 준항고

1. 준항고의 의의

준항고란 통상의 항고에 비하여 간이한 형태의 불복방법을 말하며, 소송법은 법관의 일정한 재판에 대한 준항고(제416조), 수사기관의 일정한 처분에 대한 준항고(제417조) 등 2가지 형태의 준항고를 규정하고 있음

※ 준항고는 상급법원에 대한 불복이 아니라는 점에서 상소가 아님

준항고는 상소와 구별되지만 관할법원이 판단한다는 점에서 재판에 대한 불복방법에 준하여 규율되고 있으나(제419조), 준항고는 항고와 달리 그 사유가 엄격하게 제한되어 있음

2. 재판장·수명법관의 재판에 대한 준항고

(1) 준항고 대상

재판장 또는 수명법관으로서가 아니라 수소법원으로서 행한 재판에 대해서는 준항고가 허용되지 않아(제416조), 재판장 또는 수명법관이 합의부의 일원으로서 행한 재판을 대상으로 함

※ 1일 재판부인 단독판사의 재판은 수소법원으로서 행한 재판임

준항고가 허용되는 경우로 4가지 규정

※ ① 기피신청을 기각한 재판(제416조 제1항 제1호) ② 구금, 보석, 압수 또는 압수물 환부에 관한 재판(제2호) ③ 감정하기 위하여 피고인의 유치를 명한 재판(제3호) ④ 증인, 감정인, 통역인 또는 번역인에 대하여 과태료 또는 비용의 배상을 명한 재판(제4호)

허용범위에 대한 구체적 검토

① 기피신청을 기각한 재판은 형소법 제20조 제1항에 의한 간이기각결정 중 합의부의 일원으로 재판장 또는 수명법관이 내린 간이기각결정을 가리킴

※ 간이기각결정이란 기피신청이 형식적 요건을 구비하지 못하여 부적법한 경우 기피신청을 받은 법원 또는 법관이 결정으로 그 신청을 기각하는 경우를 말하고, 합의부법원의 법관에 대한 기피는 그 법관의 소속법원에 신청하고 수명법관, 수탁판사 또는 단독판사에 대한 기피는 당해 법관에게 신청함(제19조 제1항)

② 구금에 관한 재판은 형소법 제80조에 따라 행하는 재판장 또는 수명법관의 요급처분을 말함

※ 제80조 '급속을 요하는 경우, 소환과 구속, 구인 후 유치, 영장발부, 소환장 송달, 구속의 촉탁' 처분하거나 합의부원에게 처분을 명할 수 있음'

③ 압수에 관한 재판은 형소법 제136조에 따라 수명법관이 행한 재판을 말함

※ 제136조(수명법관, 수탁판사) 제1항 '법원은 압수 또는 수색을 합의부원에게 명할 수 있음'

④ 보석에 관한 재판 및 압수물의 환부에 관한 재판이 준항고의 대상으로 되는 경우는 없음

※ 보석에 관한 재판(제95조 이하) 및 압수물환부에 관한 재판(제133조 제218조의2 제2항)은 재판장이 아니라 법원의 권한에 속하기 때문에 준항고의 대상이 아니라 항고의 대상이 됨

⑤ 감정유치 재판은 형소법 제172조 제7항 본문에 따라 재판장이 하는 요급처분(제80조) 또는 형소법 제175조에 의해 수명법관이 하는 재판을 말함

⑥ 증인·감정인·통역인·번역인에 대한 과태료 또는 비용배상 재판은 형소법 제167조에 의해 수명법관이 증인신문을 할 때 행한 재판 또는 제177조에 의해 수명법관이 감정인신문을 할 때 행한 재판을 말함

(2) 유치명령과 준항고

즉결심판절차에서 판사는 구류선고를 받은 피고인이 일정한 주소가 없거나 또는 도망할 염려가 있을 때에는 5일을 초과하지 아니하는 기간 경찰서 유치장에 유치할 것을 명할 수 있음(즉결심판절차법 제17조 제1항). 이때 유치명령은 법원의 재판이어서 준항고의 대상이 될 수 없으나 준항고가 허용되고 있음

※ 항고절차를 따를 경우 최장 5일의 유치기간이 경과될 우려가 있어 신속한 판단을 통한 피고인의 이익을 도모하기 위해 실무상 허용

(3) 준항고 절차

재판장 또는 수명법관의 재판에 대한 준항고는 서면으로 관할법원에 제출해야 하며, 이때 관할법원은 재판장 또는 수명법관이 소속한 법원이 됨(제416조 제1항)

※ 준항고의 청구는 재판고지가 있는 날로부터 7일 이내(제416조 제3항)

증인·감정인·통역인·번역인에 대한 과태료 또는 비용배상재판은 7일의 청구기간 내와 청구가 있는 때에는 그 재판의 집행이 정지되고(제416조 제4항), 그 밖의 준항고는 재판 집행정지 효력이 없음

※ But, 준항고법원은 결정으로 준항고에 대한 결정이 있을 때까지 재판장 또는 수명법관이 한 재판의 집행을 정지할 수 있음(제419조, 제409조)

※ 준항고 절차 및 재판 형태에 대하여는 일반적인 항고 규정들이 준용됨(제419조)

준항고법원의 결정에 대하여 재판에 영향을 미친 헌법·법률·명령 또는 규칙의 위반이 있음을 이유로 하는 때에 한하여 대법원에 즉시항고 가능(제419조, 제415조)

3. 수사기관 처분에 대한 준항고

(1) 수사기관 처분에 대한 준항고의 세부유형

수사기관 처분에 대한 준항고는 제417조에서 규정하고 있음

※ 제417조 '검사 또는 사법경찰관은 구금, 압수 또는 압수물의 환부에 관한 처분과 제243조의2에 따른 변호인의 참여에 관한 처분에 불복이 있으면 그 직무집행지의 관할법원 또는 검사의 소속검찰청에 대응한 법원에 그 처분의 취소 또는 변경을 청구할 수 있음'

1) 구금처분에 관한 준항고

준항고의 대상이 되는 수사기관의 구금처분은 적극적인 처분뿐만 아니라 소극적인 부작위도 포함됨(91모24)

※ 검사 또는 사법경찰관이 구금된 피의자를 신문할 때 보호장비 사용을 정당

화할 도주, 자해, 다른 사람에 대한 위해 등(형집행법 제97조)의 예외적 사정이 존재하지 않음에도 구금된 피의자에 대한 교도관의 보호장비 사용을 용인한 채 그 해제를 요청하지 않은 것도 형소법 제417조에서 정한 구금에 관한 처분에 해당함(2015모2357)

2) 압수처분에 관한 준항고

수사기관이 압수수색영장을 집행할 때 피압수자 측으로부터 영장 내용의 구체적인 확인을 요구받았음에도 압수수색영장의 내용을 보여주지 않은 것은 '압수에 관한 처분'으로서 제417조에 근거한 준항고 가능(2019모3526)

수사기관의 압수처분에 관한 준항고는 정보저장매체에 대한 압수절차에서 중요한 의미를 가짐

※ 정보저장매체 또는 그 복제물에 대한 전체 압수·수색과정을 단계적·개별적으로 구분하여 각 단계의 개별처분에 대하여 취소를 구하는 경우, 특별한 사정이 없는 한 구분된 개별 처분의 위법이나 취소여부를 판단할 것이 아니라 당해 압수·수색과정 전체를 하나의 절차로 파악하여 그 과정에서 나타난 위법이 압수수색절차 전체를 위법하게 할 정도로 중대한지 여부에 따라 전체적으로 압수수색처분의 취소여부를 결정하여야 함(2011모1839)

3) 압수물환부에 관한 준항고

압수절차가 위법함을 이유로 수사기관의 압수처분에 불복하여 압수물의 환부를 청구하는 경우로, 압수영장을 제시하지 않고 이루어진 압수(2020모2485), 피압수자 측의 참여를 허용하지 않고 이루어진 압수(2020모2485), 관련성 없는 별건증거에 대한 압수(2011모1839)

※ 피압수자 측은 위법한 압수처분의 취소를 구하면서 압수물의 환부·가환부를 청구할 수 있음

√ 가환부란 압수의 효력은 그대로 존속시키면서 압수물을 피압수자나 보관자 등에게 일시적·잠정적으로 돌려주는 것을 말함

4) 변호인접견에 관한 준항고

검사 또는 사법경찰관은 피의자 또는 그 변호인·법정대리인·배우자·직계친족·형제자매의 신청에 따라 변호인을 피의자와 접견하게 하여야 함(제243조의2 제1항)

※ 여기서 '변호인'에는 신체구속된 피의자의 변호인이 되려는 자(제34조)뿐만 아니라 불구속 피의자의 변호인이 되려는 자도 포함됨(2000헌마138)

변호인과 접견교통에 관한 검사 또는 사법경찰관의 처분에 대하여 불복이 있으면 그 직무집행지의 관할법원 또는 검사의 소속검찰청에 대응한 법원에 그 처분의 취소 또는 변경을 청구할 수 있음

5) 변호인 신문참여에 관한 준항고

검사 또는 사법경찰관은 피의자 또는 그 변호인·법정대리인·배우자·직계친족·형제자매의 신청에 따라 정당한 사유가 없는 한 피의자에 대한 신문에 변호인을 참여하게 하여야 함(제243조의2 제1항)

검사 또는 사법경찰관의 변호인 참여에 관한 처분에 대하여 불복이 있으면 그 직무집행지의 관할법원 또는 검사의 소속검찰청에 대응한 법원에 그 처분의 취소 또는 변경을 청구할 수 있음

※ 검사 또는 사법경찰관의 부당한 신문방법에 대한 변호인의 이의제기(제243조의2 제3항 단서)는 고성, 폭언 등 그 방식이 부적절하거나 또는 합리적 근거 없이 반복적으로 이루어지는 등 특별한 사정이 없는 한 원칙적으로 변호인에게 인정된 권리의 행사에 해당하며, 신문을 방해하는 행위로는 볼 수 없음(2015모2357)

(2) 준항고 절차

수사기관의 처분에 대한 준항고는 서면을 관할법원에 제출하는 방식으로 제출하여야 하며(제418조), 관할법원은 검사 또는 사법경찰관의 직무집행지의 관할법원 또는 검사의 소속검찰청에 대응한 법원이 됨(제417조)

수사기관의 처분에 대한 준항고는 법률상 이익이 있어야 함

※ 준항고 계속 중에 준항고로써 달성하고자 하는 목적이 이미 이루어졌거나, 시일의 경과 또는 그 밖의 사정으로 인하여 그 이익이 상실된 경우에는 그 이익이 없어 부적법(2013모1970)

수사기관의 처분에 대한 준항고의 절차와 재판에는 일반적인 항고의 규정들이 준용됨(제419조)

※ 수사기관의 처분에 대한 관할법원이 행한 결정에 대하여 재판에 영향을 미친 헌법·법률·명령 또는 규칙의 위반이 있음을 이유로 하는 때에 한하여 대법원에 즉시 항고 가능(제419조, 제415조)

제2장 비상구제절차

제1절 재심

Ⅰ. 재심의 의의와 기능

1. 비상구제절차의 의의

확정판결의 효력을 깨트려 재판의 오류를 바로잡는 법적 장치를 말하며, 재심(제420조 이하)과 비상상고(440조 이하)가 있음

※ 재심은 사실인정의 잘못을 바로잡는 것이고 비상상고는 법령위반을 시정하는 구제장치

※ 통상의 상소방법(항소, 상고, 항고)은 재판 확정 전 단계인데 반해 재심과 비상상고는 확정판결 단계에서 오류를 시정하는 구제절차

2. 재심의 대상과 구조

(1) 재심의 대상

재심 대상이 되는 것은 ① 유죄의 확정판결(제420조) ② 항소기각판결 또는 상고기각판결(제421조)임

※ 재심대상 판결은 유죄의 확정판결에 한정되며(제420조), 이익재심만을 인정하고 있음(제420조, 제421조 제1항)

√ 확정판결 효력이 부여되는 약식명령(제457조), 즉결심판(즉결심판법 제16조)도 포함되나 정식재판 청구에 의한 판결이 있는 경우 정식재판 절차에서의 확정된 유죄판결을 대상으로 재심을 청구하여야 함(2011도10626)

※ 특별사면으로 형 선고의 효력이 상실된 유죄의 확정판결도 재심대상판결에 포함됨(2011도1932)

√ 판례는 종래 불허설이었으나 허용설로 입장을 변경하였음

※ 무죄·면소·공소기각·관할위반 판결 등은 설사 그 판결에 중대한 사실오인이 있다고 하더라도 재심의 대상이 되지 않지만 위헌무효인 법령의 폐지를 이유로 인한 면소판결은 재심대상이 됨(2011초기689)

※ 판결이 아닌 재판에 대해서도 재심이 인정되지 않음

√ 공소기각·항고기각·재정신청기각 결정 등은 재심대상에서 제외됨(86모38)

재심은 확정된 유죄판결뿐만 아니라 항소 또는 상고를 기각한 판결도 그 대상으로 함(제421조 제1항)

※ 항소기각·상고기각 판결은 유죄판결 자체는 아니지만 그 확정에 의해 원심의 유죄판결도 확정된다는 점에서 유죄판결과는 별개의 재심대상으로 인정함

(2) 재심절차의 구조

재심은 재심대상판결에 일정한 사실오인의 흠이 개입되고 있는가를 판단하는 사전절차인 재심청구절차와 사실오인 흠이 판명된 경우 진행되는 재차의 심판절차인 재심심판절차로 구성됨

※ 재심청구절차는 결정(제433조 내지 제435조) 형식으로 종료됨에 반해 재심심판절차는 판결 형식으로 종결됨

II. 재심사유

1. 재심사유 개관

(1) 형사소송법상의 재심사유

유죄의 확정판결에 대한 재심사유로 7가지를 열거하고(제420조), 항소기각판결 또는 상고기각판결에 대한 재심사유로는 유죄 확정판결에 대한 재심사유 중 3가지를 인정(제421조)

형소법상 재심사유에 대한 분류방식은 새로운 증거의 발견을 이유로 하는 경우와 그 밖의 경우로 나뉨

(2) 특별법상 재심사유

1) 소송촉진법

소송촉진 등에 관한 특례법(소송촉진법)에 따른 불출석 재판으로 유죄판결을 받고 그 판결이 확정된 자가 책임질 수 없는 사유로 공판절차에 출석할 수 없었던 경우 재심청구권자는 그 판결이 있었던 사실을 안 날로부터 14일 이내에 제1심법원에 재심을 청구할 수 있음(소송촉진법 제23조의2 제1항)

또한, 재심청구인이 책임질 수 없는 사유로 위 기간에 재심청구를 하지 못한 경우 그 사유가 없어진 날로부터 14일 이내에 제1심법원에 재심을 청구할 수 있음(동조 동항)

※ 제1심 공판에서 피고인에 대한 송달불능보고서 접수 시부터 6개월이 지나도록 피고인의 소재를 확인할 수 없는 경우 대법원 규칙으로 정하는 바에 따라 피고인의 진술 없이 재판할 수 있음(동법 제23조 본문). 다만 사형, 무기 또는 장기 10년이 넘는 징역이나 금고에 해당하는 사건의 경우에는 그러하지 아니함(동조 단서)

※ 소송촉진법 제23조의2가 제1심의 불출석 재판에 대한 재심사유만을 규정하고 있으나 항소심에도 적용됨(2014도17252)

소송촉진법에 따른 재심절차는 소송촉진법에서 규정하고 있고, 소송법 재심규정이 준용됨

※ 소송촉진법 제23조의2 제1항에 따른 재심청구가 있는 경우 법원은 재판의 집행을 정지하는 결정을 하여야 함(동법 제23조의2 제2항). 다만 구속사유(제70조)가 있는 경우에는 재판집행 정지결정을 한 경우에도 구속영장을 발부하여야 함(동조 제3항)

※ 재심청구인은 재심청구서에 송달장소를 적고, 이를 변경하는 경우 지체 없이

그 취지를 법원에 신고하여야 함(동조 제4항)

※ 재심개시결정이 확정된 후 공판기일에 재심청구인이 출석하지 아니한 경우 다시 기일을 정해야 하며, 피고인이 정당한 사유 없이 다시 정한 기일에 출정하지 아니한 때에는 피고인의 진술 없이 판결 가능(동조 제6항)

2) 헌법재판소법

위헌으로 결정된 형벌법규에 근거한 유죄의 확정판결에 대하여 재심청구 가능하고(헌법재판소법 제47조 제4항), 이 경우 재심절차는 형소법을 준용함(동조 제5항)

※ 위헌으로 결정된 형벌에 관한 법률 또는 법률의 조항은 결정이 있는 날부터 소급하여 효력을 상실함(동조 제3항). 다만 해당 형벌법규에 대하여 종전에 합헌으로 결정한 사건이 있는 경우에는 그 결정이 있은 다음 날로 소급하여 효력을 상실함(동조 동항 단서)

위헌결정으로 실효된 형벌법규의 소급효 여하에 따라 재심이 허용되는 범위가 달라짐

① 법률조항의 개정이 자구만 형식적으로 변경된 것에 불과한 경우 개정 전 법률조항에 대한 위헌결정은 개정 법률조항에도 효력이 미침
개정 법률조항을 적용하여 유죄의 확정판결을 한 경우에도 재심청구 가능
※ 양자의 동일성이 그대로 유지되고 있기 때문

② 개정 법률조항에 대한 위헌결정이 있는 경우 실질적 동일성의 인정도 개정 전 법률조항에까지 미치지는 않아, 재심청구 불가(2015모2204)
※ 위헌결정의 소급효를 제한 없이 인정하게 되면 과거에 형성된 법률관계가 전복되는 결과를 가져와 법적 안정성에 중대한 영향을 미치게 되기 때문(2015모2204)

③ 위헌결정의 소급효 범위인 종전의 합헌결정이 있는 날의 다음 날 선고된 확정판결의 내용이 그 이전의 범죄행위라도 소급효가 인정되어 효력이 상실한 형벌법규를 적용한 것이므로 재심청구 가능(2015모1475)
※ 헌법재판소법 제47조(위헌결정의 효력) ② 위헌으로 결정된 법률 또는 법률의 조항은 그 결정이 있는 날부터 효력을 상실함. ③ 제2항에도 불구하고 형벌에 관한 법률 또는 법률의 조항은 소급하여 그 효력을 상실함. 다만, 해당 법률 또는 법률의 조항에 대하여 종전에 합헌으로 결정한 사건이 있는 경우에는 그 결정이 있는 날의 다음 날로 소급하여 효력을 상실함

2. 신증거형 재심사유

(1) 새로운 증거의 의미와 자격

제420조의 재심사유는 ① 신증거형 재심사유 ② 오류형 재심사유로 분류가능

※ 제420조는 재심사유로 총 7가지를 규정하고 이중 신증거형은 제5호 하나이고 나머지 6개는 오류형임

신증거형 재심사유는 다시 ① 유죄선고를 받은 자에 대하여 무죄 또는 면소를 ② 형의 선고를 받는 자에 대하여 형의 면제 또는 원판결이 인정한 죄보다 가벼운 죄를 인정할 명백한 증거가 새로 발견된 경우의 2가지 사유를 규정

※ '원판결이 인정한 죄보다 가벼운 죄를 인정할 경우'란 원판결에서 인정한 죄와는 별개의 가벼운 죄를 말하고, 죄 자체는 변함이 없고 양형상 자료의 변동을 가져올 사유에 불과한 경우는 여기에 해당하지 않음(2017도14769)

※ 공소기각 판결을 인정할 증거가 발견된 경우는 해당하지 않으며(96모51), 항소기각 또는 상고기각판결에 대한 재심사유로는 되지 않음(제421조 제1항)

√ 제421조 ① 항소 또는 상고의 기각판결에 대하여는 전조 제1호, 제2호, 제7호의 사유 있는 경우에 한하여 그 선고를 받은 자의 이익을 위하여 재심을 청구할 수 있음

√ 제1호(서류 또는 증거물 변조), 제2호(증언, 감정, 통·번역 위조), 제7호(법관, 검사, 사경의 그 직무행위 범죄 확정판결 시 등)

새로운 증거의 자격과 범위에 대해 반드시 증거능력을 필요로 한다는 견해, 필요하지 않다는 견해, 엄격한 증명사실에 대해서는 증거능력이 필요하고, 자유로운 증명사실에 대해서는 필요하지 않다는 견해(다수설)가 있으며, 좁은 의미의 범죄사실에 관한 것뿐만 아니라 증거능력과 증명력에 관한 사실까지도 포함

(2) 증거의 신규성

증거가 새로 발견된 때라 함은 ① 재심대상이 되는 확정판결의 소송절차에서 발견되지 못하였던 증거로서 새로 발견한 때 ② 재심대상이 되는 확정판결에서 발견되기는 하였지만 제출할 수 없었던 증거로서 비로소 제출할 수 있게 된 때를 말함(2005모475)

※ 형벌에 관한 법령이 당초부터 헌법에 위반되어 법원이 위헌·무효라고 선언한 때에는 무죄 등을 인정할 '새로운 증거가 발견된 때'에 해당(2010모363)

√ 유신헌법 위반인 긴급조치 9호에 근거하여 영장 없이 체포·구금되어 수사를 받고 기소되어 유죄판결이 확정된 사안

※ 조세부과처분을 취소하는 행정판결이 확정된 경우 및 조세심판원이 재조사 결정을 하고 그에 따라 과세관청이 후속처분을 취소한 경우도 '증거가 새로 발견된 때'에 해당(2013도14716)

√ 조세의 부과처분을 취소하는 행정판결이 확정된 경우 그 부과처분의 효력은 처분 시에 소급하여 효력을 잃게 되어 그에 따른 납세의무가 없으므로 확정된 행정판결은 조세포탈에 대한 무죄 내지 원심판결이 인정한 죄보다 경한 죄를 인정할 명백한 증거에 해당(83도2933)

(3) 신규성 판단기준

증거의 신규성은 법원입장에서 새로운 것이어야 하는데 이견이 없으나, 피고인에게도 요구되는지 여부에 대하여는 견해가 대립하며, 판례는 절충설 입장(2005모472)

※ 피고인에게도 요한다고 보는 필요설, 법원에게만 필요하다는 불필요설, 피고인에게 원칙적으로 필요하지 않지만 피고인이 증거 있음을 알면서 고의·과실 등 귀책사유로 증거를 제출하지 아니한 경우에는 예외적으로 그 증거를 재심사유로 삼을 수 없다고 보는 절충설

※ 피고인이 판결확정 전 소송절차에서 제출할 수 있었던 증거까지 포함된다고 보게 되면, 판결의 확정력이 피고인이 선택한 증거제출시기에 따라 손쉽게 부인될 수 있게 되어 형사재판의 법적 안정성을 해치게 되기 때문임(2005모472)

공범자 사이에 동일사실에 대하여 유죄와 무죄의 모순된 판결이 있는 경우 유죄 확정판결을 받은 공범자가 이후 내려진 다른 공범죄의 무죄확정 판결을 가지고 무죄를 인정할 새로운 증거로 삼을 수 있는지 여부에 대해 학설은 긍정설과 부정설이 대립하나 판례는 부정설 입장(84모14)

※ 재항고인이 상소를 하지 아니한 탓으로 이 사건에서 유죄의 확정판결을 받았고 공범자들은 상소함으로써 무죄판결이 확정된 경우, 무죄확정판결 자체만으

로는 무죄확정판결의 증거자료를 자기의 증거로 하지 못하였고 또 새로 발견된 것이 아닌 한 유죄확정판결에 대한 새로운 증거로서의 재심사유에 해당한다고 할 수 없다고 봄(84모14)

(4) 증거의 명백성

새로운 증거 발견이 형소법 제420조 제5호에 해당하기 위해서는 유죄의 선고를 받은 자에 대하여 무죄 또는 면소를, 형의 선고를 받은 자에 대하여 형의 면제 또는 원판결이 인정한 죄보다 가벼운 죄를 인정할 명백한 증거이어야 함

증거의 명백성 판단 시 고려대상을 새로 발견된 증거만을 기준으로 할 것인가 또는 기존의 증거도 함께 고려할 것인가에 대하여 학설은 대립하나, 판례는 종합평가설 입장(2005모472)

※ 단독평가설은 새로 발견된 증거만을 고려하여야 한다는 견해, 전면적 종합평가설은 새로 발견된 증거와 모든 기존 증거를 함께 고려하여 종합적으로 평가·판단해야 한다는 견해, 제한적 종합평가설은 기존 증거 가운데 새로 발견된 증거와 유기적으로 밀접하게 관련·모순되는 것들만 함께 고려·평가해야 한다는 견해

3. 오류형 재심사유

(1) 유죄확정판결에 대한 재심사유

1) 의의

제420조는 유죄의 확정판결에 사용되었던 증거 자체가 부정확하여 사실관계의 확정에 오류가 개입되는 경우를 재심사유로 규정하고 있음

※ 원판결의 증거는 원판결 이유 중에서 증거로 채택되어 범죄사실을 인정하는데 인용된 증거를 의미함. 따라서 증인이 위증죄로 처벌되어 그의 증언이 허위인 것으로 증명되었다는 것만으로는 오류형 재심사유에 해당하지 않음(99모93)

√ 재심대상이 된 피고사건과 별개의 사건에서 증언이 이루어지고 그 증언을 기재한 증인신문조서나 그 증언과 유사한 진술이 기재된 진술조서가 재심대상이 된 피고사건에 서증으로 제출되어 이것이 채용된 경우는 형사소송법 제420조 제2호에 규정된 '원판결의 증거된 증언'에 해당한다고 할 수 없으므로, 그 증언이 확정판결에 의하여 허위인 것으로 증명되었더라도 위

제2호 소정의 재심사유에 포함될 수 없다고 할 것임(99모93)

2) 사유

형소법 제420조는 오류형 재심사유로 6가지를 열거하고 있음

① 원판결의 증거가 된 서류 또는 증거물이 확정판결에 의하여 위조되거나 변조된 것임이 증명된 때(제1호)

② 원판결의 증거가 된 증언, 감정, 통역 또는 번역이 확정판결에 의하여 허위임이 증명된 때(제2호)

③ 무고로 인하여 유죄를 선고받은 경우 그 무고의 죄가 확정판결에 의하여 증명된 때(제3호)

④ 원판결의 증거가 된 재판이 확정재판에 의하여 변경된 때(제4호)

⑤ 저작권, 특허권, 실용신안권, 디자인권 또는 상표권을 침해한 죄로 유죄의 선고를 받은 사건에 관하여 그 권리에 대한 무효의 심결 또는 무효 판결이 확정된 때(제6호)

√ 심결이란 특허심판원이 심판관합의체(심판관 3인, 그중 1인이 심판장)를 구성하여 청구인의 청구가 타당한지 여부를 판단하는 것을 말하며, 특허심판원이 내린 심결에 대해서는, 특허법원에 항소가 가능한데, 특허심판원의 심결 등본을 송달받고 30일 이내에 항소장을 제출하지 않으면 해당 심결은 확정되어 재심사유가 없는 이상 다시 다툴 수 없게 됨

⑥ 원판결, 전심판결 또는 그 판결의 기초가 된 조사에 관여한 법관, 공소의 제기 또는 그 공소의 기초가 된 조사에 관여한 검사나 사법경찰관이 그 직무에 관한 죄를 지은 것이 확정판결에 의해 증명된 때, 다만, 원판결의 선고 전에 법관, 검사 또는 사법경찰관에 대하여 공소가 제기되었을 경우에는 원판결의 법원이 그 사유를 알지 못한 때로 한정함(제7호)

3) 증명

오류형 재심사유는 확정판결이나 확정판결을 얻을 수 없는 경우 그 사실을 증명하여 재심을 청구할 수 있음(제422조). 단 증거가 없다는 이유로 확정판결을 얻을 수 없는 경우는 예외로 함(동조 단서)

※ 검사의 불기처분에 의해 오류의 원인이 된 범죄사실의 존재가 적극적으로 입증되는 경우 사실이 증명되는 경우에 해당(96모123)

√ 재정신청을 받은 고등법원이 29시간 동안의 불법감금 사실은 인정하면서 여러 사정을 참작하여 검사로서는 기소유예의 불기소처분을 할 수 있었다는 이유로 재정신청기각결정을 하여 그대로 확정된 경우(96모123)

수사기관이 영장주의를 배제하는 위헌적 법령(위헌인 긴급조치 9호)에 따라 영장 없는 체포·

구금을 한 경우 형법상 불법체포·감금죄가 성립하지는 않으나 직무범죄에 준하는 것으로 보아 재심사유를 인정함(20153243)

※ 긴급조치 9호

1975년 4월 11일 서울대 농대생 김상복 할복자살사건을 계기로 민주화운동을 탄압하기 위해 1975년 5월 13일 선포된 긴급조치로 1979년 12월 7일 폐지됨. 주로 유언비어 날조·유포 금지, 헌법부정 집회·시위·방송 금지 등이며, 영장 없이 체포가능하고 사법심사의 대상이 되지 않는다는 내용으로 2013년 4월 18일 대법원에서 위헌무효 선언

(2) 항소기각판결·상고기각판결에 대한 재심사유

제421조 제1항은 유죄를 선고한 원심판결 자체에는 재심사유가 없더라도 항소기각판결 또는 상고기각판결 자체에 재심사유가 개입할 수 있기 때문에 별도의 재심사유를 규정하고 있음

※ 상소를 기각한 판결 자체의 확정력을 제거하고 피고사건을 상소심에서 소송계속된 상태로 복원시켜 피고사건의 실체를 계속 심판할 수 있음(84모48)

재심사유로 오류형 가운데 3가지만 인정됨

① 원판결의 증거가 된 서류 또는 증거물이 확정판결에 의하여 위조되거나 변조된 것임이 증명된 때(제1호)

② 원판결의 증거가 된 증언, 감정, 통역 또는 번역이 확정판결에 의하여 허위임이 증명된 때(제2호)

③ 원판결, 전심판결 또는 그 판결의 기초가 된 조사에 관여한 법관, 공소의 제기 또는 그 공소의 기초가 된 조사에 관여한 검사나 사법경찰관이 그 직무에 관한 죄를 지은 것이 확정판결에 의해 증명된 때, 다만, 원판결의 선고 전에 법관, 검사 또는 사법경찰관에 대하여 공소가 제기되었을 경우에는 원판결의 법원이 그 사유를 알지 못한 때로 한정함(제7호)

제1심 확정판결에 대한 재심청구사건의 판결이 난 후에는 항소기각판결에 대하여 다시 재심을 청구하지 못하며(제421조 제2항), 제1심 또는 제2심 확정판결에 대한 재심청구사건의 판결이 있는 후에는 상고기각판결에 대하여 다시 재심을 청구하지 못함(동조 제3항)

※ 여기서 '재심청구사건의 판결'이란 재심청구절차에 의한 재심개시결정이나

재심청구기각 결정이 아니라 개심개시결정에 의해 개시된 재심심판절차에서 내려진 판결을 의미

※ 상고에는 상고와 비약상고(법령위반이나 형의 폐지 등 사유 시 1심에서 대법원으로 상고허용)

III. 재심청구절차와 재심심판절차

1. 재심청구절차

(1) 재심절차의 선후 구조

재심절차는 재심개시여부를 심리하는 재심청구절차(재심개시절차)와 재심개시결정 이후 재심대상사건에 대한 재심심판절차로 구성

재심청구절차에서는 재심사유가 재심대상판결에 영향을 미칠 가능성 등 실체적 사유를 고려해서는 안 되고(2018도20698), 형소법 규정상 재심사유 존재여부만을 판단해야 함

재심청구절차에서는 재심청구를 기각하거나 개시결정을 함

※ 재심청구가 법률상의 방식에 위반하거나 청구권의 소멸 후인 것이 명백한 경우(제433조), 이유 없다고 인정한 때(제434조)에는 기각하고, 청구가 이유 있다고 인정한 때에는 재심개시 결정을 함

※ 개시결정의 경우 대상사건에 대하여 그 심급에 따라 다시 심판하게 됨(제438조)

(2) 재심청구사건의 관할

재심청구는 원판결의 법원이 관할함(제423조)

※ '원판결'이란 재심청구인이 재심사유 있음을 주장하여 재심청구의 대상으로 삼은 확정판결을 말함

√ 제1심 유죄판결을 대상으로 하는 경우 제1심법원이, 항소심의 파기자판판결을 대상으로 하는 경우 항소법원이, 항소기각판결 또는 상고기각판결을 대상으로 하는 경우 항소법원 또는 상고법원이 각각 재심청구사건의 관할법원이 됨

√ 군사법원 판결이 확정된 후 피고인에 대한 재판권이 더 이상 군사법원에 없게 된 경우 군사법원과 같은 심급의 일반법원에 관할권이 있음(2019모3197)

(3) 재심청구권자

재심청구권자는 ① 검사, ② 유죄의 선고를 받은 자, ③ 유죄의 선고를 받은 자의 법정대리인, ④ 유죄의 선고를 받은 자가 사망하거나 심신장애가 있는 경우 그 배우자, 직계친족 또는 형제자매(제424조)

※ 사망자나 회복할 수 없는 심신장애인을 위하여 재심을 청구하는 경우라 할지라도 재심청구절차에는 국선변호인 선정이 없음. 왜냐하면 국선변호인 선정은 재심심판절차에만 적용되기 때문(제438조 제4항)

※ 검사도 공익의 대표자로 피고인의 이익을 위하여 할 수 있으나, 제420조 제7호(사건 관여 법관, 검사, 사경의 직무범죄 시)의 경우 유죄를 선고받은 자가 그 죄를 범하게 한 경우에는 검사가 아니면 재심청구를 하지 못함(제425조)

(4) 재심청구 시기와 방법

재심청구의 시기에는 제한이 없음

※ 형의 집행 전·중·종료에 관계없이 가능하고, 확정판결을 선고받은 자가 사망한 경우에도 가능

※ 사망자의 경우 선고를 받은 자의 이익을 위하여 사망자의 배우자, 직계친족 또는 형제자매가 재심을 청구할 수 있음(제420조, 제424조 제4호)

√ 무죄판결의 공시(제440조)를 통한 명예회복과 형사보상 등의 이익

※ 재심청구인의 사망과의 구별

재심청구 후 청구에 대한 결정이 확정되기 전에 사망한 경우 형소법에 지위승계나 절차속행 규정이 없어 재심청구절차는 당연종료하게 됨(2014모739)

√ But, 배우자나 친족 등이 사망자를 위해 별도의 재심청구는 가능

만일, 재심청구가 받아들여져 재심심판절차를 진행하던 도중 유죄를 선고받은 자가 재심판결 전에 사망한 경우 피고인 출정 없이 재심심판절차 속행가능(제438조 제2항 제2호, 제3항)

재심청구를 함에는 재심청구의 취지 및 재심청구의 이유를 구체적으로 기재하여 재심청구서에 원판결의 등본 및 증거자료를 첨부하여 관할법원에 제출해야 함(소송규칙 제166조)

※ 재소자에 대한 특칙도 인정됨(제430조, 제344조 제1항)

(5) 재심청구 효과 및 재심청구 취하

재심청구는 형집행 정지효력이 없지만(제428조), 관할법원에 대응한 검찰청 검사는 재심청구에 대한 재판이 있을 때까지 형 집행을 정지할 수 있음(동조 단서)

재심청구는 취하 가능하며(제429조 제1항), 재심청구를 취하한 자는 동일한 이유로서 다시 재심을 청구하지 못함(동조 제2항)

2. 재심청구사건에 대한 심리와 재판

(1) 재심청구사건의 심리

재심청구절차는 형식요건을 심사하는 단계와 형식요건에 대한 확인 후 실질요건을 심사하는 단계로 나뉨

※ 재심청구가 법률상 방식에 위반하거나 청구권 소멸 후인 것이 명백한 경우 청구기각(제433조)

※ 재심청구인이 청구에 대한 결정이 확정되기 전에 사망한 경우 재심청구절차는 당연 종료(2014모739)

※ 재심청구사건에서 재심대상이 되는 사건은 제척사유인 전심재판(제17조 제7호)에 해당하지 않음(82모11)

√ 재심대상사건과 재심청구사건 사이에 소송계속의 이전을 통한 절차의 연결성이 인정되지 않기 때문

재심청구사건에 대한 심리는 결정의 형태로 종결됨(제433조~제435조)

※ 반드시 구두변론에 의할 필요가 없고(제37조 제2항), 공개도 불요(제42조), 필요한 경우 사실조사가 가능하며(제37조 제3항), 이때 사실조사가 엄격한 조사방식에 따라야 하는 것은 아님(2015모2229)

√ 사실조사는 재심청구사건 관할법원이 직권으로 하고, 재심청구인이나 검사는 신청권이 없고 의견을 진술할 수 있을 뿐임(제432조)

※ 재심청구에 대하여 결정을 함에는 청구한 자와 상대방의 의견을 들어야 하며, 단 유죄의 선고를 받은 자의 법정대리인이 재심을 청구한 경우에는 유죄를 받은 자의 의견을 들어야 함(제432조)

√ 기회를 주면 족하고 반드시 의견진술이 있어야 할 필요는 없음(82모11)

(2) 무죄추정의 문제

재심청구절차에서 무죄추정의 권리가 인정되는지 여부에 대하여 부정견해와 인정견해가 대립함

※ 부정설은 이미 유죄판결이 확정되었으므로 무죄추정은 인정되지 않는다는 입장이고 긍정설은 유죄판결 받은 자의 이익을 위해서만 재심청구를 인정하고, 검사에게도 유죄판결받은 자의 이익을 위해 재심청구를 인정하고 있다는 점에 근거를 둠

(3) 재심청구사건에 대한 재판

1) 기각결정

재심청구가 법률상 방식에 위반되거나 청구권의 소멸 후인 것이 명백한 때, 이유 없다고 인정한 때에는 결정으로 청구를 기각하고, 동 결정에 대해서는 즉시항고 가능(제437조)

재심청구가 경합되는 경우 상급심에 제기한 재심청구를 기각토록 함

※ 항소기각 확정판결과 그 판결에 의해 확정된 제1심 유죄판결에 대하여 각각 재심청구가 있고, 제1심법원이 재심청구를 받아들여 재심판결을 한 때에는 항소법원은 결정으로 재심청구를 기각하고(제436조 제1항), 동 결정에 대해 즉시항고 가능(제437조)

※ 제1심 또는 제2심의 유죄판결에 대한 상고기각의 판결과 그 판결에 의하여 확정된 제1심 또는 제2심의 유죄판결에 대하여 각각 재심청구가 있는 경우 제1심법원 또는 항소법원이 재심청구를 받아들여 재심의 판결을 한 때에는 상고법원은 결정으로 재심청구를 기각함(제436조 제2항)

2) 재심개시결정

재심청구가 적법요건을 갖추면 이유 유무에 대한 판단하여 이유 있다고 인정한 경우 재심개시결정을 하여야 함(제435조 제1항)

※ 재심개시결정으로 인하여 형집행이 당연히 정지되는 것은 아니며(2018도20698), 법원은 결정으로 형집행을 정지할 수도 있음(제435조 제2항)

재심개시결정은 재심심판절차를 진행시키는 효력만 있을 뿐 원판결의 확정판결 효력에 아무런 영향을 미치지 않음

※ 확정된 원판결은 재심심판절차의 재판이 확정될 때 소멸하며, 재심개시결정은 원판결의 효력이 지속되기 때문에 형집행정지가 임의적인 것으로 된 것임

(4) 재심개시결정 확정과 그 효력

재심개시결정은 7일의 즉시항고기간을 경과하거나 즉시항고가 기각되면 확정되고, 재심개시결정이 확정되면 법원은 그 심급에 따라 다시 심판해야 함(제438조 제1항)

경합범 관계에 있는 수개의 범죄사실을 유죄로 인정하여 1개의 형을 선고한 불가분의 확정판결에서 그중 일부의 범죄사실에 대하여 재심청구의 이유가 있는 것으로 인정된 경우, 형식적으로 1개의 형이 선고된 판결에 대한 것이어서 그 판결 전부에 대하여 재심개시 결정을 하여야 함(2008재도11결정)

※ 위 사안이 이중처벌금지의 원칙을 위반한 것은 아니며, 다만 불이익변경금지 원칙은 적용됨(2015도15782)

3. 재심심판절차

(1) 재심심판절차의 내용

1) 재심심판의 의미

법원이 재심대상판결에 대하여 그 심급에 따라 다시 심판하는 절차를 말함

※ '다시 심판한다'는 의미는 원판결의 당부를 심사하는 것이 아니라 원판결과는 별도로 피고사건을 처음부터 새로이 심판하는 것을 말함(2014도2946)

※ 원판결은 재심심판사건에 대해 제척·기피사유 요건인 전심재판(제17조 제7호, 제18조 제1항)에 해당하지 않음(82모11)

※ 반의사불벌죄로 유죄판결이 확정된 경우 피고인이 책임질 수 없는 사유로 공판절차에 출석할 수 없음을 이유로 소송촉진법 제23조의2에 따라 재심결정이 내려지는 경우 피해자는 그 재심의 제1심판결 선고 전까지 처벌을 원한다는 의사표시를 철회할 수 있음(2016도9470)

2) 사실 판단

재심심판사건에서는 재심대상판결의 기초가 된 증거와 재심심판사건의 심리과정에서 제출된

증거를 모두 종합하여 공소사실 인정여부를 새로이 판단해야 함(2014도2946)

※ 재심심판사건의 공소사실에 관한 증거취사와 이에 근거한 사실인정은 다른 사건과 마찬가지로 사실심으로 재심심판사건을 심리하는 법원의 전권에 속함 (2014도2946)

3) 적용 법령

재심개시 사건에서 범죄사실에 대하여 적용해야 할 법령은 재심판결을 내리는 시점의 법령임

※ 원판결 당시 적용되었던 법령이 수차례 변경된 경우 가장 경한 법령을 적용해야 함(제1조 제1항 제2항, 2008재도11)

※ 재심대상판결에 적용된 법령이 당초부터 위헌이라면 무죄를 선고해야 함(제325조, 2016도14781)

√ 제325조(무죄의 판결) 피고사건이 범죄로 되지 아니하거나 범죄사실의 증명이 없는 때에는 판결로써 무죄를 선고하여야 함

※ 재심대상판결에 적용되었던 당시의 법령이 재심판결을 내리는 시점에 이미 폐지된 경우 면소 원칙(제326조 제4호)

√ But, 이 경우에도 적용할 법령이 당초부터 위헌이라면 이를 적용할 수 없어 무죄선고(제325조, 2010도5986)

4) 절차 진행

제1심 사건을 다시 심판할 경우 절차가 전부 새로 실시되며, 다시 심판하는 절차이므로 피고인은 유죄의 판결이 확정될 때까지는 무죄로 추정됨(제275조의2)

※ 진술거부권 고지, 인정신문, 검사의 모두진술, 피고인의 모두진술, 재판장의 쟁점정리, 검사와 피고인의 증명과 관련된 의견진술, 증거조사, 피고인신문, 검사의 구형, 피고인 및 변호인의 최종진술

※ 원판결법원이 작성한 공판조서의 증거능력은 제311조가 아니라 형소법 제315조 제3호의 기타 신용할 만한 정황에 의하여 작성된 문서로 보아야 함

√ 원판결법원과 재심심판법원의 관계는 심급의 전후가 아니라 병렬적으로 존재하는 관계이기 때문임

(2) 재심심판사건의 심리절차에 관한 특칙

재심개시결정이 확정되면 '청구 경합과 청구기각 결정(제436조)' 외에는 그 심급에 따라 다시 심판을 하여야 함(제438조 제1항)

이 경우 일반절차에 관한 법령은 재심의 취지와 특성에 반하지 않는 범위 내에서 재심심판절차에 적용될 수 있음(2018도20698)

1) 사망자·심신장애인

재심심판사건의 특수성에 비추어 사망자나 심신장애인에 대한 특칙 인정

※ ① 사망자를 위하여 재심청구가 있는 때 ② 유죄선고를 받은 자가 재심판결 전에 사망한 때(제328조 제1항 제2호) 공소기각 결정에 관한 규정이 적용되지 않음(제438조 제2항)

※ 심신장애의 경우에도 공판절차 정지에 관한 규정이 적용되지 않음(제438조 제3항)

이러한 경우 피고인이 출정하지 않아도 심판은 가능하나 변호인이 출정하지 아니하면 개정하지 못함

※ 사망자나 심신장애인과 관련된 재심청구 시 재심청구권자가 변호인을 선임하지 아니한 경우 재심심판법원의 재판장은 직권으로 변호인 선정해야 함(제438조 제4항)

2) 공소장 변경

공소장 변경 여부에 대하여 허용된다는 견해(소수설)와 원판결보다 중한 죄를 인정하기 위한 공소사실의 추가·변경은 허용되지 않는다는 견해(다수설)가 있음

판례는 재심의 취지와 특성, 형사소송법의 이익재심 원칙, 재심절차에 관한 특칙에 비추어 특별한 사정이 없는 한 별개의 공소사실을 추가하는 내용으로 공소장을 변경하는 것은 허용되지 않는다고 봄(2018도20698)

3) 병합 심리

특별한 사정이 없는 한 재심대상사건에 일반절차로 진행 중인 별개의 형사사건을 병합심리하는 것은 허용되지 않음(2018도20698)

4) 공소취소

제1심 유죄판결에 대해 재심심판절차를 진행하는 경우에 검사의 공소취소가 가능한지 여부

에 대해 판례는 확정판결이 있음을 전제로 진행되는 절차로 공소취소 할 수 없다고 봄(76도3203)

(3) 재심심판사건과 불이익변경금지 원칙

1) 의의

재심심판절차에도 불이익변경금지 원칙이 적용됨(제439조)

※ 검사가 재심을 청구한 경우에도 적용됨(이익재심의 성격상)

2) 특별사면

유죄의 확정판결 후 특별사면된 사람에 대해서 재심심판절차를 진행하는 경우 재심심판법원은 면소판결을 해서는 안 되고, 실체에 관한 유·무죄 등을 판단해야 함(2011도1932)

※ 면소판결 사유로서의 사면(제326조 제2호)은 일반사면만을 의미하기 때문

3) 형선고 효력상실 특별사면

특별사면은 ① 형의 집행만 면제되는 특별사면(사면법 제5조 제1항 제2호) ② 형의 집행면제와 함께 형 선고의 효력을 상실케 하는 특별사면(동조 동호 단서) 등 2가지 유형이 있으며, 이 중 불이익변경금지 원칙이 ②의 경우 뚜렷이 나타나게 됨

다시 심판한 결과 무죄로 인정되는 경우 재심심판법원은 무죄 선고, 만일 유죄로 인정되는 경우 '피고인에 대하여 형을 선고하지 아니한다'는 주문을 선고해야 함

※ 만일 형을 선고하거나 항소를 기각하여 제1심을 유지시키는 것은 이미 형 선고의 효력을 상실케 하는 특별사면 받은 피고인의 법적 지위를 해치는 결과가 되어 이익재심과 불이익변경금지의 원칙에 반하기 때문임(2012도2938)

4) 재심대상판결 집행유예와 재심벌금형

경합범 관계에 있는 수개의 범죄사실(간통과 상해)을 유죄로 인정하여 한 개의 집행유예가 확정되었는데 집행유예 기간 경과한 후 피고인이 재심을 청구한 경우, 재심법원이 간통죄에 대해서만 위헌으로 인정하였으나, 원판결이 형식적으로 1개의 형이 선고된 판결이어서 판결 전부에 대하여 재심개시결정이 난 후 재심법원이 재심사유 없는 상해에 대해 벌금을 선고할 수 있는지 여부에 대해 판례는 가능하다고 봄(2015도15782)

※ 재심심판절차는 원판결의 당부를 심사하는 종전 소송절차의 후속절차가 아니라 사건자체를 처음부터 다시 심판하는 완전히 새로운 소송절차로 봄(2015도15782)

(4) 재심판결과 재심대상 판결의 관계

1) 재심대상판결의 실효시점

재심심판절차는 원판결의 당부를 심사하는 종전 소송절차의 후속절차가 아니며, 이와 관련 원판결의 실효시점과 관련 몇 가지 논점 정리 필요

※ 재심사건의 진행과정

선행범죄 발생, 재심대상판결(원판결), 후행범죄발생, 재심판결(선행범죄), 재심판결 확정순

2) 누범가중

재심판결의 확정에 의하여 실효된 재심대상판결(원판결)은 후행범죄와의 관계에서 누범가중 사유가 되는 3년 내의 확정판결(형법 제35조 제1항)에 해당하지 않음(2017도4019)

※ 누범이란 금고 이상에 처하게 된 자가 그 집행이 종료되거나, 집행이 면제된 날로부터 3년 이내에 다시 금고 이상의 형에 해당하는 죄를 범한 때를 말하고(형법 제35조), 누범에 대하여는 형이 가중되어 그 죄에 대하여 정한 형의 장기의 2배까지 가중함(ex, 절도 6년 → 12년 이하 징역)

3) 집행유예의 실효

피고인이 원판결(재심대상판결)에서 정한 집행유예의 기간 중 특정범죄 가중처벌 등에 관한 법률 위반(보복 협박 등)죄로 징역 6개월을 선고받아 그 판결이 확정됨으로써 위 집행유예가 실효되고 피고인에 대하여 유예된 형이 집행된 경우,

재심판결에서 피고인에게 또다시 집행유예를 선고할 경우 그 집행유예 기간의 시기는 원판결의 확정일이 아니라 재심판결의 확정일로 후행범죄로 인한 집행유예 실효(형법 제63조)의 효과는 발생하지 않음(2018도13382)

4) 상습범

상습범으로 유죄 확정판결(선행범죄)을 받은 사람이 그 후 동일한 습벽에 의해 범행(후행범죄)을 저지른 경우 선행범죄에 대한 재심심판절차가 개시되어 확정된 재심판결의 기판력이 후행범죄에도 미치는지 여부에 대해

판례는 동일한 습벽에 의해 후행범죄가 선행범죄에 대한 재심판결 선고 전에 저지른 범죄라도 후행범죄에 미치지 않는다는 입장(2018도20698)

※ 재심절차에서 공소사실을 추가하는 공소장변경이나 변론의 병합이 인정되

지 않아 선·후행 범죄를 같이 심판할 가능성이 없고, 재심판결 당시에는 원판결이 확정판결의 효력을 유지하고 있어 선·후행범죄가 분리된다는 점을 논거로 함(2018도20698)

5) 사후적 경합범

금고 이상의 형에 처한 판결이 확정된 죄와 그 판결 확정 전에 범한 죄를 사후적 경합범이라 함

※ 제37조(경합범) 판결이 확정되지 아니한 수개의 죄 또는 금고 이상의 형에 처한 판결이 확정된 죄와 그 판결확정 전에 범한 죄를 경합범으로 함

√ 동조의 전단을 경합범 또는 동시적 경합범, 후단을 사후적 경합범이라 함

처벌이 이루어진 범죄에 대하여 다시 처벌할 수 없어 사후적 경합범과 동시적 경합범의 처벌에 있어 불균형이 초래될 수 있기 때문에 처벌의 형평을 기하기 위한 감면규정

※ 제39조(판결을 받지 아니한 경합범, 수개의 판결과 경합범) ① 경합범 중 판결을 받지 아니한 죄가 있는 때에는 그 죄와 판결이 확정된 죄를 동시에 판결할 경우와 형평을 고려하여 그 죄에 대하여 형을 선고한다. 이 경우 그 형을 감경 또는 면제할 수 있음

감면을 인정하려면 선·후행범죄에 대해 동시에 심판 가능해야 하나, 판례는 가능성이 존재하지 않아 제39조 제1항의 감경규정이 적용되지 않는다고 봄(2018도20698)

6) 형집행

재심판결이 확정되었다 하더라도 원판결에 의한 형의 집행까지 무효로 되는 것은 아님

※ But, 원판결에서 자유형이 선고된 경우 그 자유형 집행 부분은 재심판결에 의한 자유형 집행에 통산됨(제482조 제1항)

(5) 재심심판사건과 무죄판결 공시

재심심판절차에서 무죄를 선고한 경우 그 판결을 관보와 법원소재지 신문지에 기재하여 공고해야 함(제440조)

But, 무죄를 선고받은 자나 대리인으로 재심청구한 자가 원하지 않는 경우는 예외

※ 제440조(무죄판결의 공시) 제1호 제424조 제1호부터 제3호까지의 어느 하나에 해당하는 사람이 재심을 청구한 때에는 재심에서 무죄의 선고를 받은 사람 제2호 제424조 제4호에 해당하는 사람이 재심을 청구한 때에는 재심을 청구한

그 사람

√ 제424조(재심청구권자) 1. 검사 2. 유죄의 선고를 받은 자 3. 유죄의 선고를 받은 자의 법정대리인 4. 유죄의 선고를 받은 자가 사망하거나 심신장애가 있는 경우에는 그 배우자, 직계친족 또는 형제자매

제2절 비상상고

Ⅰ. 비상상고의 의의

1. 비상상고의 의의와 대상

확정판결에 대하여 그 심판의 법령위반을 바로잡기 위해 인정되는 비상 구제절차를 말함

※ 확정판결에 대한 오류시정 제도라는 점에서 미확정판결의 시정방법인 상소와 구별되고, 재심과 공통됨

But, 재심과는 신청사유와 주체, 절차, 효력, 대상 면에서 차이를 보임

※ ① 신청 이유는 확정판결의 법령위반 ② 신청권자는 검찰총장에 한정 ③ 관할법원은 원판결을 한 법원이 아니라 대법원 ④ 신청기각 시 결정이 아니라 판결로 함(제445조) ⑤ 판결의 효력이 원칙적으로 확정판결이 선고된 자에게 미치지 않음(제447조)

※ 재심은 유죄 확정판결에 한정되지만 비상상고는 종국재판(유·무죄·면소·공소기각·관할위반 판결, 공소기각·항소기각·상고기각 결정, 확정판결 효력이 인정되는 약식명령과 즉결심판)이 모두 포함됨

√ 공소기각 결정, 항소기각결정, 상고기각결정 등은 결정의 형식을 취하지만 그 사건에 대한 종국재판이라는 점에서 비상상고의 대상이 됨(62오4)

2. 비상상고의 목적

법령체계의 통일이라는 법률적 이익을 유지하는 것이 주된 목적이나, 법령위반의 원판결이 피고인에게 불이익한 때에는 원판결을 파기하고 다시 판결하도록 하여(제446조 제1호 단서), 피고인의 불이익을 구제하는 기능도 일부 수행하고 있음

※ 비상상고 판결의 효력은 원칙적으로 피고인에게 미치지 않는 점(제447조)에 비추어 비상상고의 주된 기능은 확정판결의 법령위반을 바로 잡는 것이 주된 목적임

II. 비상상고 이유

판결이 확정된 후 그 사건의 심판이 법령에 위반한 것을 발견한 때에 제기 가능(제441조)

※ 확정된 재판의 심판에 절차법상 위반이 있거나 실체법 적용에 위법이 있는 것을 말하며, 사실오인의 흠이 있다는 이유만으로 제기 불가

But, 사실오인의 불가피한 결과로 법령위반의 오류가 발생한 경우 법령위반을 이유로 비상상고를 할 수 있는지 여부에 대해 학설은 전면부정설, 전면긍정설, 절충설(다수설)이 있으나 판례는 전면부정설의 입장임(2004오2)

※ 절충설은 실체법상 사실에 대해서는 원판결법원의 사실인정에 구속되지만 소송법상 사실에 대해서는 이를 바로 잡아 그 사실에 기초하여 법령위반 유무를 심사해야 한다는 입장

※ 판례는 단순히 법령적용의 전제사실을 오인함에 따라 법령위반을 초래한 경우 법령 해석적용을 통일한다는 목적에 유용하지 않아 '법령위반'에 해당하지 않는 것으로 봄(2004오2)

√ 원판결 선고 전에 피고인이 이미 사망하였는데 원판결 법원이 그 사실을 알지 못하여 실체판결을 한 사안에 대하여 비상상고를 허용하지 않음(2004오2)

III. 비상상고 절차

1. 비상상고 청구와 심리

비상상고의 신청권자는 검찰총장임

※ 판결이 확정된 후 그 심판이 법령에 위반한 것을 발견한 때에는 대법원에 비상상고가 가능하고(제441조), 비상상고의 신청에는 시기의 제한이 없음

비상상고사건을 심리하려면 대법원은 공판기일을 열어야 하며, 공판기일에는 검사만 출석하고, 피고인은 출석할 권한이 없음

※ But, 피고인은 변호사인 변호인을 선임하여 의견을 진술하게 할 수 있음(제386조, 제387조)

※ 대법원은 비상상고 신청에 대하여 조사를 행하고, 신청서에 포함된 이유에

한하여 조사하여야 함(제444조 제1항)

2. 비상상고에 대한 재판

(1) 기각판결과 파기판결

비상상고가 부적법하거나 이유 없다고 인정한 때에는 대법원은 판결로써 기각하고(제445조), 비상상고가 이유 있다고 인정할 때에는 해당 확정판결의 법령위반 부분을 파기하게 됨

파기판결은 3가지 유형이 있음

① 원판결 일부에 대한 파기

원판결이 법령에 위반된 경우 그 위반된 부분만을 파기하는 것이 원칙(제446조 제1호 본문)

※ 경범죄처벌법 위반죄에 대해 형 면제를 선고하는 즉결심판을 내린 경우로 경범죄처벌법에는 형 면제에 관한 규정이 없어 형 면제 주문부분만을 파기하게 됨(94오1)

② 원판결의 전부에 대한 파기(파기자판)

원판결이 법령에 위반함을 이유로 파기하는 경우 원판결이 피고인에게 불이익한 때에는 대법원은 원판결을 파기하고 피고사건 전체에 대하여 다시 판결하여야 함(제446조 제1호 단서)

※ '피고인에게 불이익한 때'라 함은 새로 내리게 될 판결이 원판결보다 이익된다는 점이 명백한 경우를 말함

※ 원판결이 피고인에 대하여 형의 집행을 유예하면서 보호관찰을 받을 것을 명하지 않은 채 전자장치 부착을 명한 경우, 비상상고법원은 형소법 제446조 제1호 단서에 의하여 원판결 중 부착명령부분을 파기하고 이 부분에 대하여 다시 판결하여 부착명령청구를 기각하는 판결을 해야 함(2020오1)

√ 전자장치 부착 등에 관한 법률 제28조(형의 집행유예와 부착명령) ① 법원은 특정범죄를 범한 자에 대하여 형의 집행을 유예하면서 보호관찰을 받을 것을 명할 때에는 보호관찰기간의 범위 내에서 기간을 정하여 준수사항의 이행여부 확인 등을 위하여 전자장치를 부착할 것을 명할 수 있음

※ 파기자판의 경우 불이익변경금지 원칙이 적용되는 것과 비슷한 효과가 발생함

③ 원심소송절차에 대한 일부파기

원심소송절차가 법령에 위반한 경우 그 위반된 절차를 파기함(제446조 제2호). 이 경우 원판결 자체가 파기되는 것이 아니라 위반된 절차만 파기됨

(2) 파기판결의 효력

비상상고의 판결은 원판결이 피고인에게 불이익하여 파기자판되는 경우(제446조 제1호 단서)를 제외하고는 그 효력이 피고인에게 미치지 않음(제447조)

※ 확정판결의 위법부분에 대한 일부파기가 있는 경우 또는 원심소송절차의 위법한 부분을 파기하는 경우에도 확정판결 자체는 그대로 유지되며 종결된 소송계속은 부활하지 않음

제3장 특별절차

제1절 약식절차

Ⅰ. 약식절차의 의의

1. 약식절차와 약식명령

약식절차란 공판절차를 거치지 아니하고 서면심리만으로 형을 선고하는 간이한 형사절차, 약식명령은 약식절차에 의하여 재산형을 과하는 재판을 말함

※ 제448조(약식명령을 할 수 있는 사건) ① 지방법원은 그 관할에 속한 사건에 대하여 검사의 청구가 있는 때에는 공판절차 없이 약식명령으로 피고인을 벌금, 과료 또는 몰수에 처할 수 있음 ② 전항의 경우에는 추징 기타 부수의 처분을 할 수 있음

※ 약식절차는 서면심리를 원칙으로 하는데 반해 간이공판절차는 피고인이 공판정에서 자백한 경우에 행해진다는 점에서 구별됨

※ 검사의 청구에 의해 진행된다는 점에서 경찰서장의 청구에 의해 진행되는 즉결심판절차와 구별됨

약식절차는 경미사건을 신속하게 처리하기 위한 제도인 동시에 피고인 보호도 두텁게 하고 있음(피고인의 공판정 출석 부담을 덜어주기 때문)

※ 피고인에게 정식재판청구권을 보장하고 포기할 수 없도록 하고 있으며(제453조 제1항), 피고인이 정식재판을 청구한 경우 약식명령의 형보다 중한 종류의 형을 선고하지 못한다는 형종 상향변경금지원칙을 규정하고 있음(제457조의2 제1항, 제한된 형태의 불이익변경금지 원칙)

2. 약식전자문서법

'약식절차 등에서의 전자문서 이용 등에 관한 법률(약식전자문서법)은 약식명령 청구사건 중 일정한 사건에 대해 피의자가 전자적 처리절차에 따를 것을 동의하는 조건으로 형사사법정보시스템(동법 제2조 제3호)을 통해 약식절차를 진행할 수 있도록 하고 있음(동법 제3조)

대상사건은 최초 '도로교통법' 위반죄로 한정되었으나 '교통사고처리 특례법'에 의해 공소를 제기할 수 없음이 명백한 사건에까지 확대되었음(동법 제3조 제2항)

※ 전자문서법 제3조 ② 이 법은 「교통사고처리 특례법」 제3조 제2항 본문에 해당하는 사건 중 같은 항 본문 또는 같은 법 제4조에 따라 공소를 제기할 수 없음이 명백한 사건에 대하여 적용함

√ 교통사고처리 특례법 제3조(처벌의 특례) ② 차의 교통으로 제1항의 죄 중 업무상과실치상죄 또는 중과실치상죄와 「도로교통법」 제151조의 죄를 범한 운전자에 대하여는 피해자의 명시적인 의사에 반하여 공소(公訴)를 제기할 수 없음

√ 동법 제4조(보험 등에 가입된 경우의 특례)

II. 약식절차의 진행

1. 약식명령 청구와 관할

약식명령을 청구할 수 있는 사건은 지방법원의 관할에 속하는 사건으로서 피고인을 벌금, 과료 또는 몰수에 처할 수 있는 사건임(제448조 제1항)

※ 법정형으로 징역이나 금고 등 자유형만 규정되어 있는 사건이나 또는 이들 형과 벌금, 과료 또는 몰수를 병과해야 하는 사건에 대해서는 약식명령 청구 불가

약식명령 청구는 공소제기와 동시에 서면으로 해야 하며(제449조), 약식절차에는 공소장일본 주의가 적용되지 않음(2007도3906)

※ 검사는 약식명령 청구와 동시에 약식명령을 하는데 필요한 증거서류 및 증거물을 법원에 제출해야 함(소송규칙 제170조)

※ 약식명령이 청구된 사건은 경중에 따라 지방법원 합의부 또는 지방법원 단독판사의 관할에 속하게 됨(법원조직법 제32조 제1항, 제7조 제4항)

2. 약식절차의 특징

약식명령의 청구가 있으면 법원은 검사가 그 청구와 함께 제출한 증거서류 및 증거물을 토대로 공판절차가 아닌 서면심리에 의하여 약식명령의 발령여부를 결정함

※ 증인신문, 검증, 감정 등 통상의 증거조사, 피고인 신문 또는 압수·수색 등의 강제처분이 허용되지 않고, 약식절차의 본질에 반하지 않는 한도 내에서 간단한 절차로 확인할 수 있는 조사만 허용되고 공소장 변경이 인정되지 않음

직접심리주의 및 전문법칙은 공판절차에서 이루어지는 직접신문과 반대신문을 전제로 하는 것이므로 '성립의 진정'을 요건으로 하여 그 예외를 규정한 제311조 이하 규정은 약식절차에서는 적용되지 않음

※ 위법수사의 배제와 자백편중 수사관행 타파라는 정책적 고려에 의해 마련된 제도는 약식절차에서도 적용됨

√ 위법수집증거배제법칙(제308조의2), 자백배제법칙(제309조), 자백보강법칙(제310조)

※ 자백보강법칙은 약식절차에는 적용되나 즉결심판절차에서는 적용이 배제됨

3. 공판절차 회부

약식명령 청구가 있는 경우 법원은 그 사건이 약식명령으로 할 수 없거나 약식명령으로 하는 것이 적당하지 않다고 인정한 때에는 공판절차에 의해 심판하여야 함

※ '약식명령을 할 수 없는 때'란 법정형에 벌금이나 과료가 규정되어 있지 않거나 벌금이나 과료가 다른 형의 병과형으로 규정되어 있는 경우, 소송조건이 결여되어 면소·관할권 위반·공소기각 판결, 공소기각 결정 등을 해야 할 경우, 무죄나 형면제의 판결을 해야 할 경우를 말함

※ '약식명령으로 하는 것이 적당하지 아니한 때'란 법률상으로는 약식명령을 하

는 것이 가능하지만 사건의 성질상 공판절차에 의한 신중한 심리가 필요한 경우 또는 벌금, 과료, 몰수 이외의 형을 과하는 것이 적당하다고 인정되는 경우를 말함

4. 약식명령의 발령

검사의 약식명령청구를 심사한 결과 공판절차에 회부할 사유가 없다고 판단되면 약식명령을 발하게 되며, 청구가 있은 날로부터 14일 이내에 하여야 함(소송규칙 제171조)

약식명령으로 과할 수 있는 형은 벌금, 과료, 몰수로 한정되며, 약식명령 시 추징 기타 부수처분을 할 수 있음(제448조)

※ 약식명령에 의해 5백만 원 이하의 벌금을 선고할 경우 집행유예도 가능(형법 제62조 제1항)

※ 약식명령으로 무죄, 면소, 관할위반, 공소기각 재판은 불가

약식명령의 고지는 검사와 피고인에 대해 재판서의 송달에 의하고(제452조), 고지받은 날로부터 7일 이내에 정식재판 청구를 할 수 있음(제451조)

약식명령은 정식재판청구기간이 경과하거나 그 청구의 취하 또는 청구기각의 결정이 확정된 때에 확정판결과 동일한 효력이 있음(제457조)

※ 확정된 약식명령은 재심 또는 비상상고에 의해서만 구제 가능

※ 확정된 약식명령도 집행력과 기판력을 발생시키며, 기판력이 미치는 범위는 약식명령의 송달 시가 아니라 발령 시를 기준으로 함(84도1129)

√ 기판력의 시적 범위는 통상적인 판결절차에서 판결선고 시점이고 이에 대응하는 시점이 약식명령 발령 시점이기 때문임(84도1129)

III. 정식재판 청구

1. 정식재판청구의 의의와 절차

(1) 정식재판청구의 의의

약식명령이 발해진 경우 그 재판에 불복이 있는 자가 통상의 절차에 의한 심판을 구하는 소송행위를 말함

※ 정식재판청구는 원재판인 약식명령의 변경을 구하는 불복이라는 점에서 상

소와 유사하여 형소법은 상소에 관한 규정의 일부를 준용하고 있음(제458조)

(2) 정식재판청구와 형종상향변경금지 원칙

정식재판청구권 행사를 보장하되 남용을 방지하기 위해 형종상향변경금지원칙을 규정함

※ '95년 불이익변경금지원칙 도입(제457조의2), 무분별한 정식재판청구와 항소·상고 폐단을 방지하기 위해 2017년 형종상향변경금지원칙(제457조의 2 제1항) 도입하였음

형종상향변경금지원칙이란 약식명령의 형보다 중한 종류의 형을 선고하지 못한다는 것을 말하며, 벌금형을 중하게 변경하는 것은 가능함

※ 중한 형을 선고하는 경우 신중을 기하도록 하기 위해 법원은 판결서에 양형의 이유를 기재하여야 함(제457조의2 제2항)

(3) 정식재판청구절차

검사 또는 피고인은 약식명령에 대하여 고지를 받은 날로부터 7일 이내에 정식재판을 청구할 수 있음(제453조 제1항)

자기 또는 대리인이 책임질 수 없는 사유로 기간이 도과한 경우 정식재판청구회복을 청구할 수 있음(제458조, 제345조)

※ 책임질 수 없는 사유로 약식명령이 고지된 사실을 알지 못한 경우 고지된 사실을 안 날로부터 7일 이내에 서면으로 정식재판청구권의 회복청구와 동시에 정식재판청구를 하여야 함(83모48)

피고인은 정식재판청구권을 포기할 수 없으나(제453조 제1항 단서), 검사가 포기하는 것은 무방(제458조 제349조)

※ 정식재판청구 취하는 피고인이든 검사든 가능하고(제458조, 제349조), 제1심판결 선고 전까지 할 수 있으며(제454조), 취하한 사람은 다시 정식재판을 청구하지 못함(제458조 제354조)

약식명령 청구사건을 심사한 법관이 공판절차에 회부된 사건의 심판에 관여하는 것이 가능

한지 여부에 대해 판례는 약식명령청구에 대한 심사는 통상재판에 대한 전심절차에 해당하는 것이 아니기 때문에 제척사유로 보지 않음(2002도944)

※ But, 경우에 따라서는 기피사유인 '법관이 불공평한 재판을 할 염려가 있는 때'(제18조 제2호)에 해당할 수는 있음

2. 정식재판청구사건에 대한 심판

(1) 정식재판절차의 진행

정식재판 청구가 법령상 방식에 위반되거나 청구권의 소멸 후인 것이 명백한 경우 청구기각 결정을 하고(제455조 제1항), 이 결정에 대해서는 즉시항고 가능(동조 제2항)

정식재판 청구가 적법한 경우 공판절차에 의해 심판해야 하며(제455조 제3항), 약식명령에 구애받지 않고 사실인정, 법령적용, 양형의 모든 부분에 대하여 자유롭게 판단함

(2) 정식재판절차의 특수문제

1) 불출석 재판

피고인이 불출석한 상태에서 그 진술 없이 판결할 수 있기 위해서는 피고인이 적법한 공판기일 통지를 받고서도 2회 연속 정당한 이유 없이 출정하지 아니한 경우에 해당하여야 함(제458조 제2항, 제365조, 2011도16166)

※ 소송촉진 등에 관한 특례법 제23조에 따른 송달불능보고서가 접수된 때로부터 6개월이 지나지 않더라도 공시송달 방법에 의해 송달한 후 피고인의 진술 없이 재판할 수 있음(2012도12843)

√ 제23조(제1심 공판의 특례) 제1심 공판절차에서 피고인에 대한 송달불능보고서가 접수된 때부터 6개월이 지나도록 피고인의 소재를 확인할 수 없는 경우에는 대법원규칙으로 정하는 바(6개월 후 공시송달 2회 불출석 시)에 따라 피고인의 진술 없이 재판할 수 있다. 다만, 사형, 무기 또는 장기(長期) 10년이 넘는 징역이나 금고에 해당하는 사건의 경우에는 그러하지 아니함

※ 판례는 제1심 공판절차에 적용되는 형소법 제365조 제1항과 제2항에 대해 소송촉진 등에 관한 특례법은 특례규정으로 보나, 약식명령에 대한 정식재판청구사건에서의 제1심에 적용되는 것은 제458조(준용규정), 제365조(2번 연속 정

당한 이유 없이 불출석)로 소송촉진특례법이 충족되지 않아도 가능한 것으로 봄(2012도12843)

※ 피고인만이 정식재판을 청구하여 판결을 선고하는 경우 피고인의 출석을 요하지 않고, 대리인을 출석하게 할 수 있음(제277조 제4호)

2) 성명 모용

갑에 의해 성명이 모용된 을에게 약식명령이 송달되자 을이 정식재판을 청구한 경우, 을이 공판절차에서 진술하였다면 을은 형식상 또는 외관상 피고인의 지위를 가지게 되어 을에 대한 공소제기의 절차가 법률 규정에 위반하여 무효일 때(제327조 제2호)에 해당하여 공소기각 판결을 하여야 하며,

갑에 대해서는 법원은 공소장 보정 형식을 통하여 공소장의 피고인 표시를 을로부터 갑으로 고쳐서 약식절차를 새로 진행(92도2554)

3) 형종상향변경금지

피고인이 정식재판을 청구한 사건과 다른 사건이 병합·심리된 후 경합범으로 처단되는 경우에도 정식재판을 청구한 사건에 대해서는 그대로 적용되어(2020도355), 분리 선고해야 함

※ 제1사건(사기, 업무방해, 상해혐의로 징역 1년 2월 선고) 항소사건과 제2사건(폭행죄, 모욕죄로 벌금300만 원의 약식명령, 피고인만 정식재판 청구)항소사건이 병합되었음을 이유로 제1심판결들을 모두 파기한 각 죄에 대하여 유죄로 인정하고 징역형을 각 선택한 후 누범·경합범가중을 하여 처단형의 범위 안에서 피고인에게 징역 1년 2월을 선고한 사안에서 제2사건에서도 징역형을 선택한 후 처단형을 정한 것은 형종상향변경금지 원칙 위반으로 봄(2020도355)

피고인 외에 검사도 정식재판을 청구하거나(2020도13700), 피고인이 정식재판을 청구하더라도 정식재판에서 사건이 병합된 경우에는 상향변경금지원칙이 적용되지 않음(2001도3212)

※ 피고인이 부동산강제집행효용침해죄에 대하여 벌금 200만 원의 약식명령을 고지받아 정식재판을 청구하고, 제1심이 위 사건에 별건으로 공소제기된 판시 공무상표시무효죄의 사건을 병합 심리한 후 피고인에 대하여 전부 무죄를 선고하였으며, 이에 대한 검사의 항소에 의해 원심이 제1심판결을 파기하고 위 각 죄를 모두 유죄로 인정한 다음 경합범으로 처단하면서 벌금 300만 원을 선고한 경

우 불이익변경금지 원칙에 위반되지 않는 것으로 봄(2001도3212)

※ 약식명령은 정식재판의 청구에 대한 판결이 있는 경우 효력을 잃고(제456조), 판결에는 기각결정도 포함됨

제2절 즉결심판절차

Ⅰ. 즉결심판절차의 의의

범증이 명백하고 죄질이 경미한 범죄사실을 신속·적정한 절차로 심판하기 위해 마련된 절차(즉결심판절차)에 의해 행해지는 재판을 말함

※ 즉결심판에 관한 절차법은 형소법에 대한 특별법의 지위를 가짐

※ 약식절차와 유사하나 ① 청구권자가 경찰서장이고 ② 심리가 서면심리가 아닌 공개법정에서 판사가 직접 피고인 신문하여 이루어지고 ③ 재산형과 구류(1일 이상 30일 미만) 선고가 가능하고 ④ 무죄·면소·공소기각 재판도 가능(즉결심판법 제11조 제5항)하다는 데에서 차이가 있음

Ⅱ. 즉결심판 청구

1. 즉결심판 대상사건

선고형이 20만 원 이하의 벌금 또는 구류나 과료에 처할 범죄(즉결심판법 제2조)

※ 대상이 되는 범죄는 '경범죄처벌법'위반죄와 '도로교통법'위반죄뿐만 아니라 벌금, 구류 또는 과료가 단일형 또는 선택형으로 규정되어 있으면 가능

2. 청구권자 및 청구방식

관할 경찰서장 또는 관할 해양경찰서장이 관할법원에 청구(동법 제3조 제1항)

※ 경찰서장의 즉결심판청구권은 검사의 기소독점주의에 대한 예외(실무를 보면 이것이 대단한 것인 양 언급할 실익은 없어 보임)

시·군법원은 20만 원 이하의 벌금 또는 구류나 과료에 처할 범죄사건에 대해 즉결심판 함(동법 제34조 제1항 제3호, 제3항)

※ '경범죄처벌법', '도로교통법'은 10만 원 이하의 벌금형에 대해 범칙금제도 도입 범칙금 통고처분을 받은 사람은 10일 이내(천재지변 등의 경우 5일 추가)범칙금을 납부해야 하며(도로교통법 제164조, 경범죄처벌법 제8조), 납부하지 않은 경우

지체 없이 즉심청구해야 함(도로교통법 제165조 제1항, 경범죄 처벌법 제9조 제1항)

√ 미납부 시 20일 이내에 20/100을 더한 금액을 납부하면 다시 처벌되지 않음(도로교통법 제165조 제3항, 경범죄처벌법 제9조 제3항)

※ 범칙금 납부기간이 지나기 전에 범칙행위와 동일한 공소사실로 검사가 공소를 제기하였다면 공소제기 절차가 법률규정에 위반하여 무효일 때에 해당하여 공소기각 판결의 대상이 됨(2017도13409)

즉결심판을 청구함에는 즉결심판청구서를 제출하고, 사전에 피고인에게 즉결심판절차를 이해하는데 필요한 사항을 서면 또는 구두로 알려주어야 함(즉결심판법 제3조 제2항, 제3항)

※ 즉결심판서에는 피고인의 성명 기타 피고인을 특정할 수 있는 사항, 죄명, 범죄사실과 적용법조를 기재하는데, 약식명령과는 달리 선고할 형량은 기재대상이 아님

경찰서장은 즉결심판 청구와 동시에 즉결심판을 함에 필요한 서류 또는 증거물을 판사에게 제출해야 함(동법 제4조)

※ 약식절차와 같이 공소장 일본주의가 적용되지 않음(2008도7375)

III. 즉결심판청구사건의 심리와 재판

1. 기각결정 및 사건송치

판사는 사건이 즉결심판을 할 수 없거나 즉결심판절차에 의하여 심판함이 적당하지 않다고 인정할 때에는 결정으로 즉결심판 청구를 기각해야 함(동법 제5조 제1항)

※ 약식절차에서 동일한 사유가 있는 경우 기각해야 하는 것이 아니라 정식재판절차에 회부하여 공판절차에 의해 심판해야 함

※ 즉결심판청구기각결정은 경찰서장의 정식재판청구 대상이 되지 않음

√ 정식재판청구는 관할법원이 즉결심판에 임한 후 본안에 대하여 내린 재판(즉결심판 선고, 제14조 제2항)을 대상으로 하기 때문임

즉결심판청구기각결정이 있는 경우 경찰서장은 지체 없이 사건을 관할 지방검찰청 또는 지청의 장에게 송치하여야 하며(동법 제5조 제2항), 이때 검사는 적법하게 공소제기를 할 수 있음

※ 공소제기 시에는 반드시 공소장을 법원에 제출해야 함(2003도2735)

2. 즉결심판사건에 대한 심리 특칙

즉결심판절차는 그 성질에 반하지 않는 한 형소법을 준용토록 하고 있으며(동법 제19조), 절차의 간이·신속을 위해 여러 가지 특칙을 두고 있음

(1) 심리 시기와 장소

즉결심판청구가 있는 경우 판사는 즉결심판청구를 기각하는 경우를 제외하고는 즉시 심판해야 함(동법 제6조)

※ 통상의 공판절차에서 요구되는 준비절차는 생략됨(공소장 부본 송달 등)

심리와 재판의 선고는 공개된 법정에서 이루어지며(동법 제7조 제1항), 법정은 경찰관서 외의 장소에 설치되어야 함(동법 제7조 제1항)

※ 판사는 상당한 이유가 있는 경우 공판정 개정 없이 피고인 진술서와 경찰서장이 제출한 서류 또는 증거물에 의해 심판할 수 있음(동법 제7조 제3항 본문)

√ 단, 구류에 처하는 경우 공개된 법정에서 심판해야 함(동법 동항 단서)

(2) 피고인 출석의 요부

피고인의 기일 출석을 원칙으로 하고 있으나(동법 제8조) 불출석이 허용되는 경우가 있음

※ 벌금, 과료를 선고하는 경우(동법 제8조의2 제1항), 법원에 불출석심판을 청구할 수 있고, 법원이 이를 허가한 경우(동법 제8조의2 제2항)에는 불출석하에 심판가능

(3) 심리 방식

공개법정에서 진행할 경우 구두주의 심리가 요구되나 변론주의는 제한되며, 신속처리를 위해 판사에 의한 직권심리가 기본이 됨

※ 판사는 피고사건 내용과 진술거부권을 고지하고 변명의 기회를 주어야 하며(동법 제9조 제1항), 필요하다고 인정할 경우 적당한 방법에 의하여 재정하는 증

거에 한하여 조사할 수 있음(동법 동조 제2항)

※ 변호인은 기일에 출석하여 재정증거의 증거조사에 참여할 수 있으며 의견을 진술할 수 있음(동법 동조 제3항, 실제 이런 경우는 전무함)

(4) 증거조사 특칙

증거조사는 통상의 증거조사방법에 의하지 않으며, 조사대상은 경찰서장이 제출한 서류 또는 증거물, 그 밖에 재정하는 증거에 한정됨(동법 제9조 제2항)

또한 신속한 심리를 위해 증거법칙에 일정한 특례가 인정됨

① 자백보강법칙 불적용(동법 제10조)

※ 헌법 제12조 제7항 '정식재판에 있어서 피고인의 자백이 그에게 불리한 유일한 증거일 때'를 자백보강법칙 요건으로 규정하여 정식재판이 아닌 즉결심판은 대상에서 제외되어 위헌성 문제는 없음

② 사경작성 피신조서의 증거능력 제한 규정(제312조 제3항)이 적용되지 않음(동법 제10조)

※ 피고인 또는 변호인이 내용을 부인하더라도 증거능력이 인정됨

③ 각종 서류의 증거능력을 제한하는 규정(제313조)이 적용되지 않음(동법 제10조)

※ 현행 제312조 제4항에 규정된 사경작성 참고인진술조서는 2007년 형소법에서는 제313조의 적용대상이었으나, 2007년 개정 이후 제312조 제4항으로 근거규정 조문 위치가 바뀐 것에 불과하여 여전히 적용되지 않음

But, 위법수집증거배제법칙, 자백배제법칙, 형소법 제312조 제3항·제4항, 제313조를 제외한 전문법칙(제310의2) 및 그 예외규정은 적용됨

(5) 즉결심판청구의 취소

도로교통법이나 경범죄처벌법 위반으로 범칙금을 미납하여, 즉결심판이 청구된 피고인은 즉결심판의 선고 전까지 일정액을 더한 범칙금을 납부하면 형사처벌을 면할 수 있음. 이 경우 범칙금을 납부한 사람은 그 범칙행위에 대하여 다시 처벌받지 않음(도로교통법 제165조 제3항, 경범죄처벌법 제9조 제3항)

3. 즉결심판 선고와 효력

(1) 즉결심판 선고 및 고지

즉결심판절차에서 가능한 형의 선고 대상은 20만 원 이하의 벌금, 구류, 과료이고(동법 제2조), 선고는 유죄·무죄·면소 또는 공소기각까지 가능함(동법 제11조 제5항)

공판정에서 유죄를 선고할 때에는 형, 범죄사실과 적용범죄를 명시하고 피고인은 7일 이내에 정식재판을 청구할 수 있다는 것을 고지해야 함(동법 제11조 제1항)

※ 불출석이 허가된 경우 법원사무관 등이 7일 이내에 정식재판을 청구할 수 있음을 부기한 즉결심판서의 등본을 피고인에게 송달하고 고지함(동법 제11조 제4항)

유죄의 즉결심판서에는 피고인의 성명 기타 피고인을 특정할 수 있는 사항, 주문, 범죄사실과 적용범죄를 명시하고 판사가 서명·날인해야 함(동법 제12조 제1항)

※ 피고인이 범죄사실을 자백하고 정식재판을 포기한 경우 관련 기록작성(동법 제11조, 선고내용 기록)을 생략하고 즉결심판서에 선고한 주문과 적용법조를 명시하고 판사가 기명·날인 함(제12조 제2항)

√ 서명날인과 기명날인

서명날인은 자기 이름을 직접 적고 도장을 찍어야 한다는 의미이고, 기명날인은 굳이 서명이 필요하지 않고 자기 이름이 종이에 찍힌 기명에 도장을 날인하는 개념임. 판결은 중요한 재판으로 서명을 요구하고 결정이나 명령은 기명날인 요구

(2) 유치명령과 가납명령

판사는 구류 선고를 받은 피고인이 일정한 주소가 없거나 또는 도망할 염려가 있을 때에는 5일을 초과하지 아니하는 기간 경찰서 유치장에 유치할 것을 명할 수 있음(동법 제17조 제1항 본문)

※ 유치명령은 집행불가능을 방지하기 위한 제도로 유치기간은 구류형의 선고기간을 초과할 수 없고, 집행된 유치기간은 본형 집행에 산입됨(동법 동조 제2항)

※ 유치명령이 있는 경우 정식재판을 청구하더라도 석방되지 않으며, 유치명령은 준항고(제416조)의 대상이 됨

√ 유치명령은 '법원의 재판'이어서 준항고의 대상이 될 수 없으나 항고절차를 따를 경우 최장 5일의 유치기간을 도과할 우려가 있기 때문에 신속한 판단으로 피고인의 이익도모 차원에서 실무상 준항고가 허용되고 있음

판사가 벌금 또는 과료를 선고하는 경우 판결 확정 후 집행할 수 없거나 곤란한 염려가 있다고 인정한 때에는 피고인에게 벌금 또는 과료의 선고와 동시에 선고해야 하며 그 재판은 즉시 집행 가능(동법 제17조 제3항, 소송법 제334조)

※ 가납명령이 있는 벌금 또는 과료를 납부하지 않을 때에는 노역장 유치를 명할 수 있음(형법 제69조 제1항)

√ 노역장 유치기간은 벌금의 경우 1일 이상 3년 이하, 과료의 경우 1일 이상 30일 이하

(3) 즉결심판 확정과 형 집행

즉결심판은 정식재판청구기간의 경과, 정식재판청구권의 포기, 정식재판청구의 취하, 정식재판청구 기각 재판의 확정에 의해 확정판결과 동일한 효력이 발생함(동법 제16조)

※ 즉결심판이 확정되면 집행력과 기판력이 발생하고, 불복은 재심이나 비상상고와 같은 비상구제절차에 의해서만 가능(93오1)

즉결심판에 의한 형 집행은 경찰서장이 하고 그 집행결과를 지체 없이 검사에게 보고해야 함(동법 제18조 제1항)

※ 즉결심판 확정 후 상당기간 내에 집행할 수 없는 경우 검사에게 통지해야 하고, 이때 검사는 형소법 제477조(재산형 등의 집행)에 의해 집행가능(동법 제18조 제1항 단서)

※ 형 집행을 정지하는 경우 검사의 사전허가를 얻어야 함(동법 동조 제4항)

√ 구류를 선고받은 자가 심신장애로 의사능력이 없는 상태인 경우 회복시까지 집행정지를 하여야 하며(제470조 제1항), 형 집행으로 현저히 건강을 해하거나 생명을 보전할 수 없을 우려 등의 사유가 있는 경우 임의적 집행정지 가능(제471조 제1항)

Ⅳ .정식재판 청구

1. 정식재판청구 절차

(1) 정식재판청구권자

1) 피고인

피고인, 피고인의 법정대리인(제340조), 피고인의 배우자, 직계친족, 형제자매 또는 즉결심판 절차의 대리인이나 변호인(제341조)은 정식재판을 청구할 수 있음(동법 제14조 제4항)

※ 피고인이 청구하는 경우 약식명령과 같이 형종상향변경금지원칙(제457조의 2)이 즉결심판에 대한 정식재판청구에도 준용됨(98도2550)

※ 즉결심판 선고·고지받은 날로부터 7일 이내에 청구하여야 함

√ 공개법정에서 선고된 경우는 선고일, 개정하지 않은 경우 심판서 등본이 피고인에게 송달된 날로부터 기산됨

피고인은 정식재판청구서를 경찰서장에게 제출해야 하며 재판청구서를 받은 경찰서장은 지체 없이 판사에게 이를 송부해야 함(동법 제14조 제1항)

2) 경찰서장

판사가 무죄, 면소 또는 공소기각을 선고·고지한 경우 7일 이내에 정식재판 청구 가능(동법 제14조 제2항)

※ 유죄 선고 시 정식재판 청구 불가

경찰서장은 관할 지방검찰청 또는 지청 검사의 승인을 얻어 정식재판청구서를 판사에게 제출해야 함(동법 제14조 제2항)

※ 경찰서장의 정식재판청구는 검사의 공소제기 없이 수소법원에 소송계속을 발생시킨다는 점에 특이성이 있으나 이미 검사의 사전승인을 얻어 청구한 만큼 큰 의미는 없음

(2) 정식재판청구 후의 절차

판사는 정식재판청구서를 받은 날로부터 7일 이내에 경찰서장에게 정식재판청구서를 첨부한 사건기록과 증거물을 송부하고, 경찰서장은 지체 없이 관할 지방검찰청 또는 지청의 장에게 이를 송부해야 하며, 관할 지방검찰청 또는 지청의 장은 지체 없이 관할법원에 이를 송부해야 함

※ 정식재판청구는 청구권의 포기나 청구의 취하가 인정됨(동법 제14조 제4항)

※ 판사가 즉결심판청구를 기각하는 결정을 한 경우 검사는 적법하게 공소를 제기할 수 있으며, 이때 반드시 공소장만을 제출해야 하나(2003도2735), 정식재판청구 후의 절차는 검사가 사건기록과 증거물을 관할법원에 송부하는 특징을 가지는 것은 공소장 일본주의가 배제되도록 한 취지(2008도7375)

피고인이 즉결심판에 대해 정식재판을 청구한 경우 검사가 법원에 사건기록과 증거물을 그대로 송부하지 않고 즉결심판이 청구된 위반내용과 동일성이 있는 범죄사실에 대하여 약식명령을 청구한 경우 공소가 제기된 사건에 대하여 다시 공소가 제기된 경우(제327조 제3호)에 해당하여 공소기각 판결을 해야 한다고 봄(2017모3458)

2. 공판절차에 의한 심판

정식재판청구가 적법한 경우 공판절차에 의해 심판하는 것이 원칙임

※ 공판절차에서의 심판은 제1심 공판절차가 새로 개시되는 것이므로 공판법원은 즉결심판 결과에 구속되지 않음

※ 정식재판청구에 기한 공판절차는 정식의 공판절차로 국선변호에 관한 규정(제33조)이 적용됨(96도3059)

※ 형종상향변경금지원칙도 형소법 준용규정(동법 제19조)을 매개로 준용됨(98도2250)

즉결심판은 정식재판 청구에 의한 판결이 있는 때에 그 효력을 상실하고(동법 제15조), 정식재판절차에서 선고된 형의 집행은 형사소송법의 집행에 관한 규정에 따라 검사가 집행함(소송법 제460조 제1항)

제4장 재판의 집행절차

제1절 재판의 집행

Ⅰ. 재판집행의 의의

재판의 의사표시내용을 국가의 강제력에 의해 실현하는 것을 말함

※ 재판 집행에는 형 집행 외에 ① 추징이나 소송비용 등 부수처분의 집행 ② 과태료, 비용배상, 보증금 몰수 등 형 이외의 제재의 집행 ③ 법원이나 법관이 발부한 각종 영장의 집행 등이 포함됨

※ 재판집행 가운데 가장 중요한 것이 형 집행임

Ⅱ. 재판집행의 일반원칙

1. 재판집행의 시기

(1) 즉시집행 원칙

재판은 확정된 후 즉시 집행하는 것을 말하며, 즉시집행이 원칙이나 일정한 예외가 인정됨

※ 재판 집행은 그 재판을 한 법원에 대응한 검찰청 검사가 지휘하는 것이 원칙

이고(제460조 제1항), 선고된 재판에 대해 형 집행에 착수하지 않으면 형의 시효가 진행됨

√ 형 시효가 완성되면 형 집행이 면제되는 효과가 발생함(형법 제77조)

(2) 확정 전 재판집행

결정과 명령 재판의 경우 즉시항고(제410조)나 일부 준항고(제416조 제4항) 등을 제외하고는 즉시 집행가능

※ 제416조 제4항 '증인, 감정인, 통역인 또는 번역인에 대하여 과태료 또는 비용의 배상을 명한 재판은 7일의 청구기간 내와 청구가 있는 때에는 그 재판의 집행은 정지됨'

※ 결정이나 명령에 대한 불복은 즉시항고 외에는 재판 집행정지 효력이 없는 것이 원칙이기 때문(제409조)

가납재판의 경우에도 재판확정 전 재판집행 가능

※ 벌금, 과료 또는 추징을 선고하는 경우 판결 확정 후에 집행할 수 없거나 곤란한 염려가 있다고 인정한 경우 직권 또는 검사의 청구에 의해 피고인에게 상당한 금액의 가납을 명할 수 있고(제334조 제1항), 즉시 집행 가능(동조 제3항)

(3) 확정 후 일정기간 경과 후 집행

재판이 확정된 경우 즉시 집행이 불가능한 경우

1) 소송 비용부담 재판

소송비용 집행면제(제487조) 신청기간 내(빈곤으로 완납불가 시 10일 이내)와 그 신청이 있는 때에는 신청에 대한 재판이 확정될 때까지 집행이 정지됨(제472조)

2) 벌금과 과료는 판결확정일로부터 30일 이내 납입가능(형법 제69조 제1항)

노역장 유치 집행은 벌금·과료 확정일로부터 30일 이내에는 집행 불가

3) 사형 집행은 법무부장관의 명령 없이는 집행 불가(제463조)

사형선고를 받은 사람이 심신의 장애로 의사능력이 없는 상태이거나 임신 중인 여자인 경우 법무부장관의 명령으로 집행을 정지함(제469조 제1항)

※ 형집행 정지의 경우 심신장애의 회복 또는 출산 후에 법무부장관의 명령에 의해 형집행(동조 제2항)

4) 징역, 금고 또는 구류의 선고를 받은 자가 심신의 장애로 의사능력이 없는 상태인 경우

검사의 지휘에 의해 심신장애가 회복될 때까지 형집행을 정지함(제470조 제1항)

5) 보석허가결정 가운데 보석금 납입 등 일정한 조건을 이행한 후가 아니면 집행하지 못함(제100조 제1항)

2. 재판집행의 지휘

재판집행은 그 재판을 한 법원에 대응한 검찰청 검사가 지휘하는 것이 원칙(제460조 제1항)이나 재판의 성질상 법원 법관이 지휘할 경우에는 예외

상소의 재판(항소기각 또는 상고기각) 또는 상소취하로 인하여 하급법원의 재판을 집행하는 경우 상소법원에 대응한 검찰청 검사가 지휘함(제460조 제2항)

※ But, 소송기록이 하급법원에 있는 때에는 그 법원에 대응한 검찰청 검사가 지휘함(동항 단서)

공판절차에서 구속영장은 검사의 지휘에 의해 사법경찰관리가 집행하는 것이 원칙이지만 급속을 요하는 경우 재판장, 수명법관 또는 수탁판사가 그 집행을 지휘할 수 있음(제81조 제1항)

※ 공판절차에서 압수수색영장은 검사의 지휘에 의해 사법경찰관리가 집행하는 것이 원칙이나 필요한 경우 재판장은 곧바로 법원사무관 등에게 그 집행을 명할 수 있음(제115조 제1항)

재판의 성질상 법원이 직접 집행하는 경우도 있음

※ 법원에서 압수한 물건으로서 현재 법원에 보관되어 압수물의 환부·매각·보관 등의 조치(제133조 이하, 제333조 이하)나, 법정경찰권이나 소송지휘권에 의한 퇴정명령 등의 처분

3. 형 집행을 위한 소환

사형, 징역, 금고 또는 구류의 선고를 받은 자가 구금되지 아니한 경우 검사는 형을 집행하기 위하여 대상자를 소환해야 하고, 대상자가 소환에 응하지 아니한 때에 검사는 형집행장을 발부하여 구인해야 함(제473조 제1항, 제2항)

※ 형집행장에는 선고를 받은 자의 성명, 주거, 연령, 형명, 형기 기타 필요한 사항을 기재하여야 하며(제472조 제1항, 제492조), 구속영장과 동일한 효력이 있

음(제472조 제2항)

※ 형집행장 집행에는 구속사유에 관한 형소법 제70조나 구속이유의 고지에 관한 형소법 제72조가 준용되지 않음(2012도2349)

사법경찰관리가 형집행을 위하여 대상자를 구인하려면 검사로부터 발부받은 형집행장을 그 상대방에 반드시 제시하여야 함(제475조 제85조 제1항)

※ 형집행장을 소지하지 아니한 경우 급속을 요하는 때에는 그 상대방에 대하여 형집행 사유와 형집행장이 발부되었음을 고하고 집행할 수 있음(제475조 제85조 제3항)

※ 사법경찰관리가 벌금미납자에게 노역장유치를 집행하면서 상대방에게 형집행 사유와 벌금 미납으로 인해 지명수배된 사실만을 고지한 경우 특별한 사정이 없는 한 형집행장이 발부되었다는 사실까지 포함하여 고지한 것이라 볼 수 없다고 봄(2017도9458)

√ 파주경찰서 ○○파출소 소속 경찰관이 도로를 순찰하던 중 벌금 미납으로 지명수배된 피고인 1과 조우한 사실, 이에 경찰관은 피고인 1에게 벌금 미납 사실을 고지하고 벌금납부를 유도하였으나 피고인 1이 이를 거부하자 벌금형 집행을 위하여 위 피고인을 구인하려 한 사실, 그런데 그 과정에서 경찰관은 피고인 1에게 형집행장이 발부되어 있는 사실은 고지하지 않았던 사실을 인정한 다음, 경찰관의 위와 같은 직무집행은 위법하다고 보아 이 사건 공무집행방해의 공소사실에 대하여 무죄를 선고한 제1심판결을 그대로 유지함(2017도9458)

4. 형의 시효

형의 선고를 받은 자는 시효의 완성으로 집행이 면제됨(형법 제77조)

※ 형의 시효는 형법에서, 공소시효는 형소법에서 규정

형의 시효기간은 초일은 시간 계산 없이 1일로 계산하고 형 선고 재판이 확정된 후 그 집행을 받음이 없이 다음 기간을 경과함으로서 완성됨

※ ① 사형은 30년 ② 무기 징역 또는 금고는 20년 ③ 10년 이상 징역이나 금고

는 15년 ④ 3년 이상 징역이나 금고 또는 10년 이상 자격정지는 10년 ⑤ 3년 미만 징역이나 금고 또는 5년 이상 자격정지는 7년 ⑥ 5년 미만 자격정지, 벌금, 몰수 또는 추징은 5년 ⑦ 구류 또는 과료는 1년

형의 시효는 형의 집행유예나 정지 또는 가석방 또는 기타 집행할 수 없는 기간이나 집행을 면할 목적으로 국외에 있는 기간 동안은 진행되지 않고(형법 제79조 제1항, 제2항), 사형, 징역, 금고와 구류에 있어서는 수형자를 체포함으로서, 벌금, 과료, 몰수와 추징에 있어서는 강제처분을 개시함으로서 중단됨(형법 제80조)

III. 형의 집행

1. 형 집행 순서

2개 이상의 형을 집행하는 경우 자격상실, 자격정지, 벌금, 과료 몰수 외에는 무거운 형을 먼저 집행하는 것이 원칙임(제462조)

※ 형의 경중은 사형, 징역, 금고, 구류의 순서로 집행하되, 검사는 소속장관의 허가를 얻어 무거운 형의 집행을 정지하고 다른 형의 집행을 할 수 있음(제462조 단서)

※ 자격상실, 자격정지, 벌금, 과료와 몰수는 집행순위를 결정할 필요 없이 동시에 집행할 수 있음

2. 사형 집행

사형 판결이 확정된 경우 검사는 지체 없이 소송기록을 법무부장관에게 제출해야 하며(제464조), 사형은 판결확정된 날로부터 6개월 이내에 법무부장관의 명령에 의하여 집행함(제463조, 제465조 제1항)

※ 6개월 기간규정은 훈시규정이며, 상소권회복 청구, 재심청구 또는 비상상고의 신청이 있는 경우 그 절차가 종료될 때까지 기간은 사형집행명령 기간에 산입하지 않음(제465조 제1항)

법무부장관이 사형집행을 명한 경우 5일 이내에 집행하여야 하며(제466조), 교정시설 안에서 교수(絞首)하여 집행함(형법 제66조)

사형선고를 받은 자가 심신의 장애로 의사능력이 없는 상태이거나 임신 중인 여자인 때에는 법무부 장관의 명령으로 집행을 정지하고, 심신장애의 회복이나 출산 후 법무부장관의 명령에 의해 형을 집행함(제469조)

3. 자유형 집행

(1) 자유형 집행방법

자유형은 검사의 형집행 지휘서에 의해 집행하며(제460조), 징역은 교정시설에 수용하여 정해진 노역(勞役)에 복무하게 됨(형법 제67조). 금고와 구류는 교정시설에 수용하여 집행함(형법 제68조)

(2) 미결구금일수의 산입

자유형의 집행에는 미결구금일수가 산입됨

※ 미결구금일수란 구금당한 날로부터 판결 확정 전까지 실제로 구금된 일수를 의미

√ 판결선고 전 구금일수(형법 제57조 제1항), 판결선고 후 판결확정 전 구금일수(제482조 제1항), 상소기각결정 시 송달기간이나 즉시항고기간 중의 미결구금일 수(제482조 제2항)는 미결구금일수에 산입됨

√ 무죄가 확정된 다른 사건에서의 미결구금일수는 유죄가 확정된 사건의 형기에 산입되지 않음(97모112)

외국 법원에 기소되었다가 무죄판결을 받은 사람의 미결구금은 형법 제7조에 의한 산입의 대상이 되지 않음(2017도5977)

※ 형법 제7조(외국에서 집행된 형의 산입) 죄를 지어 외국에서 형의 전부 또는 일부가 집행된 사람에 대해서는 그 집행된 형의 전부 또는 일부를 선고하는 형에 산입함

(3) 자유형 집행정지

1) 필요적 집행정지

징역, 금고 또는 구류의 선고를 받은 자가 심신장애로 의사능력이 없는 상태에 있는 경우 형을 선고한 법원에 대응한 검찰청 검사 또는 형의 선고를 받은 자의 현재지를 관할하는 검찰

청 검사의 지휘에 의해 심신장애가 회복될 때까지 형 집행을 정지함(제470조 제1항)

형집행을 정지한 경우 검사는 형 선고를 받은 자를 감호의무자 또는 지방공공단체에 인도하여 병원 기타 적당한 장소에 수용하게 할 수 있음(제470조 제2항)

2) 임의적 집행정지

임의적 집행정지 사유에 해당하는 경우 검사의 지휘에 의해 형 집행을 정지할 수 있음(제471조 제1항). 이 경우 검사는 소속 고등검찰청 검사장 또는 지방검찰청 검사장의 허가를 얻어야 함(제471조 제2항)

※ ① 형 집행으로 인하여 현저히 건강을 해하거나 생명을 보전할 수 없을 염려가 있는 때 ② 연령 70세 이상인 때 ③ 잉태 후 6개월 이상인 때 ④ 출산 후 60일을 경과하지 아니한 때 ⑤ 직계존속이 연령 70세 이상 또는 중병이나 장애인으로 보호할 다른 친족이 없는 때 ⑥ 직계비속이 유년으로 보호할 다른 친족이 없는 때 ⑦ 기타 중대한 사유가 있는 때

√ ① 사유 해당여부는 의사의 진단서에 구애받지 아니하고 검사의 책임하에 규범적으로 형집행 정지 여부를 판단함(2014도15129)

3) 심의위원회

형집행정지에 대한 신뢰도와 투명성을 제고하기 위하여 각 지방검찰청에 형집행정지 심의위원회 설치(제471조의2 제1항, 2015년)

※ 위원회는 위원장 1명, 학계, 법조계, 의료계, 시민단체 인사 등 학식과 경험이 있는 사람 10명 이내의 위원으로 구성(제471조의2 제2항)

4. 자격형 집행

(1) 자격상실과 자격정지의 의의

자격형에는 자격상실과 자격정지가 있음. 형법은 자격상실을 주형으로 규정하고 있지만(형법 제41조 제4호), 개별 형벌법규에서 주형으로 규정한 경우는 없으며, 사형, 무기징역 또는 무기금고의 판결을 받은 자에 대하여 자동적으로 부과됨(형법 제43조 제1항)

※ 자격상실은 ① 공무원이 되는 자격 ② 공법상의 선거권과 피선거권 ③ 법률로 요건을 정한 공법상의 업무에 관한 자격 ④ 법인의 이사, 감사 또는 지배인 기타 법인의 업무에 관한 검사역이나 재산관리인이 되는 자격 등을 상실케 하는 형벌(형법 제43조 제1항)

자격정지는 개별 형벌법규에서 독립적으로 병과형 또는 선택형으로 부과됨

※ 자격정지는 자격상실 사유인 ① ~ ④ 자격을 전부 또는 일부 정지하는 것으로 그 기간은 1년 이상 15년 이하임(형법 제44조 제1항)

유기징역 또는 유기금고의 판결을 받은 자의 경우 형의 집행이 종료되거나 면제될 때까지 ① ~ ③의 자격정지가 자동적으로 부과되나, 다른 법률에 특별한 규정이 있는 경우 그 법률에 따름(형법 제43조 제2항)

※ 법률에 특별규정의 예로 공직선거법이 있는데 1년 이하의 징역 또는 금고의 형의 선고를 받고 그 집행이 종료되지 아니하거나 그 집행을 받지 아니하기로 확정되지 아니한 사람은 선거권이 없고, 형의 집행유예를 선고받고 유예기간 중에 있는 사람에게는 선거권이 인정됨(공직선거법 제18조 제1항 제2호)

√ 유기징역 또는 유기금고 판결을 받은 자에게 공직선거권을 일률적으로 정지하게 하는 것은 집행유예의 경우 위헌, 실형선고의 경우 헌법불합치라는 헌재 판단(2012헌마409)에 따라 형법 제43조 제2항 단서 신설(2016)

(2) 수형인 명부 및 수형인명표에의 기재

자격상실 또는 자격정지의 선고를 받은 자는 이를 수형자원부에 기재하고 지체 없이 그 등본을 형의 선고를 받은 자의 등록기준지와 주거지의 시·구·읍·면장에게 송부해야 함(제476조)

※ 수형자원부란 자격정지 이상의 형을 받은 수형인을 기재한 명부로서 검찰청 및 군검찰부에서 관리하는 수형인 명부를 말함(형의 실효 등에 관한 법률 제2조 제2호)

※ 수형인명표란 자격정지 이상의 형을 받은 수형인을 기재한 명표로서 수형인의 등록기준지 시·구·읍·면사무소에서 관리하는 것을 말함(동법 제2조 제3호)

5. 재산형 집행

(1) 재산형 집행명령과 그 효력

벌금·과료·몰수·추징 등 재산형을 선고한 재판, 과태료·소송비용·배상비용 등 재산형에 준하는 기타 제재의 재판, 이들 재판에 대한 가납 재판은 검사의 명령에 의해 집행되고(제477조 제1항), 이 명령은 집행력 있는 집행권원과 동일한 효력(동조 제2항)

※ 벌금과 과료는 판결 확정일로부터 30일 이내에 납입하여야 함(형법 제69조

제1항)

※ 형사재판은 재판의 선고와 고지로부터 바로 효력이 발생하기 때문에 집행 전에 재판의 송달을 요하지 않음(제477조 제3항 단서)

※ 재산형 등의 재판은 '국세징수법'에 따른 국세체납처분의 예에 따라 집행 가능(동조 제4항)

서민의 경제적 어려움을 덜어주기 위해 500만 원 이하 벌금의 집행유예(형법 제62조 제1항), 벌금·과료의 분할 납부(제477조 제6항) 제도 도입(2016년), 또한 벌금미납자에 대한 노역장 유치를 사회봉사로 대체 집행이 가능하도록 함(벌금 미납자의 사회봉사 집행에 관한 특례법, 2009년 제정)

⑵ 노역장유치의 집행

벌금이나 과료를 선고할 때에는 이를 납입하지 아니한 경우 노역장 유치기간을 정하여 동시에 선고하여야 함(형법 제70조 제1항)

※ 벌금의 경우 1일 이상 3년 이하, 과료의 경우 1일 이상 30일 미만(제69조 제2항) 기간 동안 가능하고, 판결선고 전 구금일수는 전부 노역장 유치기간에 산입됨(형법 제57조 제1항)

※ 선고하는 벌금이 ① 1억 원 이상 5억 원 미만인 경우 300일 이상 ② 5억 원 이상 50억 원 미만인 경우 500일 이상 ③ 50억 원 이상일 경우 1천일 이상의 노역장 유치기간을 정해야 함(형법 제57조 제2항)

※ 노역장유치 집행에는 형의 집행에 관한 규정이 준용됨(제492조)

√ 대상자가 소환에 응하지 아니한 때에는 검사는 형집행장을 발부하여 구인해야 함(제473조 제2항)

6. 몰수형 집행과 압수물 처분

⑴ 몰수형 집행

몰수 재판이 확정되면 몰수물의 소유권은 국고에 귀속되고, 몰수판결 집행은 몰수를 명한 판결이 확정되면 검사의 집행지휘에 의해 몰수집행을 행함(94도2990)

※ 재판확정 시 이미 압수된 경우는 점유가 국가에 있으므로 검사의 집행지휘만으로 집행이 종료되지만, 아직 압수되지 않은 경우 제출을 명하고 불응하는 경우

몰수명령서를 작성하여 집행관에게 명하는 방법으로 집행함(94도2990)

몰수물에 대한 처분은 검사가 행함(제483조)

※ ① 문서, 도화, 전자기록 등 특수매체기록 또는 유가증권 일부가 몰수의 대상이 된 경우 부분폐기(형법 제48조 제3항) ② 몰수 집행 후 3개월 이내에 정당한 권리자가 몰수물의 교부를 청구한 경우 이를 몰수물 교부(제484조 제1항) ③ 몰수물을 처분한 후 권리 있는 자가 교부청구를 한 경우 공매에 의해 취득한 대가 교부(제484조 제2항)

(2) 압수물 환부와 처분

압수한 서류 또는 물건에 대하여 몰수의 선고가 없는 때에는 압수를 해제한 것으로 간주하며(제332조), 법원은 압수한 장물로서 피해자에게 환부할 이유가 명백한 것은 판결로써 피해자에게 환부를 선고하고(제333조 제1항), 처분하였을 경우 판결로 대가로 취득한 것을 피해자에게 교부하는 선고를 해야 함

※ 환부판결의 집행지휘는 검사가 행함(제460조 제1항)

위·변조한 물건을 환부하는 경우 그 물건의 전부 또는 일부에 위조나 변조인 것을 표시하는 처분을 해야 함(제485조 제1항)

※ 압수되지 아니한 경우 제출하게 하여 위조 또는 변조표시 처분을 해야 하며, 공무소에 속한 것인 경우에는 사유를 공무소에 통지하여 적당한 처분을 하게 하여야 함(제485조 제2항)

환부받을 자가 소재불명이거나 기타 사유로 환부할 수 없는 경우 검사는 그 사유를 관보에 공고해야 하며(제486조 제1항), 공고 후 3개월 내에 환부청구가 없는 경우 국고에 귀속됨(동조 제2항)

※ 3개월 기간 내 가치 없는 물건은 폐기 가능하고, 보관이 어려운 물건은 공매하여 그 대가를 보관할 수 있음(동조 제3항)

제2절 재판집행에 대한 구제방법

Ⅰ. 재판 해석에 대한 의의신청

재판집행과 관련하여 불복이 있는 경우 구제방법으로 의의신청(제488조)과 이의신청(제489조)이 있음

의의신청(疑義申請)은 확정재판에 있어 주문의 취지가 불명확하여 주문의 해석에 의문이 있는 경우 제기하는 불복방법

※ 판결이유의 모순, 불명확 또는 부당을 주장하는 의의신청은 허용되지 않음(87초42)

※ 이의신청은 확정재판의 집행기관인 검사가 그 집행과 관련하여 행하는 처분이 부당함을 이유로 하는 불복방법

형을 선고받은 자는 집행에 관하여 재판의 해석에 대한 의의(疑義)가 있는 경우 재판을 선고한 법원에 의의를 신청할 수 있음(제488조)

※ 재소자 특칙도 인정됨(제490조 제2항, 제344조)

※ 관할법원은 재판을 선고한 법원임(제488조)

재판해석에 의의신청이 있으면 법원은 결정을 하여야 하며(제491조 제1항), 이 결정에 대해 즉시항고 가능(동조 제2항)

※ 의의신청에 대한 취하가 가능하고 재소자 특칙도 인정됨(제490조 제1항, 제2항)

Ⅱ. 재판 집행에 대한 이의신청

재판 집행을 받은 자 또는 그 법정대리인이나 배우자는 집행에 관한 검사의 처분이 부당함을 이유로 재판을 선고한 법원에 이의신청을 할 수 있음(제489조)

※ 확정판결에 대한 집행을 전제로 하지만 확정 전에 검사가 형의 집행지휘를

하는 경우에도 이의신청이 가능하고, 재판 집행이 종료된 후의 이의신청은 실익이 없어 허용되지 않음(92모39)

※ 검사의 집행처분의 부적법뿐만 아니라 부당한 경우도 대상으로 함(제489조)

√ But, 재판내용 자체의 부당함을 주장하는 것은 허용되지 않음(87초42)

재판집행에 대한 이의신청은 재판을 선고한 법원에 해야 하며(제489조), 법원은 이의신청이 있는 경우 결정을 해야 하고 이 결정에 대해 즉시항고 가능(제491조 제1항, 제2항)

※ 상소기각 판결이 있는 경우 이의신청 관할법원은 상소법원이 아니라 원심법원이 됨

※ 이의신청은 법원 결정 시까지 취하 가능하고 재소자 특칙도 인정됨(제490조 제1항, 제2항)